이윤보다 생명을

실천하는 의사 우석균 저작선

이윤보다 생명을: 실천하는 의사 우석균 저작선

지은이 우석균
엮은이 이정구

펴낸곳 도서출판 책갈피 | **등록** 1992년 2월 14일(제2014-000019호)
주소 서울 성동구 무학봉15길 12 2층 | **전화** 02) 2265-6354
팩스 02) 2265-6395 | **이메일** bookmarx@naver.com
홈페이지 chaekgalpi.com | **페이스북** facebook.com/chaekgalpi
인스타그램 instagram.com/chaekgalpi_books

첫 번째 찍은 날 2025년 11월 24일

값 29,000원
ISBN 978-89-7966-279-5

잘못된 책은 바꿔 드립니다.

이윤보다 생명을
실천하는 의사 우석균 저작선

우석균 지음 | 이정구 엮음

책갈피

어떤 활동가가

미안하다.
나는 논문을 쓰지 못했다.
글을 써야 할 때 나는 집회를 조직하느라
바빴고 유인물을 쓰느라
정신이 없었고 날아온 경찰 출두서에
시간이 없었다.

미안하다. 담론을, 디스코오스를
구성할 시간에 당장 닥친
집회 발언문, 지친 사람들에게 힘이 될까 다듬느라
급급했고, 처음 발언한다고 걱정하는 후배의 발언을 고쳐 준다고
정신이 없었다.

그래 미안하구나
너희가 논문을 내고 제1 저자
교신저자, 인터내셔널 저널에 논문을 실을 때
나는 이번 행진이 나의 학위논문인 줄
착각했고 사람들이 사람들이 많이 모이면
그게 내 논문 인용 숫자인 줄
착각하여 그저 기뻤을 뿐이다.

미안하다 아무도 인용해 주지 않고
아무도 글쓴이를 묻지 않는 거리의
유인물과 누군가에게는 잡문인 운동가들의 토론회
발제문과 토론문으로밖에 나는 남지 않았다.

미안하구나, 나는
역사를, 사회를, 건강 형평성을, 불평등을
조금이라도 바꾸는 것은
논문이 실린 저널의 임팩트 팩터나 논문 게재 숫자가 아니라
사회운동이라고, 우리 사회의 노동자와 약한 자들
자기해방운동이라고 믿었다.

미안하구나. 이렇게 살아와서.

보건의료 운동을 하는 한 활동가에게 용기와 자신감을 주기 위해 쓴 짤막한 글이다.
그렇지만 대학원 박사과정을 거친 필자가 자신의 삶을 되돌아보는 말이기도 하다.

차례

어떤 활동가가   4
머리말을 대신하는 엮은이의 소회   11

1장 보건의료와 한국 사회

'황금박쥐', 다들 어디 갔나?   16
FTA에서 할 일은 정부 응원?   19
한미FTA를 '제2의 IMF'라 하는 이유   22
한미FTA, 누가 거짓말 하나?   25
보건의료 혹은 건강 문제와 정치   28

2장 자본주의와 생태

2-1 바이러스와 자본주의

항생제와 백신만 있으면 전염병은 끝인가?   45
신종플루 백신과 치료제, 그리고 자본주의   49
조류독감·메르스·광우병: 자본주의와 생태계   55
코로나19, 환경 위기, 자본주의   66
한국은 왜 감염병 재난에 취약해졌나?   80
불평등한 세계에서 팬데믹을 응시하다   86
코로나19의 기원과 백신 불평등   104

2-2 광우병

샤일록도 울고 갈 탐욕 … 누가 막을 것인가?	129
달라진 것이 뭐지?	136
곰탕과 햄버거 안심하고 먹어도 되나?	139
미국산 쇠고기가 안전하지 않은 이유	142
광우병 10문 10답	150

2-3 후쿠시마 핵발전소 사고와 기후변화

아이들에게 방사능 괴담을 교육하는 정부 (1)	160
아이들에게 방사능 괴담을 교육하는 정부 (2)	167
자국민 생명에 수수방관인 한국 정부	175
사람들 피난길로 방사능도 함께 달렸다	181
'히로시마가 있는 나라'와 우리 아이들의 나라	186
후쿠시마 핵 오염수 해양투기의 진실	191
기후변화가 건강에 미치는 영향	199

3장 자유무역협정과 건강

한미FTA의 '세이렌의 노래'에 맞불을	206
한미FTA가 한국 보건의료에 미칠 영향	211
한미FTA와 한국의 반신자유주의 운동	222
한미FTA 재추진의 두 가지 배경	226
한미FTA 2년과 환태평양경제동반자협정	236
촛불운동 2기, 민주주의, 반신자유주의 운동	261

4장 의료 민영화 반대

4-1 영리병원, 의료자회사, 약값, 건강보험

'돈'보다 훨씬 고귀한 '생명' 이야기	285

영리병원 허용과 의료 민영화	297
박정희가 건강보험의 아버지인가?	320
건강보험 통합 10년, 현재 상황과 과제	328
의료 민영화를 막아야 하는 이유	345
박근혜와 재벌들의 추악한 거래	349

4-2 제주 영리병원

제주도의 전면적 의료 시장화 계획의 문제점	356
또 추진되는 제주도 영리병원, 누구를 위한 것인가?	364
제주 영리병원 취소, 의료 영리화 반대 운동의 승리	370
제주 영리병원 허용 판결의 의미와 향후 과제	375

5장 세상이 아프면 의사도 아파야 한다

의사들에게 의료 개방과 영리법인 허용이 이익일까?	382
신해철에게 믿을 만한 의사 친구가 있었다면	386
온 국민이 사망진단서 작성법 공부하는 시대	391
의사 집단 진료 거부, 어떻게 볼 것인가?	396

6장 노동자와 보건의료

'의료 산업화'와 병원 노동자	402
국립대병원 임금피크제 반대 투쟁	413
의료인으로서 언론노조 파업을 지지하는 이유	416
노동자가 건강해지는 방법	421

7장 반전평화운동과 보건의료

석유와 기업 이익을 위한 전쟁	434
베트남전쟁의 또 하나의 피해자	444
아이들의 십자군 전쟁	460
기근 빵과 세계의 비참, 그리고 아이티	464
이스라엘은 학살을 멈춰라!	470
팔레스타인의 참상을 끝내려면	473

8장 운동 안의 논쟁

'신복지운동'론과 무상의료로 가는 길	476
먼저 양보한다고 저들이 우리의 요구를 들어줄까?	506
무상의료와 무상복지, 쟁점과 대안	515
한국 사회 '극우의 주류화'와 사회운동	531

9장 대안을 찾아서

공공의료 또는 의료의 공공성에 대한 이해(와 오해)	550
복지 확대는 어떻게 가능한가?	563
무상의료 운동: 의료 시장화에 맞선 구체적 대안	572
무상의료·무상교육을 실현하려면	589
러시아 혁명과 보건의료	594
한국 보건의료 운동의 역사와 동아시아 민중 연대	610

찾아보기	634

일러두기

1. 인명과 지명 등의 외래어는 최대한 외래어 표기법에 맞춰 표기했다.
2. 《 》부호는 책과 잡지를 나타내고, 〈 〉부호는 신문, 주간지, 영화, 방송 프로그램을 나타낸다. 논문은 " "로 나타냈다.
3. 인용문에서 [ ]는 지은이가 독자의 이해를 돕거나 문맥을 매끄럽게 하려고 덧붙인 것이다.
4. 본문의 각주는 지은이가 독자의 이해를 돕거나 출처를 밝히기 위해 넣은 것이다.

머리말을 대신하는 엮은이의 소회

이 책은 건강권과 보건의료 분야는 물론이고 한미FTA, 광우병 위험, 신종 감염병, 핵발전소 사고와 같은 사회적으로 뜨거운 쟁점에 대해 뛰어난 통찰력과 비판적 시각을 제시하고 그 쟁점 한복판에서 저항운동을 건설하고자 했던 우석균 씨의 여러 글을 선별해 묶은 저작선이다. 우석균 씨라고 부른 것은 그의 활동 이력을 나타내는 여러 직함 중 한두 가지만 뽑기가 힘들기 때문이다. 자세한 것은 저자의 이력을 참고하기 바란다.

원래 이 책을 기획해 출판하자고 우석균 씨에게 제안한 것은 몇 년 전의 일이었다. 그렇지만 그는 현실의 많은 투쟁에 연루돼 있었고 또 많은 쟁점에 관여하다 보니 차분히 앉아 글을 고르고 선별할 여유가 없었다. 그렇다 보니 저작선을 발행하는 일이 차일피일 미뤄졌다.

그런데 야속하게도 작년 말 윤석열 탄핵 운동 한가운데서 위암이 그에게 찾아왔다. 그 때문에 우석균 저작선 출판 작업을 더는 미룰 수 없게 됐다. 엮은이로서 우석균 씨의 거의 모든 글을 읽어 본 다음 선별했지만 사실 엮은이 혼자 작업한 것이 아니었다. 저작선에 포함돼 있는 일부 글들은 우석균 씨가 자신의 활동 경험에 비춰 중요하다고 생각하는 것들을 직접 뽑은 것이다. 그리고 본문의 구성과 차례도 저자와 엮은이가 상의해 정한 것이다.

　엮은이가 이 책을 편집하면서 저자에게 글들이 작성된 배경과 뒷이야기를 듣는 일이 무척 재미있었다. 그중 기억 나는 것 하나는 비슷한 내용의 글이 살짝 다른 제목으로 여러 개 있는 이유를 물어봤을 때였다. 저자는 같은 쟁점의 글을 비슷한 시기에 〈한겨레〉나 〈경향신문〉 등 여러 매체에서 동시에 청탁받았을 때, 당장 벌어진 일에 대응하기 위해 회의를 하고 전략을 짜고 조직을 하고 성명서와 기자회견문을 쓰는 등의 활동을 병행하던 터라, 동일한 의제에 대해서는 비슷한 내용의 글들이 나올 수밖에 없었다고 '실토'했다.

　이 책을 엮으면서 가장 아쉬운 대목은 저자의 머리말이나 맺음말이 없다는 점이다. 사실 저자는 항암 치료 중에 이 책을 아우르는 글을 작성하기로 했었다. 그렇지만 위암 치료 중 불의의 사고로 머리를 다쳐 당장은 약속한 작업을 할 수 없는 상황이 됐다. 이 글을 쓰는 지금은 저자에게 글을 쓰던 당시의 구체적 상황을 더 자세히 듣지 못하는 것에 대한 아쉬움을 말할 수 있지만, 사실 뇌 손상을 입은 사고 직후에는 의식도 돌아오지 않은 절체절명의 상황이었다. 어쨌든 지금 저자는 일부 기억 소실의 문제가 있지만 빠르게 회복되고 있기 때문에 조만간 이 책의 머리말이나 총괄하는 글을 작성할 수 있을 것으로 보인다. 책의 개정판에는 저자의 풍부한 설명이 담긴 글이 수록될 것을 기대하며, 엮은이로서 책을 엮으면서 느낀 소회를 언급하고 이 글을 마무리하고자 한다.

　이 저작선에 담긴 글 말고도 그 몇 배에 해당하는 많은 글이 있었다. 그리고 선별했다가 나중에 포기한 글도 많이 있었다. 각각의 글이 작성될 당시의 정세와 논쟁점을 반영하고 있기에 하나도 놓치고 싶지 않았다. 그렇지만 책의 분량을 고려해 어쩔 수 없이 많은 글을 포기해야 했다.

저자의 글들은 대부분 현실의 운동에 개입하면서 발휘한 예리한 관찰력과 비판 의식 그리고 운동의 발전을 위한 제언 등을 담고 있다. 이 때문에 선별의 어려움이 더 컸던 것 같다. 저자는 의사이지만 무엇보다 활동가였고, 그의 글은 보건의료 분야뿐 아니라 기아와 빈곤, 제국주의와 전쟁 등 자본주의 체제가 제기한 거의 모든 문제를 망라하고 있다. 이 때문에 그의 글은 짧아도 깊이가 있고 사회운동의 전략과 전술을 고민하게 만든다.

보통 글은 그 사람의 얼굴이라고 한다. 투병 와중에 자신의 글을 다시 모으는 과정에서 저자는 엮은이에게 살짝 미안한 듯이 "내 글들은 아무도 글쓴이를 묻지 않는 거리의 유인물과 누군가에게는 잡문일 뿐이라 여겨지는 운동가들의 토론회 발제문과 토론문으로밖에 남아 있지 않다"고 말했다. 그렇지만 엮은이가 보기에 저자 자신은 자부심을 갖고 이 말을 하는 듯했고, 이런 자부심이 엮은이에게 적지 않은 울림을 줬다.

활동가로서의 태도를 잃지 않고자 애쓰며 사회운동과 정치에 개입하기를 두려워하지 않았던 저자가 빨리 완쾌해 머리말이나 맺음말이 새로 들어간 이 책의 개정판이 나오기를 기대해 본다.

엮은이 이정구

저자가 경상대학교 정치경제학과 대학원에 다닐 때 그 학과의 학술연구교수였고 한미FTA저지범국민운동본부 정책팀에서 함께한 인연으로 이 책을 편집하게 됐다.

1장
보건의료와 한국 사회

2011년 11월 한미FTA 반대 집회에 등장한 손팻말. 의료 민영화가 되면 치료비가 올라서 아파도 제대로 치료를 받지 못하게 된다는 비판을 담았다.

'황금박쥐', 다들 어디 갔나?

2005년 황우석 논문 조작 사건은 이듬해 1월 10일 서울대 조사위원회가 논문이 조작됐다고 발표하면서 일단락됐지만, 황우석 사태를 낳은 장본인들은 반성하기는커녕 한국 사회 전체가 공범이라며 책임을 회피하려 했다. 〈한겨레〉 2006년 1월 11일 자에 실린 이 칼럼은 커다란 사회적 반향을 일으켰다.

황우석이라는 말만 들어도 머리가 아프다는 사람들이 많다. 나도 예외는 아니다. 그러나, 그래도, 황우석에 대해 다시 한 번 이야기해야겠다. 진짜 반성할 사람들의 반성이 도통 없기 때문이다.

한국 사회가 황우석 사태로 전 국민적 혼란을 겪을 때 정부가 보여 준 태도는 어땠나? 진실을 규명하려는 언론에 대해 대통령이 나서서 짜증을 냈고, 윤리 문제는 없다고 했고, 검증은 필요 없으니 이만 덮자고 했다. 정부가 한 일은 처음에는 황 교수의, 나중에는 서울대 조사위의 '입 바라보기'가 전부였다. 황우석 사태에 대한 정부의 태도는 그야말로 무책임과 무능력 그 자체였다. 인도의 소설가이며 반신자유주의 활동가인 아룬다티 로이가 "현대 정부들의 공통적 위기관리술"이라고 말한 '위기가 지나갈 때까지 깔아뭉개기' 기술의 진수를 우리 정부는 보여 준 셈이다.

정부는 지식정보사회에서는 사회 양극화가 불가피하고, 노동자가 아니라 1퍼센트의 천재들이 사회를 먹여 살린다며 황우석을 '부강한 선진 한국'의 아이콘으로 내세워 온 장본인이다. 그가 속한 정부 위원회는 대통령 직속 과학기술위, 의료산업선진화위를 비롯해 10개가 넘는다. 그에게 아무 검증 없이 수백억 원의 국고를 지원한 정부 관료나 10개가 넘는 국가 주요 위원회에 임명한 자들은 지금 다 어디로 숨었나? 황씨와 함께 "10년 뒤 한국 사회는 무엇으로 먹고사나" 하고 이건희 삼성 회장의 주문을 따라 외던 김병준 청와대 정책실장과 그 답으로 "바이오, 바이오"를 외치던 박기영 보좌관, "아이티IT와 비티BT의 융합"으로 마무리를 하던 진대제 정보통신부 장관의 그 유명한 '황금박쥐'는 지금 어디서 또 무슨 일을 하고 있나?

황금알을 낳는 거위가 황우석 실험실에서 나왔다는 소문에 개떼처럼 모여들었던 권력과 자본은 이제 그 파산 소식에 쥐떼처럼 흩어졌다. 이들이 도망친 자리에 남은 것은 피해자들과 약자들이다. 정작 반성해야 할 자들은 사라지고 반성의 알맹이는 빠진 채 "우리 사회 전체가 반성해야 한다"는 공허한 책임론이 난무한다. 과학자들이 나서 학계의 풍토를 반성하지만, 정작 돈 되는 곳에만 예산을 지원하고 기초과학은 외면해 온 과학·산업 정책의 책임자들은 반성의 자리에 없다. 과학자들에게 주어져야 할 것은 과학 정책의 변화이건만 실제 주어진 것은 "한국 과학을 살렸다"며 젊은 과학도들에게 건넨 40만 원짜리 '명예 훈장'뿐이다.

난치병 환자들에게 필요한 것은 줄기세포허브가 아니라 환자들의 반 이상이 파산을 겪을 만큼 과중한 의료비의 해결, 즉 의료보장의 강화다. 그러나 지금 이들에게 정부가 위로랍시고 하는 말은 '우리 생명공학'은 여전히 튼튼하며, 이를 근거로 병원을 주식회사로 만들자는 '의료 산업화론'이다. 황우석과 노성일, 줄기세포허브의 서울대병원장, 김병준, 박기영, 과기부총리 등이 위원인 의료산업선진화위원회는 황우석 마피아임에도 여전히 건재하고 "의료 산업화가 올해 가장 중요한 과제"라는 현 정부의 발표에도 변화는 없다.

황우석 사태는 이제 끝이라고 정부는 말한다. 그러나 황우석이 쓸고 간 황무지에는 우리 사회의 약자들만 남아 있다. 권력과 자본은 이미 새로운 황우석을 찾아 떠났다. 정부는 아마도 자신의 위기관리 기술 중 '깔아뭉개기' 기술 이외의 또 한 가지 특기인 '한 가지 실정을 다른 실정으로 덮기' 기술을 발휘해 이 위기를 타개할 것이다. 그러나 반성할 사람들이 반성하고 책임질 사람이 책임지지 않는 한, 황우석 신화에 기반한 정책들이 고쳐지지 않는 한, 황우석 사태는 끝나지 않았고 끝날 수도 없다.

FTA에서 할 일은 정부 응원?

2006년 3월 한미FTA 협상 개시를 앞두고 미국이 제시한 선결 조건을 한국 정부가 수용하면서 대규모 반대 운동이 분출했다. 국익에 도움이 되는지를 두고 찬반이 분분하자 〈한겨레〉 2006년 3월 19일 자에 칼럼을 실어 한미FTA는 기업의 무한 이윤 추구를 제한하는 정책과 규제를 철폐하려는 것이라고 선구적으로 지적했다.

　　한미FTA 협상이 진행 중이다. 이 협정은 한국 사회 전체를 바꿀 중대한 사안이다. 그런데도 정작 그 내용은 한국에서는 비밀이어서 '사전 양보 협상' 내용이 미국 의회 보고서를 통해 알려진다. 한국 정부에서 들을 수 있는 말은 기껏 '손해 분야도 이익이 되는 분야도 있는데, 전체적으로 이익'이라거나 '사회 양극화 해소를 위한 방안', '자유무역협정은 대세' 등의 말뿐이다. 대통령은 온 국민이 합심하면 좋은 결과를 낼 수도 있다는 말까지 한다. 국민이 할 일은 야구 경기 응원하듯 한국 정부를 응원하면 되는 걸까?

　　한미FTA는 이름만 자유무역협정이지 우리가 알고 있는 '무역'에 관한 협정이 아니다. 세계무역기구WTO나 자유무역협정이 만들어 낸 '무역 관련trade related'이라는 신조어가 보여 주듯이 우리 사회의 모든 제도가 무역과 관련한 것이 되고 협상 대상이 된다. 여기에는 교육과 의료 제도, 환경 관련 제도, 그리고 노동자의 권리와 퇴직금 문제까지 안 들어가는 것이 없다. 우리가 흔히 사회정책이라고 부르는 모든 사항이 '무역 관련'이라는 이름 아래 협상 대상이 되고 '사회경제적 권리'들은 자유무역협정 앞에서 '무역 장벽'이 된다. 본협상이 시작되기도 전에 미국에 양보해 버린 네 가지 분야를 보면 한미FTA의 성격이 뚜렷해진다. 광우병 예방, 자동차 배기가스 규제, 의약품 정책 등이 '비관세장벽'이 되고 철폐 대상이 된다.

한미FTA는 한국 대 미국의 한판 대결이 아니다. 새 의약품 정책을 도입하지 않겠다는 한국 정부의 방침은 미국 제약 회사뿐 아니라 한국 제약 회사한테도 이익이다. 미국산 쇠고기 수입은 미국의 거대 축산 자본만이 아니라 한국의 대형 외식업체 체인점들이 간절히 바라는 바다. 사전 협상이 이럴진대 본협상은 어떻겠는가?

한미FTA는 북미자유무역협정NAFTA의 결과를 두고 북미 시민사회 단체들이 결론을 내렸듯이 '기업의 무한 이윤 추구를 제한하는 사회정책과 공적 규제의 철폐를 위한 것'일 뿐 국익을 대상으로 한 두 나라 정부 사이만의 대결이 아니다.

건강보험 제도를 공공과 민간 의료보험의 경쟁 체제로 만들어 민간 보험 시장을 넓히는 것은 미국 AIG의 목표이기도 하지만 삼성생명의 목표이기도 하다. 이렇게 한국의 공적 건강보험 제도를 보험회사의 무역 장벽으로 보고 그 틀을 깨자는 것이 바로 자유무역협정이다. 이것이 현실로 돼 부유층의 공적 건강보험이 민간 의료보험으로 12퍼센트만 이탈하면 건강보험 재정이 반으로 줄어 당장 보험 혜택이 반으로 깎인다. 교육도 마찬가지다. 대학을 서비스 개방이라고 기업화하면 당장 등록금이 갑절 넘게 된다. 이것이 어떻게 사회 양극화의 해소란 말인가.

이뿐 아니다. 주한미국상공회의소는 자유무역협정 관련 노동 분야 요구로 퇴직금 제도의 폐지, 해고 통지 기간 축소, 단체협약을 매우 까다롭게 하는 내용 등을 압박할 예정이다. 문제는 이 요구가 한국 재계의 요구이며 한국 정부의 '기업하기 좋은 나라'를 만들기 위한 계획의 일부이기도 하다는 것이다.

이런 상황에서 '국민 된 도리'로 한국 정부를 응원만 하라고? 전 세계에 단 9개뿐인 미국과의 자유무역협정이 대세라고 주장하는 정부를 믿으라고? 북미자유무역협정을 미주 자유무역협정으로 확장하려던 미국과 일부 남미 정부들의 시도는 남미 민중이 거부했다. 이제 공은 한국으로 넘어왔다. 한국 정부와 미국 정부의 '선의의 대결'을 '대~한민국'으로 응원할 때가 아니다.

한미FTA를 '제2의 IMF'라 하는 이유

2006년 4월 초 한미FTA 협상 의제에 공공서비스도 포함된다는 것이 드러나기 시작했다. 〈한겨레〉 2006년 4월 9일 자에 실린 이 칼럼은 한미FTA로 공공서비스가 민영화되면 어떤 일이 일어날지를 볼리비아를 사례로 들어 설명했다.

1999년 볼리비아의 코차밤바에서는 시민들이 수도꼭지를 밧줄로 꽁꽁 묶어 둬야 했다. 아이들이 장난으로라도 꼭지를 틀어 놓으면 큰일이 날 정도로 물값이 폭등했기 때문이다. 한 달 수도 요금이 월급의 20퍼센트였다. 볼리비아 정부가 상수도를 미국 기업 벡텔에 팔아넘긴 결과였다. 상수도 민영화는 볼리비아만의 일이 아니다. 북미자유무역협정 이후 캐나다에서는 시장이 시민들도 모르게 호수를 통째로 기업에 팔아넘겨 큰 문제가 됐고, 수도를 놓아두고 강에서 물을 긷던 어린아이가 악어에 잡아먹히는 일이 세계 도처에서 생긴다. 물을 팔아먹어? 무슨 봉이 김선달 이야기인가 할 수 있으나 이 일이 지금 한국에서도 일어나려 한다. 한미FTA에서 미국이 요구하는 바가 바로 이 '상수도 민영화'이기 때문이다.

미국이 요구하는 것이 어찌 상수도 사유화뿐이겠는가. 미국은 한국전력이 공적 규제를 받고 있다고 발전 부문의 기업 매각을 요구하고 있다. 주한미국상공회의소는 한국가스공사의 분할 매각을 빨리 진행하라고 요구한다. 미국 정부는 공공서비스를 공기업이 운영하는 것은 '공정한 경쟁의 방해이고 투자 장벽'이라면서 평범한 사람들의 삶과 직결된 물·전기·가스 등을 기업에 팔아넘길 것을 요구하고 있다. 이것이 한미FTA다.

물이나 전기, 가스 등 공공서비스가 민간 기업에 넘어가면 어떤 일이 일어날까? 정부가 말하는 대로 경쟁을 통한 요금 인하와 서비스 질의 향상이 돌아올까? 외환 위기 이후 부분 매각 조처로 LG에 매각된 안양 열병합발전소에서는 한꺼번에 20퍼센트의 전기 요금 인상을 요구한 바 있다. 최대 이윤 추구가 목적인 민간 기업에 사실상의 독점 부문인 공공서비스를 맡겨 놓으면 공공요금의 폭등이 일어나는 것은 세계적으로 확인된 바다.

한미FTA는 또한 교육과 의료의 '무역 장벽' 제거를 요구한다. 2006년 3월 말 미국무역대표부가 발표한 무역 장벽 보고서에서는 인천 등 세 곳의 경제자유구역을 개방의 표준으로 제시하고 있다. 자유무역협정은 경제자유구역을 전국화하는 것이고 이렇게 되면 학교와 병원은 영리법인이 돼 등록금과 의료비를 자기 마음대로 올려 받을 수 있게 된다. 병원만 보자면 건강보험증을 안 받는 귀족 병원이 생기는 것이다. 한마디로 미국식 의료의 한국 이식이다. 미국의 의료비는 어떨까? 맹장 수술이 1000만 원, 분만료가 700만 원, 사랑니 하나 뽑는 비용이 100만 원이다. 국민소득 차이를 고려해도 의료비가 한국의 열 배가 넘는다. 유학생들이 사랑니를 뽑으려면 한국에 왔다 가는 게 비행기 값 포함해도 이익이라는 것은 농담이 아니다. 오죽하면 체육 시간에 아이들이 어디 다치기라도 하면 그 치료비가 엄청나 학교 재정에 문제가 생길까 봐 체육 시간에 자습을 시키는 학교가 미국에서 문제가 될까?

외환 위기 때 한국 정부는 수많은 공기업을 헐값으로 국외 기업에 매각했다. 그 결과는 지금 우리가 보고 있는 바다. 한미FTA는 이제 그때 기업에 팔아 치우지 않은 공적 서비스 분야를 몽땅 기업에 넘겨주자는 것이다. 이 협정의 결과는 수도·가스·전기 요금, 교육비, 의료비의 폭등이다. 한미FTA를 제2의 외환 위기라고 부르는 것은 과장이 아니다. 상수도를 팔아넘기려던 볼리비아의 로사다 대통령은 민중의 항의에 계엄령까지 동원했으나 결국 벡텔은 볼리비아에서 쫓겨난다. 로사다 대통령도 2003년 가스까지 미국 기업에 넘기려다 결국 민중의 손에 쫓겨났다. 이것이 볼리비아만의 일일까?

한미FTA, 누가 거짓말 하나?

김종훈 한미FTA 협상 수석대표는 교육과 의료 같은 공공성이 강한 분야는 협상 의제가 아니라고 여러 차례 밝혔지만 얼마 지나지 않아 순전한 거짓말임이 드러난다. 〈한겨레〉 2006년 4월 30일자에 실린 이 칼럼은 이 점을 일찍부터 지적했다.

얼마 전 김종훈 한미FTA 협상 수석대표는 "교육·의료 등 사회 공공 제도는 통상 의제가 될 수 없고, 한미FTA 협상 테이블에도 오를 수 없다"고 했다. 교육·의료 등 공공서비스가 한미FTA 때문에 문제가 된다는 것은 반대론자들의 기우이고 오해라는 것이다. 그런데 정말 기우이고 오해일까?

그가 지적한 협상 분야만 봐도 그렇다. 지식재산권? 이 분야의 핵심적 사항은 의약품 특허다. 미국은 협정에서 새로 개발되는 약은 무조건 선진 7국 평균 약값으로 하고, 또 특허 기간을 연장해 값싼 복제 의약품 생산을 막으려 한다. 선진 7국 평균 약값? 대표적인 것이 백혈병 치료제인 글리벡이다. 약값이 한 알에 2만 5000원, 한 달에 300만~600만 원이 들고, 보험 적용이 돼도 90만~180만 원을 내야 했던 약. 마침내 백혈병 환자들이 여의도 노바티스 회사 앞에서 "약이 없어 죽을 수는 있어도 돈이 없어 죽을 수는 없다"고 외치게 했던 이 비싼 약값은, '선진 7국 평균 약값'이기 때문이다. 지금 한국의 약값은 미국 약값의 33퍼센트, 선진국 약값의 48퍼센트다. 한미FTA가 체결되면 약값이 두 배 내지 세 배로 뛰는 것은 당연지사다. 소비자 부담도 문제지만 건강보험 재정은? 현재 약값으로 나가는 돈은 8조 원으로 건강보험 재정의 30퍼센트다. 이 돈이 두세 배로 뛰면 우리나라 건강보험 재정이 견딜 수 있을지 걱정하는 것이 오해이고 기우인가?

금융? 금융 협상 핵심 의제의 하나는 보험료 규제 완화다. 미국에서 민간 의료보험은 그 손해율이 80퍼센트로 정해져 있다. 100원을 보험료로 받으면 80원은 가입자에게 돌려주라는 것이다. 그런데 한국은 이런 규제가 없다. 한국에서 AIG나 삼성생명은 보험료로 100원을 받으면 60원을 돌려줄 뿐이다. 그런데 한미FTA 협정에서는 아예 보험료 완전 자유화를 요구한다. 이미 한국의 민간 의료보험은 8조~10조 원 규모로 공적 건강보험 규모의 3분의 1이 넘고 1인당 민간 의료보험에 내는 돈은 8만 8000원이다. 민간 의료보험은 이미 공적 건강보험을 위협할 정도로 비대해져 이를 규제하는 것이 한국 의료 개혁의 핵심 과제다. 그런데 한미FTA는 그 핵심 의제가 민간 의료보험을 더 활성화하자는 것이다. 그런데 의료 제도가 협상 의제가 아니라고?

정부는 교육은 협상 의제가 아니라고 오해를 풀라고 한다. 그러면서 대학은 협상 대상이란다. 당장 대학 등록금이 갑절 넘게 뛸 것이 분명한데 오해를 풀라니 이 무슨 손바닥으로 하늘 가리기인가?

자유무역협정을 맺는 정부들은 항상 공공 제도는 예외라는 것을 방패막이로 내세운다. 북미자유무역협정도 교육과 의료 제도는 예외라고 했다. 그러나 북미자유무역협정 이후 캐나다의 의료와 교육 예산은 대폭 삭감됐다. 더욱 큰 문제는 교육과 의료 제도의 개혁이 물 건너갔다는 것이다. 캐나다 온타리오주에서는 공공 의료보험 도입 계획이 취소되기에 이르렀다. 자유무역협정 아래서 민간 보험사의 영업이익을 침해하게 되면 정부가 손해를 배상해야 했기 때문이다. 이런 예는 수없이 많다. 북미의 시민운동가들은 "북미자유무역협정 이후 사회 공공 제도가 즉시는 아니더라도 결국은 사유화, 영리화됐고, 더 나쁜 것은 공공성의 파괴 쪽으로만 변화가 일어났다는 것"을 이구동성으로 지적한다. 자유무역협정 자체가 기업의 이윤 추구를 규제하는 공공 제도를 무역 장벽, 투자 장벽으로 보고 이를 제거하려는 것이기 때문이다. 사실이 이런데 교육과 의료는 협상 의제가 아니니 오해를 풀라고? 누가 오해를 하고 누가 거짓말을 하는 것인가?

보건의료 혹은 건강 문제와 정치

2016년 지은이가 편집자로 있던 《의료와 사회》 3호에 실린 글이다. 박근혜 정부 아래에서 4월 총선을 앞두고 발표한 특집 기획 '보건의료와 정치'의 총론 격인 글이다.

보건의료 문제 혹은 건강 문제는 역사적으로 언제나 중요한 정치적 의제였다. 물론 역병에 대한 대처, 기근이나 구휼 등은 역사적으로 문명이나 왕조의 흥망성쇠에 언제나 커다란 문제였다. 그러나 지금 다룰 주제는 현대, 즉 자본주의 시대의 보건의료 문제와 정치의 문제다.

따라서 우리가 다룰 자본주의 시대의 보건의료 문제와 건강 문제의 특징은 국민국가의 노동의 주체가 노동자라는 계급으로 등장한다는 것이고 이들이 노동력으로 재생산돼야 한다는 것이다. 다른 한편 이 노동자들은 자본주의의 정치의 영역에서 정치적 주체로 정치의 장에 뛰어든다는 점일 것이다.

사회보장제도의 역사와 노동자들의 정치세력화

우리는 흔히 건강보험을 세계 최초로 도입한 정치인이 비스마르크라고 배웠다. 그러나 보수 정치인인 비스마르크가 왜 건강보험의 도입에 나섰는지는 잘 알려지지 않았다. 그는 철鐵과 피血의 정치인(철혈재상)이라 불렸는데 이는 유럽 전역을 휩쓴 혁명의 파도 속에서 '언론과 다수결이 아니라 무기(철)와 탄압(피)이 필요하다'고 믿었고 또 그것을 공공연하게 피력했기 때문이다.

즉 비스마르크가 건강보험 제도를 도입한 것은 혁명을 예방하기 위해서였다. 독일의 사회보장제도가 그것이다. 그가 사회주의자 탄압법(1878년)을 입법하면서 동시에 당시 사회주의자들의 요구를 일부분 수용해 도입한 것이 건강보험 제도(1881년)와 연금제도(1891년) 등의 복지 제도다.

비스마르크 자신도 1884년 11월 독일 제국의회 연설에서 "만일 사회민주당이 없었더라면 그리고 아무도 그들을 두려워하지 않았더라면 우리가 사회 개혁에서 행했던 적절한 진전은 존재하지 않았을 것이다" 하고 이를 공개적으로 인정했다. 역사상 최초로 건강보험 제도와 복지 제도가 도입되는 데 가장 주도적 구실을 한 요인은 비스마르크로 대표되는 기존 정치체제가 아니라 유럽의 혁명, 그리고 계급투쟁을 강력하게 추동했던 당시 독일 사회민주당과 급진적 노동운동이었다. 이후 사회보장제도의 역사 또한 100여 년에 걸친 치열한 "계급투쟁의 역사"다.

이 당시 유럽의 혁명적 분위기는 1871년 파리코뮌에서 그 절정을 이뤘다고 할 수 있을 것이다. 노동자들이 세운 최초의 정부였던 파리코뮌의 포고령들은 비교적 짧은 기간에도 불구하고 매우 구체적이다. 밀린 집세까지 포함해 집세를 면제하고, 노동자 아이들에게 무상 의무교육을 시행하고, 철야 노동을 금지(!)하는 것이 그것들이다. 정치 집회를 거부하는 교회를 징발해 정치 집회장으로 사용하고 그곳에서 교육을 시행했고 일부에서는 무상의료도 시행했다. 지금 한국에서도 시행되지 못하고 있는 복지·건강 정책이 무려 150여 년 전 파리코뮌에서 시행된 것이다.

당시 파리에서는 "코뮌 기간에(는) 남녀노소 할 것 없이 아무도 굶주리거나 추위에 떨거나 집 밖에 나앉지 않았다"는 것이 역사적 기록이다. 그리고 바로 이런 유럽의 혁명적 분위기 때문에 비스마르크가 혁명을 예방하기 위해 독일의 사회보장제도를 도입한 것이다.

물론 당시 독일 사회민주당은 불법 정당이었다. 우리가 정치를 이야기할 때 이를 단지 공식적·제도적 정치 차원으로만 한정해서는 곤란하다. 역사적으로 건강보험이나 사회보장제도의 도입부터 그러하기 때문이다.

20세기 초 다시 한 번 역사적 진전이 있었다. 20세기 초 당시 가장 잘 조직된 노동자 정당은 잘 알려져 있다시피 독일 사회민주당이었다. 당시 당원이 100만 명에 달해 '국가 안의 국가'로 불리기도 했을 정도다. 그러나 막상 가장 급진적 개혁이 일어난 곳은 선진국 독일이 아니라 후진국이자 가장 약한 고리였던 러시아였다. 1917년 10월 혁명이 성공하면서 소비에트 러시아가 수립됐고 이때 가장 먼저 도입된 것이 무상교육과 무상의료였다.[1]

---

1 이 책 9장에 실린 "러시아 혁명과 보건의료"를 참조하라.

당시 국제적인 사회민주당의 강령을 국가 단위에서 가장 먼저 도입한 것이 소비에트 러시아였다. 복지 제도의 도입은 단지 의료와 교육에서만 이뤄진 것은 아니었다. 산재보험법의 시행은 물론이고 13~14시간에 이르던 노동시간이 8시간으로 단축됐다.

소비에트 러시아의 의료에 대한 주목할 만한 연구를 남긴 나바로는 자본주의 사회에서 보건의료 체제 또는 보건의료 제도가 노동력 재생산의 관리 기구로서의 구실에 더해 사회적 억압 기구 구실을 한다고 봤다. 그는 의료 기구나 의료 지식, 임상적 행위들이 사회적으로 계급적(·인종적·성적) 억압과 차별을 정당화하는 기구로 작동한다고 봤다.

이런 점에서 러시아 혁명에서 주의 깊게 봐야 할 것은 단지 보건의료 문제나 사회적 건강의 문제가 무상의료의 시행에 그치는 것이 아니라 주민과 노동자의 의료 제도 참여 문제, 여성과 성의 문제, 전문가들의 권한 축소와 칸막이 해체 등 의료 서비스 생산 전반에 걸쳐 있었다는 점이다. 물론 공장이나 작업장에서 노동자들이 생산과정에 대한 통제를 통해 생산과정의 변화도 이뤄 냈다.

예를 들어 소비에트 러시아에서는 여성의 권리에 관한 괄목할 만한 조치들이 혁명 첫해에 도입됐다. 여성 선거권이 전면적으로 보장됐고, 여성과 남성의 동일 임금이 도입됐으며, 유급 출산휴가제가 도입됐다. 그것만이 아니다. 임신 중지가 합법화되고 그것도 무료로 시술됐다. 심지어 지금 봐도 급진적인 조치들이 시행됐는데, 예를 들어 혼인 당사자 중 어느 한쪽만 원해도 이혼이 즉시 가능한 제도가 시행됐고, 동성애와 간통도 더는 범죄로 취급되지 않았다. 이런 조치들은 100년이 지난 한국에서조차 시행되지 않은 조치들이다.

당시 여성의 문맹률은 90퍼센트가 넘었다. 당시 이네사 아르망과 그 후임 콜론타이 등의 여성 정치인들이 맡은 소비에트 러시아의 여성부(제노텔) 장관을 중심으로 한 여성부는 광활한 중앙아시아 지역까지 포함해 러시아 전역에서 광범하게 여성의 권리와 사회참여에 대한 교육 활동을 벌였다.

그러나 1920년대 말 스탈린의 집권이 본격화되면서 이런 진보적 조치들은 후퇴하기 시작한다. 소비에트 관료층이 새로운 지배계급으로 등장하게 되면서 생산과정이 아니라 의료 서비스, 복지의 분배 영역만이 강조됐다. 이런 분배 영역으로의 집중은 이후 서구 사회의 양대 좌파 정당에서도 드러나게 된다. 이는 제2차세계대전 이후 사회민주주의 정당에서도 마찬가지다.

제2차세계대전 이후 유럽 사회보장제도의 확립은 유럽 노동운동의 급진화에 그 기반을 두고 있다. 예를 들어 영국의 NHS 도입은 제2차세계대전 이후 영국 노동운동의 급진화에 따른 노동당의 단독 집권을 통해 이뤄졌다. 던컨 핼러스의 회고에 따르면, 그가 제2차세계대전이 끝난 뒤 리버풀에 있는 조그만 극장에서 고전적 반전 영화인 〈서부전선 이상 없다〉를 보다가 영화에서 독일 병사 두 명이 "우리끼리 싸우지 말고 장군들하고 정치가들끼리 치고받고 싸우게 하는 게 나았을 걸 그랬어" 하고 말하는 장면이 나왔을 때, 영국의 퇴역 군인이 다수 섞여 있었을 청중석에서 곧바로 큰 박수가 나왔다고 한다. 당시 지배계급에 대한 노동자들의 반감이 조금 전까지 적군이었던 독일 병사들에 대한 반감보다도 더 컸다는 것이다. 영국 참전 군인의 92퍼센트가 노동당에 표를 찍었을 정도로 유럽 노동운동은 급진화했다. 그리고 이것은 영국만의 현상이 아니었다. 유럽 전역의 현상이었고 캐나다에서도 이런 상황들이 나타났다.

예를 들어 우리가 지금은 상식적 내용으로 알고 있는 세계보건기구WHO의 건강의 정의, 즉 건강이란 "단순히 질병이 없거나 허약하지 않다는 것에 그치지 않고 완전한 신체적·정신적·사회적 안녕 상태"라는 폭넓은 정의도 바로 이런 급진적 시대의 산물이다.

이런 상황에서 영국 노동당이 집권하면서 "국유화가 사회주의로 가는 주요한 교두보"라고 주장하며 주요 산업을 국유화했고, 병원들을 거의 모두 국유화했다. 이렇게 해서 영국의 NHS가 도입됐다.

당시 대부분의 의사는 반대했고 심지어 NHS 도입에 찬성한 의사가 1퍼센트에 불과했다는 보고도 있다. 보수당의 반대는 더욱 뜨거웠다. 그러나 노동자와 서민의 지지가 매우 확고했기 때문에 NHS가 도입됐다. 물론 무상의료의 도입이 건강 문제의 정치적이고 사회적인 최종 해결책이 아님은 이후 블랙리포트가 발간돼 무상의료 도입 후에도 여전히 계급·계층 간 건강 불평등이 심각하고 더욱 악화됐다는 점을 들지 않더라도 분명할 것이다. 이는 의료 서비스 분배 영역만이 아니라 사회 전반에 걸친 전반적이고 철저한 개혁만이 세계보건기구가 말하는 건강을 실현할 수 있다는 점에서 중요하다.

물론, 이렇게 어느 정도 성공한 사례만 있는 것은 아니다. 미국의 경우에는 의료보장 제도나 사회보장제도가 다른 나라들에 비해 매우 부실하고 의료 체계 자체가 기업 의료라고 부를 만큼 자본에 장악돼 있다.

미국에서도 민권운동이나 반전운동이 없었던 것은 아니다. 1960년대 전 세계의 사회운동이 뜨겁게 불타올랐을 때 미국에서도 아름답고 거대한 사회운동이 있었다. 1960년대 전 세계 사회운동의 절정은 1968년이라고 할 수 있을 텐데, 이는 프랑스의 5월혁명과 미국의 반전운동으로 대표됐다. 그리고 1969년 이탈리아의 뜨거운 가을에는 550만 명의 노동자가 이탈리아에서 파업과 공장점거 운동을 벌였다. 당시 피아트 공장을 점거한 노동자들의 슬로건이 "우리는 우리가 일하는 동안 노래할 수 있는 공장에서 일하길 원한다"였던 것에서 드러나듯이 이 노동자들의 파업은 자본주의 국가의 근본적 변형을 요구했다.

미국에서도 노동자 파업이 없었던 것은 아니다. 그러나 사회운동의 중심은 학생들과 흑인들이었고 또 전국적 노동운동을 이끌 만한 노동자 정당과 전국적 노동조합 조직이 존재하지 않았다. 이 때문에 미국에서는 전 국민 건강보험이 도입되지 못했고 1960년대 사회운동의 결과로 메디케어(65세 이상 인구의 공적 건강보험)와 메디케이드(저소득층과 장애인 등에 대한 공적 건강 보장 제도)만 도입됐다. 그리고 기업형 복지 체제가 굳어졌다.

오바마가 최근에 겨우 도입했지만 이조차 공화당이 재집권하면 사라져 버릴, "100년 만의 의료 개혁"이라는 오바마케어도 사실 대부분의 경제협력개발기구OECD 국가와 상당수의 신흥공업국이 가지고 있는 전 국민 건강보험 제도와는 거리가 멀다. 오히려 케네디가 도입하겠다던 전 국민 단일 건강보험(우리나라의 건강보험과 같은)에 대항해 당시 공화당의 닉슨이 내세웠던 공약이 바로 오바마케어처럼 민영 의료보험에 대한 강제가입과 공적 건강보험과의 경쟁이다.

실제로 오바마케어는 미국의 의료 자본과 공화당 보수파의 반대에 따라 공적 건강보험의 민영 의료보험과의 경쟁 공약조차 지키지 못한 채 도입됐다. 이렇게 보면 오바마는 미국 역사상 최악의 대통령으로 기억되고 있는 닉슨의 공약보다도 못한 정책을 도입한 셈이다. 시어도어 루스벨트, 케네디가 도입을 시도했고 클린턴이 부분적으로 개혁을 시도했던 100년 만의 의료 개혁은 이처럼 다른 나라들이 보기에는 매우 부족한 개혁이다.

이는 보건의료에서의 정치가 단지 누구를 뽑는지에 좌우되는 게 아니라 당시 역사적 상황이 사회 계급 간의 역학 관계를 반영한다는 점, 그리고 노동자와 서민이 어떤 정당으로 조직되는지에 달려 있다는 점을 잘 보여 주는 예라 할 수 있다.

한국의 건강보험과 사회보장제도와 정치

한국 사회는 일본 제국주의에 의한 기형적 근대화 과정을 겪었고 해방 이후에는 곧바로 한국전쟁이 발발했다. 진보적 사회운동은 분단에 의해 한국 사회에서는 그 흔적을 찾기조차 힘들었다. 이런 상황에서 건강보험에 대한 논의가 4·19, 즉 1960년 4월 혁명 이후에야 본격적으로 등장한다는 것은 놀라운 일도 아니다.

5·16 쿠데타 이후 박정희도 이 4월 혁명에서 분출한 사회 개혁의 목소리를 외면할 수는 없었다. 1962년 7월 국가재건회의 의장 박정희는 내각 수반에게 "사회보장제도를 확립하라"는 지시 각서를 내렸다. 이는 이른바 제3공화국이 들어선 1963년 말 사회보장 법률, 산업재해보상법, 의료보험법이 제정되는 근거가 됐다. 그러나 실제로 국가에 의한 건강보험이 도입되기 시작한 것은 5·16 이후 16년이 지난 1977년이다. 박정희가 정말로 건강보험을 도입할 생각이 있었다면

왜 무려 16년이나 이를 도입하지 않은 것일까?

복지 제도가 미미한 한국에서 건강보험 제도는 국민이 꼭 지켜 내야 할 제도로 인식하는 거의 유일한 복지 제도다. 이 때문에 박정희 시대 인사들의 회고록이나 회고성 인터뷰에서도 거의 빠짐없이 다뤄진다. 그러나 그 추진 주체는 회고자들마다 다 다른데 회고의 주체가 모두 자신들이 추진했다고 강조한다는 점에서는 동일하다.

2016년 더불어민주당의 비대위원장이 된 김종인도 "제가 박정희 대통령에게 의료보험 제도 도입을 강력하게 건의했더니 다들 반대하고 난리가 났는데, 심지어 보사부 신현확 장관도 반대했다. … 당시 학생운동이 격렬하게 일어날 때인데, 김정렴 청와대 비서실장을 만나서 … 학생운동과 노동자들의 분배 요구가 맞물려 합쳐지게 되면 큰일난다. … '의료보험 제도라도 우선 도입하자'고 했던 것"이라 말한다.[2]

여러 회고담을 종합하면 당시 박정희 정권은 1975년 이후 10배로 늘어난 '노동쟁의'를 걱정하고 있었고 이것이 학생운동으로 대표되는 민주화 운동과 만나는 것을 가장 두려워하고 있었다(다른 한편 중공업 중심 경제 발전 정책으로 대공장을 중심으로 노동자들의 노동력 관리가 필요했다). 이 때문에 이런 민주화 운동과 노동운동의 만남을 두려워한 박정희가 분배 정책으로 시행한 것이 바로 건강보험이라 할 수 있다. 말하자면 비스마르크식 혁명 예방 정책이었던 셈이다.[3]

---

2 "신학림이 만난 사람 ③: 김종인 전 국회의원 (1)", 〈미디어스〉 2008년 7월 25일.
3 이와 관련해서는 이 책 4장에 실린 "박정희가 건강보험의 아버지인가?"를 보라.

그러나 이렇게 보더라도 박정희를 건강보험의 아버지라고 부르는 것은 불가능한데 왜냐하면 1977년 500인 이상의 대공장에만, 이후 공무원과 300인 이상의 공장에만 도입했고, 국가 재정을 전혀 투입하지 않고 기업 50퍼센트 노동자 50퍼센트의 재정 부담으로만 도입했고, 그 운영은 의료보험조합 사무실이 전경련 건물에 있을 정도로 자본 중심이었기 때문이다. 심지어 그 조합의 재정이 남아돌게 되면 기업들은 그 자금을 자신들의 돈인 것처럼 가져다 쓰기도 했고 그 보장률도 50퍼센트에도 못 미치는 등 지금까지 내려오고 있는 우리나라 건강보험의 한계, 즉 국가책임의 부족함, 운영의 비민주성, 낮은 건강보험 보장률의 한계를 보여 줬기 때문이다. 그리고 그조차 사실 적극적으로 도입했다기보다는 노동운동과 민주화 운동의 만남을 우려한 예방 조치였다.

이런 예방 조치가 우려한 사건이 박정희에게는 불행하게도 실제로 일어났다. YH 노동자의 투신으로 일어난 당시 야당과 노동운동의 만남이 그것이고, 더 중요하게는 부마항쟁에서 이뤄진 학생과 노동자의 거리 투쟁이었다. 그리고 바로 이 부마항쟁으로 박정희 정권은 무너진다.

이후 전 국민 건강보험의 도입은 1987년 6월 항쟁과 7~9월 대파업으로 이어지는 한국 사회의 민주화를 기다려야 했다. 1987년 이후 지역 건강보험이 도입됐고 1989년 도시 지역 건강보험이 도입되는 과정은 농민의 투쟁과 무엇보다도 계속되는 노동자 투쟁의 결과다. 민주노총의 전신인 전노협, 농민단체, 빈민단체, 당시 인도주의실천의사협의회(인의협) 등 보건의료단체, 병원노조 등의 전 국민 건강보험 도입 운동도 매우 중요한 구실을 했다.

또한 전국적으로 수백 개의 조합으로 쪼개진 지역조합과 기업조합을 묶어 단일한 건강보험으로 바꾸게 된 것은 민주적 정권 교체를 거쳐 2000년까지 기다려야 했다. 이 건강보험 통합을 이루고 현재의 건강보험 보장률까지 높여 놓은 것은 사회운동의 결과다(예를 들어 지금 보면 황당하겠지만, 이전의 공적 의료보험은 고혈압 약제를 연 180일까지만 보험 처리해 줬다). 박정희를 건강보험의 아버지라고 부를 수 없는 이유가 여기에 있다. 그가 낳은 아이는 애초 더는 성장 가능하지 않고 자라지 않을 아이였다. 그 아이를 어떻게든 살려 내서 지금의 건강보험을 만든 것은 이 땅의 민중이고 노동자와 농민과 빈민이었다.

결국 한국 사회의 건강보험 도입과 확대의 정치적 전개도 한국의 민주주의 발전, 그리고 노동운동의 전개와 발전에서 제대로 그 뿌리를 찾을 수 있다.

의료 민영화 반대 운동과 한국 보건의료의 쟁점들

애초에 영리병원을 허용하고 의료 산업을 육성한다는 정책은 노무현 정부 때 나온 이야기들이었다. 실손형 민영 의료보험의 도입은 2003년 8월 보험업법 개정이 이뤄졌으니, 민영 의료보험이 실제로 시작된 것도 노무현 정부 때였다고 할 수 있다. 의료 민영화 반대 운동은 이때부터 시작됐다. 개인적으로는 노무현 정부 시절 국회 앞에서 농성할 때 국회로 들어가던 당시 여당 국회의원들이 "영리병원 인천이나 제주에 하나 만든다고 뭐가 바뀌겠어!" 하고 비웃고 지나가던 모습을 지금도 기억한다. 이때도 사회운동에서는 의료의 시장화 반대와 건강보험 보장성 강화가 주된 구호였다. 그러나 아직 의료 민영화 반대라는 구호는 정착되지 않았다.

2007년 이명박 대통령이 당선한 직후 대통령 인수위원회에서 흘러나오는 보건의료 정책들은 한국의 건강보험을 재편한다는 이야기들이었다. 심지어 한국의 건강보험에 내적 경쟁을 도입해 네덜란드처럼 민영 의료보험이 참여하는 경쟁형으로 바꾸고 영리병원을 전면 허용하고 건강보험 당연지정제를 폐지하는 정책을 추진한다는 것이었다. 그러나 그 반대 운동을 어떻게 풀어야 할지 알 수 없었다.

그런데 노무현 정부 때부터 이어져 오던 한미FTA 반대 운동의 일환이었던 미국산 쇠고기 수입 문제에서 이명박 정부가 전면 개방을 선언해 버렸다. 부시 대통령을 만나고 와서는 캠프 데이비드 방문과 쇠고기 수입 전면 개방을 맞바꿔 버린 것이었다. 전혀 예상치 못하게 중학생들을 포함한 젊은 여성들이 거리로 나왔고 2008년 촛불항쟁이 시작됐다.

이 촛불항쟁을 여전히 쇠고기 수입 개방 반대 촛불이라고 부르는 사람들이 많다. 그렇지만 단일 쟁점으로 처음부터 전국적으로 100만 명의 사람들이 거리로 나오는 대규모 시위는 거의 불가능하다. 이 항쟁은 미국산 쇠고기 전면 수입 반대 운동으로 시작했으나 얼마 지나지 않아 이명박 정권이 추진하려는 여러 정책에 대한 반정부 운동으로 확대됐고, 대운하 반대, 의료 민영화 반대, 언론 장악 반대, 공기업 민영화 반대, 학교의 비민주성 반대 등의 요구로 확대됐고 처음부터 '엠비아웃MB out'이 거리 시위대의 주된 구호였다.

많은 보수 논객들이 미국산 쇠고기의 위험성이 과장됐다고 비난하지만 다른 나라의 수입 기준에 비춰 보면 한국의 수입 기준은 미국과 동일한 것이다. 거의 10년이 지난 지금도 미국과 동일한 기준을 가지고 수입하는 나라는 없다. 한국의 시위가 미국산 쇠고기의 무분별한 수입 확대를 막았고 또 역으로 미국에서 광우병에 대한 위생 정책을 한 단계 높이는 계기가 됐다.

또한 쇠고기 수입 반대만을 외친 것도 아니다. 대중의 초점은 이후 종편의 언론 장악, 4대강 사업, 철도와 의료 민영화 시도, 학교 서열화 공고화 등으로 이어졌고, 모두 대중의 우려가 사실로 드러났다.

보수 논객들은 의료 민영화라는 개념이 성립하지 않는다고도 주장한다. 그러나 의료 민영화라는 개념은 사회운동 진영에서 만든 것이 아니다. 처음에 우리는 의료 시장화·영리화 반대, 의료보험 민영화 반대 등 여러 구호를 외쳤고 영리병원 반대, 건강보험 당연지정제 폐지 반대 등의 구체적 주장을 제시했다. 그러나 시위 대열이 10만 명이 넘어가면서부터 거리의 시위대들은 구호를 정리했고 이때 등장한 구호가 의료 민영화 반대였다. 즉 의료 민영화 반대라는 주장과 구호는 사회운동이 그 방향을 제시하기는 했지만 사회운동 단체들이 만든 것이 아니라 대중의 구호였다. 그리고 바로 이 2008년 '촛불항쟁'은 1987년 이후 최대의 대중운동이었다. 이후 이 운동은 한미FTA 반대 투쟁으로 이어지고 최근의 여러 운동으로까지 이어지고 있다.

다른 한편으로 이 운동은 학교급식 운동부터 한미FTA 반대 운동, 언론 장악 반대 운동 등 다양한 후속 운동들을 만들어 냈고 이 운동의 일체감을 만들어 내는 운동들의 연대를 만들어 줬다.

이때부터 대중화된 의료 민영화 반대라는 구호는 정부가 의료 부문을 기업에 넘기려고 할 때마다 매우 큰 부담감으로 다가오게 됐다. 심지어 박근혜 정권에서는 병원 부대사업의 영리기업화를 추진할 때 건강보험 민영화가 곧 의료 민영화라는 새로운 도식을 제시하면서 "정부도 의료 민영화 반대합니다"라는 프레임 바꾸기 전략을 시도할 정도로 이 구호는 여전히 강력한 정치적 영향력을 가지고 있다. 거리 시위와 노동자들의 파업이 한국의 민주주의를 만든 역사가 여전히 계속되고 있다.

어떤 운동을 할 것인가?

의료 민영화 반대 운동에 대해 여러 비판이 있다. 하나는 반대 운동이 가지는 한계에 대한 지적이다. 대안이 없다는 것이다. 그러나 정부에서 기업 의료를 도입하고 의료를 시장화하는 정책을 지속하는 한 이를 막지 않으면 앞으로 어떤 대안도 없다.

물론 우리의 대안은 필요하다. 그것은 건강보험 보장성 강화에 그쳐서는 안 된다. 그리고 공공의료 강화에 그쳐서도 안 된다. 세계보건기구에서 제시하듯, 건강과 건강 불평등의 완화는 사회적 결정 요인들을 바꾸는 것에 달려 있다. 교육, 고용, 소득, 주거, 노동환경, 차별과 배제의 철폐, 인권 옹호 등이 이런 결정 요인에 포함된다. 더욱 근본적으로는 자본주의 생산과정에서의 건강 파괴와 환경 파괴, 나아가 기후변화까지 포괄하지 않으면 사실 우리는 자본주의 사회에서 우리의 건강을 지킬 수 없다. 현재는 낯선 운동일지라도 이제 우리가 건강권 운동을 전개할 때는 더 첨예하고 근본적인 쟁점들과 그에 대한 대안적 운동을 전개해야만 한다.

그리고 그 운동은 일하는 사람들, 노동자들이 건강할 수 있는 다른 세계를 지향하는 운동일 것이다. 따라서 건강권 운동과 보건의료의 정치는 연대 운동이고 노동자 운동이며 거리에서의 대중운동일 것이다. 그리고 무엇보다도 새로운 사회를 지향하는 운동일 것이다. 전 세계 사회보장제도의 역사와 보건의료 운동의 역사, 그리고 한국 운동의 역사가 이를 분명히 보여 준다.

2장
자본주의와 생태

이윤 극대화에 맞춘 공장식 축산업은 새로운 팬데믹의 배양지가 됐다.

2-1
바이러스와 자본주의

2020~2023년 코로나 팬데믹은 자본주의 사회에서 감염병이 결코 평등하지 않음을 보여 줬다.

항생제와 백신만 있으면 전염병은 끝인가?

2002년 말부터 사스가 발병해 전 세계적으로 유행했다. 2003년에 작성한 이 글은 훗날 코로나 팬데믹에 대한 각국 정부의 무능한 대응을 예견이라도 한 듯하다.

아시아는 물론 전 세계를 공포에 빠뜨린 사스(중증급성호흡기증후군, SARS) 공포가 이제 물러난 듯하다. 그러나 사스는 우리가 사는 시대가 지구 규모의 전염병에서 결코 자유롭지 않다는 것을 여실히 보여 줬다. 페스트가 인구를 감소시키고 인플루엔자가 수백만 명을 사망에 이르게 하던 역병의 시대는 지나갔지만 이제 또 다른 '역병'들이 지구인들을 긴장하게 하고 있다. 치사율이 80퍼센트에 육박하는 에볼라 바이러스라든지 에이즈·말라리아 같은 전염병의 문제가 그것이다.

플레밍에 의해 페니실린이 개발되고 속속 백신이 개발되던 시기에 인류는 한때 모든 전염병은 끝났다고 호언했다. 그러나 이런 항생제·백신 만능론은 역사적으로 그리고 현실적으로 사실이 아니다. 역병의 시대가 지나간 것은 항생제와 백신 덕분이 아니었다. 페니실린과 백신이 개발되기 이전에 공중 보건과 영양 상태의 획기적 개선이 있었고, 이로 인해 전염병으로 인한 질병과 사망이 대폭 감소됐다는 것이 역사가 우리에게 가르쳐 주는 사실이다. 또한 항생제는 바이러스에 속수무책일 뿐 아니라 저항 균주의 증가에서도 보이는 것처럼 박테리아에 대해서도 만능이 아니다. 에이즈의 원인인 HIV 바이러스 등의 이른바 RNA 바이러스로 끊임없이 자신을 변화시켜 항抗바이러스 약제나 백신의 생산을 매우 어렵게 만든다.

무엇보다 중요한 것은 사람들의 건강이 단지 생의학적으로 결정되는 것이 아니라는 점이다. 에이즈 감염 문제만 하더라도 전 세계에 3000만 명 이상의 감염자가 있고 이 중 300만 명가량이 매년 사망한다. 에이즈 치료제가 개발되지 않아서가 아니다. 에이즈 치료제로 충분히 생명을 연장할 수 있는 사람들이 비싼 약값 때문에 치료를 포기해야 하는 것이다. 오늘날 새로운 전염병 시대의 도래라고 불리기까지 하는 현대의 역병의 문제는 치료제나 백신의 개발이 '아직' 안 돼 발생한 문제가 아니라는 것이다.

문제는 이런 국제적 신종 전염병 또는 과거 전염병의 국제 문제로의 재등장이라는 현실에 대해 인류가 아무런 국제적 방역 시스템을 갖추지 못한 채 무방비 상태로 노출돼 있다는 점이다. 이른바 세계화 또는 자본의 자유 이동 탓에 세계적 인구의 이동은 매우 활발한 반면 자연의 파괴는 가속화돼, 중국 오지에 있었다고 알려진 사스, 아프리카 지방의 풍토병이었던 에이즈, 아프리카 오지의 에볼라 바이러스가 국제적으로 큰 문제를 일으키고 있다. 문제는 전염병은 세계화됐음에도 전 지구적 의료보장이나 방역 시스템은 전혀 작동되지 않고 있다는 데 있다.

영국의 파나마운하 건설의 실패는 그 지역의 풍토병인 황열병 때문이었다. 이후 미국에 의한 2차 파나마운하 건설은 이 황열병의 정복이 있고서야 가능했다. 영국의 상수도 사업이나 노동자에 대한 의료보장도 노동력의 최소한의 질적 보장을 위한 측면이 가장 중요했다는 주장도 있다. 즉 보건 대책은 이익을 위한 부산물이었지 인류의 복지 향상과는 무관했다.

지금도 마찬가지다. 무역관련지식재산권협정TRIPS에 의해 전 세계를 대상으로 한 약품 특허권이 인정되는 지금, 에이즈와 말라리아는 치료제가 없어서 문제가 아니라 치료제의 약값이 문제다. 거대 다국적 제약 회사들에게는 몇몇 선진국 환자들에게 비싼 약값에 파는 것이 최대 이윤을 뽑는 길이다. 후진국 환자들을 위해 약값을 내렸다가는 선진국 사람들에게 비싸게 팔 수 없게 된다는 것이 그들의 논리다. 이 때문에 한국의 글리벡 약값이 월 300만~600만 원이 된 것이다. 거기다 후진국에서는 사회보장에 투자할 돈이 없다. 돈벌이를 위한 세계화를 해놓고서는 그 때문에 발생하는 전 지구적 보건 문제, 즉 전염병 대책을 위한 방역이나 의료보장은 갖추지 않았을 때 사스나 에이즈의 문제는 결국 필연적으로 발생한다. 사스를 제1세계에 대한 제3세계의 복수라고 보는 시각도 이런 사실에서 기인한다.

이미 전 세계의 각 나라들은 단일한 질병 전파 고리의 한 부분이다. 환경 파괴와 무책임한 제3세계 자원의 착취로 자연적 전염병 방벽이 무너진 지 오래다. 자연은 이런 인간에게 에이즈로 또 사스로 복수를 감행하고 있다. 이에 대한 대응이 또 하나의 돈벌이로, 즉 잘사는 나라에 에이즈약이나 사스 백신을 고가에 파는 행위만으로 이뤄질 경우 다음에 오는 질병은 치사율 15퍼센트에 이른다는 사스보다 더 큰 질병일 것임이 분명하다.

2003년 9월 초부터 멕시코 칸쿤에서 WTO 제2라운드가 열리고 이 논의의 가장 중요한 의제로 의약품에 대한 지식재산권 문제가 논의될 것이다. 다국적 제약 회사의 지식재산권에 대한 제한이 이뤄지지 않으면 약이 있어도 죽을 수밖에 없는 백혈병 환자나 에이즈 환자들의 문제가 지속될 것이다. 새로운 전염병 시대에 우리가 봐야 할 것은 새로운 백신이나 항생제를 위한 연구의 필요만이 아니다. '세계화'의 시대에 이에 걸맞은 지구적 의료보장과 방역 시스템의 확립이 없이는 전 인류가 새로운 전염병과 질병의 희생자가 될 것이라는 점이 우리가 봐야 할 지점이다.

신종플루 백신과 치료제, 그리고 자본주의

2009~2010년 신종플루가 출현해 유행하면서 큰 충격을 줬다. 전 세계에서 수만 명, 한국에서도 수백 명이 사망했다. 〈서강대학원신문〉 2009년 10월 1일 자에 실린 이 글은 각국 정부의 무능한 대처가 자본주의 체제의 구조적 문제와 관련돼 있다고 지적했다.

아르헨티나 4.5, 코스타리카 2.9, 에콰도르 2.5, 호주 0.1 미만. 이 숫자들은 겨울을 난 지구 남쪽 국가들의 신종플루 사망률이다. 아르헨티나는 100명 중 4.5명이 사망했지만 호주는 1000명 중 한 명도 사망하지 않았다는 것이다. 이번 겨울이 지나면 북반구의 국가들까지 포함해 전 세계 나라들의 성적표가 사망자 수와 사망률로 드러날 것이다. 남반구 국가들은 아직 신종플루 백신이 생산되기 이전의 성적표였던 반면 북반구에서는 백신이 있는 나라와 없는 나라가 나뉠 것이므로 각국의 명암은 더욱 뚜렷해질 가능성이 크다.

그런데 이번 겨울에 예방접종을 받을 수 있는 사람은 전 세계에서 몇 명이나 될까? 북반구에서 2009년 8월까지 백신 생산 주문을 한 것이 대체로 10억 회 분량 정도다. 짐작하다시피 거의 대부분을 북반구의 부국들이 주문했다. 일례로 미국의 경우 계절독감 백신의 주문량은 1억 회 정도였지만 이번의 대유행 독감 예방 백신의 경우 2억

5000만 회분을 주문했다. 그리스·네덜란드·캐나다·이스라엘은 인구 전체가 2회 접종할 수 있는 분량을 주문했고 다른 국가들도 인구의 30~78퍼센트가 2회 접종할 수 있는 분량을 주문했다. 조류독감의 경우 치사율이 60퍼센트였으니 선진국들이 준비를 철저히 한 것도 무리가 아니다. 그러나 10억 명을 제외한 58억 명은 백신과는 관계가 없다.

다행인 소식도 있다. 2회 접종을 해야 할 것으로 알려졌던 백신이 18세 이상 성인과 10세 이상 어린이에게는 1회 접종만으로도 예방이 가능할 것이라는 임상 결과다. 또 2009년 9월 21일 세계보건기구 사무총장 마거릿 챈이 밝힌 바에 따르면 대유행 인플루엔자 예방 백신이 2010년까지 약 30억 개가 생산될 수 있을 것이라고 한다.

그러나 이것이 다행일까? 30억 개가 생산 가능한 때는 2009년이 아니라 2010년이다. 그리고 생산이 가능하다는 것과 실제 주문 생산된다는 것은 전혀 별개의 이야기다. 벌써부터 내년에는 선진국들의 주문이 대폭 줄 것이라는 이야기도 나온다. 또 2회가 아니라 1회가 된다 한들 선진국들이 백신을 후진국에 기부하기보다는 자국 사람들이나 선진국 사이에서 재분배될 가능성이 훨씬 크다. 지금까지 기부 물품으로 나온 백신이 오직 300만 개, 즉 전체 생산량의 0.3퍼센트도 안 된다는 것만 봐도 충분히 짐작할 수 있다.

결국 지구의 68억 인구 중 백신이 가장 필요한 사람들, 즉 선진국을 제외한 나머지 나라의 국민 대다수는 백신은 구경도 못 할 것이다. 전 세계 인구의 50퍼센트가 하루 2.5달러 미만으로 살고 있는데 신종플루 백신 가격은 최소 10달러가 넘는 현실에서 이는 충분히 예상 가능한 일이기도 하다.

다른 한편에는 수십조 원의 이익을 내는 기업들이 있다. 백신 독점 생산 기업의 하나인 글락소스미스클라인GSK은 지금까지 3억 4100만 개의 백신을 주문받았다고 한다. 이는 계절독감 수준의 가격으로만 계산해도 3조 원이 넘는다(실제로는 5조 원이 넘을 것으로 보인다). 제약 회사 하나가 신종플루로 벌어들인 돈이 이 정도다. 전 세계 백신 생산은 사노피아벤티스, 아스트라제네카, 글락소스미스클라인 등 몇 개 제약 회사의 독점 영역이고 다섯 개 회사가 전체 물량의 80퍼센트 이상을 공급한다. 이들의 주가는 요즘 그야말로 하늘 높은 줄 모른다.

이런 사정은 항바이러스제에서도 마찬가지다. 조류독감의 치료제이고 이번 신종플루의 치료제이기도 한 타미플루의 독점 판매권을 가진 로슈는 2004년부터 이 약을 지금까지 2억 7000만 명분을 팔았고 2009년에 예상되는 매출액만 2조 원이 넘는다. 그런데 이 대부분의 항바이러스 치료제도 백신과 마찬가지로 선진국들이 비축했다. 대부분의 선진국들이 인구의 30~80퍼센트분을 비축한 반면 나머지 국가들은 비축은 엄두를 못 낸다.

물론 선진국의 대다수 국민들은 로슈가 올리는 천문학적 이윤과 어떤 관련도 없다. 타미플루만 하더라도 독점 판매권은 로슈가 가지고 있지만 그 특허권은 길리어드사이언시스라는 회사가 가지고 있다. 그 길리어드사이언시스의 전 대표이사가 우리가 잘 아는 부시 정권 때 국방부 장관 도널드 럼스펠드다. 길리어드사이언시스의 잘 알려진 주주로는 레이건 정권 때 국무부 장관 조지 슐츠와 그 아내가 있다. 그리고 이 길리어드사이언시스는 로슈 판매액의 10퍼센트를 로열티로 받는다.

이 럼스펠드가 국방부 장관 시절에 조류독감 치료제로 전 세계 미군을 위한 타미플루 구입을 지시했으니, 조류독감이나 지금 신종플루에 대해 인도네시아 보건부 장관이 제약 회사가 병을 만들었다고 음모론을 펴는 것도 무리가 아니다. 신종플루로 전 세계의 극소수 다국적 자본과 권력자가 떼돈을 버는데, 다른 한편에서는 신종플루 사태에서 천문학적 약값으로 약을 구경도 못 하게 생긴 상황에서 어떻게 음모론이 나오지 않겠는가?

20세기의 대부분 동안 인류는 전 세계적 전염병에 대해 단지 개인적 위생과 사회적 격리라는 두가지 기본적 방법으로 대처해 왔다. 빈곤과 흉작, 전쟁이 겹치는 상황에서는 개인 위생이나 사회적 격리라는 고전적 방법만으로는 역병을 막을 수가 없었고 1918년 스페인 독감 시기에 인류는 5000만 명 이상의 생명을 역신에 제물로 바쳤다.

그러나 지금은 21세기다. 현대 의학은 최소한 백신과 치료제, 그리고 환자들을 치료하는 병원을 중심으로 한 치료의학을 발전시켜 왔다. 천연두나 소아마비 등은 사실상 사라진 질병이 됐다. 그러나 지금 세계의 상황은 어떤가? 이번 신종플루만 보더라도 전 세계 인구의 80퍼센트 이상이 사실상 현대 의학의 가장 중요한 성과인 백신과 치료제의 혜택을 전혀 받지 못한다. 백신이 없어서도 치료제가 없어서도 아니다. 또 2005년부터 유엔이 준비했으므로 시간이 부족했던 것도 아니다.

신종플루만이 아니다. 지금 전 세계에서는 약이 없는 것도 아닌데 매년 1000만 명이 전염병으로 사망한다. 에이즈로 300만 명, 결핵으로 200만 명, 말라리아로 100만 명이 사망한다. 이들 중 반이 넘는 수는 어린이들이다. 홍역으로 폐렴으로 또 설사로 아이들이 죽는다.

HIV/에이즈 문제를 보자. 에이즈는 과거처럼 걸리면 죽는 병이 아니다. 고혈압이나 당뇨처럼 치료만 하면 오랫동안 정상적 생활을 할 수 있는 병으로 바뀐 지 오래여서 미국 에이즈 환자의 발병 후 평균 여명은 지금 24년 정도다. 그런데 전 세계 HIV 감염자의 70퍼센트 이상이 있는 아프리카의 에이즈 환자 중 적절한 치료를 받는 사람은 0.1퍼센트도 안 된다.

사하라사막 이남 아프리카 인구 중 절반 가까이가 하루 1달러 미만으로 산다. 그런데 에이즈 치료제의 약값은 1달에 최소 800달러 이상이다. 이들에게 다국적 제약 회사의 에이즈 치료제는 그야말로 그림의 떡이다. 똑같은 약제가 인도에서 수입되면 20분의 1이다. 특허권 때문이다. 특허만 없어도 당장 죽어 가는 1000만 명을 살릴 수 있다. WTO가 그토록 강조하는 무역관련지식재산권협정에서 특허는 20년 동안 존속한다고 해 놓았고 이 때문에 지구 한편에서는 1년에 1000만 명이 죽고 다른 한편에서 럼스펠드와 같은 제약 회사의 극소수 주주들은 1년에 수백 조 원의 이윤을 얻는다. 이것이 21세기 전염병의 자화상이다.

이번 추석에 신종플루는 가장 많이 논의되는 주제 중 하나일 것이다. 신종플루를 둘러싼 한국의 상황도 한심하기는 마찬가지다. 한국 정부는 몇 년간의 시간이 있었지만 아무런 준비도 하지 않았고 더욱이 문제가 심각해진 2009년 4월 이후에도 백신과 항바이러스제를 준비할 생각조차 안 했다. 부자 감세와 건설업체 지원, 4대강에는 돈을 펑펑 쓰면서 국민의 생명과 안전에는 나 몰라라 한 것이 이명박 정부다.

그러나 나는 이 추석에 정부만 도마에 올려놓을 것이 아니라 더

2장 자본주의와 생태

눈을 돌려 21세기의 인류가 왜 과학과 현대 의학의 성과에도 불구하고 여전히 전염병에 고통받아야 하는지를 생각해 보자고 제안한다. 왜 이 세계는 생명보다 이윤을 중요시하고 있는지, 이 세상의 비참을 낳는 이 자본주의는 과연 정의와 양립할 수 있는 체제인지를.

그리고 한 가지 더, 전 세계를 떠나 당장 세계보건기구가 신종플루에 가장 취약한 나라의 하나로 꼽은 북한은 지금 어떨지도 생각해 보자고 제안한다. 왜 한국 정부는 가장 가까운 이웃과도 의약품과 백신을 나누지 못하는가.

조류독감·메르스·광우병: 자본주의와 생태계

2017년 지은이가 편집자로 있던 《의료와 사회》 7호는 에코데믹, 즉 '환경 감염병'을 기획 특집으로 다뤘다. 그중 하나로 실린 이 글은 자본주의적 이윤 추구가 생태계를 파괴할 뿐 아니라 그 회복 능력조차 가로막고 있다고 진단하고 조류독감·메르스·광우병 등을 살펴본다.

새롭게 발생한 미국의 광우병

2017년 7월 18일 미국 농무부는 앨라배마주의 11년 된 암소가 광우병으로 진단됐다고 발표했다. 미국 농무부는 이 광우병 소가 비정형 광우병이며 도축 단계 전에 진단돼 식품 체계에 들어오지 못했으므로 건강상 위협이 되지 못한다고 발표했다. 북미육류협회NAMI는 아예 비정형 광우병이므로 덜 위험하다는 내용으로 발표하기까지 했다. 미국이 쇠고기 최대 소비국이자 최대 수출국이라는 점을 생각해 보면 미국 농무부의 극도로 방어적인 발표나 미국의 육류 취급 기업 협회인 북미육류협회의 아예 사실과 다른 보도는 이해할 수 없는 것은 아니다.

문제는 한국의 언론들조차 '비정형' 광우병이라 마치 덜 위험하거나 위험하지 않은 것처럼 보도했다는 점이다. 심지어는 〈한겨레〉조차

"미국(에)서 광우병 의심 소"라는 제목을 단 기사를 내보냈다. 광우병 진단을 받은 소에 대해 광우병 "의심" 소라고 보도한 것은 명백한 '오보'다.

진실은 미국 농무부나 육류협회의 발표대로일까? 그렇지 않다. 비정형 광우병atypical BSE도 인간에게 위험하고 정형 혹은 전형적 광우병typical BSE도 인간에게 위험하다.[1] 더 큰 문제는 이번 미국의 5번째 광우병 '발견' 사태에서 볼 수 있는 다른 문제들이다. 이번에 또다시 드러난 문제는 미국은 여전히 광우병 예찰 프로그램을 제대로 가동하지 않는다는 점이다. 이번 미국의 광우병 소는 농장이 아니라 도축장에서 광우병 의심 증상을 보여 검사가 이뤄졌고 도축장에서 사망했다. 이것은 이 소가 별일 없이 서 있기만 했어도, 즉 몇 개월만 빨리 도축장에 보내졌어도 이 소는 도축되고 식품 체계 속으로 들어갔을 것이라는 말이다. 유럽의 '비정형 광우병'이 예방적 검사로 밝혀지는 것과 비교해 보면 미국의 광우병 예찰 프로그램은 매우 허술하다는 사실이 이것만으로도 드러난다. 굳이 말하면 매년 약 3000만 마리의 소를 도축하는 미국에서 비정형 광우병 소가 2012년 이후 2017년이 돼서야 1마리만 발견되는 허술한 광우병 예찰 제도가 더 문제라고 할 수 있다.

다른 문제들, 예를 들어 미국소비자연맹이 지적한 바대로 여전히 다른 동물의 팔지 못하는 육골분을 사료로 먹고, 우유 대신 소의 피

---

1 여기서 어느 쪽이 더 위험한지는 중요한 문제가 아니다. 어느 쪽 광우병이든 위험할 수 있다는 점이 훨씬 중요하다. 다만 굳이 따지겠다면 비정형 광우병이 정형 광우병보다 더 위험한 측면이 있다는 연구 보고서들이 많다는 점만 언급하겠다.

를 먹고 자라는 등의 사료 문제도 여전히 남아 있다. 유럽은 미국과 달리 소를 포함한 농장 동물 전체에서 육골분 사료를 빼 버렸다. 유럽에서는 소가 초식동물로 돌아간 것이다.

유럽처럼 미국도 소를 초식동물로 되돌리면 되지 않을까? 그러지 못하는 이유는 무엇일까? 미국 소는 대략 1억 마리이고 3000만 마리를 매년 도축한다. 이 소의 팔지 못하는 부분을 돼지와 닭에게 먹이고 소에게 닭과 돼지의 팔지 못하는 부분을 먹여야만 이윤이 더 남기 때문이다. 소에게 동물성 단백질을 먹이면 더 빨리 자란다. 또 이렇게 먹이지 않으면 남는 쓰레기를 처리하는 비용도 든다. 즉 거대 농업 자본의 이윤이 걸려 있기 때문이다.

거꾸로 다시 한 번 생각해 보자. 팔지 못하는 소와 양의 부위(즉 내장이나 뼈)를 갈아서 소에게 먹이자는, 즉 소에게 소와 양 쓰레기를 먹이자는 아이디어를 만들어 내고 이를 실천에 옮긴 육류 기업가에게 그 사건은 어떤 사건이었을까? 쓰레기도 처리하고 게다가 동물성 단백질을 먹이니 소가 빨리 자란다는 사실까지 밝혀진 그 사건은 신고전주의적 경제학 교과서가 이야기하는 '기업가 정신'이 승리한, 슘페터의 용어를 빌리자면 자본주의의 '혁신'이었다. 그런데 바로 그 때문에 양의 스크래피가 소의 광우병이 되고 그 광우병이 인간에게 옮아가는 재앙이 벌어질 줄을 그 기업가가 어떻게 알았겠는가.

여기까지는 그럴 수 있다고 치자. 소가 떼죽음을 당하는 일이 벌어졌을 때 소를 해부한 수의학자들은 스크래피가 옮아갔음을 의심했다. 당연히 소의 사료 정책의 개혁을 요구했고 또 소와 양 간의 이른바 '종간 장벽'이 무너진다면 인간도 위험할 수 있으므로 소에 대한 검사와 식품 금지를 요구했다. 그러나 잘 알려진 바대로 인간 광우병이 발생할 때까지 영국 정부는 아무런 조처도 취하지 않았다. 오히려 영국 소 장려 정책까지 취한 사실은 이제는 잘 알려져 있다. 그리고 이 사실은 '사전 예방의 원칙'을 지키지 않은 재앙의 가장 대표적 사례 중 하나로 교과서에 실리게 됐다.

기업에게는 혁신적 기술 개혁이 인류에게는 재앙이 되는 이런 일들이 그 후에도 반복됐다는 점이 문제다. '돌이킬 수 없는 환경적 피해 혹은 건강 피해가 예상될 수 있다면 근거가 부족해도 사전 예방 조치를 하라'는 '사전 예방의 원칙'은 당연한 듯 하지만 이윤 앞에서는 쉽게 무너지는 원칙이다.

이후 영국이 1990년대 내내 3단계에 걸친 사료 정책 개혁을 통해 소를 초식동물로 완전히 되돌리고 나서야 광우병이 사라지기 시작했다. 그러나 이때는 이미 126명이 인간 광우병으로 사망했고 26만 명이 잠재적 인간 광우병 환자라고 추정됐다. 그런데 미국은 현대 과학이 광우병의 경우 종간 장벽이 쉽게 허물어질 수도 있다는 점을 알아냈음에도 불구하고 이 위험성을 간과하고 계속 소가 소 찌꺼기를 먹을 수 있는 위험성을 그대로 방치하고 있는 국가다. 미국을 제외하고는 전 세계 대부분의 나라가 30개월 미만의 광우병 위험 물질 제외, 내장 제외의 원칙을 미국 쇠고기 수입에서 최소한의 원칙으로 하고 있는 이유다. 하물며 2003년 광우병이 발병한 나라에서 나이 제한도 없이 쇠고기 전체를 수입하자는 미국산 쇠고기 협상 조건을 한미FTA 선결 조건으로 받아 온 이명박 대통령의 황당한 정책에 어떻게 항의하지 않을 수가 있겠는가.

돼지독감과 조류독감

그런데 이런 '종간 장벽'은 생각보다 많은 경우에 쉽게 무너져 버린다는 사실이 현대 과학에 의해 밝혀지고 있다. 우리나라에서는 '신종플루'라고 불렀던 인플루엔자의 세계적 유행은 생각보다 그 위험이 크지 않았던 것으로 밝혀졌지만 그 위험 또한 종간 장벽의 붕괴에서 왔다. 다른 대부분의 나라에서 '돼지독감swine flu'이라고 불렀던 것처럼 돼지에서 인간으로 넘어온 것으로 알려지고 있다. 돼지와 인간의 종간 장벽을 넘은 것이다.

'조류독감avian flu'이야말로 이름을 제대로 붙였기 때문에 조류에서 인간으로 옮겨진다는 사실을 직관적으로 알 수 있다. 사실 인간의 '인플루엔자'라는 질병 자체가 조류-돼지-사람으로 옮겨지는 질병이라는 것이 지금까지 과학에서의 추정이다. 그렇다면 왜 이런 돼지독감(신종플루)이나 조류독감이 매번 반복되고 세계적 사건이 되는 것일까? 예전에도 인플루엔자는 있었는데 말이다. 많은 사람들이 처음으로 꼽는 이유는 여행 수단이 발달해 쉽게 전 세계로 퍼지기 때문이라는 것이다. 맞는 말이다. 그러나 그렇다면 인간의 여행을 자제시켜야 할까?

여행을 막을 수 없다면 변형 바이러스의 발생을 막거나 최소한 줄이기는 해야 하고 늘리는 일은 없어야 할 것이다. 제대로 한번 독한 역병이 터지면 세계의 재앙이 될 수 있기 때문이다. 여기에서 문제가 되는 것은 바로 공장식 축산 방식이다. 좁은 우리에 닭(조류)과 돼지를 가둬 키우면 접촉을 막을 방법도 없지만 한 마리 새와 돼지에서 변형 바이러스가 발생하면 곧바로 한 농장의 문제가 되고 그 며칠 뒤에는 세계의 문제가 될 수 있다.

닭 한 마리가 죽고 돼지 한 마리가 죽으면 끝날 일들이, 돼지와 닭이 모두 유사한 품종으로 키워지고(따라서 저항력이 없고), 밀집된 환경에서 자라고(따라서 전염이 매우 쉽게 되고), 자연적 청결 과정이 이뤄지지 못하는 환경에서 공장식으로 대량 생산되면, 그야말로 변형 바이러스가 발생할 수 있는 최적의 환경이 된다. 이 바이러스는 사료를 배달하는 차량에 탄 사람들에 의해(대기업에 의해 이뤄지므로 지역 이동은 대량으로 이뤄지고 따라서 질병도 대량생산된다) 아니면 그 농장에서 일하는 (비정규 농업) 노동자에 의해 쉽게 대도시로 옮겨진다. 그리고 그다음은 전 세계로 퍼진다.

돼지독감(신종독감)이 2008년 멕시코의 한 공장식 돼지 농장에서 이런 식으로 전 세계로 번졌던 것으로 추정되고 2003년 사스가 중국 광둥성(2002년)에서 홍콩을 통해 전 세계로 번진 것도 유사한 방법이었던 것으로 알려졌다. 영화 〈컨테이전〉(Contagion, 2011년)은 사스의 상황을 재현한 것이지만 이 상황은 어떤 바이러스에서도 반복될 수 있다.

그러면 공장식 사육 방식을 개선하면 된다. 당연한 일이다. 잘못하면 전 세계 사람들이 심각한 질병에 직면할 수 있고, 또 실제로 그런 질병들이 나타나는 마당에 사전 예방의 법칙을 공장식 축산 방식에 부터 적용해야 하는 것은 당연하지 않을까. 이는 동물의 복지를 위해서이기도 하지만 순전히 인간의 생존을 위해서도 그렇다. 조류독감이 인도차이나반도의 한 나라에서나 중국이나 어딘가에서 발생해 세계로 번지는 것은 누구나 생각할 수 있다. 그런데 그걸 안 한다.

그 공장식 축산 방식이 거대 농업기업agribusiness의 최대 이윤을 위한 것이기 때문이다. 인도차이나반도나 중국의 닭과 돼지가 거대 농업기업과 무슨 상관이냐고 물을 수 있겠다. 그러나 이미 중국과 태국의 가금업은 거대 농업기업이 지배하고 있다고 박상표 수의사가 《가축이 행복해야 인간이 건강하다》에서 밝히고 있다.[2] 돼지독감의 원인이 된 멕시코의 공장도 마찬가지다. 전 세계의 공장식 사육은 이미 카길, ADM, 콘아그라 등의 거대 농기업이 장악하고 있다.

아프리카와 에이즈, 에볼라

세계 각국의 보건의료 체계의 문제다. 지구 한 곳에서 큰 병이 생기면 한 대륙이 문제가 되고 나아가 세계가 문제가 된다. 에이즈가 바로 그런 문제고 에볼라도 그렇다. 서아프리카의 이름도 잘 기억 못할 나라들에서 에볼라가 번지면 이제는 이 질병이 전 인류의 문제가 된다. 에이즈는 아프리카 대륙에서 수많은 사람들을 사망에 이르게 했을 뿐 아니라 세계의 문제가 됐다.

문제는 가난한 나라일수록 이런 질병에 취약하다는 것이다. 에이즈는 이미 칵테일 요법이 개발돼 치료만 하면 제 수명대로 살 수 있다. 그러나 아프리카의 대다수 사람이나 미국의 의료보험증 없는 사람들에게는 그렇지 않다. 서아프리카 나라들에서 보건의료 체계가 제대로 갖춰져 있다면 우리는 에볼라 바이러스가 아프리카 나라의

---

2   박상표, 《가축이 행복해야 인간이 건강하다: 가축사육, 공장과 농장 사이의 딜레마》, 개마고원, 2012.

몇몇 지역에서 끝날 것이라 믿을 수 있다. 그러나 서아프리카의 의료보장이나 의료의 질에 누가 관심을 가지는가? 세계은행이? IMF가? 아무도 관심을 가지지 않는다.

심지어는 민간병원 중심의 공공의료가 취약한 세계 12위 GDP를 자랑하는 동양의 한 나라에서는 중동의 메르스라는 낯선 질병으로 나라 전체가 뒤집혔다. 그 나라가 바로 한국인데, 결국 중동호흡기증후군이라는 이름의 중동 질병 2위 발생국으로 올라섰다.

게다가 그 나라에서 타의 추종을 불허하는 1위 기업인 삼성이 운영하는 병원은 결국 메르스 환자를 양산했고, 삼성의료원은 메르스를 치료할 자격이 없다는 이유로 메르스 환자를 다른 국공립병원으로 모두 보내야 했다. 물론 이런 행위를 저지르고도 그 병원에 대한 징계도 금전적 배상도 없었다. 이른바 선진적 의료기술이 있더라도 중요한 것은 공공적 의료 체계였다.

인간과 질병, 그리고 생태계

자연은 인간의 비유기적 몸이다. 요컨대 자연이 인간 신체 자체가 아닌 한에서 그렇다. 인간이 자연에 의해 생활한다는 것은 다음을 의미한다. 자연은, 인간이 죽지 않기 위해서는 그것과의 지속적인 과정 속에 있지 않으면 안 되는 인간의 몸이다. … 인간은 자연의 일부이기 때문이다.[3]

---

3 카를 마르크스, "1844년의 경제학 철학 초고", 《칼 맑스 프리드리히 엥겔스 저작선집 1》, 박종철 출판사, 1997, 77~78쪽.

자본주의적 생산은 모든 부의 원천인 토지와 노동자를 동시에 파괴한 뒤에야 비로서, 각종 생산과정들을 하나의 사회 전체로 결합해 새로운 기술을 발전시키게 된다.[4]

인간은 자연의 일부다. 인간은 자연을 변화시켰고 그 자연은 인간에 대해 질병이라는 문제를 냈다. 그러나 인간은 지금의 과학 지식으로도 충분히 대처할 수 있음에도 제대로 대응하기는커녕 상당수 인구를 잃거나 심지어는 감염병으로 '멸종'될 수도 있는 위험에 처하게 됐다.

변종 바이러스에 의한 전 세계적 감염병이 이제는 몇 년에 한 번씩 있을 정도로 흔하다. 동물 종들을 자신의 입맛에 맞게 변화시키는 힘을 얻었고, 그것을 육종학 나아가 유전공학으로까지 발전시켰으며, 동물들을 공장식으로 대량생산할 수 있는 방법들을 만들어 냈지만 이 공장식 축산업은 변종바이러스의 발생과 전 세계적 감염이라는 위협으로 인간에게 다가왔다. 자본주의의 이윤 추구가 이를 계속하게 하고 있다. 그 결과, 인간이 자신의 머리에 대고 러시안룰렛을 하고 있는 모양을 연출하고 있지만 자본주의가 눈앞의 이윤을 좇아 인간에 대한 위협을 무시하고 있다.

또 인간은 자연적 진화로 환경에 적응하는 것이 아니라 환경을 변화시키고 또 스스로의 신체를 자연의 미생물들에서 보호하는 방법을 찾아냈다. 생의학의 발전이다. 그러나 그 생의학도 아직 자연의 바

---

4 카를 마르크스, 《자본론 1-하: 2015년 개역판》, 김수행 옮김, 비봉출판사, 2015, 683~684쪽.

이러스라는 물질을 모두 통제할 수 있는 수준까지는 발전하지 못했다. 또 이미 발명해 놓은 또 다른 과학적 방법들, 즉 이미 이룬 의학적 방법을 활용해 미생물에 대응하는 격리와 대증치료라는 공중 보건 조치를 만들어 냈지만 이를 전 세계에 적용하지 못하고 있다. 이른바 선진국들에서도 인구 전체를 보호하지 못하고 많은 사람들을 이미 치료 가능한 병도 치료받지 못하도록 한다. 병원 자본이 이윤 추구를 위해 공중 보건적 방식을 완전히 무시한 이윤 추구를 하고 있다.

심장과 간을 이식하고 백혈병과 암을 치료하지만, 다른 한편에서는 이미 치료할 수 있는 감염병도 제대로 치료받지 못하고 죽는다. 공장식 축산업에 의한 육류의 대량생산과 대량소비는 또 다른 질병을 낳았는데 그것은 바로 비감염성질환NCD, 즉 비만, 당뇨병, 고혈압, 그 외 순환기계 질환의 대유행이다. 한편에서는 기아와 단순한 감염병으로 사람들이 수천만 명씩 죽고, 다른 한편에서는 영양의 과잉섭취로 인한 만성 질병으로 수천만 명의 사람들이 죽는다.

현재 인류의 건강 상태를 보면 인간이 새롭게 생태계에 대응하도록 요구한다. 인간은 자본주의를 통해 세상을 놀랍게 변화시켰지만 그 자본주의는 동시에 인간의 생산력을 파괴력으로 만들었다. 생태계에 적응할 수 있는 능력이 인간의 고유한 것이지만 이 힘을 발휘해야 할 바로 지금 자본주의적 이윤 추구가 이를 가로막고 있다.

인간은 자본주의를 통해 지구의 생태계를 좌우할, 최소한 '인류'라는 종의 '멸종'을 초래할 수 있을 정도로 자연을 변화시킬 힘을 확보했다. 그러나 그런 힘은 '파괴력'으로 작동하고 있을 뿐 생명을 유지하고 발전시킬 힘으로 작동하고 있지 않다.

인간이 자연을 정복할 수는 없다. 인간이 그 자연의 일부이기 때문이다. 그렇다고 해서 자연이 인간에게 맹목적 복수를 하는 것은 아니다. 다만 인간이 자연을 변화시킨 만큼 그것에 적응해야 하고 적응할 수 없는 자연의 변화는 그만둬야 한다. 즉, 자연을 약탈함으로서 자신을 위협에 몰아넣지는 말아야 한다. 현재 인간을 위협하는 감염병의 재앙은 자연의 맹목적 복수나 재앙이 아니다. 바로 자본주의적 재앙이다.

자연을 지배하는 것이 인간 고유의 욕망이라거나 자연이 인간에게 복수한다는 관점으로는 문제를 해결할 수 없다. 과학기술이 모든 것을 해결할 것이라는 기술 만능주의를 믿기에는 우리가 처한 상황 자체가 너무 심각하다. 생태계의 위기는 질병 문제로만 보더라도 인류 그 자체의 생존을 위협하고 있다. 현대 자본주의의 인류를 위협하는 브레이크 없는 질주를 막아야만 한다. 그 시작은 현대 자본주의의 무한 이윤 추구와 감염병의 관계를 명확히 하는 것이다.

코로나19, 환경 위기, 자본주의

코로나19 팬데믹이 엄청난 속도로 확산하던 2020년 《녹색평론》 5~6월호(통권 제172호)에 실린 글이다. 코로나19의 발생 원인이 자본주의 체제에 있음을 선구적으로 지적했다.

코로나19를 끝내는 두 갈래 길

사람들이 가장 많이 물어보는 질문이 하나 있다. 코로나19COVID19라는 병은 언제까지 갈 것인가 하는 질문. 몇 개월이면 끝날까? 아니면 1년이면 끝날까? 아니면 그보다도 더 갈까?

대답은 조금 시시할 정도로 뻔하다. 그 대답은 "인구 집단이 집단면역herd immunnity을 가질 때까지"라는 것이다. '집단면역'이라고 하면 영국 총리 보리스 존슨이 "사랑하는 사람과 헤어질 준비를 하라"는 역사에 남을 망언을 하면서 이제는 다들 꺼리는 악명 높은 어구가 됐지만 사실은 감염병을 다룰 때 가장 흔히 쓰는 말이다. 다만 한 사회가 집단면역을 획득하는 길은 두 가지가 있다는 사실이 중요하다. 하나는 보리스 존슨이 말한 길, 즉 질병에 걸려 집단면역을 가지게 되는 길이다. 그러나 그 길만 있는 것이 아니다. 백신으로 사람들이 집단면역을 획득하는 길이 있다.

첫째 길, 즉 사람들이 역병에 감염돼 획득하는 길은 코로나19의 경우 이론상으로는 인구의 약 60퍼센트가 감염돼 면역이 생기면 집단면역 문턱치(역치, threshold)에 도달한다. 그리고 나서야 감염이 서서히 줄어든다. 그런데 이 길은 우리나라 인구로 따지면 3000만 명이 코로나19에 걸려야 하고, 코로나19의 사망률을 최소 2~3퍼센트로 잡더라도 그중 60만~90만 명이 사망하는 길이다. 당연히 이 길은 우리가 선택할 수 없는 길이다.

따라서 둘째 길이 남는다. 그 길은 백신으로 사람들이 면역을 획득하는 길이다. 예를 들어 소아마비의 경우 이제는 찾아보기 힘들지만 지금 50대 중반의 연령대만 해도 60명 한 학급에 1명꼴로 소아마비로 인한 장애인이 있었다. 지금 형태의 소아마비 백신이 나온 것은 1961년이었다. 홍역의 경우 우리나라에서는 백신 덕분에 별문제가 안 되는 병이지만 아프리카에서는 여전히 주요 사망 원인 중 하나다. 백신이 없기 때문이다. 이처럼 백신의 중요성은 다시 말할 필요가 없다. 백신으로 집단면역을 획득하는 길이 바로 둘째 길이고 이 길이 우리가 선택할 길임은 두말할 필요도 없다.

그런데 인류가 백신이 없는 상태에서 치명률 3퍼센트 정도의 새로운 질병에 맞닥뜨린다면 어떻게 할 것인가? 그리고 치료제도 아직 없고, 백신은 빨라야 1년 내지 1년 반 만에 나오고 아니 몇 년이 걸릴지 모르고, 그때까지 사람들이 2미터 이상 떨어져서 지내야 한다면? 이 사회의 지배자가 자본가의 이익을 수호하는 사람이라면 어느 길을 선택할 것인가? 감염을 통한 집단면역의 길인가? 아니면 백신을 기다리면서 하염없이 사회적 거리 두기를 할 것인가? 사회적 거리 두기를 지속하면 생산이 멈추고 이 자본주의 경제가 돌아가지 않는데도?

따라서 보리스 존슨이 "사랑하는 사람과 이별할 준비를 하라"고 이야기한 것은 실수가 아니다. 자본주의를 지키기 위해서는 스페인 독감 때처럼 전 세계 인구가 18억 명일 때 5000만 명에서 1억 명 정도를 죽이고 1년 내지 1년 반 내에 역병을 끝내는 것이 오히려 싸게 먹힌다고 생각하는 사람들이 분명히 있다는 것이다. 거기에다 이 질병에 취약한 사람들은 60대 이상의 고령자와 원래 고혈압이나 당뇨, 심장질환이 있는 사람과 장애인 등이다. 즉 생산 활동 인구가 아니다. 또 의료 체계가 마비돼 사람들이 죽는다 할지라도 가난한 사람들이 주로 죽는다.

사회적 거리 두기를 하면서 언제 나올지 모를 백신을 기다리느니 그냥 사회를 질병에 노출시켜 집단면역을 획득하는 편이 빠르고 싸다. 스페인 독감을 현재 인구 75억 명에 대입하면 2억 명에서 4억 명이 죽는다 하더라도 말이다. 지금 인류 앞에는 코로나를 끝내는 두 개의 길이 있다. 하나는 야만의 길이고 하나는 우리가 모두 사는 길이다.

코로나 시대, 코로나와 함께 살려면

백신이 나올 때까지 감염의 확산을 억제하면서 버티는 길만이 우리가 선택해야 할 길이다. 다른 길은 수억 명을 죽이는 길이다. 그러나 백신이 나올 때까지 버티는 길이 쉬운 것은 아니다.

감염의 확산을 억제하는 방법은 몇 가지가 있다. 가장 잘 알려진 방법은 치료 약제다. 예를 들어 신종플루 시기에는 타미플루와 같은 약이 있었다. 이런 잘 듣고 신속하게 공급할 수 있는 약이 있으면 이 약으로 백신이 나올 때까지 버티면 된다. 이것이 우리가 신종플루를 극복한 길이다. 신종플루는 다행히도 독감 치명률fatality이 1000명이 병에 걸리면 1명 이하가 사망하는 정도밖에 안 됐고 또 다행히 예방 접종이 9개월 만에 진행되면서 쉽게 넘어간 셈이지만 문제는 코로나 바이러스엔 알려진 치료제가 없다는 것이다.

둘째로 감염의 확산을 억제하는 방법은 이른바 '확진자 추적'과 밀접 접촉자 자가격리로 잘 알려진 역학적 방법의 '봉쇄와 완화', 즉 사회역학적 환자 억제 방법이다. 감염자와 감염 의심자의 추적과 격리 그리고 조기 진단과 조기 치료 등을 말한다. 그러나 이 방법은 감염병과의 속도 경쟁인데 아무리 열심히 노력해도 감염병이 빠를 수밖에 없다.

그래서 셋째로 나오는 것이 전통적 방역이다. 이것이 바로 사회적 거리 두기 또는 물리적 거리 두기, 손 씻기, 마스크 등이다. 여기서 사회적 거리 두기는 우리나라에서는 최소한 1미터, 외국에서는 2미터를 이야기한다. 코로나 바이러스가 기본적으로 비말(침방울, 콧물 등)감염이고 접촉감염이므로 서로 팔을 뻗어 닿지 않는 거리로 떨어져야 안전하다는 것이다.

하나씩 따져 보자.

첫째, 치료제는 개발되거나 임상시험을 거치려면 시간이 걸리고 또 지금 떠오르는 약물들은 100퍼센트 치료가 되는 약물은 아닐 것으로 보인다. 치료제에 대한 여러 보도들은 주식시장에서의 이윤을 노린 '과장 광고'일 가능성이 대부분이다.

둘째, 역학적 봉쇄와 완화 방법은 감염병의 전파 속도를 줄이지 못하면 효과가 없다. 이는 이탈리아나 스페인부터 미국까지 방역에 실패한 나라들을 보면 명확히 알 수 있다.

그렇다면 마지막으로 남는 셋째이자 가장 유력한 방법은 사회적 거리 두기와 마스크, 손 씻기 등인데 이 사회적 거리 두기 혹은 물리적 거리 두기야말로 "사회적 실행"으로 실행되지 않으면 개인이 실행할 수 없는 일이다. 이것은 단순히 교회나 체육관, 클럽이나 스포츠 관람 등을 당분간 그만두거나 그 형태를 2미터의 거리를 두는 것으로 바꿔서 해결되는 것이 아니다. 그것만을 바꾸는 것도 엄청난 일이겠지만 말이다.

가장 중요하게는 생산 현장에서 과연 2미터의 거리를 유지할 수 있는지, 유통과 대중교통에서 사회적 거리를 확보할 수 있는지가 관건이다. 또한 사회적으로 돌봄이 이뤄지는 현장에서 개인 간의 거리를 2미터로 유지할 수 있는지가 또 하나의 중요한 지표다. 공장과 사무실에서, 물류 현장과 지하철·버스·기차에서 2미터의 거리를 확보할 수 있는가? 요양원, 요양병원, 수많은 사회복지시설에서 2미터의 거리를 확보할 수 있는가?

여기까지 오면 이 사회적 거리 두기를 그러면 도대체 언제까지 해야 하는가 하는 질문, 즉 코로나19는 언제까지 갈 것이냐는 애초의 질문으로 돌아가게 된다. 바로 백신이 나올 때까지라는 것이다. 언제 백신이 나올까? 트럼프 미국 대통령이 3개월 운운하자 미국의 국립보건원 산하 국립감염병연구소 소장 앤서니 파우치가 최소 1년 내지 18개월이라고 이야기한 사실은 이제는 잘 알려져 있다. 영국 정부의

수석 과학 자문 패트릭 밸런스도 똑같은 이야기를 했다.[5]

그런데 막상 다수의 전문가들은 이 1년 내지 1년 반조차도 '천운이 따르면'이라고 이야기한다. 지금까지 RNA 바이러스는 변이가 많아서 예를 들어 "에이즈는 30년간 개발했지만 백신이 개발되지 못했고, C형간염 역시 백신이 없다. … 인플루엔자는 1940년대 첫 백신 등장 이후 가장 최근 업데이트된 백신 개발까지 무려 70년 걸렸다. 개발은 됐지만, 매년 백신을 맞아야 하고 예방 효과가 제일 높아 봤자 70퍼센트 수준"이라고 전문가들은 입을 모은다.[6]

백신이 나올 때까지 천운이 따라야 1년 내지 1년 반이고 몇 년이 걸릴 가능성이 높다는 것을 냉정하게 받아들인다면 우리는 무엇을 준비해야 하는 것일까? 몇 년 동안 아니 그 이상의 시간 동안 사회적 거리 두기를 하면서 일상을 살아가야 한다면 세계가 코로나 이전(Before Corona, BC)과 코로나 이후(After Corona, AC)로 나뉠 것이라는 이야기는 더는 재담이 아니다. 우리가 맞닥뜨려야 할 시대는 이제 '코로나 시대'다.

대구, 신천지, 공공의료

이번 코로나 사태를 겪으면서 유럽 의료 시스템에 대한 환상이 깨

---

[5] "Coronavirus vaccine: when will we have one?", *The Guardian*, 2020. 4. 15.
[6] "코로나 백신 1~2년 내 개발? … 전문가들 '독감백신, 70년 걸렸다'", 〈뉴시스〉 2020년 4월 10일.

졌다는 사람들이 많다. 유럽은 공공의료의 나라이기 때문에 우리보다는 잘 견딜 줄 알았는데 결과를 보니 우리보다 못하다는 것이다. 물론 상대적으로 우리나라가 다른 나라보다는 현재 성적상 상대적으로 낫다는 것이지 절대적으로 우월하다는 것이 아니다. 한국에서 2020년 3월 16일까지의 사망자 75명 중 23퍼센트가 병원에 입원하지 못하고 사망했으며 한때 2000명이 넘는 환자가 진단됐음에도 불구하고 어떤 병원이나 치료 시설에도 입소하지 못했다. 즉, 한국에서도 의료용량Healthcare capacity 이상으로 의료 수요가 폭발하는 환자 폭발이 일어났고 그에 대처할 수가 없었다는 것이 냉정한 현실이다. "사실 우리도 100점 만점에 50점 정도로 대응했다고 볼 수 있다. 그런데 다른 나라들이 30점도 안 될 만큼 너무 못해서 우리가 상대적으로 잘했다고 평가받는 것이다."[7] 이는 결코 우리나라를 잘못했다고 깎아내리려는 것이 아니다. 이 상대적 점수로 한국은 수백 명 아니 수천 명의 생명을 구할 수 있었다.

그러나 냉정한 평가 없이는 우리가 잘했다고 착각할 수 있다. 그래서 대구의 코로나 사태를 냉정히 되돌아봐야 한다.

흔히 이른바 '31번째 환자'가 대규모 감염의 시발점이라고 착각할 수 있다. 또 여러 사람이 이러저러한 정치적 이유로 그렇게 생각하도록 유도하기도 했다. 그러나 2020년 2월 18일 진단된 그 환자도 추정컨대 4차나 5차 전파자의 하나였을 뿐이다. 즉, 문재인 대통령이 "국내에서의 방역 관리는 어느 정도 안정적인 단계로 들어선 것 같다"

---

[7] 기모란 예방의학회 코로나19대책위원장, "노동환경 바꿔 사회 전체 감염수준 낮추는 게 장기적 해법", 〈경향신문〉 2020년 4월 1일 자.

며 "방역 당국이 끝까지 긴장을 놓지 않고 최선을 다하고 있기 때문에 코로나19는 머지않아 종식될 것"이라고 발언했을 당시에[8] 이미 한국에서는 지역 감염이 진행되고 있었을 것으로 추정된다.

우한에 대한 봉쇄가 2020년 1월 23일부터 시작됐고 한국에서는 우한을 포함한 후베이성을 거친 입국자들을 2월 4일부터 입국 금지를 하기 시작했다. 중국에서 온 입국자들도 특별 관리를 하기 시작했고 사실상 단기 관광 입국자들을 제한하기 시작했다. 그러나 이 조치는 초기의 입국자들을 방지하지 못했다. 대구에서의 지역 감염은 1월 중순이나 그 이전일 것으로 추정된다는 것이 대다수 전문가들의 견해다.

따라서 중국인 입국 금지를 주장한 대한의사협회나 미래통합당은 실제로는 대구·경북 지역사회 감염 이후에야 중국인 입국 금지를 주장한 것이다(의사협회가 처음 중국인 입국 금지를 주장한 것은 1월 26일이다).

이 글은 대구·경북에서의 코로나 발생 과정을 되짚어 보는 글은 아니다. 다만 몇 가지는 짚고 넘어가야겠다.

신천지의 감염은 지금까지 환자 발생의 50퍼센트를 차지할 정도로 그 규모가 컸다. 약 5600명에 해당하는 환자가 신천지 관련 대구·경북 환자라고 추정된다. 그래서 신천지 때문에 우리나라가 코로나19 사태를 겪고 있는 것이라고 믿는 사람들이 많다. 그러나 이는 일면적 파악이다.

신천지교회의 신도는 약 25만 명으로 한국 전체 인구의 0.5퍼센트

---

8   청와대, 코로나19 대응 경제계 간담회 모두발언, 2020년 2월 13일.

에 해당할 정도로 커다란 집단이었다. 첫 환자가 진단된 2020년 1월 20일 이후부터 2월 26일까지 30명의 환자가 진단되는 것에 그친 반면 2월 28일 진단된 대구의 31번째 환자는 대구와 인근 경북 지역의 지역 감염의 시작이었다. 그러나 불행 중 다행으로, 신천지 교인들이 매우 폐쇄적이어서 지역 감염이 대구 주변 지역에 그치고 더 퍼져 나가지 않았으며 신도 명단을 통해 추적이 가능했다. 즉 추적과 진단이 상대적으로 용이했다. 한편으로는 신천지교회가 마치 범죄 집단인 것처럼 사회적으로 낙인이 찍혀 추적에 경찰력을 동원하더라도 사회적 저항이 약했다. 또 젊은 신도가 많아 상대적으로 치명률도 낮았다. 심지어 호남 신천지 교도 사이에서는 환자가 발생하지 않았을 정도로 폐쇄적이었다.

한국은 신천지교회의 집단감염으로 인해 초기에 사회적 거리 두기를 실천하는 효과를 얻었다는 것도 사실이다. 2015년 메르스 집단 발병 경험은 초기부터 광범한 검사와 확진자 사회 격리와 접촉자 추적·격리 같은 대응을 가능하게 했고 여기에 비교적 초기에 발생한 신천지교회 집단감염은 사회적으로 사회적 거리 두기를 가능하게 하는 데 큰 효과를 냈다.

그 때문에 상당수의 전문가는 신천지 착시 효과가 있다고 말한다. 인구의 약 50퍼센트를 차지하는 수도권(서울·인천·경기 지역) 지역사회 감염이 진행되고 있고 완만하지만 그 발생자 수가 늘어나는 추세거나 줄어들지 않고 있다는 점을 주목해야 한다. 경기도지사 이재명이 4월 4일 "감당 못 할 쓰나미가 몰려오고 있다. 이에 대비해야 한다"고 말한 이유다.

또 하나 짚어야 할 것은 한국이 민간 중심 의료 공급 체계 덕분에 코로나19를 잘 막아 냈다고 하는 주장이다. 실제로는 "대구·경북은 종합병원과 병원 27곳에 약 4만 개의 병상을 보유하고 있었지만 5000명 정도(경증 환자 제외)의 코로나19 환자도 제대로 수용하지 못한 것이다. 분석 결과 전체 병상의 10퍼센트에 불과한 공공병원이 코로나19 환자 4명 중 3명을 진료한 반면, 전체 병상 중 90퍼센트를 보유한 민간병원은 나머지 1명만 진료하는 데 그쳤다." 또 "평소 질이 떨어지고 적자를 낸다고 찬밥 취급을 받던 공공병원이 위기 상황에서 진가를 발휘한 것이다. 전국적으로 살펴봐도 상황은 크게 다르지 않다. 코로나19 환자의 치명률이 계속 높아져 가는데도 서울대병원을 제외한 이른바 '빅5' 병원에서 진료받은 환자는 채 10명이 되지 않을 것으로 추정된다."⁹

실제로 대구에서는 대구의료원 450병상, 국군대구병원 303병상, 대구산재병원 200병상, 대구보훈병원 90병상, 경북대병원 70병상 등 국공립병원이 1100병상을 마련했고 여기에 포항의료원 등까지 나섰다. 반면 민간병원은 마침 계명대 동산병원이 이사 가고 남은 병원 공간을 빌려서 200병상을 썼고 대구가톨릭대병원과 영남대병원 200병상을 쓴 것이 전부다.

경제 위기와 코로나19, 그리고 기후 위기

2008년 경제 위기를 정확히 예측한 누리엘 루비니 뉴욕대학교 교

---

9   김윤, "민간병원 덕분이라는 거짓", 〈한겨레〉 2020년 4월 13일 자.

수는 "대공황보다 훨씬 더 나쁘다. 경기 침체는 V자도, U자도, L자도 아닌 I자로 올 것이다" 하고 말한 바 있다.[10] IMF도 이미 "1930년대 이후 유례없는 경제 위기"라는 표현을 쓰고 있다. 이미 경제 위기는 필연적이다. 그리고 이를 어떻게 벗어날지 알 수도 없다.

이런 경제 위기 시기에 자본주의 체제가 무슨 일을 강요할지를 우리는 이미 여러 번의 경험을 통해 잘 알고 있다. 우리 사회만 해도 1997년의 경제 위기, 2008년의 경제 위기를 통해 자본가계급이 경제 위기의 고통을 노동자와 서민에게 전가하리라는 사실을 너무도 잘 알고 있다. 벌써부터 타격을 입은 항공업와 호텔업계에서는 정리해고가 진행되고 있다. 서민들은 사회적 거리 두기 때문에 직격탄을 맞아 생계가 걱정인데 정부는 기업에게는 100조 원을 푼 반면 서민 생계 지원에는 5조 원을 쓰느니 마느니 하고 있다.

다른 한편 기후 위기는 이제 8년 정도만 지나면 다시 돌아올 수 없는 불가역적 지점을 통과할 것으로 예측된다. 인류는 1930년대 이래 전례 없는 경제 위기와 인류 생명의 위기를 맞이하고 있고 한편으로는 인류 자체의 존망이 걸린 기후 위기를 맞닥뜨리고 있다.

코로나19가 왜 발생했는지를 따져 보는 것도 중요하다. 인류는 이미 전례 없는 전 세계적 신종 감염병의 위기를 겪고 있다. 이미 사스, 신종플루, 지카, 에볼라 등 떠오르는 것만 세어도 몇 년 만에 한 번씩 전 세계적 감염병을 겪고 있다. 이 역병들은 자본주의적 농축산업과 더불어 자본주의적 토지 이용이 환경을 파괴해 인류가 이전에 접하지 못하던, 자연에 남아 있어야 할 동물들의 바이러스를 직접

---

10 Julia La Roche, *Yahoo Finance*, March 25, 2020.

접촉함으로서 생기는 역병들이다.[11] 예를 들어 이번 코로나 바이러스는 박쥐가 가지고 있던 코로나 바이러스가 천산갑 등의 포유류를 매개로 인간에게 퍼진 것으로 추정된다. 신종플루 바이러스나 조류독감 바이러스처럼 이렇게 새로운 바이러스는 멕시코의 축산 농장과 같은 자본주의적 공장식 축산업에 의해 마련된 최적의 배지를 통해 인간에게 전파될 수 있는 바이러스로 변모하고 증식된다. 그리고 이는 전례 없는 세계화로 인해 빠른 속도로 전 세계로 전파된다.

그런데 자본주의는 신자유주의를 통해 불평등을 악화시킨 지 40년째다. 그 사례가 유럽의 공공의료 체계다. 겉으로는 그럴듯해 보였지만, 속으로는 민영화되고 만성적인 인력 부족과 재정 부족으로 고통을 받은 지 오래다. 유럽이 이 정도인데 미국은 더 말할 것도 없으며, 아프리카·남미·아시아의 제3세계는 신종 감염병의 의료적 대비를 생각할 수조차 없다. 인도의 예가 그 모습을 미리 보여 주고 있다.

지금 당장 해야 할 일은 코로나19로 인한 인류의 보건 위기와 경제 위기를 동시에 극복하는 일이다. 사회적 거리 두기는 계속 유지돼야 한다. 그 과정은 생산 현장인 공장과 유통, 대중교통에서부터 이뤄져야만 한다. 이로 말미암아 생길 사회적 부담은 노동자와 서민이 아니라 최대한 사회적으로 정의롭게 부담해야 한다. 예를 들어 유럽 여러 나라의 경우 코로나 기간에 해고를 금지하거나 해고됐을 경우 국가가 실업 급여로 90퍼센트까지 급여를 지급하는 조치를 시행하고 있다.

---

11 리 험버, "질병은 왜 확산되는가?: 자본주의와 농축산업", 《코로나19, 자본주의 모순이 낳은 재난》, 책갈피, 2020.

미국의 경우 사회적 거리 두기를 위해 주차장 같은 곳에 금을 긋고 노숙자를 수용하지만, 프랑스는 정부가 호텔을 계약해서 노숙자를 재운다. 스페인의 경우 의료시설이 부족하자 민간병원을 국유화했다. 샤넬이 향수 대신 손 세정제를 만들고 심지어 미국도 자동차 회사나 록히드마틴이 인공호흡기를 만든다. 제2차세계대전 때 미국 자동차 회사들이 탱크를 만들고 비행기 회사들이 전투기를 만들던 전시경제 뉴딜을 지금 코로나 시기에 형태를 바꿔 다시 하고 있는 것이다. 이른바 코로나 뉴딜이다.

일단 우리가 시작할 것은 이 경제 위기 시기의 경제적 부담을 노동자와 서민에게 떠넘기지 않고 불평등을 역전시키는 코로나 뉴딜이다. 예를 들어 당장 할 일은 기업의 해고 금지다. 그리고 결국 문을 닫는 기업이 생기면 국가가 나서서 고용을 유지하기 위한 국유화가 필요하다.

이와 더불어 자본주의 아래에서 '공간이 곧 이윤'이 되는 일을 중단시켜야 한다. 즉 토지와 공간의 이용을 공공화하는 일이다. 당장 임대료를 못 내도 퇴거를 중지시켜야 한다. 공장에서 사람 사이의 공간을 1미터 이상 유지해야 한다. 대중교통을 대폭 확대해 사회적 거리 두기를 대폭 강화해야 한다. 사회복지시설에 수용돼 있는 노인과 장애인에게 공간을 확보해 줘야 하고 이를 위해서는 국가가 돌봄 노동자들을 대폭 확대해야 한다. 이런 공간의 사회적 이용이 코로나 뉴딜의 핵심 중 하나다. 또한 생계가 곤란한 사람들에게는 재난 수당 등의 생활비가 지급돼야 한다.

보건의료 부문에서도 앞서 이야기했듯이 공공의료가 대폭 확충되고 필수적이지 않은 의료기관은 공공화해야 하며 필수적 인공호흡기나 의료 장비, 마스크 등의 생산과 유통은 정부가 관리해야만 한다.

이런 내용들이 코로나 뉴딜의 기본적 얼개에 해당할 것이다. 그리고 이 코로나 뉴딜의 출발로 그쳐서는 안 된다. 이 코로나 뉴딜은 그린 뉴딜의 첫째 단계여야 한다.

우리에게 닥친 위기는 아마도 1930년대의 위기에서 제2차세계대전으로 이어진 야만으로 끝날 수도 있다. 그러나 우리가 가는 길이 야만이어서는 안 될 것이다. 로자 룩셈부르크가 1세기 전에 던진 질문은 아직도 유효하다. 야만인가 자본주의의 극복인가? 인류의 생존이 이 위기를 어떻게 극복하는지에 달려 있다.

한국은 왜 감염병 재난에 취약해졌나?

2021년 11월 문재인 정부는 K-방역을 자랑하며 '위드 코로나'(일상 회복)를 선언했지만 12월 들어 감염자가 다시 급증해 심각한 의료 대응 위기를 겪었다. 병상 부족으로 제때 치료받지 못하는 환자가 늘면서 사망률이 급증했다. 〈한겨레21〉 1392호(2021년 12월 10일)에 실린 이 특집 기사에서 근본 원인을 짚었다.

병실이 모자란다고 한다. 12월 들어서는 코로나 병실도 문제지만 도미노 현상으로 아예 중환자실 자체가 꽉 차 비非코로나 중환자실도 없는 상황에 이르렀다. 즉 의료 붕괴 상황으로 이어질 위기 상황이다. 한국의 의료 체계가 이렇게 허약했던가? 의료기술로는 선진국 수준이고, 오바마 전 대통령도 부러워하는 의료보장을 가진 나라 아니었던가.

문제는 공공병원이다. 다른 나라와 한국의 의료 체계가 가장 차이가 나는 지점은 바로 공공병원 비중이다. 병상 기준으로는 10퍼센트고 병원 기준으로는 5퍼센트다. OECD 국가 평균인 73퍼센트의 7분의 1에 불과하고 민간병원이 중심이라고 알려진 미국과 일본의 25~30퍼센트에 비해도 너무 모자란다. 코로나 대응에서 가장 중요한 구실을 한 지역의 공공병원, 즉 지방의료원은 서울의 시립병원까지 다 합쳐도 전국 병원의 3.7퍼센트 정도다. 정부는 코로나 의료 대응을 이렇게 작은 규모에 전담시키고 있다. 전체 병상의 10퍼센트로 세계의 위기를 해결하려 하니 의료가 어찌 붕괴 직전에 이르지 않겠는가. 공공병원은 지금 말 그대로 사투의 현장이다. 아이러니하게도 한국은 전 세계에서 인구당 가장 많은 병상을 보유한 나라이고 OECD 평균과 비교하면 2.6배인데 코로나 환자가 하루 3000명 넘게 발생하면 병상이 부족하다. 병상은 넘치는데 정부가 국가적 재난 상황에 이 병실을 이용할 권한이 없는 것이다.

원래부터 한국의 공공병원 비중이 이처럼 낮았던 것은 아니다. 한국도 1970년대에는 40퍼센트 이상이 공공병원이었다. 이 비중이 점차 줄어들기 시작해 지금의 처참한 수준으로 된 데에는 역대 정부의 공공병원 홀대 정책이 있었다. 1970년대 말 대기업과 공무원·군인의 건강보험이 도입됐고 1987년 민주 항쟁 이후 전 국민 건강보험이 시행됐다. 당연히 의료 수요가 폭발적으로 늘어났다. 정부는 이런 수요에 부응해 의료 공급을 늘려야 했지만, 당시의 정부들은 공공병원을 짓지 않았다. 이 간극을 메꾼 것이 사립병원이었다. 현대아산병원과 삼성병원이 1987년과 1991년에 설립됐고, 이후 이 병원들은 규모 2000~3000병상의 초대형 병원이 됐다. 이 병원들과 경쟁하기 위해 처음에는 서울과 수도권에, 그리고 나중에는 지방 대도시에 사립대학 병원들이 경쟁적으로 병원을 세우고 규모를 늘렸다. 1990년대부터 30년간 병상이 6배로 늘었다. OECD 평균과 비교해 보면 다른 나라들의 3분의 1에 불과하던 병상이 2.6배로 됐으니 의료 버전의 압축 성장기라고 해야 할까? 역대 정부는 공공병원을 짓기는커녕 차관까지 들여와 민간병원에 저리로 대출까지 해 줬다. 의료 공급의 민영화라고 할 수 있겠다.

공공병원의 필요성? 사립병원이 이렇게나 많으니 공공병원은 불필요하다고 역대 정부는 판단했다. 공공병원을 안 짓는 이유가 민간병원이 너무 많아서였으니 말이다. 이른바 '민주 정부'라고 다르지 않았다. 노무현 정부는 공공병원을 30퍼센트까지 늘린다고 공약했지만 전혀 지키지 않았고 문제인 정부도 지역 거점 병원 확대 정책을 공약했지만 코로나 시기 이전까지는 아예 공공병원에 신경 쓰지 않았다. 지방의료원은 일제 강점기의 43개 병원에서 하나도 늘어나지 않았고 심지어 지방의료원이 있는 곳도 군산·진주·인천 등 75년 전 일본 거류민들이 주로 거주하던 곳일 정도다.

지금까지는 별일 없는 것처럼 보였을 수도 있다. 정부는 사립병원 중심 체계로 인한 의료비의 급증, 과잉 의료의 남발 등 극도로 시장화된 의료 체계에 대한 우려, 시민사회의 의료 민영화 경고를 괴담이나 과도한 걱정으로 치부했다.

정작 팬데믹이라는 미증유의 세계적 위기가 닥치니 정부는 공공병원을 찾았다. 그러나 정부가 찾을 수 있는 가용 가능한 공공병원들은 애초 그 숫자가 너무 적었고, 병상도 인력도 오랜 기간 지원 없이 굴러가던 '가난한 사람들의 병원'이었다. 경기도 지방의료원들이 거의 모두 200~300병상에 불과할 정도로 낙후해 있는 상황에서 경기도 코로나 환자들을 책임졌다. 대구·경북에는 무려 4만 병상이 있었으나 1000개의 공공 병상으로 버텨야만 했고 결국에는 전국의 공공병원에 환자를 이송하며 버텨야 했다. 그 기간에 사립병원 3만 9000병상은 뭐 했는가? 코로나 환자에 동원된 민간 병상은 300병상에 불과했다.

이미 극도로 시장화된 한국의 의료 체계는 눈앞에서 사람이 죽어 가도 개선되지 않았고 정부는 수십 년간 시장에서만 작동되던 사립 병원 중심의 의료 체계를 생명을 우선하는 방식으로 전환하는 방법 조차 잊어버렸다. 정부는 2020년 12월이 돼서야 대형 사립병원들의 1퍼센트를 동원했다. 삼성병원 20병상, 아산병원 30병상을 동원했다 는 이야기다. 2021년 7월까지의 자료를 보면 10퍼센트의 공공병원이 80퍼센트의 코로나 환자를 진료했다. 중환자 치료도 마찬가지다.

정부가 협조를 구했지만 그때마다 대형 사립병원들은 "중환자가 많아서 병실을 내줄 수 없다"는 핑계로 공적 부담을 지지 않았다. 이 제는 한술 더 떠 〈중앙일보〉나 〈매일경제〉 등 보수 언론들은 600병 상의 국립의료원이 불과 110여 병상만 코로나 환자를 진료한다고 비 난한다.[12] 이것이 삼성, 아산 등 평소 한국의 대표 병원이라고 자랑하 던 병원이 병상 중 불과 1.5퍼센트인 30개와 43개를 내놓으면서 하 는 말이다. 건강보험심사평가원의 2019년 자료를 보면 42개 대형 종 합병원에 꼭 입원해야 할 중환자는 32퍼센트고 빅5만 따져도 45퍼 센트에 불과하다. 대형 사립병원들이 비응급, 비중증 환자들을 미루 면 10~20퍼센트의 병실을 비우는 것은 당장 가능하다는 뜻이다. 의 료 민영화 천국인 미국의 사립병원들도 다 이렇게 병상을 비웠고 전 세계의 사립병원들이 다 그렇게 했다.

그럼에도 불구하고 일부 의사학회가 "체육관에 임시 병원을 세우 자", "거점 (요양) 병원을 따로 만들자"고 주장하면서 정부의 사립병

---

12 안혜리 기자, "603개 병상 중 111개만 코로나에 내준 코로나 전담 병원", 〈중앙일 보〉 2021년 12월 7일 자.

원 동원에 제동을 걸었다. 국립의료원, 공공병원의 많은 환자들은 그 병원 아니면 갈 곳이 없는 가난한 환자들이거나 사립병원에서 받아 주지 않는 환자들이다. 이들은 지난 2년간 오랫동안 자신이 이용하던 공공병원이 코로나 전담 병원이 돼 쫓겨났다. 그런데도 한국의 보수 언론들은 국립의료원이 환자들을 더 쫓아내라고 요구 중이다. 사립병원의 돈벌이는 건드리지 말라고, 가난한 놈들을 더 쫓아내라고 말하고 있는 것과 무엇이 다른가. 삼성이나 아산병원이 사람을 살리기 위해 무릎관절, 고관절 치환술 등 미뤄도 될 수술도 미루지 않으면서 말이다. 사람을 치료하는 우선순위를 시장에 맡긴 의료가 이렇게나 무섭다.

코로나19는 언제 끝날지 모른다. 그리고 이번 팬데믹은 결코 마지막 팬데믹도 아닐 것이다. 기후 위기는 감염병 위기를 2~3년 주기로 앞당길 것이고 폭염, 혹한, 식량 위기 등 수많은 재난 대비 의료 대응이 필요하다. 지금 눈앞에서 사람이 죽어 나가는데도 '우리 병원은 못 내놔'를 외치는 사립병원들이 90퍼센트인 의료 체계, 정부가 사립병원을 동원해 본 적도 없고 동원하지도 못하는 이 기막힌 의료 체계를 그대로 두고 앞으로 나아갈 수는 없다.

고속도로 7킬로미터 지을 돈이면 500병상짜리 공공병원을 하나 짓는다. 매년 GDP의 0.1퍼센트, 건강보험 재정의 2퍼센트에 불과한 2조 원 정도를 투자하면 공공 병상 10개씩을 지을 수 있다. 이렇게 5년만 투자하면 최소한 미국이나 일본 수준, 즉 세계 최저 수준인 25~30퍼센트 비중의 공공병원을 한국도 가질 수 있다는 말이다. 공공병원 간 네트워크를 주도할 공공의료청을 만들고, 공공병원을 공격적으로 지어 "전 세계에서 가장 시장화된 한국 의료 체계"(하버드

대학교 윌리엄 C 샤오 교수의 말이다)를 공공적으로 전환하는 정책적 결단이 지금 필요하다. 사람을 살리는 데 동원되지 못하는 병원들, 이 야만의 의료 체계에서 이제 그만 벗어나야 하지 않을까?

불평등한 세계에서 팬데믹을 응시하다

《포스트 코로나 사회》(글항아리, 2020)에 실린 같은 제목의 글이다. 이 글의 전문은 "불평등한 세계에서 팬데믹을 응시하다"(geulhangari.com)에서도 볼 수 있다.

청도대남병원

 코로나19로 인한 첫 사망자는 청도대남병원에 입원한 63세 환자였다. 이 환자에 대해 정부가 발표한 것은 담배를 많이 피워 폐기종이 있었다는 이야기가 전부였다. 환자가 어렸을 때부터 정신질환을 앓고 있었다는 사실, 폐렴에 걸려 사망에 이를 때까지 단 한 번도 의료진의 진찰과 치료가 없었다는 사실, 그리고 20년 동안 폐쇄병동에 입원해 있었다는 사실을 우리는 몰랐다. 그가 사망하기 전까지는.
 그런데 이 청도대남병원의 5층 정신과 폐쇄병동에 입원해 있던 102명의 환자 중 102명 전원이 감염된 것으로 확인됐다. 모든 환자가 코로나19에 걸린 것이다. 반면 그 바로 아래층의 요양병원과 또 그 아래층의 일반 병원에 입원한 환자 중에서는 단 한 명의 감염 환자도 발생하지 않았다. … 5층 폐쇄병동의 전원 감염과 다른 층의 감염 0명(나중에 요양병원에서 노인 두 명이 코로나19로 사망했다)은 무엇을 말해 주는 걸까? 도대체 얼마나 밀집된 환경에서 생활을 했길래 이런 일이 발생했을까? 구치소나 교도소에서 제공하는 흔한 운동 시간조차 없었다는 걸까? 잘 알려진 사실대로 청도대남병원은 환자를 더 많이 수용하기 위해 침대를 치우고 온돌방 병실에 6~8인의 환자를 밀집 수용한 것으로 밝혀졌다. 정신과 환자가 입원하면 병원은 환자 수만큼의 정액 입원료를 정부로부터 받기 때문이다.

나중에 알려진 사실에 따르면 환자들의 집단 발열은 2020년 2월 15일 이미 시작됐고 첫 사망자가 나온 것은 2월 19일이었다. 이후 사망자가 쏟아졌다. 치료조차 제대로 받지 못하고 2월 25일 일곱째 사망자가 나왔다. 그때까지도 보건 당국의 방침은 5층 밀집 수용 상태 그대로 환자들을 '코호트 격리'하는 것이었다. 바이러스 부하가 높고 환기도 충분히 안 되고, 응급 상황에 적절히 대처할 수도 없는, 지극히 위험한 병원 환경이었는데도 말이다. 결국 "장애인들을 다 죽일 셈인가"라는 장애인 인권단체들의 국가인권위원회 진정과 인의협의 성명 등이 나오고 나서야 겨우 전원 이송 결정이 내려졌다. 2월 27일이었다. 여기까지도 기가 막힌 일이었다. 그런데 더욱 황당한 일은 그러고도 실제로 환자 이송이 끝난 것은 3월 5일이었다는 사실이다. 이들은 서울 국립정신건강센터, 국립부곡정신병원 등 전국 각지로 뿔뿔이 흩어져 입원했다. 애초에 발생 자체도 황당한 일이었지만 사태가 발생한 뒤에도 별다른 조치 없이 그 병원 그대로 환자들을 코호트 격리하기로 한 결정은 이 사회가 정신장애인을 어떻게 대우하는지를 단적으로 보여 주는 일이었고, 결정이 내려진 이후로도 전원 이송 조치가 이뤄지는 데 거의 열흘이나 걸렸다는 것은 문명국가에서

도저히 있을 수 없는 일이었다. 만일 그 병원에 어엿한 집 자식이 입원해 있었더라도 이런 일들이 벌어졌을까? 5층 환자들이 인간으로서 대우를 받기까지 정신장애인 일곱 명이 병원도 못 가 보고 죽어야 했다.

이것으로 끝이 아니다. 40명이 이송된 국립정신건강센터에는 당직을 설 수 있는 내과계 의사가 없었다. 국립정신건강센터는 국가 중앙정신병원이다. 그런 곳에 당직을 설 의사가 없다니. 결국 시민단체인 인의협에서 의사들이 자원봉사를 나가 야간 당직을 서야만 했다.

요양원과 요양병원

코로나가 희생을 강요한 집단들이 또 있다. 코로나 감염에 가장 취약한 노인들이다. 이번에 한국에서 가장 많은 사망자가 나온 집단도 70대 이상 노인들이었으며 이들은 현재까지 집계된 사망자의 70퍼센트가량을 차지한다(60대 이상으로 따지면 83.4퍼센트다).[13] 이 중에서 가장 많은 사망자가 나온 집단은 요양원과 요양병원 등에 있는 노인들이다. 신천지 집단감염이 지나간 후로 계속된 집단감염이 발생하는 곳도 이곳이다.

요양원 15만 명, 요양병원 25만 명으로 약 40만 명이 여기에 있다. 요양원은 복지시설이고 요양병원은 병원이지만 사실 그다지 차이는

---

13 중앙사고수습본부·중앙재난안전대책본부, "코로나 바이러스감염증-19 국내 발생 현황", 2020년 5월 19일 0시 기준.

없다. 시설마다 환경도 천차만별로, 비싼 곳은 서양이나 일본의 너싱홈을 연상케 하지만, 서민들이 찾는 요양원과 요양병원은 돈이 부족하면 요양원이고 돈이 조금 더 있으면 요양병원이다. 이런 차이에도 불구하고 노인들이 평균 머무는 기간을 보면 요양원이 2년 5개월, 요양병원이 1년 4개월이며 사망으로 퇴원하면서 입원이 끝난다는 점은 거의 같다. 문명화된 고려장 제도라고 부르면 너무 지나칠까? 생산인구가 아닌 노인들에 대한 사회보장은 형편없다. 한국 사회는 노인 빈곤율이 49퍼센트다.

여기서도 사회적 거리 두기를 실천할 수가 없다. 요양원은 본래 환자 2.5인당 1인의 요양보호사를 두도록 돼 있으나 이를 지키는 곳은 거의 없다. 요양병원은 1인의 간병사가 8인의 환자를 본다는 실태 조사가 있다. 당연히 이들 돌봄 노동자들이 환자들을 다 돌볼 수가 없다. 그래서 요양병원에선 환자 보호자들이 간병을 해야 한다. 아예 노부부가 함께 들어가 남성 노인은 입원을 하고 여성 노인은 간병을 하며 지내는 일도 드물지 않다. 사회적 거리 두기는 요양원이든 요양병원이든 현실에서는 지켜지기 어려운 일이다. 여기에 코로나19가 발병하면 당연히 집단감염이 일어난다.

대구 대실요양병원에서는 94명이 집단으로 감염됐고 같은 건물의 미주병원에서도 134명의 감염자가 발생했다. 대구 한사랑요양병원에서는 77명이 감염됐다. 대구에서만 그랬던 게 아니다. 군포 효요양원에서도 집단감염이 있었다. 문제는 노인 요양시설에서 집단감염이 발생하면 의료 수용 능력의 부담을 심각하게 증가시킨다는 것이다. 군포의 예를 들면 네 명의 환자는 일반 병실로 입원했지만 열 명의 노인은 중환자실로 가야만 했다. 이렇게 되면 환자들이 제대로 된 치료를 받기 어려워질 뿐 아니라, 병원의 부족한 중환자실을 이 환자들이 다 채우게 된다. 다른 병으로 중환자실을 가야 할 환자들도 적절한 치료를 받지 못하게 된다는 의미다. 결국 병실이나 중환자실 부족 사태가 벌어지고 이탈리아나 스페인에서 보던 바로 그 광경이 펼쳐진다. 악몽이고 야만이다.

대구·경북에서는 수백 곳의 요양시설에 대한 '예방적 코호트 격리' 조치로 병원 노동자와 의료진, 간병인과 노인을 병원에 가둬 바깥과 차단했다. 이 요양원과 요양병원에 가족을 둔 사람들은 아직도 면회를 할 수 없다. 1인당 월 수백만 원씩 하는 실버타운에서 코로나가 발생했다는 이야기를 들어 본 바 없고 이들이 코호트 격리를 당했다는 이야기도 들어 본 바 없다.

전국의 5000개에 가까운 요양원과 요양병원의 노인들을 어떻게 보호할 것인가? 사회복지시설이나 요양시설 거주자들에게 필요한 것은 좀 더 넓은 공간이지 사회로부터의 격리가 아니다. 정부는 이들이 밀집 수용 상태에서 벗어나 사회적 거리 두기를 할 수 있을 만큼의 공간을 마련해야 한다. 또 정부가 나서서 더 많은 돌봄 노동자를 고용하고, 그 비용 또한 부담해야 한다. 과연 그럴 수 있을까?

성소수자와 이태원 클럽

클럽 운영 재개가 허용된 것은 4월 19일이었고 이태원 클럽에서 코로나19 감염인이 확인된 것은 5월 6일이었다. 이 환자는 5월 2일부터 5일까지 클럽을 들렀다고 했다. 그리고 이태원 집단감염이 발생했다. 여기까지는 문제가 아니었다. 문제는 5월 7일 순복음교회가 운영한다고 알려진 〈국민일보〉가 "이태원 유명 클럽에 코로나19 확진자 다녀갔다"라는 제목의 보도를 내면서부터 발생했다. 불필요하게 성적 지향을 밝힌 보도에, 뒤따라 많은 언론이 자극적 보도를 내놓았다. 성소수자를 낙인찍고 불필요하게 성적 지향을 공개하는 것은 방역에 도움이 안 될 뿐 아니라 해가 된다는 정부와 시민단체의 질타에도 이 신문은 5월 9일 "'결국 터졌다' … 동성애자 제일 우려하던 '찜방'서 확진자 나와"라는 보도를 이어 갔고, 원색적 표현을 써서 성소수자 혐오를 부추겼다.

이런 보도는 이태원 클럽의 접촉자들로 하여금 검사를 두려워하고 기피하게 만들었고, 검사를 받거나 감염이 되면 곧 자신의 의사에 반해 성적 지향이 밝혀지는 '아웃팅'의 위험에 맞닥뜨리게 했다. 한국 사회의 편견을 고려하면 이런 보도는 코로나19를 이용한 노골적 성소수자 혐오 선동이다. "언론은 성적 소수자에 대해 호기심이나 배척의 시선으로 접근하지 않는다." "반드시 필요하지 않을 경우 성적 지향이나 성 정체성을 밝히지 않는다."[14] 해당 기사는 이런 기본적 인권보도준칙을 정면으로 어겼다.

한 인권 활동가는 다음과 같이 말했다.

이미 안 좋은 학습 효과가 진행된 상황에서 중국, 신천지보다 더 큰 낙인이 이태원 방문자들, 특히 성소수자들에게 가해지고 있습니다. 지금 그

---

14 한국기자협회·국가인권위원회의 인권보도준칙(https://www.journalist.or.kr/news/section4.html?p_num=7) 참조.

들에게 혐오를 쏟아 내고 있는 언론들은 정말 코로나 종식을 방해하고 있는 겁니다. 그냥 잠깐 와서 검사받으면 되는 걸 왜 안 나오냐고요? 검사를 받으면 음성이건 양성이건 자가격리 대상자가 됩니다. 최소 하루이틀 아무 데도 나가지 못합니다. 직장이나 지인들에게 자신이 나갈 수 없는 이유를 설명해야 합니다. 그 자체로 인생이 무너질 수도 있는 일입니다. 실제 인천의 대학생이자 학원 강사였던 분은 초기 조사 때 무직이라고 속여 결국 직장 동료와 가르치는 학생들까지 감염됐습니다. 그는 "졸업과 취업에 불이익이 생길 것이 두려워" 거짓말을 했다고 고백했습니다. 코로나를 전파한 책임이 정말 '온전히' 그에게 있습니까? 성소수자를 혐오하고 차별해 온 우리 사회, 이태원 클럽 방문자는 성소수자이고 사회에서 배제돼야 할 존재라는 등식을 만든 언론, 그리고 이것을 방치한 정치인들이 평범한 사람을 거짓말쟁이로 만들고 2차, 3차의 코로나 확산을 부추긴 것은 아닐까요?[15]

사회적 거리 두기와 노동자

사회적 거리 두기가 코로나 시대의 새로운 규범, 뉴 노멀이 되고 있다. 이때의 거리 두기는 서로 팔을 뻗어 맞닿지 않는 거리다. 우리 정부는 1미터를 이야기했고, 외국에서는 1.8~2미터를 이야기한다(최

---

15 2020년 5월 14일 광화문광장에서 전국 인권·시민단체가 주최한 '코로나19 인권 대응 시민사회 기자회견' 당시 최규진(건강과대안 운영위원, 인의협 인권위원장)의 발언.

근에는 우리 방역 당국도 2미터를 기준으로 말한다). 그러나 이런 사회적 거리 두기가 실제로 가능한지를 생각해 보자. 당장 지하철이나 버스를 타고 출퇴근을 하려면 1~2미터는커녕 양팔을 펼칠 수도 없을 정도로 밀접 접촉을 해야만 한다. 대중교통만 그런가? 일을 할 때 서로 2미터씩 거리를 두는 직장이 얼마나 되는가. 공간 이용이 곧 이윤인 이 자본주의 사회에서 감염병은 결코 평등하지 않다.

당장 이번에 문제가 된 서울 구로의 콜센터를 생각해 보자. 콜센터는 경력이 없는 젊은 청년들이 가장 많이 취직하는 직장이자, 감염 위험이 가장 높은 곳으로 이미 지목돼 온 곳이다. 한 곳에서만 137명이 감염된 것으로 알려진 구로의 콜센터는 어느 손해보험사의 외주 회사였다. 한 층에 207명이 근무했다는 이 직장에서, 여성 노동자들에게 2미터의 거리는 월급(한 가족의 생계)과 맞바꿀 수밖에 없는 것이었다.

콜센터만 그런 것이 아니다. 다른 직장들도 마찬가지다. 대기업들은 여유 공간을 쓸 여유가 있겠지만 그 바깥의 많은 직장인, 즉 노동자에게 2미터의 거리는 방역 당국의 지침에나 나오는 말이다.

아프면 쉬라는 방역 지침 1번도 그렇다. 아프면 쉴 수 있는 제도적 장치가 아예 없는 곳도 많다. 유급휴가가 제도화되지도 않았고, 가뜩이나 경제 위기라고 야단인데 아프면 쉰다는 지침을 실천하면 곧바로 해고에 맞닥뜨리기 십상이다. 사회보장이 엉망인 미국에서조차 직장에 유급휴가 제도나 상병수당이 있다. 유럽에는 일주일 동안은 진단서 없이 유급병가를 낼 수 있는 권리가 제도적으로 보장돼 있는 나라가 많다. 직장에서 임금을 주지 않으면 사회보장제도에서 상병수당(질병수당)을 준다. 이런 제도가 있고 나서야 방역 준칙 준수를 이야기할 수 있을 것이다. 유급병가만이 아니다. 대부분의 유럽 국가에서는 유급 돌봄휴가도 당연한 노동자의 법적 권리다. 학교 휴교의 사회적 영향평가에 관련한 논문들은 휴교가 보건의료 종사자들의 돌봄휴가로 인해 의료 대응 능력을 저하시키는 요인이라는 점을 당연하다는 듯이 분석의 대상으로 삼는다.[16] 그러나 한국에서는 어린이집이 휴원을 하고 학교도 휴교를 했는데, 그 아이들을 누가 돌볼 것인지가 큰 골칫거리다. 학교를 보내도 문제, 안 보내도 문제. 유급병가도 주어지지 않는 이 사회에서 유급 돌봄휴가는 대부분의 노동자들에게 꿈일 뿐이다.

코로나19로 많은 나라에서 고강도 사회적 거리 두기를 실시했다. 셀 수 없는 일터가 문을 닫았고, 사람들은 집 바깥에도 나가지 못했다. 이른바 봉쇄lock down라는 강력한 사회적 거리 두기의 일환이었다. 반면 우리나라는 대부분의 일터가 쉼 없이 돌아갔고, 유통 부문 역시 쉬지 않았다. 사회적 서비스 부문(예를 들어 대중교통)도 그대로 작동했다. 사회적 거리 두기를 위한 봉쇄는 교회나 클럽, 노래방, 헬스클럽 등 문화시설과 유흥시설, 즉 비생산 부문에서만 시행됐다. 식당이나 레스토랑 등 타격을 입은 분야도 넓게 보면 비생산 부문이다. 'K-방역'의 중요한 요소인 한국형 사회적 거리 두기는 '비생산 분야에서의 엄격한 거리 두기와 생산, 유통, 사회적 서비스 등 핵심 생산 부문에서의 느슨한 거리 두기 내지 포기'를 모델로 삼았기에 가

---

[16] Jude Bayham et al, "Impact of school closures for COVID-19 on the US health-care workforce and net mortality: a modelling study", *The Lancet*, vol 5, Issue 5, May 2020.

능했다. 저강도 사회적 거리 두기다. 이것은 세계의 자본가들이 기존의 자본주의적 생산 형태를 상당 부분 그대로 유지하면서 사회적 거리 두기를 부분적으로 실천하는 모델로 보였고,[17] 이는 이른바 'K-방역'이 전 세계의 주목을 받는 데 매우 중요한 요소로 작용했다.

그런데 바로 이 때문에 콜센터 집단감염이 발생했다. 가족 간 감염만큼이나 직장에서도 밀접 접촉으로 인한 감염이 많이 일어났다. 다행히 2020년 5월 현재까지는 택시 이외의 대중교통에서 감염 사례가 발생하지 않았지만 '생활방역'에 들어가게 되면 조만간 발생할 가능성도 크다.

한국형 사회적 거리 두기는 유통 부문 노동자들이 감염 위험을 감수하고 초과 노동을 했기에 가능했다. 외신에서는 한국의 온라인 유통망을 방역 성공의 비결로 꼽았다. 자본가 입장에서는 유통 부문의 오프라인 수요 감소를 온라인으로 메우는 것에 불과할 것이다. 그러나 이런 생각은 온라인 유통이 인간의 노동을 기반으로 하는 과정임을 망각하게 만든다. 사회적 거리 두기를 실천하려면, 그 거리를 누군가 메워야 한다. 그 간격을 메우는 이는 노동자다. 배달 노동자들의 일을 두고 '살인적인 노동'이라고들 한다. 이 표현은 은유가 아니다.

3월 12일 40대 온라인 쇼핑몰 배달 노동자가 심근경색으로 숨졌다. 새벽 배송을 하던 중 경기도 어느 빌라 건물 4층과 5층 사이에서 심정지 상태로 쓰러진 채 발견됐다. 고인은 생전에 가족에게 "밥

---

[17] Martin Bodenstein et al, "Social distancing and supply disruptions in a pandemic", *VoxEU* 12, Jun 2020.

도 못 먹고 화장실도 가기 어렵다"는 취지의 말을 한 것으로 알려졌다. 원래도 1년 미만 퇴사자가 96퍼센트에 이를 정도로 초과 노동에 시달리던 배달 노동자들이 폭발적으로 늘어난 배달 물량에 '초'초과 노동을 한 결과다. 밤 10시에 출근해 이튿날 아침 7시까지 배송일을 하던 그 노동자의 사망은, 한국형 사회적 거리 두기의 결과였다.[18]

그리고 얼마 뒤 또 한 명의 배달 노동자가 세상을 떠났다. 택배 기사로 일하던 그는 토요일이던 5월 2일 배송을 나가기 전 동료에게 한 주 뒤로 다가온 가족 여행 계획을 알렸다. 코로나19 여파로 급증한 물량에 지난 몇 달간 제대로 쉬어 본 적이 없던 차였다. 그러나 그는 이틀 뒤인 4일 새벽 자택에서 외마디 비명을 지른 후 돌연사했다. 코로나19 사태가 있기 전, 숙련된 택배 노동자가 한 달에 소화하는 물량은 7000~8000개였다고 한다. 고인은 2월에 9960개, 3월에 1만 1330개, 4월에는 1만 288개를 배달했다. 그만큼 노동시간도 늘어 하루 15시간씩 쉼 없이 일했다.[19] "노동자는 기계가 아니다."

K-방역의 빛과 어둠

K-방역의 성공이라고 한다. K-방역이 세계적 모델이 됐다고 한다.

---

18 김종훈, "입사 한 달도 안 된 쿠팡맨의 죽음 … '1년 미만 퇴사자 96퍼센트'", 〈오마이뉴스〉 2020년 3월 18일.

19 이효상, "'언택트' 시대의 과부하 … 또 스러진 택배기사", 〈경향신문〉 2020년 5월 6일 자.

그러나 이런 평가는 첫째 섣부르고, 둘째 지나치게 과장돼 있다. 기모란 대한예방의학회 코로나 대책위원장은 "한국의 상대적 방역 성공은 한국이 50점인 데 반해 다른 나라는 30점이어서 그렇게 보이는 것"이라고 말했다. 50점은 성공이라고 말하기에는 부끄러운 점수다. 많은 공중 보건학자와 감염학자가 한국의 상대적 성공에는 천운도 따랐다고 말한다. 물론 상대적 성공을 폄하하려는 것은 아니다. 이 상대적 성공으로 수천수만 명의 목숨을 살렸다. 여기에는 몇 가지 요인이 있다.

첫째, 한국이 다른 나라보다 한 달 내지 한 달 반 정도 미리 대응했다. 대만과 한국이 그랬고 싱가포르도 처음엔 성공을 거뒀다. 이는 세 나라가 중국과 가까이 위치한 덕분이다(대만은 미리 정보를 가지고 있었던 것으로 보인다). 2020년 1월 20일, 한국에 첫 감염자가 발생했다. 한국은 중국과 왕래가 잦아 하루 평균 3만 명이 양국을 드나들고 있었으므로 이에 대한 대비를 매우 빨리 시작했다. 초기부터 광범하게 접촉자를 추적했고, 빠른 진단을 위해 코로나 진단키트를 개발하도록 승인 절차도 신속하게 진행했다.(이를 한국 바이오산업의 규제 완화 덕분이라고 말하는 것은 과장이다. 규제 완화가 아니어도 신속승인제도는 있었고, 이런 기술은 다른 나라도 충분히 보유하고 있다. 단지 대응이 늦었을 뿐이다.)

그런데 이처럼 빠른 대응에는 신천지 집단 발병이 역설적으로 큰 구실을 했다. 중국이 자체적으로 봉쇄 조치를 내리면서 중국으로부터 입국자 수가 크게 줄어들고 국내 감염자도 아직 없었던 상황에서, 문재인 대통령은 2월 13일 "방역 당국이 끝까지 긴장을 놓지 않고 최선을 다하고 있기 때문에 코로나19는 머지않아 종식될 것"이라고 말하기까지 했다. 그러나 2월 17일 이른바 31번 확진자가 발생하자 상황은 급변했다. 대구·경북 지역에서 집단 발병이 터지기 시작한 것이다. 31번 환자가 처음으로 확진을 받은 것은 2월 17일이지만, 이후 이뤄진 역학조사에 따르면 그는 4~5차 감염자였을 것으로 추정된다. 즉, 31번 환자의 증상이 나타난 시점을 고려해 볼 때 한국에서도 이미 1월 중순 무렵부터 대구·경북을 중심으로 코로나19가 조용히 퍼져 나가고 있었던 것이다.

신천지교회 신도는 25만 명가량으로 한국 전체 인구의 0.5퍼센트를 차지할 만큼 그 규모가 컸다. 그러나 한편으로는 신흥 종교였고 매우 폐쇄적인 집단이었기 때문에 상대적으로 대구·경북 지역 감염에 머문 측면도 있다. 신천지교회 내부에서는 재생산지수가 7에 달할 정도로 높았다. 그만큼 폐쇄적인 신흥 종교였다. 그런가 하면 호남 지역 신천지 신도들 사이에선 한 명의 확진자도 발생하지 않았을 만큼 코로나19의 유행 양상은 지역적이기도 했다.

젊은 여성들도 감염인 중 매우 큰 비중을 차지했다. 이들은 한국에서 가장 취약한 성별·연령 집단이기도 하다. 이처럼 젊은 층이 많은 신천지교회 신자의 인구학적 특성도 한국의 사망률이 낮았던 중요 요인이었다. 이른바 '신천지 착시 효과'다. 게다가 이들은 추적하기도 쉬웠다. 신도 명부는 검찰의 평가대로 나중에 압수 수색을 통해 찾아낸 것과 실질적 차이가 없었다. 한편 교인들은 신흥 종교의 특성상 일상적 외양을 갖추지 않았기에 범죄인 취급당하고 낙인찍히기도 쉬웠다. 마지막으로 신천지 감염 폭발은 대구·경북의 지역 감염으로 이어져 사회적 경각심을 대폭 강화했고, 사회적 거리 두기나 개인 방역의 실천을 초기에 사회적 규범으로 만들었다.

둘째, 디지털 기술을 이용한 감시체계가 큰 사회적 저항 없이 작동했다. 휴대전화 위성위치확인시스템GPS을 통한 위치 추적과 통화 내역 조회, CCTV 모니터링, 신용카드 사용처 조회를 통한 동선 추적은 K-방역의 주요한 성공 요소였다. 이는 초기 신천지교회 신도들이 범죄인 취급당하면서 상대적으로 큰 사회적 저항 없이 받아들여졌다. 또한 한국은 모든 개인이 주민등록번호를 가지고 있고, 국가가 전 국민의 사진과 지문을 보유하고 있는 국가다. 이런 시스템은 역학조사가 시작되면 10분 안에 모든 자료가 도착할 정도로 신속하고 효율적인 기술 감시체계를 가능케 했다. 그러나 고도화한 디지털 감시체계에는 당연히 인권침해 요소도 있었다. 심지어 한 지자체는 안면 인식 열 측정기를 도입하기도 했다.[20]

셋째, 노동자들의 초과 노동이 있었다. 의료 현장이 대표적이었다. 한국은 간호사의 1인당 환자 수가 유럽 국가의 3배 수준이다. 그런데 대구·경북에 집단 발병이 발생하면서 상황은 더 악화됐다. 간호사 1인이 많게는 환자 20명까지도 봐야 하는 상황이 된 것이다. 대구·경북에는 4만 개의 급성기 병상이 있었지만, 이 가운데 극히 일부만이 공공병원과 일부 민간병원에서 쓰일 수 있었다. 의료 인력도 모자라 공중보건의, 군 간호장교를 포함해 전국의 자원봉사 의료진이 동원돼야 했다. 그나마도 공중보건의 등은 초임 의사가 많아 선별진료소에 활용할 수밖에 없었고, 인력이 턱없이 부족했던 의료진은 그야말로 자신을 '갈아 넣는' 노동을 했다.

---

20 진보네트워크센터, "서울시 성동구청 인공지능 얼굴인식 체온 카메라 설치에 대한 공개민원 및 질의", 2020년 5월 15일 자.

이는 주로 국공립병원의 절대적 부족에 더해 초기 중증 환자 분리에 실패했기 때문인데, 의료인들은 초과 노동으로 대응 능력의 부족을 메웠다. 대구의료원, 경북대병원, 대구보훈병원, 대구산재병원, 심지어 국군대구병원까지 환자들을 내보내고 코로나 전담 병원으로 사용됐으나 여전히 대구 국공립병원의 1200병상만으로는 역부족이었다. 계명대 동산병원이 이사를 가고 남은 200병상을 빌려 썼고, 영남대병원·대구가톨릭대병원에서도 100병상씩을 활용했으나 결국 전국의 국공립병원이 동원돼야 했다. 경남의 마산의료원, 창원산재병원, 결핵 치료를 전문으로 하는 국립마산병원까지 환자를 내보내면서 코로나 전담 병원으로 지정돼야 했다. 여기에 충남대병원, 충북대병원은 물론 전남대병원, 서울 국립의료원, 서울의료원, 서울대병원까지 동원됐다. 10퍼센트의 국공립병원이 대구·경북 환자의 77퍼센트를 맡았고 나머지 환자들을 민간병원이 맡았다.

이 과정에서 의료진, 특히 간호사들의 노동은 원래도 과부하가 걸려 있었지만 코로나 사태로 그 정도를 넘어섰다. 방호복을 입으면 숨이 막히고 땀이 나 보통은 2시간마다 교대해야 한다. 그러나 일부 간호사들은 5시간까지 방호복을 입고 환자를 돌봐야 했고, 심지어 소변보러 화장실 갈 수조차 없어 방호복 안에서 해결하는 경우도 있었다고 한다.[21] 간호사들만이 아니다. 응급구조사, 소방서 노동자도 환자 이송을 위해 초과 노동을 해야 했고, 병원 내에서 환경 미화와 간호 보조를 담당하는 노동자도 똑같이 방호복을 입고 초과 노동을

---

21 건강과대안·보건의료단체연합·공공운수노조의료연대본부, "코로나19와 싸우는 의료현장에서 듣는다", 2020년 5월 8일 발표.

해야만 했다. 접촉자 추적에는 공무원 경찰 노동자들이 동원됐고, 디지털 감시에도 수많은 사람의 노동이 필요했다. 한국의 놀라운 추적 속도와 진단 건수는 이들의 초과 노동에 힘입은 것이었다.

넷째, 시민의 높은 안전 감수성과 대처 능력도 한몫했다. 이는 한국 시민들의 경험에서 비롯된 것인데, 멀리는 2008년 미국산 광우병 위험 쇠고기 수입 반대 시위에서부터 가깝게는 2015년 메르스 사태의 경험이 있었다. 또 2014년 세월호 참사의 경험도 큰 영향을 미쳤다. 세월호 사건이 시민들의 안전 감수성에 미친 영향은 복합적이었는데, 무엇보다 당국의 미흡한 대처가 가장 큰 실정으로 남았다. 이런 국가 재난의 경험은 정권을 교체하고 새로 선출한 정부에 대한 믿음의 바탕을 이루기도 했으나, 반대로 '알아서 살아남아야 한다'는 각자도생 정신이 개인의 안전 감수성에 반영되게도 했다. 이것이 사회적 거리 두기나 마스크 쓰기 등 개인 방역의 준수로 나타났다는 해석도 가능하다.

크게 봐 이 네 가지가 K-방역의 실체다. 그 성공 여부는 살펴본 대로 체계적 성공이라기보다는 '천운'과 함께 조기 대응, 기술 감시체계, 노동자 갈아 넣기, 시민의 대응 등 복합적 요인에 의지해 겨우겨우 버틴 것이라 할 수 있다. 특히 이 과정에서 방역 능력과는 별개로 의료 대응 능력의 처참한 수준이 드러났다. K-방역은 상대적으로 성공했지만 'K-의료'는 실패했다. 공공 병상과 중환자실의 부족, 훈련된 의료 인력의 부족, 개인 보호 장비와 필수 의료 장비의 부족, 컨트롤타워의 부재를 지금부터 해결하지 않으면 우리는 코로나 2차 파고에 제대로 대응할 수 없을 것이다.

불평등을 넘어 포스트 코로나 체제로

흔히 바이러스는 누구에게나 평등할 것이라고 생각한다. 바이러스에 눈이 달린 것도 아닐뿐더러, 코로나 바이러스는 10만분의 1센티미터 정도로 아주아주 작디작은, 생물도 무생물도 아닌 무엇에 불과하기 때문이다. 그러나 바이러스의 전파는 결코 평등하지 않다. 바이러스는 인간으로부터 인간에게로 번지기 때문이다. 그리고 이 사회는 사회적 약자들, 노동자와 소수자, 소외된 사람들에게 언제나 더 가혹하다.

많은 전문가와 경제기구의 분석을 굳이 인용하지 않더라도, 자본주의는 1930년대 대공황 이래 최악의 위기를 맞고 있다. 경제 위기가 닥쳤을 때야말로 불평등이 가장 심화되는 시기다. 인류는 지금 공중보건 위기와 경제 위기를 동시에 겪어야 하는 비상한 국면에 접어들었다. 더욱이 현재와 같은 탄소 경제를 운영하면 10년 내에 기후 위기는 돌이킬 수 없는 상황에 돌입한다. 이런 점에서 지금 우리는 3중의 위기에 처해 있다. 앞으로 몇 년간의 대처가 인류의 멸종인가 문명의 지속인가를 가르는 운명의 선택이 될 수도 있다.

로자 룩셈부르크는 한 세기 전 '야만인가 사회주의인가'라는 질문을 인류에게 던졌다. 인류는 결국 제1차세계대전 후 닥친 1930년대 대공황과 제2차세계대전으로 이어지는 야만의 길로 내달렸다. 지금은 그때와 차원이 다르다. 우리는 야만인가 자본주의의 극복인가가 아니라, 멸종인가 아니면 다른 길인가를 물어야 하는 시점에 있다. 어떻게 하면 불평등을, 이 위기를 극복할 것인가? 자본주의의 불평등 재생산을 온존하는 방법으로 나아간다면, 더욱이 이 재난을 빌

미로 불평등을 심화하는 '재난 자본주의'의 길로 나아간다면 인류는 멸종의 길에 한 걸음 더 다가가게 될 것이다. 코로나 시대에 인류는 노동자와 소수자에게 짐을 떠넘기지 않으면서 이 위기를 극복하는 길을 찾아야만, 불평등을 넘어 기후 위기 속에서 생존을 모색할 수 있을 것이다. 이 일은 새로운 사회를 꿈꾸지 않고서는 이룰 수 없다. 이것이 포스트 코로나 사회를 살아야 하는 우리에게 주어진 과제다.

코로나19의 기원과 백신 불평등

2022년 3월 지은이가 편집자로 있던 《의료와 사회》 11호는 코로나19 위기를 기획 특집으로 다뤘다. 이 글은 그 총론 격인 글로서 코로나19의 원인을 두고 의견이 분분하던 때에 학계의 큰 관심을 받았다.

코로나19와 인류의 팬데믹 대처

지난 20년간 인류는 6번의 팬데믹 상황을 겪었다. 2002년 사스, 2009년 신종플루(H1N1 인플루엔자, Swine Flu), 2012년 메르스(한국은 2015년), 2013~2016년 에볼라, 2015년 지카, 2019년부터 코로나19가 그것이다. 이전 시기 인류가 1세기에 2~3회 정도 팬데믹 상황에 처했던 것과는 판이하게 다른 양상이다.[22]

이렇게 팬데믹이 잦아지면서 인류의 팬데믹 대비에 대한 여러 움직임이 있었다. 대표적으로 세계보건기구는 2015년부터 인류가 대비

---

22 Pooja Bhadoria, Gaurisha Gupta and Anubha Agarwal, "Viral Pandemics in the Past Two Decades", *Journal of Family Medicine and Primary Care*, August 27, 2021, Vol 10, Issue 8 pp 2745~2750.

해야 할 질병 목록을 만들고 이에 대응하기 위한 연구와 개발이 시급하다고 촉구했다. 2018년 이 목록에 오른 질병은 10가지였는데, 그것은 크리미안-콩고 출혈열, 에볼라, 메르스, 사스 등과 나머지 질병을 포괄하는 '질병 X'였다.[23] 즉 코로나19와 같은 팬데믹은 이미 예견돼 왔다.

심지어 존스홉킨스 건강안보센터CHS가 미국 뉴욕에서 세계경제포럼과 빌앤멀린다게이츠재단과 함께 시행한 '이벤트 201'은 남미의 돼지에서 비롯한 새로운 코로나 바이러스nCov가 독감 비슷한 증상을 일으키고 수많은 사람을 사망에 이르게 하는 호흡기 감염 팬데믹에 대한 도상훈련Tabletop Exercise을 시행했다. 놀라운 사실 하나는 이 도상훈련이 코로나19가 발병하기 직전인 2019년 10월에 이뤄졌다는 것이다.[24] 이 '이벤트 201'은 권고사항으로 다가올 팬데믹에 대응하기 위해 각국 정부와 국제기구, 각 기업들이 협력해 이에 대비할 것을 촉구한다.

이처럼 사실상 코로나19와 같은 팬데믹은 이미 예견됐고 그에 대한 대응도 촉구돼 왔다. 그러나 우리가 잘 알고 있는 바와 같이 인류의 코로나19에 대한 대응은 전혀 적절하다 말할 수 없었다. 뒤늦게 '국제 팬데믹 조약'이 세계보건기구 중심으로 논의되고 2021년 12월 1일 세계보건총회WHA에서 결의됐으나 이 조약이 팬데믹 대응에 얼

---

23 "2018 Annual review of diseases prioritized under the Research and Development Blueprint Informal consultation", 6-7 February 2018, Geneva, Switzerland.

24 https://www.centerforhealthsecurity.org/event201/ (2021. 2. 27. 검색).

마나 효과적일지, 또 얼마나 구속력을 가질지는 여전히 회의적이다.[25] 세계보건기구 사무총장 테워드로스는 세계보건총회가 끝난 후 다음과 같이 말했다.

코로나19 팬데믹은 사람들을 보호하는 글로벌 시스템에 많은 결점이 있음을 드러냈다. 가장 취약한 사람들에게 백신이 주어지지 않았고, 보건 종사자들이 생명을 구하는 일을 하면서 필요한 장비를 제공받지 못했으며, '나 먼저식 접근me-first approaches'이 글로벌한 위협에 맞서는 데 필요한 국제적 연대를 좌절시켰다.

완곡한 말이지만 현재 상황에 대한 솔직한 고백이라 할 것이다.

전 지구적 코로나19 불평등과 백신 불평등

세계보건기구에 따르면, 2019년 팬데믹이 선언된 후 코로나19로 사망한 사람은 현재까지 약 600만 명이다. 그러나 이 수치는 매우 축소 집계된 것으로 추정된다. 다른 감염병들을 보면 공식적 사망자 수보다 실제 사망자 수가 훨씬 많다. 예를 들어 말라리아의 경우 공식적 통계에 의한 사망자는 실제 사망자의 4분의 1 이하인 것으로 추정되고, 아프리카 대륙의 황열의 경우 공식적 통계는 실제 사망자의

25　L O Gostin, S F Halabi, K A Klock, "An International Agreement on Pandemic Prevention and Preparedness", *JAMA*, 2021; 326(13): 1257-1258.

1퍼센트만 반영하는 것으로 알려져 있다.

코로나19 사망자 통계와 실제 사망자 수의 차이를 연구한 한 논문에 의하면, 코로나19 공식적 사망자 수는 아덴(예멘)의 경우 실제 사망자의 1.5퍼센트, 이집트의 경우 7.5퍼센트, 자카르타는 25퍼센트, 이란과 멕시코도 각각 41퍼센트와 45퍼센트만 반영했다.[26] 즉 코로나19에 의한 감염자와 사망자는 보고된 것보다 훨씬 많다. 인도의 경우 2021년 중반까지의 두 번째 파고를 거친 후 공식 통계로 본 사망자는 약 42만 명이었으나 초과 사망 등을 고려해 보면 실제 사망자는 대략 340만~490만 명일 것으로 추정된다.[27] 공식 통계의 8~12배라는 것이다.

공식적으로 집계된 코로나 사망자는 아프리카, 남미, 아시아의 가난한 나라 사망자가 선진국에 비해 오히려 적다. 그러나 공식적 통계 뒤에 은폐된 진실은 이 빈국들에서 훨씬 많은 감염자와 사망자가 발생했다는 것이다. 코로나로 인한 건강의 피해는 한 국가 안에서도 취약 계층, 즉 가난한 사람들이나 인종적 소수자, 사회적 취약 계층에 집중됐고, 세계적으로도 저소득 국가와 중저소득 국가에서 심각했다. 이는 열악한 위생·영양 상태와 정보의 부족, 보건의료 접근성 취

26　C Whittaker, P G T Walker, M Alhaffar, A Hamlet, B A Djaafara, A Ghani et al, "Under-reporting of deaths limits our understanding of true burden of covid-19," *BMJ* 2021; 375: n 2239.

27　O Dyer, "Covid-19: Two thirds in India carry antibodies, while research suggests country's death toll is 10 times official figure", *BMJ* 2021; 374: n 1856.

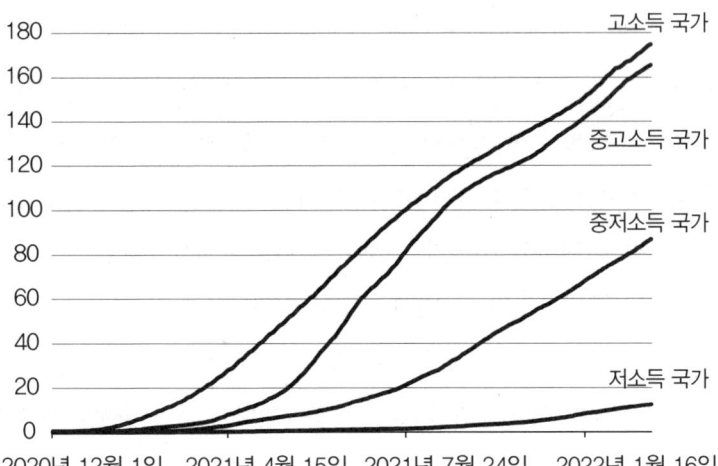

그림 1. 전 세계 소득별 코로나19 백신 접종 현황

※ 인구 100명당 백신 접종 횟수(부스터샷 포함). 같은 사람이 두세 차례 접종할 경우, 인구수보다 접종 횟수가 많아짐.

출처: Our World in Data

약, 백신에 대한 접근성 취약으로 인한 것으로 이해된다.[28]

그림 1에서 보이듯이, 백신 접근성은 그 지구적 불평등이 매우 심각했다. 고소득 국가와 중고소득 국가의 경우 백신 접종률이 70퍼센트 이상을 상회하고 추가 접종도 광범하게 이뤄졌다. 반면 중저소득 국가나 저소득 국가의 경우 백신 접종률은 매우 낮다. 특히 저소득 국가의 경우 한 번이라도 백신 접종을 한 사람은 12.3퍼센트에 불과하다. 백신 접종에 따른 중증화율이나 사망률 차이가 3~4배에 달하는 것을 볼 때 전 지구적 백신 불평등은 매우 심각한 문제다.

---

28 WHO, "COVID-19 and the social determinants of health and health equity: evidence brief", 6 December 2021.

이런 백신 불평등의 문제는 전 세계 코로나 피해가 빈국과, 일국 내에서도 가난한 사람과 약자에 집중된다는 점을 단적으로 드러낸다는 점에서 중요하다. 또한 백신 불평등 문제는 단지 백신 접종률이 낮은 지역에서 코로나 피해가 더 크다는 문제만으로 그치는 것도 아니다. 백신 접종을 하지 않으면 감염자가 늘어나고, 코로나19의 특성상 감염자가 많아지면 그만큼 변이가 늘어나 기존 감염자나 백신 접종자의 면역을 무력화해 전 지구적 피해를 가중시키기 때문이다.

세계보건기구가 주요 변이로 꼽은 코로나19 변이(알파, 베타, 감마, 델타, 오미크론)가 발생한 곳은 코로나19의 확산이 매우 극심했던 곳이다. 영국, 인도, 브라질, 남아프리카공화국과 남아프리카가 모두 그렇다. 코로나19 바이러스는 RNA 바이러스이고, DNA 바이러스와 달리 자기복제를 할수록 변이가 더 발생한다.

영국을 제외하면 모두 가난한 나라들이고, 그 나라들에는 수백만 명이 밀집해 사는 슬럼들이 있다. 예를 들어 인도 뭄바이 지역의 슬럼가에서 2020년 7월 시행된 코로나19 항체 조사에서 약 57퍼센트의 항체 양성률이 나왔다.[29] 이는 코로나 1차 파고 시기에 인도의 슬럼 거주민 중 57퍼센트 이상의 주민이 코로나19에 감염됐음을 뜻한다. 밀집해 거주하고 제대로 된 영양 상태가 아닌 상황에서 사회적 위생이 엉망이면 코로나19의 '격렬한 유행', 즉 바이러스의 격렬한 자기복제가 발생한다. 그리고 변이가 많이 발생할수록 이 중 전파력이 높거나 독성이 뛰어난 변이종이 발생할 확률이 커진다. 바로 이렇게

---

[29] "COVID-19: 86.64% of non-slum Mumbai population have antibodies", *Sero Survey Reveals*, Sep 18, 2021.

우리가 마주한 코로나19 변이들이 발생했다.

백신 접종은 감염의 전파를 최소화할 수 있다. 이는 전 세계적으로 체계적이고 조율된 백신 생산과 분배를 계획하고 집행했더라면 적어도 2021년 후반기에 유행한 델타 변이와 오미크론 변이를 아예 발생하지 않게 하거나 피해를 최소화할 수 있었다는 것을 의미한다. 즉, 최소 수백만 명의 생명을 구할 수 있었다. 그러나 인류는 그렇게 하지 못했고 결국 백신을 가지고 있었으면서도 사람들이 코로나19로 병에 걸리고 사망하는 것을 지켜봐야 했다.

WTO 무역관련지식재산권협정과 의약품 독점[30]

WTO 농업 협정이 카길 협정으로 불렸듯이 WTO 무역관련지식재산권협정은 만들어질 당시부터 화이자 협정으로 불렸다. 부동의 세계 1위 다국적 제약 회사 화이자의 최고 경영자가 협정 초안을 작성했고 이 초안이 거의 그대로 통과됐기 때문이다. 말하자면 거대 제약 회사의 이익을 보호하려 만든 전 세계적 규약이 바로 무역관련지식재산권협정이다.

1995년 이전까지는 의약품 특허가 나라마다 달랐고 임상시험 결과를 독점하는 자료 독점권은 오직 미국에서만 인정되는 권리였다. 그러나 1995년 WTO 협정 이후 의약품 특허 기간은 20년이 됐다.

---

30 이 절의 일부 내용은 "백신 불평등, 12살에 죽은 은코시 존슨을 기억하라"(《한겨레21》 2022년 1월 22일 자)에서 가져와 수정한 것이다.

또한 특허 시효가 끝난 약과 동일한 제네릭 의약품을 만들어도, 이전의 임상시험 결과를 원래 임상시험을 시행한 제약 회사만 사용할 수 있도록 해 결국 특허 기간을 사실상 더 연장시키는 구실을 하는 자료 독점권도 매우 폭넓은 범위로 인정됐다. 즉 의약품 특허 기간이 길어져서 거대 다국적 제약 회사들이 의약품을 독점 생산할 수 있는 기간이 수십 년으로 늘어났고, 인류는 값싼 제네릭 의약품을 사용하기가 매우 힘들어졌다. 또 공익적 목적의 공공적 특허 사용, 즉 강제 특허 사용(특허권 강제 실시)을 까다롭게 제한한 것도 WTO 협정이다.

이 협정이 시행된 후 다국적 제약사들의 이윤은 하늘 높은지 모르고 뛰어 올랐다. 2002년 〈포춘〉 선정 500대 기업 중 제약사는 10개였다. 그런데 이 10개 회사의 순수익이 다른 490개 회사의 수익 총합보다도 더 많았다. 2001년 〈포춘〉 500대 기업의 매출 대비 수익률이 평균 3.3퍼센트, 2003년 4.6퍼센트였는 데 반해 다국적 제약 회사는 평균 18.5퍼센트, 14.3퍼센트였다.[31]

> 저는 정부가 의약품 AZT(에이즈 치료제)를 임신한 엄마들에게 주길 바라요. 그러면 에이즈 바이러스가 엄마에게서 아기한테 넘어가는 걸 막을 수 있어요. 아기들이 너무 빨리 죽어 가는데, 저는 동생들이 죽는 걸 바라지 않기 때문에 정부가 꼭 도와줘야 한다고 생각해요.

2000년 남아공 더반에서 열린 유엔에이즈계획 총회 개막 연설은

---

31 마르시아 안젤, 《제약 회사들은 어떻게 우리 주머니를 털었나》, 청년의사, 2014.

11살 소년 은코시 존슨이 맡았다. 에이즈로 여윈 몸을 커다란 검은 양복에 감싼 채 호소한 존슨의 개막 연설은 세계 사람들의 심금을 울렸다. 존슨의 호소가 끝날 무렵, 회의장 안팎 어딘가에서 "이윤보다 생명"이라는 구호가 터져 나왔다.

2000년 당시 아프리카에서는 다국적 제약사들이 HIV/에이즈 약으로 월 수백에서 수천 달러를 환자에게 요구했다. 당시 인도의 제약회사에서 특허권 없이 만든 같은 약의 가격은 20달러에 불과했는데도 말이다. 이 부조리한 상황을 해결하기 위해 넬슨 만델라 남아공 대통령이 2010년까지 자국의 어린이 100만 명을 살려야 한다며 에이즈 치료제 '특허권 강제시행법'을 입법했고 이에 대해 거대 다국적 제약 회사 40곳이 WTO 협정 위반 소송을 걸었다.

은코시 존슨이 연설한 유엔 총회를 계기로 불어닥친 거대한 세계적 여론의 관심과 사회운동의 높은 파고는 결국 제약 회사들이 '프리토리아 소송'을 포기하도록 만들었다. 프리토리아에서 벌어진 이 거대 다국적 제약 회사의 의약품 독점권 지키기 소송은 결국 2001년 제약 회사들의 소송 포기로 이어졌다. 이는 WTO에서 다국적 제약사들의 특허권을 제한하는 도하선언으로 이어진다. 즉 WTO가 공중 보건을 위한 특허권 강제(실시)시행 권리를 명시적으로 더 확장해 인정하게 만드는 결과로 이어졌다.

은코시 존슨은 12살인 2001년 세상을 떠났다. 이후에도 의약품 특허를 주장하는 다국적 제약 회사들의 방해는 집요하게 계속됐고 아프리카의 아이들이 매년 100만 명 이상 사망하는 야만적 사태도 이어지고 있다.

2020년 10월 코로나19 팬데믹 백신과 의약품에 대해 특허 등 지식재산권을 유예하자는 제안을 남아공과 브라질 정부가 제출했다. 만약 이때부터 백신이나 의약품의 특허가 유예됐다면 세계 최빈국 국민 중 1회 이상 백신 접종자가 10퍼센트 남짓한 지금과 같은 사태는 막을 수 있었을 것이다(그림 1 참조). 그러나 이 지재권 유예안은 거대 제약 회사들의 나라가 몰려 있는 유럽연합의 강력한 반대로 WTO에서 아직 통과되지 못하고 있다.[32]

오미크론은 코로나19 유행 첫해인 2020년 중반 시기의 코로나 바이러스 특징을 가진 것으로 알려졌다. 우세종이 되기에 앞서 중간에 1년 넘게 공백이 있는 셈이다. 따라서 그 공백을 설명하는, 오미크론의 기원에 대한 가설도 여러 가지다. 첫째, 다른 동물에 감염됐다가 다시 인간에게 옮겨 왔다. 둘째, 고립된 인구 집단에서 유행하다가 다시 등장했다. 셋째, 면역이 저하된 HIV/에이즈 환자 몸에 감염됐다가 다시 나와 사회적 감염을 일으켰다. 이 중 현재까지는 마지막 가설이 가장 유력하다.

아프리카에는 지금도 HIV/에이즈 감염인 2500만 명이 있고 해마다 50만 명이 사망한다. 인수공통감염병 중 하나인 에이즈는 이제 치료제 개발로 관리 가능한 만성 질병이다. 그럼에도 아프리카에 여전히 수천만 명의 환자가 있고 수백만 명이 숨지는 것은 치료제 가격이 너무 비싸기 때문이다. 거대 제약 회사들의 의약품 특허가 비싼 약값의 원인이다.

최근 우리가 겪고 있는 코로나19의 오미크론 변이는 이런 정치·사

---

32 2022년 6월에 백신에 대해서만 지재권을 유예하는 합의가 이뤄졌으나 큰 효과를 거두지는 못했다.

회적 배경에서 등장했다. 지금까지 아프리카 에이즈 감염인들은 단 3퍼센트만 코로나19 백신 접종을 했다고 한다. WTO 무역관련지식재산권협정을 근거로 제약 회사들이 에이즈 치료제에 월 수천 달러의 가격을 받지만 않았다면, 아니 그 후라도 제약 회사들이 코로나19 백신에 걸린 특허권을 포기했다면 코로나19에 감염된 에이즈 환자는 거의 없었을 것이다.

오늘날 인류는 세계 모든 사람에게 백신을 공급할 충분한 역량이 있다. 백신과 의약품, 의료기기에 걸린 특허와 독점권을 없애면 각 대륙에서 접근 가능한 백신과 의약품을 만드는 체계와 시설을 갖출 수 있다. 남아공과 브라질이 그렇고 '세계의 의약품 공장'으로 알려진 인도가 그렇다. 제약 회사의 이윤 우선이 아니라 팬데믹에 준하는 인류애를 우선했다면 전 인류는 이미 백신 접종을 마쳤을 것이다. 그러나 각국 정상들은 세계적으로 체계적이고 조율된 백신 생산과 분배를 계획하지도 집행하지도 못했다. 이런 식으로는 코로나19의 끝이 언제일지 알 수 없다.

2021년 새롭게 억만장자 대열에 합류한 화이자와 모더나 경영진 9명이 벌어들인 돈을 합치면 최빈국 10억 명에게 백신을 접종할 수 있고, 이미 억만장자이던 제약 회사 대주주 8명과 그 가족이 벌어들인 돈이면 인도의 모든 사람에게 백신 접종을 할 수 있다.[33] 지구의 한편에서는 거대 제약사들이 천문학적 이윤을 쌓는 동안 다른 한편에서는 가난한 나라 인구의 오직 10퍼센트만 백신을 한 번이라도 접

---

33 Oxfam, "COVID vaccines create 9 new billionaires with combined wealth greater than cost of vaccinating world's poorest countries"(2021. 5. 20.)

종할 수 있는 것이 지금의 현실이다.

고삐 풀린 자본주의는 어떤 세계를 만들었나?

그런데 WTO 협정은 단지 거대 다국적 제약 회사들의 이익을 위한 것만이 아니었다. WTO는 IMF, 세계은행과 함께 신자유주의 자본주의 체계를 이끄는 국제기구 중 하나였다.

제2차세계대전 이후 미국 중심의 세계 자본주의 체계, 이른바 브레턴우즈 체제는 장기 호황을 누렸지만 1970년대 이후에는 위기로 접어들게 된다. 실업과 인플레이션이 상시적인 것이 되고 세계적인 스태그플레이션도 상당 기간 지속됐다.

이런 자본주의 위기는 지속됐고 이런 경제 위기를 극복하기 위해 1980년대 영국의 대처 정부와 미국의 레이건 정부는 신자유주의 정책을 시행하는데, 이는 곧 전 세계적으로 각국의 정책으로 채택되기에 이른다. 즉 1980년대에 자본주의는 신자유주의적 자본주의가 지배적인 것이 된다.

국제경제적 측면에서 이런 신자유주의적 경제 '개혁'은 국제기구에 의해 강제됐는데, 한국도 1990년대 말 경험했듯이 IMF에 의한 구제금융과 이를 바탕으로 한 구조조정이 그 한 예다. IMF와 세계은행은 자금 융자를 통해 각국이 자유무역 원칙을 받아들이도록 유도할 뿐 아니라 경제·사회 정책을 신자유주의적으로 교정하도록 강제했다. 이 구조조정의 내용은 1990년대 초 미국 정부(재무부)와 IMF, 세계은행, 주요 경제학자들이 합의한 '워싱턴 컨센서스'라는 이름으로 잘 알려져 있다. 이 내용은 재정 건전화(재정 긴축), 농업·교육·보건 부문의 보조금 축소, 금리·환율 자유화, 무역 자유화, 외국인 투자 유치, 탈규제, 지식재산권의 강화 등이었다.[34] 국내적으로 각국 정부도 신자유주의적 정책을 주도적으로 취했는데 노동 유연화, 국영기업 민영화, 연금과 정부 서비스의 삭감, 기업 세금 인하, 소비세 인하, 금융 부문 탈규제 등의 구조조정이 그 내용이었다.[35]

WTO는 이런 신자유주의적 규칙을 국제 협정으로 강제한 신자유주의적인 제도적 공격의 정점이었다. 자본의 국제적 흐름을 방해하는 모든 장벽의 철폐가 WTO의 궁극적 목표였고, 이에 따라 WTO는 GATT와 달리 관세 인하와 비관세장벽의 정비뿐 아니라 농산물 무역, 무역 관련 투자, 지식재산권 보호, 서비스 무역 등에서 자유화 조치를 자신의 목적으로 했다.

이런 신자유주의는 선진국과 빈국 모두에서 보건의료 제도를 악화시켰다. 예를 들어 신자유주의 정책의 첫 실험장이 된 칠레에서 피노체트 정권은 1973년 쿠데타로 집권하면서 아옌데 정부의 보건의료 개혁을 완전히 부정하고 국가건강보험을 시장화했다. 일련의 신자유주의 정책의 결과, 영아사망률이 치솟았고 모든 건강지표가 악화됐다.

미국에서도 닉슨 시기 미국의 시장 중심 의료 제도가 더욱 시장화되는 정책을 추진했다. 미국에서 민주당 대통령 후보 경선자가 단일건강보험 제도 도입을 주장한 것은 버니 샌더스 이전에는 1968년 로

---

34 데이비드 하비, 《신자유주의: 간략한 역사》, 최병두 옮김, 한울아카데미, 2007.
35 마이클 로버츠, 《장기불황》, 유철수 옮김, 연암서가, 2017.

버트 케네디가 마지막이다. 케네디가 암살된 후 당선한 닉슨 정부는 민간 의료보험이 병원을 소유하는 형태의 관리 의료 제도인 건강유지조직법을 입법했고 1976년에 이에 대한 세제 혜택과 지원을 대폭 확대했다. 이후 레이건의 노골적 신자유주의 정책의 도입으로 시장화된 의료는 날개를 달았고 클린턴, 부시 정부를 거치면서 이 추세는 더욱 가속화돼 오늘날에 이르고 있다. 이른바 '오바마 의료 개혁'도 이런 의료 민영화의 속도를 조금 늦췄을 뿐이다.

신자유주의 시대의 보건의료 제도의 후퇴와 상품화 추세는 그 정도만 다를 뿐 전 세계에서 관찰된다. 그러나 건강의 결정 요인으로 보건의료 제도는 많은 요소의 하나일 뿐이다. 가장 큰 영향을 미치는 것은 소득, 거주, 고용, 교육 등 사회적 결정 요인들이다. 신자유주의는 사회적 불평등을 악화시켰고 빈곤을 심화시켰다. 이는 아프리카, 아시아, 남미 등 제3세계에서 특히 심각했다. 이는 그 지역의 가난한 사람들과 약자들의 건강을 악화시켰다.

IMF와 세계은행은 1960년대에는 남반구에서 하부구조와 개발계획에 재정을 공급했지만 1970년대에 들어서면서는 유가 상승이 야기한 자본의 재순환의 매개자가 됐으며 이 두 기구는 결국은 부채 위기를 유발한 대출금의 제공자가 됐다. 1980년대에 IMF는 가난한 나라들이 진 국가 채무에 채무 이자를 지급하려면 더 많은 상품을 수입하라고 가난한 나라들에게 압력을 가하는 구조조정 프로그램을 강요했다. 부채에 대한 IMF와 세계은행의 해법은 더 많은 대출금과 새로운 융자 조건이었는데 자유무역과 탈규제화, 경쟁성을 강화하기 위한 통화가치 절하, 정부 지출 삭감이 그 조건들이었고 지출 삭감은 보건, 교육, 영양, 복지 서비스가 주된 영역이었다.

부채 문제가 심각하게 되자 G7은 1999년 1000억 달러를 탕감해 주겠다고 약속했다. 그러나 이 액수는 당시 전 세계적으로 주목을 끈 부채 탕감 운동을 벌인 주빌리 2000이 필수적이라고 생각한 액수의 3분의 1에 불과했다. 그리고 이 약속을 지킨 나라도 없었다.[36]

이런 부채는 지금까지도 해결되지 않았고 2020년 잠비아의 경우 매년 예산의 30퍼센트를 채무를 갚는 데 써야만 한다. IMF의 평가에 따르면, 2020년 저소득 국가 70개 중 34개가 부채 디폴트 상태이거나 이런 위험에 놓여 있다. 이는 2013년의 13개 국가에서 크게 늘어난 것이다. 코로나 위기 때문에 새로운 대출금을 빌리기 위한 비용이 급격히 상승하고 국제적 상품 가격이 하락하고 여행이 감소한 것이 이들 나라의 위기를 악화시켰다. 이들이 2020년 국가나 국제기구에 갚아야 할 채무는 195억 달러이고 사적 대부자에게 갚아야 할 채무는 70억 달러에 달한다.[37] 작년 126개 개도국의 외채 상환 규모는 2010년에 비해 1.2배 늘었으며 1년 상환액은 정부 예산의 14.3퍼센트에 달했다. 이는 2010년 6.8퍼센트의 2배에 해당하는 수치다.[38] 코로나 위기에 부국들과 국제기구들이 빈국들에게 하는 일의 민낯이다. 이런 상황에서는 가난한 나라들이 코로나 위기에 맞서 자국민중의 건강과 생명을 지킬 수 없다.

---

36 제레미 시브룩, 《세계의 빈곤, 누구의 책임인가》, 황성원 옮김, 이후, 2007.

37 주빌리 부채 캠페인, "코로나19 위기와 경제 위기를 극복하기 위한 부채탕감", 2020. 이들이 2021년에 갚아야 할 빚은 국가나 국제기구에 187억 달러, 사적 채무자에게 62억 달러다.

38 주빌리 부채 캠페인, 2022.

자본주의의 환경 파괴와 코로나19의 원인

최소한의 규제라는 고삐마저 풀린 자본주의는 인간의 내적 환경, 즉 건강을 파괴하고 공동체를 파괴했을 뿐 아니라 인간의 외적 환경, 즉 자연 그 자체를 파괴했다. 2002년 요하네스버그에서 열린 '지속 가능 발전 세계 정상 회의'에서는 1992년 리우 회의에서 유엔이 채택한 지속 가능 발전에 대해 1992년부터 2002년 사이 세계의 '지속 가능성'은 전반적으로 퇴행했다고 평가하고 크게 두 가지를 지적했다. '환경 악화'와 '빈곤의 악화'가 그것이다. 이 중 환경 악화는 단순한 환경오염뿐 아니라 생물종 다양성의 감소, 유해 물질 순환의 확대와 환경 질환의 증가, 물 부족의 심화, 사막화의 진전, 지구온난화에 따른 환경 재앙의 빈번한 발생 등이 지적됐다.[39]

과거에는 소농에 의한 개간과 인구 팽창 등이 삼림 파괴의 원인으로 지목돼 왔지만 최근 수십 년간은 (기업농에 의한) 농업 확대, 목재 채취, 하부구조 확대 등과 같은 요인이 주된 요인이라는 것이 여러 연구에 의해 밝혀졌다.[40] 기업농은 신자유주의적 세계화에 따른

---

39 조명래, "신자유주의 세계화와 환경위기", 《한국사회》 제9집 2호(2008), pp 95~122.

40 Laura Valeria Sacchi & Nestor Ignacio Gasparri (2016), "Impacts of the deforestation driven by agribusiness on urban population and economic activity in the Dry Chaco of Argentina", *Journal of Land Use Science*, 11:5, pp 523~537. Helmut J Geist, Eric F Lambin, "Proximate Causes and Underlying Driving Forces of Tropical Deforestation: Tropical forests are disappearing as the result of many pressures, both local and regional, acting in various combinations in different geographical locations", *BioScience*, Volume 52,

자본주의적 산물이다. 이들이 삼림을 개간할 수 있는 것은 농산물이 전적으로 국제적으로 상품화돼 '환금작물'을 재배하기 위해 토지 개간이 합리화되는 현재의 신자유주의적 자본주의 체제 때문이고 또한 무계획적 삼림 파괴와 토지 이용을 허용하는 규제 완화 때문이다. 이런 열대우림의 파괴는 삼림에서 살아가는 생물들이 완충지대 없이 인간의 생활 영역과 공간을 같이 점유하게 되거나 근접하게 됨을 뜻하며 이전에는 볼 수 없었던 인수공통감염병, 즉 '비인간-동물로부터 인간으로 옮겨지는 감염병'의 잦은 발생을 초래한다.

이와 함께 지적되는 것은 기업농에 의한 공장식 축산업의 폭발적 증대다. 이런 공장식 축산업은 좁은 밀집 공간에서 유전적으로 거의 동일한 돼지, 닭, 오리 등의 사육용 동물을 키움으로써 병원체의 발현과 증식의 최적지가 된다. 유엔환경계획은 야생동물, 그리고 야생동물과 인간과의 근접성이 인수공통감염병의 가장 흔한 원인이지만 사육동물은 전파의 원인이 될 수 있을 뿐 아니라 야생에서 인간에게 감염을 옮기는 가교 숙주가 될 수 있다고 말하면서 "놀랍지도 않게 역사적 인수공통전염병 사건이나 현재 인수공통전염병에 관련된 동물의 대다수는 가축(길들여진 야생동물과 애완동물)이며, 이는 접촉률이 높기 때문에 논리적이다" 하고 말한다.

유엔환경계획은 결국 코로나19 또한 에볼라에서 메르스, 웨스트나일, 리프트밸리 열병에 이르기까지, 동물 숙주에서 인간 인구로 급증한 바이러스로 인한 질병 증가 추세의 한 예일 뿐이라고 말하면서 그 원인을 토지 황폐화, 야생동물 착취, 자원 추출, 기후변화와 기타

Issue 2, February 2002, pp 143~150.

스트레스를 통한 자연환경의 악화라고 단언한다.[41]

그렇다면 유엔환경계획이 말하는 이런 '토지 황폐화, 야생동물 착취, 기후변화'를 막을 수 있는 방법은 무엇일까? 환경에 대한 모니터링, 동물 사육 방식에 대한 사려 깊은 접근, 지속 가능한 개발, 원헬스적 접근[42] 등등을 통한 유엔환경계획의 권고는 다음과 같은 슬로건으로 귀결된다. "다음 팬데믹을 예방하기 위해 인간·동물·환경적 건강을 통합(단결)하라"는 것이다. 마치 유명한 역사적 선언의 마지막 구절에서 따온 듯한 유엔환경계획의 호소를 진정으로 실현시키는 방법은 무엇일까?

코로나19와 백신 불평등의 진정한 해결 방법

최근 빌 게이츠는 코로나19가 마지막 팬데믹이 아니라면서 그다음 팬데믹에 대비해야 한다고 말했다. 그는 다음의 두 가지를 핵심 과제로 이야기한다. 첫째는 "빈곤 국가의 의료 시스템을 강화하는 것이 다음 팬데믹에서 분배를 개선하는 열쇠"이며 "잘 짜인 의료 시스템은 백신 접종 망설임에 대해 더 많은 훈련을 받은 예방 접종자와 더 많은 자원을 보유하게 될 것"이라는 것이다. 둘째는 "다음 병원체를 조기에 발견하려면 글로벌 감시에 자금을 지원해야" 하고 "더 나

---

41 United Nations Environment Programme, "Preventing the Next Pandemic. Zoonotic diseases and how to break the chain of transmission", 2020.

42 유엔환경계획의 10가지 권고 사항, 위 보고서.

은 진단과 치료법을 위한 R&D 자금을 조달해야 한다"는 것이다.[43]

앞서 '이벤트 201'이 존스홉킨스대학과 더불어 세계경제포럼과 빌앤멀린다게이츠재단에 의해 주도됐다는 것을 서술한 바 있다. 이는 현재 자본주의 세계의 지배자들, 혹은 최소한 빌 게이츠를 포함한 그 중요한 일부가 팬데믹이 올 것을 예견하고 있었고 그것도 매우 정확히 예견하고 있었음을 말한다. 그러니 그가 이야기하는 핵심적 중요성을 지닌다는 내용도 경청해 볼 만하다.

그의 말대로 '빈곤 국가의 의료 시스템을 강화'하고 '백신을 분배하는 역량을 강화'하는 것은 절대적으로 필요하다. 이를 위해서는 무엇이 필요한가? 바로 백신의 특허와 지재권을 철폐하거나 아니면 최소한 브라질과 남아공 정부(와 100여 개국 정부와 전 세계 노동조합과 시민단체)의 제안대로 코로나19와 관련된 지재권만이라도 코로나 위기가 지나갈 때까지 유예하는 것이다.

그러나 바로 그 특허의 근거가 되는 WTO 무역관련지식재산권협정은 현대 자본주의를 유지하는 핵심적 장치다. 이 지재권이 워싱턴 컨센서스에서 특별히 중요하게 다뤄진 것은 이 협정이 단지 거대 다국적 제약 기업뿐 아니라 거대 IT 기업(바로 빌 게이츠의 마이크로소프트와 같은 기업)에게도, 또한 거대 농축산 기업의 유전자조작 농산물 종자 사업에도 사활적으로 중요하고 그들의 자본축적의 핵심 기반이기 때문이다. 디즈니와 소니 등 할리우드의 거대 기업과 거대 방송·엔터테인먼트 자본의 자본축적의 기반인 저작권도 바로 이 지

---

43 "Bill Gates says there's a better way to fight Covid, future pandemics", *Politico*, 2021. 2. 19.

재권에 기반한다. 현대의 자본주의 체제와 이 체제에 기반한 자본가들이 이 지재권을 인류애로 스스로 포기할 수 있다고 생각하는 것은 순전한 공상일 것이다.

또한 가난한 나라들이 '지금보다 더 튼튼한 의료 체계'를 가지려면 무엇을 해야 할까? 이를 위해서 우선 해야 할 일은 IMF나 세계은행이 가난한 나라들의 국가 채무를 탕감하는 일이 될 것이다. 그러나 지속적인 국제적 국채 탕감 요구에도 그들은 빈국의 채무를 의미 있게 감축해 준 일이 없다. 바로 이 채무가 거대 다국적 자본이 이윤을 창출할 수 있도록 각국의 사회경제 체제를 구조조정하는 바로 그 힘의 원천이기 때문이다. 현대의 박애주의 자선가이자 현자라고까지 일컬어지는 빌 게이츠가 팬데믹 대응을 이야기하면서 특허권 포기나 유예에 대해, 채무 탕감에 대해 한마디도 하지 않는 것은 우연이 아니다.

빌 게이츠는 거대 기업과 국제기구, 기업의 협력에 기반한 국제적 연구 개발과 팬데믹 감시에 대해서도 이야기한다. 아것도 필요하고 매우 중요한 과제다. 그러나 그 전에 더 중요하게 지적해야 할 일이 있다. 유엔환경계획은 다음번 팬데믹을 예방하기 위해서는 "세계는 코로나 바이러스 감염병의 건강 및 경제적 증상을 치료하는 것에 그치는 것이 아니라 그 환경적 원인을 치료해야 한다"고 말한다.[44] 바로 그렇다. 롭 월러스가 《죽은 역학자들》이라는 최근작에서 지적하듯이 "중국은 산업용 가금류와 돼지 생산 분야에서 다양한 신종 변형 인플루엔자를 몰고 올 수 있음에도 최악의 상황을 … 외부에 알

---

44 유엔환경계획, 위 보고서, 2020.

리지 않고 있다. 이를 번영의 대가로 여긴다. 중국만이 예외가 아니다. 미국도 유럽도 H5N2를 비롯한 H5N 시리즈의 신종 인플루엔자 발생 지역이 됐다. 여러 다른 나라와 식민 통치의 대리인들은 서아프리카에서 에볼라가, 브라질에서 지카 바이러스가 출현하도록 만들었다. 미국 보건 당국은 H1N1과 H5N2가 발병하자 애그리비즈니스를 두둔했다."[45] 이 거대 농축산 기업들을 이야기하지 않고서는 팬데믹의 원인을 찾을 수 없다.

'죽은 역학자'라는 말에서 역학자epidemiologist는 질병의 원인을 찾아 그 원인을 제거하는 것을 자신의 직업으로 삼는 사람들을 말한다. 현대 역학의 아버지라 불리는 존 스노가 런던에서 발생한 콜레라의 원인을 오염된 우물에서 찾고 그 우물을 폐쇄해 콜레라를 해결한 것과 마찬가지로 말이다. 그런데 현대의 역학자들은 현대의 빈발하는 팬데믹의 원인인 애그리비즈니스, 즉 자본주의 농축산업을 그대로 놓아두고 거론하지 않으면서 원인을 에둘러 피해 가거나 그 원인의 증상만을 해결하려 한다. 롭 월러스가 역학자들이 죽었다고 쓰는 이유다.

팬데믹을 모니터링해 조기에 발견하고, 효과적 백신을 만들고, 치료제를 만드는 것은 극히 중요하다. 그러나 점점 더 잦아지는 팬데믹의 원인을 찾아 해결하지 않으면 이것은 한계가 뚜렷하다. 롭 월러스의 말대로 "에볼라에 대해 이미 백신과 치료제가 있음에도 인류는 에볼라를 통제하지 못하고 있다." 그리고 그의 말대로 빈번히 발생하는 팬데믹과 바로 이번 코로나 바이러스의 근본 원인도 자본주의적

---

45 롭 월러스, 《죽은 역학자들》, 구정은·이지선 옮김, 너머북스, 2021.

농축산업과 자본주의적 토지 이용으로 파괴된 지구환경이다. "생태학과 경제학 사이, 도시와 지방과 야생 사이의 신진대사 균열을" 바로 잡는 것이 핵심적으로 중요하다.

앞에서 살펴봤듯이 이런 인간과 삼림, 인간과 토지, 인간과 자연환경 사이의 신진대사를 결정적으로 지속 불가능하게 하고 균열을 초래한 것은 신자유주의 이후의 자본주의적 토지 이용이었다. 농업과 그 생산물을 상품화하고, 삼림을 무계획적으로 개발하고, 도시와 도시 사이를 공장식 축산업으로 채운 것은 바로 자본주의적 농축산업이다.

그런데 이 자본주의 농축산업을 통해 이익을 얻는 것은 거대 애그리비즈니스의 자본들만이 아니다. 물론 그들은 현대 자본주의의 가장 중요한 자본가들 중 한 그룹이다. 그렇지만 더 중요한 것은 이 자본주의 농축산업이 현대 자본주의를 지탱하는 산업 노동자들에게 값싼 식량을 제공하는 자본주의의 핵심 기반에 해당한다는 사실이다. 또한 이 산업은 바이오 원료를 제공하는 자본주의의 엔진이기도 하다.

값싼 식량, 값싼 원료는 자본주의에 없어서는 안 될 상품이며 이 가격이 오르면 자본의 수익, 즉 이윤율이 하락한다. 이는 자본가들에게는 악몽이고 용납할 수 없는 미래다. 이런 값싼 식량과 값싼 원료를 위해서는 언제 올지도 모르는 팬데믹이나 기후변화와 같은 당장의 이익에 도움이 안 되는 골치 아픈 문제는 과학자들이 떠들게 하고 가능한 무시하고 잊어버려라! 자본가들이나 그들을 지원하는 국가의 정치가들은 물론 이 애그리비즈니스의 문제를 거론하지 않는다(빌 게이츠는 당연히 그들 중 하나다). 그들의 눈치를 봐야 하는 많은 '개혁적' 정치가들, 학자들이나 단체들이 이 애그리비즈니스 문제를 거론하지 않거나 애매모호하게 지적하는 것도 놀라운 일이 아닙니다.

이제 이 글의 결론을 내려야 할 때다. 코로나19는 과거 팬데믹과는 달리 빠른 시간 내에 인류가 그 질병의 피해를 최소화할 수 있는 백신이라는 무기를 가지고 있는 질병이 됐다. 국가의 전폭적 연구 개발 자금 지원과 지금까지 발전해 온 과학 공동체의 지식 덕분이다. 그러나 인류는 전 인류에게 공급할 백신을 생산할 기술과 생산과 분배 역량을 충분히 갖추고 있었음에도 전 지구적인 체계적이고 조율된 백신 생산과 분배 계획을 세우지 못했고 집행도 하지 못했다. 이는 신자유주의적 자본주의가 자본축적의 핵심 전략으로 가지고 있는 무역관련지식재산권협정에도 기인하고 더 나아가 IMF 와 세계은행, WTO 같은 현대 자본주의 핵심 기구의 존재 자체에 기인하는 것이다.

또한 인류는 빈번히 발생하는 인수공통감염병 팬데믹의 위협 앞에 놓여 있다. 이 팬데믹의 위협은 잘 알려져 있고, 코로나19는 그 팬데믹의 마지막이 아닌 것이 분명하다. 그리고 이런 팬데믹의 원인은 현대 자본주의 농축산업의 자본축적 방식인 무계획적이고 무분별한 개발과 토지 이용에 있다.

그렇다면 코로나19의 변이, 백신으로 최소화할 수도 막을 수도 있었던 오미크론 변이 유행 한복판에서 사고하고 실천해야 할 것이 무엇인지는 분명하다. 코로나19를 해결하기 위해 진정으로 투쟁하려면 인류가 공동으로 지식을 쌓아 올려 만든 과학의 산물을 사유화하는 것을 멈추게 하고 과학을 인류의 것으로 되돌려야 한다. 또한 코로나

19와 수많은 팬데믹과 앞으로 올 팬데믹에 대항하기 위해서는 인간과 비인간 동물, 인간과 토지, 인간과 자연의 신진대사에 균열을 내는 자본주의 농축산업의 환경 파괴를 멈추게 해야 한다. 바로 그들이 기후 위기의 주범 중 하나이기도 하다. 나아가 그 과학을 독점하는 거대 제약 기업과 애그리비즈니스의 존재 기반인 자본주의 그 자체에 대항해 생태적 사회체제, 즉 자본주의를 넘어서서 자연과 공존하는 생태사회주의라 부를 수 있는 사회를 앞당기기 위해 투쟁해야 한다. 이것이 코로나19에 맞서 내 이웃들과 인류의 건강과 생명을 지키려고 각자의 현장에서 분투하고 있는 우리가 사고하고 실천해야 할 코로나19의 교훈이라고 생각한다.

2-2
광우병

이명박 정부의 미국산 광우병 위험 쇠고기 전면 개방이 촉발한 2008년 촛불항쟁. 결정적 승리를 거두지는 못했지만 이명박 정부가 추진하려던 정책들에 브레이크를 걸었다.

샤일록도 울고 갈 탐욕 … 누가 막을 것인가?

2007년 6월 한 달 동안 한국에 들어온 미국산 쇠고기의 48퍼센트가 수입 위생 조건을 위반했고 7월 26일에는 광우병 특정위험물질인 등뼈가 발견됐다. 2007년 9월 5일 〈프레시안〉에 실린 이 글은 광우병의 위험을 일찍부터 경고하고 있다.

셰익스피어의 《베니스의 상인》에 나오는 샤일록은 돈을 꿔 주는 대신 대출 기한을 넘기면 이자 대신 살 1파운드를 받겠다고 주장했다. 목숨을 대가로 받겠다는 것이다. 우여곡절 끝에 대출 기한을 지키지 못한 주인공들은 살 1파운드를 가져가는 대신 계약 조건에 없는 피는 한 방울도 안 된다는 주장을 펼쳐 위기를 넘긴다. 살점 1파운드를 가져가면서 피를 한 방울도 안 흘릴 수는 없다는 것을 깨달은 샤일록은 결국 자신의 욕심을 포기한다.

그런데 오늘날 샤일록이 다시 태어난다면 어떻게 할까?

2007년 7월 26일 광우병 특정위험물질SRM인 등뼈가 발견됐다. SRM은 변형 프리온이 고농도로 농축돼 광우병 감염 위험이 큰 물질이다. 뇌, 척수, 안구, 편도, 회장 말단 부위 등이 SRM이며 척수와 배근신경절(등뼈 안에 들어 있는 신경덩어리, SRM 3.8퍼센트 포함)이 들어 있는 등뼈 또한 SRM이다. 그런데 미국은 등뼈는 SRM이 아니므로 수입해야 한다고 주장한다. 한국 정부 또한 한미 양국이 합의한 수입 위생 조건에 등뼈가 SRM으로 규정돼 있고 이 SRM이 발견되면 수입 중단 조치를 취하겠다고 여러 번 밝힌 바 있음에도 법적 근거도 없는 '검역 중단'만을 시행하더니 한 달도 못 돼 검역을 재개하고 수입을 재개했다.

한번 생각해 보자. 소 한 마리의 SRM은 5만 5000마리의 소를 광우병에 감염시킬 수 있는 정도의 매우 위험한 독극물이다. 1그램 미만, 연구에 따라서는 0.001그램만으로도 광우병을 전염시킬 수 있다. 후추 한 알 정도의 SRM만으로도 광우병이 전염될 수 있다는 것이다. 그런데 생각해 보자. 척수와 배근신경절이 들어 있는 등뼈에서 후추 한 알, 즉 1그램도 안 남기고 척수와 배근신경절을 완전히 뽑아내는 것이 가능한가? 아무리 공들여 분리해도 가능하지 않다. 게다가 미국의 도축·가공업체 노동자들은 최저임금조차 받지 못하는 비정규직 노동자들로 몇 분 안에 소 한 마리를 처리해야 한다. 이런 열악한 상황에서는 애초에 공들여 처리하는 것이 불가능하다. 이에 더해 검사관들은 하루에 수천 마리의 도축 소를 검사해야 한다. 등뼈 안에 척수나 배근신경절이 있는지 가리는 것은 애초에 관심도 없다.

물론 뼈 없는 쇠고기만을 걸러 낼 수도 없다. 아예 갈비뼈나 등뼈가 통째로 들어오는 것도 걸러 내지 못한다. 오죽하면 2007년 6월 한 달 동안 수입된 미국산 쇠고기 수입 건수 64건 중 48퍼센트가 수입 위생 조건을 위반했겠는가.

상황이 이런데도 한국은 수입 중단이 아니라 법에도 없는 '검역 중단'이라는 해괴한 조치를 취했고 미국의 '인간적 실수'라는 말에 한 달도 못 돼 검역을 재개했다. 더욱이 미국 정부는 검역 재개 다음

날 등뼈까지 수입하지 않으면 한미FTA의 미국 의회 비준은 없다고 협박까지 했다. 양국이 합의한 수입 위생 조건에 따라 수입 중단을 하는 것이 마땅한 마당에 미국의 인간적 실수라는 한마디 말에 재빨리 검역 재개를 하는 한국 정부의 굴욕적 태도와 한심함, 그리고 자신들이 수입 위생 조건을 어겼음에도 이제는 아예 등뼈까지 수입하라는 미국 정부의 적반하장에 울어야 할지 웃어야 할지 모를 지경이다.

샤일록은 시대를 잘못 태어났다. 샤일록이 오늘날 다시 태어났다면 그는 "등뼈에서 척수와 배근신경절을 단 1그램도 남기지 않고 모두 분리해 낼 수 있다"고 주장할 것이다. "살점 1파운드를 떼어 내면서 피 한 방울 안 흘릴 수 있다"고 말이다. 바로 이 주장이 한미 양국 정부의 공식적 의견이다. 미국의 압력을 받아들인 국제수역사무국OIE도 등뼈와 골수·배근신경절의 완전 분리가 가능하다고 주장하면서 등뼈를 SRM에서 제외하는 결정을 내렸다. 그리고 한국 정부는 이를 받아들이겠다는 수입 위생 조건 개정 협상을 진행 중이다. 그리고 이 협상은 수입 위생 조건 개정에 반대하는 가축방역협의회 위원들을 배제한 채 이른바 전문가위원회를 소집해 자문을 구한다고 한다. 그런데 이 전문가위원회는 지금까지 미국산 쇠고기 수입과 관련한 토론회장에 나와 '자동차를 타도 사고가 날 수 있고 모든 식품은 잠재적으로 위험하다'는 식으로 미국산 쇠고기 수입을 옹호했던 인사들이다. 처음 미국산 쇠고기 수입을 결정했던 이 전문가위원회의 위원장과 상당수의 위원들이 황우석 과학 사기 사건 당시 서울대 수의대 기관윤리위원회IRB 구성원으로 황우석씨에게 면죄부를 주려했던 바로 그 인사들로 구성돼 있었고 지금도 그렇다는 것은 놀라운 일도 아니다. 미국산 쇠고기를 수입하고 그것도 모자라 등뼈까지 수입하려는 작금의 상황이 이렇다. 한마디로 샤일록이 울고 갈 판이다.

이런 상식적으로 납득이 되지 않는 조치 뒤에는 거대한 이윤을 거둬 가는 세력들이 있다. 한국에 연 1조 원에 이르는 쇠고기를 수출하던 미국의 거대 축산업체와 이들을 대변하는 미국 정부가 그들이다. 또 미국산 쇠고기를 수입해 식재료비를 낮춰 더 큰 이윤을 남기는 삼성에버랜드와 LG아워홈, CJ 등의 대형 급식업체와 이마트와 이랜드 등 대형 유통업체들이 바로 그들이다.

미국산 쇠고기가 다시 수입된 직후 〈조선일보〉에는 내 아들도 미국에서 미국산 쇠고기를 먹는데 내가 미국산 쇠고기를 못 먹을 이유가 있느냐는 한국의 어떤 대학교수 부부의 쇠고기 시식 장면이 대서특필됐다. 그 대학교수가 어떤 전공을 한 교수인지는 모른다. 다만 확실한 것은 대학교수이건 아니건 간에 그는 초등학교 교육을 제대로 받지 못했다는 것이다. 필자는 의사로서 의과대학에서 배운 지식을 거론할 필요조차 느끼지 않는다. 모든 병에는 잠복기가 있다는 사실은 초등학생도 아는 상식이다. 당장 먹어서 죽지 않는 식품은 안전하다? 이것이 무슨 황당한 망발인가. 중금속을 먹어도 당장 죽지는 않는다. 게다가 인간 광우병은 잠복기가 최소한 10년에서 수십 년이다.

미국에서 광우병이 처음 발생한 해는 2003년이다. 그렇다면 미국에서 광우병이 발생할 시기는 짧게 잡아야 2013년이다. 그리고 지금은 2007년일 뿐이다. 모든 병에는 잠복기가 있고 인간 광우병은 10년의 잠복기가 있다는 초보적 과학 상식조차 무시하는 기사가 신문에 나고 이런 비과학적 몰상식을 한국 정부가 나서서 유포한다. 아예 우리 초등학생들에게 당장 먹고 죽지 않는 음식은 안전하다고 교육하는 게 국가정책과 교육의 일관성을 지키는 일일 것이다.

지금 심지어 국제수역사무국의 과학위원회 보고서도 말초신경에서 광우병을 일으키는 변형 프리온이 발견됐다는 연구가 계속 나온다는 사실을 보고하고 있다. 말초신경은 모든 근육에 존재한다. 따라서 살코기도 안전하지 않다는 것이 최근 학계의 연구 동향이다. 최근 학계의 연구 동향은 살코기에 포함돼 있는 저농도의 변형 프리온이 인체에 어떤 장기적 영향을 미치는지에 집중되고 있다.

더욱이 뼛조각과 뼛조각에 들어 있을 수밖에 없는 골수의 위험성은 이미 영국 정부의 의뢰로 진행된 실험에서 확인된 바 있다. 스탠리 프루지너의 실험에서 38개월짜리 소의 갈비뼈를 갈아 접종한 쥐에서 광우병이 발병한 것이다. 바로 이 실험으로 인해 30개월 미만의 살코기라는 잠정적 안전 가이드라인이 나온 것이다. 그런데 이 실험은 벌써 10년 가까이 지난 실험이다. 이 연구에서 확인된 것은 뼈와 골수는 안전하지 않다는 것이다. 그 후 밝혀진 사실은 30개월은 최소한의 조치일 뿐 20~30개월의 아무런 증상이 없는 소도 검사 결과 200마리 이상이 광우병에 걸려 있었다는 것이고 살코기도 안전하지 않을 수 있다는 것이다. 다시 말하면 살코기도 뼛조각도 광우병 발생국에서는 수입을 안 하는 것이 광우병으로부터 국민의 안전을 지키는 유일한 길이다.

뼈까지 수입할 수 있도록 수입 위생 조건이 바뀌면 화장품이나 의료 장비에 미국산 소의 부산물이 쓰일 수 있게 된다. 채식주의자라 해도 안전하지 않으며 화장품이나 의료 장비도 광우병으로부터 안전하지 않을 수 있다. 중국의 경우 심지어 영국의 포도주까지 수입을 금지한 시기도 있었다. 게다가 아예 등뼈까지 수입한다고?

등뼈를 포함해 뼈를 고아 먹고 이를 귀한 음식으로 여기는 것이 한국인의 음식 문화다. 광우병 위험이 분명한 미국산 쇠고기 수입도 모자라 한국 정부는 뼛조각은 뼈가 아니라는 황당한 논리까지 주장한 바 있다. 여기에 이제는 아예 살점을 뜯어내도 피 한 방울 안 흘릴 수 있다는 샤일록을 넘어선 해괴한 논리에 기초해 척수와 배근신경절까지 완전히 제거할 수 있으니 등뼈까지 수입하겠다고 한다.

검역 재개를 다시 시작한 지 얼마 안 돼 또 갈비가 통째로 발견됐다. 미국의 도축·가공·검역 시스템은 '인간적 실수'를 수입 건수 중 50퍼센트 가까이 저지르는 매우 '인간적'인 시스템임이 다시 한 번 확인됐다. 만일 한국 정부가 제정신이라면 미국 정부가 그 반복되는 '인간적 실수'를 반복하지 않게 될 때까지는 수입 중단을 하는 것이 최소한의 조치일 것이다. 그런데 한국 정부는 그사이에 미국의 도축장과 가공업체가 안전하다는 수입 위생 조건 개정을 위한 4단계 조치인 현지 조사를 어느새인가 마치고 돌아왔다. 이토록 미국 정부에게 인간적인 한국 정부 밑에서 한국의 검역관들이 밤잠을 설쳐 가며 미국 쇠고기의 수입 위생 조건 위반을 적발한다 한들 도대체 무슨 소용이 있겠는가.

한미FTA의 성사를 위해 이렇게까지 국가가 치졸해지고 굴욕적이어야 하는가. 최소 10년 뒤에 닥칠 일이라고 우리 아이들에게, 우리 젊은이들에게 학교와 군대 급식을 통해 광우병 위험성이 있는 미국산 쇠고기를 기어이 먹이고야 말겠다는 것인가. 심지어 한미FTA 협정을 체결한 이 정권은 그렇다 치더라도 얼마 전에 끝난 한나라당의 대통령 경선에서도 그리고 지금 진행 중인 민주신당 경선에서도 미국산 쇠고기 수입의 광우병 위험성에 대해서는, 그리고 한미FTA의 앞날에 대해서는 거의 한마디도 나오지 않는다. 한미FTA 협상에서 자유롭지 않은 그들도 공범이라는 것을 스스로 입증하고 있다. 심지어 광우병 쇠고기 수입에 직접 책임을 져야 할 전前 복지부 장관은 한미FTA 협상을 잘했다고까지 주장한다. 아마도 한국의 주류 정치인들에게는 한국 국민의 생명과 안전보다는 미국 정부의 눈 밖에 나지 않는 것이 더 중요할 것이다.

미국산 쇠고기 수입은 오직 미국의 카길과 타이슨푸드와 같은 거대 축산 기업, 한국의 삼성·LG 등의 급식업체, 이마트·이랜드와 같은 대형 유통업체의 이익을 위해 국민의 생명과 안전을 포기하는 행위일 뿐이다. 한미FTA가 '국익'을 위한 것이라고? 한미FTA는 극소수 기업의 이익을 위해 전 국민을 광우병 위험에 내모는 것일 뿐이다. 미국산 쇠고기 수입은 당장 중단해야만 하며 한미FTA는 당장 폐기돼야만 한다.

달라진 것이 뭐지?

2008년 5월 초 미국산 쇠고기 수입 조건 완화에 항의하는 시위가 폭발하자 5월 15~19일 이명박 정부는 미국과 추가 협의와 서신 교환을 해서 문제를 해결했다고 발표했다. 〈한겨레〉 2008년 5월 22일 자에 실린 이 글은 정부의 발표를 속속들이 반박했다.

검역 주권을 찾았다고 한다. 안전 조처를 강화했다고 한다. 정부는 2008년 5월 19일 발표를 통해 미국산 쇠고기 수입 조건이 크게 바뀐 것처럼 말한다. 그런데 달라진 것이 뭔지 국민들은 모르겠다. 막상 양국이 교환했다는 서한을 아무리 뜯어봐도 달라진 것을 못 찾겠다.

국민이 정부에 항의한 것은 대부분의 미국인이 안 먹는 30개월 이상 쇠고기를 왜 수입하는지였다. 왜 유럽과 일본에서는 식품으로 아예 금지된 광우병 발생 국가의 30개월 미만의 뇌, 눈, 척수, 등뼈 등의 광우병 특정위험물질SRM을 수입해야 하는지, 왜 미국에서는 안 먹고 유럽에서는 금지된 곱창을 우리는 수입해야 하는지, 왜 미국 학교급식에서도 제외된 이른바 선진회수육AMR을 한국은 수입해야 하는지를 국민은 정부에 항의해 왔다. 그런데 정부의 대답은 30개월 이상 등뼈와 꼬리뼈 일부를 뺐으니 안전성이 확보된 거 아니냐는 것이다. 내게 정부의 대답은 동문서답을 넘어 우롱에 가까워 보인다.

검역 주권을 찾아왔다고 하는데 내용을 보니 그 내용은 우스울 정도다. 국민의 요구는 애초에 광우병이 발생하면 수입 중단 조처를 할 수 있게 해 달라는 것이 아니었다. 국민이 요구하고 있는 것은 심지어 광우병이 발생해도 수입 중단 조처도 못 하는 협정문 그 자체였다. 국민이 검역 주권의 포기라고 항의한 것은 광우병 발생 지위 변화가 없는 한 수입 중단을 못하게 한 조항(5조), 도축장 승인권을 미국 정부에 넘겨준 조항(6조), 수입 도축장 취소 권한을 포기한 조항(8조), 전수검사를 제한한 조항(23조), 수입 검역 중단을 하지 못하게 한 조항(24조) 등 검역 주권을 전면 포기한 협정문 자체였다는 말이다. 그런데 광우병이 발생하면 수입을 중단하니 검역 주권이 회복된다? 광우병이 발생하면 그 전에 광우병 위험 물질은 이미 들어왔다는 것이고 사후 약방문이자 소 잃고 외양간 고치겠다는 것인데 어떻게 검역 주권 회복을 운운할 수 있는가.

게다가 '수입 중단 조처'라는 문구는 서한문에는 있지도 않다. 있는 것은 GATT 20조와 WTO의 위생 검역 협정 언급뿐이다. 이 조항을 확인한 것이 검역 주권의 회복이라고? 이 권리는 대한민국이 국가인 이상 어느 때나 가지고 있던 권리다. 이 조항에 의하면 지금 당장에도 미국산 쇠고기 수입 중단을 선언할 수 있다. 그럼에도 불구하고 한국 정부가 지금 수입 중단을 하지 못하는 이유는 수입 중단 조처의 정당성을 입증할 과학적 근거가 없기 때문이다. 한국 정부가 입증할 수 있는 모든 과학적 증거를 근거로 합의한 문서가 바로 국민들이 협상 무효를 주장하고 있는 바로 그 '한미 쇠고기 수입 위생 조건' 협정문이다. 그런데 이 협정문에는 미국에서 광우병이 아무리 발생해도 광우병 통제 국가라는 국제수역사무국이 부여한 지위가 바뀌지 않는 한 수입 중단을 선언할 수 없도록 돼 있다. 따라서 미국에서 광우병이 발생해도 수입 중단을 선언할 과학적 근거가 한국 정부에게 없는 것은 당연하다. 한미 양국이 과학적 근거로 합의한 협정문이 있는 이상 GATT나 위생 검역 협정의 권리 조항을 아무리 들먹여 봤자 아무런 소용이 없다.

더욱이 미국 정부는 서한에 "금번 위생 조건은 미국산 수입 쇠고기의 안전성을 보장하는 적절한 기준과 절차를 포함하고 있다고 믿는다"고까지 밝혔다. 미국 정부는 앞으로 광우병이 발생해도 한국 정부의 쇠고기 수입 중단 조처를 받아들일 생각이 전혀 없다는 점을 분명히 밝힌 셈이다. 즉 미국 정부는 광우병이 발생해도 미국산 쇠고기 수입을 중단할 권리가 한국 정부에 없음을 서한에 못 박아 놓기까지 한 것이다.

"뭐가 달라졌지?" 하고 묻는 것이 필자만은 아닐 것이다. 국민 대다수가 알고 있던 미국산 쇠고기의 광우병 위험을 정부만 나서서 모르쇠로 일관해 왔다. 이제 와 정부가 검역 주권과 안전성을 이야기하면서 미국과 추가 협의를 했다고 하지만 정부의 추가 협의 내용이 실제 달라진 것이 거의 없다면 대다수 국민이 느끼는 것은 정부가 기대하는 안도감이 아니라 정부에게 사기당했다는 느낌일 것이다. 사기당한 국민이 제기할 문제는 이제 쇠고기 수입 조건만이 아니다. 이제 이명박 정부가 직면할 것은 이명박 정부의 정부 자격 자체에 대한 국민의 문제 제기다. 국민은 바보가 아니다.

곰탕과 햄버거 안심하고 먹어도 되나?

촛불시위가 계속되자 이명박 정부는 6월 13~19일 미국과 추가 협상을 하고 "30개월 이상 쇠고기는 사실상 수입하지 않으며, 검역 권한을 대폭 강화했다"고 발표했다. 〈한겨레〉 2008년 6월 24일자에 실린 이 글은 정부의 발표가 엉터리임을 다시 한 번 밝혀냈다.

정부는 이번 추가 협상이 90점짜리라고 한다. 30개월 이상 쇠고기를 실질적으로 수입 금지했고 광우병 특정위험물질SRM도 연령과 상관없이 '대부분' 수입 금지했기 때문이란다. 자랑스러운 협상 결과를 왜 공개하지 않겠다는 건지 이해는 안 가지만 일단 정부 말이 다 사실이라고 치자. 따지고 싶은 것은 한 가지다. 그러면 이제 쇠고기가 들어간 음식은 안심하고 먹어도 될까? 곰탕이나 설렁탕, 피자와 햄버거, 소시지를 먹을 때 광우병 위험이 없다고 믿어도 되는 것일까?

불행히도 대답은 '아니요'다. 정부 말을 다 믿는다 해도 정작 우리가 즐겨 먹는 곱창이나 선진회수육AMR, 분쇄육, 꼬리뼈, 사골, 혀 등은 30개월 이하에서는 모두 제한 없이 수입된다. 2006년 수입 고시에서는 금지됐던 부위다.

곰탕. 백과사전을 보면 곰탕은 "쇠고기와 소의 위, 곱창 등 내장을 될수록 많이 넣고 오래 끓여야 감칠맛이 난다"는 음식이다. 여기에

"사골·등뼈를 많이 넣어 끓이면 설렁탕이 된다." 여기서 곱창은 소의 창자를 말하는 것이다. 그런데 유럽연합에서는 소의 창자, 즉 소장과 대장은 소 나이와 상관없이 광우병 SRM이다. 문제가 되는 파이어스 패치가 미국 규정대로 소장 끄트머리 50센티미터에만 있는 것이 아니라 50미터쯤 되는 소장에 모두 있기 때문이다. 과학적으로는 창자 전체를 광우병 위험 부위로 규정하는 것이 올바르고 미국도 2005년까지는 소장 전체를 그렇게 규정했다. 프리온 질병의 최고 권위 기관인 영국 의학연구원은 2006년 대장도 인간 광우병 감염력이 있다는 것을 확인한 바 있다. 그런데 미국은 소장 끄트머리만으로 광우병 SRM을 축소했다. 과학적 이유 때문이 아니다. 미국에서는 버리는 곱창을 일부 아시아 국가에 수출하면 연 1억 달러의 순수익이 생긴다는 미국 축산업계의 요구 때문이다. 그 아시아 국가가 한국이다. 그리고 이제 우리는 곰탕과 설렁탕, 곱창을 목숨을 걸고 먹어야 하게 됐다.

피자와 햄버거는 어떤가? 회수육과 분쇄육은 햄버거와 피자, 소시지 등 패스트푸드에 널리 사용된다. 회수육은 미국에서도 학교급식 프로그램에서 금지됐다. 미국 농무부가 하버드대에 맡긴 2002년 연구를 보면 회수육의 88퍼센트에서 척수 조직이 나왔기 때문이다. 이 때문에 미국 정부는 회수육을 살코기라고 표시하지 못하도록 했고 심지어 맥도날드도 이 회수육을 쓰지 않는다고 한다. 한국 정부는 30개월 미만의 척수도 반송할 것이므로 걱정 말라고 한다. 그러면서도 '소량의 척수'는 상관없다는 규정을 붙였다. 왜 이 예외 규정이 나왔을까? 회수육에는 척수 조직이 포함될 수밖에 없기 때문이다. 회수육을 허용함으로써 미국 축산업계가 벌 수 있는 순수익이 연

6500만 달러라고 한다. 이 때문에 우리 국민은 피자, 햄버거도 마음 놓고 먹을 수가 없게 됐다.

추가 협상이 90점은 된다고? 맞다. 미국무역대표부에 지난 4월의 한미 쇠고기 협상이 100점이라면 이번 협상은 90점은 된다. 손해 본 것이 없기 때문이다. 무엇을 막았다는 것인가? 누가 눈알과 머리뼈를 막아 달라고 했나? 정작 막아야 할 한국 사람이 즐겨 먹는 광우병 위험 부위는 하나도 못 막았다. 이번 추가 협상은 일시적 조처이며 민간 자율 규제라는 근본적 한계를 다 제쳐 둔다 하더라도 곰탕, 설렁탕, 햄버거, 피자를 목숨 걸고 먹게 하는 협상이다. 국민의 생명과 안전을 지키고 국민의 뜻을 따르는 것이 정부의 자격 조건이라면 이 정부는 정부로서의 자격을 이미 잃었다.

미국산 쇠고기가 안전하지 않은 이유

2008년 5월 28일 〈프레시안〉에 실린 글로, 미국산 쇠고기가 안전하지 않은 근본 이유를 선구적으로 밝혔다.

광우병 관련 토론회나 강연회에서 빠지지 않는 질문이 하나 있다. "왜 미국산 쇠고기가 안전하지 않은지 간단하게 답해 달라"는 질문이다. 이제는 이명박 정부 덕에 집중학습을 통해 '전 국민 광우병 전문가화'가 이뤄지기는 했지만, 요약 정리는 여전히 필요할 듯하다.

미국산 쇠고기가 안전하지 않은 핵심적 이유를 들라면, 광우병 발생국임에도 불구하고 미국 정부가 동물성 사료 산업을 포기하지 않는다는 점, 그리고 광우병 검사를 극히 낮은 비율로 시행하고 있다는 점, 이 두 가지다. 미국 쇠고기 시장의 80퍼센트 이상을 장악하고 있는 미국 거대 농식품 기업들(카길, 타이슨푸드, ADM 등)의 이익 때문이다. 유럽과 일본은 광우병 발생국으로서 최소한 이중 안전장치, 즉 동물성 사료 전면 금지와 도축 소 전수검사 또는 30개월 이상 도축 소 전수검사라는 안전장치를 두고 있다. 그러나 미국은 없다.

우선 미국은 광우병 발생국 중 교차오염의 위험이 있는 동물성 사

그림 2. 동물 부산물 사료 경로

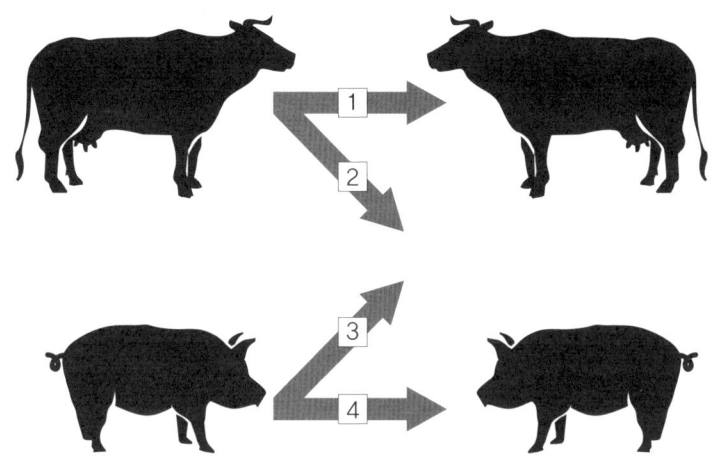

료를 여전히 소에게 먹이고 있는 나라다.

광우병은 소에게 소를 먹여 발생한 병으로 알려져 있다. 광우병이 발생하자 영국 정부는 그림 2에서 1번 경로만 차단하면 광우병을 예방할 수 있으리라 생각했다. 1988~1990년에 영국 정부는 반추동물 사료 금지 정책을 시행했다. 그러나 광우병은 사라지지 않았고 2만 7000마리의 소에서 광우병이 발생했다. 교차오염이 문제가 되자 영국 정부는 소의 광우병 특정위험물질SRM을 사료에서 금지하는 정책을 1990~1996년에 취했다. 그림 2에서는 2번 경로의 부분 차단이다. 그러나 이 기간에도 1만 6000마리에서 광우병이 발생했고 결국 영국 정부는 근본적 조치, 즉 1번부터 4번까지의 모든 교차오염 경로를 차단하는 정책을 채택했다. 즉 '모든 농장 동물에 대한 동물성 사료 금지 조치'다. 이 조치 이후에야 광우병 발생이 줄어든다.

유럽연합은 2001년 영국의 3단계 조치, 즉 모든 농장 동물에 대한 동물성 사료 금지 조치를 취했다. 유럽연합은 광우병 예방 정책으로 수십 년 전통의 육골분 사료 산업의 이익을 포기했고 동물의 비식용 부위 대부분을 소각하고 있다.

반면 미국은 어떤가? 미국은 지금 여전히 영국의 1단계 사료 조치에 머무르고 있을 뿐이다. 그림2에서 보면 1번 경로를 부분적으로만 차단하고 있을 뿐이다.[46] 전체 동물성 사료의 단 8퍼센트만 금지돼 있는 곳이 미국이다. 나머지 92퍼센트의 동물성 사료는 여전히 인간 식량 체계에 남아 있다.[47] 소가 돼지·닭을 먹고 그 돼지·닭을 다시 소가 먹고 그 소를 다시 인간이 먹는다. 교차오염을 피할 수 없다.

미국이 2009년부터 시행한다는 강화된 사료 조치조차 교차오염을 배제하는 사료 조치와는 거리가 멀다. 영국의 2단계 조치는 6개월 이상 소의 SRM을 사료에서 배제했음에도 광우병 예방에 실패했다. 그런데 2009년 미국의 '강화된 사료 조치'는 30개월령 이상 소의 SRM 중 뇌와 척수만을 사료에서 배제하는 조치다. 30개월령 미만은 기립불능소라도 여전히 사료로 통째로 들어가고, 30개월령 이상의 소에서도 뇌와 척수를 제외한 SRM의 10퍼센트를 차지하는 나머지 SRM은 사료로 준다.[48] 왜 뇌와 척수만 제거할까? SRM 전체는 소 1마리당 평균 약 40킬로그램인 반면, 뇌와 척수는 소 1마리당 겨우

---

46 소의 피와 혈장, 음식점 찌꺼기, 우지와 소가죽 등은 금지 조치의 예외다. 여전히 소에게 소를 먹이고 있다.

47 돼지·닭의 비식용 부위 육골분은 여전히 소와 돼지의 사료로 쓰인다. 여기에는 닭의 배설물이 섞여 있는 가금류의 깔집(poultry litter)도 포함된다.

48 국제수역사무국조차 SRM 전체를 사료로 쓰지 말 것을 미국에 권고했으나 미국 정부는 이조차 지키지 않았다.

0.6킬로그램밖에 안 되기 때문이다. 축산 기업의 편의를 위해 사람들의 건강이 어떻게 희생되는지를 보여 주는 대목이다.[49]

미국은 간단히 말해 인간 식량 체계에서 광우병 위험 요소를 배제하지 못하는 동물성 사료 산업을 유지한 채 미봉책만을 되풀이하고 있을 뿐이다. 왜인가? 세계 곡물 교역량의 90퍼센트, 즉 사료 시장을 장악하고 있는 동시에 미국 쇠고기 시장의 80퍼센트 이상을 장악하고 있는 카길, ADM, 타이슨푸드, 콘아그라 등의 거대 농식품 기업의 이윤 때문이다. 동물성 사료는 이 거대 기업체들이 쓰레기로 버려야 할 소나 돼지의 비식용 부위를 다시 사료로 리사이클링할 수 있는 저렴한 단백질 사료이고 따라서 쓰레기 처리 비용을 줄이는, 이들 말을 빌리면 "비용 효과적"인 단백질 사료다.[50]

---

49 미국 정부는 한국 정부와 추가 협의를 발표하는 그날 '우연하게도' 기립불능소(이른바 다우너)를 식용에서 배제하는 조치를 앞으로 취하겠다고 발표했다. 이른바 캘리포니아 리콜 사태에 대한 대책이다. 그러나 다우너 소를 식용으로 안 쓴다고 해서 무슨 소용이 있겠는가. 그 다우너 소들은 고스란히 사료로 사용돼 '돼지·닭 → 소 → 인간'이라는 경로로 도로 돌아오는데 말이다. 게다가 미국은 첫 광우병 소가 발생한 직후인 2004년 1월에 이미 기립불능소 식용 금지 조치를 시행한 바 있다. 그런데 또 다우너 금지 조치? 이번 미국 정부의 반복되는 다우너 금지 조치는 미국의 도축·검사 시스템이 엉망임을 보여 줄 뿐이다.

50 더욱이 2009년에 시행된다는 이 '강화된 사료 조치'조차 2003년부터 5년 동안 미국 식품의약국(FDA) 서랍 속에서 잠들어 있었고 그사이 사료 정책은 후퇴를 거듭해 누더기가 됐다. 2009년에 이 누더기 정책이라도 제대로 시행될지는 아무도 모른다. 그런데 이명박 정부는 30개월령 이상의 쇠고기 수입 허용을 '사료 강화 조치' 실행 시점이 아닌 공표 시점으로 잡았다. 그리고 그 공표는 한미 수입 협정 직후에 이뤄졌다. 미국 소가 육골분 사료를 먹고 있음에도 5월 2일 정부 담화문은 미국에서 발생한 광우병 3건 중 2건은 "동물의 육골분 사료 금지 조치 이전에 태어났다"고 할 정도니 이 정부에게 무엇을 기대하겠는가.

미국산 쇠고기가 안전하지 않은 둘째 이유는 광우병 검사를 지극히 낮은 비율로 시행하는 것이다. 미국은 현재 1년에 4000만 두 이상의 소를 도축하면서 4만 두 미만의 검사만을, 즉 0.1퍼센트 미만의 검사만을 할 뿐이다. 그런데 캔자스주의 보고서를 보면 광우병 검사는 두당 17.5달러가 든다고 한다. 이를 일본처럼 도축 소 전체에게 시행하려면 4000만을 곱하면 되므로 검사 비용만으로는 약 7000억 원이 든다. 미국의 연간 쇠고기 판매량이 70조 원으로 추산되는 것에 비춰 보면 감내할 만한 비용일 수도 있다. 그러나 같은 보고서에 나와 있는 다른 그래프를 보자.

그림 3은 미국에서 광우병 소가 1례 발생했을 경우와 20례 발생했을 경우를 가정한 소비자들의 미국산 쇠고기 구입 반응이다.

1례 발생의 경우 12퍼센트만이 미국산 쇠고기 구입을 중단하겠다는 반응을 보였으나, 20례의 광우병이 발견됐을 경우 45퍼센트는 구입을 중단하고 39퍼센트는 구입을 줄이겠다는 반응을 보였다.

미국에서 도축 검사 수를 2년간 늘려 1퍼센트 수준으로 검사한 2005년과 2006년만 하더라도 매년 1례씩 광우병이 발견됐다. 유럽이나 일본 수준으로 검사 수를 늘리면 광우병 발생례가 20례는 넘을 것이다. 이렇게 되면 미국의 거대 축산 기업은 결국 동물성 사료 산업을 포기해야 하고 쇠고기의 미국 내수도 급감하며 수출은 다시 불가능해질 것이다. 거대 농식품 기업들이 이를 감수할까? 심지어 미국 정부가 일부 기업의 자발적 광우병 검사마저 막고 극히 낮은 비율의 광우병 검사 비율을 유지하고 있는 것은 바로 이 때문이다.

미국은 간단히 말해 광우병 발생 국가들이 지키고 있는 최소한의 이중 안전장치, 즉 동물성 사료의 포기와 도축 소 전수검사라는 안

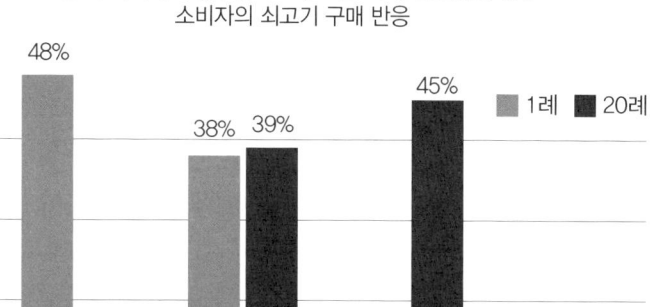

그림 3. 미국에서 광우병이 1례 또는 20례 발견됐을 경우 소비자의 쇠고기 구매 반응

전장치 중 어느 것도 지키지 않고 있다. 미국의 거대 농식품 기업들의 이익 때문이다. 그리고 이 기업들이 회전문 인사를 통해 알아서 미국 농림부의 정책과 대외 수출 정책을 결정한다.

이제 수입 전면 개방을 하면 한국 국민들은 이런 미국산 쇠고기의 광우병 위험에 고스란히 노출된다. 더욱이 한국 국민은 미국 국민이 먹지 않는 위험 부위까지 먹는다.

미국의 SRM 규정은 친절하게도 한국 국민을 위해 만들어진 규정까지 있다. 바로 소 곱창 관련 SRM 규정이 그것이다. 유럽은 소의 소장과 대장 전체를 SRM으로 규정했으나 미국에서는 완벽한 구분이 불가능함에도 불구하고 소장 끄트머리인 회장 원위부만 SRM으로 규정했다. 왜일까? 이렇게 하면 미국에서는 사료로 쓸 소 곱창을 한국에 수출할 수 있단다. 캔자스주 정부 보고서는 이렇게 소장을

2장 자본주의와 생태 · 147

SRM에서 제외하는 조치 덕분에 미국 축산업에 연 1억 달러의 이익이 돌아갈 것으로 추정했다. 이제 이 친절한 규정 탓에 한국 사람들은 소 곱창을 목숨을 걸고 먹어야 하게 생겼다.

그뿐 아니다. 미국 학교급식 프로그램에서 금지된 이른바 '선진회수육AMR'도 먹어야 하고 미국에서는 뼈로 구분돼 식용이 아닌 사골, 골반뼈, 꼬리뼈도 먹어야 한다. SRM인 편도가 붙어 있는 혀고기도 한국 국민이 먹어야 할 부분이다. 이 모든 것이 일본이나 유럽에서는 SRM에 포함돼 있거나 안 먹는 부위다. 이렇게 해서 수입 전면 개방을 하면 미국 거대 기업이 외국 수출로 얻을 순이익만 2004년 기준으로 1조 원에 가깝다.

그런데 최근 언론들을 보니 수입 전면 개방을 통해 이익을 얻는 것은 미국 기업만이 아닌 모양이다. 미 육류수출협회가 신세계이마트, 삼성테스코, 삼성홈플러스 등 유통업체들을 3월 13일부터 21일까지 초청해 미국 육류 산업 시찰 행사를 열었단다. 30개월령 미만 살코기는 이미 수입이 허가됐으니 이 때문은 아닐 것이고 한국 업체들이 미국이 새로 팔려는 30개월령 이상의 쇠고기, SRM, 곱창, 선진회수육, 사골, 꼬리뼈 등등의 견적을 내기 위해 미국에 갔을 것임은 굳이 증거가 필요 없다고 생각된다.

그런데 더 큰 문제는 바로 이 유통업체들이 동시에 한국의 최대 급식업체들이라는 점이다. 3조 4000억 원(2006년) 규모의 한국 급식업 중 최대 업체는 CJ푸드빌, 삼성에버랜드, LG아워홈, 신세계푸드 등이다. 이들은 학교·직장·병원·군대 급식에 광우병에 가장 위험한 쇠고기를 수입하려는 준비를 이미 끝냈다는 이야기인가? 이들이 미국산 쇠고기 취급 안 하기 선언이라도 하지 않는다면 필자의 짐작이

틀리지 않았다는 이야기다.

　미국산 쇠고기가 위험한 이유, 그리고 그 쇠고기를 굳이 전면 개방해서 수입하는 진짜 이유를 요약하자면 이렇다. 미국 정부는 동물성 사료를 포기 안 하며 광우병 검사를 피한다. 미국의 거대 농식품 기업의 이윤 때문이다. 그리고 한국 일부 기업은 자신의 이윤 때문에 수입 전면 개방을 원한다. 그리고 이명박 정부의 비즈니스 프렌들리 정책이 미국과 한국 기업의 이윤에 국민 건강과 생명을 희생시키고 있다.

광우병 10문 10답

2007년에 광우병의 위험을 알리기 위해 고故 박상표 수의사와 함께 작성한 글이다.

Q1 광우병은 어떤 병인가?

 광우병은 소를 빨리 자라게 하고 먹을 수 없는 부위를 버리는 비용을 줄이기 위해 소에게 소를 먹이기 시작하면서 발생한 "미친소"병이다.
 1980년대 영국에서 발견되기 시작한 이 병에 걸리면 소가 뇌에 스펀지처럼 구멍이 숭숭 뚫리고 이 때문에 소의 신경과 근육이 마비되고 소가 주저앉으면서 결국 죽게 되는 병이다. 인간 광우병은 1995년 영국에서 처음 확인된 병으로 광우병에 걸린 소를 먹은 인간에게 발병하는 병이다. 소와 마찬가지로 인간의 뇌에도 구멍이 숭숭 뚫리고 이상한 행동을 하게 되고 몸을 가누지 못하게 돼 결국 100퍼센트 사망하게 되는 무서운 질병이다. 소의 광우병이나 인간의 광우병이나 모두 현재까지 치료 방법이 없어 오직 철저한 예방만이 광우병을 막을 수 있다.

Q2 인간 광우병이 생기는 이유는 무엇일까?

사람이 광우병에 걸린 소를 먹어서 생기는 것으로 알려져 있다. 인간 광우병은 20세기에 새롭게 발견된 질병이다. 이 때문에 아직까지 질병의 모든 것이 알려진 병이 아니다. 그러나 현재까지 치료 방법이 없기 때문에 첫째, 소가 광우병에 걸리지 않도록 소를 포함한 모든 동물에게 동물성 사료를 주지 않고 둘째, 검역을 철저히 해 광우병에 걸린 소를 찾아내고 셋째, 광우병이 발생한 국가에서는 소를 수입해 먹거나 화장품·의약품의 연료로 쓰지 않는 것이 지킬 수 있는 예방법이다.

현재까지 인간 광우병에 걸린 것으로 확인된 사람은 전 세계에서 200명 정도로 이 중 죽음을 앞둔 10명을 빼고는 모두 사망했다. 게다가 광우병은 진단이 쉽지 않고 진단하다가 광우병에 옮을 수도 있기 때문에 많은 의사들이 진단하기를 꺼려 이 숫자는 축소된 것이라는 이야기도 있다. 그래서 치매 환자 중 5~13퍼센트가 광우병이나 크로이츠펠트·야코프병일 수 있다는 보고도 있다. 또한 본인은 건강한데 수혈을 통해 광우병을 옮길 수 있는 사람이 영국에만 약 1만 4000명이 있다고 한다.

Q3 광우병을 옮기는 위험 물질은 무엇인가?

광우병을 옮기는 물질은 변형 프리온이라는 광우병 유발 물질인 것으로 알려져 있다. 프리온은 매우 강력한 물질이다. 소 0.001그램(후추 한 알의 1000분의 1)만으로도 광우병이 옮는다. 또 이 프리온은 섭씨 600도의 고온에서도, 엑스레이나 자외선 처리를 해도, 고압처리를 해도 끄떡없이 광우병을 옮길 수가 있다. 심지어는 포르말린에 담그고 클로로포름에 담가도 소용이 없다. 이렇다 보니 광우병에 걸린 사람을 부검하면 그 부검 기구는 모두 버려야 한다. 보통의 끓이거나 튀기는 조리 방법으로 광우병 예방을 할 수 없는 것은 당연하다. 소 도축장에서 물로 한 번 씻는 것으로는 광우병 위험 물질을 차단할 수가 없어 도축장에서도 광우병 전달 물질이 옮겨진다.

이 광우병 유발 물질인 프리온은 소의 뇌와 눈을 포함한 두개골, 척수, 척추뼈, 등뼈신경절, 편도, 회장, 장간막 등 주로 신경조직에 많이 들어 있다. 이것을 특별히 광우병 위험이 많은 물질이라고 해 특정위험물질SRM이라 부른다. 그러나 위험한 것은 소의 특정 부위만이 아니다. 뼈의 골수도 위험하다는 것이 실험으로 밝혀진 바 있고 모든 살코기에 들어 있는 말초신경에서도 광우병 전달 물질이 발견됐다. 그 외에도 혈액, 젤라틴, 오줌 등에도 낮은 농도의 광우병 유발 물질이 들어 있다는 주장이 있다.

또한 헌혈, 수술용 봉합사, 인간 광우병 환자가 기증한 장기나 조직의 이식, 인간 광우병 환자를 치료했던 수술 기구, 인간 광우병 환자에게 추출한 호르몬제를 통해서도 인간 광우병이 옮는다는 것이 확인됐다.

Q4 미국산 쇠고기는 안전한가?

소가 소를 먹어서 생기는 병이 광우병이다. 그런데 미국은 여전히 소가 소를 먹는 나라다. 미국에서는 소가 소를 직접 먹지는 못하게 한다. 그렇지만 소가 돼지나 닭을 먹고, 돼지나 닭은 소를 먹게 한다. 이러다 보니 돼지나 닭의 뱃속에서 소화되지 않은 소를 다시 소가 먹는 일이 생긴다. 이 때문에 유럽은 2000년부터 모든 나라에서 "모든 농장 동물에게 동물성 사료를 일체 주지 말도록 하는 조치"를 취했다. 그러나 미국은 위험하다는 것을 알면서도 소에게 소를 먹인다. 거대 축산 기업들이 손해를 보기 싫다는 것이다.

여기에 미국은 광우병 소를 발견하는 검역 체계가 엉망이다. 2006년 2월 미국 농무부 감사 보고서에서 주저앉는 소에 대해서도 광우병 검사를 하지 않고 넘어갔다고 문제점을 지적할 정도다. 미국은 현재 0.1퍼센트만 광우병 검사를 실시하고 있기 때문에 99.9퍼센트의 미국산 쇠고기는 광우병에 걸려 있는지 아닌지 모른다.

눈으로 봐서 괜찮은지 확인하는 검사도 도축하는 소의 5~10퍼센트만 한다. 그런데 이렇게 겉으로 봐서 하는 검사도 믿을 게 못된다. 유럽연합에서는 겉으로는 멀쩡한 소 860만 마리를 대상으로 광우병 검사를 실시해서 113마리의 광우병 양성 소를 찾아냈다. 유럽연합보다 1년에 5~6배나 많이 소를 도축하는 미국은 유럽보다 매우 엉성한 검사를 해서 광우병 소가 있다고 해도 찾아낼 수가 없다. 광우병 소 한 마리가 사료에 섞여 들어가면 5만 5000마리의 소에게 광우병을 전염시킬 수 있다. 엄격한 검사가 필요하다. 그런데 미국 정부는 소비자 신뢰를 얻기 위해 자체적으로 모든 도축 소에게 광우병 검사를 실시하겠다는 것조차 금지하고 있다.

Q5 국제기구에서 미국이 광우병 위험 통제국 등급을 받았다는데, 미국 소가 안전하다는 뜻인가?

국제수역사무국에서는 이번에 미국을 광우병 통제 국가로 판정했다. 그런데 국제수역사무국 규정에서 "광우병 통제 국가"라는 것은 "광우병 위험이 있지만 일정 기준의 광우병 검사는 시행한 국가"라

2장 자본주의와 생태 · 153

는 뜻 이상이 아니다. 규정을 보면 "광우병 통제 국가는 … [광우병] 위험 요소를 확인하기 위해 … 위험 평가가 시행돼 왔으나 … 확인된 모든 위험을 통제하기 위해 … 적절하고 포괄적인 조치가 시행됐다는 것을 증명 못 한 국가 … 다만 A형 예찰 실시를 증명한 국가"라고 돼 있다. 이 A형 예찰은 미국처럼 도축 소의 0.1퍼센트만 검사해도 받을 수 있다. 따라서 '광우병 통제 국가' 등급은 결코 광우병으로부터 안전하다는 증명이 아니다.

그래서 2007년 5월, 프랑스 파리에서 개최된 국제수역사무국 총회에서 일본 대표는 "미국산 쇠고기 수입을 할때 국제수역사무국 기준을 따르지 않겠다"는 발언을 했다. 일본 대표는 WTO 위생 검역협정에 "회원국들은 국제수역사무국 기준 권고 조치보다 엄격한 조치를 적용할 권리가 있다"고 명시돼 있다는 사실을 강조했다. 그러나 우리 정부는 한미FTA 협상 타결에 급급해 국제수역사무국의 "광우병 통제국" 등급 판정이 미국 소고기를 무조건 수입해야 하고 심지어 뼈도 수입해야 한다는 뜻인 것처럼 굴욕적 태도를 취하며 국민을 우롱하고 있다.

Q6 현재의 쇠고기 수입 조건인 30개월 미만 미국산 살코기는 안전한 기준인가?

영국, 일본, 독일, 폴란드 등 전 세계적으로 30개월 미만의 소 중 100마리 이상에서 광우병 발생이 확인됐다. 영국에서 가장 어린 나이에 광우병에 걸린 소는 20개월짜리였고, 일본에서는 21개월 된 소가 광우병에 걸린 적이 있다. 일본 정부는 이에 따라 20개월 미만의 미국산 쇠고기만을 수입하고 있다.

또한 살코기에도 광우병 위험 물질이 들어 있을 가능성이 높다는 연구 결과가 계속 나오고 있다. 일본 정부만 해도 2006년 2월 22일 국제수역사무국에 보낸 공식 문서에서 살코기에도 광우병 위험 물질이 들어 있을 가능성이 높다고 주장했다. 일본 정부는 광우병 증상이 전혀 없는 소의 근육 말초신경에서 광우병 전달 물질이 발견된 예가 있고 광우병 감염 소 살코기를 접종한 쥐 실험에서도 광우병 병원체가 발견된 사례가 있다고 밝혔다.

30개월 미만의 소도 광우병에 걸릴 수 있으며 살코기도 안전하다고 볼 수 없다. 30개월 미만 살코기가 안전하다고 주장하는 것은 광우병에 안전한 수입 조건이 아니다.

Q7 현재 미국산 갈비가 들어올 수 있는 것인가?

안 된다. 지난 2006년에 한미 양국이 합의한 미국산 쇠고기 수입 조건은 "30개월 미만의 뼈를 발라낸 살코기"였다. 따라서 카길의 도축장 두 곳에서 미국산 갈비를 수출한 것이나 타이슨푸드 도축장 두 곳에서 미국 연방 정부 수의사가 발급한 수출 검역증을 위조해 한국으로 쇠고기를 수출한 것은 수입 조건 위반이다. 모두 4곳의 미국 도축장에서 가짜 바코드를 위조해서 쇠고기를 수출했다는 것은 결코 단순한 실수로 볼 수 없다.

더욱이 작년부터 지금까지 미국의 수입 조건 위반은 이번이 5번째다. 이것은 미국이 수입 조건을 지킬 수 없다는 것이고 뼈와 살코기도 구분할 수 없을 정도로 엉망이라는 명백한 증거다. 이런데도 미국을 믿고 수입을 계속해야 할까? 더욱이 우리 정부가 이런 엉망인 검역 체계를 갖춘 미국과 아예 갈비나 내장까지 수입하기 위해 쇠고기 수입 조건 재협상을 하는 것은 국민의 생명과 건강을 팔아 한미FTA를 구걸하는 무책임한 행위다.

Q8 왜 정부는 이렇게 위험한데 미국산 쇠고기를 수입하려 할까?

미국산 쇠고기 수입 재개가 한미FTA의 4대 선결 조건이었기 때문이고 미국의 축산업계 로비에 휘둘린 미국 의회 의원들이 미국산 소를 뼈까지 수입하지 않으면 한미FTA를 미국 의회에서 비준하지 않겠다고 협박하고 있기 때문이다.

미국 상원과 하원, 백악관과 무역대표부는 바로 이 4대 선결 조건을 근거로 "갈비, 내장, 잡부위 등 모든 미국산 쇠고기의 수입에 대해 완전 개방하지 않으면 한미FTA 협정의 체결과 비준은 안 되는 줄 알아라" 하며 지금도 한국 정부를 협박하고 있다.

Q9 값싼 쇠고기를 먹을 수 있다고 사람들이 좋아하던데.

값이 싸다고 무조건 좋은 것일까? 두 식당이 있다고 해 보자. 한 식당에서는 4000원짜리 쇠고기덮밥을 팔고 다른 식당에서는 3000원짜리 쇠고기덮밥을 판다. 그런데 3000원짜리를 파는 식당은 먹을 때는 괜찮아도 10년 뒤에 죽을 수도 있다는 이야기가 자꾸 나오는 식당이다. 제정신인 사람이라면 자신의 아이들에게 싸다고 3000원짜리 덮밥을 사 주는 사람은 없을 것이다.

광우병 문제가 그렇다. 미국만 있는 것이 아니다. 광우병으로부터 상대적으로 안전한 호주와 뉴질랜드도 있다. 조금 싸다고 10년 뒤에 죽을 수도 있는 음식을 수입해야 하는 이유가 무엇인가? 한미FTA가 국민의 생명이나 건강보다 중요한 것인가?

정부는 심지어 미국산 쇠고기가 위험하다고 생각하면 안 먹으면 된다고 말한다. 그러나 원산지 표시제도 제대로 시행되지 않고 있다. 더욱이 학교·병원·군대·직장 급식에서는 당연히 제일 싼 미국산 쇠고기를 쓸 것이다. 학교나 병원에서 급식을 거부할 수 있나? 직장에서 주는 음식을 어떻게 안 먹을 수 있겠는가? 미국산 쇠고기가 수입돼 소비자에게 팔리면 극소수 부유층은 한우 쇠고기만 먹을 수 있겠지만 대다수 서민들과 우리의 아이들은 알면서도, 또 알지도 못하는 채로 광우병 쇠고기를 먹어야 할 것이다.

우리 정부는 한미FTA로 값싼 미국산 농산물을 먹게 돼 소비자 후생이 증대했다고 선전하고 있다. 그러나 값이 싸다고 좋은 먹거리일까? 안전성이 더 중요하다. 아무리 값이 싸다고 해서 광우병 쇠고기, 유전자조작 식품, 농약 범벅 농산물을 먹을 수는 없는 일이다.

Q10 그러면 어떻게 광우병 위험 미국산 쇠고기 수입을 막을 수 있을까?

간단하다. 퍼 주기로 일관한 한미FTA를 중단하고 위생 검역 주권을 가진 나라로서 미국산 쇠고기 수입 중단을 선언하면 된다. 이웃 나라 일본의 경우는 미국과 FTA 협상을 하고 있는 상황이 아니기 때문에 국제수역사무국 기준을 따르지 않겠다고 당당하게 얘기하고 있다. 한미FTA의 선결 조건이라서, 그리고 미국 의회가 한미FTA를 승인하게 하기 위해서 미국산 쇠고기를 수입해야 한다는 것이 지금 우리가 미국산 쇠고기를 갈비까지 수입하려 하는 이유다.

앞으로 언제 우리 아이들이 광우병 쇠고기를 먹게 될지 모른다. 이제 우리의 아이들을 위해 우리 엄마, 아빠가 나서야 한다. 우리 아이들을 광우병의 위험으로부터 지키자. 우리 시민들은 정부가 국민의 뜻을 무시하고 생명을 무시할 때 이를 물리친 자랑스러운 역사를 가지고 있다. 4·19가 그렇고 20년 전 1987년의 6월 민주 항쟁이 그 역사다. 이제 우리 시민들이 나설 차례다. 국민의 생명과 안전을 포기하는 미국산 광우병 쇠고기 수입과 한미FTA를 막아 내자.

2-3
후쿠시마 핵발전소 사고와 기후변화

후쿠시마 핵 오염수 방류 논란이 한창이던 2023년, 핵 오염수가 안전하다며 일본 정부의 주장을 앵무새처럼 되풀이한 윤석열 정부의 퇴진을 요구한 시위.

아이들에게 방사능 괴담을 교육하는 정부 (1)

2011년 3월 12일 후쿠시마 핵발전소 사고가 터지자 한국에서도 핵발전에 반대하는 여론이 높아졌다. 그런데도 이명박 정부는 핵발전 규모를 늘리고 해외에도 핵발전소를 수출하려 했다. 2011년 4월 19~20일 〈프레시안〉에 2회에 걸쳐 실린 이 글은 핵발전이 안전하다는 정부의 거짓말을 반박했다.

교육과학기술부와 한국원자력안전기술원이 학생과 학부모를 위한 교육 자료를 내보냈다. 내용은 대략 이렇다.

방사선량이 일정 수준을 넘지 않으면 우리 몸에는 나쁜 영향을 주지 않습니다. … 방사선도 빛과 같은 에너지 흐름으로 … 오염되거나 전염되지 않습니다. 빗물 속 방사선량은 하루 2리터씩 1년 동안 계속 마셔도 병원 엑스레이 한 번 촬영한 것보다 수십분의 1 수준이어서 지장 없습니다.

이런 내용은 사실이 아닐뿐더러 위험하기까지 하다. 정부는 핵 사고와 방사능에 대한 올바른 정보도 제공하지 않고 있으며, 이를 넘어 명백한 거짓말을 하고 있다.

안전한 방사선 허용치가 존재하는가?

결론부터 말하면 방사능에 관한 한 안전한 허용치는 존재하지 않는다. 이것이 과학적 결론이다. 최근 제대로 된 방사능에 대한 기사에는 미국 국립학술원이 2006년 발간한 "저수준 전리방사능 노출로 인한 건강 위험: 2단계" 보고서('베어세븐' 보고서라고 불리기도 한다)가 심심치 않게 등장한다. 이 보고서가 보건의료단체연합의 성명서에서 인용된 이유는 낮은 수준의 방사능에 대한 현재까지 과학 연구의 집대성이기 때문이다.

보고서는 "방사선량이 일정 수준을 넘지 않으면 우리 몸에는 나쁜 영향을 주지 않습니다"라는 한국 정부의 주장이 틀린 것임을 명백히 보여 준다. 방사능이 건강에 위험을 미치는 수준에는 허용치나 역치(threshold, 문턱)가 존재하지 않고, 방사능량에 따라서 비례적으로 증가한다는 사실이 이 보고서의 핵심이기 때문이다.

그림 4를 보자. 우선 실선과 '--' 선으로 표시된 것이 방사선량에 따라서 위험성이 증가하는 모델이다. 그리고 한국 정부의 주장은 '…' 선으로 표시된 역치가 있다는 설명 모델이다. 한국 정부의 주장은 방사선이 일정한 양(역치)을 넘지 않으면 안전하다는 것인데 미국 국립학술원 보고서는 이것이 방사선에서는 맞지 않는다고 말한다.

이 결론은 지금까지의 모든 동물실험 결과, 그리고 체르노빌 원자력발전소 사고나 히로시마 등의 핵폭탄의 방사능이 인체에 미친 영향을 분석한 결과를 통해 나온 결론이다. 몇 개의 실험 결과나 몇 명의 주장이 아니라는 이야기다. 전 세계 수많은 학자와 수만 개에 이르는 과학적 논문이 이를 뒷받침하고 있다. 그리고 전 세계의 거의

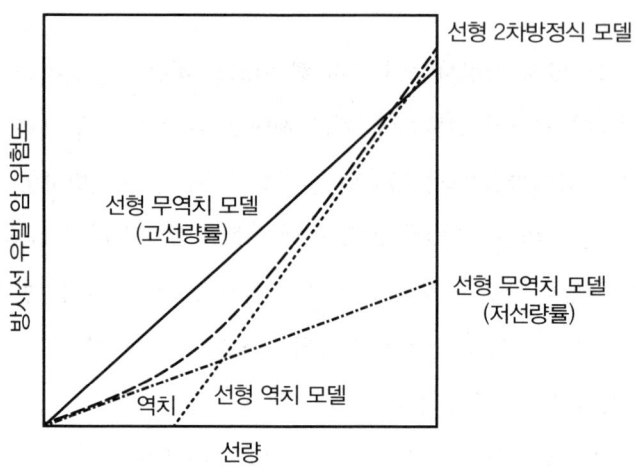

그림 4. 방사선 유발 암 위험도

모든 정부가 이를 기준으로 방사능의 안전성 문제를 다룬다. 한국 정부만 빼고.

예를 들어, 미국의 식수 기준을 보자. 미국의 식수안전법에 따르면 방사능 최대 오염 허용치와 방사능 오염 기준 목표를 별도로 정해 놓고 있다. 예를 들어 요즘 문제가 되고 있는 방사성 요오드와 세슘의 방사능 최대 오염 허용치는 모두 합쳐 연간 4밀리렘, 즉 0.04밀리시버트다.

그러나 목표는 명백히 0이라고 정해 놓고 있다. 다른 방사능 물질도 마찬가지다. 우라늄과 같은 다른 방사능 물질도 최대 허용 기준치가 있지만 모든 방사능 물질의 허용 목표는 0이다. 국립학술원의 연구에 따라 모든 방사능은 인체에 해롭다는 과학적 결론을 2000년부터 법에 명시해 놓은 것이다.

결론적으로 한국 정부가 주장하는 일정량의 방사선까지는 안전하다는 주장은 근거가 없을 뿐 아니라 매우 위험하다. 소량의 방사선을 쬐면 그 양만큼 암에 걸릴 가능성이 높아진다는 것이 과학적 결론이기 때문이다.

적은 양의 방사선은 얼마나 위험한가?

최근 일부 전문가들이 방사능 위험에 대해 언급하면서 "가슴 엑스레이 한 장 찍는 정도"가 아무것도 아닌 것처럼 이야기되고 심지어 "CT 찍는 정도(10밀리시버트)"라는 이야기까지 주장하고 있다.

가슴 엑스레이를 우리는 꽤 많이 찍는다. 그러나 0.1밀리시버트라는 가슴 엑스레이라도 원하지 않는 국민 전체의 문제가 되면 안전하지 않다. 진단이나 치료를 위한 방사선은 오직 그 검사나 치료를 했을 때의 이득이 안 찍었을 때의 이익보다 크기 때문에 찍는 것이다. '베어세븐' 보고서는 위험성을 그림 5와 같이 설명한다.

간단히 설명하면 이렇다. 100명의 사람이 있다면 이 중 평균 42명이 평생 동안 암에 걸린다(검은 동그라미). '베어세븐' 보고서의 결론은 자연 방사능 이상의 추가 방사능 0.1시버트, 즉 100밀리시버트의 방사능에 한 번 노출되면 100명 중 1명이 암에 더 걸린다(까만 별표)는 것이다.

지금까지의 연구 결과는 앞에서 설명했듯이 저수준의 방사선에 노출됐을지라도 건강에 영향을 주기 때문에, 100밀리시버트가 100명 중 1명이라면, 1밀리시버트의 방사능에 노출되면 1만 명 중의 1명이 암에 더 걸리고, 0.1밀리시버트의 방사능에 노출되면 10만 명 중 1명

그림 5. 방사능 노출과 암 발병 확률

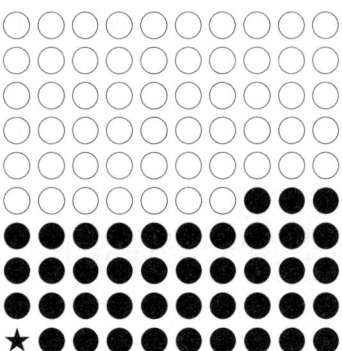

이 더 암에 걸린다는 것이다.

가슴 엑스레이 한 번을 찍는 것은 한 사람에게는 굳이 따지자면 암에 걸릴 확률을 10만분의 1 정도만큼 늘리는 일이고 또 그것을 통해 얻는 이익이 더 크기 때문에 찍는 것이다. 그러나 한국 국민 전체 건강의 위험으로 보면 500명이 더 암에 걸린다는 것이다. 결코 무시할 만한 숫자가 아니다.

더욱이 한국 정부가 연간 노출 허용량으로 안전하다고 말하는 듯한 1밀리시버트에 모든 국민이 1년마다 노출되면 매년 5000명씩 암에 더 걸린다는 결론이다. 이런 수준을 안전하다고 할 수 있는가?

정부는 자연 방사선을 이야기한다. 세계 평균이 연간 2.4밀리시버트라는 것이다. 그러나 지금 일본의 후쿠시마 원자력발전소 사고 때문에 노출되는 방사선은 자연 방사선 이외에 추가로 더 노출되는 방사선이다.

또 자연 방사선이라고 안전한 것이 아니다. 이 때문에도 사람들은 암에 걸린다. 나이가 들어 암에 더 많이 걸리는 것도 자연 방사선을 더 많이 쐬기 때문이기도 하다.

최근 방사선 전문가로 여러 미디어에 등장하는 전문가들은 대부분 의학을 공부한 적 없는 원자력 공학자들이다. 또 의사들이라도 국민 전체의 건강 위험성을 다루는 문제, 즉 공중 보건에는 무지한 의사들이라고 말할 수밖에 없다. 예를 들어 원자력 의학을 전공한 이명철 교수는 최근 〈조선일보〉 인터뷰(2011년 4월 11일 자)에서 "우리는 일상에서도 연간 2.4밀리시버트의 자연 방사선을 쐬고 있다. 자연 방사선도 성질이 같다. 여기에 인공 방사선 노출을 연간 1밀리시버트 허용하고 있다. 이를 넘지 않으면 문제가 없다는 뜻이다" 하고 말했다. 그러나 앞에서 살펴봤듯이 자연 방사선 노출과 별도로 연간 1밀리시버트의 방사선을 더 쐬면 (국민 전체 중) 5000명이 더 암에 걸린다. 5000명이 암에 더 걸리는데 문제가 없다고?

물론 이명철 교수는 원자력 의학을 전공한, 방사능을 이용해서 환자를 치료하는 전문가다. 그러나 방사능이 공중 보건학적으로 인체 건강에 어떤 해를 미치는지에 대해서는 전혀 모르거나 모르는 척하고 싶어 하는 듯하다.

이명철 교수는 같은 인터뷰에서 "소량의 방사선은 인체의 면역 기능을 자극해 준다"는 이른바 호메시스hormesis 이론도 주장했다. 이런 호메시스 주장은 '안전한 방사선량이 있다'는 주장보다도 더 나아간 주장이다. 이 주장은 일부러 식품이나 물에 소량의 방사성 물질을 섞어서 먹어야 한다는 주장인데 개인의 소신일 수는 있을지 몰라도 공중 보건의 관점에서 보면 위험천만한 주장일 뿐이다.

연간 피폭 허용량은 개인 기준으로 그것도 불가피할 경우 정해 놓은 기준이며 개인의 경우도 연 1만분의 1 정도 암 발생률을 높인다.

10밀리시버트의 방사선량에 해당하는 복부 CT의 경우는 1000분의 1 정도 암 발생률을 높인다. 이 때문에 미국소아과학회에서는 어린이에게 CT는 '가능하면 피해야 할 검사'라고 분류하고 있다.

개인의 경우도 그런데 전 국민이 대상이 되는 방사능의 경우는 말할 필요조차 없다. 안전한 방사능이란 없기 때문이다. 한 나라의 정부가 해야 할 일은 왜곡된 정보와 괴담으로 국민을 무지한 상태로 몰아가는 일이어선 안 된다. 정부가 해야 할 일은 방사선의 위험성을 있는 그대로 알리고 국민을 가능하고 할 수 있는 한 방사능으로부터 보호하는 것이어야 한다.

마지막으로 역사의 교훈을 그리고 과학을 거꾸로 돌리려는 자들이 있다. 적은 양의 방사선이라도 안전하지 않다고 주장하는 사람들에게는 '국가 전복 세력'이라는 딱지를 붙이는 인간들이다. 지금 한국은 '지구는 돈다'고 과학적 진실을 이야기하면 종교재판을 받아야 했던 갈릴레이가 살고 있던 시대인가?

국제 학계에서 정설로 인정되고, 방사능 제로가 안전하다는 법까지 있는 지금, 방사능이 위험하다는 주장을 하면 국가 전복 세력이라니, 아무리 원자력발전소를 옹호하기 위해서라도 그렇지 지나쳐도 너무 지나치다. 더욱이 어린이들에게 방사능이 안전하다고 정권 차원에서 '맞춤형' 교육까지 하는 이 사회가 도대체 정상적 사회인가?

방사능이 섞여 있는 비를 피하기 위해 아이들을 꽁꽁 싸매 학교에 보내는 부모들의 심정을 같이 걱정해 주고 어떻게든 덜어 줘야 하는 것이 정부의 일일 것이다.

아이들에게 방사능 괴담을 교육하는 정부 (2)

2011년 3월 12일 후쿠시마 핵발전소 사고가 터지자 한국에서도 핵발전에 반대하는 여론이 높아졌다. 그런데도 이명박 정부는 핵발전 규모를 늘리고 해외에도 핵발전소를 수출하려 했다. 2011년 4월 19~20일 〈프레시안〉에 2회에 걸쳐 실린 이 글은 핵발전이 안전하다는 정부의 거짓말을 반박했다.

정부가 말하는 방사능 괴담에 대해 조금 더 정리해 보자. 교육과학기술부와 한국원자력안전기술원이 학생과 학부모를 위해 보낸 교육 자료에는 다음과 같이 실려 있다.

지진이 발생한 일본에서는 방사능과 관련해 학교가 휴업한 사례는 없다고 합니다. …
현재 우리나라 빗물 속의 방사선량은 마시는 물로 계산할 경우 하루 2리터씩 1년 동안 계속 마신다고 해도 … 지장이 없습니다. …
햇빛에 노출됐다고 몸이 오염되지 않는 것처럼, 방사선도 빛과 같은 에너지 흐름으로 오염되거나 전염되지 않습니다.

방사능과 관련해 휴업한 학교가 없다?

이게 도대체 무슨 말인가? 대피 지역인 후쿠시마 원전 반경 30킬로미터 내에서는 아직 개교를 한 학교가 없다. 방사능 대피 때문이다. 〈아사히신문〉은 30킬로미터 바깥에서도 방사능 때문에 이번 달 말까지도 개교를 못 하는 학교가 있을 것이라고 4월 10일 보도했다. 일본 문부과학성은 개학을 추천하기 어려운 학교도 있다고 인정했다. 일본 원자력안전위원회는 연간 20밀리시버트를 '아동 기준'으로 제시했는데 그것에도 적합하지 못한 학교가 많다는 이야기다.

소위 '아동 기준'이라는 연간 20밀리시버트는 일반적 피폭 허용량의 20배다(이 피폭 허용량도 안전 기준치가 아니라는 것은 앞의 글에서 설명했다). 아이들은 방사성 요오드의 경우 흡수량이 성인의 4~8배다. 어린이에게는 어른보다 더 엄격한 기준을 적용해야 한다는 이야기다. 그런데도 성인 기준의 20배를 적용한 것이다. 심지어 일본 원자력안전위원회 내의 담당 위원회도 연간 10밀리시버트를 제시했었다가 거부됐다. 지금 일본의 상황이 이렇다.

결국 아이들이 학교를 다니면서 성인 기준으로 500명 중 한 명 정도로 암에 걸릴 위험을 감수하고 학교를 열게 하려는데도, 개학이 연기되고 있는 것이 일본의 상황이다. 이런 기준치를 제시하고 있는 일본 정부는 비난을 받아 마땅하다. 그런데 방사능 때문에 일본에서 휴업을 한 학교가 없다고 말하는 한국 정부는 지금 무엇을 호도하려 하는가? 핵 사고가 나도 위험하지 않다고 믿게 하기 위해서? 도대체 교육과학기술부와 한국원자력안전기술원은 아이들의 목숨을 담보로 무엇을 거래하고 있으며, 무엇을 감추려 하는가?

하루 2리터씩 1년 동안 마셔도 지장이 없다?

내 생각에는 적어도 제정신인 사람이라면 방사성 물질이 들었다는 것을 알면서도 그 물을 마시지는 않을 것이다. 그런데 한국 정부는 빗물에 방사성 물질이 들어 있음을 알면서도 마셔도 지장이 없다고 한다. 자, 그렇다면 한국의 빗물에 섞여서 내려온 방사선량은 어느 정도일까? 정말 마셔도 되는 것일까?

표 1. 빗물 속 방사성 요오드(I-131)와 방사성 세슘(Cs-137/134) 분석 결과(단위: Bq/L)

측정소	채취 일시	측정 일시	I-131	Cs-137 / Cs-134	합계
서울	4.7. 10:00	4.7. 16:00 ~4.8. 10:00	1.81 (0.0291)	불검출 / 불검출	1.81 (0.0291)
대전	4.7. 10:00	4.7. 13:00 ~4.8. 10:00	1.40 (0.0225)	0.387 (0.0037) / 0.334 (0.0046)	2.121 (0.0303)
광주	4.7. 10:00	4.7. 16:00 ~4.8. 10:00	2.69 (0.0430)	0.406 (0.0039) / 0.379 (0.0035)	3.475 (0.0504)
부산	4.7. 10:00	4.7. 10:00 ~4.8. 10:00	2.49 (0.0400)	0.299 (0.0028) / 0.273 (0.0038)	3.062 (0.0466)
제주	4.7. 10:00	4.7. 21:00 ~4.8. 10:00	2.81 (0.0451)	0.978 (0.0093) / 0.928 (0.0129)	4.716 (0.0622)

( ) 안은 연간 피폭선량으로* 환산한 값으로 단위는 mSv
* 연간 피폭선량: 검출된 농도의 빗물을 1년 동안 마셨을 경우의 피폭선량
※ 엑스레이 1회 촬영 시 받는 선량은 약 0.1mSv, 일반인의 연간 피폭선량 한도는 1mSv

위의 표 1은 2011년 4월 8일 나온 한국원자력안전기술원의 보도자료에 필자가 합계만 덧붙인 것이다.

우선 기준치부터 따져 보자. 정부는 기준치를 "일반인의 연간 피폭선량 한도는 1밀리시버트"라고 표시해 놓았다. 그러나 세계보건기구의 식수 기준을 보면 식수의 연간 피폭선량 가이드라인은 1밀리시버트가 아니라 0.1밀리시버트다.

세계보건기구가 가이드라인을 1밀리시버트의 10분의 1로 정해 놓은 것은, 먹는 식수로만 방사능에 노출되는 것이 아니라 음식과 흡입 등을 통해서도 방사선에 노출되기 때문이다. 세계보건기구는 이 가이드라인조차 1만 명 중 한 명이 인체의 건강 위험이 있는 가이드라인이라고 말한다. 여기서 인체 건강 위험은 앞서 말했듯이 미국 국립학술원 보고서의 암 발생률을 말하는 것이다.

세계보건기구의 식수 방사선량 허용 가이드라인 0.1밀리시버트를 기준으로 따져 보면 서울과 대전이 0.03밀리시버트로 약 30퍼센트, 부산과 광주가 0.05밀리시버트로 약 50퍼센트, 제주는 0.06밀리시버트로 약 60퍼센트에 해당하는 수치다. 이를 따져 보면 4월 7일 내린 서울과 대전의 빗물을 1년 동안 마시면 10만 명 중 3명이 평생 동안 암에 걸릴 위험성이 있고 부산과 광주의 빗물은 10만 명당 5명, 제주는 10만 명당 6명이 암에 걸릴 위험성이 있다는 것이다. 이를 안전하다고 말할 수 있는가?

4월 7일 빗물의 방사선 피폭선량을 미국 식수안전법의 기준에 비춰 살펴보자. 미국의 식수안전법에 따르면 연간 방사능 오염 허용 한계는 4밀리렘, 즉 0.04밀리시버트다(베타선과 포톤, 즉 감마선을 따지는 것으로 이는 요오드와 세슘의 피폭선량을 합한 양과 같다). 그리고 오염 허용 목표는 0이다. 이 기준치를 설명하면서 미국 환경보호청EPA은 암의 위험성을 높인다고 했다.

여기에 비춰 보면 4월 7일의 비는 제주, 광주, 부산에서는 방사능 물질 오염 기준치를 넘어선다. 미국 기준에 따르면 법적으로도 먹으면 안 되는 물이라는 뜻이다. 서울과 광주도 오염 허용 한계의 70퍼센트 이상이다.

따라서 미국 국립학술원의 기준에 비춰 볼 때에도 또 세계보건기구와 미국의 식수안전법에 비춰 봐도 이런 "2리터의 빗물을 1년 동안 매일 마셔도 안전합니다"라는 정부의 말은 사실이 아니다. 정부가 올바른 정보를 제공하려 했다면 정확히 반대의 이야기, 즉 "이런 빗물을 2리터 이상 매일 마시면 암이나 건강상의 위험성이 높아질 수 있습니다" 하고 말했어야 한다.(또한 덧붙여 말하자면 인간은 물을 매일 2리터 마셔야만 살 수 있기 때문에 매일 2리터 마시는 것으로 계산해서 그 위험성을 측정하는 것은 과장해서 계산하는 것이 아니라 통상적 기준이다. 다시 말하면 4월 7일 한국에서는 먹으면 안 되는 빗물이 내렸다는 뜻이다.)

그런데도 정부는 왜 빗물에 1밀리시버트라는 별도의 기준을 제시하고 있는 것일까? 놀랍게도 한국에는 식수에 대한 방사선량 기준이 아예 없기 때문이다. 보건복지부는 식수는 환경부 소관이라고 하고 환경부에는 식수 방사능 허용 기준이 없다고 한다. 따라서 교과부 마음대로 식수 기준을 1밀리시버트로 정하건 무엇으로 정하건 상관이 없다.(생수 기준은 있는데 이 생수 기준은 방사능 기준이 1리터당 0.04베크렐이다. 빗물은 생수가 아니지만 4월 7일의 빗물은 이 기준을 수십 배나 초과한다.)

위험성을 과장하려는 것이 아니다. 후쿠시마 사고 이후 비를 맞지 않도록 조심하고 마시지는 말라고 가르쳐야 한다는 것을 말하려고 하는 것이다. 그런데 학교에서 가르치는 것이 "현재 우리나라 빗물 속의 방사선량은 마시는 물로 계산할 경우 하루 2리터씩 1년 동안 계속 마신다고 해도 지장이 없"다고? 제대로 된 '교육과학기술'부라면 학생들에게 방사선은 적은 양이라도 조심하는 것이 좋다고 가르쳐야 한다.

방사선에 노출돼도 오염되거나 전염되지 않는다?

여기까지 오면 정말 가관이다. 나도 저 말을 그저 믿어 보고 싶을 정도다. 교육과학기술부와 한국원자력안전기술원 공문의 거의 모든 내용이 놀라울 뿐이지만 이 부분에 오게 되면 방사능에 대한 안전 교육이 누구의 머릿속에서 작성됐는지를 명백하게 보여 준다. 바로 원전을 설계하는 게 일인 원자력 공학자들이 지금 국민의 건강과 안전에 대한 자료를 만들고 있다는 것이다.

후쿠시마 원자력발전소 사고 이후 한국에서 문제가 되는 것은 요오드-131이나 세슘-134, 세슘-137 등의 방사능 물질이다. 방사능 물질에 노출되면 오염된다. 또 오염이 되기에 방사능 물질이 문제가 되는 것이다.

방사능 물질에 대해 가르쳐야 할 첫째 사실은 오염될 수 있으므로 씻어 내야 한다는 것이다. 또 방사능 물질에 피폭되면 주위를 오염시킬 수 있으므로 격리 치료를 해야 한다. 그런데 방사선이 "빛과 같은 에너지 흐름으로" 오염되지 않는다니.

만일 일본에서처럼 피폭 지역 어린이들이 왕따를 당한다면 "방사능 물질은 피폭 직후에는 오염될 수 있지만 깨끗이 씻어 내거나, 또는 제염 처리나 피폭 치료가 끝나면 세균처럼 전염되는 것이 아닙니다" 하고 가르칠 필요는 있을 것이다. 그러나 그때에도 "빛과 같은 에너지 흐름으로"라고 가르쳐서는 안 된다. 분명히 말하건대, 방사능 물질은 먼지에 달라붙고 물에 달라붙고 따라서 피부나 옷에 달라붙어 있을 수 있다.

물론 '방사선'(알파선, 베타선, 감마선)이야 당연히 오염되거나 전염되지 않는다. 그야말로 '에너지의 흐름'일 뿐이다. 그런데 지금 국민이 알아야 할 것은 '방사선 상식'이 아니라 '방사성(능) 물질'에 대한 상식이다. 정부가 잘못된 질문과 답변으로 국민을 기만하려는 태도는 여기서도 너무나도 뻔뻔하게 드러난다.

정부가 해야 할 일이 괴담을 교육하는 일일까? 지금 당장 정부가 해야 할 일은 우리가 먹는 물과 식품은 안전한지 점검하고, 해양 오염과 수입 어류와 우리나라 어류의 방사능 오염을 꼼꼼히 모니터링하고, 중국처럼 일본산 식품류 수입을 금지하는 일이다. 인류 역사에서 몇 번 있을까 말까 한 핵 사고가 바로 옆 나라에서 일어난 상황에서 한국 정부가 안전하다는 이야기만 반복한다고 국민의 걱정이 없어지는 것이 아니다. 물론 전혀 근거 없는 정보를 전달하는 교육과학기술부와 한국원자력안전기술원이 독점하고 있는 한국의 핵 관련 정책과 모니터링 체계 자체를 근본적으로 고쳐야만 한다.

상식을 모르거나, 국민 건강보다 핵 산업계가 중요하거나

이제 방사능에 관한 사실을 정리해 보자. 일본에서는 정부의 무리한 원자력발전소 건설과 사고로 많은 사람이 방사능 때문에 피해를 입었고 또 안타깝게도 아이들이 그 피해를 입을 것이라는 것, 방사능에는 일정한 양 이하로만 노출되면 안전하다는 주장은 사실이 아니라는 것, 1밀리시버트라는 연간 피폭 허용량도 1만 명당 1명이 암에 걸리는 피폭량이라는 것이다. 따라서 방사능이 섞인 빗물은 마시지 않아야 하며, 방사능 물질은 오염이 되므로 잘 씻어 내야 한다는 것 등이다.

이것은 사실 과학계에서는 거의 상식이다. 그런데 한국 정부는 왜 이런 진실을 외면하고 괴담으로 국민들을 안심시키려 할까? 이런 황당한 정부의 태도에 대한 해석은 아무리 생각해도 한 가지뿐이다. 상식을 모르거나, 국민의 건강과 안전보다 원자력 산업계와 그 이윤이 우선이라는 것이다. 그러나 인류의 과학이 지금까지 내린 결론은 방사능은 결코 안전하지 않다는 것이고 따라서 원자력발전소가 있는 한 인류의 건강과 생명은 결코 안전할 수 없다는, 지극히 상식적인 결론이다.

자국민 생명에 수수방관인 한국 정부

후쿠시마 핵발전소 사고 직후인 2011년 3월 17일 〈프레시안〉에 실린 글로, 이명박 정부의 터무니없는 대응을 비판했다.

　미국이 자국민에게 후쿠시마 원자력발전소로부터 80킬로미터 이상 거리로 대피하든지 가택 내 대피를 하라고 권유했다는 뉴스가 나온다. 프랑스와 독일 등 여러 나라가 여행 자제는 물론 자국민을 최소한 도쿄 지역에서 벗어나라고 권고하고 일본행 비행편을 취소하고 있다.

　그런데 유독 한국 정부만 일본 정부와 똑같은 20킬로미터 제한 조치를 취하고 있을 뿐 아무런 조치도 권고도 없다. 한국 정부는 재일 자국민에게 (그리고 재일 교포에게) 일본 정부의 지시만을 따르라고 할 것인가?

　상황이 심각한 것은 이미 수많은 보도로도 입증된다. 어제 보도를 보더라도, 대피 지역 바깥, 즉 21킬로미터 부근에서 평상시의 6600배의 방사선이 검출됐다고 한다. 대체로 시간당 300마이크로시버트에 해당하는 수치다(0.5×6600=330마이크로시버트). 연간 허용 피폭량은 1밀리시버트다.

가슴 엑스레이 사진을 찍을 때 방사선량이 80마이크로시버트쯤 되므로 대체로 10장에서 12장 정도의 엑스레이 사진을 찍는 양이다. 문제는 300마이크로시버트가 '시간당 방사선량'이라는 것이다. '하루'라면 어떻게 될 것인가? 24를 곱하면 7200마이크로시버트다. 대피 지역 바깥의 하루 피폭량이 연간 허용 피폭량의 7배가 넘는다는 뜻이다.

1밀리시버트의 방사선량은 어떤 영향을 미칠까? 의사로서 방사선과 관련해 많이 받는 질문 중 하나가 "임신 초기에 임신 사실을 잘 모르고 엑스레이를 찍었는데 아이에게 해가 없나요?"라는 엄마들의 질문이다. 임신부들이 걱정하는 그 방사선량이 1밀리시버트의 10분의 1 수준이다. 연간 허용 피폭량인 1밀리시버트에 노출되면 4주 미만의 태아는 사망 가능성이 높아지고 첫 임신 3분의 1 시기의 선천적 기형 발생률이 높아진다.

며칠 전에는 후쿠시마에서 90킬로미터 떨어진 이바라키현에서도 일시적으로 5.5마이크로시버트 이상의 방사선량이 측정됐다고 한다. 이 방사선량이 지속된다면 140마이크로시버트가 될 것이고 일주일이면 1밀리시버트가 된다. 1년에 허용된 피폭량이 1주일 만에 노출되는 지역은 안전할까?

그것만이 문제가 아니다. 방사성 물질도 문제다. 〈한겨레〉 보도를 보면, 미국 국방부도 후쿠시마 원자력발전소에서 100킬로미터 떨어진 곳을 비행하던 미군 헬리콥터가 방사성 물질 세슘-137을 수집했다고 밝혔다. 3월 14일. 즉 3일 전 보도다. 세슘-137은 2005년 체르노빌 원자력발전소 격리 지역에서 가장 많이 남아 있는 방사성 물질로 밝혀진 물질이기도 하다.

피폭은 간단히 말해 방사능 물질이 몸 안에 들어오는 것을 말한다. 세슘-137은 반감기가 30년쯤이다. 문제는 세슘이 몸속에 들어오면 이것이 방사성 물질을 내뿜으며 몸 안에서 계속 분열한다는 것이다. 이것이 내폭이다. 내폭은 거칠게 말하자면 소량의 원자폭탄이 몸 안에서 계속해서 폭발하는 것이다.

30년 동안 반으로 줄어들 때까지 계속 핵분열을 일으키고 다음 30년 동안 또 반으로 줄어들 때까지 핵분열을 계속한다. 이 방사능에 따라 몸 안의 세포는 지속적으로 손상당한다. 당연히 백혈병이나 골수암 등 수많은 암의 원인이 된다.

방사성 요오드도 검출됐다고 한다. 우라늄 분열의 경우 3퍼센트가 요오드-131이 된다. 체르노빌 사고 당시 가장 많은 암 환자를 발생시킨 것이 바로 이 방사성 요오드였다. 당연히 방사성 요오드도 몸속에서 베타선 등을 내뿜으며 분열하기 때문에 갑상선암을 일으킨다.

이 세슘이나 요오드에 피폭되면 이 물질이 몸속에서 계속 내폭을 일으킨다는 것이 방사능의 무서움이다. 방사선량이 높다 낮다가 문제가 아니라 미량의 방사선 물질에 피폭됐다 하더라도 암이 발생할 가능성은 수십 년간 아니 죽을 때까지 문제로 남는다는 것이다. 1986년의 체르노빌이나 1979년의 스리마일섬의 원자력발전소 사고 후 아직까지도 그 당시 주민들에 대한 지속적 질병 검사가 이뤄지는 것은 이 때문이다. 체르노빌 사고로 지금까지 그 지역에서 사망한 사람은 대략 4000명 정도이고 이에 더해 약 4000명의 갑상선암 환자가 발생했다는 것이 2005년 세계보건기구의 보고다. 방사능에 피폭된 사람은 주변 국가까지 수백만 명이 넘는다.

문제는 적은 수준의 방사선 폭로로도 건강 문제가 발생한다는 것이다. 이 부문의 연구는 많이 이뤄지지는 않았으나 적은 수준의 방사선량으로도 영아사망률과 암 사망률을 높였다는 보고는 상당히 많다.

이미 후쿠시마가 그 규모를 넘어 버린 스리마일 원자력발전소 사고 당시 미국 정부는 "반경 16킬로미터 주민의 평균 방사선 피폭량은 가슴 엑스레이 찍는 80마이크로시버트(8밀리렘)이었고 어느 경우도 개인당 1밀리시버트(100밀리렘)을 넘지 않아 연간 자연 방사선에 노출되는 양의 3분의 1이다" 하고 발표했다.

그러나 일부 연구를 보면, 주변 다우핀 마을에서는 1978년에 비해 1979년의 1세 미만 아기의 사망률(영아사망률)이 28퍼센트 증가했고 1달 미만 아기들의 사망률은 54퍼센트가 증가했다. 2006년의 사망률을 따진 연구에서도 스리마일섬 부근 암 사망률이 미국의 다른 지역과 비교할 때 0.83(1979~1983년)에서 1.17(1984~1988년)로 증가했다. 매우 적은 양의 피폭도 잠복기 후의 암 발생률을 높일 수 있다는 것이다.

더 큰 문제는 체르노빌 발전소 사고처럼 방사선 낙진이 주변국에까지 날아오는 경우다. 체르노빌 사고는 러시아 정부의 비밀주의 때문에 36시간 후 스웨덴에 낙진이 떨어지면서 세계에 알려지게 됐다. 그런데 체르노빌부터 스웨덴까지는 1100킬로미터다. 한국과 후쿠시마는 그보다 거리가 짧다. 체르노빌 사고 방사선 낙진은 유럽 전체로 번져 유럽의 40퍼센트 지역에서 발견됐고 심지어 일본에서도 낙진이 관찰됐다.

방사선 낙진의 피해는 당연히 주변 국가에서도 발견됐다. 예를 들어 체르노빌 사고 1년 후인 1987년 서베를린에서는 다운증후군이 27~31명(출생아 1000명당 1.33~1.59명)에서 1987년 한 해에만 46명(출생아 1000명당 2.1명)으로 증가했다. 이 증가된 숫자는 2년 후에야 정상으로 돌아왔다. 튀르키예 부르사 지역에서도 체르노빌 사고 다음 해인 1987년 첫 6개월간 신경관장애가 증가했다. 평상시 신생아 1000명당 1.7~9.2명이었는데 이것이 체르노빌 사고 이후 신생아 1000명당 20명으로 증가했다는 것이다. 가장 심한 장애인 무뇌아는 5배나 증가했다. 모두 낙진의 영향이다.

히로시마와 나가사키 이후, 그리고 스리마일과 체르노빌 이후 방사능에 의한 사람의 피해는 긴 시간 동안 또 대를 이어 이어진다는 것이 밝혀졌다. 미량의 방사능이라도 일단 한번 피폭된 이상 그 영향은 일생 동안 존속한다. 그리고 아기들과 어린이들이 가장 피해를 많이 입는다.

이미 방사선 위험 지역이 돼 버린 일본에 체류하는 한국인들에게 또 한국 교민들에게 한국 정부는 어떤 권고를 할 것인가? 일본을 떠나라고 하지는 못할망정 도쿄를 벗어나라는 권고는 해야 하지 않을까? 아니면 최소한 미국 정부 수준으로라도 80킬로미터 이상은 벗어나라고 해야 하지 않을까?

또 한국 정부는 언제까지 편서풍 타령만 할 것인가? 그렇게 되지 않기를 국민들과 함께 필자도 간절히 원한다. 그러나 만일 일본의 사태가 더 악화된다면(그리고 당장 더 악화될지도 모르는 상황이다) 어떻게 행동해야 할지 알고 싶다. 당장 한국 정부는 비상시 국민 행동 지침을 발표하고 이를 국민에게 알려야 한다.

바로 옆 나라에서 사상 초유의 핵 사고가 났는데 이 판국에 자국민의 생명은 안중에도 없고 '편서풍이 불고 한국은 지진이 없으니 한국과 한국의 원자력은 안전하다'는 타령만 하고 있으면 그 정부를 어떻게 정부 자격이 있다고 말하겠는가.

사람들 피난길로 방사능도 함께 달렸다

후쿠시마 핵발전소 사고 넉 달여 뒤인 2011년 7월 30일부터 8월 6일까지 일본 도쿄, 후쿠시마, 히로시마 등지에서 '반핵 아시아 포럼'이 열렸다. 필자는 한국 참가단의 일원으로 참여한 후 〈시사IN〉 2011년 9월 5일 자(206호)에 생생한 경험담을 썼다.

아무런 경고도, 어떤 알림판도 없었다. 도쿄에서 후쿠시마까지 신칸센으로 1시간 30분. 기차는 조용히 도착했고 인구 30만 명의 후쿠시마는 평온했다. 지극히 일상적인 여행이었다. 피폭을 막는다고 '반핵 아시아 포럼'에서 나눠 준 마스크를 한국의 시민단체 활동가들은 하나둘씩 벗기 시작했다. 후쿠시마에서는 아무도 마스크를 쓰지 않았다. 2011년 7월 31일 '원자력발전소가 없는 후쿠시마를 요구하는 후쿠시마 현민 집회'가 열린 후쿠시마는 겉으로는 너무도 조용한 지방의 작은 도시였을 뿐이다.

일본 정부는 원전 30킬로미터 이내만을 피난 지역으로 고시했다가 4월 13일부터 방사선량이 연간 20밀리시버트가 넘는 지역을 계획적 피난 지역으로 추가 고시했다. 이타테무라, 미나미소마 등이 그곳이다. 연간 방사선량이 20밀리시버트가 넘는 지역들이다. 그러나 이것이 나머지 지역이 안전하다는 뜻은 아니다. 우크라이나 체르노빌에서는 연간 1밀리시버트 이상의 지역 전체를 대피 지역으로 정했다 (강제 이주 기준은 5밀리시버트).

일본 정부와 지자체가 측정한 방사선 측정치 7000여 개를 바탕으로 군마대학 하야카와 유키오 교수가 작성한 방사선 등가선도(그림 6 참조)에서 보이듯 일본 국내의 방사선 확산은 후쿠시마 원전 서쪽으로 영문 V자 모양을 엎어 둔 형태로 확산됐다. 일본 민주의료기관연합 피폭대책본부장인 고니시 교지 씨(의사)가 보건의료단체연합과 한 간담회(8월 8일)에서 설명한 바에 따르면, 이 집중 방사능 확산 지역은 원전 피난민들의 피난길이었다고 한다. 역V자(Λ) 오른쪽은 116번 국도였고 왼쪽은 고속도로였다는 것이다. "사람들이 달리는 길

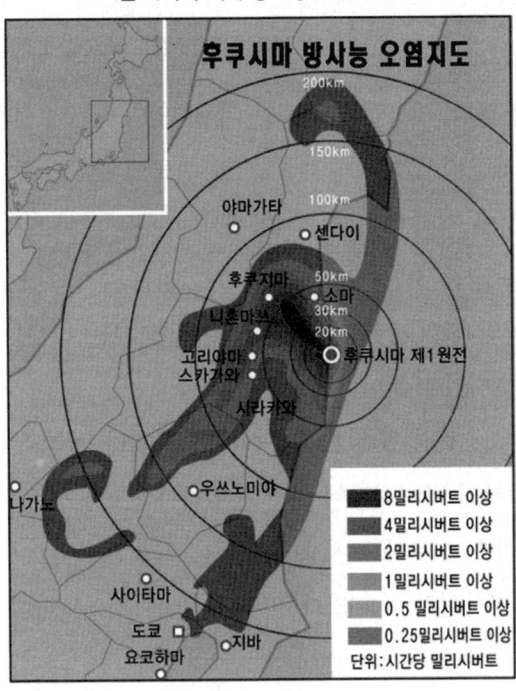

그림 6. 후쿠시마 방사능 오염 지도

로 바람도 달렸고 방사능도 달렸습니다."

이렇게 해서 방사능은 후쿠시마시市도 오염시켰다. 필자가 후쿠시마시를 방문했을 때에도 역 바로 앞에서 가이거 계측기에 0.79라는 수치가 찍혔다. 이는 연간 피폭 허용량의 6배에 해당하는 수치다. 후쿠시마시 자치정부가 6월 15일까지 조사해 발표한 바에 따르면 학교 교정의 방사선 수치가 특히 높다. 학교의 75퍼센트가 시간당 0.6마이크로시버트, 20퍼센트는 3.8마이크로시버트가 넘는 수치를 보인다. 각각 연간 피폭 허용량의 약 5배와 33배다.

미국 국립학술원에 따르면 방사능에는 안전한 수치가 없다. 계속되는 피폭은 암 발생률을 그에 비례해 증가시킨다. 더욱이 어린이는 어른보다 감수성이 훨씬 높다. 원전에서 80킬로미터 이상 떨어진 후쿠시마시에서도 아이를 학교에 보낼 수 없다. 얼마 동안이나 그래야 할까? 후쿠시마의 방사선 오염은 주로 세슘에 의한 것인데, 세슘-137의 반감기는 30년이다.

후쿠시마시의 한 공원에서 열린 현민 집회. 시에서 남쪽으로 40킬로미터가량 떨어진 고리야마에 산다는 마스모토 모리코라는 여성이 연단에 올라섰다. "저는 원전이 깨끗하고 안전하다고 배웠습니다. … 정부는 아무런 정보도, 물자도 주지 않았습니다. 고리야마시에서 가장 위험한 며칠 동안 저는 물과 휘발유를 사러 온 시내를 돌아다녔습니다. 저는 지금 45세입니다. 아이를 낳지 않아도 됩니다. 그렇지만 지금 중학교 2학년인 우리 둘째 딸은 어떻게 해야 할까요? 딸은 지금 도쿄 여동생 집에 가 있습니다. 그렇지만 언제까지 그래야 할까요? 어린이들을 지켜 주세요. 제가 바라는 것은 그것뿐입니다."

대피 지역 바깥 경계 지역에서 거주했다는 교사 요시다 히로마사

씨도 연단에 섰다. "저는 공포 속에서 피난을 나왔습니다. 집에서 아무것도 못 들고 나왔습니다. 그러나 제가 지금까지 받은 것이라고는 휘발유 10리터가 전부입니다. 정부는 경계 지역에서 그냥 살라고 말합니다. 그러나 전혀 복구가 안 됩니다. 냉장고를 주문해도 배달은 안 해 준다고 합니다. 매스컴에서는 '힘내라 후쿠시마'라고 떠들어댑니다. 그러나 도대체 어떻게 힘을 낼 수가 있단 말입니까?"

이것이 현실일까? SF 영화의 한 장면 같은 초현실적 발언이 계속되는 집회 내내 비가 내린다. 사람들이 모두 우산을 받쳐 든다. 저 비에는 방사능이 얼마나 들어 있을지, 방사능은 보이지도 만져지지도 않고 냄새도 없다는 말을 드디어 실감한다.

수치로는 잡히지 않지만 이미 수많은 사람이 죽어 갔다고 후쿠시마 사람들이 전한다. 원전 재해 복구 과정에서 수많은 노동자가 병원에 실려 갔고, 또 피난 과정에서 많은 이가 죽었다고 한다. 정부가 지정한 피난 지역에서만 수십만 명이 대피해야 했고 대피 지역 바깥에서도 200만 후쿠시마 현민 중 약 20퍼센트가 이른바 '자발적 대피', 즉 알아서 다른 지역으로 피난을 갔다고 한다. 결국 지금 남은 사람들은 피난할 곳도 돈도 없는 사람들이라는 것이다. 모든 재난의 피해자는 그 지역의 사회 약자들이다.

집회를 마치고 참가자들이 행진한다. "방사능 오염 없는 후쿠시마를 돌려 달라," "어린이를 지키자"라는 구호를 외친다. 절실하지만 결코 실현될 수 없는 구호에 가슴이 먹먹하다. 방사능으로 오염된 땅에서는 사람이 살 수 없다. 그리고 체르노빌에서 그랬듯이 앞으로 음식물 등에 의한 내부 피폭이 더 문제다.

다시 도쿄. 일본 사회는 수도에서 1시간 30분 거리를 사람이 살 수 없는 곳으로 만들었다. 마치 아무 일 없다는 듯이 앞으로 재건만 남았을 뿐이라고 일본 정부는 말한다. 일본 시민운동가들은 일본도 변화 중이라고 말한다. 사람들은 정부 말을 믿지 않는다고, 이제 시작이라고 말한다. 재앙적 사고가 터졌어도 그것을 일상으로 받아들이는 듯한 일본 사회의 답답함은 어쩔 수 없다. 역설적으로 일본에서 사회운동이 얼마나 중요한지를 본다. 잘못된 권력에 저항하지 않는 사회는 지극히 위험하다. 일본 자본주의의 세련된 외양 속에는 야만이 있다.

문득 한국을 생각한다. 수백만 명이 사는 도시 바로 옆에 노후 원전을 두고 우리도 일상을 살아가는 것은 아닌지. 일본의 핵 재앙 앞에서도 여전히 원전 르네상스를 고집하고 강진 9.0을 견디는 원전을 만들라고 지시하는 대통령을 둔 한국은 어떤지.

'히로시마가 있는 나라'와 우리 아이들의 나라

후쿠시마 사고는 핵의 평화적 이용이라는 논리의 허구성을 보여 주는 사례로, 현재 이재명 정부의 핵발전 비중 확대 정책은 위험천만한 것이다. 후쿠시마 사고 직후 〈레프트21〉 53호(2011년 3월 24일 자)에 쓴 글이다.

후쿠시마 핵발전소 사고 중 주목할 만한 사실 하나는 후쿠시마 제1원전 3호기가 우라늄-플루토늄 혼합원료(MOX 연료)를 사용하고 있었다는 것이다. 우리가 알고 있듯이 플루토늄은 핵무기 연료다. 이번 핵발전소 사고는 일본이 플루토늄을 가지고 있었고, 발전소용으로도 쓸 만큼 보유하고 있었다는 것을 명백하게 보여 줬다. 일본은 이미 잠재적 핵보유국으로 한 달 안에 핵무기를 만들 수 있는 나라로 분류돼 있다. 그래도 이번 사고는 일본을 새삼 다시 보게 만든다. 도대체 얼마나 플루토늄을 쌓아 놓고 있길래 발전용으로까지 쓰는 걸까?

미국은 다른 나라의 '원자력발전소'에 대해 '핵무기 개발용'이라는 비난을 대놓고 한다. 북한이나 이란이 대표적이었다. 그렇다면 그 외 다른 나라 '원전'이라고 다를까? 핵발전소를 '원자력발전'이라 부르든 '핵의 평화적 이용'이라 부르든 핵발전소는 전기를 생산할 뿐 아니라 핵폭탄 연료를 생산하는 곳이다.

핵발전은 핵분열을 통해 에너지를 얻는다. 즉, 핵폭탄과 원리가 같다. 다만 핵분열로 얻는 에너지가 너무 커서 이를 가능한 한 천천히 일어나게 하는 것이 핵발전이고 이 때문에 냉각장치가 필요하다. '파리를 잡자고 도끼를 아주 살살 휘두르는' 것이랄까? 이 때문에 핵발전소는 사고가 나면 곧바로 인류에 대한 도끼로 돌변한다.

각국 정부는 핵발전과 핵폭탄은 다르다고 말한다. 그러나 체르노빌 사고와 히로시마 핵폭탄 중 어느 쪽이 방사선 낙진이 많았을까? 핵폭탄이 더 클 것이라는 상식과 달리 체르노빌이 히로시마보다 200~400배나 더 많은 방사능을 공기 중에 배출했다. 2005년 세계보건기구 보고서를 보면, 체르노빌 사고로 최소 4000명이 사망하고 그 외에도 4000명이 갑상선암에 걸렸다. 주로 어린이들이다. 체르노빌 주변 지역의 어린이들이 음식물과 우유 그리고 물을 통해 방사성 요오드를 먹었기 때문이다.

피해는 체르노빌 주변 지역에만 그치지 않았다. 체르노빌 사고 이후 세슘-137, 요오드-131 같은 방사선 낙진이 유럽 전체에 퍼졌다. 유럽도 편서풍이 불지만 체르노빌로 인한 세슘-137의 분포를 보면 체르노빌 서쪽으로도 스웨덴, 독일, 프랑스, 그리스 등 1500킬로미터 이상 떨어진 지역에까지 번졌다.

체르노빌 사건 다음 해인 1987년에 서베를린의 다운증후군이 1.5배로 늘었다. 튀르키예의 부르사 지역에서도 다음 해에 신경계통 기형이 증가했고 이 중 가장 심한 기형인 무뇌증이 5배 증가했다. 2004년 스웨덴의 한 학자가 《국제 역학 저널》이라는 권위 있는 의학 저널에 기고한 논문을 보면 1999년, 즉 체르노빌 사고 13년 후

스웨덴의 일부 지역에서는 체르노빌의 세슘-137 낙진 때문에 암 발생률이 20퍼센트가량 높아졌다. 이런 피해는 아직도 진행형이다. 세슘-137의 반감기가 30년이기 때문이다.

방사능 물질에 피폭된다는 것은 방사능 물질이 몸속에서 계속 분열을 한다는 것이다. 거칠게 말하면 몸속에서 작은 핵폭탄이 계속 터진다는 것이다. 이것이 내폭이다. 세슘이 30년 동안 반으로 줄 때까지 계속 핵분열을 하면서 장기와 세포를 파괴한다. 그다음 30년 동안도 마찬가지다. 4분의 1로 줄 때까지 몸 안에서 핵분열을 한다. 그 때문에 백혈병, 폐암 등 여러 암의 원인이 된다.

2010년 8월 6일 히로시마 원폭 65주기 추도식에 참석할 기회가 있었다. 참석자들에게 나눠 준 행사 안내물에는 작은 은박지 한 장이 들어 있었다. 종이학을 접기 위한 것이라 했다.

사사키 사다코는 달리기를 좋아하는 초등학교 6학년 소녀였다. 엄마 말로는 "가만히 앉아 있지 못하는 아이"였고 학교 이어달리기 팀에 들어 매우 좋아하던 아이였다. 그런 사다코가 1955년 어느 날 달리기 연습을 하다가 선생님과 친구들 앞에서 갑자기 쓰러졌고, 그해 2월 백혈병 판정을 받았다. 그녀는 히로시마에서 두 살 때 피폭된 히바쿠샤(피폭자)였던 것이다.

하지만 병원에 입원한 사다코는 희망을 잃지 않았다. "1000마리의 학을 접으면 소원이 이뤄진다"는 전설을 믿고 열심히 학을 접었다. 그러나 사다코는 1000마리의 학을 채 다 접지 못하고 그해 10월 13살의 나이로 세상을 떠났다. 지금 히로시마 평화공원에 사다코의 동상이 서 있고 그 주변에 수많은 종이학이 놓여 있다. 이것이 히로시마 원폭 추모식 행사 참석자들에게 추도식 종이학을 접는 작은 은박지를 나눠 준 이유다.

　지금 일본의 부모들은 다시 65년 전 히로시마와 같은 문제에 맞닥뜨리고 있다. 엄마 아빠가 아이들에게 수돗물조차 마음대로 먹일 수가 없다. 비 오는 날에는 학교를 보내기가 두렵다. 먹는 물은 생수로 먹인다고 하더라도 방사성 요오드는 상처 난 피부로도 들어간다는데 아이들 세수나 목욕도 생수로 시켜야 할 것인가?

　한국은 어떤가? 지금 정부는 한국이 일본의 핵발전소 사고에서 안전하다고 말하면서 일본의 농축산물과 수산물 수입 금지 조치를 미루고 있다. 바다로 흘러간 방사능은 어떻게 할 것인가? 바다는 해류가 흐르고 또 오스트리아 중앙기상·지구역학연구소ZAMG 등에 의하면 방사선 낙진은 동쪽으로는 이미 캘리포니아 연안까지 갔고 남서쪽으로는 오키나와 부근까지 번졌다. 원양에서 잡아 온 수산물은 안전할까? 이제 모든 수산물에 방사선 검사를 해야 할 판이다. 당장 후쿠시마만 보더라도 핵발전소 사고는 주변국과 인류 전체의 문제다.

　한국 정부는 또 한국의 핵발전소는 안전하다고 한다. 하지만 한국의 핵발전소만 유독 안전할 이유가 없다. 한국에도 지진 단층대 위에 핵발전소가 있고 일본 서쪽 지진으로 동해안에 쓰나미 위험성이 상존한다. 더욱이 핵 재앙은 한국에만 있는 게 아니다. 중국에서 핵발전 사고가 나면 그때는 황사도 방사능도 이번만은 서쪽으로 가라고 기도하자고 할 것인가? 핵발전 역사 50년 동안 이미 세 번째 재앙적 사고다. 이제 더는 핵발전소가 안전하다는 말을 믿지 말아야 한다.

　오직 핵 없는 세상이 핵으로부터 안전한 세상이다. 지금부터 핵발전소 전체를 폐기하는 계획을 세우고 실행에 들어가야 한다. 지금 일본의 부모들이나 일본산 수산물을 사지 않는 한국의 부모들의 절박한 걱정은 핵 없는 세상이 오기 전에는 계속될 수밖에 없다. 엄마 아빠, 그리고 삼촌과 이모가 이제 '핵 없는 세상'을 외쳐야 한다.

히로시마에 살던 사사키 사다코는 644개의 학만 접고 세상을 떠났다. 초등학교 같은 반 어린이들이 나머지 학을 접어 1000마리의 학을 그녀와 함께 묻었다고 한다. 오늘 여전한 핵 공포의 시대에 인류를 위한 나머지 학은 누가 접을 것인가? 바로 당신과 나다.

후쿠시마 핵 오염수 해양투기의 진실

후쿠시마 핵 오염수 방류 논란이 한창이던 2023년 7월 22일 '김건희 특검! 윤석열 퇴진! 제49차 촛불대행진'에서 한 길거리 강연이다. 핵 오염수가 안전하다며 일본 정부의 주장을 앵무새처럼 되풀이한 윤석열 정부를 날카롭게 비판했다.

요즘 윤석열 정부가 가장 기대고 있는 것은 국제원자력기구IAEA다. 그러나 이 단체는 중립적 기구가 아니다. 국제원자력기구는 헌장에서 설립 목표를 "핵산업의 촉진과 확산"이라고 이야기한다. 이런 단체가 중립일 리는 없다.

국제원자력기구는 방사능으로부터 보호 원칙을 말한다. 첫째 원칙이 "방사선 노출이 생길 때는 순이익이 커야만 한다"는 것이다. 그런데 이번 후쿠시마 핵 오염수 방류는 누구에게 이익인가? 후쿠시마 어민들이 반대하고 있고 일본 전국어민연합도 반대하고 있다. 해산물을 먹어야 하는 일본 시민에게 이익일까? 태평양 부근의 수많은 나라 시민에게 이익일까? 당연히 아니다.

태평양 국가들의 모임인 태평양도서국포럼PIF에서 의뢰해 독립적으로 과학적 평가를 한 패널들이 있다. 이들은 만장일치로 방류를 중단하고 다른 대안을 모색할 것을 권고했다. 이 패널들과 국제원자력기구 관료들의 회의록이 공개됐다. 패널들이 누구에게 이익이냐고 묻자 국제원자력기구 관료들은 대답을 못 하고 도망갔다. 자신의 원칙도 지키지 않고 있는 국제원자력기구는 원자력산업 진흥 연맹이지 과학 단체가 아니다.

원래 핵폐기물은 바다에 버리면 안 된다. 쓰레기는 자기 마당에 묻어야지 마을이 공동으로 쓰는 우물에 버리면 안 된다는 것이 런던협약이다. 게다가 이 협약은 일본이 주도해서 만들었다. 1993년 러시아 핵잠수함의 핵폐기물을 바다에 방류했는데 당시 러시아 측은 "핵폐기물의 농도를 기준치 이하로 맞춰 국제원자력기구에 통보했다"고 주장했다. 일본은 "바다는 핵폐기물 쓰레기장이 아니다" 하며 반대했다.

왜 후쿠시마 핵 오염수를 바다에 버리려 하는 걸까?

핵산업 고위 관료들에게는 이익이기 때문이다. 가뜩이나 원자력발전소는 사양산업이었다. 후쿠시마 사고는 원자력발전이 안전하고 저렴하다는 신화를 단번에 깨 버렸다. 우리나라 여론조사를 보면 후쿠시마 이전에는 원전 찬성 여론이 많았지만 후쿠시마 이후에는 반대가 많아졌다. 전 세계적으로도 마찬가지여서 독일이 미뤘던 원전 폐쇄를 했다. 핵산업 카르텔에게는 후쿠시마는 지워 버려야 할 악몽이고, 후쿠시마를 지워 버릴 가장 빠르고 싼 방법이 바로 바다에 버리는 것이기 때문이다.

알프스ALPS 처리수는 안전한 걸까?

후쿠시마에는 1000개가 넘는 오염수 탱크가 있다. 130만 톤이 넘는다. 그런데 알프스로 처리하면 깨끗한 오염수가 나오는 걸까? 대답은 모른다는 것이다. 일단 알프스로 치리해도 70퍼센트는 재처리를 해야 하고 재처리를 해야 할 탱크 중에는 기준치의 100배나 되는 방사능 물질이 들어 있는 것도 있다.

그렇다면 30퍼센트는 안전한가? 처리수에 무엇이 들어 있는지도 모른다. 64개 핵종 중 9개가 넘는 핵종이 조사된 바가 없다. 삼중수소와 탄소-14는 거르지도 못한다. 게다가 이 샘플은 1000만 리터 중 30리터만 조사한 것인데 검사치가 들쭉날쭉해서 대표성이 없고 침전물을 섞어서 조사하지 않았다는 의문도 있다.

또 샘플에서 나와서는 안 되는 방사선 핵종도 나오고 반감기가 9시간인 핵종도 나왔다. 처리를 못 했거나 측정 잘못이다. 이런 것을 안전하다고 최소 30년간 방류한다고 하면서, 안전하다고 주장하는 도쿄전력을 어떻게 믿겠나?

과정은 투명했나? 반대 의견을 가진 사람들이 참여하지 못했고 과정이 투명하게 공개된 적도 없다. 각국의 전문가가 참여했고 중국 정부도 참여했다고 윤석열 정부는 말한다. 그 중국 정부가 전문가의 반대 의견이 반영되지 못했다고 항의했다. 중국은 일본 수산물 방사능 전수검사로 수입 규제를 높였다. 당장 거짓말이 될 이야기를 왜 괴담이라고 말하는가?

국제원자력기구가 일본 편이라는 이야기를 정부가 괴담인 것처럼 말한다. 지금은 일본 정부 편이다. 그런데 러시아가 핵 쓰레기를 버릴 때에는 러시아 편이었다. 삼중수소가 안전하다고 말할 때는 한국과 중국 편이기도 하다. 국제원자력기구는 어느 정부 편이 아니라 원자력 편이다. 핵산업 이권 카르텔의 일부이기 때문이다. 지금 국제원자력기구는 후쿠시마가 잊히기를 바라는 편이어서 일본 정부 편이다. 이걸 괴담이라고 말해서는 안 된다.

가장 중요한 것은 후쿠시마 해양생태계 문제다. 해양생태계는 안전하다는 것이 도쿄전력의 발표다. 국제원자력기구는 해양생태계는 아예 평가하지 않았고 알프스 처리수만 평가했다. 그런데 당장 우리는 바닷물을 먹는 게 아니라 해산물을 먹는다. 그 해산물은 바닷물이 아니라 침전물을 먹고 먹이사슬에 따라 플랑크톤부터 작은 생선, 큰 생선, 범고래까지 이어지는 먹이사슬 속에서 산다. 이 먹이사슬을 통해 방사성 물질은 축적되고 농축된다. 그리고 해양 생물은 이동한다. 도쿄전력은 안전하다고 하지만 그렇다면 12년이 지난 지금 왜 1만 8000배나 기준치를 초과하는 세슘 우럭이 나오고 세슘 쥐노래미가 나오겠는가. 30년 동안 아니 100년 동안 핵폐기물을 방류하면 무슨 일이 발생할지 아무도 모른다. 후쿠시마와 그 주변은 방사능 물질로 범벅이 돼 있고 그 장소에 오염수를 또 추가로 버리는 것이다. 모르는 것을 안전하다고 말하는 것은 과학이 아니다.

대안이 없는가?

바다에 버리는 것만 대안인가? 국제원자력기구는 5가지 방법을 검토하라고 일본 정부에게 권고했고 나중에 2가지를 추천한다. 수증기로 날린다. 바다에 버린다. 정작 일본 시민단체가 권고하고 있는 대안(더 크고 견고한 탱크를 만들어 30년 동안 보관한 후 그때 결정하자는 안과 모르타르로 굳혀 묻자는 안)은 검토하지도 않았다. 탱크는 보관할 곳이 없다고 했지만 신규 원전 부지가 바로 옆에 있다고 일본 시민단체들은 말한다. 모르타르안은 태평양도서국포럼도 권고한 대안이다. 미국에서 한 번 해 본 안이다. 이것도 검토하지 않고 대안이 없다고 말한다.

바다에 버리는 건 아무에게도 이익이 안 되고 후쿠시마를 빨리 지워 버리려는 방법일 뿐이다. 이른바 알프스 처리수는 안전하지도 않고 무엇이 들어 있는지도 모르며, 30년으로 끝나지 않고 100년까지 갈지도 모른다. 해양생태계 문제, 즉 생물축적이나 농축은 검토도 안 했고 바다에 버리지 않을 수 있는 대안도 검토하지 않았다. 그런데 지금 이것을 안전하고 과학적이라고 믿으라는 것인가.

이것이 정부가 말하는 괴담이다. 믿을 수 없는 일본 정부를 믿으라는 괴담을 한국 정부가 퍼뜨리니까 당연히 반대가 생긴다. 이 반대 의견들을 한국 정부는 괴담이라고 부른다. 무조건 일본 정부를 믿으라고 하니 누가 믿겠는가.

정부의 괴담 10문 10답을 봤다. 모두 다룰 수는 없지만 몇 가지만 보자.

삼중수소가 바나나 한 개에 6000베크렐, 커피 한 잔에 4900베크렐이 들어 있다고 한 것은 정부발 괴담이다. 삼중수소가 아니라 포타슘, 즉 칼륨이 들어 있고 바나나는 15베크렐, 커피는 10베크렐, 커피믹스는 1베크렐 들어 있다.

수입 금지는 앞으로 가능할까? 오염수 방류가 안전하다고 하는 것은 후쿠시마 앞바다가 안전하다고 전제하는 것이다. 당장 일본이 수입 재개를 요구했다는 사실이 밝혀졌다. 무슨 근거로 반대하나? 오염수 방류를 찬성하면 수입 금지 주장의 근거가 없어진다.

방사능 기준치 이하는 안전하다는 것도 정부가 퍼뜨리는 괴담이다. 방사능의 안전 기준치란 없다. 미국소아과학회는 어린이는 천식이나 세기관지염이 의심되거나 단순 복통이 있을 때도 엑스레이를 찍지 말라고 한다. 연간 방사선 안전치라는 1밀리시버트에 전 국민이 노출되면 5000명의 암환자가 추가로 생긴다. 방사능에 안전한 기준치는 없다는 것이 과학이다. 기준치 이하면 먹겠다는 말은 과학자가 할 말은 아니다. 국민을 보호해야 할 국무총리가 할 말도 아니다. 방사능 노출을 가능하면 줄인다는 것이 국제원자력기구의 방사능 보호 둘째 원칙이다.

한국이 배출하는 삼중수소가 후쿠시마보다 많다고? 우선 후쿠시마는 삼중수소만 배출하는 것이 아니라 무엇을 배출하는지 모른다. 사고가 난 노심에서는 삼중수소만 나오는 게 아니다. 그리고 한국이나 중국에서 배출하는 삼중수소도 위험하다. 원전 주변 주민들이 이주 대책을 요구하고 있고 월성 원전 주변 주민들은 갑상선암이 많고 원전에 가까울수록 암에 걸리는 사람이 많다. 삼중수소가 안전하다고? 국제원자력기구는 인체에 흡수되는 유기결합삼중수소 방사능 영향을 과학계에서 인정하는 기준보다 4분의 1에서 8분의 1로 축소하고 있다. 지금의 과학 수준이 가장 올바른 과학이라고 주장하는 것은 독단이지 과학이 아니다. 돌이킬 수 없는 결과를 초래할 가능성이 있을 때는 과학적 증거가 충분해질 때까지 해당 조치를 중단하고 대안을 모색하라는 것이 사전 예방의 법칙이다. 건강과 환경에서 꼭 지켜야 할 원칙이다.

후쿠시마는 수십만 명이 고향을 떠나 다시는 돌아갈 수 없는 땅이 됐다. 도쿄에 수돗물을 먹지 말라는 방송이 나왔다. 그럼 세수는 어떻게 하나? 아이들 목욕은? 그런 일에도 불구하고 원전은 안전하다고 하는 사람들이 있다. 그들의 목적은 후쿠시마를 지우는 것이다. 그래야만 원전으로 계속 돈을 벌고 원전을 새로 지어 팔 수 있을 테니까. 핵 이권 카르텔이다. 그것이 국제원자력기구의 설립 목적이기도 하다.

이에 더해 일본 우파는 핵무장을 꿈꾼다. 그러려면 도카이무라[51] 같은 재처리 시설을 돌려야 한다. 여기서 나온 폐기물은 후쿠시마의 폐기물과 비슷하다. 후쿠시마 오염수를 방류하면 핵 재처리 시설을 다시 돌리겠다는 것이 일본의 숨겨진 의도라고 하는 일본 시민단체도 있다.

윤석열 정부가 일본 정부를 무조건 믿으라는 이유는 무엇일까? 한·미·일 군사동맹, 나아가 핵무기 동맹을 맺으려는 것인가? 이는 동아시아의 무기 경쟁을 이미 일으키고 있고 앞으로 핵무기 경쟁으로 이어진다. 무기 경쟁과 핵무기, 전쟁에 반대하고 국민 건강과 생태 환경을 우선으로 하라고 요구하는 것이 괴담이고 정치 선동인가? 다음 세대에게 물려줄 생태와 건강과 생명이 더 중요하다. 무기 경쟁이 아니라 평화와 복지가 더 중요하다. 다음 세대에게 기후 위기로 망가

---

51 도카이무라 일본 이바라키현 동부 해안에 위치한 촌으로 이곳의 우라늄 처리 공장에서 1999년에 심각한 방사능 누출 사고가 일어나 667명이 피폭되고 2명이 사망했다.

진 이 세계에 핵으로 오염된 바다까지 물려줄 수는 없다. 핵 쓰레기 방류를 중단해야 한다. 윤석열 정부는 일본 정부에게 핵폐기수 방류를 중단하라고 강력하게 요구해야 한다. 정부는 국민의 생태와 건강과 생명을 지켜야 한다. 윤석열 정부가 정부로서 존립하기 위한 최소한의 의무다.

기후변화가 건강에 미치는 영향

기후변화가 구체적으로 인간에게 어떤 방식으로 영향을 미칠지 설명한 2005년 강연이다.

2005년 7월 세계보건기구는 기후변화로 매년 15만 명이 더 사망하고 매년 500만 명이 더 질병을 앓게 될 것이라고 보고했다.

이것은 우선 기후변화에 의한 직접적 질병들 때문이다. 이상 고온이나 이상 저온, 그리고 이로 인한 심장병과 호흡기 질환 등이 그것이다. 예를 들어 보겠다. 2003년 유럽의 이상 고온 현상의 결과 냉방 시설이나 치료 시설이 가장 잘 완비돼 있는 사회라고 말할 수 있는 유럽에서 그 전해보다 2만 7000명이 더 사망했다. 또 스모그 현상도 기후변화에 의해 더욱 많이 발생한다. 공기 중의 오염 물질이 높은 기온으로 말미암아 스모그 현상을 더욱 빈번하게 일으켜서 치명적 질환들이 발생한다(뉴욕을 예로 들면 스모그로 인한 사망률이 1990년대보다 현재 5퍼센트가 늘었다고 한다).

그러나 기후변화가 사람들의 건강과 생명을 진정으로 위협하는 것은, 기후변화로 인해 더욱 자주 더욱 강력하게 일어나는 폭우, 홍수, 허리케인과 같은 기상재해다. 1990년대에만 이런 기상재해로 60만 명이 목숨을 잃었다. 1999년 10월 인도 오디샤 지방에서 사이클론으로 1500만 명의 이재민이 발생했고 1만 명이 사망했다. 1999년 베네수엘라 카라카스의 홍수는 3만 명을 죽음에 이르게 만들었다. 몇 년 전 예를 들 것도 없다. 올해에 일어난 허리케인만 하더라도 카트리나를 비롯해 중남미 지역에서 수없이 발생했다. 올해는 6월 1일부터 며칠 전 11월 30일까지 허리케인 시즌 동안, 허리케인이 25개나 발생해 21개의 영어 이름을 모두 사용하고도 모자라서 처음으로 그리스 문자 알파벳인 알파, 베타, 감마, 델타까지 등장시켜야 할 정도로 최대·최다의 허리케인 시즌이었다. 카트리나, 윌마 등 우리가 기억하는 5등급짜리(최대 시속 250킬로미터)만 해도 4개였다. 사망자와 실종자 수가 미국에서만 8000여 명이고 과테말라에서는 한 마을 주민 전체인 3000여 명이 매몰돼 마을이 공동묘지로 변했다. 미국에서만 7만 명이 컨테이너에서 겨울을 날 것으로 보고되고 있다.

그런데 이런 허리케인과 홍수 등으로 가장 피해를 받는 사람들이 누구인가? 기후변화에 가장 책임이 없는 사람들이라고 할 수 있는 아시아, 남미 대서양 연안, 인도 해안, 아프리카 같은 가난한 나라의 가난한 사람들이 피해를 가장 많이 받고 있다.

기후변화로 인한 사람들의 생명과 건강의 피해는 기후 민감 질병의 증가에 의해서도 발생한다. 기후 민감 질병이라고 불리는 설사, 말라리아와 이로 인한 영양실조 등이 크게 늘어나고 있다. 이 질병들 또한 아시아, 아프리카, 남미 등의 가난한 나라에서 집중적으로 발생한다. 페루의 경우 엘니뇨 현상으로 인해 설사로 입원한 어린이 환자 수가 기하급수적으로 늘어났다.

폭우가 빈번해져서 사람들이 깨끗한 물을 얻기 어려워져 수인성 전염병이 창궐한다. 기온 상승, 폭우가 농산물 생산을 감소시켜 사람들의 영양실조를 불러일으킨다. 사막화가 매우 빠른 속도로 진전된다. 이런 세 가지 원인으로 사망한 사람만 2002년에 330만 명이며 그중 아프리카의 인구가 30퍼센트를 차지한다.

길게 말하자면 끝이 없겠지만 이 외에도 기후변화로 생기는 질병은 많다. 영국 정부의 보고서에 따르면, 영국의 경우 기후변화로 매년 5000명씩 암 이환율이 올라가고 2000명씩 백내장이 더 생기고 있다.

이런 건강과 생명에 대한 여러 위협말고도 기후변화가 사람들의 생명과 삶을 위협하는 재앙적 피해는 바로 해수면의 상승이다. 앞으로 100년간 9센티미터부터 88센티미터까지 가능하다는 것이 세계보건기구의 보고이고 영국 정부의 공식 보고는 해수면 상승이 2미터 이상이 될 수도 있다고 한다. 현재 전 세계 인구의 절반이 해안가에서 60킬로미터 이내에 살고 있다.

한반도의 경우 부산대와 기상청이 예상한 바에 따르면 1도가 올라갈 때마다 해수면이 16~30센티미터 올라가는데, 앞으로 한 세기 동안 한반도의 온도 상승은 약 4.6도로 예상된다. 이렇게 될 경우 현재 우리나라 해안 지대의 침수는 불을 보듯 뻔하다. 말레이시아는 지도 상에서 없어진다.

해안 지대의 침수는 먼 미래의 일이 아니다. 이집트의 나일강 지역이나 방글라데시의 갠지스강 유역, 몰디브나 마셜제도와 같은 나라 사람들이 살 땅이 사라지는 일은 당장 눈앞에 닥쳐 있다.

문제는 이런 재앙이 결코 자연현상이 아니라는 데 있다. 기후변화와 이른바 지구온난화가 발생하는 것은 석유 회사와 자동차 회사 등

환경오염 기업과 이를 비호하는 세계 각국 정부들이 방비책을 세우지 않기 때문이다. 당장 최소 60~80퍼센트까지 온실가스 배출을 억제해도 기후변화의 추세는 계속되다가 2050년에야 현재 추세가 꺾이는 것이 지금의 실정이다. 그런데 현재 교토협약은 5퍼센트의 감축량을 배정하고 이 감축량조차 사고 파는 거래 대상으로 삼고 있다. 이런 교토협약은 그럼에도 기후변화를 막을 수 있는 출발점으로 중요한 의미를 지닌다. 그런데 이 교토협약에도 들지 않는 것이 바로 미국이다. 미국은 교토의정서를 무력화하기 위해 아태기후변화협의회를 만들기까지 했다. 여기에는 미국과 호주(석탄 제1위 생산 국가), 그리고 부끄럽게도 한국 정부가 일본, 중국 정부 등과 함께 참여하고 있다.

우리는 각국 정부와 각국 기업에게 지속 가능한 발전을 할 수 있는 에너지 정책을 내놓도록 요구해야 한다. 그러지 않으면 당장 우리의 아들딸들과 후손들에게는 미래가 없다.

예를 하나 드는 것으로 마무리하겠다. 2004년 GS칼텍스 노동자들은 환경보조기금으로 회사가 지역사회에 이윤의 최소한을 돌려 달라는 주장을 걸고 파업 투쟁을 벌였다. 그들은 임금 인상을 요구한 것이 아니라 작업환경의 개선과 지역사회에 대한 환경 부담금을 위해 파업을 벌였다. 그들에게 돌아간 것은 무엇이었나? 파업 참가 조합원 649명 전체에 대한 징계, 구속 7명, 해고 24명, 정직 236명, 감급 142명, 견책 247명 등 GS칼텍스는 상상도 할 수 없는 초유의 강경 탄압책을 동원했고 조중동 등 언론은 귀족 파업이라고 이들을 매도했으며 한국 정부는 이를 방관했다. 그런데 이 칼텍스가 어떤 회사인가? 이 칼텍스는 셰브런텍사코의 아시아 지역 이름이다. 이 회사의 모토는 휴먼 에너지다. "인류가 1조 배럴까지 사용하는 데 125년이 걸렸지만 현대의 우리는 30년 안에 1조 배럴을 쓸 것이다"가 이들의 광고다.

바로 이 셰브런 회사의 이사가 미국의 현 국무부 장관 콘돌리자 라이스다. 셰브런이 가지고 있는 유조선 중 하나는 바로 콘돌리자 라이스의 이름을 따서 지어졌다. 셰브런의 이사로 케네스 데어라는 사람이 있다. 셰브런의 대표이사였던 데어는 1988년 "이라크는 천연 자원의 보고다. 따라서 우리가 이라크에 접근하는 것에 전략적 이익이 달려 있다"고 말한 바 있다. 1999년까지 셰브런의 대표이사로 있었던 이 사람은 2001년부터 핼리버튼의 이사로 자리를 옮겼고 이라크에서 자기 예언을 실현했다. 핼리버튼이 이라크 재건 공사라는 명목으로 이라크에서 최대 이권을 얻은 딕 체니의 회사라는 것은 다 아는 내용일 것이다.

전쟁으로 인간을 죽이는 자들이 바로 기후변화로 사람들을 죽이고 있다. 그리고 이들이 노동자들의 정당한 요구를 탄압하고 환경을 망치는 주범이다. 우리의 미래와 우리의 건강과 생명을 지키는 일은 이윤을 위해 생명과 지구의 미래를 파괴하는 바로 이들에게 대항해 싸우는 길이다.

3장
자유무역협정과 건강

2012년 3월 14일 열린 한미FTA 폐기 집회. 한미FTA 반대 운동은 협정 자체를 저지하지는 못했지만 협상 과정과 그 후 상황에 큰 영향을 미쳤다.

한미FTA의 '세이렌의 노래'에 맞불을

한미FTA가 교역만이 아니라 공공서비스를 포함한 거의 모든 영역을 다룬다는 점을 협상 초기부터 폭로한 글이다. 그 덕분에 한미FTA 협상에서 잘 부각되지 않았지만 가장 중요한 쟁점들을 파악할 수 있었다. 〈맞불〉 2호(2006년 6월 24일 자)에 실렸다.

"더 큰 세계로 나가기 위한 선택 한미FTA. 이제 세계 앞에 더 큰 대한민국이 달려갑니다." 국정홍보처의 TV 광고 문구다. 정작 한미FTA의 구체적 내용은 국민들에게 전혀 공개하지 않으면서 정부가 선전하는 내용은 대략 이렇다. 대미 수출이 늘어나 GDP가 늘어나며 이에 따라 임금과 고용도 증가할 것이고 소득 3만 달러 시대가 될 것이다. 우리나라가 살 길은 결국은 무역이고 미국과의 FTA는 대세다 등등.

2006년 6월 초 한미FTA 1차 본협상이 끝났다. 미국 협상단은 첫 FTA 협상에서 이처럼 많은 진전을 이뤄 낸 적이 없다면서 큰 만족을 표시했고 한국 협상단도 첫 단추를 잘 끼웠다고 자평했다. 단 한 번의 협상으로 17개 분야 중 13개 분야의 통합 협정문이 작성됐다니 '협상'이라기보다는 합의를 위한 요식행위를 거쳤다고 보는 게 옳을 것이다. 철저한 비밀 협상에 대해 알 수 있는 방법은 없지만 중요하다고 생각되는 두 가지만 살펴보자. 정말 한미FTA만 되면 우리의 삶은 나아질 것인가?

한미FTA의 핵심적 사안 중 하나는 "투자" 조항이다. WTO에 끼워 넣으려다 실패한 이른바 싱가포르 이슈가 바로 자본 투자의 장벽을 모두 제거하는 것이고 이를 관철하기 위한 것이 최근의 FTA이기 때문이다. 한국 협상단은 "한미 양측은 투자 분야에는 대체로 의견이 접근"했다고 말했다. 양국 간 의견 차이가 없다는 것이다. 어떤 내용이기에? 2006년 2월 말에 콜롬비아, 페루와 체결된 미-안데안FTA의 투자 조항이 대체적 내용을 짐작케 해준다. 미-안데안FTA는 내국인 대우와 최혜국대우는 물론이고 미국이 투자한 기업은 원래 국내 기업에 부과되는 고용 의무나 노동조건 보장, 환경적 규제 등의 의무를 지지 않는다고 규정한다. 또 기업의 시장 지분과 예상되는 영업이익에 대한 침해도 '간접적' 기업 몰수로 간주된다. 공기업에 의한 독점도 투자와 공정 경쟁의 장애로 간주된다. 이렇게 기업이 공적 제도나 공기업의 '독점'에 의해 영업이익이 침해당했다고 생각되면 기업은 상대방 국가를 제소할 수 있다. 이 투자자-국가 분쟁 조정은 세계은행이나 유엔 산하 3명의 중재 심판관이 비공개로 진행하며 단 한 번의 결정으로 끝나는 국제중재심판소에서 진행된다.

투자 조항이 어떻게 작동하는지 예를 들어 보자. 택배 서비스로 잘 알려진 UPS가 캐나다 우체국이 소포 배달을 하는 것은 정부 보조를 받는 행위라고 캐나다 정부를 상대로 국제중재심판소에 제소를 했다. 이 중재 심판에서 캐나다 정부가 지면 캐나다 우체국은 소포 배달을 중단해야 할 판이다. 꼭 중재 재판까지 갈 필요도 없다. 캐나다의 뉴브런즈윅주 정부는 2004년 자동차 보험료가 한 해에 20퍼센트씩 치솟자 공공 자동차보험을 도입하려 했으나 캐나다 보험협회가 영업이익 침해, 즉 '간접적 기업 몰수'를 이유로 중재 제소를 하겠다고 위협을 가하자, 결국 제도 도입을 포기했다. 이를테면 한국 정부가 암에 대해 건강보험 보장성을 강화하려 하면 암 보험을 파는 AIG가 영업이익을 침해당한다고 정부를 제소할 수 있게 되는 것이다.

그런데 이 '투자' 조항에 해당하는 것은 미국의 기업이 아니라 미국이 투자한 모든 '주식'이다. 국내 기업 중 미국 투자 지분이 없는 기업이 있는가? 한미FTA는 한미 양국 기업 모두에게 환경 규제 등의 공공적 규제와 노동자의 권리 보장 조항 등을 한꺼번에 없애 버릴 수 있는 기회다. 공기업의 독점? 가스 도입권이 한국가스공사에 의해 독점되지 않게 되면 누가 이득을 볼 것인가? 당연히 GS칼텍스의 GS와 셰브런텍사코(칼텍스의 모기업) 그리고 SK와 SK의 지주회사인 SK엔론의 50퍼센트 지분을 가지고 있는 엔론이다. 물론 한국 정부는 이미 가스 직도입권을 GS칼텍스와 SK에 허용해 줬다. 자본에 대한 공공적 규제가 풀리고 노동조건이 악화되고 가스·수도·전기 요금이 폭등하는데 GDP가 올라가고 평균소득이 3만 달러가 되든 어쨌든 평범한 노동자들에게는 재앙일 뿐이다.

한미FTA의 또 다른 중요 분야인 서비스 분야를 보자. 정부는 이번에 미국이 "교육과 의료 분야의 영리법인 허용을 통한 서비스 개방은 요구하지 않기로 했다"고 자랑을 하고 있다. 교육과 의료는 예외라는 것이다. 그러나 한미FTA는 WTO처럼 개방 대상을 열거하는 것(포지티브 시스템)이 아니라 개방하지 않는 것만 명시하고 나머지는 미래에 나올 상품까지 모두 개방한다는 포괄주의 체계(네거티브 시스템)다. 결국 정부의 말은 "영리법인 허용을 통한" 교육·의료 개방만 안 하고 나머지는 모두 개방할 것이라는 이야기일 뿐이다. 게다가 교육과 의료 영리법인은 이미 경제자유구역과 제주도에서 한국 정부가 '알아서' 시행했다.

정부가 개방이 없다고 주장하는 의료 서비스 중 하나만 살펴보자. 우리나라 건강보험 재정 중 30퍼센트는 약값으로 나간다. 한미FTA가 되면 약값은 어떻게 될까? 지금 미국이 요구하는 특허 기간 연장 등의 내용을 받아들인 페루의 경우, 페루 보건성이 예측한 바에 따르면 미-안데안FTA 효과로 약값이 1년 뒤 9.6퍼센트, 10년 뒤 100퍼센트 오르고, 매년 70만~90만 명이 필요한 약을 사용할 수 없게 될 것이라고 한다. 이를 한국에 적용해 보면 한미FTA 후 한국 민중이 다국적 제약 회사에게 추가로 더 줘야 할 약값만 1년 뒤 8000억 원이고 10년 뒤에는 8조 원이다. FTA가 체결되면 당장 1년 뒤 한 가구당 6만 5000원을 다국적 제약 회사에 더 줘야 하고 약을 못 먹고 죽어 가는 사람들이 늘어날 텐데 의료는 개방이 없고 공공성 훼손이 없다고?

여기에다 최근 미국의 전경련이라고 부를 수 있는 미 비즈니스라운드테이블은 특별소비세의 폐지, 보험료 규제 철폐, 식품 안전 검사 폐지, 모든 제도 도입 시 기업 의견 관철 등을 한미FTA에 반영할 것을 요구하면서 "한미FTA가 진정한 자유화로 나아가려면 최근까지 미국이 맺은 모든 FTA를 뛰어넘어야만 한다"고 주장하고 있다.

세계적 NGO인 옥스팜은 미-안데안FTA에 대한 보고서 제목을 "세이렌의 노래"라고 붙였다. 매혹적인 노래이지만 그 노래에 홀려 따라가면 결국 괴물에 잡아먹히게 되는 세이렌의 노래. 정부가 하고 있는 한미FTA 선전이 바로 이것이다. 《오디세이아》의 율리시스는 선원들의 귀를 막아 세이렌의 노래를 벗어났다. 월드컵 응원의 '대~한민국'과 한미FTA의 '대~한민국'이 겹쳐서 들리는 지금 우리가 율리시스를 따라 할 수는 없다. 우리가 할 일은 아르고호의 오르페우스가 했던 것처럼 정부의 '세이렌의 노래'에 또 다른 노래로 '맞불'을 놓는 일이다. 우리가 부를 노래의 제목은 이렇다. 자본의 이윤만을 위한 FTA를 중단시키고 새로운 세계를 위한 맞불을 놓자!

한미FTA가 한국 보건의료에 미칠 영향

한미FTA 협상 개시가 공식 선언된 2006년 2월만 해도 한미FTA가 보건의료에 미칠 영향은 잘 알려져 있지 않았고 사회적 쟁점화도 부족했다. 2006년 2월 21일 〈건치신문〉은 '한미 FTA와 보건의료'라는 특별기획 연재를 시작했고 이것이 그 첫 글이었다.

    한미FTA는 단지 있던 시장을 서로 열어젖힌다는 것의 문제만이 아니다. 한미FTA는 그동안 너무나 당연히 여겨졌던, 그리고 사실 너무나 당연한 여러 사회적 합의들을 무너뜨리고 모든 것을 상품의 논리, 자본의 논리로 재편하려 한다.

    한미FTA는 당장 국민의 생명을 위협하는 미국산 광우병 쇠고기를 수입하게 만들고 고유의 문화를 지키기 위한 스크린쿼터마저 축소시키고 있다. 국민 생활의 기본 조건으로, 또한 식량 주권으로 인식돼 온 농업에 대한 정책적 뒷받침을 해체하고 있다. 이것만이 아니다. 전통적으로 국가의 책임으로 인식돼 온 의료와 교육과 같은 공공서비스 분야를 한미FTA는 자본이 이윤을 챙기는 투자처로 변화시키려 한다. 공공 부문의 자본 참여는 공공적 서비스 영역에서 민간기업이 자신의 이익을 위한 영리 활동을 할 수 있도록, 사회보장이나 보건 복지를 위해 국가가 시행하던 사업이나 규제를 없애는 것이다.

의료의 영역에서도 그렇다. 의료는 인술이란 표현에서 보듯 역사적으로 항상 공공적 성격을 부여받아온 영역이다. 비록 우리 사회에서 공공의료가 차지하는 비율은 10퍼센트로 서구의 70~80퍼센트에 비해 턱없이 부족한 현실이기는 하나, 그래도 전 국민이 건강보험에 가입하고 있고 동시에 모든 의료기관이 건강보험 환자를 의무적으로 치료하도록 제도적으로 보장해 부족하나마 의료의 공공성을 지켜내고 있다.

그런데 한미FTA를 통해 미국의 의료 관련 자본과 국내 자본이 결탁해 이 구조를 해체하려 한다. 외국인 투자가 가능하기 위해선 의료기관의 영리법인화가 필요하다. 도하개발어젠더DDA 협상때 의료 개방의 문제는 곧 의료기관의 영리법인화 문제였고 이는 한미FTA에서도 마찬가지다. 처음에는 외국인에 영리법인을 허용하고 내국인에게 금지할 수도 있다. 그러나 이는 공평성의 문제로 결국 모든 의료기관의 영리법인화가 허용될 것이다.

기업이 의료기관을 소유하는 것을 막던 장치가 풀려 의료기관이 주식회사 영리법인이 된다면 더는 건강보험 가입자가 보험증을 들고 의료기관을 이용할 수 없다. 또한 이와 동시에 민간 의료보험이 확대 시행된다면 건강보험 자체가 위축돼 건강보험이 보장하던 혜택을 늘리기가 어려워지고 장기적으로는 오히려 보장의 폭이 줄어들 것이다.

또한 한미FTA가 시행되면 의약품 가격이 폭등할 것이다. 한국에서 판매되는 의약품의 가격을 한국 정부가 정하는 것이 아니라 다국적 제약 회사들이 자기 마음대로 가격을 정하게 될 것이다.

그러면 한미FTA가 우리 보건의료에 미치는 영향을 살펴보자.

병원의 주식회사화

현재 의료 부문에서 미국 시장에 개방되지 않은 것은 단 하나다. 바로 영리병원 허용이다. 그런데 한미FTA는 바로 병원의 주식회사화를 의미하는 영리병원화를 요구하고 있다.[1]

영리병원의 허용은 한국 보건의료에 어떤 결과를 가져올 것인가?

영리법인의 허용은 곧 병원이 주식회사가 된다는 것을 뜻한다. 삼성전자나 현대자동차 주식을 사서 이윤을 얻는 만큼 병원의 주식을 사서 이윤을 얻지 못하면 주가가 폭락을 하게 된다. 결국 병원은 이윤을 내지 못하면 망할 수밖에 없게 되고 이런 경쟁 원칙에 따라 병원은 최대 이윤을 목적으로 할 수밖에 없게 된다.

이렇게 되면 병원은 불필요한 진료를 늘리거나 불필요한 서비스(병실료의 인상 등)를 늘리는 것을 통해 의료비 수입을 대폭 늘리려 할 것이다. 이것은 국민들의 의료비 부담이 폭등하는 것을 뜻한다. 또한 영리병원은 인건비 삭감을 통해 이윤 추구를 하게 될 것이며 이는 비정규직의 증가, 노동강도 강화, 필수 노동 인원의 해고로 나타날 것이다. 이것은 병원 노동자들에게도 재앙이지만 환자들에게는 진료 질의 저하를 뜻한다.

병원협회의 조사에 따르면 영리병원이 허용되면 영리병원으로 전

---

1 물론 외국인 기업만 우선적으로 영리법인이 허용된다거나 하는 과정상의 차이는 있겠으나 현재 '외국인 기업'의 정의가 외국인 소유 주식이 10퍼센트 이상인 기업으로 돼 있으므로 이는 사실상 모든 병원의 영리법인 허용을 의미하는 것과 다를 바 없다. 또한 국내 병원들도 '형평성'의 논리를 내세워 동일하게 영리병원 허용을 요구할 것이며, 이는 영리병원의 전면 허용이 시간문제라는 것을 뜻한다.

환하겠다는 병원이 국내 사립병원의 70퍼센트를 넘는 것으로 나타났다. 이는 국내 사립병원이 전체 병원의 92퍼센트를 차지하고 공공의료기관이 8퍼센트에 불과한 한국 의료 현실에서 최소한 60퍼센트 이상이 주식회사형 기업 병원으로 전환된다는 것을 뜻한다. 영리병원이 많다고 하는 미국에서조차 14퍼센트만이 영리병원이다. 그런데도 미국은 영리병원과 민간 보험회사 때문에 국민의 70퍼센트가 전 국민 의료보험 도입을 원함에도 불구하고 OECD 국가 중 전 국민 의료보험이 없는 유일한 국가가 됐다. 그런데 한국의 경우 60퍼센트 이상이 영리병원이 된다면 그 결과는 어떻게 될 것인가?

처음에는 몇몇 병원만 영리병원이 될 수도 있다. 하지만 한 곳에 영리법인화가 허용되면 경쟁의 법칙에 의해 다른 병원들의 연쇄적 영리법인화는 불가피하다. 이를 '뱀파이어 효과'라고 부르는데 영리병원이 생기면 다른 병원도 영리병원화되거나 영리병원까지는 안 가더라도 영리 추구 경향이 강해지는 효과를 말한다. 이는 미국이나 남미에서 많이 관찰되는 현상이다.

영리병원이 가져올 의료비 폭등은 결국 건강보험 재정을 고갈시켜 보험 혜택이 대폭 축소되거나 건강보험 자체를 붕괴시킨다. 이는 가상 시나리오가 아니라 미국이나 남미에서 실제 일어난 역사적 사실이다.

이런 결과는 민간 의료보험의 확대로 귀결된다. 의료비 폭등으로 건강보험 재정이 바닥나고 보험 혜택이 줄어들면 병원 이용 때 본인 부담이 대폭 늘어날 수밖에 없다. 이렇게 되면 한꺼번에 많이 드는 진료비 부담을 줄이기 위해 민간 의료보험에 울며 겨자 먹기로 가입할 수밖에 없게 된다. 그런데 민간 의료보험 또한 이윤을 위한 기업이기 때문에 보험료가 비쌀 수밖에 없다. 예를 들어 공적 건강보험의 경우 가입자가 100원을 내면 정부나 기업이 100원을 보태고 관리비 7원이 들어 193원을 가입자가 돌려받지만 민간 보험의 경우 100원을 내면 보험회사가 약 50원을 이익으로 가져가고 가입자에게 돌아오는 것은 50원뿐이다. 현재 건강보험의 보장만큼이라도 보장을 받으려면 보험료는 최소한 4배가 될 것이고 여유가 없는 대다수 서민은 민간 의료보험에 가입조차 못 하게 될 것이다.

부유층의 경우 보험료 부담이 크더라도 좋은 민간 의료보험에 가입할 수 있게 되고 이렇게 되면 보험 혜택이 적은 공적 건강보험에는 가입할 필요가 없게 된다. 현재 민간 의료보험은 건강보험이 강제가입이고 모든 의료기관이 '건강보험 당연지정제'이기 때문에 보충형에 머물고 있다. 그러나 보험 혜택이 줄어들면 부유층은 건강보험을 탈퇴하게 될 것이다. 현재 상위 12퍼센트가 건강보험에서 탈퇴하면 건강보험 재정은 반으로 줄어들게 된다.

요약해서 말하면 한미FTA로 인한 영리병원의 허용은 의료비 폭등을 일으켜 건강보험 재정 고갈과 보험 혜택 축소를 가져오고, 이는 의료보험의 이원화(1국 2의료 체계)를 가져와 소수의 부유층은 좋은 민간 보험에 가입할 수 있고 대다수 서민은 보험 혜택이 대폭 축소된 건강보험에 남아 있게 될 것이다.

이미 병원은 영리를 추구하고 있지 않은가?

병원의 영리법인화가 문제라는 말을 하면 많은 사람들이 지금도 병원들은 영리 추구를 하는데 영리법인화가 되든 안 되든 무슨 문제가 더 생길 것인가 하는 의문을 제기한다. 그러나 현재의 의료기관을 소유는 영리를 추구하는 자본이나 개인이 하되 비영리법인으로 묶어 놓은 것은 큰 의미가 있다.

즉 의료기관을 비영리법인으로 묶어 놓은 것은 의료가 보통의 재화와는 다른 성격을 가진 재화라는, 즉 공공적 성격을 크게 가진다는 것을 고려한 제도다. 의료는 그것을 수단으로 영리만을 추구했을 때 커다란 폐해가 생긴다. 모든 사람에게 주어져야 할 의료가 돈 있는 사람에게만 제공되는 모순이 발생한다는 것이다. 이는 현대 민주주의가 추구하는, 교육·의료 등의 사회적 서비스를 인간의 기본 권리로 보장하는 사회와는 거리가 멀다. 이 때문에 의료는 보통의 상품과는 달라야 하고 인간의 사회적 권리로 인식돼야만 한다. 즉 우리나라 헌법에도 규정돼 있듯이 "국가가 국민의 보건에 대해 책임을 져야" 하는 것이다.

의료기관이 영리법인이 되면 병원도 일반 기업들과 똑같은 행태를 보이게 된다. 현재 의료기관의 목적은 어쨌든 명목상으로는 국민 건강의 향상이고 이 때문에 국가의 규제를 받게 되지만 자본이 들어오게 되면 최대 목표는 이윤이 되며 투자자들의 이윤 환수를 위해 끝없는 경쟁과 이윤 추구에 나서게 된다.

현재 비영리법인이라는 제도 아래에서도 온갖 영리를 추구하고 있는 의료기관들이 그런 굴레를 벗어 버리면 얼마나 철저히 영리를 추구할지는 불을 보듯 뻔하다. 이는 미국에서 영리법인과 비영리법인 의료기관의 행태의 차이를 보면 명확하다. 영리법인은 비영리법인에 비해 의료의 질은 낮은 대신에 매우 비싼 가격을 요구한다. 병원 노동자들에 대한 구조조정이 단행되고 노동자들의 노동강도는 높아지며 이에 따른 병원 노동, 즉 진료의 질이 떨어지는 것을 피할 수가 없다. 환자에게나 국민에게나 병원 노동자에게나 병원의 영리법인화는 어떻게든 막아야 할 일이다.

대체형 민간 보험 도입은 어떤 결과를 낳는가?

영리법인이 들어서면 대체형 민간 보험 도입이 불가피함은 이미 말한 바 있다. 이렇게 해서 영리법인과 민간 의료보험이 도입되면 무슨 일이 발생할 것인가? 영리법인과 민간 보험을 근간으로 하는 남미의 나라들과 미국의 의료 체계를 보면 그 문제를 알 수 있다.

칠레의 경우 공적 건강보험과 민간 보험의 '1국 2의료보험 체계'로 전환한 이후 민간 보험은 10퍼센트 내외의 부유층만 가입할 수 있었고 나머지 대다수 서민은 공적 건강보험에 남아 있게 됐다. 그런데 돈을 많이 내야 할 부유층이 빠져나가고, 공적 건강보험의 예산 확충을 위한 국가 예산 지원에 관심이 없으며 민간 의료보험을 운영하는 대자본이 자신들의 시장을 늘리기 위해 건강보험을 더욱 위축시키려 압력을 가해, 결국 공적 건강보험은 더욱더 보험 혜택이 줄어들게 됐다.

미국의 경우 민간 의료보험이 전면화되고 공적 건강보험은 노인과 사회적 약자와 절대 빈곤층에 대한 지원으로 한정되는 형태다. 이렇게 해서 미국은 유럽이 GDP의 7~9퍼센트를 의료비로 쓸 때 GDP의 14퍼센트나 되는 많은 돈을 쓰면서도(전 세계 의료비 지출의 50퍼센트) 정작 미국은 완전히 무보험인 사람이 인구의 15퍼센트(4800만 명)이고 인구의 과반수 이상이 보험이 없거나 충분히 적용받지 못하는 나라가 됐다.

영리법인화로 효율적 경영이 촉진된다고 이야기하는 사람들이 있다. 그러나 영리법인과 민간 의료보험이 결합된 미국이나 남미의 체계를 보면 효율적이라는 것의 의미를 잘 알 수 있다. 병원 하나하나의 효율성은 높아질 수 있다. 즉 병원 하나하나는 돈을 더 잘 벌 수 있다. 그러나 사회적으로 보면 그 효율성은 거시적 비효율성을 초래한다. 국가적으로는 낭비를, 환자에게는 과잉 진료와 겉으로는 고급이지만 실제 내용은 부실한 진료를 강요하게 되고 병원 노동자들에게는 노동강도 강화와 비정규직 양산, 실업을 불러일으킬 뿐이다.

싱가포르에 대한 정부의 새빨간 거짓말

정부는 싱가포르가 영리병원이 허용돼 외국환 장치를 통해 돈을 많이 벌어들이고 있다고 선전한다. 그러나 싱가포르는 우리나라와 사정이 완전히 다르다.

첫째, 싱가포르에서는 1차 의료의 80퍼센트는 민간 개업의에 의해 제공되고 있는 반면에 비용이 많이 드는 2~3차 병원 의료의 경우 상황이 역전돼 85퍼센트가 공공 부문에 의해 제공되고 있다. 우리나라는 공공 의료기관 비율이 9퍼센트가 안 된다. 공공병원에 대한 국고 지원도 2000년에 이미 8300억 원으로 우리나라에 비해 (인구 비율로 보면) 1인당 지원금이 무려 60배나 된다. 이런 높은 정부 부담에 의해 포괄적 기초 의료가 공공병원이나 정부 의료기관에 의해 제공되고 있다. 예산 면에서도 정부 세출 중 보건의료 예산이 우리는 4000억 원 정도로 전체 일반회계예산의 0.5퍼센트 정도밖에 되지 않는다. 반면에 싱가포르는 2002년에 정부 예산 중 5.6퍼센트인 1조 원이 보건의료에 쓰이고 있어 우리 예산의 11배 이상을 쓰고 있다.

그 결과 싱가포르의 의료비 지출은 현재 43억 달러로 GDP의 3.2퍼센트를 쓰고 있다. 그러나 우리는 GDP의 약 6퍼센트를 의료비로 쓰면서도 싱가포르보다 의료 시스템이나 보장성이 훨씬 뒤떨어지고 있다.

표 2. 싱가포르의 공공병원 비율과 의료 이용 점유율(2003년)

	공공병원	민간병원
병상 수	8,831(74.5퍼센트)	3,024(25.5퍼센트)
의료 이용 점유율	83.7퍼센트	16.3퍼센트

출처: Ministry of health of Singapore, "Health Facts 2004"

둘째, 2002년 한 해 동안 20만 명 이상의 해외 환자가 진단과 치료 서비스를 이용하기 위해 싱가포르를 방문했다. 그러나 동일 언어권이고 싱가포르와 육로로 1시간 거리인 말레이시아와, 싱가포르에서 육안으로 보일 만큼 좁은 해협을 사이에 둔 인접국 인도네시아가 해외 환자의 대부분을 차지한다. 말레이시아와 인도네시아는 병원이 부족해 싱가포르를 이용할 수밖에 없다는 사정도 존재한다. 그러나 최근 인도네시아나 말레이시아 자체에 병원이 많이 생기면서 싱가포르의 해외 환자 유치는 감소하고 있다.

우리나라의 경우 일본과 중국은 동일 언어권이 아님은 물론 가깝지도 않다. 또한 중국은 이미 해외 유명 병원이 많이 진출해 있다.

한마디로 싱가포르는 강력한 공공의료 체계를 바탕으로 자국민을 진료하는 병원을 통해 동일 언어권인 주변국의 해외 환자를 유치하고 있는 형태의 의료 허브로 한국과는 완전히 상황이 다르다. 한국에서 싱가포르를 벤치마킹하려면 공공병원 비율 80퍼센트를 먼저 도입해야 할 것이다.

무엇이 대안인가?

어떤 사람은 개방이 대세이고 쇄국정책은 세계화 시대에 살아남을 수 없다고 말한다. 교육이나 의료 개방과 교육기관과 의료기관의 영리법인화가 대세라고 이야기한다. 그러나 이는 사실이 아니며 현실적이지도 않다.

공공 의료기관이 70퍼센트 이상이고 의료보장률이 70~90퍼센트인 나라들에서 이미 의료는 상품이 아니며 개방의 대상이 될 수도 없기 때문에 이런 나라들에서는 의료 문제가 세계무역기구 도하개발어젠더나 FTA의 협상 의제에 오르지도 않는다. 개방은 대세가 아니며 영리법인화도 대세가 아니다. 특히 의료 부문에서 개방은 대세가 아닐뿐더러 오히려 공공성의 유지와 비상업화, 비개방이 대세다. 유독 미국과의 FTA에서만 서비스 개방, 즉 공공서비스의 시장화와 사영화가 요구되며 한국 정부가 한국의 삼성생명-삼성병원, 현대캐피탈-현대병원 등의 보험·금융자본과 병원 자본의 요구를 받아들여

한미FTA를 빌미 삼아 의료 시장화, 즉 병원 영리법인 허용, 민간 의료보험 확대와 공적 건강보험의 축소를 요구하는 것이다.

우리에게 필요한 것은 돈을 바라보고 제한된 사람만을 대상으로 하는 고급 진료가 아니라 모든 시민에게 적정한 의료가 제공되는 공공의료의 강화다. 그러기 위해서는 이미 상업화된 의료를 더욱 상업화해 최소한의 고삐마저 풀어 버리자는 병원·약국의 영리법인화를 막아 내야만 한다. 또한 현재 공적 건강보험 보장률 50퍼센트 남짓의 쪽박조차 깨 버리자는 민간 보험 도입 시도를 막아 내야만 한다.

한미FTA와 한국의 반신자유주의 운동

한미FTA 반대 운동은 협정 자체를 저지하지는 못했지만 협상 과정과 그 후 상황에 큰 영향을 미쳤다. 한미FTA 협상이 타결되기 직전에 〈맞불〉 34호(2007년 3월 7일 자)에 실린 글이다.

　　한미FTA 협상이 막바지에 접어들었다. 한국 정부는 그 타결 가능성을 낙관한다고 선전한다. 한국 사회운동의 반대는 당연하다. 그런데 흥미로운 것은 협상 타결 가능성이 높음에도 한국 정부나 한미FTA 협상을 추진하는 쪽도 그 결과에 그리 만족하는 듯이 보이지 않는다는 점이다.

　　3월 8일의 8차 협상을 앞두고 이경태 대외경제협력연구원KIEP 원장은 한미FTA 협상에 대해 "높은 수준의 빅딜이 아니라 중간 수준의 딜이 현실적"이라고 말했다. 한국 측 협상단도 "꼭 100점이라야 하나요? 안 되는 부분은 들어내고 80~90점만 돼도 되는 거죠" 하고 말하고 다닌단다.

　　노무현 대통령도 "미국과 동조화를 통해 서비스 수준을 끌어올리고 일자리를 만들어 줄 욕심이었으나 … 우리 측이 협상을 너무 잘해 잘 안 열어 주고 미국도 애를 별로 안 써 아쉬운 부분이 있다"고 말했다. 대통령이 나서서 한미FTA 협상에 대해 보수 진영에 변명을 해야 할 상황이다. 이런 FTA를 왜 하느냐고 볼멘소리를 하는 보수 언론조차 있다.

두 가지 이유가 있다. 무엇보다 중요한 것은 한미FTA 반대 운동이다. 한미FTA 반대 운동은 부침이 있었다. 그러나 한미FTA 반대 여론은 여전히 높다. 협상이 너무 졸속이라는 여론은 70퍼센트가 넘는다. 이 상황에서 지지율 10퍼센트대의 노무현 정부가 애초에 노렸던 것처럼 '한 방으로 싹쓸이'하는 '높은 수준의 FTA' 추진은 위험하다. "국내에서 반발이 너무 심해 제대로 개방되는 분야가 없다"는 협상단의 푸념은 단지 엄살만은 아니다.

둘째는 미국 측의 상황 변화다. 부시의 이라크 침공에 대한 반대에 힘입어 상하 양원을 장악한 미국 민주당이 부시 행정부에 무역협상추진권TPA을 연장해 줄 가능성이 거의 없다 보니 시간이 없다. 더욱이 보호무역주의 성향의 민주당 의원들이 미국의 "다 받아들이든지 아니면 말든지" 식의 FTA 협상 방식을 더욱 강화했다.

따라서 한국 정부도 불만이다. 우선 방송·항공·항만·가스·우체국 등 정부조달 분야의 공기업 사유화가 제한될 듯하다. 한미FTA의 최대 노림수였던 공공 분야 사유화가 제한되는 것은 꽤 큰 의미가 있다. 쇠고기 협상도 아직까지는 난항이다. 이른바 '뼛조각 논쟁'에서 한국 정부가 그나마 버티는 척이라도 하는 것은 한미FTA 반대 운동의 작지만 의미 있는 승리다. 다른 분야도 되는 데까지만 하자는 협상 타결 분위기가 크다. 요컨대 한미FTA 반대 운동은 협상을 결렬시키지는 못하고 있지만 그 진행을 늦추고 수준을 제한했다.

물론 이런 '중간 수준'의 FTA만으로도 한국 민중이 당할 피해는

'중간 수준'이 결코 아니다. 미국이 요구 수준을 낮췄다는 의약품 분야 하나만 보자.

최근 유엔 아동권리위원회는 말레이시아 법무부 장관에게 미국-말레이시아FTA가 일반의약품 가격에 영향을 미치지 않도록 보장하라고 공식 권고했다. 매우 보수적인 세계보건기구조차 FTA가 최소 15년 동안 누적적으로 큰 악영향을 끼친다는 보고서를 제출했다. 한미FTA가 '중간 수준'으로 맺어져도 향후 5년 동안 추가 비용이 10조 원이 넘는다. 현재 건강보험 약제비가 연 7조 원인데 추가 비용이 1년에 2조 원이라는 것이 '중간 수준'의 FTA다.

또 광우병 '뼛조각 논쟁'을 보자. 국제적으로 공인된 실험을 통해 갈비뼈의 골수가 광우병 전염성이 있음이 확인됐다. 그런데 미국은 그 전염성이 확인된 소 한 마리의 나이가 38개월이었다는 점을 들어 30개월 미만의 소뼈는 안전하다는 것이다.

제한적 공기업 민영화? 그러나 "공기업의 상업적 운영 원칙"은 한미FTA 합의 사항이다. 공공서비스에 대한 정부의 보조금이 금지된다. 이것은 명확히 공기업 사유화의 1단계와 다름없다. 이것이 '중간 수준'의 FTA다.

더욱이 한미FTA가 체결되면 지금 수준 이상의 공적 규제나 공공서비스 영역 확대가 불가능해진다. FTA의 원칙인 이른바 래칫(미늘톱니) 방식인데 쉽게 말해 '낙장불입' 원칙이다. FTA 조항에서 유보돼도 '현재 유보'가 되면 현재 이상으로 규제나 영역 확대가 불가능하다. 설사 '미래 유보'가 돼도 국내 법률이 바뀌면 유보 조항은 의미가 없다.

한미FTA 협정이 이른바 '중간 수준'의 FTA가 된다 해도 국내의

'자발적 자유화 조치', 즉 알아서 하는 신자유주의 조치가 결합되는 순간 그것은 '중간 수준'에 머물지 않는다.

한미 양국 정부의 현재 전략은, 일단 되는 만큼 한미FTA를 체결해 두고 나머지는 후속 조치들로 해결하자는 것이다. 즉 "중간 수준의 한미FTA 더하기 자발적 자유화 조치"가 현재 한국 정부의 FTA 전략이다. 그리고 여기에 다른 FTA, 예를 들어 유럽연합이나 중국과의 FTA가 더해질 것이다.

결국 협정 체결을 앞둔 한미FTA 반대 운동은 온전히 한국의 사회운동에 그 성패가 걸려 있다.

여기서 이제까지의 한미FTA 반대 운동을 돌이켜 보자. 많은 사람들이 지적한 대로 한미FTA 반대 운동은 아직 협정 체결을 저지할 정도까지 성장하지는 못했다. 그러나 아무것도 못했다고 평가하는 것은 사실과 거리가 멀다. 한국의 사회운동은 저들의 한미FTA 협상 전략을 바꿔 놓았다.

더욱 중요한 것은 한국의 신자유주의 반대 운동은 이제 시작이라는 점이다. 우리 앞에는 한미FTA만 놓여 있는 것이 아니다. 동시에 추진되는 자발적 신자유주의 조치들, 즉 연금 개악, 노사 관계 로드맵, 공공서비스 시장화가 놓여 있으며 또 다른 중요 FTA들이 놓여 있다. 지금 중요한 것은 한미FTA 반대 투쟁과 또 다른 신자유주의 반대 투쟁을 대중적으로 확산시켜 이를 발판으로 한국의 신자유주의 반대 운동을 발전시켜 나갈 전망을 만드는 것이다. 지금은 비판도 낙관도 할 때가 아니다. 한국의 신자유주의 반대 운동은 이제 시작이고 우리는 지금 전진 중이다.

한미FTA 재추진의 두 가지 배경

한미FTA는 노무현 정부 때인 2007년에 타결됐지만, 양국 모두에서 반발이 끊이지 않아 의회 비준이 지연되다가 2010년 이명박-오바마 정부의 재협상이 시작됐다. 〈프레시안〉은 한미FTA의 문제점을 지적하는 데 앞장서 온 전문가들의 글을 연재했고 이 글은 8월 4일과 6일에 실렸다.

현재 한미 양국 정상이 밝힌 일정대로 진행된다면 한미FTA는 올해 11월에 '재협상'이 끝날 것이다. 오바마 대통령이 이런 일정을 밝힌 까닭은 11월의 미국 중간선거용인 측면이 크다. 미국의 대북 압박이 최소한 11월까지는 갈 것이라는 예상도 미국 중간선거 때문이다. 그렇지만 조금 더 큰 배경이 있다. 왜 하필 지금 한미FTA가 다시 추진되는 것일까? 전 세계적 경제 위기가 바로 한미FTA 재추진의 배경이다.

첫째 배경은 미국의 경제 위기를 해결하기 위한 출구로서 한미FTA가 재추진된다는 것이다. 오바마는 지난 6월 한미 정상회담에서 "한미FTA는 미국의 고용 창출에서 매우 중요한 것"이라 말했다. 이에 앞서 오바마는 2월 국정 연설을 통해 "국가 수출 구상"을 발표하면서 향후 5년간 수출을 2배로 늘리겠다고 발표한 바 있다. 7월 7일에는 수출위원회 설립을 발표하면서 이 조처가 "미국의 일자리 창출을 위한 것"이라면서 그 주요 방침으로 24개국과의 무역 협상, 무역 장벽 해소 등을 들었다. 오바마가 후보 시절에 자신이 "중미자유무역협정CAFTA에 반대표를 던졌고 북미자유무역협정을 지지한 적이 없다"고 밝혔던 것과 비교해 보면 매우 큰 변화라 할 수 있다. 그러나 이는 북미자유무역협정이나 WTO 협정이 민주당 클린턴 대통령 재임 시절 시작됐다는 것을 상기해 볼 때 놀라운 일도 아니다. 이런 오바마의 자유무역협정의 첫 대상자로 한국이 선정된 것이다.

미국 정부는 의회 보고서를 통해 한미FTA가 체결되면 한국에 대한 수출이 97억~109억 달러 증가할 것이라고 밝혔고 또한 서비스 상품 수출 증대를 별도로 기대한다고 밝혔다.[2] 결국 한미FTA를 통해 한국에 대한 수출과 미국의 고용을 늘리겠다는 것이 미국의 한미FTA 추진의 배경이다.

미국발 전 세계적 경제 위기를 미국의 수출을 늘리고 무역 적자를 줄이는 공격적 무역정책으로 극복하겠다는 것이 미국의 전략이다. 한국 정부는 한미FTA를 통해 미국에 대한 수출을 늘리겠다고 선전한다. 그러나 미국 정부는 정반대의 목표를 이루려 한다. 한국 정부의 꿈이 이뤄질 수 있을까?

둘째 배경은 이른바 "지정학적" 이유다. 미국의 통상 전문지인 〈인사이드 US 트레이드〉는 7월 12일 "오바마 대통령이 자신의 11월 한국 방문 때까지 한미FTA를 둘러싼 이견을 해소하[는] … 목표를 제

---

2   USITC, "U.S.-Korea Free Trade Agreement: Potential Economy-wide and Selected Sectoral Effects", Investigation No TA-2104-24, 2007. 9. 미 의회 보고서 "제출된 한미FTA: 전망과 의의"(Proposed U.S.-South Korea Free Trade Agreement(KORUS FTA): Provisions and Implications), 2010. 2. 12에서 재인용.

시한 것은 … 한미 동맹의 공고함에 대한 분명한 메시지를 보내려는 미국의 희망이 반영된 것"이라고 전한다. 이 기사는 미국무역대표부의 일정이 바뀌어 콜롬비아나 파나마 대신 한미FTA가 우선 처리되게 됐다면서 "천안함 침몰 사건 이후 동북아 지역에 한미 동맹의 공고함을 분명히 과시하고자 하는 지정학적 고려가 감안된 것"이라고 분석한다.

이 "지정학적 고려"는 여러 측면에서 심층적으로 논의돼야 할 문제이지만 여기서는 미국이 우선적으로 고려하고 있는 미·중 관계에 대해서만 간단히 살펴보자. 지금 미·중 관계는 현재 세계경제 위기 속에서 상호 의존적이면서도 동시에 적대적이고 모순적인 관계에 놓여 있다.

미국과 중국은 지난 20년간 복잡한 경제적 연관망을 발전시켜 왔다. 간단히 말해 중국은 미국이 중국의 수출품을 수입하는 데 의존해 고속 성장을 이룩할 수 있었고 미국은 중국과 아시아에서 돈을 빌려 중국과 아시아 제품을 수입했다. 그러나 이런 상호 의존성이 경제적 대립 그리고 정치적·군사적 대립을 완화하는 것은 결코 아니다.[3] 위안화 절상을 둘러싸고 점점 더 깊어지고 있는 미·중의 경제적 갈등이 이를 잘 보여 준다.

미·중 간의 군사적 갈등도 경제적 갈등의 골이 깊어지는 만큼 더 격화돼 가고 있다. 당장 미국은 천안함 사태를 통해 하토야마 정부에 압력을 가해 오키나와의 후텐마 기지 문제를 해결했고 미·일 동맹의

---

3 김하영, "천안함 사건을 통해 본 동아시아 질서 변동과 한반도", 《마르크스21》 2010년 여름호.

강화를 얻어 냈다. 또 미국 정부는 천안함 사건에 대한 한국 정부 입장을 지지해 한미 동맹의 강화를 통한 "전 세계의 비상사태 지역에 동원할 수 있는 군 병력의 풀 확대"를 향한 계획, 다시 말해 주한 미군을 전 세계적 기동타격군으로 만들어 가는 또 하나의 발판을 얻었다.[4] 여기에 미국은 중국의 강력한 반대에도 불구하고 동해에서 지난 25일부터 한미 군사훈련을 진행했고 연내에 여러 차례 훈련을 반복하겠다고 한다.

미·중의 군사적 긴장의 고조는 이뿐이 아니다. 지난 7월 4일 홍콩의 〈사우스 차이나 모닝 포스트〉는 "미 제7함대의 전략 핵잠수함인 미시간호, 오하이오호, 플로리다호가 지난주에 아시아 지역의 주요 거점인 부산과 필리핀 수비크만, 인도양의 전초기지인 디에고가르시아섬에 동시에 모습을 드러냈다"고 보도했다.

물론 중국도 자신의 이해를 위한 군사행동을 이미 진행하고 있다. 중국은 작년에 이미 대양으로 진출하겠다고 선언한 바 있으며 남중국해에서 인도양까지의 해양 기지 건설 프로젝트로 알려진 중국의 이른바 '진주 목걸이 전략'은 이미 잘 알려진 사실이다.[5]

올해 4월에 중국은 오키나와 남쪽의 동중국해와 남중국해에서 대규모 군사훈련을 실시한 바 있고 천안함 사건 이후 6월 30일부터는 동중국해 해상에서 대규모 실탄 사격 훈련을 실시하기도 했다. 인도양, 남중국해, 플라카해협, 동중국해 등의 전략적 지역을 둘러싼 미·

---

4 서재정, "천안함 사건, 미국은 무엇을 챙겨 갔나", 〈창비주간논평〉 2010년 6월 9일.

5 Chris Devonshire-Ellis, "China's String of Pearls Strategy", *China Briefing*, 2009. 3. 18.

중 간의 갈등이 경제적 갈등과 더불어 격화되고 있음을 볼 수 있다. 이것만 봐도 미·중 갈등은 한반도를 둘러싼 갈등에 국한된 것이 아니라 에너지와 패권을 위한 전 지구적 갈등이라는 것을 알 수 있다.

천안함 사건은 이런 미·중 갈등 격화를 강화하는 구실로 작용했다. 한미FTA에 대한 미국의 "지정학적 고려"란 이런 상황에서 미국 정부의 이해 관철을 위한 정치적·군사적 배경이 있다는 뜻이다. 이는 결국 중국·북한 대 미국·일본·한국 대립 구도의 강화다. 이런 동북아시아의 긴장 관계 고조가 한국에도 이익일까? 이는 미국의 이해이지 한국의 이익은 아닌 것으로 보인다. 더욱이 경제 위기 시기의 미·중 갈등은 불길하게도 1980년대 후반의 미·일 갈등을 연상시킨다. 한국의 앞날에 도움이 되지 않는 미·중 갈등을 강화하는 데 동참하는 대가로 왜 한미FTA를 미국에게 더 내주는 쪽으로 재협상을 하자는 것일까? 상식적으로 납득이 되지 않는 것은 필자만이 아닐 것이다.

재협상? 처음부터 있어서는 안 될 협정

이번 이명박 정부의 한미FTA 재협상은 여러 필자들이 밝혔듯이 자동차와 쇠고기가 중심이 되는 협상일 것으로 관측된다. 양국 정상이 추진하는 대로 협상이 진행된다면 아마도 G20 정상회의에서 열릴 한미 정상회담이 그 마무리 과정이 될 것으로 보인다.

그러나 이명박 정부 아래서 쇠고기, 자동차에 대한 양보 협상이 진행되기 전에도 이미 한미FTA 협상은 한국 국민의 사회적 권리를 박탈하는, 있어서는 안 될 협상이었다. 지난 수년간 여러 논자들이 되풀이해서 말했지만 몇 가지 항목만 되짚어 보자.

우선 노무현 정부에서 가장 강조됐던 '서비스 산업 선진화'를 위한 서비스 상품의 포괄적 허용(네거티브 리스트)이 있다. 이는 현재 협정문에 명문화된 내용 이외의 새로운 서비스 상품 규제를 할 수 없게 만드는 것이다. 예를 들어 민간 의료보험 상품 하나만을 보자. 이것은 금융 서비스 상품이기도 하고 한편으로는 의료 서비스 상품이기도 하다. 현재 한국에는 민간 의료보험에 대한 규제가 거의 전무하다. 대부분의 나라에는 대표적인 것만 들어 봐도 100원을 보험료로 받으면 80원 이상 지급하라는 등의 '지급률 규제'가 있고 또 보험회사가 정부가 정한 표준 보험 상품을 필수적으로 팔도록 하거나 보험 상품에 정부가 정하는 서비스를 포괄하도록 하는 등의 '표준화' 규제가 있다. 질병이나 장애 등으로 인한 가입 거부나 차별을 금지하는 규제를 하는 나라들도 있다.

그러나 한국에는 이런 규제가 없다. 그런데 한미FTA가 체결되면 어떤 새로운 규제도 사실상 불가능하거나 힘들어진다.

보험 상품만이 문제가 아니다. 당장 현재 경제 위기의 직접적 원인이 된 파생금융상품들은 어떻게 될 것인가? 앞으로 어떤 파생상품이 나와도 지금 규제하는 이상의 규제를 새로 할 수가 없다. 사회정책은 어떻게 펴 나가고 또 경제정책의 주권은 어떻게 되는 것일까?

둘째 역진 방지 조항도 있다. 이른바 '낙장불입' 조항이라 불리는 래칫 조항이다. 한미FTA에 '미래 유보 조항'이 아니라 '현재 유보 조항'으로 열거되면 개방 수준을 낮출 수가 없다. 당장 걸리는 것이 경제자유구역의 학교와 병원 관련 조항이다. 한미FTA가 체결되면 경제주유구역의 영리병원 허용 조항은 되돌릴 수가 없다. 영리병원을 허용했더니 의료비가 너무 올라간다거나 의료 인력의 쏠림 현상이 발생해서 영리병원에 대한 규제를 강화하거나 금지하고 싶어도 이를 되돌릴 수가 없다. 한미FTA 위반이기 때문이다.

셋째 투자자-국가 제소 조항이다. 에틸이나 메탈클래드 등 북미자유무역협정 때문에 캐나다나 멕시코 정부의 환경이나 건강을 위한 입법이나 규제가 무산되고 정부가 기업에 돈까지 물어 줘야 했던 예들이 허다하다. 게다가 투자자-국가 제소권은 직접적 효과 말고도 그 존재만으로 기업 규제 조처에 대한 위축 효과가 생긴다. 홍기빈의 글을 빌려 몇 가지 예만 지적해 보자.

> 2001년 12월에 캐나다 정부는 담뱃갑에 '순한 맛'이라고 표기하는 것을 금지하는 규제를 도입하려 했다. 그러자 담배 회사인 필립모리스가 북미자유무역협정 11장을 언급하면서 캐나다 정부에 항의서를 제출했다. 소송이 벌어질 경우 배상금 부담을 계산해 본 캐나다 정부는 이 규제안을 철회하고 말았다. …
> 캐나다 뉴브런즈윅주의 입법위원회는 오랜 숙의와 전문가 자문을 거쳐 뉴브런즈윅주의 상황에 맞는 공공 자동차 보험을 도입할 것을 제안했다. 하지만 기존의 자동차 보험회사들이 이번에도 북미자유무역협정 11장을 언급하며 제소할 가능성을 암시하고 나섰고, 결국은 뉴브런즈윅주 주지사가 입법위원회의 제안을 받아들이지 않겠다고 공표했다.[6]

---

6 홍기빈, "투자자-국가 분쟁 제도와 한국의 공공 및 산업 정책", 한국사회경제학회, 2007년 여름.

어떤 정치인이나 공무원이 입법 하나 잘못하면 정부가 돈까지 물어 줘야 하는데 자기 목을 걸고 기업을 규제하려 하겠는가? 한미FTA 체결 당시 법무부에서 헌법 위반을 이야기했다는 것은 결코 과장된 일이 아니다.

넷째 민영화 효과다. 흔히 미국과 맺은 FTA를 민영화로 가는 편도 차편이라고 부른다. 그런데 이것이 한국에서는 극대화됐다. 한 가지 조항만 보자. 한미FTA 11장 28조에는 민영화 관련 사업권을 '투자계약'이라는 내용에 독립적으로 넣었다. 미국과 맺은 이전의 FTA에서는 존재하지 않았던 '특별' 조항이다. 여기에서는 한미FTA가 보호해야 할 사업권으로 다음을 명시한다. "투자자가 전력생산과 배전, 상하수도 및 통신과 같이 국가를 대신해 대중에 서비스를 공급하는 권리, 또는 대중이 이용하는 도로, 교통, 운하의 건설과 같은 기반시설 사업권"이라고.

간단히 말하면 공공서비스 사업을 한번 민영화하면 그 사업이 정부가 보기에 제대로 운영되지 않아 다시 국영 내지 공영사업으로 되돌리려 해도 이것이 불가능하다는 것이다. 물 민영화에 따른 수질 악화로 정부가 물 기업과 계약을 파기하는 일은 전 세계적으로 흔한 일이고 영국은 철도를 민영화했다가 재국유화했다. 그러나 한미FTA가 체결되면 이것이 사실상 불가능해진다. 북미자유무역협정을 '민영화를 향한 편도 차편'이라고 부르는데, 이것보다 한참 더 나아간 한미FTA는 무엇이라고 불러야 할까?

여기에서 주의할 점. 한미FTA의 혜택을 보는 기업, 예를 들어 투자자-국가 제소 제도나 민영화로 혜택을 보는 기업은 미국 기업만이 아니다. 현재 한국 기업 중 미국 투자자가 투자하지 않은 기업이 있는가? 따라서 한국 정부는 미국 기업만을 규제하지 못하는 것이 아니라 미국인이 투자한 한국 기업도, 즉 대부분의 한국 기업도 규제하지 못한다. 한국 기업들이 한미FTA에 적극적으로 찬성하는 이유가 바로 여기에 있다. 다국적기업에게나 한국 대자본에게는 최대한의 이익을 주는 반면, 한국의 민중에게는 사회적 권리의 박탈을 의미하는 것이 한미FTA다.

이런 한미FTA의 독소 조항은 지적하자면 사실 끝이 없다. 앞으로 맺는 자유무역협정의 특혜 조항이 있으면 이를 미국 측에 적용해야 한다는 미래 최혜국대우 조항, 의약품 특허를 대폭 늘리는 허가·특허 연계 조항, 공기업에 상업적 운영 원칙 도입, 지재권 대폭 강화 등 독소 조항 몇 가지가 아니라 협정 전체가 재앙인 협정이 바로 한미FTA다.

다시 말해 한미FTA는 한국 국민의 반대 때문에 그동안 밀어붙이지 못했던 정책들, 즉 공기업 민영화, 의료 민영화, 유전자조작 식품 도입, 약가 적정화 방안 무력화, 금융상품 규제 철폐 등을 한꺼번에 밀어붙이는 협정이다. 한국의 대기업들과 미국의 초국적 기업들에게는 최대한의 이익을 보장하겠지만 양국의 평범한 국민들에게는 재앙일 뿐이다.

게다가 지금은 세계적 경제 위기의 시기다. 당장 한미FTA가 도입되면 금융 서비스 상품에 대한 새로운 규제를 할 수가 없게 되고 외환 위기가 닥쳐도 외환 규제를 할 수 있는 정책이 상당 부분 봉쇄된다. 파생금융상품을 계기로 세계경제 위기가 닥쳤다는 것이 명백한 이 시기에, 그리고 아직 세계경제 위기가 끝나지 않은 이 시기에 왜 이런 협정을 맺어야 하는가?

여기에 '지정학적 고려'를 통해 한·미·일 대 중국·북한의 긴장을 더욱 강화하는 것의 대가로 이 한미FTA에 무언가를 얹어서 더 내주는 한미FTA라니. 한미FTA는 애초부터 있어서는 안 될 협정이었고 또 현재의 경제 위기 때문이라도 처음부터 다시 검토돼야 하고 폐기돼야 한다. 하물며 동북아시아의 평화 대신 대립과 갈등을 더욱 강화하자는 이유로 쇠고기와 자동차를 내주자는 이명박식 재협상은 가당치도 않다.

한미FTA 2년과 환태평양경제동반자협정

2014년 3월 13일 한미FTA범국본과 통합진보당이 주최한 한미FTA 2년 평가 토론회의 발표문을 일부 수정한 것이다.

서비스 산업에 대한 투자가 확대되고 양질의 일자리를 만들어 낼 수 있도록 그동안 제조업 중심으로 이뤄진 재정과 R&D, 금융 지원을 서비스 산업에도 제조업 수준으로 적극 확대해서 서비스 산업이 획기적으로 발전할 수 있는 기반을 구축하겠습니다.

특히, 청년들이 선호하는 일자리이면서 투자수요가 많은 보건·의료, 교육, 금융, 관광, 소프트웨어 등 5대 유망 서비스업은 민관 합동 TF를 통해 규제를 전면 재검토하고, 인허가부터 실제 투자가 이뤄지는 전 과정에 걸쳐 불편이 없도록 원스톱 서비스를 지원할 것입니다.

예를 들어, 보건·의료 분야의 경우 경제자유구역 내 투자 개방형 병원 규제를 합리화하고, 의료기관의 해외 진출 활성화를 위한 종합적 서비스 제공과 함께, 원격의료도 활성화할 것입니다.[7]

---

7 박근혜 대통령 취임 1년, "경제혁신 3개년계획 담화문", 2014년 2월 25일.

삼성경제연구소는 2006년 "한미FTA의 정치경제학"이라는[8] 보고서에서 한미FTA만으로는 부족하고 이에 자발적 자유화 조치가 결합될 때 가장 큰 규제 완화 효과를 발휘한다고 지적한 바 있다. 즉 "포스트 FTA 전략을 통해 끊임없는 내부 경쟁력 제고"를 하는 것이 한미FTA의 (자본에 대한) 개방 효과를 극대화하리라는 것이다. 즉 민영화와 규제 완화 조치가 FTA 후속 조치로서 이뤄지는 것이 FTA 효과를 극대화하는 전략이라는 것이다. 따라서 "포스트 FTA 전략으로 … 특히 서비스 부문의 경쟁력 강화를 통해 진입과 퇴출, 투자가 원활히 이뤄지도록 규제를 대폭 완화"하는 것이 자본의 전략이고 이를 수행하는 것이 박근혜 정부의 정책이다.

2012년 3월 15일 한미FTA 발효가 이뤄진 후 현재까지 약 2년의 기간이 지났다. 한미FTA는 총체적인 체계상의 변화를 초래할 포괄적인 협정이고 그 영향이 장기간에 걸쳐 축적돼 발현되는 협정이어서 그 변화의 결과를 현재 평가하기에 2년이라는 기간은 아직 너무 이르다.

또한 2012년은 국회의원 총선거와 대통령 선거의 양대 선거가 이뤄진 시기여서 본격적인 친시장적·친자본적 조치가 추진되거나 시행되기 힘든 시기였다는 점을 고려한다면 본격적인 한미FTA의 영향은 박근혜 정부가 들어선 후 이제 막 시작됐다고 볼 수 있다.

그러나 시작이라고 보기에는 포스트 FTA 전략으로서 너무 광범한 자발적 민영화 조치가 진행되고 있다. 바로 공공 부문의 민영화가 그것이다. 철도·의료·가스 등의 민영화가 진행되고 있다.

---

8   삼성경제연구소, "한미FTA의 정치경제학", 《CEO Information》 2006년 5월 31일.

한국 정부는 의료나 공공 분야는 한미FTA의 예외라고 주장해 왔다. 그러나 지금 한국 사회에서 2002년 이후 큰 진전이 없었던 공공 부문의 민영화가 여러 부문에서 동시에 이뤄지고 있다.

현재 시기는 한미FTA를 기본 상수로 하고, 자본에 의한 포스트 FTA 전략, 즉 서비스 부문의 규제 완화, 자본 투자를 가능하게 하는 규제 완화가 각 분야에서 어떻게 이뤄지는지를 면밀하게 살펴보는 것이 필요한 시기다. 이 글은 의료 분야에서 이뤄진 규제 완화와 민영화를 서술하고 이것이 어떻게 한미FTA와 연관을 맺고 있는지를 서술하겠다.

4차 투자 활성화 대책과 의료 민영화

정부는 작년 12월 13일 4차 투자 활성화 대책 중 보건의료 분야 대책을 통해 본격적 의료 민영화 대책을 내놓았다. 부대사업 전면 확대와 영리자회사 허용, 병원의 인수·합병 허용, 영리법인 약국 허용, 신의료기술 평가 전 신의료기술 적용 허용, 신약 판매 심사 기간 단축 등이 그것이다. 여기서는 한미FTA와의 연관성을 중심으로 간단히만 살펴보겠다.

1. 부대사업 전면 확대를 통한 영리자회사 허용

박근혜 정부의 보건의료 투자 대책은 병원의 부대사업 범위를 전면적으로 확대해 산업적으로 '의료 연관 사업'으로 볼 수 있는 거의 모든 사업을 병원의 부대사업 범위로 확대했고 또한 이를 영리자회사(상법상 법인, 즉 영리법인)로 만드는 것을 허용하려고 하고 있다.

확대되는 부대사업 범위에는 병원 임대, 의료기기 개발과 구매, 의료용구 개발·임대·판매, 바이오 등 연구 개발 사업과 응용, 의약품 개발과 같은 의료 행위와 직접적으로 연관된 사업이 포함됐다. 또한 건강식품·건강보조식품·화장품의 개발·임대·판매 등 의료 행위와 간접적으로 연관된 사업뿐 아니라 유사 의료 행위와 연관된 호텔·온천·헬스클럽까지 포함됐다.

영리자회사를 허용하겠다는 부대사업 범위가 병원 임대, 의료기기 구매·임대, 의료용구 개발·임대·판매, 바이오 개발·응용, 의약품 개발 등 직접적으로 병원의 진료 행위에 직접적 영향을 주는 사업에 해당한다. 결국 환자들을 대상으로 돈을 벌 수 있는 영역을 모두 부대사업으로 확대하고 이를 영리기업으로 전환하겠다는 것이고 사실상 병원을 영리병원으로 만들겠다는 것이다.

영리자회사가 병원 임대를 통해 돈을 벌기 위해서는 병원의 임대료를 높여야 하고 의료기기 임대료를 높여야 하며 바이오 연구 개발 응용도 그 대상이 병원 환자들이다. 나머지 부대사업의 수익을 올릴 대상도 병원 환자들이므로 이때의 의료비 상승은 환자들이 부담해야 한다.[9]

결국 병원의 영리자회사가 투자자에게 자금을 조달하고 그 이익

---

9 정부는 의약품과 의료기기는 모병원에 판매하지 못하게 하겠다고 하지만 현재 법으로도 금지돼 있으나 지켜지지 않고 있는 실정이다. 설령 타 병원에 판매해도 그 병원의 의료비는 올라간다. 또한 병원 임대, 의료기기 임대, 의료 용구 판매, 바이오 연구 개발 성과물 응용 등 핵심적 부분은 언급하지 않고 있다. 즉 이 사업은 모병원으로의 임대나 판매 등을 허용하겠다는 것으로 판단된다.

을 수익 배당하는 통로가 된다는 것으로 이는 자회사가 모병원의 자금 조달과 이익배당 통로로 활용돼 병원 자체가 영리병원화되는 것으로 귀결될 것이다. 비영리병원과 영리병원의 차이는 투자자의 투자와 이윤 배당이 허용되는지 여부에 있다. 이를 자기업으로 허용하든지 모병원으로 허용하든지의 차이는 본질적 차이가 아니다. 결국 이번 조치는 사실상의 영리병원 허용 조치이며 따라서 명백한 의료 민영화 조치다.

특히 바이오 연구 개발과 응용의 경우 앞으로 투자 활성화 대책의 신의료기술 평가 전 환자 시술 허용 조치가 동시에 적용된다면 이는 건강보험 적용이 되지 않는 매우 비싼 치료 행위를 시술할 수 있게 될 뿐 아니라 위험하기까지 한 조치다.

문제는 이런 병원의 영리자회사 허용 조치가 시행되면 정부의 의료법과 관련한 모든 규제가 한미FTA 투자 규정의 적용을 받게 된다는 것이다. 영리자회사는 국내 투자자뿐 아니라 외국 투자자도 투자가 허용되므로 이런 투자에 대해서는 보건의료 제도가 미래 유보 조항(한국 정부가 변경할 수 있는 사안)에 포함돼 있어 정부가 이를 변경할 수 있다 하더라도 '최소 기준 대우'와 '수용 및 보상' 관련 의무는 빠져 있어 이런 의무를 지켜야만 한다. 다시 말해, 미래 유보 조항에도 불구하고 현실에서는 이를 되돌릴 수 없을 뿐 아니라 투자자의 권리를 모두 지켜 줘야 한다는 것이다. 이는 정부가 자법인 남용 장치로 내세우는 내용들이나 비영리법인 병원을 규정하는 의료법까지도 한미FTA의 적용 범위에 들어가며 따라서 투자자-정부 중재의 대상이 될 수 있다는 것을 뜻한다.

그림 7에서 보듯이 자산운용사가 바로 이런 사모펀드를 가리킨다.

그림 7. 정부투자대책의 자법인 설립형태 예시

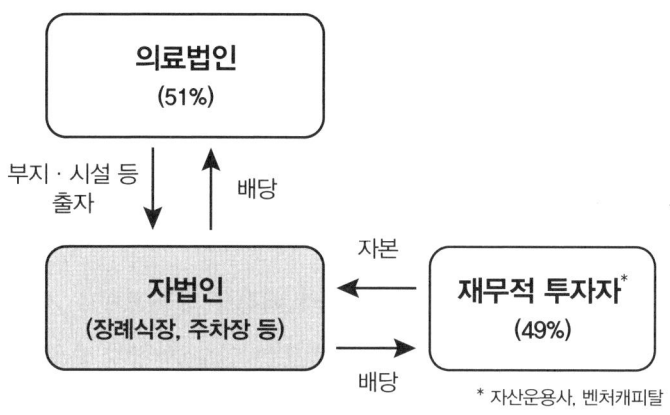

한국에서 알려진 맥쿼리가 바로 이런 자산운용사이고 사모펀드였다. 맥쿼리의 경우 사모펀드가 운영하는 자회사가 고리의 대출을 받는 수법등을 통해 모기업의 자산을 빼돌리는 수법으로 유명하다. 이런 사모펀드들이 병원의 영리자회사에 투자할 경우 한국 병원들은 최대 이윤을 추구하는 것이 자연스러운 일이 될 것이며 이는 고스란히 국민의 부담으로 돌아올 것이다.

2. 의료법인의 합병 허용

현재는 의료법상 의료법인 합병은 재단법인에 관한 법률을 준용하게 돼 있어(의료법 50조) 합병이 불가능하나 정부는 이번 보건의료 투자 대책에서 의료법인 간 합병을 위해 의료법 개정안을 제출하겠다고 밝혔다.

이는 "현재까지 비영리법인인 의료법인의 경우 법적으로는 매각할 수 있는 방법이 없기 때문에 경영이 어려워 문을 닫고자 한다면 국가나 지자체에 재산을 귀속시켜야" 하지만 "병원 설립에 막대한 돈을 투자했던 의료법인 대표들로서는 투자금을 한 푼도 회수하지 못한 채 국가에 재산을 헌납하기가 쉽지 않은 상황"이었고 "의료법인으로 설립돼 운영 중인 중소 병원들의 퇴출구조가 없어 파산하거나 사무장병원 같은 음성적인 거래가 있어 왔는데 이를 예방하는 의미"로 해석되고 있다.[10]

이런 의료법인 합병 허용은 병원의 매각을 실질적으로 가능하게 하는 조치이며 의료법인 간 신설합병 또는 인수·합병이 허용되면 병원의 가격이 책정되게 되고 이에 따라 의료법인의 투자 자본은 회수 가능한 자산으로 취급되게 되는 것으로 여기에 의료법인 자회사로 영리법인이 설립되면 자회사를 통한 투자자의 자산 회수가 여러 방법으로 가능해질 것이다.

결국 의료법인 간 합병 허용과 의료법인 영리자회사 설립은 체인형 병원 설립이 가능해짐을 의미하게 되는데, 외국인 투자자가 이 체인형 영리자회사에 투자자로 참여하게 된다는 것은 앞서 서술한 것처럼 이런 체인 병원도 한미FTA의 투자 규정의 적용을 받게 되는 것을 뜻한다.

3. 영리법인 약국 도입

정부는 4차 투자 활성화 대책에서 유한책임 약국 도입을 투자 활성화 대책으로 밝히고 있고 이후 발표된 자료에는 "회사" 형태의 약

---

10 "의료법인 '합병' 허용 반기는 병원계 … '반대 이유 없어'", 〈청년의사〉 2013년 12월 14일.

국 도입(과 1법인 다약국 도입)을 규제 완화 정책으로 발표했다. 유한 책임 약국 또는 회사, 즉 상법상 영리법인 약국은 투자가 가능하고 1법인 다약국 설립이 가능하므로 기업형 체인 약국의 도입이 그 자체로 가능하게 된다. 또한 현재 정부는 여러 정부 보고서에서 밝혔듯이 이를 일반 영리법인 약국 도입의 전前 단계로 보고 있다.

영리법인 약국은 그 수익 추구 극대화 속성으로 약값 인상, 리베이트의 강화, 끼워팔기 등을 통해 의약품 남용, 부당 청구 등의 요인이 될 가능성이 크다는 사실은 여러 연구를 통해 잘 알려져 있다.

즉 기업형 체인약국은 미국이나 유럽에서 드러난 것처럼 제네릭 처방의 감소, 약값 증가, 장사 안 되는 지역의 약국 폐쇄 등을 통한 약국 접근성의 감소로 이어질 가능성이 더욱 크며 기업형 체인약국은 재벌들의 약국 진출로 이어져 국민 의료비 중 약제비의 인상과 결과적 약가 인상, 의료비 인상으로 이어질 것이다.

한미FTA는 약국에 대해 부속서 1의 대한민국 유보 목록, 즉 현재 유보 항목에 약국을 직접적 형태로 "약국은 1개소만 설치할 수 있고 회사의 형태로 설립할 수 없다"고 규정하고 있다. 이는 역진 방지 규정에 직접 적용을 받아 한번 약사법을 개정하면 이를 되돌리는 것은 불가능하다. 따라서 한번 영리법인 약국이 허용되면 이를 다시 공공적 의약품 유통 체계로 되돌리는 것이 불가능해진다.

현재 미국의 경우 제약사, 의약품 도매업, 약국체인의 수직적·수평적 통합이 활발하게 이뤄지고 있다는 점을 감안하면 이런 조치는 한국의 의약품 유통업과 그 최종 판매처인 약국의 대기업 지배를 되돌이킬 수 없는 상황으로 몰고 갈 가능성이 크다고 할 수 있다.

4. 의료인-환자 간 원격의료 도입

원격의료는 4차 투자 활성화 대책에서는 다뤄지지 않았으나 현재 정부가 강력하게 추진하고 있는 입법 사안이다. 현재 원격의료 허용은 박근혜 정부의 창조경제의 핵심 사업으로 추진되고 있으며 이를 위한 의료법 개정안이 국무회의를 통과했고 조만간 국회에 상정될 것이다.

원격의료의 문제점은 우선 비용은 크지만 이에 비해 효과가 불분명하다는 점, 즉 의료비가 상승할 수 있다는 점과 둘째로 아직 기술발전이 되지 않아 원격진료의 안전성이 입증된 바 없다는 것으로 요약될 수 있다.

정부의 말을 빌리더라도, 원격의료를 위한 다른 인프라, 즉 고성능 컴퓨터와 광케이블 등이 이미 갖춰져 있는 상태에서 생체계측기기만 1기당 약 80만 원이 소요된다고 보고하고 있고 건강보험공단은 내부 검토 결과 이 기기의 가격이 120만 원이라고 보고 있다. 물론 이런 생체계측기기도 적절한 임상시험을 거치지 않아 그 안전성은 보장할 수 없다. 정부의 발표대로라면 원격의료가 시행될 경우 그 대상이 800만 명이라는 것을 생각해 볼 때 2명 중 1명만 생체계측기기를 구입해도 그 구입비만 2조 원이므로 이는 정부가 부담하든지 국민이 직접 부담하든지 간에 매우 큰 의료비 상승을 가져올 것이다.

또한 생체계측기기의 구입비만 비용으로 드는 것이 아니다. 원격지나 오지는 컴퓨터부터 광케이블 설치와 같은 기본적 인프라 비용이 더 들 것이며 여기에 원격의료의 유지 비용과 이용 비용까지 모두 더하면 그 비용은 천문학적일 것으로 보인다.

문제는 이런 수십조 원에 달하는 비용을 들인다 하더라도 그 효과가 나타날 것인지 전혀 알 수 없고 현재로서는 안전성조차 확인되지 않은 상태다. 즉 유럽연합에서 내린 결론대로 비용 대비 효과가 검증되지 않았고 그 안전성이 미지수이므로 전통적 대면의료를 대체할 수준이 아니다.

분만 시설이 없는 지자체가 57개에 달하고 응급 의료시설이 없거나 30분 이내에 응급의료센터에 도달할 수 없는 지자체가 25개에 달하는 현실에서 필요한 것은 원격의료가 아니라 원격의료에 소요되는 비용으로 공공의료 서비스를 확충하는 것이다.

이 때문에 유럽의 경우 노르웨이 등 북유럽의 인구 희박 지역에서 전통적 서비스에 더해 원격의료를 매우 소규모로 시범적으로 진행하고 있다. 인도네시아나 필리핀 등 섬이 많고 경제성장이 덜 된 나라에서 시행되는 원격의료는 우리나라가 본받을 모델이 아니다. 정부는 일본을 원격의료가 시행되는 나라로 이야기하지만 일본의 원격의료는 복지 서비스의 일환으로 극히 제한된 영역에서만 전통적 방문의료·복지 서비스의 보충적 형태로 제공되고 있다.

오직 미국에서만 일부 기업들과 민간 보험회사들이 젊은 성인들을 대상으로 비싼 의사 진료 서비스를 대체하기 위해 비용 절감 차원에서 시험적으로 도입하고 있다. 이는 인구 밀집 지역이고 전 국민 건강보험이 시행되는 한국의 의료 상황과는 크게 다른 상황이다. 의사 진료 서비스가 너무 비싸 원격의료라도 이용해야 하는 미국의 상황과 동네 의원이 산재해 있는 한국의 상황을 등치시키는 것은 곤란하다.

특히 지금 정부가 추진하고 있는 것처럼 원격의료를 건강관리서비스 기업 허용 문제와 연결하고 이를 민영 보험회사에게 겸업하도록 허용하는 것은 건강유지조직HMO을[11] 허용해 병원-보험회사-건강유지조직 형태의 영리기업 중심으로 이뤄지는 미국식 의료 체계로 한국 의료 체계를 변화시키자는 주장이며 미국식 의료 민영화를 주장하는 것으로, 극히 위험해 보인다.

정부가 제시하고 2008년과 2012년의 서비스 발전 방안에서 제시하고 있는 원격의료 도입, 건강관리서비스 도입은 바로 이런 민영화된 미국식 의료 체계를 모델로 하고 있다. 원격의료는 일부 재벌 IT 기업과 대형 병원, 재벌 의료기기 회사에게는 엄청난 이익을 가져다 주겠지만 일반 국민에게는 의료비 상승과 안전하지 못한 의료를 가져다줄 뿐이다.

문제는 이런 원격의료도 한미FTA의 미래 유보 조항에서 경제자유구역에서는 예외로 규정돼 있다는 점이다. 즉 전국 8개 지역의 경제자유구역이나 제주도에서 원격의료가 시행되면 이를 되돌릴 수 없게 된다.

5. 신의료기술 평가와 신약 허가 과정 건너뛰기와 간소화

신의료기술 평가는 약 1년간에 걸쳐 신의료기술의 안전성과 비용 대비 효과를 검증하는 과정이다. 새롭게 제기된 신의료기술이 실질적으로는 안전성이 담보되지 않거나 그 비용 대비 효과가 떨어지는 경우가 많아 국민의 안전과 비용 대비 효과 검증을 통한 유효성과

---

11 건강유지조직(HMO) 미국에서 고정된 연간 비용으로 건강 서비스를 제공하는 의료보험 그룹이다. 건강보험, 건강 관리 혜택 플랜, 개인과 단체를 위한 관리 의료 등을 제공하거나 주선하고 선불 방식으로 의료 서비스 제공자(병원, 의사 등)와 연락하는 조직이다.

적절한 비용 평가를 위해 도입된 것이다. 연구에 따라서는, 신의료기술 중 초기 1~2년간 검증 시기에 그 안전성과 유효성 면에서 적절하지 않은 것으로 판정되는 비율이 80퍼센트 정도라고 보고하고 있다.

한국의 신의료기술 평가 결과를 보면, 2007년 신의료기술 평가 제도 도입 이래 총 1253건이 신청된 데 반해, 아예 평가 비대상 결정으로 반려된 의료기술이 724건이나 됐고(57퍼센트), 529건이 최종 평가 완료됐으며, 이 중 395건이 안전성·유효성이 인정돼 신의료기술로 고시됐다. 즉 전체 신청 건수의 31.5퍼센트만 신의료기술로 인정됐다. 신의료기술 평가가 없었다면 의학적 근거가 없거나 신의료기술로 정의될 수도 없는 수많은 의료기술이 '신의료기술'이라는 이름으로 환자에게 시술될 수 있었다는 것을 뜻한다.

따라서 신의료기술 평가 과정을 생략한 채 환자에게 신의료기술을 적용한다는 것은 안전성이 검증되지 않은 의료기술을 환자들에게 임상실험을 하는 것으로 매우 위험한 행위이고 또한 비용 대비 효과가 검증되지 않은 것으로 대부분 건강보험 적용이 될 수가 없으므로 요컨대 안전하지도 않은 임상실험을 환자의 부담으로 시행하는 것이다.

병원의 바이오 등 연구 개발과 응용이 자회사로 허용되면 이런 바이오 '신의료기술'이 평가가 생략된 채 환자에게 적용될 수 있는 문제를 낳게 된다. 이는 외국의 의료기기 도입에 대해서도 적용되는데 현재는 의료기기 도입이 신의료기술로 평가받는 절차를 거쳐야 하지만 앞으로는 이런 절차 없이 건강보험 비적용 항목으로 환자에게 시술될 가능성이 열리는 것으로 이는 한미FTA 5장 "의약품 및 의료기기"의 규정을 받게 된다.

신약 허가 절차 간소화는 한미FTA, 한-EU FTA 체결 이전부터 미국과 유럽이 지속적으로 요구해 온 내용으로 이런 신약 허가 절차의 간소화는 안전성과 유효성의 검증을 어렵게 하는 것이다. 이는 국민의 안전과 비용 부담을 대가로 제약 회사의 이익을 도모하는 것이다. 특히 현재에도 환자들이 원할 경우 신약 허가 절차를 간소화할 수 있는 규정들이 이미 있는 상황에서는 미국과 유럽, 일본 의약품의 특허 기간을 연장하는 효과를 내게 되는 것이다.

환태평양경제동반자협정 가입으로 도입될 문제들

환태평양경제동반자협정TPP은 한미FTA를 그 기본으로 하고 있으나 현재 위키리크스로 누출된 지식재산권 챕터와 그 외 투자 챕터를 보면 한미FTA보다 더욱 자본의 이해를 대변하는 방향으로 추진되고 있음이 확인되고 있다. 또한 12개 국가와 높은 수준의 FTA를 체결하고 특히 일본과의 FTA를 포함하는 것이다.

2013년 11월 13일 위키리크스가 유출한 95쪽 분량의 TPP 지식재산권 챕터에 따르면 한미FTA보다 강화된 것으로 다음과 같은 것이 포함된다.

첫째, 치료 방법 특허의 도입. 이는 새로운 치료·수술·진단 방법을 사용하려면 기기 등만이 아니라 특허 사용료까지 내야 한다는 것으로 이로 인한 의료비 인상은 계산하기도 어렵다.

둘째, 바이오 신약 자료 독점권 연장. 자료 독점권이 바이오 신약에 대해서는 12년이 제안되고 있다. 이는 일반적 자료 독점권인 5년에 비해 매우 긴 것으로 바이오 신약의 복제약 생산을 제한함으로써 의약품 가격을 인상시킬 것이다.

셋째, 사소한 변화를 통한 특허 연장 제한의 금지. 인도의 특허법은 기존 물질에 대해 사소한 변화를 줌으로써 특허를 연장하려는 에버그리닝 방지 조항을 포함하고 있어 이에 대한 거대 제약사들과 선진국들의 인도 특허법에 대한 공격이 끊이지 않고 있다. 반면 남아프리카공화국과 브라질은 이 조항을 도입하려 하고 있다.

TPP는 베트남, 브루나이 등 개발도상국과 맺는 협정임에도 불구하고 허가·특허 연계나 자료 독점권 연장, 2차 용법 특허 등을 기존 미국 민주당의 정책과는 달리 모두 포함하고 있다. '국경 없는 의사회'가 TPP 반대 운동을 벌이는 이유가 여기에 있다. 다국적 제약 회사 노바티스가 인도 정부에 7년째 시비를 붙고 있는 이유가 바로 이 인도 특허법인데, 문제가 된 백혈병 치료약 글리벡은 한국에서는 한 알에 2만 4000원이지만 인도에서는 2달러, 즉 2000원이다. 그래서 인도가 세계의 약국으로 불리고, 브라질과 남아프리카공화국이 이 특허법을 도입하려는 것이다.

심지어 교황청도 TPP 반대를 천명한 바 있다. TPP가 없다면 같은 돈으로 10명을 살릴 약을 살 수 있지만 TPP가 체결된다면 같은 돈으로 1명밖에 살릴 수 없다는 것은 용납될 수 없는 일이라고 비난받는 것은 당연하다.

이외에도 TPP는 공기업, 규제 일관성 등에 대한 장이 추가돼 있고 투자에 대한 규정에 있어서도 여러 부분이 한미FTA보다도 기업에게 유리하게 강화됐다. 북미자유무역협정이나 한미FTA에서는 투자자가 '기대하는' 이익에 정부 규제가 손해를 끼치면 이를 정부의 몰수라고 간주해서 정부가 보상을 하도록 하는 간접 수용 규정이 포함됐다.

그러나 한미FTA에서조차 "투자자의 기대는 규제가 덜한 부문보다는 규제가 심한 부문에서 합리적일 가능성이 더욱 낮다"고 밝히며 제한을 두고 있다. 그런데 TPP에는 이런 제한도 없다.[12] 다시 말해, TPP는 공기업 전체의 민간 상품과의 경쟁을 무역 장벽이라고 보고 있는 것으로 보인다. 이런 규정은 한국과 같이 공적 국민건강보험과 민영 의료보험이 같은 영역을 두고 경쟁하거나 공적 의료보험이 적용되지 않는 본인 부담 의료비 영역의 실손형 민영 의료보험이 광범하게 판매되고 있는 나라에서는 공적 건강보험의 보장성 강화가 곧 보험회사 상품에 대한 규제 강화나 간접 수용으로 TPP 위반이 될 가능성이 더 커진다. 즉, 공적 건강보험의 보장성 강화나 재정 절감 노력이 TPP 위반이라고 '투자자-국가 소송제(ISD)'로 끌고 갈 수 있는 데다가 기업이 이길 가능성이 한미FTA보다 더 높은 협정이라는 것이다.

한국은 이런 TPP에 공식적으로 가입 의향을 표명했으며 올해 4월 오바마 방한 때 TPP 가입 조건과 가입 절차가 논의될 것이다.

경제자유구역의 영리병원 허용 시도

4월 11일 총선 직후인 4월 17일 국무회의에서 '경제자유구역 지정 및 운영에 관한 특별법 시행령 개정안'이 의결됐다. 이후 4월 30일 보

---

12 '퍼블릭 시티즌', 2012년 6월 13일.

건복지부가 이 시행령에 따른 경제자유구역 내 외국인 영리병원에 대한 '규칙제정안'을 입법 예고했다. 이후 10월 29일 대통령 선거를 2달도 남기지 않은 상태에서 보건복지부가 시행규칙을 공표했다. 이로써 경제자유구역 내 영리병원 허용의 법률적 제도적 조치는 완비된 상태가 됐다.

한미FTA는 제주특별자치도와 경제자유구역의 의료기관과 약국을 한국 정부가 자유재량으로 할 수 있는 영역(미래 유보)에서 제외했고 이 지역의 영리병원의 경우 한국 정부의 영리병원 허용 제도 또는 허가된 영리병원은 역진 방지 대상이 된다.

결국 이명박 정부는 제주도와 경제자유구역 내 영리병원 허용을 위한 법률 개정을 시도했으나 여론의 반대로 가능하지 않자 시행령과 시행규칙을 개정하는 방법으로 이를 허용했다. 여론조사에 따르면 영리병원 허용에 대해 약 70퍼센트의 반대 여론이 있음에도 불구하고 총선 직후와 대통령 선거 직전에 이런 조치를 취한 것은 한미FTA의 역진 방지 제도가 정권 말기의 이런 조치를 촉진한 것으로 볼 수 있다.

또한 그 시행령과 시행규칙의 내용을 보면 당시까지 허용되지 않았던 국내 영리병원을 우회적으로 허가해 주는 내용으로, 외국 의료기관이라는 이름 아래 허가되는 영리병원은 투자 지분 중 50퍼센트를 국내 기업이 투자 가능하며 내국인도 진료할 수 있는 병원이고 외국 의사 면허 소지자는 10퍼센트로 한정했고 국내 환자 진료 제한 규정이 없다. 다시 말해, 사실상의 국내 영리병원 허용 법안이라 할 수 있다.

인천 경제자유구역 영리병원(송도 국제병원)의 우선 협상 대상자는 일본 다이와증권, 삼성물산, 삼성증권, KT&G가 참여한 컨소시엄이었다. 이는 한미FTA가 사실상 최초의 국내 영리병원, 그것도 삼성 영리병원을 허용하는 구체적 정책을 추진하려 했음을 보여 줬다. 실제로 박근혜 정부 초대 보건복지부 장관인 진영 장관은 인사청문회에서 "녹색 기후 기금 등 국제기구 유치, 외국인 투자 유치 활성화 등을 감안해 송도 지역에만 시범적으로 설립하는 것이 필요"하다고 의견을 밝혔다.

이에 더해 2013년 이명박 정부는 충청북도와 강원도에 2개 경제자유구역을 더 지정해 현재 경제자유구역은 전국에 분포하게 됐다(2013년 2월 4일 현재).

인천 경제자유구역에서는 인천 노동·시민단체의 저지 운동과 민주당의 영리병원 허용 불가 방침에 따라 현재 영리병원 설립이 보류된 상태로 비영리 국제병원의 설립 추진이 논의됐다. 그러나 이런 비영리법인 병원 형태의 국제병원은 기획재정부의 반대로 추진되지 못하고 있다. 말하자면 기재부의 방침은 국제병원은 오직 영리병원 형태로만 가능하다는 것이다. 이런 기재부의 방침은 실제로 병원이 설립되지 않았음에도 규정만으로 영리병원 설립이 비영리병원 설립으로 되돌아갈 수 없다는 것을, 즉 역진 방지 조항이 어떻게 작동하는지를 잘 보여 주는 사례다.

제주도에서는 중국 CSC그룹의 싼얼병원이 제주한라병원과 업무 협약을 맺고 줄기세포 치료를 위한 영리병원 신청을 했고 제주도는 보건복지부 장관의 승인을 요청했다. 보건복지부는 6개월간의 검토 끝에 "싼얼병원은 최초로 설립 신청된 투자 개방형 의료기관으로 신중한 검토가 필요하며 신중한 검토가 필요한 이유로 줄기세포 시술에 관심이 높은 CSC 측에 대한 관리·감독이 어렵다는 점"을 지적하면서 제주한라병원과의 공조가 파기된 것 등을 이유로 승인을 보류했다(2013년 8월 22일). 싼얼병원은 응급 상황에 대처하기 위해 제주한라병원과 진료 협력 양해각서MOU를 맺었으나 제주한라병원이 7월 26일 이를 파기하고 공조를 거부했다.

그러나 제주도는 싼얼병원이 줄기세포 시술을 보류하겠다는 입장을 표명했다며 재승인을 요청하겠다고 밝혔다. 또한 정부가 2013년 12월 13일 발표한 4차 투자 활성화 대책의 보건의료 분야에는 병원 부대사업의 확대 분야에 바이오산업 연구와 응용이 부대사업으로 예시돼 있어 줄기세포 치료가 승인 보류의 이유가 될 수 있을지가 의문시된다.

다른 한편 2014년 박근혜 대통령은 혁신경제 3개년 계획을 발표하면서 경제자유구역의 영리병원에 대한 규제 완화를 밝혔다. 이미 국내 자본이 50퍼센트까지 참가할 수 있고 외국인 의사는 10퍼센트면 충분하고 국내 환자 진료 제한이 없는 상태에서 규제를 더 완화하겠다는 것은 국내 자본 50퍼센트 규정과 외국인 의사 10퍼센트 규정을 더 완화하겠다는 것인데 이는 사실상 국내 영리병원 허용 추진이라고 할 수 있다.[13] 이미 전국의 8개와 제주도까지 9개 지역에 걸쳐 경제자유구역이 존재하고 이 중 3개 지역은 인천, 대구, 부산 등 광역시까지 포함돼 있는 상황에서 사실상의 전국 범위에 걸친 영리병원의 허용이라 할 수 있다.

---

13 물론 이 병원은 건강보험 당연지정제의 예외 병원이라는 점이 다른 점이다.

의약품과 의료기기를 둘러싼 제도의 변화

1. 의약품·의료기기 독립적 검토절차

2011년 12월 2일 '국민건강보험 요양급여의 기준에 관한 규칙'이 일부 개정되고 '독립적 검토절차 운영규정'이 제정·공포돼 한미FTA 발효와 더불어 독립적 검토절차가 운영되기 시작했다. 이 독립적 검토절차의 운영은 한미FTA 발효 후 허가·특허 연계가 3년간 유예됨으로써 실질적으로 작동하는 중요한 제도 변경의 하나가 됐다.

이 독립적 검토절차는 한미FTA 부속서한에서 독립적 검토기구라고 명시된 바가 있다. 실제로 '독립적 검토절차 운영규정'은 8개 단체에서 추천한 30명 이내로 구성되게 했고 현재 8개 단체는 대한의사협회, 대한약사회, 대한병원협회, 한국병원약사회, 대한치과의사협회, 한국보건경제정책학회, 보건의료기술평가학회, 한국소비자단체협의회로 구성됐다.

독립적 검토절차 자체의 존재가 이미 정부의 결정 권한의 약화를 뜻하며 검토절차의 주체가 비록 제약 회사와 의료기기 회사 자체는 배제됐다고 하나 그 영향을 받을 수밖에 없는 관련 이익단체와 의료 전문가 단체들 위주로 구성돼 정부의 결정 권한의 약화와 제약·의료기기 회사의 영향력 증대가 기대되고 있다.

독립적 검토절차는 실제로는 2012년 8월 이후부터 운영됐는데 의약품의 경우 아직까지 독립적 검토기구에 이의 신청을 한 제품이 없는 것으로 알려졌다. 이는 미국이 의약품에 대해 의료기기와 마찬가지로 보험 등재(적용) 여부와 범위(보험 적용 의약품 용도), 약가 결정을 독립적 검토기구에서 해야 한다고 주장하고 있기 때문이며 다른 한편 독립적 검토절차에 제약·의료기기 기업이 직접 참여해야 한다는 문제 제기를 하고 있는 것과 관련이 있어 보인다.

반면 의료기기의 경우는 독립적 검토기구가 가격 결정과 보험 등재 여부와 범위 결정을 하고 있다. 이 때문에 의료기기에 대한 독립적 검토기구의 심사가 매우 활성화됐다.

우선 독립적 검토기구가 원심 번복 결정을 내리고 이에 따라 심사평가원(치료재료위원회)이 독립적 검토기구의 결정에 따라 의료기기의 가격 인상을 결정한 예가 발생했다(미국 아큐메드사의 아큐트랙). 보건의료단체연합이 추적한 바에 따르면 이런 가격 인상 결정은 과학적·학문적 근거 없이 정형외과학회의 추천서에 기인한 것으로 원심 번복이 없다던 정부의 주장이 사실이 아니며 독립적 검토기구가 공정한 민간 기구라는 것도 사실이 아니라는 것을 보여 주고 있다. 이 결정은 심평원의 가격 인상 결정이 근거가 부족해 최종 결정 기구인 보건복지부에서 가입자 단체들의 반대로 재심을 하는 상황에 있다.

더 큰 문제는 정부의 가격 결정에 반대하는 기제로 의료기기 회사들이 독립적 검토기구를 활용하고 있다는 점이다. 2012년부터 2013년까지 복지부는 의료기기에 대한 가격 결정을 다시 해서 가격을 전체적으로 6.2퍼센트 인하한 바 있는데 가격이 조금이라도 인하된 의료기기는 올해 4월까지 모두 독립적 검토기구의 재심을 신청해 67개 치료 재료 회사에서 무려 2670여 개의 치료 재료를 독립적 검토위원회에 제출했다. 이는 독립적 검토기구가 정부의 결정을 무력화하거나 정부의 결정 과정을 사실상 민간 기구에서 다시 한 번 재심하는 결과, 즉 민간 심사평가원이 하나 더 생기는 문제가 발생하고 있다.

추후 미국무역대표부 혹은 미국 대사관의 의약품에 대한 요구가 받아들여지고 제약 회사나 의료기기 회사들이 독립적 검토기구에 참여하게 되면 이런 보험 적용 여부와 가격 결정의 민영화는 더 명확해질 것으로 보인다.

2. 허가·특허 연계제 도입

정부도 가장 큰 국민 부담을 초래할 것으로 판단한 허가·특허 연계는 제약사에 대한 통보만 제도화됐고 본격적 제도 시행은 발효 후 3년 이후로 미뤄져 있다. 즉 한미FTA 분야의 의약품에 대한 본격적 조치는 아직 시작되지 않았다고 볼 수 있다.

현재 정부는 시행까지 1년이 남은 이 조치에 대한 이행 법안을 준비 중인 것으로 알려져 있다. 남희섭 변리사에 따르면 현재 정부는 허가·특허 연계 이행 법안 내용으로 첫째, 제네릭 의약품에 180일 독점권 또는 1년 독점권을 주는 안을 추진하려 하고 있다.[14]

이는 특허 제약사와 제네릭 제약사 간 역지불 합의를 제도적으로 조장하는 것으로 정부는 공정거래법을 통한 규제로 충분하다고 하지만, 미국의 예를 봐도 알 수 있듯이 사기업들 간의 이면 합의를 모두 적발하기는 어렵다. 더 중요한 점은 특허청의 잘못된 행정처분으로 인한 피해를 모든 국민에게 전가하고, 그 이익은 첫 제네릭을 만든 사기업에게 몰아준다는 것이다. 결국 정부 규제가 아니라 시장을 통해 해결하는 시장만능주의적 해결 방안이라는 것이 문제다.

---

14 아래의 정부에서 준비 중인 허가·특허 연계 이행 법안의 내용과 비판은 남희섭 변리사의 미출간 원고에 따른 것이다.

따라서 잘못 등록된 특허가 허가·특허 연계 제도에 등재돼 있는 경우 이 잘못을 바로잡는 구실은 공적으로 처리해야 한다. 가령 식약처 내에 의약품 특허 재평가 기구를 두고 여기서 등재된 의약품 특허의 유효성 여부를 검토하고 무효 가능성이 있으면 무효 심판·소송을 제기할 수 있도록 해야 한다.

또한 정부는 제도 악용에 대한 처벌 규정을 두지 않으려고 하고 있는 것으로 알려져 있다. 그러나 가령 특허 등재 후 제네릭을 상대로 소송(일명 paragraph IV 소송)을 특허권자가 제기하는 경우 제네릭 허가를 지연시키기 위한 목적으로 소 제기를 하지 않는다는 선서를 하게 하고, 거짓 선서를 하면 처벌 또는 배상 책임을 지우도록 할 필요가 있다. 이는 호주에서 이미 시행하고 있다.[15]

민영 보험사의 병원과의 연계 추진 가속화

민영 보험사들이 여러 경로를 통해 병원과 직간접적 계약을 맺으려고 시도하고 있다.

첫째, 민영 보험사들은 건강보험심사평가원 및 건강보험공단과 각각 2012년과 2013년에 양해각서를 체결해 보험 사기 용의자들에 대한 자료를 공유하기로 했다. 이는 건강보험과 민영 의료보험이 개인 질병 정보를 공유하는 것으로 비판을 받아 건강보험공단은 업무 시

---

15 남희섭, "약사법 일부개정법률안에 대한 검토의견", 보건복지부 공청회 발표자료, 2011년 10월 31일.

행을 내년으로 연기한 상태다. 이는 한미FTA를 전후해 보험업법 개정으로 추구하던 사안으로 보험업법 개정 없이 개인 질병 정보의 공·사보험 공유를 추진하고 있는 것이다. 건강보험공단은 시민사회 단체의 비판이 제기되자 이런 질병 정보 공유 방침을 바꿔 2014년부터 추진하는 것으로 했으나 여전히 추진 의지를 바꾸지 않고 있다.

둘째, 박근혜 정부는 이명박 정부 말, 즉 한미FTA 시기에 건강관리서비스법이 국회에서 통과되지 못하자 건강생활서비스법으로 이름만 바꿔 재추진 중이다. 이는 영리기업인 건강관리서비스기관을 모체로 보험회사와 병원이 연계되는 미국형 모델을 시도하는 것이다.[16]

이렇게 되면 보험회사는 미국식 건강유지조직HMO을 통해 병원을 실질적으로 지배할 수 있게 된다. 이런 건강관리서비스법은 현재 원격의료와 함께 박근혜 정부가 지속적으로 추진 중인 사업이다. 이런 건강관리서비스를 추진하려면 원격의료가 필요한데 박근혜 정부가 원격의료를 추진하려는 이유가 여기에도 있다.

마지막으로 보험회사가 병원 환자의 공급을 위한 호텔업에 진출할 수 있도록 의료법 개정안을 국회에 제출하고 관광진흥업법 시행령을 통과시켰다. 이는 비록 외국인 관광객 유치를 위한 병원호텔업(메디텔)의 모양을 하고 있지만 실제로는 이 의료호텔업을 보험업자가 개설할 수 있도록 하고 의료호텔에 입주할 수 있는 환자를 내국인 환자도 받게 함으로서 실질적으로 보험회사에게 환자 알선 유치 행위를 허용하려는 제도적 조치다. 이 효과가 어느 정도일지는 모르겠으나 이 또한 병원과 보험회사의 연계를 허용하는 행위인 것은 분명하다.

---

16 보험연구원, "건강생활서비스법 제정(안)에 대한 검토", 2012년 12월.

실제로 보험회사들의 연구 단체인 보험연구원은 "민영 의료보험은 2012년 3월 15일 자로 발효된 한미FTA의 금융 서비스 분야 협정의 적용을 받는다"고 하면서 "금융 서비스 분야에서는 국내에 진출한 미국계 보험회사가 취급하는 건강보험이 자유무역협정의 적용 대상이 되므로, 미국계 보험회사가 당연지정제 폐지와 요양기관에 대한 심사 권한을 요구할 가능성"도 있으며 "당연지정제는 법정 사회보장제도를 구성하는 활동이나 서비스에 대한 유보 조항 때문에 분쟁의 소지가 적지만, 보험회사의 요양기관에 대한 심사 권한의 경우 미국계 보험회사가 자신의 이익에 상당한 영향을 준다고 판단하게 되면 '투자자-국가 소송제'의 제소 대상이 될 수도 있"다고 서술한다.[17]

이에 따라 보험연구원은 "금융 서비스 분야에서의 자유무역협정 내용은 보험회사에게 의료 제공자에 대한 심사 권한을 제공하는 방향으로 전환될 가능성이 높아지고 … 보험회사들은 민영 의료보험의 제3자 지불 제도 등 심사권을 이용할 수 있는 제도적 장치나 경영상의 장치를 준비할 필요가 있을 것으로 판단"된다고 하고 있다.

이런 보험연구원의 보고서와 실제 정부가 추진하는 일련의 움직임은 정부가 추진하는 보험 정보의 공유와 보험회사의 직간접 의료기관 심사 등 직접 계약 허용 등의 움직임을 가속화하는 움직임이 실질적으로 보험 자본의 의지이고 이것이 한미FTA를 통해 더욱 가속화되고 있음을 보여 주는 것이라 할 수 있다. 또한 올해 초에는 보험 정보원 설립을 통해 심사평가원을 통한 공적 건강보험 정보, 즉 개인 질병 정보의 민영 의료보험회사와의 공유를 추진한 바도 있었다.

---

17 보험연구원, "한·미 자유무역협정(FTA)과 민영 의료보험시장의 변화", 2012년 6월.

결론을 대신해

한미FTA를 평가하기에는 2년은 매우 짧은 기간이다. 예를 들어 호주의 경우 특히 의약품의 가격을 높이는 의약품 관련 제도가 개악된 것은 미·호주FTA 발효 3년 이후인 2008년이었다.

그러나 한국의 경우 아직 2년이 채 지나지 않았는데도 '한국 정부의 FTA 후속 조치로서의 자발적 민영화 조치와 한미FTA의 결합'이라는 '악몽의 조합'이 벌써부터 가장 큰 정치 현안으로 대두되고 있다. 의료, 철도, 가스 등 공공 부문 민영화가 그것이다.

한미FTA는 현재 진행형인 한국 사회 내부의 문제다. 한미FTA는 2년째인 현재 벌써부터 기업의 권한을 강화하고 규제를 완화해 의료 분야에서도 이른바 '비관세장벽'인, 자본의 수익성을 방해하는 공적 의료 제도의 훼손을 초래하는 의료 민영화로 나타나고 있다.

여기에 더해 정부는 TPP 가입까지 추진하고 있다. 그러나 의료 민영화를 둘러싼 사회적 운동이 현재 진행되고 있는 것처럼 한미FTA의 피해를 최소화할 가능성이 존재한다. 마찬가지로 더 이상의 피해를 막기 위해서는 TPP 가입이나 한·중FTA 추진을 막는 것이 지금 필요하다.

촛불운동 2기, 민주주의, 반신자유주의 운동

2008년 한국 사회를 뒤흔들었던 촛불운동은 7월 초부터 소강상태로 접어들었고 이명박 정부의 탄압이 시작됐다. 2008년 8월 《마르크스주의 연구》 제5권 제3호에 실린 이 글은 촛불운동의 한가운데에서 운동을 조직했던 필자 자신의 평가를 담고 있다.

신자유주의 공세의 전면화와 촛불항쟁

8월 11일 정부는 1차 공기업 민영화 방안을 발표했다. 41개 공기업을 선진화하는 방안으로 애초의 33개 공기업 선진화 방안에서 일부 확대된 것이다. 정부의 공기업 민영화 방안이 기대에 못 미친다는 "재계의 반응"에 대한 대응으로 며칠 만에 그 대상이 확대된 것이다. 여기에 정부는 8월 중에 확대된 공기업 민영화 방안을 발표할 것이라는 계획까지 내놓았다.

이명박 정부는 7월 30일 서울시 교육감 선거의 승리와 미국 정부의 독도 한국령 표기 회복과 8월 5일 부시 방한을 국면 반전의 계기로 삼기 위해 모든 역량을 집중하고 있다. 8월 5일 KBS에 대한 감사원 결정, 8월 8일 경찰의 KBS 투입과 KBS 이사회의 사장 해임 의결, 그리고 8월 11일 이명박 대통령의 KBS 사장 해임 결정 과정을 보면 그 속도는 놀라울 정도다. 촛불항쟁에 대한 반격을 넘어 이명박 정권의 신자유주의 정책이 본격적으로 강행되고 있는 것이다.

6월 19일 대통령의 두 번째 사과, 6월 26일 고시 강행, 6월 28~29일 경찰의 폭력 진압과 7월 5일 광우병국민대책회의 집행진에 대한 체포영장 발부에 이어 이명박 정권은 촛불항쟁을 진압하기 위해 국가의 탄압 기제를 총동원했다.

이명박 정권의 일련의 공안 탄압은 촛불운동의 배후가 국민대책회의이고 비판적 언론과 인터넷을 통해 이들의 영향력이 강화돼 촛불운동이 확대되고 있다는 나름대로의 '합리적' 근거에 기초한 것이다. 광우병 괴담의 진원지인 〈PD수첩〉에 대한 표적 검찰 수사와 언론중재위 사과 결정, 〈시사투나잇〉에 대한 언론중재위 경고 등 언론 탄압과 인터넷 방송사 아프리카TV의 사장 구속, 조중동 불매운동 인터넷 카페 운영진에 대한 수사, 인터넷 포털 매체 등에 대한 다양한 압박 등 인터넷 재갈 물리기가 이런 판단에 의해 이뤄져 왔다.

다른 한편으로는 거리의 촛불에 대한 직접적인 물리적 폭력이 함께 자행됐다. 6월 28~29일 하룻밤 동안 거리 시위에서 대책회의가 집계한 부상자만 100여 명이 넘는다. 이들 중 80퍼센트 이상이 머리 부위의 부상이고, 머리 부상의 반 이상이 후두부, 즉 머리 뒷부분의 부상이다. 한마디로 경찰의 원초적 폭력이 자행된 것이다. 6월 29일 이후 경찰은 시청 광장을 원천 봉쇄했다. 7월 5일 50만 명의 2차 대규모 시위 이후에도 시위에 대한 원천 봉쇄, 촛불시위 참가자들에 대한 폭력적 진압이 계속됐다. 8월 5일 집중 집회 하루에만 연행자가 160명을 넘었고, 연행자 한 명당 2만 원, 구속자 한 명당 5만 원이라는 노예 사냥 포상금까지 내걸었다. 8월 11일까지 연행자는 1000

명이 넘었고 구속자는 20명이 넘었다. 그리고 대책회의 집행진 8명이 수배 중이다.

그러나 국가가 동원할 수 있는 모든 억압과 설득의 기제, 즉 검찰·경찰·감사원·사법부·언론까지 동원했음에도 촛불항쟁은 진압되지 않았다. 극심한 탄압에도 불구하고 7월 17일과 8월 5일 집중 집회에 여전히 수많은 시민이 참여한 사실은 이를 여실히 보여 준다. 조중동 불매운동도 여전히 계속되고 있고 이명박의 지지율은 20퍼센트 밑으로 떨어져 반등할 기미를 보이지 않는다.

현재 국면은 이명박 정권이 노골적 폭력과 탄압 기제를 총동원해 정권을 유지하면서, 자신의 노골적 신자유주의적 정책을 추진하려 시도하고 있는 상황이다.

촛불항쟁은 무엇인가?

많은 식자들이 촛불항쟁에 대해 다양한 해석을 내놓았다. 대중이 광장으로 나와 그 열기가 분출되고 있던 바로 그때 대중의 직접민주주의는 대의민주주의에 대한 대안이 될 수 없다는 때 이른 해석부터 새로운 문화적 현상이라는 지적, 생활정치의 시작이라는 지적, 대중의 자발성에 대한 놀라움 등이 제기됐다. 필자는 이에 대해 몇 가지 점만을 비판적으로 지적하고자 한다.

우선 촛불항쟁은, 여러 사람이 지적했듯이, 대중의 자발성의 폭발적 분출이었다. 그런데 이는 역사적으로 거대한 모든 대중투쟁의 특징이었고 앞으로도 그럴 것이다.

지난 주말 밤 광화문 사거리. 청와대로 향하는 모든 길목이 잠겼다. 닭장차 방벽과 인간 자물쇠. 그 폴리카보네이트 방패 앞에 교복 입은 여고생과 하이힐 신은 아가씨가 맞서 있다. 도무지 생경한 그림이다. 그들이 외친다. "비폭력, 비폭력." 그러나 되돌아오는 건 물대포. 사람들이 쓰러진다. 받아치는 구호. "온수! 온수!" 기왕이면 따뜻한 물 뿌리란다. 경찰이 확성기를 잡자, "노래해, 노래해"가 울려 퍼진다. 경고방송 나오자 이번엔 "개인기, 개인기"를 주문한다. 미치겠다. 화나는데 웃겨서.[18]

닭장차 투어를 진짜로 실천에 옮긴 사람들이 있었고,[19] 국민토성을 쌓으려는 사람들의 끝도 없이 이어지는 긴 행렬이 있었다. 놀라운 대중의 자발성이었다. 그러나 이런 자발성을 대중운동의 폭발로 해석하지 않고 진보운동 진영의 지도력 부재나 새로운 문화적 현상, 또는 여성의 새로운 주체로의 등장이라고 보는 관점은 모두 일견 타당하지만 촛불항쟁이 거대한 대중운동이고 그것이 필연적으로 지향하게 되는 변혁운동의 일부라는 관점이 결여돼 있다는 점에서 한계를 가진다.

마르크스에 훈련된 역사가가 늘 염두에 두고 있는 계급투쟁은 조야하고 물질적인 것들을 얻기 위한 싸움이다. 하지만 이런 그것들 없이는 고상

---

18 김어준, "물대포에 '온수!' 화나는데 미치겠다, 웃겨서", 〈한겨레〉 2008년 6월 3일자.

19 대책회의 홈페이지에는 닭장차 투어를 진짜로 하면 공무집행방해죄가 성립한다는 대책회의 상황실의 진지한 경고문이 올라와 있다.

하고 정신적인 것들이 존재할 수 없다. 그럼에도 고상하고 정신적인 것들은 계급투쟁에서 승리자에게 떨어지는 전리품의 모습과는 다르게 나타난다. 그것들은 계급투쟁에서 용기와 해학, 기지, 그리고 불굴의 정신으로 나타나는 것이다. 그것들은 과거를 돌이켜보는 힘을 지니고 있으며 지배자들이 거둔 과거와 현재의 모든 승리에 대해 끊임없이 의문을 제기할 것이다.[20]

"계급투쟁에서 용기와 해학, 기지, 그리고 불굴의 정신"이야말로 역사적으로 전 세계적인 거대한 사회투쟁에서 빠짐없이 나타나는 것이고 이는 우리 사회의 거대한 사회운동, 예를 들어 광주항쟁이나 6월항쟁에서도 드러났다. 매번 새롭지만 사실 모든 역사 속 거대한 대중운동의 특징이 바로 이런 놀라운 대중의 자발성이다. 이에 대해 운동가들은 매번 그 폭발적 힘에 대해 찬탄할 수밖에 없다. 그러나 이에 대해 단순한 찬양에 그치거나 그 자발성의 방향 없음에 대해 외부로부터 정치를 설교하는 방식으로 접근해서는 안 된다는 것 또한 역사적 운동의 교훈이다. 자발성과 의식적 지도에 대한 그람시의 통찰력은 촛불운동에 중요한 시사점을 던져 준다.

토리노의 운동은 '자생주의적'이라는 비판과 '주의주의적'이라는 비난을 동시에 받았다. … 이런 모순적 비난을 분석해 보면 그것은 단지 그 운동에 주어졌던 지도가 추상적이지 않았다는 사실을 증명해 줄 뿐이다. 그 지도는 과학적 혹은 이론적 공식을 기계적으로 답습하는 것도 아니었고

---

20 발터 벤야민, "역사철학테제 4", 《발터 벤야민 선집 5》, 도서출판길, 2008.

실제 정치 행동을 이론적 논문과 혼동하지도 않았다. 그것은 특정한 역사적 관계 속에서 형성돼 특정한 감정, 관점, 단편적 세계관들을 갖고 있는 현실 인간들에게 적용됐다. 그런 관계는 주어진 물질적 생산조건과 이질적 사회 요소들의 '우연적'이고 '자생적'인 결합의 결과였다. 이런 자생성의 요소는 무시되지 않았고 하물며 경멸받는 일은 더욱 없었다. 오히려 현대이론[마르크스주의]에 따라 그것을 교육하고 지도하고 외생적 의도들을 씻어 냈다. 지도자들 자신이 운동의 '자생성'을 이야기했으며, 그것은 옳은 일이었다. 이런 주장은 자극제였고 강장제였으며 심오한 통일의 요소였다. … 이는 대중에게 자신이 역사적이고 제도적인 가치들의 창조자, 국가의 창건자가 된다는 '이론적' 의식을 지니게 해 줬다. '자생성'과 '의식적 지도'와 '규율'의 통일이야말로 하위계급들의 진정한 정치 행동이다.[21]

예를 들어 촛불항쟁은 몇 번의 중대한 고비를 거치면서 진화하고 스스로를 발전시켰는데, 그 첫째 고비는 광장에 머물러 있던 집회가 거리 시위로 발전할 때였다. 5월 24일 대중은 거리로 진출했다. 대중의 일부는 이미 거리행진을 시도하고 있었고 일부 급진 좌파 그룹이 거리 시위를 준비했다. 그때 단상에서 "지금 광화문으로 거리행진이 시작되고 있습니다. 거리행진을 원하시는 분들은 광장 뒤쪽으로 거리행진에 참여해 주십시오"라는 '안내방송'이 있었고 일부 급진 좌파 그룹과 노조와 진보정당의 깃발을 앞세운 거리행진이 시작됐고 대중

---

21 A Gramsci, *Selections from the Prison Notebooks*, London: lawrence and wishart, 1971.

이 이를 따랐다. 대중은 광장 안에 갇혀 있는 것을 답답해하고 있었고 더 넓은 곳에서 자신의 주장을 알리고 싶어 했으며 자신의 위력을 확인하고 싶었다. 그리고 이미 이런 거리행진이 부분적으로 시작되고 있었다.[22] 이는 이번 촛불항쟁에서도 확인된 '자발성'과 '의식적 지도'가 결합된 수많은 예들 중의 하나다.

그러나 이런 시도는 곧바로 공격을 받았는데 이런 첫 거리행진 뒤에 열린 국민대책회의 운영위에서는 일부 인사들이 행진을 '선동'한 인사에게 대책회의의 입장도 아닌데 거리행진을 유도했다고 공개 비판을 했다. 다른 한편 이런 지도는 이른바 '확성녀' 논란을 빚었는데 행진을 주도한 일부 급진 좌파 그룹은 "너희가 무언데 지도를 하는가" 하는 공격을 다른 좌파 그룹으로부터 받기도 했다. 행진을 주도한 그룹의 명단이 아고라 게시판에 사진과 함께 게재되기도 했다.[23] 대중의 자발성을 무비판적으로 따라갔다는 비판과 주의주의적 지도를 자임했다는 비판을 동시에 받았고, 이와 동시에 정권의 탄압 표적이 됐다. 자발적 운동의 일부이자 그 운동의 가장 의식적 일부, 즉 의지적 지도를 제공하는 일부가 되려는 운동가들이 역사적으로 감수해야 했던 비판이 또 한 번 반복됐다. 그러나 집회 후 거리행진은 이후 촛불운동의 확대 발전의 중대한 고비였고 이를 고비로 촛불운동은 진정한 대중운동으로 한 발 더 나아갔다.

자발성은 문화적 분석 대상으로 끝날 문화적 현상은 결코 아니다. 또 찬탄의 대상으로 그칠 일도 아니며, 외부에서 일방적 지시를 하

---

22 아고라 폐인들,《대한민국 상식사전 아고라》, 여우와두루미, 2008.
23 이명박 정권이 고용한 이른바 '알바'들의 공작이 개입됐을 가능성이 매우 크다.

는 대상도 될 수 없다. 특히 지금이야말로 자발성에 대한 면밀한 분석이 필요한 시점이다.

촛불 소녀들의 순전히 자발적인 움직임으로 출발한 듯이 보이는 촛불운동이 5월 2일 시작한 것도 순전한 자발성에 기초해 있다고 볼 수는 없다.

수습기자들과 회식을 앞둔 어느 저녁, 〈프레시안〉 편집국 전화가 울렸다. MBC 〈PD수첩〉 팀이 건 전화다. 수화기 너머에서 이날 〈프레시안〉에 게재된 기사에 관한 질문이 넘어왔다. 기사 내용은 인간 광우병 증세를 보이던 22세 미국 여성이 사망했다는 것. 외신에 보도된 내용인데, 〈프레시안〉을 제외한 국내 언론은 모두 무시했다.
통화 내용을 잊어버렸을 즈음, MBC 〈PD수첩〉이 광우병을 다뤘다. 반가웠다. 지난 5년 동안, 〈프레시안〉은 광우병의 위험에 대해 꾸준히 보도해 왔다. 하지만 다른 매체들은 별 관심이 없었다. …
모두가 알고 있듯 반응은 폭발적이었다. 온라인 게시판에는 온갖 종류의 '광우병 괴담'이 떠돌았다. 진짜 '괴담'도 있었지만, '괴담'이라는 누명을 쓴 진실이 더 많았다. '이런 반응이 과연 오래갈까?' 반신반의했다. 2003년 말, 미국에서 광우병 감염 소가 발견되면서, 미국산 쇠고기 수입이 금지됐다. 하지만 미국 축산업계와 이들의 로비를 받은 미국 정부는 한국 정부에 끊임없이 수입 재개 압력을 넣었다. 이런 과정을 줄기차게 보도했지만, 언론 대부분과 정치권은 별 반응이 없었다. … 그래서 지난 5년 동안 미국산 쇠고기 문제는 소수 활동가만의 관심사였다. … 이런 경험 탓에 온라인에서 일어나는 폭발적인 반응을 접하면서도 '곧 시들해지겠거니' 했다. 하지만 오판이었다. 10대 청소년이 촛불을 들고 거리에 나서리

라곤 전혀 상상하지 못했다.[24]

2008년 1월 31일 필자도 전화를 받았다. 모 방송국에 있는 사람이었다. '휴메인 소사이어티'라는 미국 단체가 다우너 소 도축 장면을 최초로 잠입 취재한 그 동영상이 최초로 공개됐다는 것이다. 이 동영상을 몇몇 단체가 인터넷으로 옮겨 날랐고 〈PD수첩〉이 이를 방송하기 전에도 이 동영상은 방송에서 여러 번 다뤄졌다. 그리고 미국의 인간 광우병 의심 환자와 '휴메인 소사이어티'의 다우너 소 동영상, 이 두 내용이 4월 30일 방영된 〈PD수첩〉의 주된 내용을 이뤘다.

이런 사실을 말하는 이유는 광우병 문제가 대중의 관심으로 떠오르게 된 계기 자체도 결코 자연발생적으로 이뤄진 것이 아니라는 점이다.

여기서 또 하나 중요하게 지적돼야 할 점이 있는데 그것은 광우병 문제가 한국 사회운동에서 다뤄져 온 사회적·역사적 맥락을 볼 필요성이다. 이는 현재의 촛불항쟁과 반신자유주의 운동의 관계다.

둘째, 광우병 문제로 촉발된 촛불항쟁은 한국에서 최초로 전개되는 대중적 반신자유주의 운동이다. 지금 우리는 거리에서 폭발적으로 진행 중인 반신자유주의 운동을 보고 있다.

어떤 사람들은 거리의 시위에 대비시킨 '생활밀착형 운동'이라는 낡은 '신조어'를 말하면서 이것이 필요한 때라고 말하기도 한다. 또 광우병 문제를 개인적 웰빙 문제에서 촉발된 '먹거리 문제'만으로 보

---

24 "'광우병 동맹'을 고발한다: (광우병 사태 5년의 기록) 광우병 미국소 발견부터 6·10촛불항쟁까지", 〈프레시안〉 2008년 6월 11일.

는 사람들도 있다. 그러나 이는 문제를 너무 협소하게 보는 것이고 조금 심하게 말하면 지금까지 한국의 사회운동에서 반신자유주의 운동에 아예 참여하지 않았던 사람들에게서 들을 법한 소리다.

애초에 우리 사회에서 광우병 문제가 처음 대중적으로 제기됐던 계기는 2006년 〈KBS스페셜〉에서 광우병 문제를 정면으로 고발한 프로그램이었다. '얼굴 없는 공포, 광우병'이 방송된 후 지금과 비교해 볼 때 그 규모는 작았지만 당시의 사회 상황으로는 노무현 정부의 미국산 쇠고기 수입에 대한 대중적 분노가 상당한 정도로 존재했고 거리 시위가 꽤 큰 규모로 이뤄졌다. 그런데 이 프로그램을 만든 KBS의 이강택 PD가 만든 그 직전 프로그램은 '한미FTA 독인가 약인가'였다. 북미자유무역협정 이후 멕시코의 피폐해진 민중의 삶을 훌륭하게 파헤친 다큐멘터리였다. 다시 말하면 광우병 문제가 대중적으로 제기된 것은 이번이 처음이 아니었고 광우병 문제는 한미FTA의 가장 예민한 문제로 다뤄져 왔다. 또 한미FTA 반대 운동이 일시적 소강상태가 됐을 때에도 가장 끝까지 남은 운동은 광우병 관련 운동이었다.

미국의 광우병 위험 소를 수입하게 된 것도 한미FTA의 4대 선결 조건 중 하나였기 때문이다. 지금 이명박 정권과 노무현 정권 사이의 '설거지' 논쟁은 양측 모두가 진실의 일부를 주장한다. 이명박은 노무현이 맺은 한미FTA 4대 선결 조건의 하나를 완결시키기 위해 미국과 미국 소 수입 조건의 완화를 추진한 것이 맞다. 즉 설거지를 한 것이다. 그러나 그 설거지는 누가 시켜서 한 것이 아니라 자신이 좋아서 한 것이고 게다가 그 설거지를 지나치게 했다. 그런 점에서 노무현 정부가 자신의 책임이 아니라고 주장하는 것도 전혀 일리가 없는 것은 아니다. 그러나 노무현과 이명박이 싸우면 싸울수록 드러나는 것은 두 정권 모두가 범죄자라는 점이다.[25]

그런데 한미FTA는 무엇인가? 그것은 바로 한미 양국 기업에게는 최대의 수혜를 주고 양국 민중에게는 사회적 권리를 박탈하는 무역협정이다. WTO 협정을 통한 신자유주의적 세계화가 어려움을 겪자 2003년부터 미국과 유럽이 이 WTO 협정의 우회로로 도하개발어젠더 협정 추진과 동시에 추진한 것이 바로 자유무역협정이라는 것은 잘 알려져 있는 사실이다.

광우병 쇠고기와 한미FTA는 전혀 상관이 없다던 이명박 대통령은 뼈저린 반성을 한다는 6월 24일 반성문에서 한미FTA 때문에 성급하게 수입 전면 개방을 했다고 고백했다.[26]

한미FTA를 간단히 요약하면 다음의 4가지라고 할 수 있겠다.

첫째, 교육·의료 등 모든 서비스 산업에 대한 규제가 네거티브 리스트 제도가 된다. 즉, 법에 명시되지 않은 모든 서비스 산업 규제가 없어진다.

---

25 양측의 주장을 종합하면 노무현 정부는 3단계를 통해 미국산 쇠고기 수입 전면 개방을 추진하려 했고 이명박 정부는 이 중 한 단계를 생략했다는 사실이 드러나는 것으로 보인다.

26 WTO의 위생 검역 협정이 성립된 역사를 보는 것이 필요하겠다. 제3세계나 사회 단체들은 위생 검역 문제는 WTO의 협정 대상이 될 수 없다고 주장했다. 각국의 검역 주권은 무역 제재나 무역 협상의 대상이 될 수 없다는 주장이었다. 그러나 미국이나 유럽은 자국의 농산물을 제3세계에 수출하기 위해 WTO의 하나의 협정으로 위생 검역 협정을 포함시키면서 타협 조건으로 각국이 국제 기준(예를 들어 그 기준 하나가 국제수역사무국 기준이다)과 상관없이 무역 조건을 규정할 수 있도록 하는 조건을 넣었다. 그런데 유독 한국 정부만 WTO 협정을 체결하면 국제 기준을 따라야 한다고 한다.

둘째, 여기에 래칫 제도, 즉 역진 방지 조항(일명 낙장불입 조항)이 도입된다. 한번 기업 규제를 해제하면 정부가 다시는 규제를 할 수가 없다. 예를 들어 공기업을 민영화했는데 문제가 커서 이를 다시 국유화하는 것은 금지된다. 민영 의료보험에 대한 규제를 푼 뒤 문제가 커서 이를 다시 강화하려 해도 그럴 수 없고, 그린벨트나 수도권 부동산 규제를 풀었다가 문제가 발생해 다시 규제를 하려 해도 이는 불가능하다.

셋째, 투자자·정부 제소 제도가 도입된다. 만일 민영 의료보험회사가 상품으로 팔고 있는 암보험이 있는데 한국의 공적 건강보험이 암에 대한 건강보험의 보장성을 강화하게 되면 이 암보험을 팔고 있는 회사는 시장점유율을 침해당했다고, 즉 간접 수용을 당했다고 한국 정부를 제소할 수 있다. 그리고 이 재판은 한국 재판이 아니라 제3국에서 변호사 3명의 패널에 의해 비공개 단심으로 결정된다. 간단히 말해 앞으로 건강 보장 강화는 물 건너가는 것이다. 한미FTA에서는 한국의 육류 도매시장을 미국에 개방했다. 한국 정부가 미국 수입 위생 조건을 더 강화하려 한다면, 미국 육류 도매상들이 자신의 이익을 침해당했다고 한국 정부를 직접 제소할 수 있게 된 것이다.

넷째, 방송·우체국·전기·수도·철도·가스 등의 공기업 민영화가 한미FTA로 인해 그 길이 활짝 열린다. 한마디로 기업에 대한 규제가 사라지는 것이 바로 한미FTA다. 한미FTA는 한국과 미국의 윈윈게임도 한국과 미국의 한판 싸움도 아니다. 한국과 미국 기업 모두에게 규제를 제거하는 것이며, 서민에게는 민주적·사회적 권리를 제한하는 제도의 전면 도입일 뿐이다. 전경련이나 상공회의소가 미국산 수입 쇠고기 시식회까지 여는 이유가 이 때문이며, 한미FTA를 한국의 재벌들과 조중동이 목숨 걸고 찬성하고 있는 것이 바로 이 때문이다. 이런 한미FTA를 위해 광우병 위험이 있는 미국산 쇠고기를 먹어야 한다고 주장하는 이명박(그리고 노무현) 정권이 이번 촛불운동의 진정한 배후 세력들이다.

그런데 바로 이런 한미FTA가 포괄하는 정책이 바로 이명박 정부가 추진하는 정책이다. 대한민국 1퍼센트만을 위한 내각과 청와대 보좌진 구성부터 시작해서 의료 민영화, 전기·가스·수도 등의 공기업 민영화, 교육 자율화, 대운하, 언론 장악·민영화. 이 5대 의제는 한미FTA의 내용 그대로다. 이른바 광우병을 포함한 6대 의제는 이명박 정부가 제기한 것이기는 하지만 그것은 동시에 한미FTA의 내용이기도 하다. 둘 모두 노골적 신자유주의 정책들이기 때문이다.

미국산 광우병 위험 쇠고기 수입도 마찬가지다. 미국의 광우병 위험 쇠고기 전면 수입 개방이 미국의 거대 농식품 기업들(즉 카길, 타이슨푸드, ADM, 콘아그라)의 이익과 그들의 이익을 옹호하는 미국 정부 그리고 한국의 식품 수입업체들을 위한 정책이었음이 이제 많은 국민에게 드러났다. 그리고 이명박 정부의 정책이 대한민국의 1퍼센트에 해당하는 기업들을 위해 나머지 99퍼센트의 사회적 권리를 박탈하려는 정책임을 알게 됐다.

이 때문에 대중이 의제를 확대해 나가는 과정은 자발적이었을 뿐 아니라 당연히 지금까지 한미FTA 반대 운동부터 이어져 온 신자유주의 반대 운동을 꾸준하게 전개해 온 운동 진영과의 결합 속에서 이뤄졌다. 따라서 한미FTA범국본 운동에서 핵심적 구실을 맡아 왔던 단체들과 인사들이 이 운동에서 핵심적 구실을 맡아 온 것은 하등 놀라운 일도 아니다.

따라서 이 운동이 광우병을 넘어서 이명박 정부의 신자유주의적 정책에 대한 반대와 민주주의를 위한 다양한 요구로 의제를 확장하는 것은 촛불운동의 과제였고 지금의 과제이기도 하다. 이런 의제 확장은 대중의 자발성에 대한 외부에서의 '무리하고 불순하며 의도적인' 조작이 아니다. 이런 주장은 오히려 조중동이나 정부 측의 주장이기도 한데, 그들은 운동이 애초에 '순수한 운동'에서 벗어나고 있다고 말했다. 그러나 운동이 시작된 5월 2일부터 대중은 의료 민영화 반대, 수도 민영화 반대, 조중동 반대, 대운하 삽질 반대, '잠 좀 자자, 밥 좀 먹자' 같은 구호를 외쳤다. '0교시부터 시작하는 학교에서 광우병 쇠고기 먹고 병원에도 못 가고 죽으면 내 뼈를 대운하에 뿌려 다오'라는 최고의 인기 구호를 운동 조직이 만들어 냈는가? 아니다. 그러나 지금껏 사회운동 단체들이 신자유주의에 반대하는 운동을 전개해 왔다는 점에서 이에 대한 답은 '예'이기도 하다.

이처럼 자발성과 의식적 지도는 변증법적으로 결합돼 있는 것이지 이를 기계적으로 분리할 수 있는 것이 아니다. 조직의 이름이 광우병 국민대책회의이므로 광우병만으로 의제를 한정해야 한다고 주장하는 일부 NGO 그룹의 대표자들이나 이를 추수하는 일부 민중운동 그룹의 대표자들은 의식적 지도를 포기한 것은 물론 대중의 '자발성'을 따라가지도 못하고 있다.

촛불운동 2기, 무엇을 할 것인가?

이제 이명박 정부는 쇠고기 추가 협의로 광우병을 마무리 짓는 모양을 내고 교육감 선거의 승리와 독도 문제의 일시적 해결, 그리고 무엇보다도 공안 탄압에 의존해 자신의 신자유주의적 정책을 노골적으로 추진하기 시작하고 있다. 이명박 정부 2기의 시작이다. 이제 우리의 과제는 무엇인가?

촛불운동의 1기, 6·10과 7·5 투쟁으로부터 지금까지 이어지는 운동은 이명박 정권 초기의 6개월 동안 거의 모든 반민주적·신자유주의적 정책을 무력화하거나 약화시켰다는 점에서 그 성과가 적지 않았다. 그러나 지금까지의 촛불운동은 결정적 순간에 부적절한 정치적·조직적 방향 설정으로 운동의 일정한 소강상태를 자초한 바가 없지 않다.

그 첫째는 의제 확대에 있어서의 머뭇거림이다. 1+5의 의제 확대는 앞서 지적한 바와 같이 대중의 자발적 요구였고 촛불운동의 진화 속에서 나타나는 필연적이고 자연스러운 발전이었으며 또한 우리가 의식적으로 추진해야 할 과제였다. 그러나 국민대책회의의 일부 NGO와 일부 민중 그룹의 지도부들은 의제 확대를 주저했고 이를 실천에 옮기지 못했다. 구체적이고 실질적인 의제 확대 방안을 논의해야 할 시점에 오히려 이미 확대된 의제를 축소해야 한다고 주장했다.

6·10 대회 이전에 이미 의제 확대에 합의하고 7월 5일 대회의 요구 사항에 광우병 외에 5대 의제를 포함하기로 했음에도 이런 이들의 태도 때문에 5대 요구는 6·10 대회 때 공개적으로 요구되지도 않았고 7월 5일 대회에서도 불분명하게 제기됐다. 거리에서 100만 명과 50만 명의 대중의 힘을 바탕으로 이명박 정권에게 우리의 요구를 분명히 하고 반민주 정책과 신자유주의 정책의 포기를 분명히 요구했다면 운동은 지금 더 큰 힘을 얻었을 것이다. 이명박 정부가 이 요

구를 받아들였건 아니었건 간에 지금의 상황과 크게 달라졌을 것임은 분명하다.

7월 11일 소집된 광우병 국민대책회의 전국대표자회의에서 일부 NGO 그룹의 대표자들은 의제를 1+5에서 다시 광우병 의제 하나로 한정하자는 의견까지 내놓았다가 이를 다시 철회했다. 그리고 1+5의 의제로 할 것인지 아니면 6대 의제를 동등하게 할 것인지를 둘러싼 표결에서 3 대 1로 전면적 의제 확대에 찬성하는 표가 더 많이 나오자 일부 NGO 그룹과 일부 민중운동 그룹의 대표자들은 '번안 동의'라는 이해하기 힘든 과정을 거쳐 의제 확대를 보류시키는 결정을 강요했다.

둘째는 광우병 대책회의가 이명박 정권과의 대결에 머뭇거린 점이다. 7월 5일을 전후로 운동의 방향을 둘러싼 내부 갈등이 존재했는데 일부 NGO 그룹 대표자들은 '주 1회로 집회를 축소하고, 재협상을 위한 불매운동 중심으로 운동을 재편하며, 이를 위한 국민투표를 제기하자'는 방향을 7월 5일 대회에서 대중에게 제시하자는 의견을 내놓았다. 6월 26일 고시가 강행되고 6월 28~29일 노골적 폭력이 자행되는 상황에서 운동을 후퇴시키자는 이런 주장은 매우 큰 갈등을 불러일으킬 수밖에 없었다. 결국 지난한 논의 과정 끝에 이 쟁점은 7월 5일 이후에 다시 다루기로 했다. 그러나 일부 NGO 대표들은 이런 주장을 계속했을 뿐 아니라 7월 5일의 집회에서 대책회의가 자신의 요구를 대중 앞에서 대중의 권위로 명확히 요구하지 못하는 결과를 낳았다.

이런 태도는 이명박 정권과의 대결을 회피하거나 주저하는 태도로 나타났다. 광우병 국민대책회의는 6월 10일 열흘의 시한을 주고 전면 재협상을 하지 않으면 '퇴진 투쟁을 불사하겠다'는 것을 분명히 했다. 이런 강력한 입장은 이명박 정부가 추가 협상을 할 수밖에 없도록 강제했다. 그러나 19일 이명박 정부가 대국민 사과를 통해 전면 재협상은 불가하다는 대답을 하고 추가 협상이 사기극이었음이 밝혀졌음에도 대책회의는 퇴진 운동을 선언하지 않았다. 또한 이명박 정권과의 전면 대결로 나아가려는 모습을 보여 주지 못했다.

이는 의제 확대를 주저하는 것과 사실상 동일한 인식 속에서 이뤄진 것이었고 의제 확대를 주저한 일부 NGO 그룹과 일부 민중운동 그룹 대표자들이 이런 흐름을 주도했다.[27] 광장의 대중에게는 '이명박은 물러나라'가 6월 10일 훨씬 이전부터 주된 구호였다. 특히 5월 24일 거리 시위부터는 이 구호가 압도적이었음에도 대책회의 운영위는 이를 수용하지 못했다.

셋째로, 노동운동이 이 투쟁에 강력하게 결합하지 못했다. 운동의 초기에 화물연대의 파업 선언과 파업은 대중의 강력한 지지를 받았다. 또 민주노총도 7월 2일 파업에 돌입한다는 대표자회의의 결의를 이끌어 냈다. 민주노총 홈페이지에 파업 요구와 지지글이 쇄도했다. 그러나 노조 관료들과 지도부의 우유부단함 때문에 파업은 조직적으로 준비되지 못했고 광범하게 일어나지도 또 확대되지도 않았다. 크리스 하먼은 지배계급이 위기의 시기에 노조 관료들과 개혁주의 정치조직들을 어떻게 활용하는지를 잘 지적하고 있는데, 이 지적을 곱씹어 볼 필요가 있다.

---

27 물론 7월 11일 대표자회의에서도 퇴진 요구를 결의에 포함시키는 결정을 하지 못했다.

한편으로 노동과정 변화의 영향으로 노동강도가 강화되면서 다른 지방의 정치문화 결사체들의 조직이 어려워졌으며, 다른 한편으로 사회생활의 상품화, 라디오와 텔레비전의 출현, 매스미디어에 대한 통제 집중 등은 다른 여가활동의 매력을 약화시켰다. 개인과 국가 사이의 유효한 시민사회 구조의 숫자는 줄어들었다. 점점 더 매스컴이 직접적 매개수단을 제공한다. 그와 동시에 작업장에 기반한 노조 조직의 중요성은 극적으로 증대해, 원자화에 의해 전복되지 않은 '시민사회' 제도가 됐다.

이런 상황에서 지배계급이 위기의 시기에 사용할 수 있는 참호들의 방어망은 노동자들이 일단 실제 행동에 돌입하면 매우 허약한 것이 된다. 실제로 부르주아지는 노동자계급을 저지하기 위해 결정적으로 노조 관료들과, 이보다는 좀 덜한 정도로 개혁주의 정치조직들에 의존하게 됐다.[28]

서울 대형 사업장의 한 노동조합 간부가 광장에서 만난 노동조합원 중에는 "노동조합에서 촛불집회에 가자고 해서 나온 사람보다 자신들이 알아서 시민으로 참여한 사람이 더 많다"고 이야기하는 것을 들었다. 대표자회의 결의를 이끌어 낸 후에도 그리고 국민의 80퍼센트 이상이 광우병 쇠고기 수입에 반대했던 상황에서 민주노총이 더 적극적인 파업 조직을 하지 않은 것은 매우 아쉬운 일이다.

비공산주의적 좌파와는 달리 공산당은 민중의 폭넓은 지지와 조직을 확보하고 있었기 때문에 주변부로 밀려나지는 않았으나 비공산주의적 좌파와 마찬가지로 판에 박힌 정치게임과 노동조합주의 운동의 틀을 벗어

---

28 크리스 하먼, 《곡해되지 않은 그람시》, 노동자연대다함께, 2004.

나지 못하고 있었다. 당은 그 자신이 만들어 내지 않은 상황을 이용하긴 했으나, 그 상황을 이끌어 가지도 이해하지도 못하고 있었다. … 드골주의를 타도할 가능성이 며칠 동안은 실제로 존재했다 할지라도 그것은 결국 이론적인 가능성에 불과하기 때문이다. 사실 5월 27일에서 5월 29일 사이의 중대한 고비에서 당은 그저 기다리고 문제를 제기하는 수준에만 머물러 있었다. 그러나 그런 때에 기다린다는 것은 치명적인 실수나 다름없었다. 주도권을 상실하면 패하는 것이다.[29]

나는 여기서 우리가 결정적 때를 이미 놓쳤고 이런 기회가 앞으로 오지 않을 것이라는 말을 하려는 것이 아니다. 그러나 사회운동의 일부는 주저했고 대중이 보여 준 자발성을 더 고양시키고 이와 결합하며 대중에게 의지적 지도를 제공하지 못했을뿐더러 그들의 자발성을 오히려 끌어내리는 구실까지 했다는 점을 지적하려는 것이다.

1987년 6월 항쟁은 대중운동의 정치적 구심체가 없어 그 주도권을 자유주의 정당에게 내줬다. 그러나 노동운동이 7월부터 9월까지 광범하게 일어났고 이 노동운동은 정치적 요구의 첨예함보다는 그 규모와 전국적 동시성이 가지는 폭발력으로 인해 우리나라의 민주주의가 6월 이전으로 후퇴하는 것을 막았다. 그러나 6월 항쟁이 지닌 정치적 한계는 우리가 모두 알다시피 그 이후의 지리한 민주주의의 진전과 1997년 자유주의 정권의 등장과 신자유주의 정책의 본격적 추진으로 이어졌다.

---

29 에릭 홉스봄, 《저항과 반역 그리고 재즈》, 김동택·김정한·정철수 옮김, 영림카디널, 2003.

오늘 우리는 20여 년 만에 또다시 대규모 대중운동의 분출을 목도하고 있다. 촛불운동 1기는 이제 이명박 정부의 노골적 신자유주의 정책의 추진을 상당 정도 저지하는 힘을 발휘했다. 그러나 이명박 정부는 촛불운동을 공안 탄압과 폭력적 진압으로 소강상태로 빠뜨리면서 자신의 2기 진용을 구축하고 전방위적 탄압을 기반으로 이제 본격적 신자유주의 정책을 추진하고 있다. 공기업 민영화, 언론 장악, 경쟁 교육 강화, 의료 민영화 정책 등이 그것이며 물가 인상의 고통을 노동자에게 전가하게 될 하반기의 경제정책들이 그것이다.

이제 우리는 이에 맞선 촛불운동 2기를 준비해야 한다. 이 2기의 운동은 신자유주의 정책에 반대하며 더 많은 민주주의를 요구하는 운동이어야 한다. 이런 점에서 의제는 6대 의제는 물론 대중의 민생을 파탄시키는 여러 의제에 대한 요구를 포함해 더욱 확대되는 것이 필요하다. 물론 이에 대한 행동 지침으로서 대안의 제시가 요구된다.

또한 대중의 자발적 운동과의 결합을 더 높여야 하며 노동운동의 적극적 참여가 요구된다. 이 점에서 촛불운동 2기의 지도부는 1기의 촛불운동을 계승하고 의제를 더욱 확대한다는 의미에서 광우병국민대책회의를 계승하고 발전시킨 '민주주의와 민생 파탄 저지를 위한 촛불운동본부' 정도로 이름붙이면 어떨까 생각한다.[30]

지금 우리는 매우 중대한 역사적 시기의 지점을 통과하고 있다. 이런 시기에는 무엇보다도 운동 주체의 의지가 매우 중요하다. 민중과

---

30 김상곤은 "진보적 민생과 사회경제적 민주주의를 증대할 국민적인 정치운동체"를, 오건호는 "한시적 네트워크 국민전선으로 '서민공공성 국민연대'"를 제안하고 있다 (권지희·조희연 외, 《촛불이 민주주의다》, 해피스토리, 2008).

특히 노동자들의 자발적 투쟁을 믿고 또 자신을 그 투쟁의 가장 의식적인 일부로 위치 지우고 운동을 고무하는 것이 지금 사회운동에게 요구되는 구실이다.

이명박 정권 100일도 지나지 않아 100만 명이 거리로 쏟아져 나오는 폭발적 대중운동이 일어날 것이라고 누가 예상했던가? 이명박 정권의 승리를 사회운동과 대중의 보수화와 동일시하는 분위기가 운동권 진영에 만연해 있었다. 그러나 대중은 '운동권'을 비웃기라도 하듯이 그들의 놀라운 폭발력을 보여 주었고 이명박 정권의 애초 계획을 완전히 어긋나게 만들었다. 대중운동의 폭발력은, 심지어 대중의 급진화를 믿어 의심치 않았던 일부 급진 좌파 그룹의 기대치조차도 뛰어넘는 것이었다. 그리고 그 촛불운동은 더 큰 대중적 폭발을 기다리고 있다.

지금 사회운동이 할 일은 이제까지의 비관주의와 냉소를 버리고 지금의 촛불운동의 가장 의식적인 일부로서 역사를 전진시키는 것이다. 사회운동이 지금 요구받고 있는 것은 바로 이것이다. 여기가 로도스다. 여기서 뛰어라!

4장
의료 민영화 반대

2014년 7월 20일 열린 '의료 민영화 중단과 진실 규명을 위한 세월호 특별법 제정 촉구 보건의료인 시국대회'. 2008년 촛불항쟁을 계기로 대중화된 의료 민영화 반대 여론은 역대 정부가 보건의료 부문을 시장에 넘기려고 할 때마다 매우 큰 부담으로 다가오게 됐다.

4-1
영리병원, 의료자회사, 약값, 건강보험

2001~2003년 글리벡(백혈병 치료제) 약가 인하 투쟁. 환자들에게 무상으로 글리벡을 제공하고 초국적 제약 자본의 탐욕과 TRIPS·WTO 체제의 부당성을 알리는 성과를 거뒀다.

'돈'보다 훨씬 고귀한 '생명' 이야기

2008년 촛불운동의 기폭제 구실을 해 세상을 놀라게 한 10대들을 위해 쓴 글이다.

"태양에 특허를 신청할 수 없다"

여러분은 소아마비라는 병명을 들어 본 적이 있는지? 어쩌면 들어 본 적은 있을 테지. 그렇더라도 여러분이 중학교에 다니든 고등학교에 다니든 주변의 친구가 이 병에 걸려 목발에 의지하거나 휠체어의 도움을 받는 경우는 아마도 없을 거야. 그렇지만 여러분의 부모 세대들은 학창 시절에 한 반에 한두 명 정도는 다리가 불편한 친구들이 있었음을 기억하고 있어. 그건 소아마비 탓이었지.

소아마비는 주로 어린아이들의 팔다리를 마비시키는 질병으로, 백신을 개발 중이던 1950년대 중반 당시 미국에서만도 해마다 5만 8000여 명의 환자가 생겨날 정도로 부모들을 공포에 떨게 했던 무서운 병이야. 이 무서운 질병에서 인류가 벗어난 것은 소아마비 백신이 개발된 뒤 기껏해야 50여 년이 지나지 않아.

소아마비는 우리나라에서도 1950년대까지는 해마다 2000여 명의 환자가 생겨났지만 백신을 접종하기 시작한 1960년대 후반부터는 연간 200여 명 정도로 줄어들었어. 그러다가 1984년 이후에는 단 한 명의 환자 발생도 보고되지 않아 마침내 2000년 10월에 소아마비의 종식을 공식 선언했지.

오늘날 소아마비는 세계보건기구가 전 세계적으로 박멸 선언을 준비할 정도로 옛이야기가 돼 버렸어. 그런데 소아마비가 이처럼 과거의 질병이 된 것은 흔히 생각하는 것처럼 단지 백신이 개발됐기 때문만은 아니야. 만약 그렇다면 백신이 개발돼 있는 질병은 모두 과거의 질병이 돼 있어야 마땅할 테니까.

백신이나 치료약이 개발된 수많은 질병 가운데 소아마비만 유독 '박멸'에 이르게까지 된 것은 바로 백신 개발자인 조너스 소크 박사가 특허를 포기했기 때문이야. 소크 박사가 백신 개발에 성공하자 수많은 제약 회사가 특허를 양도하라고 부추겼지만 그는 "태양에 특허를 신청할 수 없다"며 주위의 권유를 뿌리쳤거든.

지금 세계보건기구에 납품되는 소아마비 백신 1개의 값은 단돈 100원 정도야. 〈타임〉이 소크 박사를 20세기 100대 인물에 선정한 까닭은 백신 개발 자체에 있다기보다는 연구 성과를 인류의 공동 자산으로 함께 나눈 숭고한 사랑과 과학자 정신에 있었던 것이지.

약, 없어서가 아니라 비싸서 죽는다

소크 박사가 주목받는 것은 바로 오늘날 세계가 맞닥뜨리고 있는 의약품 문제 때문이야. 지금 전 세계의 가장 큰 보건 문제는 치료제가 없는 것이 아니라, 그 가격이 너무 비싸다는 데 있거든.

　대표적 예가 바로 에이즈야. 에이즈는 여러 치료제를 함께 쓰는 이른바 칵테일 요법이 발견된 뒤 고혈압이나 당뇨처럼 관리만 잘하면 활동적 일상생활을 할 수 있는 병이 됐어.

　그렇지만 유엔에이즈계획에 따르면 2005년 당시 에이즈 환자 가운데 정기적으로 치료를 받는 환자는 20퍼센트고, 임산부 가운데 치료를 받는 비율은 고작 1.6퍼센트에 지나지 않는다는 거야. NGO들의 보고에 따르면 제3세계의 환자들 가운데 적절한 치료를 받는 비율은 1퍼센트 미만이라 하고. 이런 상황에서 해마다 300만 명이 에이즈로 죽어 가는 거야.

　다국적 제약 회사가 에이즈 환자에게 요구하는 약값은 최저 월 300달러야. 그런데 전체 에이즈 감염인이나 환자의 63퍼센트인 2450만 명이 사는 사하라사막 이남 아프리카의 경우 전체 인구의 44퍼센트가 하루 1달러 미만의 소득으로 살아가고 있어. 그러니 이들에게 에이즈 치료제는 그림의 떡일 뿐이지.

　그런데 똑같은 약을 인도에서는 월 20달러에 팔아. 이 복제약만 써도 에이즈로 인한 사망자를 분당 사망자로 계산해야 하는 이 황당한 현실은 쉽게 개선할 수 있어. 하지만 그렇게 할 수가 없게 됐어. 값싼 복제약을 생산하거나 수입하는 나라들은 모두 다국적 제약 회사나 선진국들의 무역 제재를 당했기 때문이지. 남아프리카공화국, 브라질, 태국 그리고 최근에 부시 대통령이 복제약 생산을 중단시킨 아프리카 6개국 등 이 모든 나라의 노력은 좌절됐어.

　또 하나의 예는 조류독감 치료제 타미플루의 경우야. 학자들은 조류독감이 중세 유럽에서 발생해 당시 유럽 인구 3분의 1 이상의 목숨을 앗아 간 페스트 못지않은 위험한 전염병이 될 수도 있다고 우려하고 있어. 그 조류독감의 유일한 치료제는 타미플루야. 세계보건기구는 전체 인구의 15퍼센트 이상만큼 타미플루를 확보할 필요가 있다고 권고하고 있고.

그런데 문제는 생산이 한정돼 있어 2020년이 돼야 그런 정도의 물량을 확보할 수 있다는 것이지. 게다가 물량이 나오는 족족 사재기를 해서 구하기도 어려운 상황이고. 우리나라도 40만 개, 즉 인구의 1퍼센트분 정도를 확보하는 데 그치고 있어. 혹여 조류독감이 전 세계적으로 번진다면 끔찍한 재앙이 될 수밖에 없는 거지.

타미플루의 특허를 갖고 있는 회사는 길리어드사이언시스야. 그런데 이 회사의 최대 주주이자 전직 최고 경영자는 바로 전직 미국 국방부 장관인 도널드 럼스펠드야. 특허를 풀어 대량생산의 길을 열고 인류의 생명을 지킬 수 있으면 좋으련만, 가만 앉아 있으면 돈벼락을 맞을 테니 그걸 내놓을 리 만무하지. 그들에게는 '생명'보다는 '이윤', 즉 돈이 훨씬 중요하거든.

허울 좋은 '특허권 보호'

다국적 제약 회사들과 몇몇 선진국들이 이와 같은 사실상의 대량학살을 정당화하는 근거는 다름아닌 '특허권의 보호'라는 거야.

'특허'라는 것은 한 개인이나 집단이 개발한 과학기술을 무덤까지 갖고 가지 못하도록 일정 기간을 정해 그 기간 동안 개발자에게 특별한 권리, 곧 금전적 이익을 주고, 그 기간이 지나면 공개해 인류의 공동 자산으로 만들기 위한 제도이지.

그런데 다국적 제약 회사들은 그 특허를 20년도 모자라 더 연장하려 하고 있고, 의약품 비용은 해마다 13.5퍼센트씩 오르고 있어. 이는 물가상승률의 3.5배에 해당하는 것으로 몇몇 다국적 거대 제약 회사의 허울 좋은 '특허권 보호'를 위해 온 인류가 그 부담을 짊어지고 있는 그런 꼴이지.

한국 정부가 약값 절감을 위해 값싸고 효과 좋은 약만을 골라 건강보험 적용 대상으로 삼으려는 이른바 포지티브 리스트 제도에 대해 반대하는 다국적 제약 회사들의 주장도, 미국이 한미FTA 협상에서 한국에 요구하는 것도 바로 이 '특허권의 보호'라는 거야.

한미FTA 협상에서 의약품 분야에 대한 미국의 요구를 살펴보면 다국적 제약 회사의 적나라한 모습이 그대로 드러나고 있어. 미국의 요구는 이러해.

첫째, 약가 절감을 위한 포지티브 리스트, 약가 계약제 도입을 하지 말 것.

둘째, 외국의 신약을 선진 7개국 평균 약값으로 해 지금의 두 배 이상으로 높일 것.

셋째, 특허 기간을 연장해 복제품 생산을 원천적으로 차단할 것.

넷째, 정부 사용(강제 실시)의 사유를 제한할 것.

현재 우리나라의 1년 건강보험 재정 24조 원 가운데 7조 2000억 원, 즉 30퍼센트가 약값으로 쓰여. 흔히 선진국들의 모임이라고 하는 OECD 나라들의 의료비 가운데 약값 비중은 17.8퍼센트이지만 우리나라는 28.8퍼센트인 거야. 즉 불필요한 약값 지출이 너무 많다는 거지.

이런 상황에서 값싸고 효과 좋은 약만을 골라 써서 약값을 줄이려는 것이 바로 포지티브 리스트 제도이지. 약값 지출을 줄일 수 있으면 건강보험상 다른 혜택을 늘릴 수 있을 테고 말이야. 그런데 미국 정부는 이 제도가 도입되면 한미FTA가 어려워질 수 있다고 협박하고 있어. 만일 포지티브 리스트 제도를 철저히 시행하면 현재 약값에서 1조 5000억 원을 당장 절약할 수 있어. 이 돈이면 암, 중풍, 심장병을 모두 무상으로 치료하고도 남는 돈이야. 엄청난 수의 생명을 살릴 수 있는 돈이지.

사실이 이런데도 다국적 제약 회사들은 약값을 깎으면 신약 연구 개발 비용이 줄어들어 신약을 개발할 수 없다고 둘러대기 바빠. 다국적 제약 회사들이 주장하는 신약 개발에 드는 비용은 신약 하나당 무려 8000억 원이야. 미국 상무부도 이 주장을 똑같이 반복하면서 11개 주요국에서 약값 절감 정책이 포기될 경우 제약 회사들이 더 벌어들일 돈이 65조 원이라고 친절하게 계산까지 해 놓고 있어.

그렇다면 진실은 무엇일까? 정말로 다국적 제약 회사의 약값을 깎으면 우리는 새로운 약이 개발되지 않는 암담한 세상에서 살아야 하는 것일까?

그들에게는 '생명'보다 '이윤'이 중요하다

그럼, 우선 다국적 제약 회사들이 벌어들이는 돈을 살펴보자. 2002년 〈포춘〉 선정 세계 500대 기업 가운데 제약 회사는 10개가 들어가 있어. 그런데 이 10개 회사의 순수익이 다른 490개 회사의 수익을 모두 합한 것보다 더 많아. 2001년 세계 500대 기업의 매출 대비 수익률이 평균 3.3퍼센트, 2003년 4.6퍼센트인 데 비해 다국적 제약 회사의 수익률은 18.5퍼센트, 14.3퍼센트였어.

다국적 제약 회사가 연구개발비라고 주장하는 비용은 그들이 올리는 순수익보다도 적어. 또 제약 회사가 쓰는 마케팅·행정 비용이 전체 비용 가운데 35퍼센트 정도를 차지하고 있고. 전문인이 처방하는 신약에 광고 비용이 왜 그다지도 많이 들어야 하고, 마케팅과 행정 비용이 왜 연구비의 3배가 넘어야 하는 걸까? 연구개발비를 말하려면 제약 회사의 천문학적 이익과 마케팅 비용부터 줄이는 것이 먼저일 거야.

더욱 큰 문제는 제약 회사가 주장하는 연구 개발 비용이 터무니없이 부풀려져 있다는 거야. 여기에는 뻔한 비용 부풀리기 수법이 동원되는데 세금이 공제됨에도 공제되지 않은 비용으로 계산하고, 실패한 의약품에 투자한 비용까지 개발된 신약에 쓰인 돈으로 합쳐 계산하고, 연구 개발 비용을 실투자액이 아니라 기회비용으로 계산하는 것 등이지. 미국에서 가장 권위 있는 의학 저널인 〈뉴 잉글랜드 저널 오브 메디슨〉의 전 편집자 마샤 에인절에 따르면 다국적 제약 회사의 연구개발비는 최소 10배 이상 부풀려져 있다고 해.

그런데 진짜 문제는 다국적 제약 회사들이 정작 신약을 개발하지 못한다는 거야. 이건 또 무슨 소리냐고? 미국 식품의약국이 2002년 승인한 신약 87개 가운데 과거 의약품보다 임상적으로 효과가 있는 신물질 의약품은 단지 7개, 8.0퍼센트에 지나지 않았어. 그나마도 미국 식품의약국의 신약 인정 기준이 "밀가루placebo보다 효과가 있을 것"이기 때문이지.

상황은 이래. 다국적 제약 회사들은 진짜 연구 개발에는 투자하지 않아. 뭐 하러 모험적 연구 개발 사업에 돈을 쓰겠어? 효과도 판로도 보장된 기존 약을 조금 바꿔 이른바 유사의약품me too drug을 만드는 것이 훨씬 안전한 길인데 말이야.

물론 혁신적 신약이라 불릴 만한 '진짜 신약'들도 개발되고는 해. 하지만 이런 진짜 신약은 제약 회사가 아니라 정부 연구소나 대학에서 개발해. 결국 국민의 세금으로 신약이 개발되는 거지. 제약 회사들이 하는 일은 단 한 가지, 이 신약의 특허를 자기 소유로 이전하는 것뿐이야.

첫 번째 에이즈 치료제인 지도부딘AZT의 예를 한번 들어 볼까? 이 약제는 1964년에 버로스웰컴에서 항암제로 개발했어. 그렇지만 항암제로는 쓰이지 않았어. 말하자면 죽은 약이었지. 그러다가 1984년에 미국 국립보건원NIH이 에이즈라는 질병을 분류해 냈어. 미국 국립암연구소와 파스퇴르연구소가 병원균인 레트로바이러스를 밝혀냈고 메인대학교와 국립암연구소가 공동 연구 끝에 1986년에 AZT가 레트로바이러스에 잘 듣는다는 것을 발견해 내고 임상실험을 진행했지. 여기까지는 전적으로 정부 연구기관과 비영리기관이 진행한 연구였어.

그런데 1987년 갑자기 버로스웰컴이 마지막 임상실험에 끼어들더니 특허를 등록해 버렸어. 버로스웰컴은 연구의 마지막 몇 개월 동안 남이 다 해 놓은 연구에 기대어 특허만을 따냈을 뿐이야. 나중에 글랙소스미스클라인GSK에 합병된 버로스웰컴은 이 AZT로 1인당 1만 달러의 약값을 챙겼어. 메인대학교와 국립암연구소가 항의를 했지만 아무 소용도 없었지.

물거품 된 유엔 의약품 공공펀드 조성 계획

오죽 신약이 개발되지 못했으면 2007년 세계보건기구 총회에서 나라마다 GDP의 일정액을 걷어 백신이나 의약품을 개발하고 특허를 공개해서 반드시 필요한 의약품을 값싸게 공급하기 위한 공공펀드를 만들자는 결의안을 통과시켰을까? 그런데 미국이 반대해서 무산됐어. 더 정확하게 말하면 미국에 있는 다국적 제약 회사들이 반대해서 물거품이 됐지.

다국적 제약 회사들의 진짜 문제는 그들이 턱없이 비싼 약값을 통해 엄청난 돈을 벌어들이면서도 비아그라 등의 이른바 '해피 드러그'나 유사약제 이외에 정작 그들이 개발하는 신약이 거의 없다는 데 있어. 약값을 올려야만 신약 접근권이 높아진다는 다국적 제약 회사들의 주장은 사실 아무런 근거가 없는 거지. 오히려 신약 개발도 없이 천문학적 이익을 가져가는 다국적 제약 회사 그 자체가 문제의 근원인 거야.

비싼 약값 때문에 각 나라의 보험 재정이 휘청대자 각국 정부는 결국 약값 절감 정책을 펴게 됐어. 나라마다 약값 절감 정책은 다양하지만 대개는 비용 대비 효과가 확인된 특허가 없는 약품(제네릭)은 보험 적용을 하고, 비싸기만 하고 개선 효과는 불분명한 특허 의약품은 보험 적용 대상에서 빼거나 약값을 깎는 거야.

다국적 제약 회사가 위기를 맞게 된 거지. 여기에 더해 2000년부터 매년 다국적 제약 회사들이 보유한, 약품 하나에 수조 원씩 벌어들이는 이른바 블록버스터 의약품(예를 들어 화이자는 리피토라는 의약품으로 1년에 13조 원을 벌어들여) 특허가 대거 종료되는 상황은 이 위기를 심화시키고 있는 것이고.

이제 다국적 제약 회사들 입장에서 길은 딱 두 가지뿐이야. 약값을 내리고 진정한 신약 개발에 나서는 것, 아니면 특허 기간을 늘리고 각국 정부의 약가 절감 정책을 무력화하는 것. 물론 다국적 제약 회사들의 선택은 둘째였어.

1995년 성립한 WTO 체제의 무역관련지식재산권협정TRIPS은 특허 기간을 전 세계적으로 20년으로 대폭 연장시켰고, 물질특허를 인정해서 값싼 복제약을 생산하는 길을 완전히 막아 버렸어.

그것도 모자라 다국적 제약 회사들은 WTO 체제 10년 만에 각국의 약값 절감 정책을 무력화하고 특허 기간을 5~10년 더 연장시키려고 했어. 이것이 이른바 TRIPS 플러스라고 하는 지식재산권협정의 강화라는 거야. 이 TRIPS 플러스를 WTO에서 관철하려다 여의치 않자 만만한 나라들을 골라 자기들의 이익을 관철하려 하는 것이 바로 자유무역협정FTA이야. 한미FTA도 당연히 그 가운데 하나고.

한미 두 나라 정부는 FTA 의약품 협상에서 타협할 수 없을 것처럼 으르렁댄 듯 보여. 하지만 한국의 협상 대표는 "신약 개발에 들어간 연구 비용은 보상해 줘야 한다"고 말했어. 미국 측 다국적 제약 회사의 핵심적 요구를 한국 측 수석 대표가 이미 받아들이고 있는 것이지. 아니 어쩌면 이건 협상 대표의 의지와는 무관할지도 몰라. 미국과의 FTA는 그 본질 가운데 하나가 약값을 높이는 데 있고, 한미FTA를 중단하지 않는 이상 그 결과는 의약품 특허권 강화와 약값 폭등일 뿐이거든.

이런 사례는 다른 나라의 경우에도 얼마든지 찾아볼 수 있어.

호주는 미·호주FTA 이후 이미 1조 5000억 원의 약값 인상 요인이 생겼고, 페루 보건성에 따르면 페루는 미·페루FTA 체결 1년 뒤 9.6퍼센트, 10년 뒤 100퍼센트의 약값 상승이 발생할 것으로 예측되고 있어. 이렇게 되면 페루에서는 해마다 70만~90만 명이 필수적 의약품에 접근하지 못할 것이라고 해. 의약품에 접근하지 못한다는 게 뭐겠어? 돈이 없어 턱없이 비싼 약을 살 수 없다는 거야. 두 나라의 결과를 한국에 대입하면, 한미FTA가 체결되면 4인 가구당 다국적 제약 회사에 1년마다 더 줘야 할 돈이 최소 6만 원이야.

다시 묻는다, '생명'인가 '이윤'인가?

지금 세계에서는 한 해에 1400만 명이 약을 두고도 죽어. 약이 없어서가 아니라 돈이 없어서 죽어 가고 있는 거지. 에이즈 300만 명, 말라리아 200만 명, 결핵 100만 명 등.

이 1400만 명의 안타까운 죽음 앞에 '특허는 재산권'이라는 자본주의에 대한 신앙고백은 여전히 유효할까? 부끄러운 일 아닐까? 더욱이 그 특허라는 것이 '신기술이 한 사람의 비밀로 남는 것이 아니라 인류의 공동 자산으로 하기 위한' 제도라는 목적을 완전히 상실한 지금 이 순간에 말이야.

세계보건기구의 의약품 공공펀드 조성 계획에서 그 실마리를 볼 수 있듯 의약품 문제의 대안은 그 개발과 생산·공급을 공적으로 관리해야 한다는 거야. 그러면 신약 개발자에게 충분한 동기를 부여할 만큼 공공펀드에서 부담할 수도 있고, 이렇게 하는 게 다국적 제약 회사의 주주들에게 1년에 100조 원씩을 넘겨주는 것보다 개발자 자신에게도 그리고 무엇보다 인류에게 훨씬 더 좋은 일이기 때문이지.

"태양에 특허를 신청할 수 없다"며 특허를 포기한 소크 박사. 그는 자신이 개발한 백신에 특허를 신청하면 그야말로 돈벼락을 맞을 것임을 누구보다도 잘 알고 있었지. 하지만 그는 특허를 결연히 포기했고 그 덕분에 인류는 소아마비라는 질병에서 자유로워질 수 있었어. '내 것'을 '남 주면 손해'라는 통념을 깨뜨리고 함께 나누면 모두가 행복해질 수 있음을 우리에게 보여 준 것이지.

아들을 에이즈로 잃은 넬슨 만델라 대통령은 그의 집권 시절 남아프리카공화국은 에이즈 문제를 해결하기 위해 에이즈 약을 특허 없이 생산할 수 있도록 하는 법률을 제정했어. 그러자 35개 다국적 제약 회사는 이 법률이 자신들의 이익을 침해한다고 재판을 걸었지.

이 재판이 열리는 날 프리토리아의 재판정 앞에서는 다국적 제약 회사에 항의하는 시위대의 플래카드가 걸렸어. 그 플래카드의 구호는 이제는 전 세계 의약품 접근권 운동의 공통의 외침이 된 바로 "이윤보다 생명"이라는 것이었어.

여러분은 어떤 세상에서 살고 싶은가?
'생명'보다 '이윤'이 앞서는 세상에서 살고 싶은가?
아님, '이윤'보다 '생명'이 우선 되는 그런 세상에서 살고 싶은가?

영리병원 허용과 의료 민영화

2009년 4월 15일 건강연대 등이 주최한 국회 토론회 '의료 민영화 관련 시민사회단체 대토론회: 경제 위기 시대 의료 민영화 무엇이 문제인가'에서 발표한 글이다.

민주당 전혜숙 의원은 이날 영리병원 도입의 문제점을 집중적으로 제기했다.

하지만 윤 장관은 "당연지정제 유지를 전제로 하는 것이고 비급여 부분에 영리병원을 도입하면 된다"면서 "일반 의료비도 경쟁이 확대되면 시장 논리에 의해 병원비가 내려오면 내려오지 거꾸로 올라가지 않는다"고 주장했다.

비급여 부분에 영리병원을 도입하면 부작용이 덜한데, 결국 급여 부분인 일반 의료비에도 영향을 미칠 것이라는 이야기다.

전 의원이 "영리병원은 고가 서비스를 환자에게 적극 권하고 의학적 지식 없는 환자는 이에 따를 수밖에 없다. 그래서 의료비가 상승하는 것이고 이는 미국 사례에서 검증됐다"고 지적했지만 윤 장관은 "우리의 전 국민 건강보험은 훌륭하다"면서도 "영리의료법인 진입을 자율화하면 경쟁력을 촉진한다. 경쟁은 효율을 낳는다"고 답했다.

이어 윤 장관은 "(의료비가) 비싸면 환자가 안 갈 것 아니냐"면서 "왜 그렇게 걱정이 많냐"고 목소리를 높였다. 그는 "환자가 안 가면 되고 병원은 살아남기 위해서 열심히 노력하면 되는 것 아니냐"며 이같이 말했다.[1]

위의 이야기를 처음 읽었을 때 필자는 기자가 가상 시나리오를 쓰고 있는지 알았다. 잘 읽어 보니 국회 대정부 질의 시간에 윤증현 기재부 장관과 야당 국회의원 사이에서 오간 실제 질의응답 내용이다.

의료비가 비싸면 소비자가 안 갈 것이라는 논리는 이른바 완전경쟁 시장의 논리다. 이 논리는 짜장면 값을 논하는 자리에서였다면 맞을 수 있다. 그러나 지금 논하고 있는 것은 의료비다.

한국에서 의료 제도를 담당하는 것은 보건복지부 장관이다. 그런데 왜 기획재정부 장관이 의료 제도를 바꾸자고 나서는지도 의아하다. 백 보를 양보해서 기획재정부 장관의 시각에서는 '의료가 산업'이므로 말을 할 수 있다고는 하자. 그래도 최소한 경제 부처 장관이 의료에 대해 말을 하려면 보건경제학 교과서라도 읽어 보고 말해야 하지 않을까?

보건경제학 교과서 1장에는 예외 없이 다른 경제학과 다른 보건의료 부문만의 특징을 설명한다. 그리고 여기서 빠지지 않고 나오는 핵심 개념이 바로 "정보의 비대칭성"이다. 즉, 공급자가 정보를 독점하고 있다는 뜻이다. 이전에는 '소비자 무지'라고 불렀던 내용이다.

즉, 보건의료 분야의 특징은 다른 시장과는 달리 철저히 공급자 주도 시장이라는 점이다. 짜장면이야 맛 없고 비싸면 안 가면 그만이

---

1 "윤증현 '영리병원 비싸면 안 가면 되지'", 〈프레시안〉 2009년 4월 9일.

지만 의료 분야의 소비자는 의사가 수술 받으라면 수술받고 약 먹으라면 약을 먹어야 한다. 다른 병원과 비교해서 의료비가 비싼지 싼지 비교할 능력도 되지 않고 또 그런 것을 사회가 강요해서도 안 된다. 맹장염 걸린 환자가 다른 병원에 가서 비교할 시간이 있는가?

의료 부문의 재화는 필수재 또는 공공재이고 이 분야에서 경쟁은 결코 효율을 낳지 않는다. 이런 사실은 보건경제학 교과서 1장만 읽어 봐도 알 수 있다. 그런데 한 나라의 경제 분야 수장이라는 사람이 이 분야의 기초 상식을 무시하면서 무식하고 따라서 무모한 소리를 한다. 왜 그렇게 걱정이 많냐고? 그야말로 보건의료 분야에 대해서는 아무것도 모르는 기획재정부 장관이 의료 제도를 이렇게 바꾸자 저렇게 바꾸자 나서는데 도대체 어떻게 걱정이 많지 않을 수 있겠는가?

영리병원 허용은 어떤 결과를 낳을 것인가?

영리병원을 허용하면 경쟁이 이뤄져서 의료 서비스의 질은 올라가고 의료비는 올라가지 않는다는 것이 윤증현 장관의 생각이다. 영리병원을 주장했던 논자들은 이런 주장을 되풀이한다. 그러나 그들의 주장은 전 세계적 연구를 통해 부정됐다. 현실은 전혀 다르다.

흔히 영리병원 허용의 논리로 이용되는 것은 병원 간 경쟁 강화로 의료 서비스가 개선되고 의료의 질이 향상될 것이라는 주장이다. 그러나 이런 주장은 현실에서 사실이 아닌 것으로 드러났다.

지금까지 많은 연구들을 종합해 보면, 실제 현실은 영리병원은 의

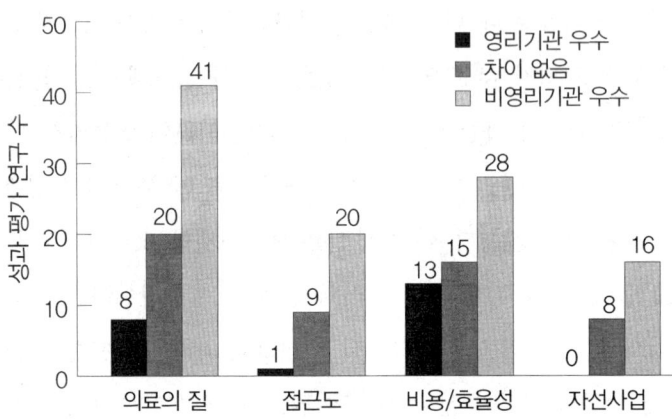

그림 8. 영리 · 비영리 보건의료 서비스의 성과 비교

료 서비스 질 개선은커녕 의료 서비스 질을 하락시킨다는 것을 보여 주고 있다. 일례로 로즈나우는 1980년부터 2001년까지 미국의 영리병원과 비영리병원을 비교한 149개의 논문들을 계통분석했다.[2] 그 결과 의료 서비스의 질, 접근도, 비용·효율성, 자선사업 등 모든 측면에서 비영리병원이 더 우수했다(그림 8 참고). 구체적으로 88개(59.1퍼센트)의 논문들이 비영리병원의 우수성을 입증했다. 영리병원이 더 우수하다고 밝힌 논문들은 단지 18개(12.1퍼센트)에 불과했다.

왜 예상과는 달리 영리병원의 의료 서비스 성과가 더 나쁘게 나온 것일까? 의료비, 의료 서비스의 질, 접근성이라는 세 측면에서 더 자세히 분석해 보자.

---

2 Pauline Vaillancourt Rosenau, Stephen H Linder, "Two Decades of Research Comparing For-Profit and Nonprofit Health Provider Performance in the United States", *Social Science Quarterly* 84(2): pp 219~241.

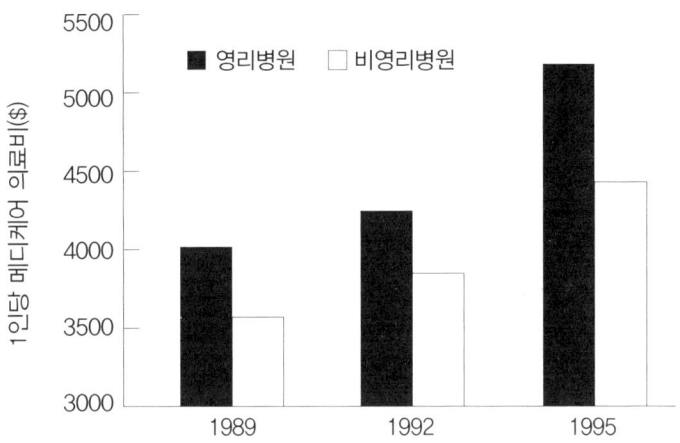

그림 9. 영리·비영리 병원 지역의 1인당 메디케어 의료비 지출

우선, 의료비부터 살펴보자.

영리병원은 비영리병원보다 의료비가 더 많이 든다. 실버먼은[3] 미국의 영리병원 지역 주민들이 비영리병원 주민들보다 미국 노인건강보험(메디케어)[4] 의료비를 더 많이 지출한다고 보고했다. 1995년 비영리병원 지역 주민들의 1인당 의료비 지출은 평균 4440달러였다. 반면 영리병원 지역 주민들은 5172달러를 지출해, 평균 732달러 더 많았다(그림 9 참고). 또 1989년과 1995년 사이에 의료비 지출 증가율도 영리병원 지역이 비영리병원 지역보다 컸다.

---

3 E M Silverman, J S Skinner, E S Fisher, "The association between for-profit hospital ownership and increased Medicare spending", *N Engl J Med* 1999; 341: 4206.

4 메디케어(Medicare) 65세 이상 노인과 장애인 대상의 미국 연방 정부 의료보험 제도.

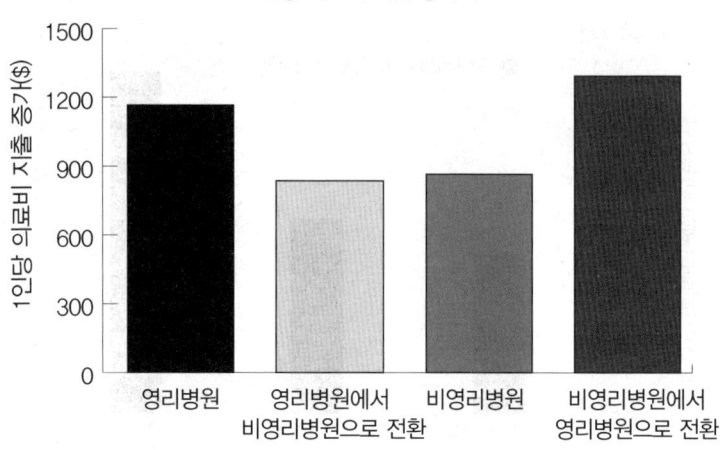

그림 10. 병원 소유 유형에 따른 1989년과 1995년 사이의 1인당 의료비 지출 증가액

다른 한편 같은 기간에 영리병원에서 비영리병원으로 전환한 25개 지역의 의료비 지출은 감소했다. 그러나 비영리병원에서 영리병원으로 전환한 33개 지역의 의료비 지출은 더욱 가파르게 증가했다(그림 10 참고).

실버먼은 영리병원 지역의 의료비 지출이 높은 이유에 대해 다음과 같이 설명했다. 영리병원 지역에만 중증 환자들이 특히 더 많아서 의료비 지출이 많았을 리는 없다. 그보다는 영리병원들이 높은 수익을 올리기 위해, 과잉 진료를 하거나 진단명의 중증도severity를 조작해 왔기 때문이다. 즉 영리병원들의 부정 청구 사례가 압도적으로 많았다.

왜 영리병원의 의료비 지출이 더 많은지를 좀 더 구체적으로 살펴보면, 그 이유는 다음과 같다.

첫째, 영리병원의 진료비가 더 비싸다.

캐나다 심장전문의인 데브로는 35만 명의 환자들을 대상으로 병원에 지불하는 진료비를 메타분석했다.[5] 그 결과 324개의 병원을 평가한 8개 논문 중 5개의 논문에서 영리병원의 진료비가 더 높았다. 1개 논문만이 영리병원의 진료비가 더 낮다고 밝혔는데, 이 경우는 영리병원에 위탁된 비영리병원을 영리병원과 비교했기 때문이었다. 이 모든 분석 결과, 영리병원의 진료비가 비영리병원보다 평균 19퍼센트 더 비쌌다. 데브로는 영리병원의 진료비가 더 비싼 이유에 대해서 영리병원이 더 높은 수준의 의료 서비스를 제공하지 않고 있었기 때문에 의료 수준으로 이를 설명할 수 없다는 점을 분명히 한다. 논문의 결론은 영리병원은 투자자들을 만족시키기 위해서 더 높은 수익을 창출해야 한다는 점을 지적한다. 경영진들의 보수 또한 비영리병원보다 높았고 무엇보다도 영리병원의 높은 행정비용 때문에 진료비가 비싸다는 것이다.

이것이 둘째 이유인데, 영리병원은 행정비용이 더 높다.

울핸들러는 영리병원과 비영리병원의 행정비용을 분석했다.[6] 그 결과 1994년 영리병원의 행정비용은 전체 병원 지출 중에서 34퍼센트를 차지한 것으로 드러났다. 물론 이 행정비용 비율은 비영리병원

---

5 P J Devereaux, D Heels-Ansdell, C Lacchetti, T Haines, K E A Burns, D J Cook et al, "Payments for care at private for-profit and private not-for-profit hospitals: a systematic review and meta-analysis", *CMAJ* 2004; 170(12): 1817~24.

6 S Woolhandler, D U Himmelstein "Costs of care and administration at for-profit and other hospitals in the United States", *N Engl J Med* 1997; 336: 769~774.

의 24.5퍼센트보다 훨씬 높은 수치였다. 여기서 말하는 행정비용이란 비진료 부문에 들어간 비용을 말한다. 즉 영리병원은 비영리병원보다 행정비용을 더 많이 쓰고 있었으며, 이 때문에 영리병원 진료비가 더 비싼 것이다(표 3과 그림 11 참고).

표 3. 영리병원과 비영리병원의 병원 전체 의료비에서 행정비용이 차지하는 비율
(단위: 퍼센트)

	영리병원 행정비용	비영리병원 행정비용	공공병원 행정비용
급성기 병원	28.6	24.1	22.5
장기요양병원	29.9	24.2	27.4
암병원	-	27.3	24.5
정신병원	44.4	33.6	24.3
재활병원	37.7	25.6	28.1
전체	34.0	24.5	22.9

1990년과 1994년 사이에 영리병원의 행정비용은 평균 2.2퍼센트 증가했다. 그러나 같은 기간 비영리병원의 행정비용은 1.2퍼센트 증가했다. 게다가 영리에서 비영리로 전환한 병원들의 행정비용은 0.4퍼센트 증가한 반면, 비영리에서 영리로 전환한 병원은 2.5퍼센트 증가했다.

영리병원의 행정비용이 높은 이유는 경영진들에게 높은 보수를 주기 때문이다. 실제로 미국 최대의 영리병원인 컬럼비아HCA의 최고경영자가 부정행위로 해임될 당시, 퇴직금으로만 현금 1000만 달러와 3억 달러어치의 스톡옵션을 받아 갔다. 미국에서 둘째로 큰 영리

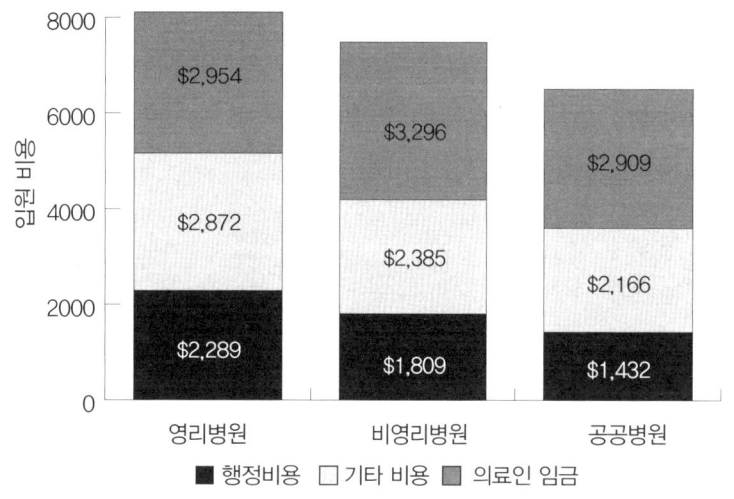

그림 11. 영리 병원의 높은 입원비용과 행정비용

병원인 테닛의 최고 경영자는 2003년에만 스톡옵션으로 1억 1100만 달러를 받아 갔다. 미국 비영리병원의 최고 경영자들은 청소부보다 20배 정도 높은 임금을 받는다. 그러나 영리병원의 최고 경영자들은 청소부보다 180배 높은 임금을 받아 가고 있다.

셋째, 영리병원은 부정 청구율이 높다.

영리병원은 비영리병원보다 진료비 상환을 더 많이 받아 가기 위해, 진단명의 중증도를 조작(업코딩)하는[7] 사례가 많다. 또 불필요한 수술이나 허위 청구의 사례도 많았다. 심지어는 정신질환자들을 장

---

7 미국은 입원 환자에 대해 포괄수가제(DRG)를 시행하고 있다. DRG하에서는 진단명과 질병의 중증도에 따라 몇 개 군으로 나눠 차등 지급한다. 이때 질병의 중증도를 실제보다 높여 청구하는 부정행위를 업코딩(upcoding)이라 한다.

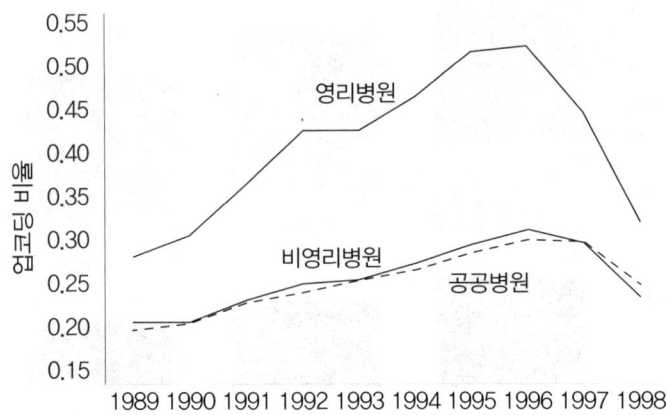

그림 12. 영리병원, 비영리병원, 공공병원의 중증도 조작 비율

기간 구금해 의료비를 청구하는 부정행위도 서슴지 않았다. 메디케어 부당 청구율을 조사한 한 연구에 따르면, 영리병원은 비영리병원에 비해 중증도 조작 비율이 2배나 높았다(그림 12 참고).[8]

실버먼은 영리병원에서 비영리병원보다 중증도 조작이 더 많은 이유에 대해, 영리병원에만 특별히 중한 환자들이 많아서는 아니라고 주장한다. 이는 영리병원들이 더 높은 수가를 받기 위해 질병의 중증도를 조작했기 때문이다. 특히 비영리에서 영리병원으로 전환한 병원의 경우, 중증도 조작 비율이 증가하는 경향을 보였다.

미국 최대의 영리병원인 컬럼비아HCA는 각종 부정행위와 부당 청구가 적발돼, 2003년 연방 정부에게 17억 달러를 배상했다. 또 둘째

---

[8] E Silverman, J Skinner, "Medicare upcoding and hospital ownership", *J Health Econ*, 2004 Mar; 23(2): 369~389.

그림 13. 영리 투석시설과 비영리 투석시설의 사망률과 신장이식 의뢰율 비교

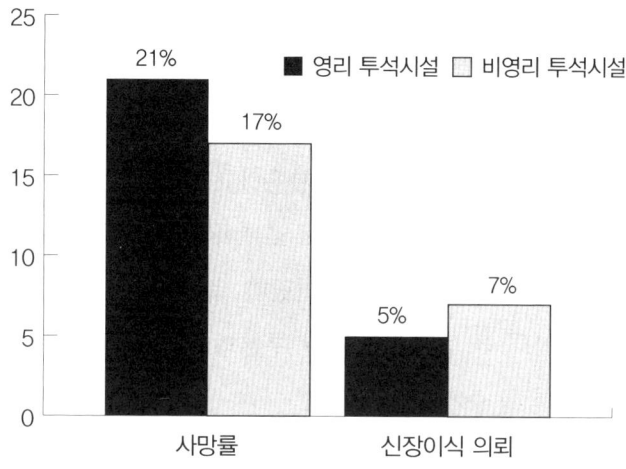

로 큰 영리병원 테닛은 건강한 사람에게 심장 수술을 강요하고 정신 질환자를 부당하게 구금하는 등의 각종 부정행위로 2004년에 2000만 달러를 배상했다.

다음은 의료 서비스의 질을 분석해 보자.

첫째, 영리 투석시설의[9] 사망률이 더 높다.

영리 투석시설과 비영리 투석시설의 사망률을 비교 분석한 연구를 살펴보자.[10] 연구 결과 영리 투석시설이 비영리 투석시설보다 무려 20퍼센트나 사망률이 높았다(그림 13 참고). 또, 영리 투석시설은 투석 환자의 근본적 치료 방법인 신장이식을 권유하는 경우가 적었

---

9   투석시설 만성 신부전 환자가 혈액 투석을 받는 병원.

10 "Effect of the ownership of dialysis facilities on patients' survival and referral for transplantation", *NEJM*, 1999; 341: 1653.

다. 영리 투석시설의 사망률이 높은 이유는 의료의 질과 밀접한 관련이 있는 부분의 비용을 절감했기 때문이다.

이 연구는 영리 투석시설의 경우 투석병원의 의료 인력을 줄이고 비숙련 의료 인력을 고용하고 있다고 고발했다. 또 투석 시간을 줄이고, 1회용이 원칙인 투석액을 재활용하고 있었다. 게다가 투석 중 발생할 수 있는 빈혈에 대해, 에리스로포이에틴과 같은 빈혈 치료제를 적게 사용하고 있는 것으로 드러났다. 즉, 영리 투석시설은 이윤을 위해 의료의 질과 밀접히 관련된 부분의 의료 비용을 줄이려 했고, 이는 곧 사망률 증가로 나타났다.

데브로는 투석시설의 사망률과 관련한 논문들을 모두 찾아 메타분석했다.[11] 그 결과 영리 투석시설의 사망률이 비영리보다 8퍼센트 정도 높았다. 미국 투석 환자들의 75퍼센트가 영리 투석시설을 이용하고 있다. 만일 그들이 모두 비영리 투석시설을 이용한다고 가정하면, 매년 2500명의 환자들이 죽지 않고 살 수 있다는 결론이다.

둘째, 영리병원의 사망률이 더 높다.

캐나다의 데브로는 또 투석시설 이외의 병원을 대상으로, 사망률을 메타분석했다. 그 결과 영리병원은 비영리병원에 비해 사망률이 최소 2퍼센트 높았다. 영리병원들 다수가 환자 중증도를 조작하고 있다는 사실을 감안하면, 실제 사망률은 더 높을 것으로 추정된다. 이 2퍼센트의 차이는 매우 중요하다. 만약 환자들이 모두 비영리병원

---

[11] "A systematic review and meta-analysis of studies comparing mortality rates of private for-profit and private not for profit hsopital", *CMAJ*, May 28, 2002; 166(11).

에서 치료받는다고 가정하면, 매년 1만 4000명의 생명을 추가로 살릴 수 있다는 결론이다. 데브로는 영리병원과 비영리병원의 사망률을 분석할 때, 의료진의 숙련도를 보정할 경우 사망률 차이가 감소하는 것을 발견했다. 즉 사망률 차이가 나는 주요 원인은 바로 의료진들의 수준에서 비롯된 것이다. 영리병원은 비용을 절감하기 위해, 비영리병원보다 덜 우수한 의료 인력(의사, 간호사)을 고용하고 있는 것이다. 이는 여러 다른 연구에서도 입증된 사실이다.

셋째, 영리 요양시설의 의료 질이 더 떨어진다.

사망률 비교 외에 환자에게 제공되는 의료 서비스의 질을 비교한 연구도 존재한다.[12] 이 연구는 요양시설 환자에게 어느 수준의 의료 서비스가 제공되는지를 분석해, 각 의료 서비스의 부족분을 수치화한 연구다. 즉 수치가 높을수록 의료 서비스 수준이 떨어진다는 얘기다. 그 결과 의료의 질, 삶의 질 모두에서 영리 요양시설이 비영리나 공공 시설보다 수준 미달이었다(표 4 참고).

표 4. 소유 형태에 따른 요양시설의 의료의 질 비교(미국, 1998년)

부족분 유형	영리 요양시설	비영리 요양시설	공공 요양시설
의료 서비스의 질	3.56	2.59	2.63
삶의 질	1.92	1.18	1.25
기타	0.41	0.25	0.24
전체	5.89	4.02	4.12

---

12 "Does Investor Ownership of Nursing Homes Compromise the Quality of Care?", *American Journal of Public Health* 2001; 91.

연구자들은 영리 요양시설의 낮은 의료 수준의 원인을 간호 인력의 부족에서 찾았다. 영리 요양시설은 비영리에 비해 간호 인력이 31.7퍼센트 부족했다. 또 간호 인력의 수준 또한 낮은 것으로 드러났다. 즉, 영리 요양시설은 비용을 절감하고자, 의료의 질에 필수적인 의료 인력을 적게 고용한다. 그리고 그것이 영리 요양시설의 의료 수준을 형편없는 것으로 만들어 놓았다.

넷째, 영리병원은 의료 인력이 더 적다.

일반적으로 의료진(의사, 간호사 등)이 적을수록 환자의 건강 결과가 나쁘다는 것은 잘 알려진 사실이다. 영리병원들의 의료의 질이 나쁜 이유가 바로 여기에 있다. 영리병원은 비영리에 비해 더 적은 의료 인력을 고용하는 경향을 보인다. 적은 의료 인력 때문에 의료의 질이 나빠진다는 연구 결과도 있다.[13] 이에 따르면 간호사 1인당 환자 비율이 증가할수록, 사망률과 응급 구조 실패율이 증가한다(그림 14 참고). 또한 환자 비율이 증가할수록, 간호사들의 피로도는 증가하고 일의 만족도 또한 감소한다. 물론 이런 간호사 불만족도의 증가는 의료의 질을 더욱 떨어뜨리게 된다.

마지막으로, 의료 접근성을 살펴보자.

의료 접근성이란 건강 상태, 위험 요인, 지불 능력 등과 상관없이 필요한 의료 서비스를 효과적으로 획득할 수 있는지 없는지를 기준으로 한다. 미국에서 영리병원의 의료 접근성에 관한 연구는 보험 미가입자에 대한 의료 서비스 제공 여부, 이익이 남지 않는 의료 서비

---

13 "Hospital Nurse Staffing and Patient Mortality, Nurse Burnout, and job dissatisfaction," *JAMA* 2002; 288: 1987.

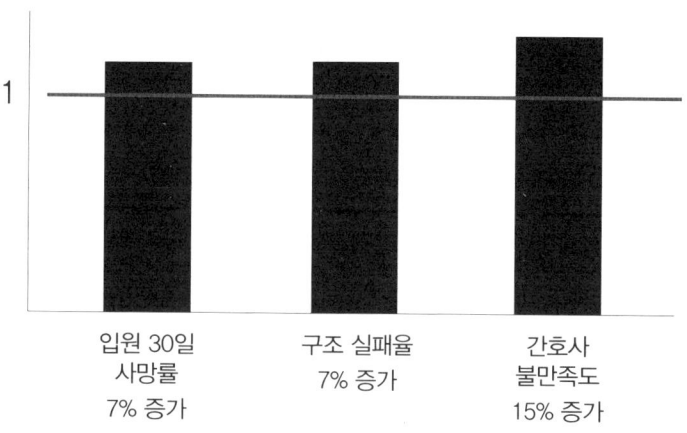

그림 14. 간호 인력 1인당 환자 수 1명 증가 시 사망률, 구조 실패율, 불만족도

스 제공 여부로 이뤄지고 있다. 그 결과 영리병원은 일반적으로 의료의 접근성을 떨어뜨린다.

앞선 실버먼의 연구처럼, 의료 접근성과 관련된 30개의 논문들을 분석해 봤다. 그 결과 20개의 연구에서 비영리병원이 영리병원보다 우수했다. 즉 비영리병원이 영리병원보다 무보상 의료 서비스를 더 많이 제공해 준다는 것이다.

물론 공공병원이 영리·비영리를 포함한 민간병원보다 더 많은 무보상 의료 서비스를 제공하고 있다. 여기서 재미있는 사실 한 가지는, 영리병원의 경우 보험 미가입자가 적은 지역에 집중되는 경향을 보인다는 것이다. 즉 무보상 의료 서비스를 많이 제공해야 할 저소득층 지역에는 영리병원이 진출하지 않는다는 것이다. 또 비영리병원이 영리병원으로 전환할 경우, 무보상 의료 서비스 제공량이 상당히 줄어들었다. 영리병원은 대체로 수익이 되지 않는 응급실이나 중환자실을 폐쇄하는 경우가 많았고, 지역사회에서 자선사업이나 빈곤층에 대한 의료 서비스 제공을 거부하는 경우도 많았다.

영국이나 뉴질랜드의 경우, 장기간의 진료·수술 대기시간이 영리병원 도입의 근거로 제시돼 왔다. 영리병원 도입으로 능력 있는 대기자들이 영리병원 쪽으로 빠져나갈 것이며, 이로 인해 진료·수술 대기시간을 줄일 수 있다는 발상 때문이었다. 그러나 실제 영리병원이 도입된 연후 정반대의 현상이 벌어졌다. 오히려 공공병원의 진료·수술 대기시간이 연장됐던 것이다.

반면 영리병원을 이용하는 부유층 환자들의 대기시간은 감소했다. 의사들이 수익이 더 남는 영리병원 쪽으로 이직하는 경우가 많아, 공공병원 의사들이 감소함으로써 대기시간이 오히려 늘어난 것이다. 또한 의사들이 공공병원 대기시간을 의도적으로 늘려, 영리병원 쪽으로 환자들을 유도하려는 속셈도 한몫했다.

다른 한편 영리병원으로 인해 공공병원이 폐쇄되는 극단적 사례도 있다. 1995년 컬럼비아HCA는 HTC라는 공공병원을 합병했다. 그 후 HTC가 운영해 왔던 34병상의 의료 센터를 폐쇄해 버렸다. 1988년에는 알렉시언브라더스병원이라는 공공병원이 컬럼비아HCA에 합병됐다. 합병 이후 공공병원이 해 왔던 빈곤층 의료 서비스 제공과 지역사회 건강기금 기부가 중단됐다. 이는 주위의 비영리 공공병원을 폐쇄시킴으로써, 영리병원의 이윤을 극대화하려는 전략으로 자행된 일이었다.

결국 영리병원은 의료비는 증가한 반면, 의료의 질은 나빠지고, 접근성은 악화됐다. 병원들이 경쟁을 통해 불필요한 비용을 줄일 수 있을 것이라는 주장과는 달리 의료의 질과 밀접히 연관된 의료 인력이 줄었다. 그 결과 영리병원의 의료 수준은 형편없이 추락했다. 반면 의료의 질과 무관한 행정비용만 급등해, 전체 의료비 증가를 초래했다.

이는 영리병원이 싸고 질 좋은 의료 서비스를 보편적으로 제공하는 것과는 무관하기 때문이다. 마치 기업처럼 수익성을 최고로 삼고, 수익성 없는 필수 의료 서비스(응급실, 중환자실)는 과감히 폐쇄하기 때문이다. 빈곤층에 대한 자선활동을 거부하는 등, 영리병원은 보건의료가 목표로 삼는 모든 것과 역행해 가고 있다.

영리병원의 실태가 이와 같다면, 시장 경쟁 원리에 의해 영리병원은 당연히 퇴출돼야 한다. 시장에서 저질의 의료 서비스 상품을 고가로 판매한다면, 그 상품을 살 사람은 아무도 없을 것이다. 그런데 왜 영리병원은 퇴출되지 않고 건재한 것일까? 그것은 바로 보건의료가 가지는 다음과 같은 특성들 때문이다. 즉 보건의료는 시장에 맡겨 두면 반드시 실패할 수밖에 없는 특성을 가지고 있다.

첫째, 영리병원들은 비영리병원들과 자유경쟁하지 않는다. 오히려 독점을 형성하고 있다. 미국에서 영리병원이 설립돼 있는 지역에는 경쟁할 만한 비영리병원이 존재하지 않는다. 환자 입장에서 병원을 선택할 수 있는 조건 자체가 없다는 것이다. 설사 영리병원이 한 지역에 두 개 존재할 때도, 그들은 싸고 질 좋은 의료 서비스를 제공하기 위해 경쟁하지 않는다. 환자 입장에서 의료 서비스는 일반 상품처럼 맘에 안 들면 안 사도 좋은 그런 게 아니다. 아프면 병원에 갈 수밖에 없다.

둘째, 환자가 의료 시장에서 똑똑한 소비자로서의 구실을 제대로 수행할 수 없다. 보건의료 서비스 자체가 워낙 전문적인 분야이다 보니, 의사들이 제공해 주는 상품의 질을 비교 평가하기란 실제로 어렵다. 대체로 고급스런 인테리어와 친절 서비스가 질 좋은 의료라고 착각하는 경향이 많다.

셋째, 의료 서비스처럼 정형화되지 않고 복잡한 생산물은 그 가치를 평가하고 모니터링하기가 쉽지 않다. 의료 서비스를 평가할 수 있는 자료를 만드는 주체는 병원과 의사다. 일례로 흉통을 협심증으로 조작하는 것만으로도, 메디케어 지급액을 9.2퍼센트 증가시킬 수 있다. 영리병원 입장에서 보면, 의료의 질을 향상시키려는 노력보다는 이런 틈새를 이용해 훨씬 높은 수익을 올릴 수 있다는 얘기다.

넷째, 영리병원은 수익이 되는 서비스만을 선별해 제공한다. 미국은 심장이나 정형외과 같은 영리전문병원이 매우 성행하고 있다. 즉 돈이 되는 환자와 질병만을 선별해 그에 맞는 의료 서비스를 제공하고 있는 것이다. 통상 지역사회에서 요구하는 서비스를 제공해 주면, 높은 수익을 올리기 어렵다. 그래서 수익성이 낮은 의료 서비스는 주로 비영리병원의 몫이다.

영리병원 허용이 우리나라에서 초래할 영향

우리나라 보건의료 체계는 여러 문제점을 안고 있다. 그중 대표적인 것 하나는 공공병원이 부족하다는 것이다. 물론 공공병원이 부족한 만큼 민간병원은 과잉 상태다. 현재 우리나라의 공공 의료기관은 전체 의료기관의 7~8퍼센트, 병상 기준으로는 전체 병상 중 10퍼센트가 조금 넘는 수준이다. 대다수 유럽 국가들에선 공공 병상 비율이 60~95퍼센트에 달한다. 심지어 미국이나 일본처럼 의료 공급 체계가 민간 의료를 중심으로 재편된 나라에서도, 공공 병상 비율은 30퍼센트를 넘는다.

한국의 경우, 공공 병상이 부족해서 발생한 의료 공백을 메우고 있는 것은 대부분 민간병원이다. 또 이 민간병원의 대부분은 개인 자본으로 설립돼 있기 때문에, 특정 개인이 소유하고 지배한다. 모든 의료기관이 법적으로는 비영리법인임에도 불구하고, 실제로는 이윤 극대화를 좇아가고 있는 것이 이 때문이다. 이처럼 거의 모든 민간병원이 이윤 극대화를 좇다 보니, 의료시설 대부분이 도시에 편중될 수밖에 없었다. 또 의료 서비스는 건강 증진이나 질병 예방보다는 치료에 집중될 수밖에 없었다. 건강보험에 적용받지 않는 고가의 의료장비들이 경쟁적으로 도입됐고, 필요 이상의 검사들이 남발돼 왔다. 비급여 수술이나 투약행위들이 증가해 왔다. 결국 병원과 의사를 바라보는 국민들의 불신감만 지속적으로 증폭돼 왔다.

이런 상황에서 비영리병원 규정은 이윤 극대화를 막는 최후의 보루 구실을 해 왔다. 영리병원을 허용하면 그 어마어마한 후폭풍은 순식간에 전 국토의 의료 체계를 바꿔 놓을 것이다. 영리병원 허용이 초래할 영향을 몇 가지만 꼽아 보겠다.

첫째, 영리병원 허용은 곧바로 의료비 폭등을 초래할 것이다. 앞에서 살펴본 바와 같이, 미국의 경우 영리병원의 의료비가 비영리병원보다 높았다. 물론 이는 그동안 영리병원들이 취해 온 각종 이윤 추구 모델들 때문이다.

국내에서도 지방공사 의료원이 민간 위탁된 후 의료비가 급상승한 경험이 있다. 1990년대 말 군산·마산·이천 의료원이 민간업자에 위탁 운영됐다. 그러나 민간 위탁 직후부터, 입원 1일당 의료비가 2~3

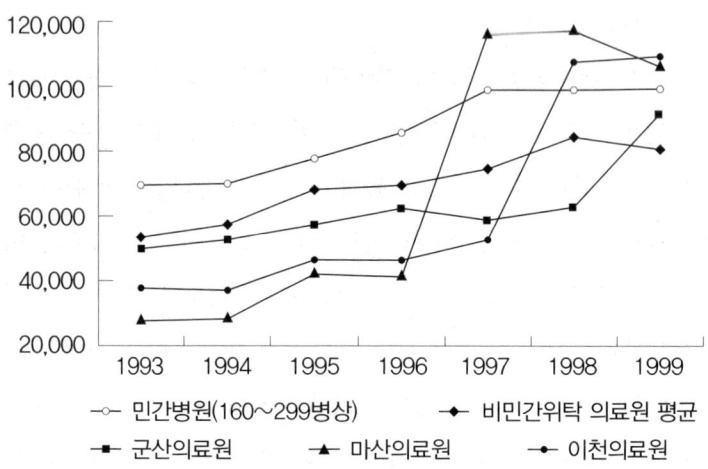

그림 15. 민간병원과 지방공사의료원의 입원 1일당 진료비 비교

배로 증가하고 말았다(그림 15 참고). 수익성을 높이기 위해서, 민간위탁이 바꿔 놓은 각종 이윤 추구 진료 행태들 때문이었다.

둘째, 의료 이용이 양극화될 것이다.

1997년 이후 의료 이용의 양극화는 점차 심해지고 있다. 고소득층의 경우, 1997년에 비해 의료 서비스 지출액은 2배 정도 증가해 왔다. 그러나 저소득층은 의료 서비스 지출액이 오히려 감소하거나 정체돼 왔다. 그 결과 고소득층과 저소득층 간의 의료 서비스 지출 격차는 1997년 1.87배에서 2005년 3.93배로 증가했다(그림 16 참고). 이를 의료 이용량으로 환산하면, 고소득층 이용량은 21퍼센트 증가한 반면, 저소득층 이용량은 43퍼센트 감소해 그 차이가 더욱 확연해진다.

영리병원이 도입되면 환자들이 지불해야 하는 의료비가 높아진다. 의료비 증가는 곧바로 저소득층의 의료 접근성을 떨어뜨릴 것이다.

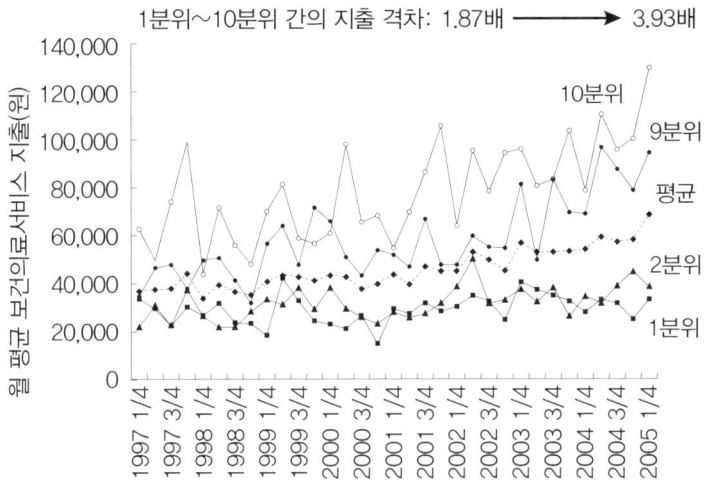

그림 16. 도시 근로자 가구의 소득분위별 의료비 지출

이는 의료 양극화의 증가를 뜻하며 이 결과는 다름 아닌 건강 불평등일 것이다.

셋째, 의료 서비스 전달 체계의 혼란이 심화될 것이다.

현재도 의료 서비스 전달 체계는 무정부성의 극치를 보여 준다. 대형 병원과 1차 의료기관이 감기 환자나 단순 고혈압, 당뇨 질환을 두고 경쟁하며 2차 병원은 대형 병원과 맹장염, 폐렴 등의 환자를 두고 경쟁한다. 이런 경쟁구도는 병상 공급과잉과 지역별 불균형을 낳았고 이는 의료비의 불필요한 증가를 불러왔다(그림 16 참고).

현재 만일 중소 병원의 경영난이 존재한다면 이는 규제 없이 의료 공급을 마음대로 해 놓은 현재의 무규제 정책에 원인이 있다. 영리병원 허용은 의료 공급 체계의 무정부적 경쟁을 더욱 부추기는 정책으로 이 정책이 시행되면 1차 의료기관의 고사와 전체 의료 공급 시스템의 불균형과 과잉 공급, 상업적 이윤의 추구는 극에 달할 것이다.

넷째는 비영리병원의 영리화(뱀파이어 효과)다.

영리병원이 도입되면, 기존에 있던 비영리병원들은 영리병원을 닮아 갈 것이다. 이는 미국에서 이미 입증된 일반적 현상이다. 실제로 하버드 의대의 힘멜스타인 교수는, 영리병원이 비영리병원에 미치는 파괴적 영향을 일명 '뱀파이어 효과'라고 지칭한 바 있다. 즉 비영리병원이라 해도, 이윤을 목적으로 하는 영리병원의 진료 마인드를 좇아갈 수밖에 없는 것이다.

정기택 교수는 《대한병원협회지》에서, 비영리병원과 영리병원의 관계를 다음과 같이 설명했다. "지난 30년 동안 미국에서는 영리병원이 6.2퍼센트에서 12.1퍼센트로 성장했다. 그러나 이와 같은 영리병원의 점유율 증가는 공공병원의 점유율 감소에서 비롯된 것이다." 다시 말해 영리병원의 성장은 공공병원의 희생을 전제로 한다는 것이다. 정 교수는 또한, 미국 비영리병원들이 영리병원화돼 가는 과정을 다음과 같이 설명한다. "영리병원들과의 경쟁 속에서, 1980년대 미국의 비영리병원 3분의 1이 구조조정을 단행했다. 그 주된 형태는 수익성이 높은 자회사나 진료과를 증설해 수익 구조를 개선하는 데 있었다. 그리고 1995년 미국병원협회에서 실시한 설문 조사를 보면, 비영리병원의 절반가량이 영리 목적의 합자회사에 참여하고 있음이 드러났다."[14]

비영리병원의 진료 행태가 영리화될 경우, 의료 서비스의 왜곡은 불을 보듯 뻔하다. 미국의 경우, 영리병원들은 수익이 남지 않는 응

---

14 정기택, "미국 비영리병원의 영리법인 전환 및 수익사업 추세", 《대한병원협회지》 2005년 9월.

급실이나 중환자실 같은 필수 의료 서비스를 기피하고 있다. 만약 영리병원이 허용된다면, 이런 의료 서비스 왜곡들이 그대로 한국에서도 재현될 것이다.

박정희가 건강보험의 아버지인가?

박정희가 '건강보험의 아버지'라는 이야기는 2000년대부터 생겨나기 시작하다 2007~2009년에 확산됐다. 필자는 〈르몽드 디플로마티크〉 2010년 7월 12일 자에 기고해 이것이 신화임을 밝혔다.

    박정희 전 대통령이 '건강보험의 아버지'라는 주장이 계속되고 있다. "박정희 대통령은 건강보험의 아버지와도 같다. 그는 집권 초기에 선언적 내용이긴 하지만 건강보험의 기틀을 잡았고, 1977년에 건강보험을 실질적 제도로 출발시켰다"는 주장이다.[15] 이런 주장은 현재 보수 쪽의 행보를 비난하면서 '박정희만큼이라도 닮아라' 하고 주장하는 개혁적 논객들에게서도 발견된다.[16]

    박근혜 씨가 '복지와 국민화합'을 차기 대선의 화두로 삼고, 정동영 씨도 '역동적 복지국가'를 내세우기에 이런 주장은 앞으로 더 부각될 것으로 보인다. 박정희는 과연 건강보험의 아버지인가?

---

15 양상훈, "1억원짜리 미국 병원 청구서", 〈조선일보〉 2009년 5월 6일 자.
16 이범, "박정희를 본받으라", 〈한겨레〉 2009년 7월 12일 자.

성공 뒤에 서 있는 여러 아버지들

복지 제도가 미미한 한국에서 건강보험 제도는 국민이 꼭 지켜 내야 할 제도로 인식하는 거의 유일한 복지 제도다. 이 때문에 박정희 시대 인사들의 회고록에서도 빠짐없이 다뤄진다. 박정희 대통령 당시의 관료나 정치인의 회고록류의 주장은 몇몇 인사들의 조언과 박정희의 결단에 따른 것이라는 내용이 대부분이다. 예를 들어 김종인은 "제가 박정희 대통령에게 의료보험 제도 도입을 강력하게 건의했더니 다들 반대하고 난리가 났는데, 심지어 보사부 신현확 장관도 반대했다. … 당시 학생운동이 격렬하게 일어날 때인데, 김정렴 청와대 비서실장을 만나서 … 학생운동과 노동자들의 분배 요구가 맞물려 합쳐지게 되면 큰일난다. … '의료보험 제도라도 우선 도입하자'고 했던 것"이라 말한다.[17]

그러나 이런 회고담들은 사람마다 모두 말이 다르다. 예를 들어 김종대 당시 보사부 사회보험국장은 "의료보험 실시가 가능하다는 부처 최고 책임자(신현확 장관)의 확고한 결심을 바탕으로 제도 내용 및 시행을 대통령에게 건의해 실시"하게 됐다고 하는 반면,[18] 이광찬 당시 사회보장개선심의위원회(사보심) 위원은 "사보심 연구위원들을 중심으로 … 기필코 반영코자 노력했고 … 의료보험 부분 계획은 보

---

17 김종인, "[신학림이 만난 사람 ③] 김종인 전 국회의원 (1)" 인터뷰, 〈미디어스〉 2008년 7월 25일.

18 조영재, "건강(의료)보험제도", 《한국의 복지정책 결정과정》, 나남출판, 2008 중 최수일과의 인터뷰(2006년 6월 9일) 재인용.

사장관에게 보고 시 이번 4차 계획에서는 빼라고 해 이 부분을 빼고 경제기획원에 제출"했으나 박정희가 의료보험은 경제개발 4차 계획에 넣으라고 해 도입됐다고 회고한다.[19]

굳이 분류하자면 신현확 주도의 '박정희-김정렴-신현확'론이 있고, 신현확은 반대하는 와중에 김정렴·김종인 주도의 '박정희-김정렴-김종인'론이나 사보심 관여론 등이 있다.[20] 박정희 전 대통령이 최종 결정을 했다는 것과 당사자들이 주도적 구실을 했다는 것 외에는 일치하는 것이 없다. 여기서 확인할 수 있는 것은 건강보험 제도가 현재 인기 있는 제도라는 것뿐이다. 성공한 제도에는 아버지가 많은 법이다.

이런 '영웅주의적' 주장은 그들의 회고담일 수는 있어도 역사적 사실을 밝혀 주는 것은 별로 없다. 한국에서 공적 의료보험 제도 도입이 논의된 것은 4월 혁명 전후였고 5·16 쿠데타 직후 박정희가 도입을 공약했으나 실제로 도입된 것이 왜 16년 뒤인 1977년인지를 전혀 설명해 주지 못한다.

오히려 여러 관련 당사자들이 증언하는 당시 사건 하나가 도입 배경을 설명하는 데 더 설득력이 있다. "4차 5개년계획 최종 보고 회의 이틀 전에 청와대 안보상황 보고 자리에서 정보부(안기부) 판단관이 '가장 위험한 안보 취약 지대는 봉천동, 상계동 등의 판자촌 빈곤 주

---

19 이광찬,《국민건강보장 쟁취사》, 양서원, 2009, 62~70쪽.

20 이 퍼즐의 답은 알 수가 없으나 신현확이 현재에도 막강한 TK세력의 대부라는 점을 고려하면 그는 의료보험 제도 도입에 부정적이었다가 대통령 지시 후 도입에 나섰다고 짐작될 뿐이다.

민들입니다. … 일단 병에 걸리면 치명적이 되는 상황이어서 유사시엔 예측 불가합니다. … 이들에 대한 의료보장 대책이 시급합니다'라고 건의"했다는 증언이 그것이다.[21] 또 이 무렵에는 "북한의 무상의료제도에 대비한 남한의 '무의료 참상'에 관한 북한 삐라가 많이 날아왔다"고 한다.

등 떠밀려 도입한 건강보험

당시 박정희 정권은 남베트남 정권 붕괴(1975년 4월 21일) 등을 이유로 1975년 5월 13일 긴급조치 9호를 발표한다. 그리고 다음 두 달 동안 사회안전법, 국민방위법, 방위세법, 교육법 개정안을 통한 학도호국단 부활(과 대학교수 재임용) 등 4대 전시법을 통과시켰다.[22] 유신 독재의 강화 조처였다. 그러나 당시 상황은 냉전이 완화되고 전쟁 가능성은 희박했다. 실제로 미국과 중국의 관계는 닉슨의 '핑퐁외교' 이후 특별한 긴장 관계가 없었고 남북 관계도 긴장됐다는 증거가 없다. '무장간첩'도 1968년이 정점이었고, 1972년 남북공동선언 이후 남북 관계를 긴장시킨 사건은 1974년 8월 15일 '박 대통령 저격미수' 사건 정도나 이후의 '땅굴 사건' 정도가 있었을 뿐이다.

따라서 안기부 보고가 보여 주는 것은 일부 논자들의 주장처럼

---

21 이광찬, 앞의 책, 69쪽.

22 김형아, 《유신과 중화학공업 박정희의 양날의 선택》, 신명주 옮김, 일조각, 2005, 251~255쪽.

남북 체제 경쟁이 의료보험 도입의 원인임을 보여 주기보다는[23] 당시 노동자계급과 도시 빈민의 불만이 극에 달했고, 정권이 이를 심각한 체제 불안 요소로 인식했다는 점이다.

노동자계급의 성장과 사회운동의 폭발

의료보험 도입에는 당시 노동자계급의 급증과 이들의 관리 필요성이라는 자본의 요구도 있었던 것으로 보인다. 1976년을 전후로 한국 경제는 이른바 '루이스 전환점'을 통과해 무제한 노동 공급 시장에서 탈피했다는 것이 일반적 평가다.[24] 기업 쪽도 노동력의 안정적 공급을 원했고, 1970년대 후반에는 상당수 대기업에서 이미 "의료보험 실시 이전에 근로자 의료비의 50퍼센트 이상을 기업주가 부담"하는 상황이었다.[25]

이들 노동자들은 1970년 378만 명에서 1979년 648만 명이 됐고 대체로 18~29세의 젊은이들이었으며 대도시에 거주했다. 이들의 생활은 매우 열악했는데 이농 현상을 통해 도시로 이주해 온 이들은

---

23 김연명, "한국 의료보험제도의 발달 및 형태규정요인에 관한 연구", 《한국의료보장연구》, 보건과사회연구회, 청년세대, 1989, 107~108쪽.

24 루이스 전환점 노벨경제학상을 받은 아서 루이스의 이름을 딴 개도국 경제 발전 단계 이론. 개도국에서 농촌의 잉여 노동력이 고갈되면 노동력 수요가 공급보다 많게 돼 임금이 급등하고 경제 성장세가 꺾이는 현상을 말한다. 한국은 1970년대 중반이 이 시점이라고 언급된다.

25 김연명, 앞의 글, 109쪽.

대부분 '닭장집'이라 불리는 곳에서 생활했고 "이들의 임금은 1970년 최저생계비의 61.5퍼센트 수준이었으나 1980년에는 44.6퍼센트 수준으로 낮아졌다."[26] 잔업이나 철야 노동을 '밥 먹듯' 했음은 말할 필요도 없다.

노동자계급이 양적으로 성장했음에도 이들의 처우는 지독히 열악한 상황은 격렬한 민중운동과 노동운동을 낳았다. 1970년의 전태일 분신은 그 상징적 사건이었고, 1971년 경기도 광주대단지 사태 등도 같은 맥락의 사건이었다. 1971년에는 대학생의 교련 반대 투쟁, 〈동아일보〉의 언론 자유 수호 선언, 대학교수 선언 등이 있었고, 김대중을 비롯한 야당이 실질적으로 정권을 위협하게 된다. 당시 노사분규는 1970년 165건에서 1971년에는 1656건으로 10배나 폭증했다. 이런 민중운동과 지식인·학생 운동이 바로 유신 독재 체제 선언의 배경이었던 것이다.

유신 체제로 잠시 억눌려 있던 노동운동과 사회운동은 1975년 이후 다시 급증하는데, 공식 통계만 보더라도 집단행동으로 번진 1966~1971년의 파업 건수가 66건이었던 반면 1975~1979년에는 불법적이었음에도 파업 농성 시위가 연평균 109건에 이른다.

당시 정권이 가장 두려워한 것은 김종인이 잘 지적했듯이 노동운동과 반정부 투쟁의 결합이었다. 이 때문에 정부는 의료보험 도입이라도 하지 않을 수 없었다. 공약한 지 무려 16년 만에 의료보험을 도입한 것은 사회운동이 정권에 대한 실질적 위협이 됐기 때문이다. 결국 박정희 정권은 자신들이 걱정했던 것, 즉 YH 여성 노동자들의 파

---

26 이원보, 《한국노동운동사 5: 경제개발기의 노동운동》, 지식마당, 2004.

업과 반정부 투쟁의 결합에 의한 부마항쟁으로 무너진다. 박정희 정권의 의료보험 제도 도입은 "노사의 공동 부담과 공동 운영에 의해 일체감을 조성, 산업 민주화를 가능케 하기 위한 것"이었다는[27] 점은 빈말이었으며, 정권에 실질적 위협이 된 노동운동과 사회운동에 대한 대응이었던 것이다.

진짜 부모는 민중 자신이었다

이렇게 도입된 의료보험은 처음부터 철저히 기형적으로 설계됐다. 우선 정부는 돈을 한 푼도 내지 않았다. 기업이 50퍼센트, 노동자가 50퍼센트를 내 운영됐을 뿐이다. 또한 적용 인구나 보장성이 지극히 한정돼 500인 이상 기업의 노동자에게만 먼저 도입됐고, 건강보험 적용이 의료비의 30~40퍼센트에도 못 미칠 정도로 보장성이 형편없었다. 이에 더해 기업별 조합으로 운영돼 건강보험 재정이 기업의 자금줄 구실까지 하게 됐다.[28] 당시 의료보험조합은 아예 전국경제인연합회(전경련)가 주체가 돼 시행됐고, 사무실 자체가 전경련 건물에 있었을 정도다.[29] 병원비 지출 제도를 병원에 유리한 '행위별 수가제'로 채택한 것도 지금까지 극복되지 못한 한계다.

---

27 김도영,《한국의 의료보험》, 삼연사, 1982, 116쪽.

28 당시 신문 기사들을 보면 의료보험 재정을 기업의 자금으로 전용하다 적발된 사실이 여러 번 사회문제가 됐다.

29 전경련,《전경련 40년사 1~3》, 전국경제인연합회40년사편찬위원회, 2001.

이런 '박정희표' 의료보험의 한계가 일부 극복돼 현재 모습의 건강보험이 된 것은 두 번의 대수술을 거친 뒤였다. 1988~1989년의 전 국민 건강보험 도입과 2000년 건강보험 통합이 그것이다. 건강보험 적용 범위를 전 국민으로 넓히기 위해서는 1987년 6월 항쟁과 7~9월의 노동자 대투쟁이 필요했다. 이후에도 대기업 '부자' 조합과 도시와 농촌의 '빈자' 조합을 통합해 국가가 직접 운영하게 된 데는 의료보험연대회의가 주도한 10년간의 노동·농민·시민운동의 투쟁이 필요했다.

그런데도 건강보험은 아직까지 박정희 시대의 유산을 가지고 있다. 국가 재정 지원과 기업 부담이 여전히 낮고, 건강보험 보장률도 60퍼센트대에 머물러 있으며, 전 국민 의료보장 제도가 있는 나라에서 세계적으로 거의 유일하게 행위별로 의료비를 지급하는 낭비적 지출 구조를 가진 것이다.

현재 박정희의 계승자를 자처하는 자들이 '의료 민영화', 즉 의료의 시장화와 상업화를 통해 한국의 의료보장 제도를 붕괴시키려는 것은 박정희를 잘못 계승해서가 아니라 그들이 박정희를 계승하고 있다는 바로 그 이유에서다. 박정희가 건강보험의 아버지라고? 그는 사회운동의 위협으로부터 정권을 지키기 위해 정부가 전혀 책임지지 않는, 살아나기조차 힘든 기형적 제도의 의료보험 제도를 도입했을 뿐이다. 이 기형적 건강보험을 여러 번의 대수술을 거쳐 지금 모습으로 만든 것은 오로지 사회운동의 몫이었다. 건강보험을 낳고 키운 진짜 어머니와 아버지는 민중이었고, 또 앞으로 건강보험을 튼튼하게 키워 나가야 할 부모도 바로 이들이다.

건강보험 통합 10년, 현재 상황과 과제

2010년 6월 30일 국회에서 열린 건강보험 통합 10주년 기념 심포지엄에서 발표한 글이다.

건강보험의 역사에서 배워야 할 것들

최근 '복지국가'에 대한 담론이 힘을 얻어 가면서 차기 대선에서도 이런 복지국가를 둘러싼 논의가 주된 이슈가 될 가능성이 커지고 있다. 유력 차기 대권 주자들의 경우 박근혜 씨는 '복지·국민화합'을 내세우고 있고 정동영 씨는 '역동적 복지국가' 주장을 내세우면서 복지 문제 이슈 선점을 위해 활발히 활동 중이다.[30] 물론 진보정당의 주력 정책은 "부자에게 세금을 서민에게 복지를", "무상의료, 무상교육"과 같은 복지 공약이 대표적인 것은 말할 필요도 없다.

이런 복지국가 이슈 선점을 위한 정치투쟁 과정에서 가장 대표적

---

30 "기획재정위 데뷔한 박근혜 '국민화합·복지' 화두 던져", 〈매일경제〉 2010년 6월 29일 자. "정동영 '지방선거 결과는 역동적 복지국가를 바라는 민심의 표출'", 〈연합뉴스〉 2010년 6월 22일 자.

인 사회보장제도인 건강보험 제도의 역사를 둘러싼 '담론 투쟁'도 같이 벌어지고 있다. "박정희 대통령은 건강보험의 아버지와도 같다. 그는 집권 초기에 선언적 내용이긴 하지만 건강보험의 기틀을 잡았고, 1977년에 건강보험을 실질적 제도로 출발시켰다. 이제 우리 의료는 산업으로서도 세계시장에서 경쟁할 수 있는 수준이다"[31] 식의 '박정희 건강보험 아버지론'이 대표적이다. 이는 보수적 식자들이나 언론들뿐 아니라 일부 개혁적이라고 인식되는 정치인들이나 식자들 사이에서도 어느 정도 긍정되고 있는 주장으로 보인다.[32] 박정희 전 대통령이 건강보험을 1977년 처음 도입했다는 사실에서 출발한 이런 논의는 2009년 박정희 대통령 사망 30년에 즈음해 더욱 부각되기도 했다.

최근 건강보험 도입 시기에 대한 자료들이 출간되고 박정희 시기의 정부 관리나 정치인들의 회고록들도 출간되면서 박정희 시기의 건강보험 도입과 관련한 1차, 2차 자료들이 더 풍부해지고 있다.[33] 회고록을 살펴보면 당시 정부 내의 대립들을 살펴볼 수 있고 또 그 주장이 엇갈리는 경우도 많다. 서로 사실 내용조차 엇갈리는 회고록들 중 상당수는 건강보험의 도입 과정 중 자신이 이를 도입하는 데 상당한 구실을 했다는 주장이 많아 건강보험이 성공한 제도였다는 것을 보여 준다. 성공에는 아버지가 많은 법이다.

---

31 양상훈, "1억원짜리 미국 병원 청구서", 〈조선일보〉 2009년 5월 6일 자.
32 이범, "박정희를 본받으라", 〈한겨레〉 2009년 7월 12일 자.
33 조영재, "건강(의료)보험제도", 《한국의 복지정책 결정과정》, 나남출판, 2008. 이광찬, 《국민건강보장 쟁취사》, 양서원, 2009 등.

지금까지의 건강보험 도입에 대한 대표적 주장들로는, 첫째 박정희 대통령과 그 주위 관료들의 정책적 결단, 둘째 정부 내 전문가들의 꾸준한 노력, 셋째 자본 측의 안정적 노동력 재생산과정 확보, 넷째 노동운동과 사회운동에 대한 정권의 수동적 대응 등을 강조하는 내용으로 나뉠 수 있다.

건강보험 제도는 4월 혁명의 결과로 5·16 쿠데타 이후 이미 논의되고 있었고 이것이 1977년에야 도입됐다는 사실로 볼 때 박정희와 주변 정부 관료나 정치인에 의한 선진적 정책 도입이었다는 결론을 이끌어 내는 것은 잘못으로 보인다. 일부 전문가들이 정부 내에서 이를 꾸준히 주장했다 하더라도 이들의 영향력이 작았다는 점에서 이런 전문가주의적 시각도 한계가 크다.

오히려 당시 중화학공업 발전으로 인해 이른바 루이스 전환점을 지나 상대적으로 안정적인 노동력 공급이 필요한 시점에 이르렀다는 점, 1970년대의 노동운동의 발전이 두드러졌다는 점, 특히 1975년 이후 노동쟁의가 10배로 증가하는 것에서 보이듯이[34] 노동운동이 체제에 위협이 될 수 있을 정도로 성장했다는 점, 그리고 당시의 반정부·학생운동과 노동운동의 결합이 가장 위협적 지점이었다는 점이 1977년 건강보험 도입의 진정한 계기라 할 수 있을 것이다.

그러나 이런 배경 위에서 도입된 건강보험 제도는 다음과 같은 점에서 치명적 한계를 지니고 있었다.

---

[34] 공식 통계만으로 보더라도 집단행동으로 번진 1966~1971년의 파업 건수가 전부 66건이었던 반면 1975~1979년에는 불법적이었음에도 파업 농성 시위가 연평균 109건에 이르게 된다.

첫째, 의료보험 운영 형태는 기업별 조합 형태로 했다는 점.

둘째, 국가 예산 투여 없이 자본과 노동 측의 부담 비율을 50 대 50으로 했다는 점.

셋째, 보험료 수준을 낮게 책정해 의료보험의 보장 범위가 극히 협소하다는 점.

넷째, 500인 이상 기업 노동자만을 대상으로 시작해 극히 느리게 범위를 넓혀 갔다는 점.

다섯째, 국가의 보건의료 부문에 대한 관여가 의료보험 제도 도입 이외에 전무했다는 점.

여섯째, 행위별 수가제 등 기존의 시장적 의료비 지불 제도를 유지했다는 점.

이 때문에 건강보험을 확대·강화하고 건강보험의 원래 제도 도입의 목적인 '사회가 의료비를 보장하는' 제도로 이를 변화시키는 것은 전적으로 이후의 노동운동과 사회운동의 몫이 됐다.

이후 이른바 건강보험 제도의 '변곡점'이라 일컫는 시기는 두 번 있었는데, 1988~1989년의 농촌의료보험 도입과 도시의료보험 도입으로 인한 전 국민 건강보험 제도 도입이 그 첫째 시기이고 둘째는 조합적 운영 방식으로부터 국가 통합 운영 방식으로 바뀌는 2000년의 건강보험 통합이다.

이 중 전 국민 건강보험 도입은 1987년의 6월 항쟁과 7~9월 노동자 대투쟁과 이후에 벌어진 농민의 건강보험증 소각 투쟁 등을 비롯한 노동·민중운동의 폭발에 대한 대응으로 이뤄졌고, 2000년의 건강보험 통합 또한 민중·시민운동의 성장으로 민주적 정권 교체가 이뤄지고 또한 10여 년에 걸쳐 노동·시민·보건의료 운동이 꾸준히 운동을 전개한 결과임은 말할 것도 없다.

결국 박정희가 건강보험 제도를 도입하기는 했지만 이 또한 노동운동과 민주화 운동에 대한 수동적 대응이었으며 그 결과 건강보험 제도는 기형적 모습으로 태어났고 이를 그나마 현재 모습으로 탈바꿈하게 만들기까지는 민중운동과 시민운동의 지난한 투쟁이 있었다는 것이다. 즉 박정희는 건강보험의 아버지가 아니다. 그는 거의 이름만 붙어 있는 기형적 건강보험 제도를 도입했을 뿐이다. 이 아이를 지금까지 성장시킨 것은 민중운동과 시민운동의 수차례에 걸친 대수술이었다. 건강보험의 진정한 어머니·아버지는 민중운동과 시민운동이다.

그러나 사회운동의 노력에도 불구하고 여전히 처음 도입 당시의 한계가 많이 남아 있다.

첫째, 의료비 보장이 여전히 제대로 이뤄지고 있지 못한 점.

둘째, 건강보험 제도 외의 정부 구실이 없어 공공의료 비율이 매우 낮다는 점.

셋째, 의료 공급 체계에 대한 정부의 구실이 없어 시장적 관행인 행위별 수가제가 유지되고 있다는 점.

넷째, 정부의 기여가 18.3퍼센트로 여전히 매우 낮다는 점.

다섯째, 기업들의 건강보험 재정 비중이 매우 낮은 상태에서 의료보험료도 낮으며 기업 대 노동자의 보험료 분담 비율이 5 대 5로 노동자들에게 높게 책정돼 있다는 점.

의료 민영화, 의료 산업화 정책

여기에 현재 문제가 되고 있는 것은 의료 산업화, 의료 민영화다. 이른바 민주 정부는 'IMF 경제 위기' 시기를 계기로 집권했고 따라서 신자유주의적 정책을 집행했다. 또한 이는 민주 정부 2기라고 일컫는 노무현 정부 때 영리병원 허용, 민영 보험 활성화 등의 의료 산업화 정책을 추진하면서 보건의료 분야에서 노골화됐다.

이런 점에서 건강보험의 역사를 돌아볼 때 민주당으로 대표되는 지난 두 차례의 민주 정부도 개혁을 완성하지 못했다는 점에서만이 아니라 지금까지의 건강보험의 역사적 성과를 무위로 되돌리려 했다는 점에서 앞으로의 진정한 복지 개혁을 이룰 수 있는 집단이라고 보기 힘들다.

더 노골적인 의료 민영화 정책을 시도하고 있는 정권이 바로 현 이명박 정권이다. 인수위 시기부터 건강보험 당연지정제 폐지를 논의하기 시작했고 노무현 정권 말기의 병원 상업화, 병원과 민영 의료보험 간의 결합을 촉진하는 의료법 개정안을 밀어붙였으며 지역적 영리병원 허용은 물론 전국적 영리병원 허용까지 밀어붙이고 있고 보험업법 개정을 통해 보험회사에게 개인 질병 정보를 넘기려는 시도를 계속하고 있다.

더욱이 최근에는 전문 자격사 제도를 개선한다는 명목으로 병원의 개설 기준을 기업에게 확대하는 영리병원 허용안을 추진하고 있으며 또한 건강관리서비스 법안을 통해 치료 행위 이외의 모든 의료 서비스를 건강보험에서 제외하고 가격을 자유화하며 환자 관련 정보, 즉 개인 질병 정보를 이런 건강관리서비스 기업이 관리할 수 있는 법을 입법하려 하고 있다.

6월 2일 지방자치단체 선거는 여러 의미가 있었지만 의료 민영화에 반대하는 민심 또한 잘 보여 줬다고 판단된다. 영리병원 허용 등의 의료 민영화에 대해 답변을 하지 않거나 찬성한 한나라당 후보들은 대체로 낙선했다. 특히 현재 가장 문제가 되고 있는 제주와 인천의 당선자들은 제주도의 경우 시기상조라는 점을 분명히 했고 인천의 경우도 영리병원 도입을 반대했다.

그러나 정부는 지방선거에도 불구하고 영리병원 허용이 대통령의 강력한 의지라는 등 의료 민영화 정책을 계속 추진하겠다는 등 추진 의지를 굽히지 않고 있다. 또한 유럽의 재정 위기는 퍼 주기 복지에서 비롯됐다는 식으로 평가하면서 재정 건전화를 위해 복지 재정 삭감을 예고했다("2010년 국무위원 재정전략회의"). 이는 한편으로는 의료 산업화 정책을 추진하면서 다른 한편으로는 복지 재정 삭감에 나서겠다는 것으로 전 국민 건강보험이 도입된 지 20여 년 만에 최대의 도전이다.

몇 가지 건강보험 강화 방안에 대한 검토

최근 건강보험 통합 10년을 계기로 다양한 건강보험 강화 주장이 나오고 있다. 이는 무상급식의 이슈화 성공에서도 드러났듯이 사회적 권리로서의 보편적 복지 주장이 사회운동의 주장이어야 한다는 점에서 환영할 만하다.

신영전 교수는 건강보험 통합 운동의 역사적 완성은 의료 민영화를 막아 내지 못하면 모든 성과가 무위로 돌아간다는 점에서 의료 민영화 저지 투쟁이 가장 중요하다고 강조했다. 이 점에 전적으로 동의한다.

다른 논자들은 건강보험 강화 운동과 관련해 보장성 강화의 주된 방향으로 본인 부담 상한제 100만 원을 핵심으로 내세우고, 이를 이루기 위한 3대 핵심 정책으로 재정 조달 방식을 국민에서 정부·국회가 책임지는 것으로 전환하는 조세로의 전환, 지불 보상 제도를 현재 행위별 수가제에서 공급자가 책임지는 총액예산제로 전환, 공급 체계를 무한 경쟁 체계에서 공급자가 책임지는 주치의 제도 도입을 주장하고 있다.

이런 제안에 대해서 우선 '모든 의료비를 건강보험으로', '본인 부담금 상한제 100만 원'은 지금까지 건강연대가 주장해 온 것이고 (그리고 '100만 원의 기적'이라는 목표가 국민들에게 보장 범위의 획기적 확장을 알려주는 데 효과적이라면) 우리 운동의 합의된 목표라는 점에서 동의한다.

또한 보장성의 강화와 지불 보상 제도의 변경과 공급 체계의 변화, 즉 공급자 통제 정책이 동시에 이뤄져야 한다는 점에 동의한다. 보장성 강화 정책이 공급자 통제 정책과 함께 이뤄지지 않으면 실제로 그 효과를 보장할 수 없다는 점에서, 그리고 공급자를 압박하는 정책이 동시에 이뤄지는 것이 국민들의 요구를 더욱 포괄할 수 있다는 점에서 동의한다. 다만 약제비 강화 정책이나 민간 의료보험에 대한 더 직접적인 통제 정책도 함께 제시돼야 한다고 본다. 현재 약제비의 증가 속도나 민영 의료보험의 폭리 구조의 개선도 국민들이 느끼는 실질적 생활상의 어려움의 지점이기 때문이다.

보험료의 조세로의 전환은 더 깊은 논의가 필요해 보인다. 일단 재원이 국가의 책임이라는 것을 제도적으로 확보한다는 점에서 보험료보다 조세가 더 올바른 방식이라는 것은 맞다. 이런 조세로의 전적인 전환은 재정 문제를 정부와 기업의 책임이 아니라 국민들의 보험료 인상으로 치환시키는 주장보다는 더 진보적으로 보인다. 그러나 보험료의 조세로의 전면적 전환은 또 다른 복잡한 논의를 낳을 수 있다는 점에서 더 심도 깊은 논의가 필요하다고 생각된다.

최근 '모든 병원비를 건강보험 하나로' 시민회의(이하 하나로 시민회의)가 출범을 앞두고 있다. 하나로 시민회의는 현재 건강보험 재정 조달 체계를 그대로 두고 공급자 규제 방식을 전제 조건으로 하지 않거나 추후 과제로 미뤄 두더라도(병행 조건) 우선적으로 보장성을 OECD 국가의 평균 의료비 공적 보장성 수준인 70퍼센트 초반대로 높이자는 것이다. 이를 위해 약 12조 5000억 원의 재정이 들고 이는 현행의 재정 조달 방식으로 계산하면 1인당 평균 1만 1000원의 보험료 인상, 세대당 평균 2만 8000원의 보험료 인상으로 해결 가능하다는 것이다.

이 방안은 현재의 의료 민영화와 건강보험의 위기 상황이 매우 심각하다는 점을 고려해서 나온 안으로 보이며 우리가 먼저 부담해서라도 이 난관을 타개하자는 이런 안에 대해서는 오죽하면 이런 안이 나오게 됐을까 하는 생각에 공감이 가는 지점이 있다.

이 방안 또한 모든 의료비를 건강보험으로, 본인 부담 상한제 100만 원이라는 우리 운동이 공유하고 있는 목표를 같이하고 있다는 점에서 진보적 방안 중의 하나다. 다만 신영전 교수도 지적했듯이 상당히 우려되는 지점이 있다.

첫째, 의도하지는 않았을지 모르나 보장성 강화보다 보험 재정에 강조점이 가게 된다는 점이다. 즉 '기적의 1만 1000원'이라는 구호에서 드러나듯이 재정에 지나친 강조점이 주어진다.

둘째, 건강보험의 기본 원칙, 즉 국가와 기업의 책임이라는 점이 국민의 책임으로 치환된다는 점이다. 이는 보험료 인상을 하지 않아서 건강보험 보장성 강화가 되지 않는다는 저들의 논리의 거울상으로 보인다. 이 때문에 40퍼센트의 보험료 인상에 대한 국민들의 동의를 얻기가 쉽지 않다는 점에서 국민들의 운동을 일으키는 것에 오히려 장애 요인이 될 수 있다.

셋째, 병원이나 제약 자본에 대한 규제를 사실상 추후 과제로 넘기고 있다는 점이다. 2004년부터 2009년까지 건강보험료가 1만 원 가량 오르고 보험료 인상률이 53퍼센트였으나 보장성이 60퍼센트 초반에서 머무른 것은 공급자 규제가 시행되지 못할 경우 보험료는 오르지만 보장성은 강화되기 쉽지 않다는 것을 보여 준다.

공급자 규제를 하지 않아도 재정 강화만으로 보장성을 강화할 수 있지 않느냐는 주장도 있다. 그러나 국민들은 공급자 통제를 강력하게 요구하고 있다. 이것이 바로 의료 민영화 저지 운동의 핵심적 동력 중 하나다. 시민회의 측에서 공급자 통제를 보장성 강화와 동시에 시행하는 것이 어렵다고 말하는 것은 병원 자본에 대한 규제는 일단 미루자는 것이다. 이는 사실상 병원 자본에게는 건강보험 재정의 확보라는 한 가지 길과 영리화·상업화라는 또 하나의 길(의료 민영화)의 두 길 보기를 가능하게 한다.

이 때문에 하나로 시민회의의 운동은 그 운동 주체들의 절실성을 일부 공감할 수 있음에도 우려되는 지점이 많다. 보험료 인상 일반에 반대하거나 또는 찬성해서 이 시민회의 운동에 우려를 표현하는 것은 아니다. 건강보험료 인상은 지금까지 그래 왔듯이 구체적 조건 아래서는 찬성할 수도 있고 반대할 수도 있다. 문제는 '국가와 기업의 부담' 의제가 '국민의 건강보험료 인상'이라는 문제로 치환돼 버린다는 것이다.

구체적 상황의 전술 문제에서도 우려되는 지점이 있다. 올해 하반기에 건강보험 재정 적자 1조 5000억 원에 대한 건강보험료 10퍼센트 인상 요구에 대해 사회운동 진영의 대응이 40퍼센트 인상을 주장하는 모양이 될 것이라는 점에서도 그렇다. 또한 이 요구를 특정 정당이 5개년계획으로 '정책적으로' 수용한다면 어떻게 될 것인가? 지난 정부에서 건강보험 보장성 75~80퍼센트를 내세우면서 5개년계획을 발표한 바가 있다. 이렇게 되면 문제는 보장성 문제가 아니라 보험료를 즉시 올릴 것인지 아니면 순차적으로 올릴 것인지의 문제가 된다. 가정이 아니라 이미 겪은 바 있는 일이다.

최근 김창보 시민건강증진연구소 연구실장은 한 일간지에 기고한 글에서[35] 건강보험 제도 개혁 방안으로 수익 구조 개선에 앞서 지출 구조 개선이 필요하다고 주장했다. 김창보 실장은 의료비가 연 13퍼센트씩 급격히 증가하는 것에 대해 "'의사의 진료량'이 가장 주요한 원인으로 지목됐다. 우리나라에서는 환자를 더 많이 병원에 오게 하고, 서비스나 치료 항목을 늘리면 병원과 의사의 수입은 더 늘어나는 이른바 '행위별 수가제'를 채택하고 있는 것이 문제였다. 결국 이를 해결하지 않고서는 아무리 돈을 쏟아부어도 건강보험 보장 수준

---

35 "건보 강화해 모든 치료비 감당하게 하자", 〈한겨레〉 2010년 6월 28일 자.

은 개선되기 어렵다는 것"이라고 말하면서 총액예산제와 주치의 등록제의 도입을 주장했다. 이에 대해서는 전적으로 동의한다.

다른 한편 김창보 실장은 재정 확대 방안, 즉 재정수입 확대 방안으로 몇 가지를 들었다. 보험료 인상, '사회복지세' 도입, 정부 부담분의 확대를 언급하고 "술·담배 등에 세금을 붙여 활용하자는 의견도 있고 환경을 파괴하는 대규모 토건 사업을 멈추고 그 예산을 활용하자는 의견도 있다"고 말하면서 "수입 확대 방안은 어떤 것 하나를 취사선택할 것이 아니라 … 몇 개의 정책이 적절한 조합을 만들어야" 한다고 주장한다. 이런 주장에도 동의한다. 다만 구체적 운동 목표에 대해서는 논의가 더 필요할 것이다.

건강보험 통합 운동이 10년을 거치고서도 결국 보장성의 획기적 강화는 미완의 개혁으로 그치고 말았다. 공급 구조의 변화나 규제도 이뤄지지 못했다. 그리고 지금은 의료 민영화에 맞닥뜨려 있다. 이제 건강보험의 마지막 관문이라고 부를 수 있는 사실상의 무상의료로 나아가는 것은 지금까지의 건강보험 운동이 그래 온 것처럼 풀뿌리로부터 출발하는, 즉 현장에 기반하는 매우 강한 대중운동에 기반하지 않으면 이루기 힘들 것이다. 바로 이 때문에 필자는 정부와 기업의 책임을 강화하자는 주장이 가장 기본적이어야 한다고 생각한다.

우선 첫째, 정부 재정을 현재 18.3퍼센트에서 40퍼센트로 확대하는 방안이다. 30퍼센트도 실현할 수 있을지 없을지 모르는데 40퍼센트로 확대하는 것이 어떻게 가능하냐는 물음이 존재할 것이다. 그러나 세원은 여러 가지일 수 있다.

예를 들어 프랑스의 경우 정부 지원은 다양한 세원으로 구성된다 (표 5 참고).

표 5. 프랑스의 건강보험 목적세

구분	실시 연도	품목	세율	비고
담배 소비세	1983년 7월	담배	가격의 2퍼센트	시행 초 5퍼센트 → 현재 10퍼센트
알코올 소비세	1983년 4월	알콜 25도 초과 음료	1인당 0.84프랑	-
의약품 광고세	1983년 7월	광고 선전비의 5퍼센트	9.5~21퍼센트	연 매출 5000프랑 미만 제약사 제외
자동차보험세	1967년	자동차보험료	15퍼센트	-
기업 갹출금 의약품 개발	1998년 1월	전문 약품 개발 기업	매상의 2.5퍼센트	-
사회연대 갹출금	1970년 1월	법인 기업	연 매상의 1.3퍼센트	연 2회 징수
누적채무 변제를 위한 갹출금	1996년 2월	장애·실업 수당 등	0.5퍼센트	2009년까지 한시적

출처: 신영석 외, "건강보험료 부과체계 개선방안 및 재원확보방안", 보건사회연구원, 2007년 12월

프랑스의 경우 정부 지원은 일반사회갹출금CSG과 기타 사회보장 목적세를 재원으로 하는데 그 모두는 50퍼센트에 가깝다.[36]

현재 우리나라의 보험 재정에서 감당하는 몫은 보험료로 납부되는 금액의 20퍼센트다.[37] 한국의 사회복지 지출은 GDP 대비 10퍼센

---

36 "국민건강보험 국고지원 개선방안", 보건사회연구원, 2006년 12월.
37 그래서 실제로는 건강보험 재정의 20퍼센트가 아니라 약 16.7퍼센트다. x+0.2x=1 을 해 보면 전체 재정 중 보험료 비중이 83.3퍼센트이므로 실제 국고 지원액은 16.7퍼센트다. 작년에는 4조 8000억 원이었는데 이 16.7퍼센트도 다 지원된 것이 아니다. 2009년에는 보험료 납부액인 25조 9000억 원의 20퍼센트는 5조 2000억 원인데 정부는 이것도 다 지원하지 않았다. 4000억 원을 떼어먹은 것이다.

트를 겨우 넘기는 수준으로 OECD 국가 중 멕시코보다 약간 위고 OECD 평균인 23.1퍼센트의 절반도 안 되고 스웨덴·독일에 비해서는 3분의 1도 안 된다. 한국에서 예산의 복지 부담 비율을 늘리라고 하는 것은 당연한 요구라고 볼 수 있다. 최근 국가 연구원인 보건사회연구원에서도 이 "8 대 2 불문율"을 깨뜨려야만 건강보험 재정 적자를 면할 수 있다면서 노인들의 건강보험 재정의 50퍼센트를 정부가 부담하도록 개정하자는 안을 내놓았다.[38] 이렇게만 돼도 정부 부담은 20퍼센트에서 당장 30퍼센트가 넘게 올라가며 국고 지원 비중은 노인 인구가 증가할수록 계속 늘어난다.

정부 부담을 40퍼센트 이상으로 늘리라고 요구해도 지금보다 더 늘어나는 예산은 2009년 기준으로 5조 2000억 원 정도로, 예산의 1.8퍼센트고 GDP 대비 0.5퍼센트 미만이다. 이렇게 하더라도 OECD 사회복지 지출을 볼 때에는 매우 부족한 상황이다.

다음으로 보험료의 기업 부담분과 노동자 부담분의 비율 변화다. 보험료 부담분은 나라마다 다르다. 그러나 OECD 전체 평균을 내 보면, 기업의 사회복지 지출 기여 비율은 5.4퍼센트고 노동자는 3.1퍼센트다. 그런데 한국은 거꾸로 기업이 2.5퍼센트고 노동자가 3.3퍼센트다(그림 17 참조).

위에 예를 든 프랑스의 경우 7 대 3이며 기업은 사회연대 각출금으로 연 매상의 1.3퍼센트를 연 2회 낸다. 대만은 기업, 노동자, 정부

---

38 보사연 신영석 박사, "건강보험 재정, '8:2 불문율' 깨뜨려야", 〈데일리메디〉 2010년 6월 4일.

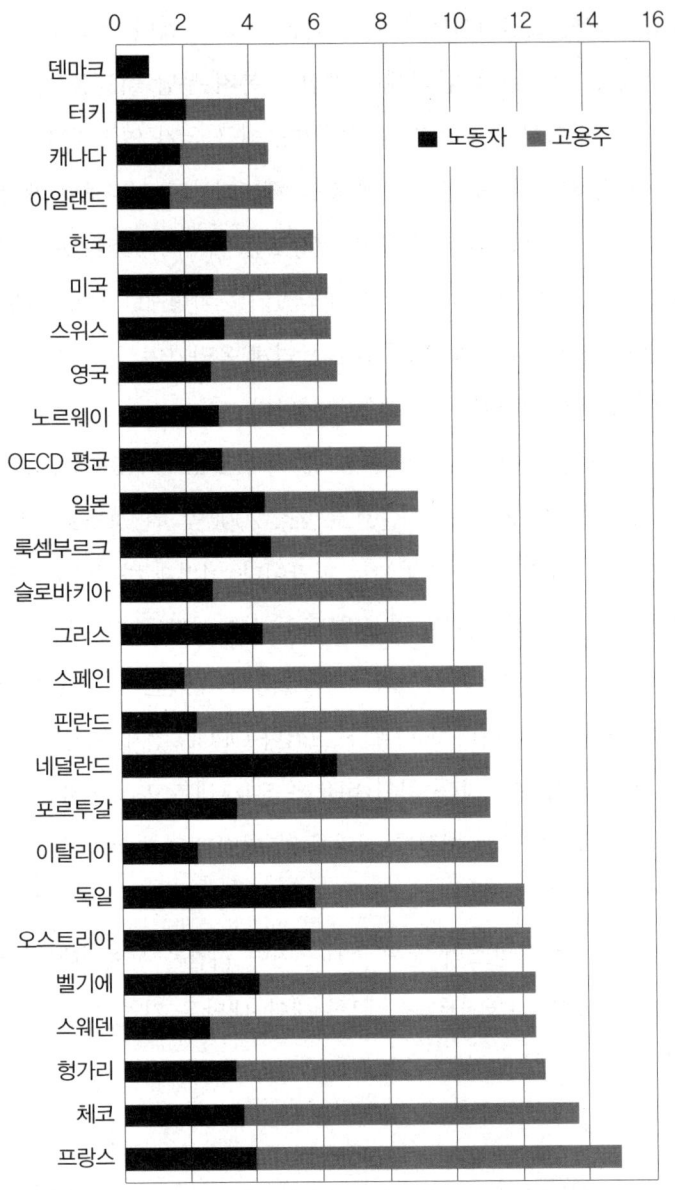

그림 17. 노동자와 고용주의 사회보장 기여금 비율(OECD, 2008년)

출처: OECD database. employer and employee's social security contributions
www.oecd.org/ctp/taxdatabase

가 60퍼센트, 30퍼센트, 10퍼센트를 부담한다.[39] 스웨덴은 기업주와 노동자의 보험료 비율이 9 대 1에 가깝다. 한국에서 노동자 부담을 그대로 두고 기업주 대 노동자 부담을 6 대 4로 바꾼다면 2009년 기준으로 약 4조 2000억 원의 재정이 더 생긴다. 이렇게 해도 기업주 부담 비율이 느는 것은 GDP의 0.4퍼센트 미만이고 OECD 평균에 한참 못 미친다는 것을 알 수 있다.

이렇게 정부 부담과 기업 부담을 소폭 늘리면 2010년 기준으로는 10조 2000억 원 정도가 된다. 굳이 액수를 제시하는 이유는 건강보험 보장성을 올리는 데 필요하다고 계산된 12조 5000억 원의 82퍼센트를 정부 부담과 기업 부담을 인상해 해결할 수 있다는 것이다.

재정지출의 억제 또한 한편으로는 운동에 있어 핵심 문제다. 이는 재정 문제에 있어서도 중요하지만 더욱 중요한 문제가 있다. 건강보험 강화 운동에서 병원 자본이나 제약 자본을 규제할 수 있는 사실상 유일한 시기는 그들의 판매 기회를 늘려 주는 것(즉, 보장성의 강화)과 동시에 이뤄지는 때라는 점이다. 또 하나 중요한 문제는 병원 자본이나 제약 자본에 대한 국민들의 분노나 반대가 건강보험 강화로 이어지기 위해서라도 이들에 대한 규제가 필수적이라는 점이다. 즉 공급자 통제를 강조하는 것은 단지 재정 문제를 해결하기 위한 것이 아니라 대중운동의 강화를 위해서, 그리고 이를 통한 자본의 규제를 위해서 필수적이다.

또한 정부와 기업의 책임을 강조하는 것이 보험료 인상에 무조건

---

39 대만 국민건강보험국 http://www.nhi.gov.tw/english/index.asp?menu=&menu_id=486.

반대하는 것은 아니라는 점을 다시 한 번 밝혀 두고 싶다. 보험료 인상은 특정 조건에서는 불가피하게 찬성할 수도 있다. 우선 건강보험 보장성 강화를 확보하고, 그 재정 문제를 해결하면서 국가와 기업의 부담을 높이고, 재정지출을 줄이기 위한 공급자 통제 조치를 취하고도 모자라는 재정이 있다면 구체적 상황에서 세력 관계에 따라 국민이 내는 보험료로 지출할 수도 있다. 그리고 정부와 기업의 재정지출을 늘려 놓는다 해도 의료비가 증가하는 이상 보험료는 앞으로도 늘어날 것이다. 다만 정부와 기업 책임 문제가 국민들의 보험료 인상 문제로 바뀌어서는 안 된다는 것이다.

지금까지 다양한 건강보험 보장성 강화 방안을 살펴봤다. 건강보험 통합 운동이 목표로 했던 건강 보장 제도의 보장성 강화라는 점에서 여러 방안은 모두 '모든 의료비를 건강보험으로', '의료비 100만 원 상한제'를 그 내용으로 하고 있다는 점에서는 일치한다. 다만 그 접근 방식에서의 불일치라고 할 수 있다.

이런 점에서 보장성 강화 방안에 대해 어떤 안을 가지고 있든 간에 하반기의 의료 민영화 저지 투쟁에서 광범한 연대 투쟁을 강력하게 벌여 나가는 것이 우선적으로 이뤄져야 한다고 판단된다. 하반기에 현 정부가 밀어붙일 의료 민영화 조처들을 막지 못한다면 건강보험 통합 운동과 그 이후의 운동이 이뤄 놓은 성과는 사라지게 될 수 있으며 건강보험 보장성 강화 운동 또한 그 기반 자체가 붕괴할 수 있기 때문이다.

의료 민영화를 막아야 하는 이유

2014년 7월 30일 〈창비주간논평〉에 실린 글이다.

　　의약품 연구 개발 비용이 너무 많이 든다고 한다. 이 해결책이 의약품 연구 개발의 해외 이전이다. 외국에는 연구 개발 비용이 50퍼센트 적게 들고, 두 배의 속도를 낼 수 있으며, 많은 숫자의 치료에 "순진한naive" 대상이 있다고 한다. 그리고 그 외국이 바로 한국이다. 전 세계 1위 다국적 제약 회사인 화이자의 2012년 연구 보고서 내용이다.

　　이미 화이자는 2012년 11월 한국의 빅4 병원과 임상시험 협력 양해각서를 맺었다. 브리짓 애트우드 화이자 임상시험 지원·관리 책임자는 앞으로도 병원을 더 늘려 갈 것이라고 말했다. 이번 정부 조치 중 영리자회사 허용 목록에 의약품 연구 개발이 들어간 이유 중 하나다.

　　미국 국립보건원 자료에 따르면 한국은 신약 임상시험에서 2012년 세계 6위까지 올라섰다. 전 세계 임상시험의 3.9퍼센트가 한국에서 진행된다. 중국을 넘어섰고 그 규모도 1조 원이 넘는다. 학생 아르바이트 선호도 1위가 임상시험이라는 것은 이제는 비밀도 아니다.

서울처럼 초대형 병원이 몰려 있고 의료기술 수준이 높은 나라가 없다. 전 세계에서 임상시험이 가장 많은 도시가 바로 서울이다. 또 "다양한 인구 집단"을 대상으로 "각종 질병을 가진 임상시험 대상자를 쉽게 구할 수" 있기 때문이다. 한마디로 한국은 화이자에서 말한 대로 값싸고 빠르게 임상 연구를 할 수 있으며 순진한 대상자가 많다는 이야기다.

이번 정부의 의료 민영화 조치, 즉 병원의 규제 완화 조치에는 병원의 의약품 연구 개발 영리자회사 허용 조치가 들어 있다. 병원 스스로 임상시험으로 돈벌이에 나서겠다는 것이다. 그런데 연구 윤리를 지켜야 할 의료기관이 가능한 속도를 내고 싸게 해야 돈을 버는 임상시험 회사를 운영하는 것이 타당한가? 정부가 나서서 연구 윤리를 위반하라고 부추기는 꼴이다. 명백한 이해관계 충돌이다.

정부는 의료가 '신성장동력'이라고 부르며 부추긴다. 그러나 조금만 들여다보면 다국적 제약 회사의 값싼 임상시험 대상으로 한국의 젊은이들을 내놓는 셈이다. 베트남전쟁 때 한국의 젊은이들을 미국의 총알받이로 내세워 경부고속도로를 깔았다면, 이제는 한국의 젊은이들을 전 세계의 마루타로 내놓겠다는 것이다.

의료가 영리화되면 의료비는 당연히 올라간다. 정부의 이번 병원의 부대사업 확대 및 영리자회사 허용 조치는 병원 부대사업을 무한정 확대하는 조치다. 이미 2010년 전경련에서 병원 부대사업을 네거티브 리스트로 바꿀 것을 요구했다. 의약품·의료기기 연구 개발은 물론이고 건물 임대업, 의류·생활용품, 식품판매업 등이 포함된다. 여기에 수영장, 헬스클럽에 호텔까지 허용된다.

병원이 병원이라기보다는 의료복합기업이 되는 것이다. 당장 병원에서는 자신이 개발한 의약품과 의료기기를 환자에게 '처방'해 강매할 것이다. 어디 그뿐인가? 이미 허리에 좋다는 의자를 모 병원에서 팔고 있는 것처럼 거의 모든 생활용품을 건강을 내세워 환자에게 강매할 수 있다. '건강'식품은 말할 것도 없고 지금은 건강보험이 적용되는 환자복이나 침대보마저 특수 이불보로 바뀌지 않으리라는 보장이 없다. 지금까지는 '침대는 과학'이었다면 앞으로는 '침대는 의학'이 될 가능성이 크다.

또 환자나 보호자에게 병원 대기시간에 호텔을 이용하면 입원시간이 빨라질 수 있다고 '권유'할 수도 있다. 수영장이나 헬스클럽을 이용한 건강관리 프로그램이나 물리치료는 보험이 적용되지 않는다. 당연히 의료비가 올라간다.

미국 회계감사원이 1993년에 지적한 대로 1980년대 급격히 증가한 미국 비영리병원의 영리자회사는 병원의 도심 집중으로 병원 접근성을 떨어뜨렸고 과잉 의료시설로 의료비를 증가시켰다. 또 가난한 환자들이 병원에 가지 못하게 만들었다. 한마디로 '비영리병원의 영리합작회사 운영은 영리병원과 비영리병원을 유사하게 만들었다'는 것이다. 이 때문에 미국에서조차 비영리병원의 영리자회사 규제 조치가 시행됐다. 비영리병원에 자본이 들어가면 당연히 의료비가 올라간다. 자본은 돈을 벌기 위해 움직이는 존재다.

이에 더해 병원 체인의 독점 문제도 발생한다. 1980년대부터 가속화된 미국의 의료 민영화는 레이건·부시 행정부의 복지 재정 삭감으로 시작해 국가가 병원에 대한 지원을 줄이고 시장에 맡겨 일어났다. 이후 영리병원과 비영리병원의 영리합작회사가 늘어났으며, 결국

보험-병원 복합기업인 건강유지조직HMO이 대자본에 의해 장악돼 전국의 병원들을 지배하게 됐다. 그리고 그 결과가 우리가 보는 미국의 현재 의료 현실이다. 한국처럼 사립병원이 90퍼센트이고, 의료보장률이 55퍼센트인 나라에서는 의료 민영화가 미국보다도 더 급격한 속도로 일어날 수 있다.

이렇게 되면 의료비만 올라가는 게 아니다. 인간의 건강과 생명이 상품이 된다. 미국에서의 생명청산보험이 대표적이다. 이른바 사망보험이다. 미국에서는 생명보험에 든 사람들이 예를 들어 에이즈와 같은 중병에 걸리면 그 의료비를 대려고 자신의 생명보험을 생명청산보험회사에 파는 것이 합법이다. 1995년 칵테일 요법으로 에이즈 치료의 길이 열리자 이 사망보험의 파생상품에 투자했던 은행들은 어떻게 했을까? 에이즈 치료에 복지 혜택을 주는 것을 반대하는 로비를 전개했다. 사람들이 일찍 죽어야 이익이 남기 때문이다. 지금 미국에서는 암에 대한 사망보험이 팔린다. 의료가 산업이 되고 병원에 자본이 들어오는 것을 어떻게든 막아야 하는 이유다.

박근혜와 재벌들의 추악한 거래

박근혜 퇴진을 요구하는 최초 시위가 벌어진 직후인 2016년 11월 4일 〈프레시안〉에 실렸다. 박근혜와 재벌들이 한 거래가 평범한 사람들의 삶을 파괴하려는 합작이었음을 날카롭게 지적했다.

심지어 〈조선일보〉도 미르재단과 K스포츠재단을 비판한다. 그러나 많은 언론과 정치인은 재벌들이 박근혜·최순실에게 이른바 '삥을 뜯겼다'고 한다. 두 보수 야당도 다르지 않은데, 전경련이 주도한 모금은 "기업에 많은 부담을 준 준조세적 성격의 기업 '삥 뜯기'"(더불어민주당)이고 "비정상의 정상화는 미르처럼 기업에 준조세를 걷는 것을 없애는 게 핵심"(국민의당)이라는 것이다.

그런데 한국의 재벌들이 청와대 조폭들에게 갈취나 당할 약자인가? 재벌은 또 하나의 권력이다. 재벌들이 미르재단과 K스포츠재단에 774억 원이나 냈다면 당연히 대가를 받았을 것이다. 이 거래 내용이 무엇일까? 검찰이나 〈조선일보〉에 기대할 수는 없다. 요즘은 매일 뉴스를 따라가기도 힘들지만, 진보 언론도 아직 이 부분에 집중하지는 못하는 듯하다.

몇 가지 힌트가 있다 싶었다. 재벌들의 모금 날짜와 건의 내용, 미르재단과 K스포츠재단 설립 후 박근혜 정권이 역점을 두고 추진한 정책의 내용이 그것이다. 재계 순위대로 삼성, 현대, SK, LG 순으로 돈을 냈고, 이 4대 재벌이 60퍼센트를 넘겼지만 웬만한 재벌들은 다 돈을 낸 이 거래의 내용은 박근혜 정부의 정책 추진 내용으로 드러날 것이라는 추측이다(물론 각 재벌의 거래나 거래 전체를 파악하는 것은 능력 밖이고 이 글의 주제도 아니다).

입금 완료 다음 날, 박 대통령이 한 일은?

언론 중 재벌들의 입금 날짜를 밝힌 것은 박근혜·최순실 게이트를 처음으로 단독 보도한 미국의 〈선데이 저널〉뿐이다. 이 언론의 9월 29일 보도를 보면, 기부금 모금 날짜가 미르재단은 2015년 10월 26일로 똑같고, K스포츠재단은 2015년 12월 24일부터 2016년 1월 12일까지다. K스포츠재단만 보면 12월 31일 현대가 43억 원을 낸 것으로 시작해 LG가 1월 12일 30억 원을 낸 것으로 끝난다.

'조폭들은 단순하다'는 전제 아래 나는 날짜를 봤다. 뇌물을 받았으면 곧바로 실행에 옮기는 것이 조폭들의 법칙이니까. 그렇다면 2015년 10월 26일 다음 날 박근혜 대통령은 무슨 일을 했을까? 또 2016년 1월 12일 다음 날 무슨 일을 했을까? 놀랍게도 똑같은 일을 했다.

2015년 10월 27일, 즉 미르재단 모금이 완료된 다음 날, 박근혜 대통령은 '2016년도 예산안 시정 연설'을 국회에서 했다. 이 연설에서 박근혜 대통령은 예산과는 특별히 관련이 없는 법들에 대해 국회에 특별 주문했다. 첫째, 경제 활성화법(서비스산업발전기본법, 관광진흥법, 의료법, 국제의료사업지원법) 처리. 둘째, 5대 노동 개혁법 처리. 셋째, 한·중FTA 등 FTA 비준이 그것이다.

2016년 1월 13일, 즉 K스포츠재단 입금이 끝난 다음 날 박근혜 대통령은 무엇을 했을까? 대국민 담화문을 발표했다. 이 담화문에서 국회에 또다시 주문했다. 첫째, 노동 개혁법 처리. 둘째, 경제 활성화를 위한 서비스발전법과 '원샷법'(기업 활력 제고 특별법) 처리. 이 둘은 같은 주문인데 2015년 국회에서 관광진흥법, 국제의료사업지원법이 통과되고 한·중FTA도 비준됐기 때문이다.

한편, 재벌들의 모임인 전경련은 무슨 요구를 했을까? 2015년 11월 19일 전경련 회장단은 황교안 국무총리와의 만찬에서 이렇게 요구했다.

> 이번 국회 회기 내에 경제 활성화 법안, 노동 개혁 5대 법안, FTA 비준 동의안이 처리될 수 있도록 정부가 나서 달라.

대통령 연설문과 차례까지 똑같다. 이쯤 되면 미르재단과 K스포츠재단이 무엇을 둘러싼 거래였는지는 분명하지 않을까?

서비스발전법: 공공서비스 민영화와 규제 완화 끝장 법

서비스발전법의 내용은 무엇일까? 이 법 2조는 다음과 같다.

제2조(정의) 이 법에서 사용하는 용어의 뜻은 다음과 같다.

1. "서비스 산업"이란 농림어업이나 제조업 등 재화를 생산하는 산업을 제외한 경제활동에 관계되는 산업으로서 대통령령으로 정하는 산업을 말한다.

제조업과 농림어업을 제외한 산업은 모두 서비스 산업이고 대통령이 마음대로 정할 수 있다는 뜻이다. 표준 산업 분류표를 보면 의료, 교육, 방송 통신은 당연하고 전기, 가스, 철도, 수도 등 공공서비스도 다 들어가게 된다.

서비스발전법은 이 모든 산업을 기획재정부 장관이 위원장이 되는 서비스산업선진화위원회가 만드는 서비스 산업 발전 5개년계획에 따르도록 할 수 있는 법이다. 각 부처는 이 위원회에 보고하고 시키면 따라야만 한다. 심지어 세부 계획을 1년 단위로 만들어야 하고, 위원회가 개선하라면 해야 한다. 쉽게 말하자면 기재부가 계획을 내면 각 부처가 모두 이에 따라야 한다는 법이다(기재부 독재법).

기재부는 지금까지 민영화와 규제 완화를 추진해 온 부처다. 발전 계획은 당연히 기업에 좋은 민영화와 각종 규제 완화가 될 것이다. 의료 민영화, 교육 상업화는 물론이고 발전, 가스, 전기, 철도까지 민영화할 수 있다(민영화 규제 완화법). 전경련이 눈독을 들일 만한 끝장 민영화 규제 완화법이다.

노동 개악법과 조치들의 내용은 여기서는 간략히 다루겠다. 법을 바꿔 파견 직종을 대폭 늘리고 근로시간을 늘린다. 실업 급여는 조건이 까다로워지고 기간제 고용은 2년에서 4년으로 늘어난다. 여기에 일반 해고 조치(저성과자 해고 가능), 노조나 근로자 과반수의 동의 없이도 취업 규칙을 바꿀 수 있는 양대 지침이 포함된다. 전경련이 당연히 눈독을 들일 만한 법들과 조치들이다.

철도 노동자, 병원 노동자를 포함한 공공 부문 노동자들이 파업을 벌이는 이유다. 고故 백남기 농민이 물대포에 맞아 쓰러진 2015년 11월의 민중 총궐기에서도 쌀값 보장과 더불어 이 노동 개악과 서비스발전법이 노리는 공공서비스 민영화에 대한 반대가 주요 요구 사항이었다.

K스포츠재단 모금 완료 후, 박 대통령과 전경련은?

K스포츠재단 모금이 완료된 1월 12일 다음 날 전경련은 무슨 일을 했을까? 대통령이 대국민 담화문을 발표한 날인 1월 13일, 전경련과 대한상의 등 38개 경제 단체는 '민생 구하기 입법 촉구 국민 운동 추진 본부'를 결성했다. 국회가 서비스발전법, 노동 개악법 등을 처리하라는 '서명운동'이다. 이 추진 본부는 1월 18일 현판식을 하고 가두 서명을 받기 시작했는데, 박근혜 대통령은 이날 "예정된 일정에 없던" 일정으로 "12시 40분쯤 청와대 수석들과 함께 판교역 행사장에 도착해 박용만 대한상공회의소 회장의 영접을 받으며 서명"을 하셨다. 당연히 1월 19일 황교안 총리, 그 뒤로 국무위원들이 뒤를 따랐다. 관제 서명이라는 비판이 뒤따른 것도 당연하다.

보라. 거래는 이렇게 하는 것이다. 재벌들이 입금을 딱 완료하면 대통령이 다음 날 딱 연설을 하는 게 바로 이들의 깔끔한 거래다. 대통령이 연설을 하면 그날로 서명운동을 시작하는 것이 정확한 거래이고, 가두 서명운동을 시작하면 대통령이 첫날 서명을 하는 것이 이 나라를 다스리는 청와대와 재벌들의 예의 바른 거래다.

지금 이 법들은 어떻게 됐나? 원샷법은 국민의당이 전원 찬성하고, 민주당은 기권해 통과됐다. 노동 개혁법은 국민의당이 찬성과 반대를 오락가락하고 있다. 서비스발전법은 규제프리존법이라는 더 막강한 법과 함께 새누리·더민주·국민의당 합의로 그 제정을 위한 공청회가 이 시국에 11월 1일 국회 기재위에서 열렸다. 여소 야대 국회? 시민사회·노동단체들의 반대에도 아랑곳없었다. 두 보수 야당이 재벌들의 준조세만 말하고 그 재벌들이 무슨 이익을 봤는지 묻지 않는 것도 이해가 된다.

박근혜·최순실 게이트의 실체는 국가권력의 사유화다. 그 사유화된 권력으로 정권이 재벌들과 합작해 서민들을 등친 것이다. 박근혜 정부가 '증세 없는 복지'를 내세워 복지 공약은 실종됐고, 재벌들은 법인세 인하 유지만으로도 매년 수조 원씩의 혜택을 받았다. 그리고 박근혜 정권은 더 쉬운 해고와 비정규직을 늘리기 위한 노동 개악, 재벌들을 위한 규제 완화, 의료 민영화를 포함한 공공서비스 민영화를 계속 추진 중이다. 재벌들은 박근혜·최순실 게이트의 피해자가 아니다. 그들은 공범이다.

4-2
제주 영리병원

2018년 영리병원 철회와 원희룡 제주지사 퇴진 촉구 촛불집회. 2019년 4월 영리병원 허가 취소가 발표되면서 승리를 거뒀지만 여전히 불씨가 살아 있다.

제주도의 전면적 의료 시장화 계획의 문제점

2005년 9월 15일 제주도의사회, 제주도치과의사회, 제주지역병원노조 등 6개 단체가 주최한 '제주특별자치도 추진에 따른 의료시장개방 타당성 검토' 토론회에서 필자가 발표한 내용 중 제주도의 전면적 의료 시장화 계획에 관한 부분이다.

현재 제주도는 제주특별자치도 기본계획안을 통해 전면적 의료 시장화 정책을 입안하고 이를 확정하려 하고 있다. 이 계획안에 따르면 "제주도의 국제 의료중심지화"를 목표로 "국내외 우수 의료기관 유치를 통해 해외 의료 수요 흡수 및 도민 의료 복지 향상"과 "의료와 관광의 결합을 통한 지역 산업 발전 및 국가 이미지 제고"를 기본 추진 방향으로 해 다음과 같은 추진 내용을 제시하고 있다.

- ■ 의료 관광의 중심지로 육성
- ○ 의료를 중심으로 관광(숙박, 항공교통 등), 교육 등이 연계된 동북아 의료 관광 허브화 추진
- - 비필수의료 관광(성형수술, 정기검진 등) 등 제주형 의료 관광 도입
- - 여행사, 병원, 보험사 등의 연계 의료 관광상품 지원
- ○ 국내외 의료기관 유치를 위한 규제 완화

- 외국은 물론 국내 자본의 의료기관 설립 허용
- 내국인 진료 허용, 외국인 의사 외국 면허 인정, 사의료보험 도입, 광고 규제 완화, 부대사업 허용 등 특례 도입

○ 장기 의료와 휴양이 결합된 의료·실버산업 육성
- 고소득 연금생활자 등을 겨냥한 실버형 의료·요양시설 설립
- 암·심장질환·장기이식 등 세계 첨단기술의 전문병원 유치
- 줄기세포 치료 병원, 연구소 유치 추진

■ 제주도의 외국 병원 유치 전략

○ 유치 방향: 제주도의 특성에 맞고 유치 가능한 전문의료분야를 검토하고, 기존 의료기관과 시너지효과

○ 유치 방식: 외국 유명 병원 브랜드 + 국내 자본 + 도내 의료기관

제주도의 이런 계획은 "국내외 의료기관 유치를 위한 규제 완화"로 표현된 내용이 핵심적이다. 제주도의 경우 경제자유구역과 동일한 내용의 의료 시장화 조치를 취하려 하고 있다고 파악된다. 이 내용은 제주도 내 영리병원 설립 허용과 요양기관 당연지정제 폐지로 대표되는 전면적 의료 시장화 또는 전면적 의료 개방에 해당한다.

가장 먼저 따져 봐야 할 것은 이런 전면적 의료 개방 조치가 도민의 의료 복지 향상에 기여할 것인가이다. 결론부터 말하면 제주도의 전면적 의료 시장화 정책은 도민 의료 복지 향상에 도움을 주는 정책이 아니라 도민 의료 복지에 커다란 해악을 끼칠 정책이다.

첫째, 제주도 내 건강보험이 적용되지 않는 영리의료기관의 설립 허용 조치는 제주도 대부분의 도민의 의료 복지와는 무관한 높은 의료비를 받는 병원의 설립 허용을 의미한다. 경제자유구역에 설립

되는 필라델피아병원의 의료비는 현행 국내 보험 수가의 5배다. 이런 높은 가격에 건강보험 적용이 되지 않으면 환자가 부담해야 하는 비용은 현재 진료비의 10~20배를 쉽게 초과한다. 경제자유구역 수준의 의료비까지는 올라가지 않는다 하더라도 현재 보험 수가의 2~3배의 관행 수가를 받고 건강보험 적용이 되지 않는다면 제주도에 설립되는 영리병원을 이용하는 환자들의 의료 비용은 현재 의료비의 최소한 5배 이상의 본인 부담 비용이 들게 될 것이다. 이런 높은 비용이 드는 병원을 누가 이용할 것인가? 이렇게 의료비가 높아진 병원은 95퍼센트의 제주도민에게는 그림의 떡이 될 것이다.

둘째로 더욱 큰 문제는 이런 병원들의 존재가 제주도의 의료 체계에 미칠 영향이다. 이런 병원들이 설립되면 그 병원은 수지타산을 위해 주로 제주도의 외지인들을 대상으로 자신의 이익을 올려야 한다. 만일 그런 수지타산이 맞지 않을 경우 이 영리병원들은 어떤 전략을 택하게 될 것인가? 이 병원들이 제주도민을 대상으로 '장사'를 하게 될 것임은 너무도 분명하다. 의료 분야의 경우 병상이 공급자 주도 시장의 대표적 분야로서 공급자가 수요를 창출하는 분야로 파악된다. 정보의 비대칭성으로 인해 의료 소비자의 의료 소비 선택이 제한되기 때문이다. 영리병원들이 제주도민을 대상으로 중저가 브랜드를 개발하고 이를 상품으로 파는 전략을 택할 경우 제주도는 당장 공급 병상의 과잉,[40] 불필요한 과잉 진료 등으로 도민 의료 복지는 매

---

40 현재 제주도 내 병상 공급은 인구 1000인당 5병상 정도로 전국 평균 병상 공급인 5.7보다는 낮으나 OECD 평균 병상 4.2보다는 높고 앞으로 제주대학교병원의 증설을 고려하면 수년 내 전국 평균을 넘을 것으로 예상된다.

우 큰 부작용을 겪을 것임이 분명하다.

셋째로 이런 영리병원들의 행태는 건강보험의 적용을 받는 형태로 의료기관을 유지할 수밖에 없는 공립 의료기관과 대부분의 의원에도 영향을 미쳐 불필요한 고급화와 비용 유발적 경쟁을 촉발하고 비보험 진료의 비용 상승을 초래할 것이다. 말하자면 도내 영리병원의 설립은 그 자체로는 매우 높은 의료비로 도민들에게는 접근 불가능한 병원이 느는 것을 뜻하지만 동시에 그 직간접적 영향으로 불필요한 과잉 진료, 의료비의 앙등을 초래할 것이다. 이미 한국의 의료 서비스는 과잉돼 있고 급성 병상이 과잉인 상태이며 고가 장비도 과잉 도입돼 있는 상황이다.

이렇게 볼 때 전면적 의료 시장화를 추진하면서 이를 도민 의료 복지의 향상이라고 이야기하는 것은 올바르지 않다.

제주도 당국의 또 다른 주장은 제주도 내 의료 산업의 발전에 관한 것이다. 우선 이 제주도 내 의료 산업의 발전은 도민 의료 복지 향상과는 거리가 먼 것임을 다시 한 번 분명히 한 후 이 가능성을 따져 보자.

제주도가 모델로서 이야기하는 것은 싱가포르와 태국, 그리고 중국의 상하이다. 이 부분은 시민사회단체가 여러 번 지적했지만 여전히 불분명한 내용이 있으므로 다시 한 번 그 내용의 부적절성을 밝히고자 한다.

가장 많이 지적되는 싱가포르의 예를 보면 싱가포르의 해외 환자는 대부분 싱가포르와 동일 언어권이고 지리적으로 근접한 인도네시아와 말레이시아 환자들이다. 좀 더 범위를 넓힌다 해도 동남아 화교층이나 외국 기업 직원들이다. 이 환자들을 두고 경쟁한다는 것은 사실상 불가능하다. 중국 환자를 유치한다고 하는데, 싱가포르 래플스병원의 경우에도 환자를 직접 유치하는 것이 아니라 중국 현지 진출을 계획하고 있다. 싱가포르와 비교해 가격 등에서 경쟁력이 없는 제주도가 중국의 환자를 유치한다는 것은 사실상 환상에 불과하다.

중국 상하이가 본보기로 많이 거론되는데, 중국은 외국 병원이나 영리병원을 허용하는 이유가 외국 환자 유치가 아니라 국내 고소득 환자의 유치다. 중국의 경우 도시 인구의 40퍼센트, 농촌 인구의 8퍼센트만이 공적 건강보험의 적용을 받고 있고 병원이 절대적으로 부족한 상태다.[41] 이런 상황에서 중국 당국은 중국 내 고소득층의 진료를 위한 병원의 유치를 꾀하고 있는 상황이다. 한국의 상황과는 전혀 다르고 또한 이미 여러 외국의 유수 병원들(하버드, 엠디앤더슨, 하노버대학 등)이 중국 내 환자들을 진료하기 위해 진출했거나 진출하기 위해 준비하고 있어 중국 환자의 유치는 힘들다고 볼 수 있다.

태국의 경우도 마찬가지다. 의료 관광의 대표적 예로서 거론되는 태국의 경우 가격 비교를 해 보면 전적으로 영리병원으로 운영해도 비용이 현재 미국 현지 비용의 15퍼센트 정도에 불과하다. 한국의 경우 영리병원으로 운영될 경우 최소한 미국 비용의 50퍼센트 이상이 될 것으로 예상되는 바 태국과는 비교 우위가 없다.

간단히만 살펴봐도 제주도에서 해외 환자 유치는 현실성이 거의 없다고 볼 수 있다. 특히 장기이식 등의 경우 제주도에 대형 병원을 설립하지 않으면 불가능한 것으로 현실성을 결여한 대표적 정책으로 볼 수 있다. 이럴 경우 외국 환자의 유치를 전제로 한 제주특별자치

---

41 아시아개발은행 2003.

도의 보건의료 분야 기본 계획은 그 실현 가능성이 매우 떨어진다고 볼 수 있다.

해외 환자 유치가 힘들다면 국내 고급 수요층의 유치를 목표로 하는 의료 산업의 유치를 목표로 할 수 있다는 논리도 가능하다. 그러나 이런 논리도 상당히 큰 문제가 있다. 우선적으로 실버산업이나 요양병원의 문제를 보면 이런 현재 요양병원이 현재 의료 체제와는 전혀 다른 방향으로 성립될 것임을 전제로 하고 있다. 그러나 노인 요양 제도(노인 수발 제도)가 활발히 논의되고 있는 현재 이런 논리는 비현실적이다. 노인 요양 제도가 어느 형태로든 설립될 경우 국내에서 산업적으로 실버산업이 성립될 가능성은 희박하다.

가장 큰 문제는 제주도의 전면적 의료 시장화가 도민들의 중장기적 의료 접근권을 심각하게 저해한다는 것이다. 정부나 재계에서는 제주도가 실험 대상으로 생각될 수도 있고 특화될 수 있는 지역으로 적절한 인구를 가지는 곳으로 생각될 수도 있다. 그러나 제주도민의 입장에서 바라볼 때 제주도는 55만 제주도민이 앞으로 자신의 생활을 영위할 곳이지 산업 기지나 실험 대상이 결코 아니다. 일단 제주도의 의료 분야에 대한 모든 규제를 철폐하고 자본과 기업이 의료 분야를 마음대로 할 수 있도록 놓아 두는 것은 제주도가 도민들의 건강권과 의료 접근권을 위한 제도적 규제를 할 수 있는 권한을 완전히 포기하는 행위다. 이는 도 당국의, 따라서 주민 대의기구의 의료 분야에 대한 공공적 통제를 완전히 배제하는 것이다. 또한 이런 정책의 단계적 접근도 아닌 전면적 접근은 정책의 수정 가능성조차 배제하는 행위로서 정책 수립 과정의 기본적 ABC에도 부합하지 않는다.

따라서 다시 문제가 되는 것은 과연 제주특별자치도에서 표방하는 전면적 의료 시장화는 과연 누구를 위한 것인가라는 기본적 질문이다. 도민 의료 복지에 매우 부정적 영향을 끼칠 것이 분명하고 실현 가능성도 매우 불확실한 정책을 단계적으로도 아니고 처음부터 전면적으로 시행하는 제주특별자치도의 기본계획은 누구를 위한 것인가?

이것에 대한 답은 제주특별자치도의 의료 분야 계획은 결국 전국적 영리법인 허용과 의료 산업화 정책의 지역적 실험이라는 것이다. 제주도민의 입장에서 심사숙고해서 나온 결정이 결코 아니라는 점이다. 이는 지금까지의 여러 논거를 봐도 그렇고 또한 고위 정부 관료가 직접적으로 제주도가 전국적 차원의 의료 산업화 정책의 지역적 실험 모델임을 이야기한 바도 있다.

제주도의 의료 부문에 대한 현실적 분석과 해외 환자 유치에 대한 구체적 분석을 전혀 거치지 않은 채 추진되는 제주도의 의료 전면 개방 조치는 검증되지 않은 정책을 제주도민을 대상으로 실험하려는 것일 뿐이다. 제주도민의 충분한 논의조차 거치지 않은 채 추진되는 제주도의 전면적 의료 시장화 조치는 당장 중단돼야 한다.

제주도의 진정한 지방자치를 위한 논의가 필요하다

현재 제주도의 의료 시스템이 만족스럽다고 이야기할 수는 없다. 그러나 이런 시스템이 제주도의 의료 시장화의 전면화로 해결될 수 있다고 보는 것은 더욱 큰 문제를 만드는 것이다. 전면적 의료 개방 또는 의료 시장화는 제주도의 열악한 의료 접근권을 경제적 거리상의 제약은 해결하지 않으면서 경제적 장벽까지 세워 더욱 악화시키는 해결책 아닌 해결책일 뿐이다.

제주도가 처해 있는 문제는 실현 가능성도 극히 떨어지는 해외 환자 유치를 논하면서 고가의 영리병원을 허용하고 사의료보험을 도입하는 정책으로는 해결되지 않는다. 제주도의 문제는 55만 명의 현실적 의료 수요의 근거 위에서 이에 기반한 공공의료 시스템을 확립하고, 민간 부문에 적절한 지위를 부여하고 그 공공성을 강화하며, 그래도 해결되지 않는 지리상의 문제점은 도내 응급의료 제도의 정비와 지역의 특수성에 따른 중앙정부의 지원으로 해결해야 한다.

도민들의 논의에 기반하지 않고 도민들의 이해에 기반하지 않은 의료 산업화 정책의 실험적 추구는 도민들이 생활을 영위해야 할 제주도의 실질적 발전에 도움이 되지 않을 뿐 아니라 제주도 내의 사회 양극화를 더욱 부추기고 제주도 보건의료 분야 지방자치의 실질적 포기 행위, 그것도 수정 불가능한 포기 행위다. 이는 제주도의 진정한 자치와는 거리가 먼 결과를 초래할 뿐이다.

충분한 도민의 논의와 실질적인 민주적 절차를 통해, 정책의 실현 가능성에 대한 충분한 검토를 통해 보건의료 분야 정책이 수립돼야 한다는 기본부터 재확인할 시점이라고 생각된다.

또 추진되는 제주도 영리병원,
누구를 위한 것인가?

무산되는 듯했던 제주도 영리병원이 2015년 초 다시 추진되자 〈노동자 연대〉 147.1호(2015년 5월 1일 자)에 쓴 글이다.

2014년 8월 중국의 싼얼그룹이 제주도에 영리병원을 개설하려다 무산됐다. 싼얼그룹 회장이 중국에서 사기 등으로 구속됐기 때문이다. 이런 사실조차 사회단체가 알린 것이다. 심지어 회장이 구속된 후에도 박근혜 정부는 병원은 괜찮으니 그대로 추진하겠다고까지 했다. 어쨌든 이 싼얼 영리병원 추진은 중단됐다.

그런데 6개월이 지난 지금, 제주도는 이번에는 녹지그룹 영리병원을 들여오겠다고 중앙정부에 신청했다. 또 중국 자본의 영리병원이다. 사업계획서도 싼얼병원의 사업계획서와 판박이다. 이쯤에서 의문이 든다. 아니 중국 자본이 들어와 중국 관광객을 대상으로 하는 47병상짜리 호텔 병원을 세우겠다는데 한국이 뭐 이득 볼 게 있다고 이렇게 제주도와 박근혜 대통령까지 나서 난리 법석일까?

의료 관광? 영리병원의 진짜 이유

이는 어떻게 해서든 영리병원을 만들라는 박근혜 대통령의 특별 명령이 있었기 때문이다. 2014년 8월에 정부가 발표한 '6차 서비스 산업 발전 방안'에는 보건의료를 비즈니스화해 발전시켜야 할 첫 분야로 꼽았다. 그중에서도 첫째가 영리자회사였고 둘째가 영리병원이었다.

이렇게 해서 정부가 지난해 추진한 것이 바로 비영리병원의 영리 자회사라는 황당한 시행령이다. 반대 서명 200만 명 등의 압도적 반대 여론에도 불구하고 막무가내로 밀어붙인 것이다. 또 이런 이유로 지난해 싼얼병원이 추진됐지만 싼얼그룹이 망하는 바람에 이 불통의 막무가내 정부도 더는 추진할 수 없었다.

그런데 6개월도 채 지나지 않아 다시 녹지병원을 추진한다? 도대체 왜 추진하는 걸까? 중국 의료 관광객을 유치하려고? 정말 그렇다면 현재 한국 성형외과 병원들에도 중국인 환자들은 많이 오는데 왜 중국 병원을 만들려는 걸까?

중국 영리병원 허용을 추진하는 이유는 의료 관광을 늘리려는 것이 아니다. 이유는 따로 있다. 국내의 병원들과 그 영리병원 주식회사에 투자할 부자들이 영리병원을 간절히 원하기 때문이다. 지금도 돈벌이를 엄청나게 하는 병원들은 주식회사가 되고 싶어 하는데, 이를 위해 추진한 의료 민영화의 위험성에 대해서는 이미 국민들이 알아 버렸기 때문에 지금 내세운 것이 '의료 관광'일 뿐이다.

중국 녹지그룹이 애초 땅 투기 부동산 기업이어서 지금까지 단 한 번도 병원을 운영해 본 적이 없다고? 그게 무슨 상관. 애초에 외국인 영리병원은 미국의 하버드니 존스홉킨스니 하는 최고의 병원을 들여 오겠다는 것이었고 국내에 사는 외국인을 위한 시설 아니었던가? 그게 무슨 상관.

뭐가 어떻든 '영리병원'이면 된다는 것이다. 이것이 녹지국제병원의 진짜 목적이다.

모든 도둑질은 흔적을 남긴다

뭐든 영리병원이면 다 된다는 식이다 보니 그 추진도 엉성하기 짝이 없다. 중국 녹지그룹이 부동산 기업이라서 제주시에 랜드마크 빌딩을 짓고, 카지노를 만들고, 제주 헬스케어타운을 매입해 엉뚱한 콘도미니엄을 지을 수는 있다. 이것만 해도 황당한 노릇인데 병원 운영은 못 하지 않겠냐고 추궁했더니, 중국의 녹지그룹이 자본은 대고 그 병원 운영은 중국의 BCC(북경연합리거의료투자유한공사, 줄여서 연합리거)라는 기업에 맡기겠다 한다.

BCC는 중국에 있는 병원 경영 지원 회사다. 이 그룹을 찾다 보니 상하이 서울리거 병원(이하 서울리거)이 나온다. 서울 강남의 최대 성형외과 병원인 BK성형외과의 대표원장을 맡았던(올해 3월에 그만뒀단다) 홍성범 씨가 서울리거 원장이다. 이 서울리거가 연합리거 중 단연 제일 큰 병원이다.

그런데 범죄 흔적이 너무 많이 남았다. 복지부 과장, 제주도청 관계자, 국회 보건복지위원장, 제주도 출신 국회의원, 녹지그룹 한국법인 사장 등이 녹지그룹에 방문했다. 그런데 그 내용에 "세인트바움을 모델로 중국 하이난, 우한, 제주도 등에 세인트바움 수출 계획"이라고 명시돼 있다.

세인트바움은 또 뭘까? 바로 서울 BK성형외과 대표원장(이었던) 홍성범 원장이 개원한 상하이의 바로 그 서울리거 병원이다. 녹지그룹을 방문한 그 사람들이 전날 세인트바움 병원을 방문해 테이프 커팅 식에 대거 참석한다.

잠깐 헷갈리는데 그렇다면 도대체 어떻게 되는 건가? 간단히 말하면 세인트바움 병원은 국내 성형외과가 외국에 차린 한국 자본의 중국 성형외과 병원이다. 그리고 녹지그룹은 이 병원을 중국만이 아니라 제주도에 수출한다고 한다.

아니 제주도라니. 서울의 병원을 제주도에 수출? 이걸 수출이라고 해야 하나, 아니면 수입이라고 해야 하나.

영리병원을 막으려는 싸움은 2005년부터 지금까지 계속됐다. 한국에는 노무현 정부 때부터 시도된 영리병원이 아직도 들어서지 못했다. 규제가 대폭 완화된 제주도 조례에도 투쟁의 영향으로 '국내 법인이나 내국인이 우회적으로 들어오는 것을 방지'해야 한다는 규정이 만들어졌다. 이 조례를 피하려고 제주도는 녹지국제병원을 국내 자본과의 합작 병원이 아니라고 주장한다. 그러나 모든 범죄에는 흔적이 남는다.

또 생각해 보자. 제주도까지 와서 성형이나 피부 시술을 받는데 국내의 유명한 성형외과를 놓아두고 왜 중국 병원에 오겠는가? 누군가 한국 파트너가 있어야 한다. 이게 상식이다. 이 파트너가 국내 자본의 상하이 성형외과 병원인 서울리거(구 세인트바움)라고 홍성범 원장이 직접 밝히기까지 했다. "뤼디(녹지그룹)는 제주도에 1조 5000억 원을 투자해 헬스케어타운을 개발 중이다. 여기에 … 병원의 컨셉 설계에서 병원 운영까지를 세인트바움이 전담하는 내용의 협상이 진행 중이다."⁴² 한마디로 국내 병원들이 중국을 우회해 중국 자본을 끼고 제주도에 지부를 내려는 것이 제주도 영리병원이다.

제주도의 영리병원 허용은 전국적 영리병원 허용

미국의 영리병원은 (공립병원은 말할 것도 없고) 비영리병원보다 환자에게 받는 돈이 비싸고, 노동자는 적게 쓰며, 의료 서비스 질도 낮아 사망률도 높다. 간단히 말해 영리병원 허용은 노동자와 국민에게는 재앙이지만 여기에 투자할 자본가들과 병원장들에게는 대박이다. 이것이 박근혜 정부가 한국에서 영리병원 허용을 추진하려는 진짜 이유다.

의료 관광을 위한다는 것은 핑계일 뿐이다. 물론 의료 관광이 잘 돼도 문제다. 태국은 의료 관광 천국으로 알려져 있는데 현재 의료 관광객이 1년에 200만 명이 넘는다. 그런데 이 때문에 외국인 병원으로 의사가 너무 몰려 농촌에서는 의사 보기가 어렵다. 관광 병원을 뒤따라 보통 병원까지 의료비가 덩달아 올라 맹장염 수술, 담낭 수술 등 기본적 의료비까지 한 해에 몇십 퍼센트씩 오르는 심각한 문제를 겪고 있다.

의료 관광을 빙자한 영리병원이 허용되면 노동자 서민에게는 재앙

---

42 〈제주일보〉 2014년 7월 21일 자.

이다. 제주도의 영리병원이 무늬만 외국 병원인 것처럼 제주도와 전국 경제자유구역 8곳에 영리병원이 들어서면 국내 자본 또는 국내외 합자 자본의 국내 영리병원이 허용되는 것이다. 이 영리병원은 자기 맘대로 의료비를 정하고 건강보험증도 받아 주지 않는 병원이다. 벌써부터 외국 영리병원은 되고 한국 영리병원은 안 되냐고 병원협회가 항의 중이다. 영리병원이 하나 들어서면 그다음부터 전국적으로 퍼지는 것은 시간문제다. 박근혜 정부가 어떻게든 영리병원 하나를 세우려는 이유다.

매년 적자이던 건강보험이 4년째 흑자가 돼 흑자 재정만 13조 원이다. 서민과 노동자들이 아파도 병원에 안 가는 탓이다. 이런 상황에서 제정신인 정부라면 건강보험 보장성을 강화해 의료비를 낮추려 할 것이다. 그런데 이 정부는 거꾸로 의료비를 높이는 정책을 추진하려 한다. 병원과 병원에 투자할 부자들이 돈을 더 버는 정책이기 때문이다.

건강보험 바깥에 있는 병원들이 생기고 병원비가 비싸지면 서민들은 정말 아파도 병원에 못 간다. 부자들과 자본가들만을 위하는 이 정신 나간 정부의 영리병원 추진을 막아야 한다.

제주 영리병원 취소,
의료 영리화 반대 운동의 승리

2019년 4월 17일 제주도 지사 원희룡이 제주 영리병원 허가를 취소한다고 발표했다. 필자는 이 발표의 의미를 짚는 글을 곧바로 써서 다음 날 〈노동자 연대〉 283호에 실었다.

한마디로 도민 운동과 의료 민영화 반대 운동의 승리다. 그것도 연속 두 번 승리다. 먼저 공론 조사에서 승리한 바 있고, 우파와 원희룡 도지사가 이를 뒤집고 재추진한 것을 취소시켜 한 번 더 승리한 것이다. 특히 문재인 정부의 방관과 방조 속에서도 승리했으므로 온전한 운동의 승리다. 우리나라에서는 영리병원, 의료 민영화에 함부로 손대는 정치인은 자살골을 넣는 것이라는 게 입증된 것이기도 하다.

원희룡 도지사도 어느 정도 반대를 예상했을 것이다. 그러면서도 제주도 개발을 위해 불가피한 결정이라는 얘기가 먹힐 것이라고 여겼던 듯하다. 제주도민들과 반대 운동을 우습게 본 것이다.

그러나 원희룡 도지사가 공론 조사 결과를 어기고 강행하자 반대 여론이 치솟고 반대 운동도 만만치 않게 벌어졌다. 제주도에서는 공론 조사 결과를 어긴 것이 잘못됐다는 여론이 올해 설에 76퍼센트나 됐다. 도지사 소환 운동 찬성 여론도 46퍼센트나 됐다.

제주도에서는 도지사 소환 운동도 준비되고 있었다. 영리병원 반대 운동뿐 아니라 여러 단체들이 제2공항 반대 운동에도 힘을 모으고 있었다. 이런 상황에서 원희룡 도지사는 영리병원 반대 운동이 제주도에서 벌어지는 여러 운동들의 구심점 구실을 하게 될까 봐 상당히 압력을 받았을 것이다.

반대 운동은 결국 중국 녹지병원의 국내 파트너를 떨어져 나가게 만들었다. 청문 과정에서 녹지그룹이 밝혔듯이 말이다. 국내 파트너는 더 밀어붙였다가는 여론의 뭇매를 맞겠다 싶었을 것이다. 결국 운영할 사람이 없어지면서 허가 취소 쪽으로 가닥이 잡혔을 것이다.

요컨대 이런 운동들이 영리병원 허가 취소라는 결과를 얻어 냈다고 생각한다.

원희룡의 거취 문제를 얘기하지 않을 수 없다. 원희룡은 영리병원 허가를 내주면서 정치적 책임을 지겠다고 한 바 있다. 그런데 오늘도 그 결정이 "침체된 국가 경제 활성화, 새로운 의료 관광산업 육성, 행정에 대한 국제 신뢰도 확보, 한·중 국제 관계 등의 문제를 종합적으로 고려한 판단"이었다고 끝까지 변명했다.

그런데 지금 상황을 보면 이 중 어느 하나도 애초에 가능하지 않았던 것이 밝혀진 것 아닌가? 한·중 관계가 자기가 해결할 문제가 아닌 건 당연한 것이고 말이다. 정치적으로도 틀렸고 무능했음을 자기 고백한 것이라고 본다. 제주도 지사로는 완전 자격이 없음이 드러난 것이다. 퇴진 운동은 당연한 것이라고 본다.

앞으로도 소송은 계속될 것이다. 일단 행정소송이 하나 걸려 있다. 녹지그룹 측이 '조건부 허가'를 취소하거나 아예 허가를 취소해 달라는 소송을 걸어 놨다. 허가 취소 결정 이후에는 또 다른 소송도 제기될 수 있다. 손해를 배상하라는 민사소송도 있을 수 있고 말이다. 민사소송은 한국 정부를 상대로 한 투자자-국가 분쟁 조정으로 갈 수도 있다.

그럼에도 일단 녹지 측이 국내 소송에서 이기기는 어려워 보인다. 녹지그룹이 제시한 사업계획서 자체에 외국인, 그중에서도 의료 관광객을 대상으로 한다는 점이 명시돼 있으니까 말이다.

또, 소송이 계속되면 청문 과정에서 드러난 것처럼 사업계획서 자체가 요건을 충족했는지 여부가 문제가 될 것이다. 그런데 청문 과정에서 녹지 측이 스스로 털어놓았듯이 병원 운영 경험이 없다는 문제도 여전하다. 우회 투자 의혹도 크다.

법원도 현재 영리병원에 대한 여론, 사법부에 대한 여론을 고려했을 때 영리병원 허가 판결을 내리기는 적어도 당분간은 어려울 거라고 본다.

"연쇄살인범은 잡히기 전까지는 멈추지 않는다"

녹지그룹 측에 그나마 가장 유리한 소송은 한·중FTA상의 투자자-국가 분쟁 조정이다. 지금 녹지 측 대리인인 법무법인 태평양은 론스타가 한국 정부를 상대로 제기한 분쟁 조정에서 한국 정부 대리인을 맡고 있다. 그런 경험과 네트워크를 갖춘 태평양이 맡았다는 건 실제 분쟁 조정으로 갈 가능성도 있다는 얘기다.

물론 녹지그룹 측이 마치 피해자인 것처럼 구는 것은 웃기는 것이다. 사실은 자기들이 돈 벌려고 영리병원을 추진한 건데, 녹지가 번 돈은 세제 혜택만 해도 수백억 원이다. 손해배상을 해 줘야 할 이유는 전혀 없다. 일부 손실은 자기들이 책임져야 한다.

어쨌든 이렇게 되면 중앙정부가 소송 대상자가 된다. 따라서 중앙정부가 뛰어들어야 하는 상황이 되는 것이다. 따라서 문재인 정부는 지금이라도 책임감 있게 나서야 한다. 제주국제자유도시개발센터JDC는 국토부 산하 공기업인데 행정소송의 당사자이기도 하다. 손해배상 소송을 해도 JDC가 당사자가 될 것이다. 애당초 영리병원은 JDC가 하자고 한 것이니까 말이다. 녹지 측은 보건복지부가 승인해 놓고도 사업을 취소한 것을 계속 문제 삼을 것이다.

의료 영리화 반대 운동은 이번 승리를 바탕으로 최근 추진되는 여러 규제 완화에 맞선 운동을 벌여 나가야 한다. 최근 문제가 된 인보사(코오롱생명과학의 연골 치료제) 사태는 지금 추진되는 규제 완화 법들이 얼마나 황당한지 보여 준다. 약 같지도 않은 약을 정부가 허가해 주고 실제 환자들에게 투여한 것으로 밝혀지고 있는데도 제조사는 변명으로 일관하고 식약처가 감싸기도 하고 완전히 엉망진창이다. 그런데 규제를 더 완화하겠다는 법이 3월 임시국회에서 법사위를 통과할 뻔했다. 인보사 문제 때문에 법사위 제2소위에 계류됐다.

또, 내가 다른 글에서 "연쇄살인범은 잡히기 전까지는 멈추지 않는다" 하고 쓴 적이 있는데, 영리병원 설립 시도도 계속될 가능성이 크다. 얼마 전 민주당 의원들이 제주도에 연수를 가서 영리병원은 절대 안 된다고 한마디씩 얘기했다. 박능후 보건복지부 장관도 "현 정부에서는 영리병원 더는 없다"고 했다.

그런데 지금 영리병원을 허용하는 근거인 경제자유구역 특별법과 제주특별자치도법을 개정하자는 얘기는 전혀 안 한다. 당정청 협의에서도 녹지국제병원에 개입하지 않기로 결의했다. 이건 민주당이 말만 할 뿐 영리병원을 막지 않겠다는 것이다.

지난해 8월 경총이 정부에 규제 완화 건의사항 9개를 전달했는데 그중 첫째가 영리병원, 둘째가 원격의료 허용이었다. 최근 정보통신부 장관은 원격의료, 빅데이터 등 규제 완화가 꼭 필요하다고 하기도 했다. 이처럼 영리병원과 의료 영리화는 자본의 관심사 중 상당히 우선순위에 있기 때문에 절대 멈추지 않을 것이다.

병원, 보험사, 통신사 등 이미 이를 염두에 두고 투자해 놓은 자본들도 있다. 그러니 또 시간을 끌다가 1~2년쯤 지나면 어떻게 될지 모른다. 원희룡이 도지사를 하는 동안에는 좀 어렵겠지만 말이다.

녹지국제병원의 공공병원으로의 전환 요구는 지지할 만하다고 생각한다. 의미있는 일이다. 최근 문재인 정부가 제주도를 찾아 4·3항쟁 트라우마 센터를 언급했는데 녹지병원을 그렇게 활용하는 방안도 있다.

어쨌든 국민의 생명만은 철저히 지키겠다던 문재인 정부가 핵심 공약을 어기고 있다. 이 문제에서만큼은 박근혜와는 달라야 한다고 뽑아 준 대통령이 추진하는 규제 완화, 의료 영리화에 대해 문제 제기하고 규탄하는 운동을 벌여 나가야 한다.

제주 영리병원 허용 판결의 의미와 향후 과제

2022년 1월 13일 대법원이 제주 영리병원 허가 취소가 부당하다는 판결을 내렸다. 이로써 법적으로 제주 영리병원 설립이 다시 가능하게 됐다. 〈노동자 연대〉 402호(2022년 1월 18일 자)에 실린 인터뷰다.

지금 영리병원과 관련해서 중국 녹지그룹 측이 낸 소송이 2개가 있다. 하나는 2019년 4월에 제주도가 영리병원 허가를 취소한 것을 취소하라는 것이다. 이번 대법원 판결로 제주에 영리병원을 조건부로 설립할 수 있게 된 것이다.

다른 소송은 '내국인 진료 제한' 조건이 부당하다는 소송이다. 2018년 12월 당시 제주도 지사 원희룡이 제주 영리병원을 허가해 줄 때 여론과 운동의 압력에 밀려서 외국인만 진료할 수 있도록 조건부로 허가를 내줬는데 이것을 취소해 달라는 것이다. 이 소송은 1심에 계류돼 있다. '허가 취소 처분'에 대한 소송이 결판이 났으니, 이제 '내국인 진료 제한'에 대한 소송이 다시 시작될 것이다.

이번 대법원 판결이 영리병원 저지에 부분적으로 부정적 영향을 미친 것은 사실이다. 그 직접적 효과로 이제 녹지그룹 측이 제주도에서 조건부로 영리병원을 설립할 수 있게 됐다.

하지만 심각한 타격이라고 볼 수는 없다.

일단, 이 판결로 인해서 당장 영리병원이 설립될 것 같지는 않다. 지난해 말 녹지그룹 측은 병원 지분의 80퍼센트를 (우리들병원 그룹에서 갈라져 나온) 우리들리조트의 자회사인 다이나서울에 넘겼다. 다이나서울은 이 병원을 비영리병원으로 운영하겠다고 밝혔다.

코로나 상황에서 외국인 전용 병원이 잘될 리 없고, 재판 과정에서 드러났듯이 애초 녹지그룹이 영리병원을 운영할 생각이 크지 않았기 때문이다. 녹지그룹은 청문회에서도 "제주도가 스스로의 필요에 의해 의료기관을 개설할 계획도 없는 녹지그룹을 거의 강요하다시피 해 추진하게 된 사안"이라고 밝힌 바 있다. 제주도 측이 녹지그룹더러 제주도에서 부동산 사업을 하려면 의료기관을 개설해야 한다고 했다는 것이다. 지금 중국 자본주의의 상황을 보면 녹지그룹이 여기에 얼마나 투자할지도 의문이다.

그럼에도 녹지그룹 측이 소송을 계속하는 것은 다국적기업의 기본 속성이기도 하지만 주로는 손해배상을 청구하려는 목적이 있다고 본다. 재판에서 이기면 손해배상을 톡톡히 받을 수 있을 것이다. 또 이번 소송의 녹지병원 측 대리인이 법무법인 태평양인데, 이들은 FTA 등의 투자자-국가 분쟁 조정에 특화된 곳이다. 태평양이 이번 사건을 투자자-국가 분쟁 조정을 활용하는 계기로 삼으려는 속셈도 있는 듯하다.

무엇보다 영리병원 반대 운동이 자신감을 잃었다고 보기도 어렵다. 이 판결로 제주도에서도 크게 낙담하는 분위기는 아니다. 거의 20년 동안 영리병원 반대 운동이 다져 온 게 있기 때문에 영리병원 반대 여론은 지금도 무시 못 할 만큼 높다.

판결의 배경

영리병원이 취소된 것은 운동의 성과였다. 원희룡 도지사가 공론 조사 결과를 어기고 조건부로 영리병원 설립 허가를 강행하자 한겨울에 촛불운동이 시작됐다. 원희룡은 '조건부 허가'라면 대충 넘어갈 수 있다고 봤을 것이다. 그런데 그게 아니었고, 심지어 원희룡 탄핵 투표(도지사 소환 운동)를 하자는 여론이 50퍼센트가 넘었다. 또, 제2공항 반대 운동도 커지고 있었다. 그러자 부랴부랴 영리병원을 취소한 것이다.

당시는 박근혜 탄핵 운동의 여파가 아직 남아 있던 때였다. '적폐 청산'이 의제로 올라와 있었고 말이다. 영리병원은 박근혜가 탄핵되기 직전에 추진했던 적폐 중 하나였다.

물론, 문재인 정부는 애초 공약과 달리 제주 영리병원 설립에 사실상 협조해 왔다. 공론 조사에서 국토부(당시 장관 김현미) 산하 공기업인 제주국제자유도시개발센터가 영리병원 찬성 측으로 활동했다(녹지병원은 불참). 보건복지부(당시 장관 박능후)는 2017년에는 영리병원이 건강보험 제도에 영향을 주지 않는다고, 2018년에는 내국인 진료를 제한하는 영리병원이 법적으로 문제가 없다고 재차 추인해 줬다.

그런데 대법원 판결이 난 지금은 대중운동의 수준이 다르다. 대통령 선거에서도 우파인 윤석열이 우세한 상황이기도 하고, 이재명도 우경화하는 모습을 보이고 말이다.

그리고 제주지방법원은 제주도민의 여론과 운동과 (그리고 제주도 지방정부의) 영향을 더 받는다면, 고등법원부터는 이런 압력을 상대적으로 덜 받는 측면도 있다. 지금의 운동이 이를 강제할 만큼은 아니라는 것이다.

게다가 원희룡 자신이 애초 조건부 허가라는 이상한 행정명령으로 녹지그룹 측이 파고들 틈을 만들어 준 것도 있다(제주도에서 5개월간 진행된 도민들의 공론화 결과에도 정면으로 반하는 것이라는 것은 두말할 필요도 없다). 제주도가 이 재판에서 이기려고 얼마나 진지하게 임했는지도 의문이다. 심지어 이번 재판에서 반대 운동 측이 녹지그룹에 맞서 제주도를 돕겠다고도 했는데, 제주도는 1심부터 딱 거절했다.

그러나 앞서 말했듯이 영리병원 반대 운동과 여론이 심대한 타격을 입은 건 아니다. 반대 운동은 녹지그룹 측의 한국 내 파트너를 떨어져 나가게 만들기도 했는데, 앞으로도 국내 자본이 이렇게 손잡는 게 쉽지만은 않을 것이다. 또, 제주도에 활동가 조직들이 있고 승리의 경험도 있고 대중운동의 뿌리가 여전히 있다.

경계를 늦춰서는 안 된다

그러나 당장 제주도에 영리병원이 개원하지 않는다고 하더라도, 그 불씨가 완전히 사그라든 게 아니라는 점도 강조하고 싶다.

국내에는 영리병원 추진에 이해관계를 가진 집단이 있다. 기재부가 그렇고 병원 자본과 재벌도 병원의 규제 완화에 지대한 관심이 있다. 이들은 20년 가까이 영리병원을 설립하려고 호시탐탐 기회를 노리고 있다. 그래서 언제든지 또 영리병원이 추진될 수 있다.

윤석열이 당선된다면 노골적으로 그럴 것이다. 현재 원희룡은 윤석열 선대본부의 정책본부장으로 있기도 하다. 이재명이 당선되더라도 안심할 수 없다.

얼마 전 〈연합뉴스〉가 녹지그룹이 병원 지분의 80퍼센트를 다이나 서울에 넘겼더라도 녹지그룹이 이걸 다시 임대해서 영리병원을 운영할 수도 있다는 이상한 시나리오를 기사화한 적이 있다. 이럴 가능성이 현실에서 높지 않다고 보지만, 이렇게 해서라도 영리병원 추진을 밀어붙여 볼 수도 있다고 생각하는 자들이 있는 것이다.

그리고 문재인 정부 아래에서 공공서비스 민영화는 계속 진행되고 있다. 가스와 철도에서도 야금야금 그렇고, 특히 코로나 시기를 맞아 '이참에 잘됐다'며 '디지털화'라든가 '4차 산업혁명' 운운하면서 원격의료나 건강보험 개인정보의 민영화, E-러닝 같은 것을 밀어붙이고 있다.

따라서 이번 판결을 봐도 그렇고, 의료 민영화 반대(영리병원 반대) 운동이 경계를 늦춰서는 안 된다.

5장
세상이 아프면 의사도 아파야 한다

경찰이 쏜 물대포에 맞아 10개월 동안 사경을 헤매다 2016년 사망한 백남기 농민의 사망진단서에 '병사'라고 적힌 것이 드러나, 의사 같은 전문가 집단의 자율성이라는 것이 무엇인지 논란이 일었다. 경찰의 부검을 저지하려고 모인 시민들.

의사들에게
의료 개방과 영리법인 허용이 이익일까?

―――――

2004년 10월 16일 의사들을 주요 독자층으로 하는 〈메디게이트〉에 실린 글이다.

재정경제부는 9월 10일 경제자유구역 내에 외국인 투자 기업의 영리법인 허용과 내국인 진료 허용을 골자로 하는 경제자유구역법 개정안을 제출했다. 원래의 경제자유구역법안은 외국인 병원에 한해 외국인에게만 진료를 허용하도록 하는 법안이었는데 이런 법안으로는 외국 병원을 유치할 수 없다는 것이 분명해졌기 때문이다. 사실 경제특구는 이미 '실패특구'로 불릴 만큼 원래 기업 유치 목표의 10퍼센트 남짓한 기업만 유치 신청을 한 것으로 알려졌다. 이렇다 보니 재경부는 목표를 맞추기 위해 첨단 기술 기업 유치에 노력을 하기는커녕 원래 외국인 편의시설로 유치하려던 학교와 병원을 주된 유치 기업으로 하고 외국 학교와 병원의 이용자들을 국내인들로 하여 이윤을 보장하려는 편법적 시도를 하고 있다. 여기에 중국이나 일본 등의 해외 환자 유치라는 비현실적 외국인 환자 유치를 내세운 것이 바로 '동북아 허브병원' 구상이다.

이 동북아 허브병원 구상은 이미 비현실적이라는 것이 드러났다.

첫째, 정부는 허브병원의 모델로 싱가포르와 중국을 들었다. 그러나 싱가포르의 경우 해외 환자 유치는 외국 병원을 중심으로 이뤄진 것이 아니라 국내 병원이 하고 있으며 해외 환자는 대부분 동일한 말레이어를 쓰는 인접국인 인도네시아와 말레이시아 환자들이다. 일본과 중국이 한국어를 쓰지 않는다는 것은 언급할 필요도 없다. 중국의 경우 이미 병상이 과잉인 우리나라와는 전혀 사정이 다르다. 도시 인구의 60퍼센트, 농촌 인구의 9.6퍼센트만[1] 의료보험에 들어 있고 병상 수가 절대적으로 부족한 나라가 중국이다. 중국에서는 외국 병원을 들여와서라도 국내 환자들의 의료 수요를 충족시켜야 할 형편인 것이다.

둘째, 외국 원정 진료 환자가 외국에서 쓰는 1조 원의 의료 비용을 흡수할 수 있다고 정부는 주장했다. 그러나 연간 1만 명의 외국 원정 진료 환자들 중 5000~7000명은 원정 출산 환자들이다. 또한 나머지 환자들은 특수 병원의 특수과를 골라 가는 환자들이다. 한국의 외국 병원에 초일류 병원 초일류 과만 모아 놓을 수 없다고 볼 때 이들 환자를 유치하는 것은 불가능하다. 오히려 국내 중산층 환자들만 국내 외국 병원을 이용하게 돼 새로운 의료 수요 창출이 일어나 국부 유출만 심해질 가능성이 훨씬 크다.

정작 큰 문제는 경제자유구역 내 영리병원의 허용 문제다. 외국 병원이 영리병원 형태로 들어오면 국내 진료비의 5~10배 정도의 진료비를 받을 것으로 예상된다. 국내 보험 수가가 이 정도로 오르지는

---

[1] 아시아개발은행 2002.

않을지라도 상당히 올라갈 것이고 건강보험 재정이 당해 낼 수 없으면 영리보험이 도입될 것이다. 결국 우리나라의 건강보험 체계와 비영리법인 체계는 붕괴될 가능성이 크다. 국민들에게 이것은 재앙이다. 영리병원이 13퍼센트 남짓한 미국의 경우 국민의 14퍼센트가 의료보험이 아예 없고 과반수 이상의 국민이 제대로 된 의료보험이 없다. 미국의 경우 의료 만족도가 OECD 국가 최하위이고 우리나라보다도 낮은 10퍼센트 남짓이다. 영리병원과 민간 보험 체계가 중심인 남미는 말할 것도 없다.

의사들에게는 어떤 영향을 미칠 것인가?

첫째, 아주 간단히 말해 의사들에게 영리병원 허용은 결코 도움이 안 된다. 파이는 결국 같은데 자본이 참여해 주주들이 이익을 가져가면 의사들에게 돌아올 몫은 줄어든다. 일부 영리병원의 경영진을 맡을 수 있는 의사들에게는 이익이 될 수도 있을 것이다. 그러나 의사 전체로 봐서는 자본 참여는 손해다. 일본의사회가 영리병원 허용에 반대한 것은 바로 이 때문이다. 재경부나 건교부, 공정거래위 등은 이미 기업도시, 지역특구 등에서 영리병원 허용을 추진하고 있다. 그러나 영리병원이 허용되면 될수록 손해가 되면 됐지 결코 이익이 될 수 없다.

둘째, 경제자유구역 내에서는 보건복지부 장관의 협의를 거쳐 의과대학을 설립할 수 있게 돼 있다. 가뜩이나 의사가 과잉인 상태에서 이런 의과대학 설립은 국내 의료 체계에 악영향을 미칠 것이다.

셋째, 더욱 중요한 것이 있다. 영리병원 허용과 민간 보험 체계 도입은 결국 의사들이 부자들만 치료하는 의료 체계를 만들어 내게 된다. 의사들은 중세 시대와 마찬가지로 국민들 전체의 의사가 아니라 또다시 귀족들의 시의가 될 수밖에 없을 것이다. 가뜩이나 손상된 의사들과 국민들 간의 신뢰는 회복 불능 상태에 빠지게 될 것이다. 의사의 이익에 비춰 봐도, 그리고 의료 윤리에 비춰 봐도 영리병원 허용은 결단코 막아야만 한다.

그런데 사정이 이러함에도 불구하고 의사협회는 무슨 생각에서인지 경제자유구역의 영리법인 허용과 내국인 진료를 찬성하고 나섰다. 권용진 의사협회 홍보이사는 심지어는 의료계에 자본 참여를 찬성한다고 공식적으로 밝혔다. 경제자유구역뿐 아니라 영리병원 전면 도입 찬성을 밝힌 것이다. 대체 누구를 위한 의사협회인지, 전체 국민을 위한 의사협회는 아니라 할지라도 최소한 전체 의사와 개원의를 대표하는 의사협회가 돼야 하지 않을까?

최근 열린 재경부·복지부 주최 토론회장에서 나는 토론회 내내 매우 곤혹스러웠다. 영리병원 허용과 내국인 진료를 반대한 필자가 의사협회 대표인지 아니면 영리병원 허용과 내국인 진료를 찬성하는 권용진 씨가 의사협회 대표인지 내내 헷갈리지 않을 수 없었다. 의사들의 현명한 결단이 필요할 때다.

신해철에게
믿을 만한 의사 친구가 있었다면

2014년 10월 27일 가수 신해철이 의료사고로 사망한 뒤 〈한겨레21〉 2014년 11월 10일 자에 실린 글이다.

그는 왜 배가 아픈데 하필 '위밴드 수술' 전문병원에 갔을까? 왜 처음 갔던 대학병원에서는 오래 기다렸던 것일까? 아무리 위밴드 수술 전문병원이라도 며칠 동안이나 통증을 호소하는 그에게 왜 적절한 조치를 취하지 못했던 것일까?

그가 만일 가수 신해철이 아니었더라면, 또 사망에 이르지 않았다면 국립과학수사연구소 소장이 기자회견을 열고 부검 소견과 병력지를 이렇게 상세히 밝혔을까? 아니었으리라고 나는 생각한다. 나는 의료사고와 그 해결 과정을 이야기하진 않겠다. 진실이 명백히 밝혀진다 해도 그가 돌아오지는 않는다. 나는 그를 죽음으로 몰고 간 한국의 의료 체계에 대해 물으려 한다.

돈이 되는 진료만 하는 '전문병원'

왜 그는 대학병원 응급실을 찾을 정도의 복통에 '위밴드 수술' 전문병원을 찾아갔을까? 그가 믿을 만한 병원이 그 병원이었기 때문이었을 것이다. 그러나 병원 홈페이지에 대문짝만하게 '비만의 모든 수술이 가능한 서울스카이병원'이라고 쓰여 있는 '전문병원'이 장협착 수술을 안심하고 받을 수 있는 종합병원일까?

'전문병원'의 특징은 고도로 특화된 진료, 다른 말로 하면 돈이 되는 진료만 한다는 점이다. 스카이병원이 바로 그런 전문병원의 특징을 잘 보여 준다. 비만클리닉과 비만 관련 위 수술, 하지정맥류와 갑상선 수술, 무릎 수술을 위한 수술실과 입원실, 건강검진 프로그램을 위한 시설이 8층 건물 전체 구조의 전부다. 일반적 진료는 없다. 지역에서 필요한 내과·소아과·산부인과·외과 질환의 진료는 할 수 없는 병원이고 의료진이다. 즉, 돈이 되는 진료 이외에는 하지 않는 병원이다.

전문병원, 즉 특수 분야의 수술이나 처치, 진단 등을 전문으로 하는 병원은 대부분의 나라에서는 찾기 힘든 병원이다. 예를 들어 영국에서는 96퍼센트의 공공병원에서는 찾을 수 없다. 영국의 '전문병원'은 4퍼센트 정도의 사립병원에만 있다.

한국의 전문병원과 비슷한 병원을 찾는다면 그것은 미국의 영리병원이다. 미국 영리병원의 특징은 이렇다. 도심에 집중돼 있고, 일반적 응급 환자를 볼 수 있는 응급실이나 중환자실이 없거나 부실하다. 과잉 진료를 하며 의료비가 비영리병원에 비해 비싸다. 이익만을 추구하다 보니 의료 서비스의 질은 오히려 떨어져서 미국의 영리병원들은 비영리병원보다 사망률이 2퍼센트 높다. 의료 인력의 고용도 비영리병원에 비해 70퍼센트 정도밖에 되지 않는다. 오죽하면 미국의 영리병원을 다 비영리병원으로 바꾸면 1년에 약 1만 2000명의 사망자가 줄어들 것이라는 논문까지 나왔을까?

한국의 '수술 전문 네트워크 병원' 가운데 중환자실이 있는 병원은 얼마나 될까? 최근 기업형 체인병원을 운영하다가 의사 1인이 여러 병원을 운영할 수 없도록 한 의료법(1인 1개소법)으로 제재를 받자 소송을 내건 모 병원도 중환자실이 없다. 수술을 전문으로 하는데 중환자실이 없다는 것은 심각한 수술 합병증에 대처할 능력이 없다는 뜻이다. 믿을 만한 병원이 아닌 것이다.

대기시간은 길고 의료 인력은 태부족

전문병원이 늘어나면서 척추·무릎·어깨·치질 수술이나 관련 검사가 다른 나라에 비해 몇 배나 많아졌다. 과잉 진료다. 물론 대학병원도 예외가 아니다. 불필요한 진료는 많이 하는데 지역 주민에게 꼭 필요한 진료를 하는 병원은 사라지고 있다. 밤중에 아이가 배가 아파 병원을 찾아다녀 본 사람은 안다. 대학병원이나 몇몇 공립병원 외에는 갈 병원이 없다는 것을. 아이가 얼굴이 찢어져 흉터라도 남을까 봐 성형외과 의사를 찾아다녀 본 사람도 안다. 많은 성형외과에서 일반적 진료를 하지 않는다는 것을. 응급실을 운영하는 일반 중소 종합병원조차 드물다. 결국 아프면 대학병원을 가야 한다.

대학병원 응급실은 항상 초만원이다. 동네 의원은 믿을 수 없고 좀 큰 병원은 하나같이 전문병원이 됐으니 그럴 수밖에. 대학병원 응급실은 혼잡하고 대기시간은 무한정이다. 의료 인력도 태부족하다. 신해철이 대학병원 응급실에 갔다가 전문병원으로 옮긴 이유가 여기에 있다.

이렇게 일반 중소 종합병원이 사라졌는데 한국 응급 의료 체계가 제대로 작동할까? 전국 246개 지방자치단체 중에서 30분 안에 응급 의료시설에 도착할 수 없는 지역만 26곳이다. 대도시라도 가까운 응급 의료시설은 대학병원뿐이기 일쑤다.

대학병원은 또 어떤가? 도대체 무슨 검사가 그리 많은지 큰 병이 아닌데도 덜컥 수십만 원짜리 검사부터 하란다. 동네 의원부터 가까운 중소 병원, 또 대학병원까지 믿을 수 있는 병원이 없는 셈이다.

만일 신해철에게 믿을 만한 의사 친구가 있었다면 어땠을까? 전화라도 걸어 내 증상이 이러러한데 어떻게 해야 하느냐고 물어볼 수 있었다면 어땠을까? 수술 뒤 닷새 동안 그토록 아팠는데도 신해철은 오직 그 전문병원에만 매달렸다. 그 병원에서도 밤에는 오직 간호사에게만 진통제와 수면제를 처방받았다.

유럽의 대부분 나라에서는 한밤중이나 금요일 저녁부터 월요일 오전까지 등 (동네 의원이 문을 닫는) 진료 공백 시간에 환자에게 오는 전화를 받아야 하는 게 주치의의 의무로 규정돼 있다. 또 이는 국가가 기본적으로 제공하는 서비스다. 영국에서는 동네마다 있는 공립병원 옆에 야간 진료를 하는 곳이 열려 있고, 전문 간호사가 24시간 전화를 받는다. 그는 의사 상담을 주선하거나 환자를 병원으로 오게 하거나 데리러 간다. 스웨덴에서는 금요일 오후부터 월요일 오전까지 동네 의사들이 돌아가면서 당직을 서고 24시간 전화를 받는다. 전화로 해결되지 않으면 의사들이 택시를 타고 환자에게 가야 한다. 이들 나라는 물론 공공의료가 최소 70~90퍼센트가 넘는 선진국이다. 그러나 일본, 심지어 미국도 최소한 가까운 곳에 공립종합병원은 하나씩 있다. 우리나라는 공립병원이 전체 의료기관의 6퍼센트 정도지만 미국은 그렇게 의료 민영화가 됐어도 공립병원이 25퍼센트나 된다.

OECD 국가들에서 의료 분쟁 해결은 국가 책임

신해철은 왜 사망했는가? 언론들은 의료사고와 그 해결 방법을 파헤친다. 이 문제도 중요하다. 그러나 정작 의료 분쟁이 가장 많고 그나마 소송으로 해결되는 나라는 미국이다. 공공의료가 중심인 대부분의 OECD 국가에서는 의료 분쟁 자체도 적지만 그 분쟁 해결도 국가 책임이다.

한국은 건강보험 제도 하나 빼고는 이미 미국보다 더 상업화된 의료 전달 체계를 향해 가고 있다. 그런데도 병원과 의료를 아예 미국식으로 만들자는 게 현 정부의 국정 목표다. 그가 저항했던 한국의 이런 현실, 믿을 수 있는 병원 하나 없는 이 기막힌 현실이 신해철을 죽였다.

온 국민이 사망진단서 작성법 공부하는 시대

경찰이 쏜 물대포에 맞아 10개월 동안 사경을 헤매다 2016년 9월 25일 사망한 백남기 농민의 사망진단서에 '병사'라고 적힌 것이 드러나 큰 논란이 일었다. 앞장서서 항의에 나선 필자는 의사 같은 전문가 집단이 이 사회에서 가져야 할 태도와 그들의 소임이 무엇인지 지적하는 글을 《참여사회》 2016년 11월호와 2016년 11월 4일 〈오마이뉴스〉에 실었다.

사망진단서 작성 방법

'시민 노릇 하기 힘들다'는 이야기가 나올 수밖에 없다. 이제는 하다 하다 사망진단서 작성 방법까지 알아야 하다니? 고故 백남기 농민의 사망 원인이 병사인지 외인사인지에 대한 논쟁이 이어지면서 많은 사람들이 '사망진단서 작성 지침'을 공부할 수밖에 없었다.

사망진단서의 '직접사인'에는 심정지나 호흡정지를 쓰면 안 된다는 것 정도까지야 상식으로 알아 둘 수도 있다고 치자. 그러나 사망진단서의 '사망의 종류'에는 사인의 맨 아래 칸의 사망 원인(원사인)에 따라 병사·외인사를 구분해야 한다는 것, 그래서 고 백남기 농민의 경우 외상으로 인한 뇌출혈이 원래 사인이고 따라서 사망의 종류는 '외인사'여야 한다는 것, 이런 내용을 도대체 왜 전 국민이 공부해야 하는가.

백남기 씨의 경우 물대포에 맞아서 사망했다는 것은 그가 물대포를 맞고 쓰러진 동영상이 존재하는 만큼 너무나 명백하다. 제대로 된 사회라면 지금 사회적으로 논의돼야 할 의제는 '물대포 사용 금지' 등 재발 방지나 '책임자 처벌'이었을 것이다. 그런데 서울대병원 장례식장에서는 '진짜 사망 원인'을 밝히기 위해 부검을 하겠다는 정권이 동원한 수천 명의 경찰과, 죽여 놓고도 모자라 이제는 부검까지 하느냐는 유족들과 시민들이 물리적으로 '대치'를 벌였다.

집도의인 백선하 교수는 사망 원인을 '병사'라고 주장했다. 이에 대해 인의협 소속 의사들은 서울대병원 장례식장 앞에서 기자회견을 열었고, 필자도 사망 원인에 대한 설명을 했다. 씁쓸하고 황당했다. 똑같은 장소에서 11년 전 전용철 농민의 사망 원인에 대한 기자회견을 했던 기억 때문이다. 그뿐인가? 부검을 두고 인의협과 시민들이 정권과 싸운 것은 1980년대부터 계속돼 온 일이다.

서울대병원과 대한의사협회의 책임 회피

여기까지만 해도 그럴 수 있었다고 치자. 문제는 그다음이다. 서울대병원이 특별조사위원회를 구성했다고 해서 사망진단서가 수정될 것이라는 기대가 없지 않았다. 그러나 서울대병원은 "사인에 심폐 정지를 기재한 것은 사망진단서 작성 지침과 다르다"고 이야기하면서도 "수정할 권한이 없고" 심지어 주치의가 사망진단서를 "진정성"을 가지고 작성했다는 말까지 덧붙였다.

더욱이 발표 장소에는 엉뚱하게 백선하 씨가 등장해 온갖 의학 용어를 늘어놓으며 자신을 합리화했다. 의사협회도 마찬가지였다. 서울대병원과 똑같은 내용을 이야기했다. 지침과 다르다, 작성 권한은 담당의사에게 있다, 진단서는 신중하게 작성해야 한다.

정답과 '다르면' 오답이다. 그리고 틀렸으면 고쳐야 한다. 도대체 이 사망진단서는 틀렸으므로 수정해야 한다는 말이 그렇게도 힘든 것인가? 서울대병원도 윤리위원회가 있고 징계위원회가 있다. 의사협회도 그렇다. 여러 방법으로 서울대병원은 자신의 직인이 찍힌 사망진단서를 수정할 수 있었다.

그러나 서울의대와 서울대병원은 수정 권한이 오직 작성한 의사에게 있다며 이를 고치지 않았다. 의사협회도 아무런 행동이 없다. 자정 능력의 상실이라는 말 이외에는 어떤 말로도 설명되지 않는다. 이후로 국민들은 언론을 통해 그리고 국회 교육문화체육관광위원회와 보건복지위원회 국정감사장에서 서창석 병원장의 오락가락하는 답변과 백선하 씨의 궤변을 들어야 했다.

'지병이 있었다', '유족들의 치료 중단 요청 때문에 사망했다', '제 소신이다' 등등. 거짓이 거짓을 낳고 백선하 씨의 '의학 전문용어'들은 오직 진실을 가리기 위한 직업적 은어와 상투어로 전락했다. 인의협 소속 의사들이 매일 서울대병원 장례식장으로 가서 기자들에게 의학 용어를 설명해야 했고, 사망 원인에 대한 의견서를 작성 중이다. 이 정권은 의학적 논쟁의 대상이 전혀 될 수 없는 사건을 의학적 논쟁으로 만드는 데 어느 정도 성공한 듯하다.

도대체 전문가의 자율성이란 무엇인가

가장 황당한 것은 서울대병원이나 서울의대가 틀린 사망진단서를 수정할 수 없다면서 내세운 것이 '진정성'이라고 이름 붙인 '전문가 자율성'이라는 점이다. 그런데 이 전문가 또는 지식인의 '자율성'은 굳이 사회학자 피에르 부르디외를 거론하지 않더라도, 지식인들이 국가권력으로부터 독립적이라는 것을 전제로 하는 '자율성'이다.

백선하 씨의 '사망진단서'는 의사 국가시험에 나올 만큼 엉터리 진단서의 대표적 사례다. 한국의 의과대학들이 그리고 의사들이 정말 자율성을 주장하려면 그 진단서는 의사들의 자율적 자정작용을 통해 수정돼야 한다.

더욱이 이 엉터리 사망진단서야말로 현 정권이 사망 원인에 대해 거짓 주장을 하는 근거가 되고 있다. 의사의 사망진단서가 정권의 도구가 된 것이다. 그런데 이 진단서를 자율성이라는 이름으로 수정하지 못한다는 것인가? 자율성의 포기를 자율성이라는 이름으로 합리화하는 황당한 작태일 뿐이다. 또 백선하 씨는 서울대 교수다. 서울대가 서울의대 뒤에 숨는다고 서울대의 체면이 지켜지지 않는다.

황우석 사태 때에는 전 국민이 배아줄기세포에 대해 공부해야 했다. 미국산 쇠고기 전면 개방 때에는 전 국민이 광우병 프리온에 대해 공부해야 했다. 메르스 유행 시기에는 바이러스의 전파 양식에 대해 공부해야 했고 병원 이름을 스스로 알아내야 했다.

왜 그랬던가? 왜 아직도 우리는 사망진단서 작성 지침까지 공부해야 하나. 한국의 의학, 나아가 과학 분야의 지식인들이 전 국민적 압력을 받지 않으면 자신들의 잘못을 스스로 수정하지 못하고 권력의 도구로 작동하기 때문이다. 시스템 바깥에서 그야말로 전 국민이 개입할 때 전문가들, 지식인들이 권력으로부터 해방돼 과학적 결정이 겨우 내려진다.

이화여자대학교 사태는 어떤가? 이대 정치외교학과 교수인 입학처장이 총장에게 "박정희 전 대통령, 박근혜 대통령, 정윤회·최순실 씨의 관계를 그리며 총장에게 직접 정유라 학생을 설명"했을 때 끝나야 했던 사태였다. 그러나 이대 학생들이 86일간 본부 건물을 점거하고, 학생처장이 그렸다던 그 그림을 전 국민이 그리게 돼서야 겨우 이대 총장이 사퇴했다.

우리 사회에서 정치·사회적으로 중요한 학문적·과학적 결정들은 너무나 명백한 사안임에도 어김없이 학문이나 대학 내 시스템 안에서 해결되지 않았고, 국민적·사회적 개입 없이는 해결된 적이 없다고 말할 수 있을 정도다.

그렇다면 사회적 개입이 없었던 그 밖의 수많은 경우에는 어땠을까? 한국의 대학과 학문은 권력의 순종적 도구로서 기능하고 있다고 보는 것이 자연스러운 결론이 아닐까? 한국에서 지식인들이나 대학의 자율성이 민주주의 발전에 따라 확립돼 가고 있다고 생각하는 것은 그야말로 순진한 착각이라는 것이 곳곳에서 드러나고 있다. 오히려 오늘날 대학은 자본과 권력에 '자율적으로' 봉사하는 곳이 되고 있다는 게 백남기 농민의 사망진단서 논란에서도 드러난다.

오늘 한국 사회의 학문과 지식의 자율성과 진리는 고고한 상아탑 속에서 지켜지고 있지 않다. 대학의 자율성은 학생들이 본부를 점거해야만 지켜진다. 우리 사회의 진리는 서울대병원 장례식장 앞에서 노숙했던 시민 지킴이들의 고단한 잠자리에서 지켜진다.

의사 집단 진료 거부, 어떻게 볼 것인가?

2020년 문재인 정부의 의사 인력 증원 계획에 반대해 벌어진 의사 단체들의 집단 진료 거부가 끝난 직후 《작은책》 304호(2020년 10월호)에 쓴 글이다.

대한의사협회의 집단 진료 거부 사태가 일단락됐다. 전공의들로만 보면 8월 21일 파업을 시작해 9월 8일 일부가 복귀했으니 18일간 파업을 지속한 것이다. 이번 사태는 여러 쟁점이 있고 한국 사회가 풀어야 할 많은 숙제를 남겼다. 여기서는 이번 의사 파업의 성격과 문제점 중심으로 간단히 살펴보겠다.

우선 이번 의사 파업의 목적이다. 의사협회는 집단 진료 거부의 목표를 정부의 '4대악 정책 철폐', 즉 공공의대 설립, 의대 정원 400명 증원, 한약 처방 급여화, 원격의료 철폐로 내걸었다. 실제 주된 요구는 공공의대와 의대 정원 확대 철폐였다.

의사협회나 전공의들, 의대생들은 의사 수가 적지 않다는 주장부터 의사 수가 적어도 진료량이 많아서 괜찮다거나 증가율이 높아 2028년에 OECD 평균을 추월한다는 주장까지 여러 주장을 했다. 모두 틀린 주장이다.

인구 1000명당 의사 수는 OECD 국가 평균이 3.4명인데 우리나라는 2.3명이다. 71퍼센트밖에 안 된다. 물론 OECD 의사 1인당 진료 횟수는 7.5회이고 우리나라는 16.6회다. 우리나라 의사들이 2.2배쯤 환자를 많이 본다. 그러나 OECD는 이 진료 횟수에 대해, 한국은 행위별 수가제로 과잉 의료의 위험이 있다고 특별히 설명까지 붙여 놓았다. 즉 한국은 진료를 많이 하면 할수록 병원이나 의사가 돈을 많이 버는 제도라서 불필요한 과잉 진료가 많다는 것이다. 또 다른 나라처럼 15분 진료가 아니라 '3분 진료'다.

더 큰 문제는 지역 격차다. 우리나라 시군구 240개 지역 중 응급의료센터에 30분 내로 도착하지 못하는 지역이 99개다. 이 지역에서 산재나 교통사고로 중증 외상이 생기면 사망 가능성이 훨씬 높다. 분만센터가 없는 지역도 60개다. 뇌졸중, 심장마비, 중증 외상의 3대 중증 필수진료를 받는 데 걸리는 시간이 평균 4시간이다. 뇌졸중은 3시간 내, 중증 외상은 빠를수록 좋은데 지방에서는 많은 이들이 골든타임을 놓친다.

증가율이 높다? 거짓말이다. 2008년에 의사 증가율은 3.1퍼센트였다. 이 증가율이 똑같으면 의사협회 주장대로 2028년에 OECD 평균에 도달한다. 그러나 지금 의사 증가율은 2.0퍼센트로 OECD 평균 1.6퍼센트와 별 차이가 없다. 의사 수가 늘어나면 증가율을 따지는 분모가 커지기 때문이다. 해마다 의사가 3058명씩 배출되는데 2008년부터 12년이면 분모가 3만 6000명이 커졌다. 지금 추세로 가면 2070년이 돼서야 비슷해진다. 다른 나라들이 인구 고령화로 말미암아 의사 정원을 확대하고 있기 때문에 사실 영원히 추월할 수 없다. '전교 1등'이 이런 간단한 산수도 못 하다니 의대를 가면 집단으로 바보가 되는 모양이다.

또 의사들은 공공의대를 시민단체 추천으로 뽑는다고 주장하면서 부실 의대가 된다고 주장했다. 가짜 뉴스에 근거한 엉터리 주장이다. 대구가톨릭의대가 지역의 학교장 추천을 받은 학생을 도지사 추천으로 의대생 일부를 뽑았지만 거기 의사들이 엉망이라는 말은 듣지 못했다. 아니 정말 시민단체 추천이면 뭐가 문제인가? 지금 응급실과 중환자실까지 비우는 파업을 벌이고, 빈말로라도 환자들에게 사과 한마디도 없는 지금 의사들보다는 낫지 않을까?

지역 격차와 경제 격차를 해결하려면 공공병원과 공공의료 인력이 필요하다. 농어촌 지역은 인구가 많지 않아 돈이 안 된다. 사립병원들이 들어갈 이유가 없다. 따라서 지방에는 돈을 생각하지 않는 국공립병원을 만들어야 한다. 그리고 사명감을 가진 공공의사들을 만들어야만 한다. 그런데 의사들은 공공병원 만드는 것에는 반대하고 수가만 올려 달라고 한다. 지금도 지방의료원에서는 의사를 연봉 3억 원 아니 5억 원을 주고도 못 구한다. 얼마나 더 줘야 한다는 말인가?

정부 안에 문제가 없는 것이 아니다. 8월 13일 정부 안이 발표되자 제일 먼저 비판 성명을 낸 곳이 우리 단체(보건의료단체연합)였다. 정부는 공공의대는 딸랑 49명 정원에 그것도 이미 실패한 의학전문대학원(4+4년제)으로 하나 짓겠다고 하고, 의대 정원 확대 400명 중 300명은 사립대 중심으로 늘리고 10년간 지역에 근무를 시키겠다고 했다. 10년이면 전문의 될 때까지의 수련 기간 5~7년을 빼면 고작 3~5년 근무하고 서울로 가 버릴 수 있다. 지역 학생을 우선 뽑고, 튼튼한 지방 공공병원을 만들고 국립대병원과의 네트워크를 만들지 못하면 지역 의사를 만들 수 없다. 그래서 노조와 시민단체들은 현재 10퍼센트인 공공병원을, OECD 평균인 70퍼센트까지는 아니더라도, 일본과 미국 수준인 30퍼센트까지 늘리고 공공의사 제도로 의사 정원을 늘려야 한다고 주장했다.

그러나 의사들의 파업, 전공의들의 파업은 정부안을 더 개혁하자는 파업이 아니었다. 전공의도 생산수단이 없으며 자본가의 이윤을 나눠 갖지 못하는 노동자다. 그러나 노동자 파업이라고 해서 무조건 지지할 수는 없다. 만일 '비정규직 정규직화'를 반대하는 노동자 집단행동이 있다면 지지할 수 없다. 이번 의사들, 전공의들의 파업은 세계의사회나 세계보건기구의 윤리 지침에도 금지된 중환자실 응급실까지 포기한 파업이었다. 환자의 생명을 직접적으로 위협하고 실제 사망자까지 낸 파업은 노동자의 윤리로 용납할 수 없다. 또한 파업의 목표, 즉 공공의대나 의대 정원 확대 자체에 반대한 것도 다수 노동자들의 이익에 반한다. 이들의 파업은 비난받아 마땅하다.

노동자들을 위한 의사, 시민을 위한 병원과 의료 제도가 필요하다. 따라서 의사들이 정부에 양보받은 의·정 협의체에서 의료 제도나 의사 정원 문제를 결정하게 놔둬서는 안 된다. 노동자와 시민이 의료 제도를 결정해야 한다. 코로나19와 경제 위기를 맞아 세계 곳곳에서 노동자들이 투쟁을 벌이고 있다. 특히 병원 노동자들이 노동조건 개선과 의료 재정과 인력 확대 투쟁을 벌였고 승리를 거뒀다. 늦여름이 의사들의 시간이었다면 가을은 노동자들의 진짜 투쟁의 시간이 되기를 바란다.

6장
노동자와 보건의료

2021년 코로나 팬데믹으로 초과 노동에 시달리던 보건의료 노동자들이 인력 충원을 요구하고 있다.

'의료 산업화'와 병원 노동자

2006년 병원 노동자들에게 노무현 정부의 '의료 산업화' 정책이 미칠 악영향을 설명하고 그에 맞서 투쟁할 것을 호소하기 위해 쓴 글이다.

연초부터 올해의 핵심 경제 과제가 "의료 산업화"라는 정부의 발표가 줄을 잇고 있다. 1월 2일 신년 기자회견에서 한덕수 경제부총리가 올해 상반기 경제정책의 핵심 과제 세 가지를 들면서 그중에서도 의료 산업화가 가장 핵심 과제라고 강조했다. '의료 산업화'에 대한 강조는 아예 대통령이 신년연설에서 의료 산업화와 의료 개방을 특별히 강조해 발언하는 정도에 이르렀다.

의료 산업화? 병원 노동자들과 의료 산업화가 무슨 상관이 있을까? '의료 산업'이 전통적 의미의 제약 산업이나 의료기기 산업, 또는 요즘 수없이 이야기되는 바이오산업 등을 말하는 것이라면 병원 노동자에게 미치는 영향은 크지 않을 수도 있다. 그러나 현재 노무현 정부가 이야기하는 의료 산업화는 다름 아닌 의료 서비스의 산업화, 즉 병원의 주식회사화를 말하는 것이다. 다시 말하면 의료 산업화는 병원을 주식회사로 만들겠다는 것(과 민간 의료보험의 활성화를 말하는 것)이다. 의료 산업화, 영리병원의 도입은 병원 노동자들에게 어떤 의미일까?

영리병원 허용, 병원의 주식회사화

의료 산업화 정책은 쉽게 말하면 영리병원 허용으로 요약된다. 물론 그렇다고 해서 모든 병원을 당장 주식회사로 만들겠다는 것은 아니다. 당장 주식회사로는 못 만들더라도 그와 비슷하게 갈 수 있도록 여러 조치를 취하고, 국공립병원까지도 자본조달을 할 수 있도록 하는 방법을 만들어 보겠다는 정책이다. 1월 13일 의료산업선진화위원회가 올해 상반기까지 정책으로 확정할 과제로 "공공병원, 비영리 민간병원, 의원 등을 위한 자본조달 방안 검토(파이낸싱 지원, 의료 산업펀드, 병원채권제도, 영리법인 허용)"를 든 것은 바로 이런 내용을 일컫는 것이다.

병원이 주식회사가 되면 무엇이 달라진다는 것일까? 비영리법인으로만 허가되는 법인 형태의 민간병원들도 돈벌이가 최대의 목표이고 이를 위해 노동자들을 쥐어짜고 있고 개인 병원은 아예 비영리법인도 아닌데 병원이 주식회사가 된다고 뭐가 특별히 달라질 것인가? 그러나 달라진다. 달라져도 아주 많이.

첫째, 병원의 이윤 추구가 지금보다 훨씬 더 혹독하게 강화된다. 병원이 주식회사가 되면 주주들은 자기가 주식을 구입한 병원주식회사가 삼성전자나 현대자동차만큼의 이윤을 낼 것을 요구한다. 이윤을 내지 못하면 주주들이 이윤 배당을 덜 받을 것인가? 그렇지 않다. 주주들은 이윤 배당을 가져가기 위해서 이른바 병원의 재무구조를 바꿀 것을 요구할 것이다. 병원의 재무구조, 이윤구조는 두 가지에 가장 크게 의존한다. 병원이 이윤을 내려면 두 가지 방법이 있다. 즉 인건비 삭감과 진료비 수익 증대다. 말하자면 노동자와 환자에게 더 뜯어내야만 한다. 지금도 병원들은 수익을 올리기 위해 그렇게 한다. 주식회사가 되면 달라지는 것은 장사가 안 되면 그만큼 장사가 안 되고 끝나는 것이 아니라 어떻게든 주주들의 이윤을 보장해 줘야 한다는 것이고 이를 위해 인건비 삭감을 해야만 한다는 것이다. 이렇게 못 하면 병원이 문을 닫아야만 한다. 다른 말로 하면 주식회사의 목적은 주주들이 가져갈 몫의 최대화이고 이는 경쟁이라는 '철의 법칙'을 통해 관철된다.

당장 노동자들에게 돌아오는 것은 정규직의 비정규직화(이를 아웃소싱이라고 부른다)이고, 정규직의 노동조건이 악화될 것이다. 벌써부터 경영진의 소리가 들리지 않는가? '우리가 원해서 그러는 것이 아니다. 주주들 등쌀에 우리도 못살겠다.' 이런 현상은 병원이 주식회사가 되지 않아도, 즉 비영리병원으로 남아도 채권 발행이니 산업펀드니 하는 식으로 외부 자본이 들어오게 되면 결국 비슷한 현상이 발생할 것이다.

둘째, 병원의 휴폐업과 매각·합병이 지금보다 훨씬 쉬워진다. 현재 비영리법인 형태의 병원은 폐업 절차가 복잡하고 폐업 때 남은 자산을 국고에 귀속시켜야 하는 등 휴폐업이 쉽지 않다. 그러나 영리병원은 폐업 절차가 상대적으로 쉽고 병원 매각도 비영리법인에 비해 훨씬 쉽다. 노동조합이 투쟁을 할라치면 문 닫는다는 병원 경영진의 협박이 지금보다 더 현실적이 되는 것은 물론 어렵게 단협을 맺어 놓왔더니 어느 날 출근해 보니 병원에 다른 병원 간판이 붙어 있는 일이 실제로 일어날 수 있다.

셋째, 영리병원의 허용은 모든 비영리병원, 공공병원 등 모든 병원에 악영향을 미친다. 다시 말해 영리병원이 허용되면 영리병원화된 병원뿐 아니라 한국의 모든 병원에 영향을 미치게 된다. 이를 '뱀파이어 효과'라고 부르는데 드라큘라가 하나 있으면 주변 사람들이 다 드라큘라가 되는 것은 시간문제라는 것에서 나온 말이다. 한 병원이 이윤의 최대화를 위해 노동자를 쥐어짜고 환자들을 쥐어짜면 그 효과는 주변의 모든 병원에 미친다는 것이다. 안 그렇겠는가? 병원 경영진이 입에 달고 다닐 말은 '옆 병원은 노동자들이 저만큼 받고 저만큼 열심히 일하는데 너희들은 뭐냐'는 것이 아닐까? 비영리병원으로 남아도 영리병원의 허용은 남의 문제가 아니다. 세브란스병원처럼 곧바로 영리병원화하기 힘든 병원도 자본 유치를 할 수 있게 되고 또 다른 영리병원들의 영향을 받는 뱀파이어 효과에서 벗어나기 힘들다.

넷째, 마지막으로 영리병원의 허용은 환자들에게도 재앙이다. 따라서 병원 노동자의 노동의 의미를 퇴색하게 하는 일이다. 미국의 경우 영리병원은 비영리병원과 비교해 비용은 비싸게 먹히는데 사망률은 오히려 높다. 비정규직의 비율이 높은 것은 물론이고 노동조건이 더 나쁘다. 하물며 영리병원의 천국인 미국조차 영리병원의 비율은 14퍼센트 정도에 불과하다. 그러나 한국에서는 병원협회의 조사 결과 병원들이 영리병원 허용에 찬성하는 비율이 70퍼센트가 넘었다. 의료비의 상승, 건강보험 재정의 파산, 건강보험 혜택의 축소, 치료를 받아야 하는데도 병원에 못 오는 사람들이 늘어나는 의료 대란이 올 것임은 불을 보듯 뻔하다. 치료가 필요한 모든 사람에게 필요한 의료를 제공하는 것이 병원 노동자들의 노동의 의미다. 영리병원 허용은 병원 노동자들이 열악한 노동조건에서 고용 불안에 떨면서 돈이 있는 사람들에게만 치료를 제공하게 만드는 최악의 상황을 만드는 조치다.

민간 의료보험의 활성화

의료 산업화의 또 하나의 주된 목표는 민간 의료보험, 즉 사의료보험의 활성화다. 2005년 현재 민간 의료보험의 보험료 수입 규모는 7조 6000억 원에서 10조 7000억 원 규모로 추정돼 국민건강보험 보험료 수입의 50퍼센트에 육박하는 규모다. 이는 2004년 기준으로 국내 GDP의 0.9~1.4퍼센트를 차지하는 것으로 프랑스 0.4퍼센트, 영국 0.2퍼센트에 비해 이미 그 규모가 너무 커져 있다.[1]

또 민간 의료보험 상품의 보험료 중 소비자에게 돌아가는 비율은 최대 60퍼센트 정도다. 국민건강보험이 노동자가 100원을 내면 노동자에게 돌아오는 돈은 195~208원인 데 반해 민간 의료보험은 100원을 내면 기껏해야 60원 정도가 돌아온다는 것이다. 민간 의료보험의 천국인 미국에서도 보험료에 대한 보전율을 80퍼센트로 통제하고 있는 현실에서 보전율이 60퍼센트에 머물고 있다는 것은 한국의 민간 의료보험이 얼마나 폭리를 취하고 있는지 잘 보여 준다.

---

1 OECD Health Data 2004.

이것은 전체 보험 산업이 연 2퍼센트의 성장률을 기록하는 동안 민간 의료보험이 유독 2001년 이후 매년 15퍼센트의 성장률을 보이고 있는 것에서 그 이유를 알 수 있다. 즉 보험회사들에게 민간 의료보험은 놓칠 수 없는 상품이다. 거의 모든 광고에서 민간 의료보험 광고가 나오는 것을 보면 민간 의료보험이 보험회사들에게 얼마나 효자 상품인지를 잘 알 수 있다.

더욱이 올해부터는 이른바 실손형 민간 의료보험이 출시된다. 지금까지는 '정액형' 민간 의료보험 상품이 주를 이뤘고 이것은 암이면 얼마, 입원비 하루 얼마 식의 보험이었던 반면 실손형 민간 의료보험은 치료비의 80퍼센트 보장 식의 '실제 손해 본 만큼' 주는 보험이다. 이 경우 개인당 보험료를 산정하기 위해서는 개인 질병 정보가 필수적이고 이 때문에 보험회사들은 가장 민감한 건강보험공단의 개인 질병 정보를 민간 보험회사에게 넘기라고 요구하고 있다.

지금 시점에 필요한 것은 민간 의료보험의 활성화 조치가 아니라 민간 의료보험을 규제하는 것이다. 그러나 정부는 민간 보험회사에 개인정보를 제공하는 것을 정책적으로 추진하고 있으며 2006년 경제운용 방침에서 밝혔듯이 영리병원의 도입과 더불어 "실손형 민간 의료보험 활성화를 위한 제도 개선"을 올해의 주요 정책 과제로 삼고 있다. 국민의 이익보다는 삼성생명을 비롯한 재벌 보험회사들의 이익을 우선시하는 대표적인 정책이 민간 의료보험의 활성화 조치다. 도대체 보험회사를 위한 정부인지 국민을 위한 정부인지 묻지 않을 수 없다.

의료 산업화의 귀결

이렇게 해서 영리병원이 도입되고 민간 보험이 활성화되면 그 최종 귀결점은 어떤 모습일까? 더 상세한 설명이 필요하겠지만 그 귀결점은 짧게 말해 다름 아닌 남미와 미국의 의료 체계다. 남미와 미국의 경우 영리병원이 허용됐고 건강보험이 민간 보험과 경쟁 체제로 되면서 건강보험에서 부유층이 탈퇴해 건강보험 재정이 파산 상태에 이르고 결국 건강보험 혜택이 대폭 축소됐다. 남미의 많은 나라들에서는 얼마 안 되는 공공병원만 건강보험을 받아 주고 질 좋은 영리병원은 고급 민간 보험에 가입한 10퍼센트 남짓한 부유층만 이용할 수 있는 의료의 양극화가 심화됐다.

미국은 전 국민 건강보험이 없는 OECD 유일의 국가이며 민간 보험이든 빈곤층과 노인층을 위한 부분적 건강보험이든 아무것도 없는 사람이 4800만 명(전 국민의 13퍼센트)에 달하고 우리나라 건강보험 수준보다 못한 보험에 가입한 사람이 전 국민의 절반가량이 되며 4인 가족 평균 보험료가 월 150만 원이고 맹장염 수술에 1000만 원이 드는 최악의 상황을 연출하고 있다. 유학생들이 사랑니 두 개를 뽑으려면 한국에 와서 뽑고 가는 것이 비행기 비용을 포함해도 더 싼 것이 미국의 의료 현실이다. 유럽이 평균 GDP의 8퍼센트 정도를 의료비로 쓰면서도 전 국민에게 무상의료에 가까운 의료보장을 제공하고 있는 반면 미국은 전 세계 의료비를 모두 합친 비용보다 더 많은 GDP의 14퍼센트에 달하는 의료비를 쓰면서도 국민의 건강 수준은 쿠바와 비슷한 정도다.

국민들의 의료 수준이 이런데 미국의 병원 노동자들이라고 좋은 조건에서 일할 리가 없다. 모든 직종을 통틀어 산업재해 발생률 1~3위를 간호사, 간호조무사 등의 간호직이 차지하는 것은 물론 병원 직원의 비정규직 비율이 OECD 국가 중 선두를 다툰다.

한마디로 의료 산업화는 국민에게는 최악의 의료를, 노동자에게는 최악의 노동조건을 초래하는 정책이다.

병원 노동자의 과제

"의료 공공성 강화, 의료 시장화 저지"라는 말이 생소하게 들릴 수도 있다. "신자유주의"라는 말은 더욱더 생소할 수도 있다. 그러나 앞서 말한 의료 산업화는 바로 현 정부의 신자유주의적 민영화·시장화 정책의 하나다. 신자유주의는 쉽게 말해 1980년대 이후 세계 자본주의가 장기 불황에 빠지게 되자 기업주들이 이윤을 높이기 위해 노동자들(다른 말로 하면 국민의 대다수)에게 더 뜯어내서 자신의 이윤을 보존하려는 현대 자본주의의 또 다른 이름이다. 신자유주의의 특징으로 지적되는 것들을 보면 비정규직의 양산('노동 유연성의 강화'), 사회복지의 축소, 국가 기간산업의 민영화, 사회공공서비스의 시장화 등이다.

현재 한국에서 추구되고 있는 노사관계로드맵이나 파견직·계약직의 확대 정책이 바로 '노동 유연성의 강화'에 해당하고 포철(오늘날 포스코), 한국통신(KT), 철도공사(코레일), 한전 등의 민영화 정책이 '국가 기간산업의 민영화'에 해당한다. 한국의 사회복지 수준은 유럽의 3분의 1 정도에 불과해 더 축소하고 말고 할 것도 없지만 이마저 사실상 더욱 축소되고 있는 현실이고 사회공공서비스의 시장화가 바로 최근 정책으로 추진되고 있는 상수도 민영화, 교육과 의료의 시장화(산업화) 등의 정책이다. 그리고 바로 이 의료 시장화, 의료 산업화가 당장 병원 노동자들 앞에 닥쳐 있는 영리병원 허용과 민간 의료보험 도입이다.

OECD 평균을 이야기한다면 잘사는 나라의 이야기라 할 수 있을지 모르겠지만 어쨌든 OECD 평균 공공 의료기관 비율은 75퍼센트고 의료보장률 평균은 73퍼센트다(이것도 미국이나 일본, 멕시코 같은 나라들이 평균을 깎아 먹어서 그렇다). 이런 나라들이 공공 의료기관을 줄이고 의료보장률을 줄이는 것도 문제가 되고 이에 대해 노동자들의 대규모 파업들이 일어나고 있는 형편이다. 그리고 이 나라들이 이처럼 높은 의료보장률과 공공 의료기관 비율을 달성한 시점은 이 나라들이 우리나라보다도 훨씬 못살던 시기였다.

현재 한국의 공공 의료기관 비율은 8퍼센트고 의료보장률은 49퍼센트에 불과하다. 상황이 이런데도 정부는 건강보험의 보장성을 강화하기는커녕 민간 의료보험을 늘려 정부 재정의 사회복지 재정을 축소하려 하고 공공 의료기관을 늘리거나 사립 의료기관의 공공성을 강화하기는커녕 사립 의료기관을 아예 주식회사화하려 한다. 바로 이것이 신자유주의고 의료의 시장화 정책이다.

의료 산업화는 다른 말로 하면 의료 시장화 또는 의료 사유화다. 영리병원 허용, 민간 의료보험 활성화로 대표되는 이 정책은 앞서 지적했듯이 병원 노동자에게는 노동조건의 악화와 고용 불안을, 국민에게는 의료비 폭등과 의료보장의 악화를 가져오는 정책이다. 정부는 이미 인천, 광양, 부산의 경제자유구역에 외국 병원의 영리병원화를 허용하고 제주 지역에도 똑같은 조치를 취하려고 함으로써 영리 병원 허용 정책을 시작했고 이제 그것을 노골적으로 전국적으로 시행하려 하고 있다.

어떻게 막을 것인가? 과연 막을 수 있을 것인가? 예를 하나만 들어 보자. 정부는 IMF 직후 한국통신, 포철, 철도, 한전, 가스공사 등을 민영화하려 했다. 한국통신과 포철은 민영화, 다른 말로 사유화됐다. 한국통신에서 어떤 일이 일어났는가? 2만 8000명이 곧바로 해고됐고 이후 2만여 명이 비정규직화되거나 정리해고됐다. 그러나 철도, 가스, 전기 부문은 정부의 민영화 정책에도 불구하고 여전히 공기업으로 남아 있다. 왜 이것이 가능했을까? 바로 2002년 이 세 부분의 노동자들이 3사 공동 파업을 일으키는 등 강력하게 저항했기 때문이다. 철도의 경우 노동조합을 민주화한 것을 시작으로 지금까지 2번의 총파업과 4번의 파업에 가까운 투쟁을 벌여 철도청의 완전 민영화를 저지했다.

이제 노무현 정부는 3차 사유화 정책을 시행하고 있다. 바로 이것이 서비스 부문 사유화·시장화다. 여기에 해당하는 것이 교육의 개방·영리화이고 의료의 사유화·시장화 정책이다. 병원 노동자가 이것을 막아야 한다. 그리고 병원 노동자만이 이것을 막을 수 있다. 노동자의 인간다운 삶을 위해, 그리고 국민 건강권을 위해 병원 노동자의 투쟁이 매우 절실하다. 2005년 제주도에서 국내 영리병원을 도입하려던 정부 정책은 제주도 병원 노동자들의 투쟁으로 저지됐다. 물론 이런 투쟁은 병원 노동자만의 힘으로는 부족하다. 제주도의 경우에도 전교조, 공무원노조, 시민사회단체 등 전체 운동이 연대해 여러 성과를 거뒀다. 그러나 병원 노동자가 투쟁하지 않으면 연대는 아예 성립조차 되지 않는다.

정부의 신자유주의 정책을 저지하는 것, 비정규직 양산 정책을 저지하는 것, 영리병원 허용 저지와 민간 의료보험 도입 저지가 병원 노동자들의 과제라고 생각된다.

국립대병원 임금피크제 반대 투쟁

2015년 국립대병원 노동자들이 박근혜 정부의 임금피크제 도입에 맞서 싸우자 이것을 지지하며 〈노동자 연대〉 161호(2015년 11월 14일 자)에 쓴 글이다.

2015년 10월 서울대병원은 임금피크제 도입에 대해 노동조합의 단체교섭 요구를 거부하고 온라인 직원투표를 강행했다. 그러나 전체 6045명의 직원 중 3177명(52.5퍼센트)만이 투표에 참여했고, 그중 1728명이 찬성했다. 28퍼센트 정도에 해당하는 숫자다.

근로기준법대로 하면 노동자에게 불이익이 되는 취업규칙 변경은 노동자의 집단 동의를 얻어야 한다. 따라서 서울대병원에서는 노동자들의 동의를 얻지 못했으므로 도입될 수 없다. 그런데도 서울대병원은 10월 29일 이사회를 열어 임금피크제 도입을 의결했다. 명백한 근로기준법 위반이다.

서울대병원설치법대로라면 이사장은 서울대 총장이 맡고, 병원장과 기재부·교육부·복지부 차관이 당연직으로 이사에 포함된다. 이사장은 대통령이 임명한다. 차관 3명에 병원장까지 고위 관료들이 백주 대낮에 불법행위를 자행한 것이다. 만일 경찰이 노동자들을 대하는 방식으로 했다면, 이사회에서 임금피크제 도입을 결의하려는 순간 "여러분은 불법행위를 하고 계십니다" 하고 고지한 후 곧바로 다 잡아갔어야 할 것이다. 노동조합이 병원장을 고발한 것은 당연한 일이다.

서울대병원만이 아니다. 경북대병원에서도 직원들의 개별 동의를 받았으나 과반수 동의를 얻지 못했다. 그러나 이사회를 열어 임금피크제를 가결시켰다. 전북대병원, 경상대병원에서는 아예 동의 절차도 없이 서면 이사회를 열어 임금피크제 도입을 가결시켰다. 지금 전국의 국립대병원에서 일어나는 일이다.

임금피크제는 그 자체도 문제이지만 지금 박근혜 정부가 추진하는 노동 개악의 내용 중 하나다. 정부는 노동 개악 법 개정을 추진하고 있다. 박근혜 정부가 말하는 "노동 개혁"은 노동자들의 해고를 쉽게 하는 일반해고제를 도입하고, 취업규칙 변경을 쉽게 해 성과급제를 도입하려 한다. 이 전초전이 공공기관을 중심으로 한 임금피크제 도입이다.

국립대병원의 임금피크제 도입은 박근혜 정부가 노동관련법을 개악하기 전에 공공기관을 중심으로 이를 미리 현실화하려는 것이다. 법 개정 작업이 되기도 전에 불법적 '행정 독재'로 노동 개악을 기정사실화하려는 것이다. 그것도 근로기준법을 어기면서까지 말이다.

박근혜 정부가 국립대병원에 도입하려는 노동 개악은 환자 안전에도 매우 큰 악영향을 미친다. 다른 나라들에 견줘 한국의 병원들은 인력이 매우 부족하다. 예를 들어 간호 인력은 OECD 평균의 3분의 1 수준이다. 일본은 간호사 1명당 환자 수가 7명이고 미국도 간호사 1명당 환자 수가 5명이다. 그런데 한국은 간호사 1명당 환자 수가 15~20명이다. 지금도 한국의 환자들은 안전하지 않다. 메르스 사태 때 186명의 환자들 중 35퍼센트가 환자 가족들이었다는 부끄러운 숫자는 병원의 인력 부족 탓에 가족들이 간병을 할 수밖에 없음을 단적으로 보여 준다.

간호사 1명이 환자 1명을 더 보게 되면 사망률이 1000명당 15명 늘어난다는 보고도 있다. 이미 한국에서는 알게 모르게, 살릴 수도 있는 환자들이 다른 나라들보다 더 많이 죽어 나가고 있다는 이야기다. 여기에 더 쉬운 해고, 비정규직 도입, 임금피크제, 성과급제를 도입한다고? 얼마나 환자들을 더 죽이겠다는 것인가.

박근혜 정부의 노동 개악은 노동 현장에서 고용 불안정과 인력 감축을 부를 것이다. 공공서비스 부문의 노동 개악은 이용자의 안전과 생명을 위협한다. 병원에서는 환자의 건강과 생명을 직접적으로 위협한다. 따라서 현재 세종시에서 농성을 벌이고 병원 로비에서 농성을 벌이고 있는 병원 노동자들의 투쟁은 노동자들의 권리를 지키는 투쟁일 뿐 아니라 환자들의 안전, 국민의 건강과 생명을 지키기 위한 정당한 투쟁이다.

1970년 11월 13일 전태일이 자신의 몸을 불사르며 외친 구호가 "근로기준법을 준수하라"였다. 지금 박근혜 정부는 이 근로기준법을 정면으로 어기면서 국립대병원에 임금피크제와 노동 개악을 강요하고 있다. 45년이 지난 지금 병원 노동자들은 전태일의 그 구호를 다시 외치고 있다. "근로기준법을 준수하라!" "노동자는 기계가 아니다!" "노동자들을 혹사하지 마라!"

의료인으로서
언론노조 파업을 지지하는 이유

2011년 8월 23일 전국언론노동조합이 조중동 방송의 광고 약탈을 막을 미디어렙법 입법을 요구하며 파업에 돌입하자, 언론노조 총파업을 지지하는 시민사회단체연대회의는 이 파업을 지지하는 기사를 〈오마이뉴스〉에 연재했다. 이 글은 2011년 8월 29일 작성된 것이다.

조중동의 방송 진입이 다가오면서 보건의료 운동을 하는 사람들은 걱정이 많다. 당장 걱정이 되는 것은 〈중앙일보〉와 J방송의 영리병원 '펌프질'이다.

의료 민영화를 강력히 추진하려던 이번 정권도 하반기 들어서부터는 이른바 '레임덕'으로, 국민들 대다수가 반대하는 영리병원을 무리하게 추진하지는 못할 것이라는 생각을 한 것이 사실이다. 하지만 이건 안일한 생각이었다.

이런 권력의 레임덕을 우려했는지, 영리병원과 직간접적으로 관계가 있는 재벌 언론 〈중앙일보〉가 7월 11일부터 1주일 동안 5일 연속 1면에 기획기사를 싣고 사설과 칼럼까지 16개의 기사를 통해 영리병원 여론 몰이에 나선 것이다. 뉴스, 즉 '새로운 내용'은 하나도 없다는 것은 전혀 중요하지 않았다. 한국이 왜 하필 인도와 태국을 따라가야 하는지, 어떤 나라도 의료 관광이나 산업으로 선진국이 된 나라가 없다는 것은 아무런 문제도 되지 않았다. 그동안 수차례 시민사회단체와 전문가들에 의해 반박된 재탕 삼탕 기사라는 점도 문제가 아니었다.

오직 중요한 것은 〈중앙일보〉의 권력과 그 권력을 이용하는 의제 설정의 힘이었다. 천정부지로 오르는 물가로 인해 국민들은 생활고에 시달리는 때, 〈중앙일보〉가 영리병원을 전면 기사화하자, 그 주에 열린 청와대, 한나라당, 정부 회의에서 영리병원을 추진하겠다는 것이 결정됐다. 〈중앙일보〉가 "복지부가 영리병원에 소극적"인 게 문제라는 기사를 싣자 주무부처인 복지부가 "복지부는 영리병원을 계속 추진해 왔으며 소극적이었던 적이 없다"는 어이없는 해명 자료까지 내놓았다.

급기야 8월, 삼성이 추진하는 송도 국제병원 허용을 위해 국회에 지식경제위의 경제자유구역 영리병원 추진 법안이 중요 안건으로 상정됐고 사회운동 단체들은 아닌 밤중에 홍두깨 식의 영리병원 허용 저지에 온 힘을 쏟아야만 했다.

〈중앙일보〉가 이런 의제 설정 능력을 가지게 된 것은 〈중앙일보〉가 J방송의 방송 진출을 앞둔 때문이라는 것은 잘 알려진 사실이다. 그런데 조중동 방송이 한꺼번에 방송 진출을 한다? 생각만 해도 끔찍한 일이다. 이들이 방송을 통해 얼마나 교활하게 의료 공공성을 파괴하는 선전을 해 댈 것인가. 눈앞이 깜깜해지는 것이 솔직한 심정이다.

미국 의료가 망가진 이유? 광고 때문

거기다 조중동 방송이 독립적 광고 계약권을 가지려 한다. 조중동 방송의 직접 계약권은 다른 것은 몰라도 보건의료 분야에서만큼은 치명적이다. 미국의 가장 저명한 의학 저널인 〈뉴 잉글랜드 저널 오브 메디슨〉 편집장을 15년간 역임한 아널드 렐먼 하버드대 교수는 미국 의료가 상업화되고 민영화된 가장 중요한 계기를 의료 분야의 광고 허용과 그 확대에 있다고 지적한다.

지금도 국내 언론 중 가장 많은 병원 광고와 약 광고가 실리는 신문은 조중동이다. 조중동 방송 진출이 허용되자 방통위에서는 병원 광고와 전문의약품 광고를 허용하겠다는 방침을 내놓았다. 의사 처방이 있어야 하는 전문의약품 광고까지 허용하면 의약품 오남용이 심각해진다는 반론에 부딪히자 방통위가 다시 내놓은 안은 일반의약품 광고를 늘리겠다는 것이었다. 그러자 기획재정부는 '서비스 선진화 방안'을 통해 전문의약품과 일반의약품의 8 대 2 비율을 6 대 4로 바꾸고, 의약품 분류 체계를 상시화하겠다고 밝혔다. 짜고 치는 고스톱이다.

그리고 현재 이 방침은 현실화되고 있다. 지금 추진되는 것은 의약품 슈퍼 판매만이 아니다. 이와 동시에 전문의약품의 일반의약품으로의 전환을 상시적으로 하고, 당장 전문의약품 20개 성분을 일반의약품으로 바꾸는 것에 대한 검토를 시작했다.

의약품 광고 늘수록 '약물 사회' 된다

약품 20개 정도로 광고 시장이 얼마나 넓어질지 의문을 제기할 사람도 많을 것이다. 그러나 미국을 보면 2005년 상위 20개 의약품의 총광고액은 22억 달러(약 2조 3000억 원)로 전체 의약품 광고 시장의 반이 넘는다. 그리고 지금 복지부가 검토하는 의약품은 가장 잘 팔릴 수 있는 약 20개 성분이고, 더욱이 미국에서 가장 잘 팔리는 것과 유사한 약들이 상당수다. 또 상시적으로 전문·일반의약품을 분류하는 체계를 만들면, 앞으로 일반의약품이 얼마나 많아질지 모른다. 전문의약품의 일반의약품 전환이 가져올 방송 광고 시장 확대 효과는 결코 작은 일이 아니다.

문제는 의약품 방송 광고의 범위가 넓어지면 넓어질수록 그 사회는 약물에 의존하는 사회가 된다는 것이다. 미국은 대표적 약물 의존 사회다. 2003년 카이저재단의 연구에 의하면 1달러의 광고비마다 4.2달러의 의약품이 더 팔린다는 연구가 나올 정도다. 이에 대한 우려가 커지자 미 의회예산사무국조차 올해 6월 "신약 의약품 소비자 직접 광고 금지의 잠재적 효과"라는 보고서를 냈을 정도다. 이 보고서에 의하면 소비자에게 직접 광고를 하는 신약이 광고가 없는 신약에 비해 9배나 처방이 많아진다. 의약품 광고는 약 권하는 사회를 만든다. 그리고 이런 약의 남용은 국민 건강을 파괴한다.

방송과 신문이 동일한 주제에 대해 동일한 주장을 할 때의 의제 설정 능력과 여기에 스스로의 광고 시장을 넓히기 위한 동기를 강력하게 가진 조중동 방송이 의약품 광고 시장을 넓히려고 마음을 먹는다면 어떻게 될 것인가? 이들에게 규제 없는 의료 광고로 인해 파괴되는 국민 건강과 안전은 관심거리가 아니다.

이제 조중동과 그들이 옹호하는 세력을 위해 국민들의 의견과는 상관없이 아무리 비싸도 영리병원을 이용해야 하고 의약품이 남용되는 사회가 될지 모른다. 이 때문에 조중동 방송과 그들의 방송 광고 직접 계약이 무섭다. 이들의 방송 진출을 막고 최소한 이들의 방송 광고 직거래를 막기 위한 언론노조의 파업을 내가, 그리고 우리 단체를 비롯한 많은 의료인들이 지지하는 이유다.

노동자가 건강해지는 방법

노동건강연대 소식지인 계간 《노동과 건강》 2003년 가을호에 실린 글이다.

많은 언론과 건강 캠페인에서 건강하게 사는 방법을 이야기한다. 대개 금연과 절주, 규칙적 식사와 운동, 수면 등의 중요성에 대해 말한다. 과연 노동자들이 이런 권고 사항들을 지키면 건강해질 수 있을까?

건강을 보는 두 가지 시각

사람들이 건강하지 못하거나 일찍 사망하는 이유를 개개인들의 행동에서 찾는 시각들이 있다. 매일 아침 방송되는 TV 프로그램이나 건강 캠페인이 대표적 예다. 무엇을 하지 마라, 어떤 건강식품이 좋더라 등등.

이런 시각에서 이뤄지는 과학적 연구들 중에 이른바 '장수 마을 연구'라는 것이 있다. 한국노화학회, 한국백세인연구단 등에서 '연구'

하는 것들이 그것이다. "장수인들의 가장 큰 특징은 오래까지 직업 활동을 해 왔다는 것. 남성은 75세, 여성은 72세까지 농사일 등 생업에 종사했다. 100세 이상 장수자의 38퍼센트는 지금도 집안일과 마을 나들이, 밭일 등 육체 활동을 지속하고 있다. … 가장 즐기는 여가 활동은 TV 시청으로 67퍼센트를 차지했다. … 장수촌은 따로 없었다. 100세 이상 장수자가 인구 10만 명당 21인을 초과하는 이른바 장수촌이 전국적으로 14개 시·군에 달한다. 이들 지역은 소백산맥과 노령산맥 주변의 중산간 지역에 몰려 있으며 전남·제주 해안이 일부 포함된다."

65세 이상 인구 중에서 85세 이상 노인 비율이 높은 지역이 "담양-곡성-구례-순창"이고 이곳이 한국의 장수 벨트라는 연구도 있다. "직접 만나 본 이들의 두드러진 공통점 중 하나는 몸을 놀리지 않고 틈만 나면 일을 하려 한다는 것이다. 토란줄기나 고추를 다듬고, 텃밭을 일구며 잡초를 뽑는 것은 운동 삼아 하는 적절한 노동인 셈이다. … 식사 습관은 어떠한가. 특별히 좋아하는 음식으로는 삶은 돼지고기, 국수, 나물 등 개인차를 보였으나 평상시 메뉴는 대체로 쌀밥과 무공해 또는 저공해 채소로 차린 소박한 밥상이다."

그러나 이런 연구의 치명적 약점은 사회적 요소에 대한 고려가 전무하다는 것이다. 이농 현상으로 노인 인구가 농촌에 많이 존재하며, 따라서 노인 인구 비율이 농촌에서 높을 수밖에 없다는 가장 기본적인 사항이 고려되지 않은 '연구'에 무슨 과학이라는 이름을 붙일 수 있겠는가? 이들이 들고 있는 장수의 특징을 보자. 노동을 한다고? 농촌의 노인들은 이농 현상으로 젊은이들이 농촌에서 떠나 당연히 노동을 해야만 한다. 육류 섭취가 적다고? 소득수준이 낮다 보니 음식물 섭취는 당연히 육류 섭취가 적다. 돼지고기를 좋아한다고? 돼지고기가 소고기보다 싼 것을 모르는 사람도 있는가? 이런 '연구'가 주류 의학계와 매스컴이 연구하고 선전해 대는 것들이다.

건강을 보는 또 다른 시각이 있다. 건강이나 수명이 사회적 요인에서 결정된다는 것이다. 최근 진보적 소장 학자 8명이 펴낸 《빈곤과 건강》이라는 연구서는 놀라운 결과를 보여 준다. 이 연구 결과에 따르면 흡연, 음주, 혈압 등의 이른바 주류 언론과 학자들이 선전하는 위험 요인이 똑같은 수준이라고 하더라도 소득수준이 낮을수록 일찍 죽고 질병에 많이 걸린다. 소득 등급을 다섯 단계 또는 네 단계로 나눌 경우, 소득수준이 가장 낮은 군은 가장 높은 군보다 사망률이 2배 높은 것이다.

이에 비해 의료 서비스는 저소득층이 고소득층보다 훨씬 적게 이용하는 것으로 나타난다. 즉 빈곤층은 고소득층에 비해 건강 수준은 낮으면서도 의료 이용은 적게 하는 것이 엄연한 현실이다. 이런 격차는 국내에서만 존재하는 것이 아니다. 2002년 유엔개발계획 UNDP 연례보고서에 따르면 하루 미화 1달러 이하의 소득으로 생활하는 인구가 12억 명에 이르며, 매년 1100만 명의 5세 이하 어린이가 사망하고 있다. 1998년 현재 영아사망률은 OECD 국가가 1000명 출생당 6명인 데 비해 사하라사막 이남 지역은 무려 92명에 이른다.

간단하게 말하면 노동자는 아무리 열심히 운동하고 금연하고 절주하고 고혈압을 치료해도 부유층이나 기업주보다 두 배 이상 많이 죽고 이를 수명으로 계산하면 10년 이상 덜 산다는 것이 이 사회의 현실이다. 심지어 노숙자들의 평균수명은 50살에도 못 미친다. 가난하다는 이유만으로 노숙자들은 부자나 기업주보다 적어도 30년 이상 일찍 죽는다.

개인의 건강이나 수명이 개인의 노력 여하에 달려 있는 것이라고? 물론 그런 측면도 있다. 그러나 더욱 중요한 것은 사회적 불평등이 건강과 수명의 가장 큰 규정 요인이라는 것이다. 노동자 개인이 아무리 건강 관리를 해도 건강 불평등을 제공하는 사회적 원인들이 제거되지 않는 한 노동자는 건강할 수 없다.

건강보험과 노동자의 건강

그렇다면 건강 불평등을 초래해 노동자들을 일찍 죽게 하고 병들게 하는 사회적 원인은 무엇일까? 가장 쉽게 들 수 있는 것이 낮은 의료보장률이다. 건강보험이 보험 구실을 못 한다는 것이다. 보험은 사고에 대비해 평소에 미리 준비하자고 만든 것이다. 건강보험이나 국민연금과 같은 공적 사회보장제도는 전 국민이 병자나 노인을 위해 조금씩 십시일반 돈을 모아 중병이나 노후에 대비하자는 것이다. 그런데 막상 사고가 나면, 즉 가족 중 한 명이 중병에 걸리면 건강보험은 어떤 구실을 하는가? 건강보험은 없는 것보다야 낫지만 거의 휴지조각이나 다름없다.

우리나라의 공적 보험(건강보험과 의료급여) 보장률은 45퍼센트에 지나지 않는다. 쉽게 말해 병원비가 1000만 원이 나오면 자기 주머니에서 560만원을 내야 한다는 것이다. 가족 중 한 사람이 암에라도 걸리면 진료비가 2000만~3000만 원 나오는 것은 흔한 일이다. 그리고 암 치료나 난치병 치료는 한두 해에 끝나는 일도 아니다. 단돈

몇백만 원 구하기도 힘든 노동자가 수천만 원이 넘는 돈을 어디서 구할 것인가?

처음에는 집을 팔아 전세로 또는 전세에서 월세방으로 옮긴다. 그래도 병원비를 마련할 수가 없어 퇴직금을 얻기 위해 사표를 쓴다. 친척들에게 몇백만 원씩 빌린다. 그래도 병원비가 더 든다면 어떻게 하겠는가? 나머지 가족의 앞날을 위해서 환자를 죽이거나 치료를 포기하는 수밖에 없다. 이 이야기는 얼마전 중증질병에 걸린 딸의 병원비를 대다가 결국은 딸의 인공호흡기를 떼어 낼 수밖에 없었던 어느 노동자 아비의 이야기이다. 이것이 불쌍한 다른 사람의 이야기일 뿐인가? 아니 바로 우리 노동자들의 이야기이다. 환자의 생명인가 아니면 나머지 가족의 앞날인가 하는 '야만의 선택'을 강요하는 것이 우리나라의 건강보험이다.

부자들과 기업주들은 평소에 모아 놓은 저축이 있으니 중병이 생겨도 걱정이 없다. 그렇지만 노동자들이 기댈 곳은 오로지 사회보장뿐이다. 다른 나라들을 보자. 대개 80퍼센트 이상의 의료비를 정부가 부담한다. 그리고 그 의료비도 본인 부담 상한제가 있어 일정 액수 이상이 되면 정부가 그 돈을 부담한다. OECD 국가라고 자랑하는 한국 정부, 걸핏하면 글로벌 스탠다드를 운운하는 한국 정부, 세계 무역 대국 12위라고 자랑하는 한국 정부가 정작 따라가야 할 글로벌 스탠다드는 바로 이런 의료보장의 스탠다드일 것이다.

노무현 정부는 임기 내에 본인 부담 상한제를 실시하고 진료비의 80퍼센트를 정부가 부담하겠다는 공약을 내놓기도 했다. 그러나 지금 노무현 정부가 하는 일은 다른 것을 다 떠나서 건강보험 보장성 강화를 위한 예산의 90퍼센트를 삭감한 것이다. 참여복지? 1인당

200만 원 이상의 진료비가 들 경우 정부가 그 이상의 돈을 대신 내주는(물론 국민 세금으로 내주는 것이다) 본인 부담 상한제를 실시하려면 1년에 약 8000억 원가량의 돈이 든다. 이렇게만 하면 중병에 걸린 딸내미의 인공호흡기를 떼어 내는 일은 피할 수 있다. 그런데 정부는 내년 예산에 1조 5000억 원의 국방비를 증액시켰고 여기에 더해 이라크 파병에만 1조 원을 쓰겠다고 한다. 이게 노무현 정부가 내세우는 참여복지다.

공공의료와 노동자의 건강 보장

그런데 왜 노동자가 기업주나 부유한 사람보다 질병에 많이 걸리고 건강하지 못하고 일찍 죽는 것일까? 그 원인은 바로 공장과 사무실에서, 즉 그들의 노동에서 찾을 수 있다. 한 해에 3000명에 가까운 노동자들이 산재와 직업병으로 죽어 나간다.

노동자들의 실수인가? 기업주들은 그렇다고 말한다. 기업주가 후원하는 산재 연구나 주류 학계의 산재 연구들을 보면 "산재 다발 노동자들의 특성 연구"와 같이 산재의 책임을 노동자에게 돌리는 연구들이 수없이 많다. 산재조차 노동자 개인의 행동에서 원인을 찾는 것이다. 그러나 안전시설의 부족, 노동환경의 열악함, 노동강도의 강화 등으로 노동자들이 산재를 당하고 직업병으로 장애인이 되고 과로사로 사망에 이르게 되는 것은 너무나도 명확하다. 1998년 경제 위기 이후 안전기준의 규제 완화와 급격히 늘어난 노동자 사망률만 봐도 이는 명확하다. 산재와 직업병 같은 직접적 질병만이 아니다. 노동강도 강화와 노동환경의 열악함으로 인한 장기적 피로와 스트레스는 이른바 성인병이라는 고혈압, 당뇨, 암의 직간접적 원인이 된다. 이 부분은 여기에서 충분히 다룰 수는 없다. 다만 노동자가 건강하지 못한 원인은 바로 노동자가 기업주의 이윤을 위해 인간이 아니라 기계로 취급되고 있기 때문이라는 점이 명확해져야 한다.

여기서 다루고자 하는 것은 그렇게 기업주의 이윤을 위해 뼈 빠지게 일하다 산재를 당하고 직업병에 걸리고 성인병에 걸려 병원에 가면 그 병원에서조차 노동자는 또 한 번 그 병든 몸뚱아리마저 기업의 이윤을 위한 도구로 바쳐질 수밖에 없는 기막힌 현실이다. 우리나라의 사적 의료기관 비율은 90퍼센트가 넘는다. OECD 평균 공적 의료기관 비율이 75퍼센트인 데 비해 우리나라의 공적 의료기관 비율은 10퍼센트다(표 6 참조).

그런데 그 사적 의료기관이 어떤 곳인가? 대표적 병원을 생각해 보자. 삼성병원과 현대병원이 대표적 사적 병원이다. 그리고 기본적으로 자본은 그것이 병원 자본이건 산업자본이건 이윤을 위해 존재한다. 어떤 일이 벌어지겠는가? 노동자의 병든 몸은 적정 진료의 대상이 되기보다는 자본의 이윤을 위해 돈이 되는 진료와 과잉 진료의 대상이 된다. 단적으로 한국은 CT와 MRI와 같은 고가 의료 장비의 인구당 비율이 전 세계에서 미국과 일본 다음으로 3위다. 한국 사람들이 그렇게 병이 많아 이런 고가 장비들이 필요한가? 우리나라보다 훨씬 잘사는 나라들도 고가 장비를 이렇게 갖추고 있지 않고 그런데도 그들의 평균수명은 우리보다 훨씬 높으며 의료비 부담도 적다. 이는 오직 하나, 즉 사적 자본이 의료 부문에서도 자신의 이윤을 극대화하려고 불필요한 고가 장비를 수입해 왔기 때문이다. 고가

표 6. 국가별 전체 병상 중 민간 소유 비중

국가	민간 소유 병상 수	전체 병상 수	비율
한국	215,000	236,387	91.0
미국	709,000	1,061,688	66.8
일본	1,336,796	2,082,572	64.2
뉴질랜드	9,387	23,685	39.6
프랑스	175,831	498,929	35.2
오스트리아	22,176	72,078	30.8
멕시코	27,446	103,662	26.5
포르투갈	8,688	39,936	21.8
체코	8,554	91,230	9.4
튀르키예	10,126	164,887	6.1
영국	10,852	249,800	4.3
핀란드	1,381	40,096	3.4
폴란드	508	205,248	0.2

출처: OECD Health Data 1998

장비를 도입했으니 그것을 활용해야 한다. 무수히 많은 불필요한 검사가 남발된다. 두통만 있다 하면 MRI를 찍고 배가 아프다면 CT를 찍는다. 이른바 재벌 기업이 운영하는 병원의 진료비는 똑같은 병으로 공공병원에서 치료를 받았을 때 드는 비용의 2~3배가 든다. 국민에게 걷은 가뜩이나 부족한 보험료가 노동자의 건강을 위해 쓰이는 것이 아니라 병원 부문에 투자된 자본의 돈벌이에 낭비되고 있는 것이다. 물론 노동자의 주머니에서 그 많은 돈이 나가야 하는 것은 말할 것도 없다.

그렇다고 높은 질의 치료라도 받는 것인가? 병원 노동자들이 끊임없이 지적하고 또 투쟁하고 있듯이 사적 의료기관은 다른 모든 기업과 마찬가지로 구조조정을 통해 의료 인력과 의료 보조 인력을 최대한 줄이고 병원에서 맡아야 할 간병을 환자 보호자에게 맡긴다. 격무에 시달리는 병원 노동자들이 환자에게 친절할 수 있겠는가? 아니 치료가 어떻게 돌아가는지 제대로 챙길 수가 있겠는가?

병원에서 환자가 이윤 추구의 대상이 아니라 보살펴야 할 대상이 되려면 병원이 이윤 추구와 무관한 공공의 소유와 운영이 돼야만 한다. 대부분의 OECD 국가들이 그렇듯이 우리도 국가 의료 체계의 근간이 공공 의료기관이어야 한다. 그리고 그럴 때만 낭비 없는 의료 행위, 적정한 진료 행위가 이뤄질 수 있고 같은 돈으로 의료보장의 확대가 쉬워진다.

어떻게 하면 노동자가 건강해질 것인가?

노동자가 건강해지는 방법은 매스컴이나 수많은 건강 캠페인에서 말하는 건강 수칙을 지키는 일이 아니다. 가장 우선적인 것은 노동 현장에서 기계 취급을 당하지 않을 수 있도록 투쟁하는 것이다. 노동환경과 노동강도를 자본의 이윤이 아니라 인간을 위해 만들 수 있도록 싸우는 것이다. 그리고 이와 마찬가지로 중요한 것은 의료보장과 공공의료를 강화하기 위한 노동자들의 투쟁이다.

선진국들의 사례를 들어 우리나라 의료보장의 모자람을 이야기하면 정부 당국자와 주요 언론은 '그거야 그 나라들이 잘살아서 그런 것이 아닌가' 하고 답한다. 그러나 잘살아도 의료보장이 엉망인 나라가 있다. 바로 미국이다. 미국은 평균 국민소득은 훨씬 높지만 전 국민의 15퍼센트인 4500만 명이 아예 의료보험증이 없다. 한마디로 미국은 우리나라보다 복지 후진국이다. 바로 공공 보험과 공공 의료기관이 적어서 그렇다. 거꾸로 다른 예를 하나 들어 보자. 공공의료를 대폭 확충하고 의료보장을 획기적으로 끌어올린 영국이 그 체계를 도입했던 것은 1945년이었다. 당시 영국이 지금 우리나라보다 잘살았던가? 아니다. 결국 한 사회의 경제적 수준과 사회보장은 별 연관이 없다.

오히려 사회보장 수준과 연관이 있는 것은 노동자들의 자각과 투쟁이다. 유럽의 사회보장이 잘된 나라들은 어떻게 그런 상태에 도달했을까? 기업주들과 정치인들이 알아서 복지 혜택을 줬을까? 우리가 우리의 경험을 통해 잘 알다시피 투쟁 없이 얻을 수 있는 노동자들의 몫은 하나도 없다. 이른바 사회보장 선진국의 노동자들은 수십 년 동안 아니 거의 100년 이상 사회보장을 위해 싸워 왔다. 나라마다 그들이 사회보장을 얻어 낸, 의료보장을 강화하고 공공의료를 늘린 과정은 노동자들의 피와 땀의 투쟁의 역사였다.

기업주들과 부자들에게 사회보장은 별 필요가 없다. 자신들은 병에 별로 걸리지 않을 뿐 아니라 병에 걸려도 쌓아 놓은 돈이 있고 노후 보장도 걱정이 없다. 또 사업주는 의료보험이 확대되면 보험료를 50퍼센트 부담해야 하고 연금도 그만큼 부담해야 한다. 공공의료가 늘어나면 당장 삼성병원과 현대병원은 과잉 진료하기가 쉽지 않다. 따라서 그들은 의료보장 강화와 공공 의료기관 강화에 죽어라고 반대한다. 그러나 노동자는 다르다. 의료보장이 돼야만, 사회보장이 강화돼야만 기댈 곳이 조금이나마 생기게 되고 최소한 자신의 건강을 지키고 미래를 설계할 수 있다. 그리고 또 사회보장이 잘될수록 노동자들은 개별 기업주를 별로 무서워하지 않게 된다. 의료보험이 되고 노후 보장이 되며 실업 보장이 있고 교육이 공공적으로 보장되면 개별 기업주가 보장해 주는 것보다 사회가 노동자의 생활을 보장해 주는 부분이 커지게 된다. 간단히 말해 기업에서 해고 위협을 해도 충분히 강력하게 싸울 수 있는 든든한 버팀목이 생기는 것이다.

지금까지 한 이야기를 정리해 보자. 노동자가 건강해지는 방법은 무엇인가? 건강 수칙을 지키는 것인가? 아무리 그렇게 해도 노동자는 기업주와 부유층보다 두 배는 많이 죽고 10년이나 이 아름다운 세상을 먼저 하직해야만 한다. 이것이 숨김 없는 우리의 현실이다. 노동자가 건강해지는 방법은 한 가지다. 노동자의 몸과 건강과 생명이 자본의 이윤의 대상이 되지 않도록, 공장에서 사무실에서 노동자가 기계나 소모품 취급받지 않도록 하는 투쟁, 그리고 의료보장을 강화하고 공공의료를 강화하는 투쟁을 벌이는 것이 그 방법이다. 노동자가 건강해지는 방법? 그것은 건강 수칙의 준수 이전에 노동자의 건강을 저해하는 사회적 원인과 제도에 맞서는 투쟁이다.

7장
반전평화운동과 보건의료

2025년 7월 29일 이스라엘 대사관 앞에서 열린 이스라엘 인종 학살 규탄 보건의료인 기자회견. 이스라엘은 수많은 민간인을 살해했을 뿐 아니라 구호품을 차단해 수십만 명의 어린이와 임산부를 영양실조 상태로 내몰고 있다.

석유와 기업 이익을 위한 전쟁

2007년 노무현 정부가 자이툰 부대의 파병을 1년 더 연장하겠다고 발표한 것은 큰 환멸을 샀다. 〈프레시안〉은 '파병 4년, 이제는 철군이다'라는 시리즈를 기획해 파병반대국민행동 주요 인사들의 글을 실었다. 둘째 순서로 10월 31일에 실린 글이다.

정부는 어제 국무회의를 열어 "국군부대의 이라크 파병연장 및 임무종결계획 동의안"을 의결했다. 파병군 중 600명을 올해 12월 말까지 철군하고 나머지 650명은 2008년 12월에 철수한다는 내용이다. 4번째 파병 재연장안이며 2007년 완전 철군을 하는 조건으로 파병 연장을 1년만 더 하겠다던 작년의 약속을 어긴 것이다. 노무현 대통령은 10월 23일 담화문을 통해 이에 대한 입장을 밝혔다. 노 대통령은 "한반도의 평화"와 "에너지 공급원인 중동 정세의 안정"을 위해, 그리고 "한국 기업의 이라크 진출을 위해" 1년만 더 파병 연장이 필요하다고 밝혔다.

노 대통령은 같은 담화문에서 이라크의 자이툰 부대가 "현지 주민들 사이에서도 가장 신뢰를 얻고 동맹군 사이에서도 가장 모범적인 사례로 평가받고 있다"고 말했다. 과연 지금 이라크 현지 주민들에게 다국적 동맹군은 어떤 존재일까?

이라크의 평화와 민주주의?

노무현 대통령이 평화와 재건을 말하는 것처럼 미국의 부시 대통령도 이라크의 압제자 사담 후세인을 제거하고 이라크의 민주주의를 재건하겠다는 것을 이라크 침공과 점령의 목적으로 내세웠다. 그리고 4년이 지났다. 부시와 노무현 대통령이 말하는 대로 지금 이라크에 평화가 찾아왔고 민주주의가 재건됐는가?

이라크의 재건? 지금 이라크의 상황은 후세인 집권 시기보다 훨씬 악화됐고 계속 악화되고 있다. 절대 빈곤의 지표로 흔히 쓰이는 하루 1달러 미만으로 살아가는 사람의 수가 이라크 인구 2700만 명 중 30퍼센트에 해당하는 800만 명이다. 유엔의 자료에 의하면 50만 명 이상의 바그다드 주민들이 하루에 2~3시간만 전기를 이용할 수 있다. 전쟁 전에는 하루에 수도를 20시간 이용할 수 있던 대부분의 이라크인들이 지금은 하루에 3시간밖에 쓰지 못한다.[1]

이라크의 평화? 영국의 세이브더칠드런 재단에 의하면 지금 이라크에서는 학교에 가야 할 초등학교 어린이 중 80만 명이 전쟁과 납치 등의 공포로 학교에 가지 못한다. 초등학생의 22.2퍼센트에 해당하는 숫자다.[2] 2005년 1학기에만 학교 안에서 살해당한 어린이들이 64명이고 다친 어린이들이 57명이며 47명이 유괴를 당한 것으로 확

---

1   IRIN (humanitarian news and analysis, UN Office for the Coordination of Humanitarian Affairs), 2007. 1. 28.
2   Save the Children, "Rewrite the future, Education for children in conflict-affected countries", 2006. 9.

인됐다. 물론 이 숫자는 등하교 시의 피해 학생들은 포함되지 않은 것이다. 당신이라면 아이들을 학교를 보내겠는가? 5명 중 1명의 어린이가 전쟁의 공포로 학교에 가지 못하는 나라에서 평화?

그리고 이런 상황에서 어린이들이 굶어 죽고 병에 걸려 죽는다. 이것은 이라크에서 결코 비유나 과장이 아니다. 한 나라 사람들의 생활상을 볼 때 가장 명확한 지표는 '5세 미만 어린이 사망률'이다. 미국은 2003년 점령 이후 이라크 5세 미만 어린이 사망률을 반으로 낮추겠다고 했지만 유니세프의 자료에 의하면 미국의 침공 후 영아사망률은 후세인 시절보다 더 악화돼 2006년 1000명당 130명으로 증가했다. 다섯 살이 되기 전까지 아이들 100명 중 13명이 죽는다는 이야기다. 이런 수치는 에이즈가 가장 극심한 아프리카의 보츠와나 수준이다.[3]

유니세프의 다른 자료에 의하면 어린이들 중 10퍼센트가 급성 영양실조이고 25퍼센트가 만성 영양실조다. 즉 10명 중 한 명은 당장의 끼니가 문제이고 4명 중 한 명은 만성적으로 굶는다. 이 수치는 후세인 통치 시절의 두 배가 넘는 수치다. 그러나 이라크 보건성은 이런 보고조차 빙산의 일각일 뿐이며 어린이들 중 50퍼센트가 어떤 형태로든 영양실조에 시달리고 있다고 말한다. 어린이들 중 절반이 굶는 것이다.

이라크 심리학회는 18개 지역에서 2000명을 대상으로 조사를 시행했는데 조사 대상 중 92퍼센트가 폭탄에 의해 사망할 수 있으며 60퍼센트는 공황장애를 겪고 있다고 보고했다. 이 학회는 또 이라크

---

3 UNICEF, "The State of World's Children", 2007.

전역의 어린이 1000명을 대상으로도 조사를 했는데 92퍼센트가 학습장애를 겪고 있다고 보고했다.[4] "이들의 마음속에 있는 것은 총과 총탄, 죽음과 미국의 점령에 대한 공포뿐"이라는 것이다.

이라크 점령과 학살

이라크에서 일어나는 일은 이처럼 여러 보고가 지적하듯이 완전한 재앙이다. 작년 〈랜싯〉의 보고는 그 재앙의 규모가 상상 이상임을 여실히 보여 준다. 2006년 10월, 미국의 존스홉킨스대학에서 발간하는 이 의학 저널에 보고된 논문에 의하면 2003년 미군 침공 이후 약 40개월 동안 전쟁에 의한 직간접적 피해로 65만 5000명이 더 사망했다는 것이다. 47개 집단에서 1850가구를 조사한 이 논문에 의하면 2003년 침공 이전의 사망률은 1000명 중 5.5명이었으나 2003년 이후 사망률은 13.3명이고 2005년 6월부터 2006년 6월까지의 사망률은 19.8명이었다는 것이다. 65만 명이 3년 4개월 동안 전쟁 전보다 더 사망했다. 지금 점령 후 4년이 넘었으니 이 사망자 수는 더 늘었을 것이다. 실제로 100만 명 이상이 사망했다고 말하는 보고서가 나오고 있다. 〈랜싯〉의 65만 명으로 추정하더라도 이 사망자 수는 이라크 전체 인구의 2.5퍼센트다.

이 수치가 과장돼 있다고 생각한다면 어린이들의 죽음을 보라. 세이브더칠드런은 2005년 한 해에만 이라크의 5세 미만 어린이들 중

---

4 *LA Times*, 2006. 11. 15.

12만 2000명이 죽었다고 보고했다. 이런 비교가 온당할지는 모르겠지만 후세인 통치 시절, 유엔의 1990년대 경제봉쇄 조치로 인해 이라크 어린이들이 10년 동안 60만 명 죽었다는 사실, 즉 한 달에 5000명의 어린이가 죽었다는 사실이 알려지면서 유엔의 경제봉쇄는 비인도적 조치라고 비난받았다. 그런데 지금은 한 달에 1만 명씩 죽는다! 30퍼센트가 설사와 폐렴 때문에 사망한다. 이라크 어린이들 중 35퍼센트만 예방접종을 제대로 받는 상황에서 당연한 귀결이기도 하다. 나머지 70퍼센트는 폭탄과 총, 일상적으로 만연한 폭력으로 죽는다.[5] 한국에 비하면 아이들이 22배 더 죽는 것이다.

물이 없고 전기가 없으며 병원에 의약품과 필수적 장비, 백신이 없다. 아이들은 우유가 없고 50퍼센트의 어린이가 영양실조다. 22퍼센트의 초등학교 어린이들이 학교에 출석하지 못한다. 그리고 매달 1만 명이 넘는 어린이들이 죽는다. 전쟁 후 3년 동안 65만 명이 전쟁으로 더 죽었다. 부시와 노무현 대통령이 말하는 평화와 민주주의는 어디 있는가? 침공과 점령 이후 이라크인들에게 돌아온 것은 학살과 죽음, 재앙이었다. 이런 상황에서 당신이 이라크인이라면 노무현 대통령이 말하는 동맹군들은 무엇이겠는가? 점령과 학살을 위한 군대일 뿐이다.

이런 상황에서 이라크 어린이들의 죽음을 대가로, 인과관계도 없는 한반도의 평화를 말하고, 점령군 사이에서 모범이라 평가받는다는 것을 자랑으로 여기며, 기업 진출을 말하고 있는 것이 한국의 현실이다.

---

5 Save the Children, "State of the World's Mothers", 2007. 5. 8.

석유와 기업의 이익을 위한 이라크인가?

잘 알려져 있다시피 이라크는 석유 매장량이 전 세계에서 둘째로 많은 나라다. 이명박 후보의 말대로 '기름밭'이다. 또한 유엔의 경제 봉쇄로 20년 가까이 다른 경제활동이 봉쇄된 이라크에서 석유는 이 나라의 거의 유일한 생명줄이기도 하다. 이라크 예산의 95퍼센트, 전체 GDP의 70퍼센트가 석유에서 나온다. 따라서 지금까지 알려진 80군데의 석유 생산지 중 개발된 17곳은 모두 국영으로 운영됐다.

미국 정부나 영국 정부 그리고 다국적 석유 메이저 기업들이 노리는 것은 전 세계의 패권과 바로 이 석유다. 미국의 군정이었던 임시연합정부CPA에 의해 임명된 이라크 임시정부 수반 알라위가 초안을 잡은 신석유법이 바로 미국·영국 정부가 노리는 바를 명확히 반영하고 있다. 현재 이라크 의회에서 통과를 앞두고 있는 이 법안은 겉으로는 이라크의 18개 지역에 대한 공정한 석유 이익 분배를 내세우고 있지만 그 본질은 석유 사유화, 민영화다. 이 법은 주요 목표를 미개발 석유 생산(이미 개발된 석유 생산지도 범위에 포괄)을 모두 민영화하는 데 둔 법안이다. 알려진 석유 생산지 중 60곳 이상과 이라크 석유 매장량의 3분의 2가 미개발 상태다. 이 법에 따르면 석유 생산은 외국 기업과 합작으로 진행돼야 하며 50년까지의 장기 계약으로 생산된 석유를 외국 기업과 분배해야 하고 정부가 앞으로 외국 기업의 이익을 제한하는 것은 사실상 금지된다. 한마디로 이라크의 신석유법은 다국적 석유 기업들이 이라크의 석유를 강탈하겠다는 석유 강탈법이다. 이라크에서 기업 진출 기회가 늘어날 것이라는 노 대통령과 이명박 씨의 계산은 바로 이런 석유법 통과 또한 노리고 있는 것이다. 물론 이라크 전쟁으로 인한 기름값 상승으로 이미 엑손모빌, BP(한국에서는 SK의 합작사), 셰브런(칼텍스) 등 세계 석유 다국적 기업들은 천문학적 이익을 거둬들였다. 그리고 이제는 전쟁의 직접적 이익을 챙기겠다는 것이다. 그 기름밭에 사는 이라크 사람들이 전기와 전기로 생산하는 깨끗한 물이 없어 병들고 죽어 가는 동안에 말이다.

또 이라크 전쟁에서 떼돈을 벌어들인 기업들은 물론 방위산업, 즉 무기상들이다. 유나이티드테크놀로지, 보잉, 록히드마틴, 핼리버튼 등 이 무기상들이 이라크 전쟁으로 석유산업과 함께 떼돈을 벌어들였다. 미국 정책연구소IPS와 공정경제연합UFE의 보고서에 의하면[6] 미국방부의 2005년 방위산업체 계약액은 2690억 달러로, 2001년의 1540억 달러보다 크게 늘었고 이 결과 34개 방위산업체의 순이익은 189퍼센트 증가한 것으로 드러났다. 같은 기간에 S&P 500 종목들의 주가가 5퍼센트 하락한 데 반해, 이 기업들의 주가는 48퍼센트 상승했다. 전쟁으로 떼돈을 번 대표적 기업들이 바로 석유 기업과 방위산업체들이다. 고 김선일 씨가 근무한 가나무역도 핼리버튼의 자회사인 KBR의 하청업체였다.

이런 방위산업체 외에 이라크에서 돈을 번 기업들로는 최근 민간인들을 살해한 것으로 알려져 미국의 꼭두각시 정권인 이라크 정부까지 나서 추방하겠다고 호들갑을 떨었던 블랙워터와 같은 용병업체들이 있다(미국 정부의 '권유'로 이라크 정부는 태도를 바꿔 블랙워

---

[6] IPS and UFE, "Executive Excess 2006: Defense and Oil Executives Cash in on Conflict."

터의 이라크 활동을 용인하기로 했다). 블랙워터 한 회사만 해도 지금까지 이라크 전쟁에서만 미국 정부와의 계약 금액이 10억 달러(즉 1조 원)가 넘는다는 것을 보면 이런 대행업체의 규모가 어느 정도인지를 쉽게 가늠할 수 있다.

이른바 이라크 재건 사업을 담당했던 기업들도 이라크에서 큰 이윤을 남겼다. 파슨스나 벡텔 등이 그런 기업이다. 이들 재건 기업들은 어떻게 돈을 버는가? 한 가지 예만 살펴보자. 미국 정부는 2003년 이후 이라크 보건의료 시설을 재건하는 데 10억 달러(1조 원)를 썼다고 주장한다. 그러나 그 결과 이라크에서 새로 지어진 병원은 단 하나도 없고 6개의 지역 보건소가 새로 지어졌을 뿐이다. 180개의 이라크 병원 중 90퍼센트 이상이 필수 의료 장비 부족에 시달리고 있고 수액(링거액)이 없고 단순 장비가 없어서 환자들이 죽는다.[7]

1조 원이나 되는 돈은 다 어디로 간 것일까? 2003년 부시 대통령의 아내 로라 부시는 5000만 달러를 들여 바스라 어린이병원을 백혈병까지 진단하고 치료할 수 있는 초현대적 병원으로 만들겠다고 했다. 물론 이 백혈병은 1차 걸프전 이후 미군이 쓴 열화우라늄 등으로 인해 이라크에서 대량으로 발생한 병이다. 이 공사를 수주한 것은 다름 아닌 벡텔이었다. 그러나 이 병원을 지으면서 벡텔은 5000만 달러가 아닌 1억 7000만 달러까지 과다 청구를 했음에도 공사 기한을 1년 반이나 넘겨 결국 계약을 파기당했고 이 병원은 현재까지 지어지지 않았다.

파슨스의 경우 150개의 보건소를 짓기로 미군 공병군단과 7000만

---

[7] IPS, 2006. 11. 26.

달러짜리 계약을 맺었으나 130개에 대한 계약을 파기당했다. 2006년 4월까지 150개는커녕 6개의 보건소만 완공했을 뿐이다. 이 때문에 아부그라이브 창고에 있던 150개 병원 설비 세트 중 130개는 햇빛을 보지도 못하고 버려지게 됐으며 더욱 황당한 것은 창고에 있던 병원 설비 세트 중 53퍼센트가 망가지거나 못 쓰게 돼 있었다는 것이다. 세계보건기구가 이 결과에 대해 "충격"이라고 표현했던 것은 과장이 아니다.[8]

이라크 '재건'이라는 것이 대부분 이렇다. 학교를 재건한다고 하면서 학교 담벽에 미키 마우스만 그려 놓고, 화장실은 작동 안 되고 지붕은 물이 새는 식의 엉터리 재건에 대한 이라크인들의 증언은 너무나도 많다. 물론 대부분의 재건 사업은 석유를 수출하는 데 사용되는 파이프 시설이나 도로, 그 외에 교도소, 경찰서, 군 막사를 짓는 사업이었다.

이처럼 전쟁을 통해 돈을 번 기업들로 인해 미국 국민들이 이득을 봤나? 그것도 아니다. 미국은 2008년까지 이라크 전쟁 비용으로 약 1조 달러를 쓸 것으로 예상된다. 그러나 그 결과 미국의 평범한 서민들에게 돌아간 것은 유가 상승, 사회복지 재정의 삭감, 허리케인 카트리나에서 드러난 바와 같이 기본적 사회 유지 비용조차 정부가 지출하지 못하는 등의 사태였을 뿐이다. 결국 이득을 본 것은 오직 몇몇 기업과 자본가였으며 이라크 민중에게도 미국 민중에게도 이익은 돌아가지 않았다.

한국 정부는 이라크 파병에 지금까지 약 7000억 원을 들인 것으

---

8   Corpwatch, 2007. 1. 8.

로 드러났다. 그러나 무형의 간접적 비용을 생각하면 이보다 더 큰 비용을 지출했을 것이다. 물론 한국 기업에게 돌아간 것은 적다. 문제는 한국 기업이 이라크에서 설사 돈을 번다해도 그 결과는 미국에서와 마찬가지로 평범한 서민들에게는 재앙이면 재앙이지 이익이 아닐 것이라는 점이다. 이라크 민중에게 기업들의 이윤은 그 기업의 종류를 막론하고 재앙이었으며 미국이나 한국의 국민들에게도 마찬가지다.

이라크의 상황이 이런데도 노무현 대통령에게 이라크는 사람이 사는 곳이 아니라 석유와 기업의 이권을 위한 땅이며 이명박 씨에게는 기름밭일 뿐이다. 정동영 씨의 경우 이라크 파병 연장 반대를 이야기하고 있지만 그는 이라크 파병과 파병 연장을 지금까지 계속 찬성해 왔으며 그 정당성을 역설하기까지 한 열린우리당의 당의장이었다. 그리고 이런 인사들이 목소리 높여 파병과 연장을 추진하는 동안 이라크에서는 수십만 명의 어린이와 무고한 인명이 희생됐다.

누가 이라크를 석유라고 말하는가? 누가 굶어 죽어 가는 아이들 앞에서 기업의 이윤을 말하는가? 이라크는 기름밭도 기업의 이윤을 위한 투자처도 아니다. 이라크는 병들고, 굶고, 전쟁의 공포에 떨고 있는 이라크의 어린이들일 뿐이다.

베트남전쟁의 또 하나의 피해자

2005년 4월 23일 열린 '베트남전 종전 30돌, 한국군 참전 40돌 기념 강연회: 또 하나의 전쟁 — 전쟁의 기억과 상처'에서 발표한 글이다.

올해는 베트남전쟁 종전 30년이 되는 해이며 한국군이 베트남전쟁에 참전한 지 40년이 되는 해다. 이제 한국에게 베트남은 전쟁보다는 관광지와 무역 상대국으로 더 친숙해지고 있는 듯하다. 한 해에 20만 명이 넘는 한국인이 베트남을 주로 관광 목적으로 방문하고 있다.[9] 그러나 베트남을 이야기할 때 한국군의 베트남전 참전을 빼놓고는 말할 수 없다. 베트남전쟁은 베트남에서 그리고 한국에서 현재까지 계속되고 있는 문제이기 때문이다.

베트남전쟁 과정에서 약 300만 명의 베트남인들이 목숨을 잃었고 그보다 더 많은 수의 부상자가 발생했으며 수많은 베트남인이 삶의 터전에서 쫓겨났다(표 7 참고).

---

9   베트남관광청(VNAT)에 따르면 2004년 1~10월에 한국인 방문자 수가 17만 6100명에 이르며 연말에 20만 명이 넘을 것으로 예상되고 있다.

표 7. 베트남전쟁의 직접적 영향

베트남 인구	3483만 명(1965년), 4340만 명(1975년)
사망	300만 명(민간인·군인)
부상	320만 명(베트남·라오스·캄보디아)
남편을 잃은 사람	100만 명(남베트남)
전상병자	36만~50만 명
고아	80만 명
실종된 군인	30만 명
팔다리를 잃은 사람	8만 6000명(남베트남)
난민 또는 강제 이주자	1000만 명(남베트남)
도살된 소	190만 두
폭탄 구멍	2000만 개
남겨진 지뢰	15만~60만 개

출처: M J Allukian, P L Atwood, "Public health and the Vietnam War", *War and Public Health*, Oxford University Press, APHA, 1997

물론 베트남 민중에게 남겨진 전쟁으로 인한 피해는 이런 즉각적이고 직접적인 피해만 있는 것이 아닙니다. 대표적으로 미군은 폭탄 이외에 남베트남 지역의 500만 에이커, 전체 토지의 3분의 1에 해당하는 토지와 숲에 1961~1971년에 1900만~2200만 갤런의 제초제(고엽제)를 살포한 것으로 알려져 있다.[10]

이 고엽제는 2,4-디클로로페녹시아세트산(2,4-D), 2,4,5-트리클로로페녹시초산(2,4,5-D), 피클로람, 카코딜산 등 네 가지가 주성분을

---

10 Allukian et al, 앞의 글에서 재인용.

이루고 있었고, 특히 1965~1970년에 살포된 에이전트 오렌지에는 2,3,7,8-테트라클로로다이벤조다이옥신(2,3,7,8-TCDD, 이하 다이옥신)이 포함돼 있었다.[11]

1970년에 이미 다이옥신이 강력한 독성 물질임이 밝혀져 미 국방부가 다이옥신이 포함된 에이전트 오렌지의 살포를 중단했으나 이에 대한 학문적 연구는 매우 늦게 이뤄졌다. 1983년에 호찌민에서 열린 1차 국제 제초제 컨퍼런스에서는 오직 기형 출산에 대해서만 합의가 이뤄졌다. 척추이분증, 구개순열, 선천성 종양, 홍채결렬 등에 대해서만 미국 질병관리센터와 미 공군 등이 인정했기 때문이다.[12]

기형아 발생에 대해서도 베트남에서 광범하게 관찰됐던 무뇌증이나 다양한 기형에 대해서는 미국은 인정하지 않았다. 이후 1994년에 미 국립학술원과 질병관리센터 의학부 등이 에이전트 오렌지가 연부조직 육종, 비호지킨 임파선종양, 호지킨병의 원인이 되며 그 외 호흡기계통의 암, 전립선암, 다발성골수종과 연관성이 의심된다고 발표하면서 추후 연구가 필요하다고 했다. 그러나 이 연구는 미 퇴역 군인들에 대해서만 이뤄진 것으로, 베트남에서는 연구를 진행하지도 않았고 추후에도 하지 않았다.

그러나 베트남에서 1995년에 이뤄진 연구는 북베트남인과 남베트남인의 다이옥신 혈중농도 차이가 6배이며, 공업적이거나 자연적으

---

11 김정순, 강한길, 임현술 등, "베트남 참전 제대 군인의 범주화된 에이전트 오렌지 개인 폭로량과 혈청 다이옥신 측정치와의 상관성에 관한 연구", 《예방의학회지》 34(1) 2001년 2월.

12 1993년 국제 컨퍼런스에서는 더 많은 진전이 이뤄졌으나 미국 정부는 매우 좁은 범위의 질병에 보상을 한정하고 있고 뚜렷한 인과관계를 아직도 부정하고 있다.

로 다이옥신에 노출된 미국인에 비해 남베트남인들의 지방조직 중 다이옥신 농도가 3배임을 보여 줬다.[13] 이것은 베트남인들이 광범한 암과 그 외 질병의 위험에 노출돼 있고 또 그 질병으로 고통받고 앞으로도 고통받을 것임을 보여 준다.[14]

다이옥신 80그램만으로 뉴욕 인구 전체를 죽일 수 있다. 그런데 미국은 베트남에 170킬로그램의 다이옥신을 살포했다. 한 베트남 의사에 의하면 현재 베트남에는 에이전트 오렌지가 3세대까지 미친 영향으로 50만 명의 아이들이 선천성 장애로 죽었고 65만 명의 어린이가 선천성 장애를 가지고 살아가고 있다고 한다.[15] 베트남 정부에 의하면 베트남전 당시 500만 명 이상이 고엽제에 노출됐고, 300만 명 이상이 고엽제 후유증을 앓고 있으며, 그중 최소한 100만 명이 심각한 신체장애를 겪고 있다고 한다. 베트남 적십자사의 자료에 의하면 15만 명 이상의 어린이들이 고엽제 후유증으로 고통받고 있으며, 다이옥신의 유전 독성으로 인해 5만 명 이상의 기형아가 태어났다고

---

13 A Schetter, L C Dai et al, "Agent Orange and the Vietnamese: The persistence of elevated dioxin levels in human tissuses", *Am J Public Health* 85(4): 1995, pp 512~522.

14 이 외에도 남베트남의 상품 가능성이 있는 목재의 14퍼센트가 파괴됐고 이의 복구에는 30년 이상이 걸린다는 사실 등 베트남 환경에 미친 광범위한 영향은 이 글에서는 자세히 서술하지 않는다.

15 Heather Mallick, "And You Thought the War Was Over", *Globe & Mail*, 14 June 2003. 참고로 베트남은 4차 세계사회포럼부터 베트남의 고엽제 등의 피해에 대해 실상을 알리고 있다. 5차 세계사회포럼에서도 2005년 1월 29일 Vietnam Union of Friendship Organisations이 "Meeting Vietnam 30 years after the war"를 열어 전쟁 및 고엽제 피해자들의 사진 전시회를 열었고 피해 실상에 대해 보고했다.

한다.[16] 미국은 이라크에서 결코 발견하지 못한 대량살상무기를 이야기하지만 우리가 현재 발견할 수 있는 대량살상무기는 베트남의 고엽제다.

1975년 베트남이 통일되면서 전쟁은 공식적으로 종식됐다. 그러나 베트남전쟁은 베트남 사회에 깊고도 광범한 영향을 남겼다. 여기서 이 주제를 자세히 서술하지는 않겠다. 다만 한국전쟁에서 가장 큰 피해자가 한반도 민중인 것과 마찬가지로 베트남전쟁에서 가장 큰 피해 당사자는 바로 베트남 민중임을 분명히 해 두는 것이 필요하다고 본다.

베트남전 참전 군인들의 피해

그러나 우리가 베트남전쟁을 이야기할 때 간과하지 말아야 할 것은 베트남전 참전 군인들의 피해다. 마치 베트남전 참전 군인들이 가해자고 베트남 민중이 피해자인 것처럼 묘사하고 심지어는 반전운동이 베트남전 참전 군인들을 적대적 대상으로 인식하고 있는 것처럼 말하는 것은 올바른 인식이 아닐뿐더러 오히려 청년들을 사지로 몰아 자신의 잇속을 챙긴 미국 등 참전국 정부가 부추기는 인식일 뿐이다. 예를 들어 베트남에서 돌아온 참전 군인들에게 미국의 반전운동 학생들이 침을 뱉는 것과 같은 일은 미 국방부에서 지원하는 영

---

16 구수정, "베트남 개미 미국 감자를 깨물다", 〈한겨레21〉 2004년 9월 8일.

화에서나 나오는 일이지 결코 현실에서는 일어나지 않았다.[17] 오히려 참전 군인들은 전 세계적 반전운동의 가장 적극적인 참여자였다.

1. 미군 병사들의 피해

미국에서 전쟁 당시 징집 연령에 해당하는 청년들은 2600만 명이었다. 그러나 대학생이나 대학원생은 징집되지 않았기 때문에 실제 징집 대상은 1090만 명이었다. 당연히 이들은 저소득층 청년이었다. 이 중 260만~380만 명이 베트남전쟁에 참전했다.

일반적 징집 자격에 미달한 청년들을 대상으로 미군은 "10만 명 프로젝트"를 1966~1972년에 운영했는데 이 과정을 통해 30만 명의 청년을 징집했다. 이 중 80퍼센트가 흑인이었고 초등학교 6학년 수준 미만의 읽기 능력을 가지고 있었다. 이들에게는 제대 후 혜택이 약속됐다. 이들 중 3분의 1 이상이 전투에 직접 참여했고 다른 병사들에 비해 두 배 이상의 사망률을 보였고 많은 병사들이 신체적·정신적 장애로 미군이 제공하는 주택 및 대학진학 혜택을 받을 수 없었다.[18] 30만 명 중 8만여 명이 명예제대 이하의 처분을 받아 아무런 혜택을 받지 못했다. 이들 중 많은 수가 노숙자가 됐고 40퍼센트가 심각한 정신장애를 겪었다.[19]

---

17 조너선 닐, 《미국의 베트남 전쟁》, 정병선 옮김, 책갈피, 2004.

18 L Hsiao, "Project 100,000: The Great Society's answer to military manpower needs in Vietnam", *Vietnam Generation* 1(2): 14~37, 1989.

19 R Rosenheck, L Frisman, A M Chung, "The proportions of veterans among homeless men", *Am J Public Health* 84: 1994, pp 466~469.

미국의 공식 통계로는 베트남에서 미군 사망자 수가 5만 8196명이라고 발표됐다. 그러나 라오스나 캄보디아에서 사망한 군인들의 숫자는 집계되지 않았으며 민간인 사망자 수도 제대로 집계되지 않았다. 물론 베트남전쟁으로 생긴 장애로 인한 전쟁 후의 사망자 수도 집계되지 않았으며 외상후스트레스장애PTSD 등에 의한 자살도 집계되지 않았다. 2만 명 이상의 참전 군인들이 자살한 것으로 잠정적으로 추계된다.[20]

30만 명의 미군이 부상을 당했고 이중 15만 3300명이 중상자로 분류됐다. 70만 명 이상의 참전 군인들이 외상후스트레스장애로 고통을 받았다. 150만 명 이상의 참전 군인들이 결국 정신과적 치료를 받은 것으로 추계됐다. 미국 질병관리센터의 보고에 의하면 제대 후 5년간 참전 군인들은 같은 연령대에 비해 45퍼센트 정도 많은 사망률을 보였는데 주된 원인은 자동차 사고나 살인, 자살 등의 외적 요인이었다. 참전 군인들의 15퍼센트가 외상후스트레스장애 증상을 가지고 있다고 보고됐고, 알코올남용이나 의존, 불안, 우울증 등에서 다른 인구 집단보다 높은 유병률을 보였다.[21]

에이전트 오렌지에 의한 피해는 베트남 민중뿐 아니라 미군에서도 드러났는데 1984년 참전 군인과 가족이 에이전트 오렌지에 대한 집단 소송을 제기했고 장애 군인과 자녀에 대한 피해 보상으로 1억

---

20 T Bullman, H K Kang, "A study of suicide among Vietnam veterans", *Federal Practioner*, March, 1995. *War and Public Health*, 1997에서 재인용.

21 CDC. "Health Status of Vietnam veterans : Vietnam experience study," US DHHS. Public Health Service. 1989.1.

8400만 달러가 지급되는 것으로 합의됐다.[22]

2. 한국군 병사들의 피해

한국은 1964년 8월부터 1973년 4월까지 연인원 32만여 명을 베트남전쟁에 참전시켰다. 공식 통계로 이 중 5100여 명이 사망하거나 실종됐고 1만 1000여 명이 부상을 입었다.

표 8. 베트남전쟁 한국인 사망자와 부상자

군별	참전 연인원	사망자				부상자			실종자
		계	전사	순직	사망	계	전투	비전투	
계	325,517	5,099	4,601	272	226	11,232	8,380	2,852	4
육군	288,656	3,859	3,476	243	140	8,211	5,567	2,644	4
해군(해병)	36,246	1,240	1,125	29	86	3,021	2,813	208	
공군	615								

출처: 최용호, 《물어보세요 베트남전쟁과 한국군》, 국방부군사편찬연구소, 2004

미국과 마찬가지로 한국에서도 참전자들의 제대 이후 사망률이나 부상 및 다른 질병에 대한 공식 통계는 발표된 바 없고 연구 결과도 매우 미흡하다. 또한 베트남전 참전 당시 한국인 민간인들이나 군 관련 민간인들의 사망자 수나 부상자 수도 집계되지 않고 있다.

---

22 미국, 호주, 뉴질랜드의 고엽제 환자들은 법정 투쟁을 통해 다우케미컬, 몬산토 등의 제조 회사로부터 2억 4000만 달러의 보상을 받았다. 그러나 한국, 필리핀, 태국 환자들은 배상을 받지 못하고 있다. 베트남은 2004년에 소송을 시작했다.

고엽제 피해자에 대한 조사와 연구는 외국에서는 1970년대에 시작됐고 참전 군인들에 대한 보상도 그때부터 실시됐다. 그러나 한국에서는 1992년 9월 26일 베트남전 참전 군인 수백 명이 충남 천안군 소재 독립기념관에서 파월 행사를 마치고 귀가하던 중 천안시 부성동 경부고속도로 상행선과 충북 천원군 옥산면 하행선을 점거하고 고엽제에 대한 피해 보상을 요구하며 4시간여 동안 농성을 벌이는 사태로 발전해 고엽제 피해 배상 문제가 사회적으로 부각되기 전에는 고엽제 문제가 사회문제화되지 못했다. 이 농성을 계기로 1993년에 처음으로 관련 법령이 시행됐고 연구가 시작됐다.[23] 베트남전쟁 참전으로 진급한 대통령을 정점으로 한 군사정권 아래에서는 베트남전쟁 자체가 최대의 금기 중 하나였다.

에이전트 오렌지는 베트남 전역에 뿌려졌다. 또한 2003년 4월 17일 자 〈네이처〉에 따르면 에이전트 오렌지만이 아니라 에이전트 블루, 에이전트 화이트에도 다이옥신이 포함됐고 이에 따라 계산하면 다이옥신은 미국 정부가 공식적으로 주장한 바의 두 배가 뿌려졌으며 그 양도 7700리터에 달하는 것으로 밝혀졌다.

한국군은 베트남에서 다이옥신에 무방비로 노출됐다. "베트남에서 고엽제 사용에 관한 별다른 지시나 주의 사항도 없었고, 특히 비행기로 공중 살포 때에는 모기에 물리지 않는다고 고엽제가 쏟아지는 곳을 쫓아다니면서 조금이라도 더 맞으려 했습니다. 부대 주변에서 제초 작업을 하는 병사들은 고엽제 가루를 철모에 담아서 맨손

---

[23] "파월국군장병의 고엽제 위해에 관한 예비적 역학조사"(책임연구원 김정순, 연구기간 1993년 12월 20일부터 1994년 4월 20일까지, 용역계약기관 한국보훈병원).

으로 뿌리기도 했습니다. 작전 기간 중에는 흐르는 물을 수통에 담아서 거기에 소독약 몇 알만 넣어 마셨습니다."[24]

이런 상황에서 베트남전 참전 한국군은 대부분 에이전트 오렌지로 대표되는 다이옥신에 심각히 노출됐다. 1993년과 1995년, 이후 이뤄진 김정순 등의 연구 결과와 이에 따른 진단 기준 확립에 따라 법령이 마련됐고 이에 따라 지금까지 정부에서 공식적으로 발표한 베트남전쟁 고엽제 피해자 통계는 표 9와 같다.

표 9. 베트남 고엽제 후유증 환자 등 처리 현황(총괄, 2004년 6월, 단위: 명)

구분	결정					처리 중
	계	후유증	후유의증	2세 환자	비대상	
누계	118,624	21,197	55,640	46	31,824	4,019

출처: 국가보훈처 자료, 2004년 6월 30일

이 환자들을 장애 등급별로 보면 표 10과 표 11과 같다. 정부에서 공식적으로 인정하는 고엽제 후유증 환자와 후유의증 환자만 8만여 명에 이른다. 이 수치만 하더라도 베트남전 참전 군인의 4분의 1에 해당하는 사람들이 평생 베트남전쟁의 후유증을 앓으며 살고 있는 것이다. 또한 베트남전 참전 군인 2세대의 문제는 언제 어떻게 드러날지 알 수도 없다. 이런 사실 하나만으로도 전쟁이 전쟁 종결만으로 끝나지 않는 문제이며 한 세대만으로 끝나지 않는다는 사실이 원폭 문제와 마찬가지로 베트남전쟁 문제에서도 여실히 드러난다.

---

24 (사) 대한민국고엽제후유의증전우회 홈페이지 '고엽제란?'의 설명.

표 10. 베트남 고엽제 후유증 환자 장애 등급(단위: 명)

합계	국가유공자								기준 미달	미신검
	소계	1급	2급	3급	4급	5급	6급	7급		
20,898	12,188	104	237	1,386	270	708	2,429	7,054	7,719	991

출처: 국가보훈처 자료

표 11. 베트남 고엽제 후유의증 환자 장애 등급(단위: 명)

합계	고엽제 수당 대상자				기준 미달	미신검
	소계	고도 장애	중등도 장애	경도 장애		
54,992	30,299	5,515	4,140	20,644	23,733	960

출처: 국가보훈처 자료

여기서 제기될 수 있는 문제들은 고엽제 피해자에 대한 정부의 보상이 매우 제한적이고 협소하다는 점이다. 단순히 자료만 봐도 고엽제 후유증이 의심돼 신고한 사람들 중에서 고엽제 후유증으로 진단받는 사람들은 17.9퍼센트며 후유의증으로 판정받는 사람들까지 합해도 65퍼센트 정도에 불과하다. 또한 후유증으로 판정받아도 국가유공자 판정을 받는 사람은 그중 58.3퍼센트여서 고엽제 환자로 추정되는 사람들 중 10퍼센트만이 유공자 판정을 받고 있다. 물론 여러 고엽제 후유증 환자들의 증언에서도 잘 드러나듯이, 국가유공자로 판정받아도 그 보상 내용이 크지 않아 실제 생활에는 매우 큰 지장을 받는다.

또한 고엽제 후유의증 환자들의 경우 수당 대상자가 되는 환자들이 55퍼센트 정도에 불과하고 설사 수당을 받는다 하더라도 고엽제

수당은 월 23만~46만 원에 불과하고 경도 장애가 68퍼센트에 해당한다. 결국 고엽제 후유의증 환자 중 43퍼센트는 진료 혜택만을 받고 있으며 37퍼센트의 환자는 월 23만 원 정도의 수당을 받는 '혜택'만을 받고 있다.

정부의 이런 무성의한 태도와 협소한 국가보상 범위와 내용은 베트남전 참전 군인들의 지속적 불만의 대상이 되고 있으며 최근까지도 베트남전 참전 군인들의 시위와 항의가 이어지고 있는 원인 중 하나다.[25]

정부의 이런 공식 통계가 현실을 제대로 반영하고 있는지도 의문이다. 실제로 베트남전 참전 군인들 중 베트남에서 철군한 이후 사망한 사람만 1만여 명에 이른다. 대부분 평균수명에 턱없이 미치지 못한 나이에 사망한 이들의 경우 직간접적으로 베트남전 참전이 사망 원인인 사람이 다수일 것이라는 점이 분명하지만 이에 대한 정부의 조사는 전혀 알려진 바 없다.[26]

전진호·김학준·손혜숙[27] 등이 진행한 부산·경남지역 고엽제 후유증 환자들의 2세 연구에 의하면 연구 대상이 된 182명 중 반수 정도가 건강상 장애를 보였으며 선천성 기형이 15례, 전신허약이 12례

---

25 월남전참전유공전우연합회 국회진정서, 2005년 3월 5일.

26 정부의 고엽제 피해에 대한 조사 연구는 이후에도 계속돼 오희철·원종욱·정상혁 등의 고엽제 피해 역학조사 1차년도 보고서(1999년), 오희철·이상욱·원종욱 등의 고엽제 피해 역학조사 2차년도 보고서(2000년), 고엽제 피해 역학조사 최종보고서(2001년)가 진행됐다.

27 전진호, 김학준, 손혜숙 등, "베트남전 참전자 2세의 건강상태에 관한 조사",《예방의학회지》33(1), 2000년 3월.

등이 보고됐고 이전 국방부에 의한 연구에 의하면[28] 베트남전쟁 참전자에 대한 무작위 추출 조사에 의한 2세 연구에서도 3퍼센트에서 토순, 구개열, 사지 이상, 손가락 이상 등이 관찰됐다. 따라서 베트남전 참전자 2세에 대한 연구가 시급히 요청되지만 정부는 베트남전 참전자 2세에 대한 체계적 연구 조사 시행 계획이 없다.

또 다른 피해는 외상후스트레스장애PTSD다.

외상후스트레스장애는 충격후스트레스장애라고도 불리며 전쟁이나 천재지변, 사고를 겪은 사람들에게서 나타나는 일련의 신체적·정신적 장애를 일컫는 질병명이다. 외상후스트레스장애를 겪는 사람들에게서 나타나는 증상들은 크게 과민 반응, 충격의 재경험, 감정 회피 또는 마비로 나눌 수 있다. 미국에서는 이 질병이 베트남전과 관련해 연구가 시작됐을 정도로 그 연구 결과가 매우 광범하고 다양하지만 필자가 과문한 탓인지 한국에서는 불행하게도 이에 대한 논문을 찾을 수 없었다.

다만 이와 연관된 논문으로는 앞서 언급했던 김정순 등이 "파월국군장병들의 고엽제 위해에 관한 예비적 역학조사" 결과 보고서에서 심리적 이상 조사의 필요성을 언급했고 이후 진행된 역학조사 결과 보고서에서 외상후스트레스장애 발생례가 129례 있으며 베트남전 참전 군인과 베트남전 참전 군인이 아닌 대조군 사이에 유의미한 차이가 있다는 보고를 한 바 있다. 그러나 이 연구는 고엽제 위해증에 대한 연구이므로 외상후스트레스장애에 대한 더 상세한 연구는 진행되지 않았다.

---

28 국방부, "고엽제 그리고 고엽제 폭로에 대한 후유증에 대하여", 1993.

베트남전 참전자의 우울증에 대한 연구는 2건을 찾을 수 있다. 김성애는[29] 베트남전 참전 군인을 대상으로 자가평가불안척도SAS와 자가평가우울척도SDS를 연구 도구로 불안과 우울에 대한 연구를 했다. 최근 연구로는 김태열이[30] 대구·경북 지역의 고엽제 환자 280명을 대상으로 자가평가우울척도를 연구 도구로 베트남전 참전 군인의 우울에 대한 조사를 한 바 있다. 이 연구에서 고엽제 환자가 비교적 우울증 유병률이 높은 고혈압 환자에 비해 우울의 기준이 되는 50점 이상의 대상이 3.8배로 매우 높았고 절대적 수치로도 50점 이상의 고엽제 환자가 60.0퍼센트에 달했다. 이를 근거로 김태열은 5개 보훈병원에서 베트남전 참전 군인의 정신과적 질환에 대한 포괄적 역학조사와 진단조사를 할 것을 건의하고 정신과적 질환이 발견됐을 때 이에 대한 국가의 보상 대책을 제안했다.

전체적으로, 정부가 책임지고 시행해야 할 베트남전 참전 군인의 외상후스트레스장애에 대한 대책은 물론 체계적 조사도 전혀 이뤄지지 않고 있는 것이 현실이다. 미국의 예처럼 참전 군인의 15퍼센트가 외상후스트레스장애라고 진단을 받는다면 잠정적 수치는 5만 명에 가까울 것으로 예상되는데 정부의 대책이 전혀 없는 점은 문제가 크다.

---

29 김성애, "베트남전 참전자의 고엽제 폭로에 관련된 특성과 SAS와 SDS에 의한 불안·우울에 관한 연구", 인제대학교 보건대학원, 1997.

30 김태열, "고엽제 후유의증 환자 우울에 관한 연구", (사)한국보훈학회, 《보훈정책의 현황과 전망》, 홍익제, 2004.

결론

오늘날 한국군의 베트남전 참전은 한국군의 아프가니스탄·이라크 참전의 현실과 더불어 재조명되고 있다. 베트남전 참전 군인들의 현실은 이들이 전쟁에 의한 부상과 질병, 고엽제에 의한 피해를 심각히 겪고 있으며 외상후스트레스장애로 매우 심각한 고통을 겪고 있음에도 불구하고 이에 대한 국가의 체계적 조사나 대책은 매우 부족하고 특히 외상후스트레스장애에 대해서는 아예 조사조차 전무하다는 것을 보여 준다.

최근 한 연구에 따르면[31] 고엽제 후유증 환자와 후유의증 환자들의 소득 분포는 월 100만 원 미만이 가장 많은 것으로 드러나 이들이 처한 상태가 매우 열악함을 잘 드러내 보여 주고 있다.

한 세대가 지난 이후 노무현 대통령은 2004년 10월 베트남을 방문해 '일본이 한국에 사과하는 수준'의 사과의 말을 베트남 국민에게 전했다.

베트남전 참전 군인들에게 이제 우리 사회가 해야 할 일은 무엇인가? 그것은 그들이 한국 정부에 의해 강요된 또 하나의 전쟁의 피해자라는 사실에 대한 명백한 인식에서 출발해 그들에 대한 체계적이고 포괄적인 사회적 지원을 하는 것이다.

그러나 무엇보다도 우리가 베트남전 참전 군인의 예에서 배워야 할 것이 있다면 이런 불행한 일이 재발되지 않도록, 명분 없는 다른

---

31 이상욱, 홍재석, 오희철 등, "베트남전 참전 군인에서 우편으로 검진 대상자를 모집하기 위한 예비조사",《예방의학회지》36(2), 2003년 5월.

나라의 전쟁에 군대를 파병하지 않는 것이다. 베트남전 참전 군인들의 현실은 오늘 우리에게 명분 없는 이라크 파병이 왜 부당한지를 보여 주는 그리고 그런 파병이 어떤 결과를 낳을지를 보여 주는 또 하나의 근거다.

아이들의 십자군 전쟁

2009년 이명박 정부가 아프가니스탄 재파병을 결정하자 이를 비판하기 위해 〈레프트21〉 19호 (2009년 11월 19일 자)에 쓴 글이다.

십자군 전쟁이 패배로 이어지자 교황 인노켄티우스 3세는 새로운 십자군 전쟁을 호소했다. 그러나 이에 호응한 것은 기사들이 아니라 어린이들이었다. 프랑스와 독일의 3만 명이 넘는 어린이들이 자원했다. 그러나 이들은 팔레스타인은커녕 남쪽으로 가는 도중 병들고 굶어 죽었다. 살아남은 아이들이 겨우 제노바에 도착하자 그곳의 선량한 시민들은 이들을 양자로 삼거나 음식과 돈을 줘 고향으로 돌려보냈다.

이들 중 극소수가 팔레스타인으로 항해를 떠났으나 절반은 익사하고 나머지는 아프리카에 도착했으나 노예로 팔려 나갔다. 이들을 불쌍하게 여긴 카이로의 통치자가 학자로 키웠다는 이야기도 있다. 교황 인노켄티우스 3세는 이들이 팔레스타인에 가게 될 것으로 생각하고 감격에 떨며 "우리가 자고 있을 때 아이들은 깨어 있도다!" 하고 말했다고 전해진다.

"아이들의 십자군 전쟁"이라고 불리는 1212년의 일이다. 아이들이 주요 구성원이었다는 소년·소녀의 십자군은 당대에는 물론 최근까지도 사실로 받아들여졌고 5차 십자군 전쟁이 일어난 원인 중 하나가 됐다.

그러나 1212년의 십자군만이 아이들로 구성된 군대였던가? 굳이 《아이들의 십자군 전쟁》이라는[32] 소설을 쓴 커트 보니것의 말을 빌리지 않더라도 현대의 전쟁 모두가 "젖비린내 나는 애들"이 병사로 나선 전쟁 아니었던가? 보니것이 이 소설을 쓴 계기가 됐던 미군의 드레스덴 학살(최소 2만 5000명이 이틀 동안의 폭격으로 사망했다)이 일어난 제2차세계대전 참전 병사들의 평균 나이는 23세였다.

베트남전쟁은 어땠나? 베트남전에 징집된 미국 병사들의 평균 나이는 22세였다. 그러나 실제 전쟁에 참전한 병사들의 평균 나이는 18세였다. 반전운동으로 징집 병력이 모자라자 미국 정부는 징집 자격에 미달한 청년들을 대상으로 "10만 명 프로젝트"를 운영해 30만 명의 청년들을 징집했다. 이중 80퍼센트가 흑인이었고 초등학교 6학년 수준 미만의 읽기 능력을 가지고 있었다. 이들은 다른 군인들보다 훨씬 높은 비율로 실제 전투에 참여했고 두 배 이상 사망했다. 30만 명 중 8만여 명이 명예제대 이하의 처분을 받아 아무런 혜택을 받지 못했다. 이들 중 많은 수가 노숙자가 됐고 40퍼센트가 심각한 정신장애를 겪었다. 아이들의 전쟁일 뿐 아니라 가난한 아이들의 전쟁이었던 것이다.

이 아이들은 제대 후 어떻게 됐던가? 2만 명 이상의 참전 군인이

---

32 국역: 《제5도살장》, 문학동네, 2016.

자살했다. 30만 명 이상이 부상을 당했고 그중 절반 이상이 팔다리가 잘리는 중상을 당했다. 참전 군인의 15퍼센트가 외상후스트레스장애로 고통받았으며 150만 명 이상이 정신과적 치료를 받았다. 미 질병관리센터의 보고에 따르면 참전 군인들은 제대 후 5년간 같은 연령대의 사람들보다 사망률이 45퍼센트 높았다. 자동차 사고, 살인, 자살 등이 그 원인이었다.

베트남전 참전 한국 군인들도 다르지 않았다. 대부분 나이 어린 농촌 출신의 병사들이었고 연인원 32만 명이 참전해 공식적으로 5100명이 사망하고 1만 1000여 명이 부상을 당했다. 참전 군인의 질병이나 사망에 대한 통계가 사실상 거의 없어 이들의 고통이 잘 알려져 있지는 않지만 정부에서 공식적으로 인정하는 고엽제 피해자만 7만 7000명에 이른다. 참전 군인의 약 4분의 1에 해당하는 숫자다. 또 고엽제 피해는 2세에까지 이르므로 베트남전 참전 군인 2세대의 문제는 언제 어떻게 드러날지 알 수도 없는 문제다. 철군 이후 평균연령에 턱없이 못 미쳐 사망한 사람이 1만여 명에 이르고 직간접적으로 참전 경험과 관련됐을 것이라는 점은 짐작되지만 정부의 조사는 없었다. 또 미국 수준의 외상후스트레스장애만 일어났다고 하더라도 5만여 명 이상이 이 문제로 고통을 겪고 있을 것이 예상된다. 한 연구에 따르면 고엽제 환자의 우울증이 고혈압 환자의 우울증의 3.8배에 달한다.

베트남전쟁에서 일어난 일은 이후의 걸프전에서도 반복됐다. 2008년 미국 연방 정부의 걸프전 참전 병사 질병 연구 자문위원회는 걸프전 참전 병사 69만 7000명 중 약 4분의 1이 걸프전 증후군 증상을 보이고 있다고 보고했다. 이는 이라크·아프가니스탄 전쟁에서도 마찬가지다. 가난한 어린 병사들의 전쟁이며 바로 그들이 피해자다. 이들을 전쟁에 내몰며 침공국의 정치가들은 세계 평화, 테러와의 전쟁, 국익을 위한 희생을 말한다. 과거 십자군을 모집하면서 교황이 내걸었던 성전이라는 허황된 얘기와 지금의 이라크·아프가니스탄 침공국의 명분이 무엇이 다른가?

한국 정부는 전 세계에서 유일하게 아프가니스탄 재파병을 결정하면서 국익을 위해서는 "일부의 희생은 불가피하다"고 말했다. 반군이 아프가니스탄 국토의 60퍼센트 이상을 장악하고 점령군은 수도 카불 주위만을 지키고 있는 것이 분명한 지금 재파병은 한국의 병사들을 사지에 몰아넣는 것과 다름없다. 파병이 그토록 국익을 위한 것이라면 애국 애족을 입에 달고 사는 자들이 먼저 전선의 최일선에 서야 하지 않을까? 이제 더는 "아이들의 십자군 전쟁"을 계속해서는 안 된다.

기근 빵과 세계의 비참, 그리고 아이티

2010년 초 발생한 지진으로 아이티인들은 10만~30만 명이 사망하고 엄청난 고통을 겪었지만, 미국·한국을 비롯한 각국 정부는 항공모함과 군대를 보내는 등 재난을 이용해 패권·이윤 추구에 몰두했다. 이를 비판하려고 〈레프트21〉 25호(2010년 2월 11일 자)에 쓴 글이다.

아이티 문제가 뉴스에서 사라지기 시작했다. 가장 최근 보도는 한국의 PKO(유엔 평화유지군) 파병 결정 보도였을 뿐이다. 굶주린 아이들의 문제가 해결된 것일까?

아이티 하면 이제 '진흙쿠키'가 먼저 떠오를 것이다. 진흙으로 만든 빵. '빵'의 역사는 다른 한편 '기근 빵'의 역사이기도 하다. 역사적으로 기근 때마다 등장한 것이 바로 곡식 아닌 무언가로 만든 빵이 아닌 빵, 즉 '기근 빵'이다.

1893년 〈영국 의학 저널〉에는 "러시아 기근 빵의 진실"이라는 독자 편지가 실렸다. "농부들이 기근 때 먹던 잡초로 만든 '기근 빵'이 영양이 풍부하다는 주장이 있습니다. 그러나 농민들은 그 '빵'을 먹고 나서 몸이 붓고 설사, 티푸스 등으로 수천 명이 사망했습니다. 고아원을 경영하는 한 귀족 부인은 아이들이 그 '빵'을 먹고 극심한 복통을 견디기보다는 차라리 굶어 죽기를 택했다고 전합니다."

중세부터 나타난 '기근 빵'은 사람이 먹을 수 있는 모든 것, 즉 잡초·나무껍질·짚·겨·이끼 등이 재료로 쓰였다고 전한다. 그중 역사상 최악의 것은 834년 프랑스 기근 때 흙과 소금을 섞어 만들었던 빵이라고 한다. 그런데 중세도 아닌 21세기에 역사상 최악의 기근 빵이 바로 아이티에 있다.

한국 정부도 전 세계 정부와 마찬가지로 이번 아이티 구호 활동에 참여했다. 100만 달러를 기부한다고 했다가 안젤리나 졸리보다 못하다는 비판을 듣자 1000만 달러로 지원 기금을 늘렸다. 그러나 이 기금 중 500만 달러는 다른 나라에 지원 기금으로 보내야 할 국제 협력 기금 예산을 빼서 돌린 것이다. AP통신 보도를 보면 미국 정부는 첫 주에 구호 기금으로 1억 달러를 지출한 데 이어 지난달 말까지 3억 8000만 달러를 지출했다. 지난달 말까지 전 세계 정부는 20억 달러를 아이티에 지원했다.

이 돈은 물론 적은 금액이 아니며 아이티에게는 더욱 그렇다. 그렇지만 지난해 세계경제 위기를 몰고 온 금융회사들에 각국 정부는 구호 기금을 얼마나 줬던가? 골드만삭스는 '구제금융'이라는 이름으로 100억 달러를 받았다. 아이티 전체 구호 기금의 다섯 곱절이다. 그런데 이 중 48억 달러가 고위직에게 보너스로 지급됐다. 1인당 평균 약 60만 달러였다. JP모건체이스는 250억 달러를 받았고 86억 달러를 보너스로 나눠 줬다. 공적 자금 450억 달러가 투입된 시티그룹은 277억 달러 손실을 봤는데도 보너스를 53억 달러 지급했고, 450억 달러를 받은 뱅크오브아메리카는 33억 달러를 보너스로 줬다.

한국 정부도 다르지 않다. G20 정상회의를 개최한다고, 국격을 생각해서 아이티에 파병을 하겠다고 하는 나라다. 그런데 한국 정부가 지난 한 해 동안 진정으로 구호 자금을 몰아준 대상은 누구일까? 바로 은행과 건설회사와 재벌이다. 2008~2009년 금융기관에 지원한 돈은 은행자본확충펀드, 구조조정기금, 금융안정기금 등 60조 원 규모다. 한국은행의 돈이거나 국민연금, 정부채권이 대부분인 공적 자금이다. 이 돈은 지금까지 주식과 부동산 프로젝트 파이낸싱 등으로 떼돈을 벌어들인 재벌과 금융·건설회사를 구제하기 위한 구호 기금 이상도 이하도 아니다. 이 돈은 물론이고, 아직 IMF 시기에 지출된 공적 자금 168조 원 중 못 받은 돈 75조 원과 그 이자도 2027년까지 우리가 국민 세금으로 갚아야 한다. 전 세계 국가들은 이렇게 부자들에게 퍼 준 돈 때문에 재정 적자가 났다고 복지 예산을 삭감했다. 한국 정부도 예외가 아니었고, 그 결과로 한국 건강보험의 보장률은 20년 만에 처음으로 떨어졌다.

더욱이 각국 정부가 아이티에 지원한다는 돈의 내역을 보자. 미국 정부가 지원한 돈의 33퍼센트는 미군 파병에 쓰였다. 이 돈은 식량 지원에 쓰인 돈(9퍼센트)의 3.5배고 생존자 지원에 쓰인 돈(5퍼센트)의 여섯 곱절이 넘는다.

나오미 클라인은 《쇼크 독트린》이라는 책에서[33] 재난을 이용해, 또 심지어 재난을 만들어서 이윤을 추구하는 현대 자본주의의 특징을 "재난 자본주의"라고 묘사한 바 있다. 동남아시아 쓰나미 이후 스리랑카의 해변에서는 어민들이 쫓겨나고(쓰나미 피해가 우려되기 때문에) 수십 킬로미터에 이르는 고급 리조트 단지가 들어섰다(쓰나미는 부자들은 피해 가기 때문에). 이라크에서는 전쟁이라는 재난을

---

33 국역:《자본주의는 어떻게 재난을 먹고 괴물이 되는가》, 모비딕북스, 2021.

일으키고 대대적 파괴를 '재건'이라고 포장해 전 부통령 딕 체니의 헬리버튼 같은 군수 기업들이 천문학적 이윤을 얻을 수 있게 했고, 석유 채굴지가 다국적기업의 사유지가 됐다.

아이티도 재난을 이용한 패권·이윤 추구에서 예외가 아닐 것이다. 이미 미국은 항공모함을 동원해 미군 2만 2000명을 파병했다. 미국이 지진을 이용해 군사적 점령을 하려 한다고 베네수엘라, 볼리비아 등 라틴아메리카 국가들이 비난하자 힐러리 클린턴 국무부 장관은 "미국과 미국 국민의 관대함, 미국 대통령의 지도력에 대한 공격에 깊이 분개한다"며 발끈했다.

관대함과 지도력? 아이티의 흑인 혁명 이후 경제봉쇄를 한 관대함? 1915년에 군사적 침공을 한 관대함? 아니면 1950년대 이후 쿠바 견제를 위해 뒤발리에 독재 정권을 30년이나 지원한 관대함? 클린턴 부부는 신혼여행을 아이티로 갈 정도로 아이티에 대한 애정이 각별하다고 한다.

그러나 그들이 신혼여행을 간 1975년 당시의 아이티는 지금의 아이티가 아니다. 당시 아이티는 식량자급률이 100퍼센트인 나라였다. 그러나 IMF 차관을 조건으로 농업을 개방하고 클린턴 집권기인 1995년에 미국 쌀 수입관세를 35퍼센트에서 3퍼센트로 내리는 구조조정 프로그램을 시행한 이후 아이티는 진흙쿠키를 먹는 나라가 됐다. 힐러리 클린턴이 말하는 지도력이 바로 빌 클린턴 전 대통령의 이런 지도력을 말하는 것인가, 아니면 선거로 뽑힌 대통령 아리스티드가 민영화에 저항하자 쫓아낸 부시 전 대통령의 지도력을 말하는 것인가?

이웃의 재난을 이용해 패권을 추구하는 것은 있을 수 없는 일이다. 이번에 아이티에 다녀온 의료진은 미군 한 무리가 한국국제협력단KOICA 사무실에 들이닥쳐 의약품을 달라고 요구하고 한국에서 운반해 간 의약품을 가져갔다는 황당한 경험담을 전한다. 미군은 아이티에서 이미 점령군이다. 아리스티드가 집권 후 가장 먼저 한 일은 경찰 2000명을 해산한 것이다. 통통마쿠트로 불리는 경찰이나 군대는 아이티에서 고문과 폭력의 대명사였기 때문이다. 그런데 이런 나라에 식량과 의약품이 아니라 군대를 보낸다고?

한국 정부를 비롯해 세계 각국 정부들은 지금 아이티를 두고 인류애에 대한 현란하기까지 한 호소를 한다. 그러나 그들이 진정 인류애를 말하려면 IMF와 WTO가 아이티 같은 빈국과 남반구 국가에 농업 개방 프로그램을 강요하는 일부터 중단시켜야 한다. 또 인구의 3퍼센트가 HIV/에이즈 감염자인 아이티에 의약품 특허권을 강요해 약값을 몇 곱절이나 오르게 한 중미자유무역협정CAFTA 같은 자유무역협정부터 철회해야 한다.

세계 각국 정부, 그리고 한국 정부가 인류애를 말하려면 경제 위기 시기에 가난한 사람들의 세금을 걷어 부자들의 손실을 메꿔 주는 '부자들을 위한 로빈후드' 정책을 중단해야 한다. 구제 기금은 부자들이 아니라 정말로 당장 굶고 있는 아이들에게 식량과 의약품과 교육과 식수를 주는 데 써야 한다.

유엔이 새천년을 맞아 내세운 목표의 첫째 항목은 "2015년까지 하루 소득 1달러 미만인 세계 인구와 기아 인구 비율을 절반으로 줄인다"는 것이었다. 그러나 2009년 세계식량계획의 보고를 굳이 인용할 것도 없이 세계의 기아 인구는 아이티에서 드러나듯 전혀 줄지 않았다. 왜 식량은 남아도는데 전 세계에서 매일 어린이 1만 8000명 등 2만 5000명이 굶주림으로 죽어야만 하는가?

아이들의 굶주림 앞에서 눈물을 흘리지 않는다면 도대체 우리가 어디서 울 수 있겠는가? 하지만 그 눈물의 분노가 향해야 할 곳은 진흙쿠키를 먹는 아이들을 만든 바로 이 현대 자본주의의 잔혹함, 그리고 이웃의 식량과 재난마저 이윤과 패권을 위해 이용하려는 정부와 기업이어야 한다.

이스라엘은 학살을 멈춰라!

2023년 10월 가자 전쟁이 시작됐을 때부터 꾸준히 팔레스타인 연대 집회에 함께해 온 필자가 2024년 8월 24일 '팔레스타인들과 연대를! 49차 집회와 행진'에서 발언한 내용이다.

가자 지구 보건부는 올해 7월 소아마비 유행이 우려된다고 경고했다. 뒤늦게 세계보건기구와 유니세프는 8월 16일 가자 지구 하수구에서 소아마비 바이러스가 발견됐다고 발표했다. 그래서 백신 접종을 위해 7일간 휴전을 요청했다. 세계보건기구와 유니세프가 소아마비 바이러스가 발견됐다고 발표한 몇 시간후 생후 10개월 어린이가 소아마비에 걸린 것이 알려졌다.

이스라엘 국방부는 이 소식에 즉각 반응했다. 그들이 휴전을 했나? 그들이 백신을 놓아 줬나? 아니다. 그들은 곧바로 가자 지구에 침공한 이스라엘 장병들에게 소아마비 백신 접종을 했다.

생후 10개월짜리 아기의 소아마비 발생은 충격적인 일이다. 그러나 이는 한 아이만의 불행을 의미하는 것이 아니다. 어린이들이 예방접종을 하지 못했다는 것을 의미하기 때문이다. 아기들과 어린이들은 소아마비, 파상풍, 백일해, 디프테리아, A형·B형 간염, 홍역, 풍진 등의 예방접종을 해야 한다. 이제 이스라엘이 가자를 침공한 지 10개월이 됐다. 거의 모든 병원이 파괴됐고 현재 운영되는 곳은 아주 많이 잡아도 40퍼센트가 안 된다. 예방접종 스케줄이 모두 망가졌다. 소아마비가 발생한 것처럼 예방하지 못한 모든 질병에 걸릴 수 있다. 소아마비는 먹는 백신으로 한다 하더라도 전기가 들어오지 않는데 다른 백신은 어떻게 할까. 이스라엘군이 가자 지구의 모든 상하수도와 발전 시설 등 인프라 시설을 집중적으로 파괴했기 때문에 아이들은 깨끗한 물을 마실 수도 없고 물을 끓여 마시는 것도 힘들다. 이제 가자 지구는 홍역이나 설사, 호흡기 감염 등이 만연할 것이고 그런 단순한 질병으로도 죽어 갈 것이다. 어린이들을 죽이는 것이 바로 이스라엘이 지금 하는 짓이다. 이것이 이스라엘이 말하는 방어권이다.

2023년 10월 하마스의 공격과 이스라엘의 침공 이후 2024년 6월 19일까지 가자 지구에서 3만 7396명이 사망했다고 유엔 인도주의업무조정국이 보고했다. 대부분이 어린이와 여성이다. 이 숫자는 최소치로 추정한 것이다. 아직도 무너진 건물 아래 남았다고 추정된 1만여 구의 시신을 제외했기 때문이다.

그러나 이것이 사망자의 전부가 아니다. 올해 7월 저명한 의학 전문지 〈랜싯〉에 실린 논문은 인프라 시설과 병원의 파괴에 따른 간접 사망자는 18만 6000명에 이를 것이라고 추정했다. 이것도 당장 휴전을 했을 때 말이다. 가자 지구 인구의 10퍼센트에 해당하는 숫자다. 영어 단어에 데시메이트decimate라는 학살을 뜻하는 말이 있다. 로마군인의 처벌법 중에 10명 가운데 1명을 죽인다는 말에서 유래했다. 지금 이스라엘이 팔레스타인인 10명 중 1명을 죽이고 있다. 이것이 학살이 아니고 무엇인가?

그런데도 미국은 이런 이스라엘에 무기를 계속 지원하고 있다. 미국 국방부 장관 로이드 오스틴은 8월 11일 이스라엘 국방부 장관과 통화하면서 "이스라엘의 방어권을 위한 모든 조처를 취하겠다"고 했다. 바이든 정부는 다음 날 이스라엘에 27조 원 규모의 무기 공급을 승인했다.

카멀라 해리스라고 다를까? 이번 민주당 전당대회에서 후보 수락 연설을 하며 해리스는 이스라엘의 방어권을 전적으로 지지한다고 말했다. 휴전을 말하면서 방어권을 이야기한 것이 바이든의 지금까지의 모습이었고 이와 하나도 다르지 않다. 미국의 민주당 전당대회에서는 풍선이 하늘에서 비 오듯이 떨어졌지만 가자 지구에서는 폭탄이 하늘에서 비 오듯이 떨어지고 있다. 민주당 전당대회 앞 시위대가 "인종 학살 조, 어린이 살해자 해리스"를 외친 이유다. 그렇다. 당장 미국은 어린이 살해를 멈춰야 한다. 이스라엘과 미국은 학살을 멈춰야 한다.

팔레스타인의 참상을 끝내려면

암 투병 중에 2025년 6월 29일 '팔레스타인인들과 연대를! 90차 집회와 행진'에 참석해 발언한 내용이다.

지난 19일 이란의 공격으로 이스라엘 남부 베르셰바의 소로카병원 옛 외과 병동에 탄도미사일이 떨어져 경상자가 나왔다. 이를 보고 네타냐후 총리는 '엑스'를 통해서 이란의 테러리스트들이 병원과 민간인을 향해 미사일을 발사했다면서 테헤란의 폭군들에게 그 값을 받겠다고 이야기했다. 그리고 이스라엘의 국방부 장관은 이에 대해서 비겁한 이란의 독재자가 벙커 속 깊숙이 숨어 이스라엘 병원과 민가를 조준해 공격하고 있다면서 가장 심각한 유형의 전쟁범죄라고 비난했다. 나는 이스라엘의 얘기가 맞을 수도 있다고 본다.

그렇다면 그들이 지금까지 저지른 가자 지구 병원에 대한 폭격은 도대체 무엇인가? 그리고 그들이 지금 가자 지구에 자행하고 있는 봉쇄는 도대체 무엇인가? 유니세프는 지금까지 이스라엘이 가자 지구의 병원을 500회 넘게 공격했다고 한다. 네타냐후에게 이렇게 말하고 싶다. 내가 너의 죗값을 꼭 받겠다.

지금 세계보건기구는 가자 지구에서 부분적으로라도 기능을 하는 병원이 16개밖에 없다고 이야기한다. 그런데 이 모든 병원 숫자는 하나도 중요하지 않게 됐다. 왜냐하면 지금 제일 중요한 것은 당장 먹을 식량이 없다는 점이기 때문이다. 190만 명 중에 90퍼센트가 이재민이고 이 중에 100만 명 이상은 어린이다. 그런데 이 어린이 중에 당장 35만 명이 오늘 밤 먹을 식량이 없다. 이게 가장 건조하게 보고한 세계식량기구의 최근 보고다. 우리는 지금 더는 뭐라고 표현할 수 없는 아주 잔혹하고 잔혹한 형태의 전쟁을 보고 있다.

여기에 이스라엘 당국이 식량을 조금씩 통제해서 나눠 주면서 그곳에서 총을 쏘고 있다는 〈하레츠〉 보고서가 나와서 지금 또 문제가 되고 있다. 이 얼마나 도저히 이야기할 수 없을 정도로 끔찍한 전쟁의 상태인가?

이런 가자인들에게 우리가 어떻게 연대할 수 있을까? 그들의 당장의 죽음 앞에, 이 참혹함 앞에서 우리가 그들에게 어떻게 연대할 수 있을까?

결국 이란 전쟁도 이스라엘이 가자를 침공하면서, 또 그 가자에 대한 레바논의 지원이나 예멘의 지원이 끊어지면서, 이 연대들이 끊어지면서 일어난 것이다.

결국 가자에 대한 우리의 지원 그리고 연대만이 지금 벌어지고 있는 참혹한 일을 멈출 수가 있다. 지금 가자 지구 민중에게 필요한 것은 연대다. 그들에게 도움을 줄 수 있는 것은 미국 정부도 서방의 정부도 아니다. 결국 우리와 가자의 민중과 가자의 민중에 연대하는 전 세계적 투쟁과 운동만이 이 참상을 끝낼 수 있다. 가자 민중에게 해방을!

8장
운동 안의 논쟁

2008년 노동절 집회에서 복지 확대를 요구하며 행진하는 노동자들.

'신복지운동'론과 무상의료로 가는 길

필자는 2010년대에 운동 내에서 벌어진 복지 논쟁에 활발히 참여했다. 《진보평론》 46호(2010년 겨울호)에 쓴 글이다.

'새로운 진보'와 복지국가 논쟁

최근 '건강보험 하나로 시민회의'의 대표적 인사이면서 복지국가소사이어티 공동대표이자 시민정치포럼의 공동대표인 이상이 제주의대 교수는 "'낡은 진보'가 '건강보험 하나로 시민회의'의 행보를 가로막고 있다"면서 민주노동당과 진보신당의 '부자에게 세금을, 서민에게 복지를' 주장을 강력하게 비판하고 나섰다.

민주노동당과 진보신당은 출범 초기부터 사회적 약자를 위한 정당임을 내세우며 "부자에게 세금을 빈자에게 복지를"이란 구호를 내걸었다. … 정부여당은 부자들에게는 복지를 주지 않고 그 돈으로 빈자들에게 충분한 복지를 주겠다는 논리로, 부자들에게까지 복지를 주겠다는 야당의 소위 '보편적 복지'를 공격하고 있다. 부자들에게 세금을 걷어 빈자들에게 복지를 주겠다는 진보정당의 과거 슬로건은 현재 정부여당의 그것과 너무나 닮아 있다. … 과거 진보정당과 진보진영은 시야가 '진보적' 잔여주의에 머물렀다.[1]

진보정당의 대표적 주장이 '낡은 진보'이고 한나라당의 주장과 "너무나 닮아 있다"는 주장은 과거 참여정부 시기 정부 여당 인사들의 진보정당에 대한 '낡은 진보' 비판을 새삼스럽게 듣는 듯하다. 이상이 교수가 김대중 정부 시절 여당 정책위원을 지냈고 노무현 시기 건강보험공단 연구소 소장을 지낸 인사임을 감안한다면 그리 놀라운 일은 아니다.

다만 이 주장은 우선 사실관계부터 확인해야 할 듯하다. 민주노동당의 구호는 "부자에게 세금을 서민에게 복지를"이었지 "'빈자'에게 복지를"이 아니었다. 정부 여당의 잔여적 복지와 진보정당의 주장이 같다는 주장을 뒷받침하기 위해서는 '빈자'로 말을 바꾸는 것이 더 설득력 있을지는 몰라도 진보정당을 대표하는 슬로건을 왜곡하는 것은 일단 사실관계에서 어긋난 듯하다. 흔히 우리가 서민을 소수의 최상층을 제외한 대다수의 사람들을 가리키는 말로 쓰고 빈자는 흔히 가난한 하층의 계층을 가리키는 말로 사용하고 있다는 점에서 그의 왜곡은 지나쳐도 좋을 작은 왜곡이 아니다. 이런 왜곡만으로도 그의 주장은 사실관계에서 벗어나 있다.

물론 가장 큰 문제는 그의 비판의 입지다. 이상이 교수가 생각하는 '낡은 진보'가 아닌 새로운 진보는 '깨어 있는 시민'에 기초한 새로

---

[1] 이상이, "우리시대의 진보와 깨어있는 시민", 〈프레시안〉, 2010년 11월 2일.

운 복지 운동을 말하는 듯하다.

노무현 전 대통령은 퇴임 후 성찰의 시기 동안 "깨어 있는 시민"을 강조했다. 보편적 복지국가는 '깨어 있는 시민' 없이는 달성이 불가능하다. 누진적·연대적 방식으로 세금을 기꺼이 더 내겠다는 '깨어 있는 시민'의 수가 늘어나고, 이들이 다수가 될 때 비로소 복지국가라는 '배'가 출항하게 되는 것이다.

그에게 "깨어 있는 시민"은 "누진적·연대적 방식으로 세금을 기꺼이 더 내겠다는" 시민이다. 이 깨어 있는 시민은 왜 필요한가? 그것은 그의 민주노동당 비판에서 잘 드러난다. 그는 다음과 같이 말한다.

민주노동당의 '낡은 진보'는 고용주가 건강보험료의 60퍼센트를 부담(현재는 50퍼센트)하고, 정부가 국고로 30퍼센트를 부담(현재는 20퍼센트)하라고 요구한다. 그래서 국민건강보험법 등을 개정해 이를 관철하겠다는 것이다. 그러면서 국민의 건강보험료 추가 부담 이야기는 꺼내지도 않는다. 먼저, 노동자 대 고용주의 건강보험료 부담 비율을 현행의 '50 대 50'에서 '40 대 60'으로 바꾸면서 건강보험료를 상당 폭 인상하는 것은 지금의 계급 역관계와 정치 현실에서는 실현 불가능하다. 국고 지원을 현재의 20퍼센트에서 30퍼센트로 늘리겠다는 것은 정부 재정의 용처를 이곳에서 저곳으로 옮겨 놓는 것일 뿐으로, 국가 재정의 확충이라는 복지국가의 지향에도 역행한다. 또, 국가 재정 지출의 우선순위에서 다급한 여러 복지 분야보다 앞서지는 않으며, 현재의 조건에서 국고 증액의 실현 가능성도 거의 없다.

이 글을 특별히 길게 인용한 것은 이상이를 비롯한 건강보험 하나로 운동 등 '새로운 사회복지 운동'을 주장하는 논자들의 현실 인식을 잘 보여 주고 있다고 생각되기 때문이다. '새로운 복지 운동' 나아가 '새로운 진보' 운동을 주장하는 논자들의 인식은 대체로 다음과 같은 특징을 보인다.

첫째는 비관적 현실 인식이다. 위 글에서도 보이듯이 "지금의 계급 역관계와 정치 현실에서는 실현 불가능하다"는 것이다.

둘째, 노동운동 또는 계급의 실종이다. 노동운동, 또는 노동자'계급'은 이미 주체로 등장할 수 없으므로 과거의 낡은 운동을 대신할 새로운 운동이 필요하게 된다. 이 때문에 이들은 새로운 주체를 상정하게 되는데 이때 등장하는 것이 이상이 교수에게는 '깨어 있는 시민'이고 또 다른 용어로는 '복지동맹'이다.

셋째, 이 새로운 복지동맹을 이룩할 깨어 있는 시민은 복지국가 형성에 동의해 "누진적·연대적 방식으로 세금을 기꺼이 더 내겠다는" 시민들로 구성된다.

이런 인식은 전혀 새로운 것이 아니다. 이미 서구의 신사회운동론이 노동자계급의 쇠퇴와 새로운 주체의 동맹에 의한 사회운동을 주창한 바 있고 한국의 일부 시민운동 또한 1990년대에 새로운 시민운동론으로 이런 논리를 반복한 바 있다. 하나로 시민회의의 건강보험료 선제적 인상 주장의 논리도 이런 신사회운동론의 반복이다. 이런 주장은 최근 주장되고 있는 '신복지운동론'의 주장과 유사하다.

이 글은 원래 하나로 시민회의가 주장하고 있는 '1만 1000원 보험료 인상으로 모든 병원비를 건강보험 하나로'라는 운동을 둘러싼 논쟁을 다루려는 글이었으나 최근 이 '하나로' 논쟁이 '복지국가'론 전반을 둘러싸고 이뤄지고 있는 상황이므로 '새로운 복지국가 운동' 주장과 연관해 이를 다루는 부분을 추가해 다루겠다.

먼저 이 글은 하나로 시민회의의 주장을 다루고 그들의 주요한 주장과 기타 주장을 비판하며, 마지막으로 그들이 입각해 있는 신복지운동론의 주장을 부분적으로 반박하고자 한다.

하나로 시민회의는 무엇을 주장하고 있는가?

시민회의 측에서 주장하는 건강보험 하나로 운동의 주장을 간단히 요약하면 다음과 같다.

첫째, 현재 건강보험의 보장성을 OECD 평균 수준인 75퍼센트로 늘리기 위해서는 2009년 기준으로 약 12조 원의 재정이 필요하다.

둘째, 현재 건강보험 재정의 구성을 그대로 유지한다면(간단히 요약하자면 노동자 대 사용자의 보험료 분담 비율이 5 대 5이고 지역 보험 가입자들의 보험료 부담을 덜기 위한 국가 재정 지원이 보험료 수입의 20퍼센트다) 12조 원은 국민이 1인당 1만 1000원 정도를 더 부담하면 마련할 수 있다.

셋째, 국민들이 1인당 1만 1000원 정도를 더 부담한다면 현재 재정 체계상 정부의 부담과 기업의 부담이 '자동으로' 증가한다.

넷째, 이런 1인당 1만 1000원의 추가 부담은 현재 약 60~70퍼센트의 국민이 평균적으로 부담하고 있는 민영 의료보험료에 비해 적다. 따라서 국민들을 설득할 수 있다.

다섯째, 민간병원의 문제라든지 병원의 보수 지급 문제는 이런 건강보험 보장성의 문제를 풀면 이후 지금보다는 쉽게 풀릴 수 있는 문제다.

이런 논리에 따라 이들은 국민들이 건강보험료 1만 1000원 인상을 먼저 주장하자고 한다. '우리가 내겠으니 기업과 정부도 더 내라'는 주장이 '기업과 정부만 더 내라'는 주장보다 더 힘이 있고 또 그렇기 때문에 더 현실적이라는 것이다.

그리고 이런 부담 방식을 '사회연대적' 방식이라고 말하는데 이는 현재 보험료 부과 방식이 정률적이어서 적게 버는 사람은 적게 내고 많이 버는 사람은 많이 내는 구조이기 때문이라는 것이다. 이런 주장의 문제점들을 지적해 보겠다.

1. 무상의료의 권리 요구를 국민의 재정 부담 문제로 치환

현재 복지국가 주장들(예를 들어 지방선거에서의 무상급식 문제)이 주요한 문제로 부각된 것은 민중의 권리 인식이 달라지고 있기 때문이다. 다시 말해, 우리도 이만큼 일하고 이만큼 세금이다 뭐다 내고 있으면 인간다운 삶, 즉 '복지' 혜택을 누리고 살 때도 되지 않았느냐는 생각이 바로 복지 문제가 주요 의제 중 하나로 떠오르는 배경이다. 민주주의가 이뤄지고 나라도 어느 정도 살게 된 것 같은데 고용·주택·교육·의료 문제는 전혀 해결되지 않고 있다는 인식, 선진국이 됐다고 하면서 다른 나라들에서는 다 누리고 있다는 복지 제도는 이뤄지지 않았다는 인식이 그것이다.

무상급식이 그렇다. 우리도 아이들 점심값쯤은 정부가 해결해 줄 수도 있지 않겠느냐는 것이 문제의식이었다(대략 2조 원쯤 든다는 무상의료의 재정 문제는 아예 논의도 되지 않았는데 연간 GDP의

0.2퍼센트 정도다). 사람들의 무상급식에 대한 지지는 권리에 대한 인식이었다. 물론 4대강 할 돈 22조 원의 10분의 1이라는 내용이 국민들 가슴에 와닿았을 것이지만 이런 재정 문제는 부차적이었다.

무상의료와 무상교육도 마찬가지다. 가장 중요한 것은 이런 무상의료와 무상교육이 정부가 해결할 문제라는 권리 의식이다. 재원은 그다음 문제다. '암부터 무상의료'와 같은 주장도 마찬가지다. 당시에 드는 돈은 약 1조 5000억 원이었고 물론 당시에 건강보험 재정 흑자가 2조 원가량이 있었던 상황이었지만 국민들에게 중요한 것은 '중병 걸려 병원 못 가는 일은 없게 하자'는 권리에 대한 의식이었다.

그런데 하나로 시민회의 주장은 '1만 1000원의 기적'이 캐치프레이즈인 것에서 잘 나타나듯이 '우리가 먼저 부담하자'가 문제의식의 핵심이다. 다른 주장들은 기존 운동과 동일하다. 무상의료라는 권리의식이 재정 문제로 바뀌었다.

여기에 그 부담의 주체도 자본과 부유층이 아니라 '우리가 먼저'로 바뀌었다. 이것이 바로 시민회의 측에서 이야기하는 패러다임의 변화다.

왜 진보운동은 무능하다고 비판받는가? 진보운동은 왜 정치적 권위를 만들어 내지 못하고 있는가? … 이를 위해 무엇보다 필요한 것이 진보의 모델 사례이다. 이명박 대통령이 대중교통 체계 개편으로 자신의 정치적 브랜드를 구축하듯이, 이건희 일가가 삼성전자로 자신의 입지를 공고히 한 것과 비교해, 진보운동은 자신의 정치적 권위를 세울 사례를 만들지 못했다. 그래서 말은 성찬이지만 먹을 것 없는 '무능' 딱지가 부메랑이 돼 진보운동에게 되돌아온다. 우리는 복지에 주목한다. … 진보운동은 그토록 강조해 왔던, 그리고 국민들이 갈구하는 복지 영역에서 이 모델 사례를 만들어 내야 한다.

이런 사례는 당위적인 말로 생길 수 없다. 종래와 다른 방식의 실천이 필요하다. 원리주의적 주장보다 구체적 해법을 제시하고, 국민들이 복지 운동에 참여하고 성과를 체험할 수 있도록 해야 한다.

이를 위해서 정부, 사용자에게 재정을 더 책임지라는 기존의 당위적이고 관성적인 활동에서 벗어나, 소득에 따라 납부하는 보험료를 지렛대로 가입자, 사용자, 정부 모두가 건강보험 재정 확충에 나서고, 이를 토대로 '모든 진료비를 건강보험으로' 해결하는 국민운동이 요청된다.[2]

이렇게 해서 나온 운동이 국민들이 건강보험료로 1인당 1만 1000원(가구당 2만 8000원)을 더 내서 이를 근거로 정부와 기업에게 부담을 늘리도록 압박하자는 것이다. 정부의 예산 지원을 더 늘리고 기업의 부담을 더 늘리자는 과거의 "원리주의적" 주장보다는 더 구체적 해법이라는 것이다.

왜 더 구체적 해법이라고 할까? 시민회의에서는 정부와 기업에 일방적으로 요구하기보다는 국민들이 먼저 부담하기 때문에 더 쉽다는 인식이 깔려 있다. 이미 민영 의료보험료로 12조 원이 지출되고 국민들이 의료보험료로 1인당 10만원 이상을 부담하고 있으며 약 70퍼센트의 가구가 의료보험에 가입하고 있기 때문에 1인당 1만 1000원(가구당 2만 8000원)을 더 부담하는 것은 10만~12만 원에

---

2 '모든 진료비를 건강보험 하나로' 시민회의 제안 모임, "'모든 진료비를 건강보험 하나로' 시민회의 제안 설명", 2010년 4월 10일.

비해 적다는 것이다.[3]

우선 간단한 사실부터 살펴보자. 보험료를 개인당 1만 1000원 인상한다는 것은 약 40퍼센트의 보험료 인상을 말한다. 이에 대한 찬성과 반대는 상당히 심각할 것이다. 실제로 매년 약 4~5퍼센트씩 인상되는 보험료 인상 때마다 건강보험공단에 쏟아지는 국민들의 불만은 적지 않다. 따라서 이 보험료의 선제적 인상안 자체가 국민들을 분열시킬 가능성이 매우 크다.

더욱이 민영 의료보험에 가입한 사람들을 보면 쉽게 추론해 볼 수 있는 것은 저소득층의 경우 민영 의료보험 가입률과 그 보장액이 낮을 것이고 고소득층의 경우 그 역일 가능성이 크다는 것이다. 또한 청년층이거나 50세 이상 고령자의 경우 가입률은 낮을 수밖에 없는데 청년층의 경우 필요를 느끼지 못하기 때문이고 노년층의 경우 보험사가 가입을 거절하기 때문이다.[4] 이런 사실은 정작 건강보험료를 올려야 할 사람들 중 많은 사람들이 민영 의료보험에 가입하지 않은 경우가 많다는 점을 말하고 동시에 민영 의료보험에 가입할 정도의 소득을 가진 사람이라면 건강보험료 인상은 개인당 1만 1000원보다 훨씬 클 것이라는 점도 예상된다. 따라서 평균 40퍼센트 인상

---

3 가장 큰 자료의 부실은 민영 의료보험의 규모인데 1인당 10만~12만 원의 부담을 하고 있다면 민영 의료보험의 규모는 5000만 명 곱하기 10만~12만 원으로 계산하면 5조~6조 원이다. 민영 의료보험 규모가 과장돼 있든지 아니면 개인 부담이 과소 추계돼 있다.

4 진보신당 정책토론회 자료집, "건강보험 하나로 병원비 걱정 없는 사회를"을 보면 30~49세 구간이 가장 가입률이 높으며 50세 이상부터는 가입률이 55퍼센트 정도로 낮아지고 65세 이상 노인들의 경우 가입률이 20퍼센트 미만임을 알 수 있다.

자체도 문제지만 이를 개인별로 나눠 봤을 때의 부담에 대한 불만은 실제로 매우 클 것이다. 적들이 분열하기 보다는 운동 내에서 분열이 생길 가능성이 크다.

하나로 시민회의 핵심 인물 중 한 사람인 오건호 복지국가소사이어티 정책위원의 경우 이렇게 보험료 부담을 더 지겠다는 운동을 '참여 재정 운동'이라고 부른다. 그러나 일반적으로 '참여 재정 운동'은 재정 부담에 참여하는 것을 가리키는 말이 아니라 민중이 재정 운용과 수급 방법 결정에 참여하는 것을 말하는 것이다. 노동자들이 재정 부담에 참여하는 것을 참여 재정이라고 부른다면 재산과 소득이 없는 것으로 정의되는 무산자, 즉 노동자들이 가장 참여율이 저조할 것이다. 따라서 여기서 "깨어 있는 시민"은 이른바 중산층 이상의 시민이 될 가능성이 더 커진다.

이 때문에 민주노총과 민주노동당은 물론이고 참여연대와 다수의 시민단체들이 선제적 건강보험료 인상안에 찬성할 수 없다는 의견을 모았다. 사실상 사회단체들에서 건강보험료를 먼저 올리자는 시민회의의 안이 거부된 것이다. 낡은 진보와 구별되는 바로 그 지점 때문에 말이다.

둘째 문제는 이렇게 건강보험료를 올리는 것이 더 쉽다고 판단하는 또 다른 근거로 암묵적으로 제시되는 것들이다. 즉, 자본과 기업에게 일방적으로 요구하는 것보다는 자본의 부담률을 낮춰 주는 방식이기 때문에 쉽다는 것인데, 이런 방식에도 불구하고 〈조선일보〉는 건강보험 하나로 운동에 복지 포퓰리즘이라는 딱지를 붙였다. 이에 대해 오건호 위원은 "이미 〈조선일보〉, 〈문화일보〉 등 보수 언론들은 상당한 지면과 사설을 통해 '복지 포퓰리즘'이라며 건강보험 하나로 운동에 비판의 날을 세우고 있다. … 이 운동이 지향하듯이 풀뿌리 운동으로 확산될 경우 정부, 기업, 민간 보험회사들은 매우 곤란한 지경에 빠질 수 있기 때문"이라면서 "무상급식에 이은 제2의 보편복지 의제로 등장하는 것을 두려워하고 있는 것"이고 "그만큼 '건강보험 하나로' 운동은 폭발성을 가지고 있다"고 주장했다.[5]

그러나 〈조선일보〉의 반응은 그들이 암묵적으로 제시한 길이 자본의 입장에서 볼 때는 쉬운 길이 아니라는 것을 보여 준 것에 불과하다.

기획재정부 관계자는 "지금도 건보 재정의 적자를 메우느라 매년 담뱃값에 부과되는 건강증진기금의 3조 원 이상을 빼내 보태고 있는데, 여기에 연간 2조 원 이상을 추가로 보태라는 것은 무리" … 라고 주장했다. A 대기업 관계자는 "기업들에 연간 3조 원 이상의 세금을 더 걷겠다는 발상인데, 안 그래도 경영에 허덕이는 중소기업들은 부담하기가 쉽지 않을 것"이라고 말했다. …
시민회의 이진석 교수(서울대 의대)는 … "건보 재정 건전화를 요구하면서도 재정 부담은 정부나 기업 탓으로만 돌리던 상황에서 이번엔 국민 개인 부담부터 촉구하고 나선 것이 의미 있는 일"이라고 주장했다.[6]

오히려 〈조선일보〉가 유일하게 부각하는 것은 "정부나 기업 탓으

---

5   오건호, "〈조선일보〉가 '무상의료'를 두려워하는 까닭, 10년 전 잘못을 반성합니다", 〈프레시안〉 2010년 6월 11일.

6   "'꿈같은 복지' 내미는 진보 진영", 〈조선일보〉 2010년 6월 8일 자.

로만 돌리던 상황에서 이번엔 국민 개인 부담부터 촉구하고 나선 것이 의미있는 일"이라는 이진석 교수의 말이다. 자본이나 정부는 양보할 생각이 없다. 단 그들은 이번 하나로 시민회의의 운동 중 개인 부담부터 촉구하고 나선 것은 의미 있는 양보로 받아들인다. 이것이 이 〈조선일보〉 기사의 의미다. 〈조선일보〉가 비판했으니 시민회의의 선제적 보험료 인상안은 옳다는 주장이 아니라면 더 객관적 시각으로 운동을 바라볼 필요가 있다.

더 쉬운 개혁 운동이라고 바라보는 근거, 즉 보험료 인상이 설득이 잘될 것이라고 보는 입장은 대다수의 사회단체들에게 이미 거부됐다. 반면 더 쉽게 받아들일 수 있을 것이라고 예상한 자본은 어떤 무상의료이든 간에 받아들이기를 거부한다. 운동 주체는 분열되고 반대 진영은 똑같이 완강하다면 이것이 좋은 운동 방안인가? 구체적 방안도 더 쉬운 방안도 아니다.

셋째로 지적해야 할 문제는 국민들을 수동적으로 변화시킨다는 것이다. 건강보험료 인상을 결정하는 것이 국가와 정부라는 점이다. 국민들이 결정하는 것이 아니다.

이 문제에 대해 하나로 시민회의 측은 '민주주의는 국민들 다수가 원하는 것을 따르는 것입니다'라는 대답 아닌 대답을 내놓고 있다. 앞서서 이 운동이 다수가 되기 힘든 이유는 밝힌 바 있다. 그렇다고 자본이나 정부의 저항이 줄어드는 것도 아니다.

이 운동은 국민들이 참여할 수 있는 새로운 운동인 것처럼 시민회의 인사들은 이야기한다. 그러나 권리로서의 무상의료 운동이야말로 국민들이 여러 운동에서 참여하고 결합할 수 있다. 평화운동을 하면서 국방비를 깎으라고 할 수도 있고 환경운동을 하면서 4대강 예산을 절감하라고 할 수도 있고 노동운동을 하면서 자본이 세금을 더 내라고 할 수도 있다. 한마디로 여러 운동이 여러 권리를 주장하면서 이 운동과 결합할 수 있다. 말하자면 권리를 중심으로 하는 운동은 전 민중적 요구가 될 수 있고 당연하게도 여러 운동들과 여러 요구들과 결합할 수 있다.

그러나 돈을 더 내자는 운동은 무슨 운동이 될 것인가? 보편적 복지를 위한 여러 운동과 결합할 수가 없다. 내가 돈을 더 내자는 운동으로 데모를 할 것인가? 그럴 수도 없다. 민중이 주체가 되는 것이 아니라 돈을 더 내는 수동적 객체가 돼 버린다. 운동의 주체가 깨어 있는 시민이 되기 위해서는 '내가 돈을 더 내겠다는데 너네들은 왜 돈을 더 안 내니?'라는 인식에 도달한다면 그나마 다행인 것이고 '사람들이 돈을 더 내면 훨씬 이득인데 왜 돈을 더 내는 것에 반대하는 사람들이 이렇게 많지'라는 자조적 인식에 도달하게 될 것이다. 그리고 돈을 더 내자고 열심히 사람들을 설득하러 다녀야 할 것이다. 계몽운동일 수밖에 없다. 그리고 계몽운동의 주체는 일부 정치인으로 귀결된다.

시민회의 측은 '풀뿌리' 운동이라고 이야기하지만 지역운동 단체나 노동조합의 현장, 정당 지역조직에서 정작 이 운동이 거부되고 있는 것은 바로 이 때문이다. 지역조직은 돈을 더 내자고 하는 것 이외에는 할 일이 없다.

2. 복지의 책임 소재가 자본과 기업에서 민중으로 전환

이 운동은 더 쉬운 운동도 아니고 민중을 주체화시키지도 못한다. 더욱이 이 운동이 위험한 것은 복지국가나 복지 권리의 책임 소재를 민중에게 떠넘길 수 있는 소지를 만들어 준다는 데 있다.

현재 정부와 우익 이론가들은 '국민들이 세금 부담을 덜하고 있기 때문에 복지가 안 된다'는 주장을 하면서 겁을 준다. 시민회의의 주장은 정부와 일부 우익 이론가들의 이런 주장을 강화해 줄 수 있다는 점에서 위험하다. 우리가 돈을 더 내자는 주장은 뒤집어 보면 민중 자신이 돈을 더 내지 않기 때문에 무상의료나 무상교육이 이뤄지지 않는다는 우익 이데올로기를 뒷받침하게 될 수 있기 때문이다.

그런데 정작 노동자가 덜 부담하고 있다는 것도 사실이 아니다. OECD 30개 국가의 사회복지 지출 기여 비율 평균을 보면 기업은 GDP의 5.4퍼센트고 노동자는 3.1퍼센트다. 그런데 한국은 거꾸로 기업이 2.5퍼센트, 노동자가 3.3퍼센트다(그림 17 참고).[7] 말하자면 노동자는 이미 OECD 평균 이상으로 부담하고 있는데 자본이 부담을 덜해서 한국에서는 복지국가가 이뤄지지 않고 있는 것이다.

건강보험료만 보더라도 한국은 자본과 노동자의 부담 비율이 5 대 5인 데 반해 대만의 경우만 해도 기업주가 60퍼센트, 노동자가 30퍼센트, 정부가 나머지 10퍼센트를 낸다. 기업주가 노동자의 2배를 내고 있다.[8] 프랑스의 경우는 7 대 3이고, 스웨덴처럼 세금으로 전환된 경우에는 9 대 1 정도로 자본이 훨씬 더 많이 부담한다.[9]

---

7 OECD database. employer and employee's social security contributions. www.oecd.org/ctp/taxdatabase.

8 대만 국민건강보험국.

9 물론 독일과 일본처럼 건강보험료를 50 대 50으로 부담하는 나라들도 있다. 그러나 이런 경우에도 국민들이 돈을 더 내자고 주장해서 무상의료와 가까운 체제가 이뤄진 것은 아니다. 일본은 우리가 본받을 체제는 아니다.

우리가 주장해야 할 것은 이런 사실에 입각해서 누가 부담을 할 것인지에 대한 것이다. 자본인지 노동인지가 대답이다. 시민회의 측은 이에 대해 건강보험료는 소득에 정률적이므로 부자가 많이 부담하고 서민이 덜 부담한다는 대답 아닌 대답을 내놓는다(뒤에서 밝히겠지만 건강보험료는 심지어 역진적이기까지 하다).

3. 자본 통제를 추후 과제로 보류

현재 한국의 의료 공급 체계는 매우 낭비적이다. 공급 체계를 다른 나라와 비교할 때는 조심스러워야 하는데 다른 나라들의 의료 공급 체계 통제는 흔히 신자유주의적 의료비 지출 통제일 수도 있기 때문이다. 이런 점을 유의한다 하더라도 한국의 의료 공급 체계는 심하게 낭비적인데 단적으로 사립병원의 비중이 매우 높다는 점에서 그렇다. OECD 국가 중 국공립병원 비율이 가장 낮은 나라가 미국과 일본이지만 이 경우에도 각각 34퍼센트, 26퍼센트고 대부분의 나라들은 70퍼센트가 넘는다. 한국은 약 7퍼센트에 불과하다. 병상 기준으로 봐도 13퍼센트 정도다. 이런 공립병원 비중을 높이는 것은 중장기 과제로 미뤄 놓을 일이 아니다. 요양병상이라든지 지역 정신 의료 체계라든지 아직 한국의 복지 시스템이 갖춰지지 못한 부문부터라도 공공 의료기관을 늘려야 하며 지역별 공공 의료기관을 늘려야 한다. 긍정적 예로는 최근 일부 지방자치단체에서 시도하고 있는 도시형 보건지소나 도시형 공공의료 클리닉이 있다. 도산하는 지방 병원에 대한 공공적 인수도 꾸준히 논의됐지만 실현되지 못한 사안인데 성남시립병원 등의 몇 가지 공립병원화 시도는 뒷받침만 된다면 지금도 이뤄질 수 있다.

공립병원 설립이 물리적 시간을 요하는 것이라면 수가제 개편은 정치적 의지만 있으면 시행할 수 있는 것들이다. 현재 전 국민 건강보험 체계를 갖춘 나라에서 행위별 수가제(의료 행위당 점수제)에만 전적으로 의존하는 나라는 전 세계에 한국 하나라고 해도 과언이 아니다. 최소한 질병별 포괄수가제나 총액계약제 같은 대안은 지금도 가능하다. 이미 김대중·노무현 정부 때 시범 사업이 이뤄졌고 제도 도입이 시도된 바 있다.

다른 한편 지역별 병상이나 의료기기의 도입 허가제도 시급한 사안이다. 한국 병원의 병상 수는 OECD 평균을 상회한 지 오래이고 의료기기들은 고가의 검사나 치료 장비의 경우 지극히 낭비적이고 무계획적으로 도입되고 있어 의료비를 높이는 큰 요인이 되고 있지만 전혀 통제되고 있지 못하다.

예를 들어 서울 지역의 병상이 너무 많아 부산과 대구를 제외하고는 모든 지역 암환자의 30~50퍼센트가 서울에서 치료를 받는다. 서울에 더는 병상을 짓지 못하도록 해야 하지만 이에 대한 통제 기전이 없다. 지역별 병상 허가제의 실시가 긴급히 필요하다. 또한 CT나 MRI 등의 고가 검사기기 보유가 세계 2~3위 수준이라는 것도 이제는 옛말이다. 최근에는 PET-CT나 다빈치 로봇수술 기계와 같이 다른 나라에서는 아직 도입도 되지 않은 기계들이 한국에서는 한 병원에 두 개가 들어오는 경우도 있다. 다빈치 로봇수술 기계는 아직 그 비용 대비 효과가 전혀 검증되지 않은 기기임에도 불구하고 돈이 벌린다는 이유로 아시아에 있는 32대의 기계 중 29대가 한국에 있는 현실이다.

이뿐인가? 약제비 적정화 방안은 노무현 정부에서 5개년계획으로 시행한다고 했으나 올해 하반기에 공식적으로 포기됐다. 약값을 절약하는 방안이 포기된 것이다. 민영 보험 자본에 대한 통제 또한 필요하다. 심지어 미국에서도 메디케어의 보충적 의료보험은 표준화된 상품을 포함해서 팔도록 하고 있고 지급률(총보험액 대비 지급액 비율, 손해율이라고도 한다)도 70퍼센트로 정해져 있으나 한국은 아예 규제가 없다.

문제는 하나로 시민회의가 이런 병원 자본에 대한 통제나 제약 자본에 대한 통제를 추후 과제로 미뤄 놓고 있다는 것이다. 이상이 교수는 다음과 같이 말한다.

민간병원의 상당 부분을 국유화함으로써 의료 공급 체계의 공공성을 획기적으로 높일 방도가 있는가? 이건 현실적으로 불가능하고, 그렇게까지 할 필요도 없다. 단계적으로 공공병원의 비중을 30퍼센트 수준까지 높여야 하겠으나, 이것도 단기간에 되지 않는다. 그렇다고 행위별 수가제를 하루아침에 폐지할 수 있는가? 낭비적 지출 구조의 핵심인 행위별 수가제를 최대한 빨리 포괄적 보수 지불 방식으로 개편해야겠으나, 기술적으로도 최소 5년 이상이 걸린다. 정치적 협상까지 고려하면 더 오래 걸릴 것이다.

그러면서 "급등하는 국민의료비를 단기간에 통제할 다른 방법은 … 모든 진료비를 국민건강보험의 통제하에 두면 된다"는 주장을 한다. 건강보험료를 올려 재정 확충을 해 모든 병원비를 건강보험으로 규정하면 된다는 것이다.

그러나 첫째, 병원 자본에 대한 통제 기전 없이 보험료만 인상한다면 이는 밑 빠진 독에 물 붓기가 될 가능성이 다분하다. 현재 의료비는 물가인상률의 3.5배 정도로 약 12퍼센트 이상씩 증가하고 있으며 이는 보험료를 매년 올려서 대처할 성격의 인상률이 아니다. 지출을 통제하고 재정 구조 자체를 바꿔야만 한다.

둘째로 개별 자본이나 부문 자본에 대한 투쟁은 어려울 것이므로 뒤로 미루고 총자본과의 투쟁은 더 쉬울 것이니 먼저 하자는 주장은 받아들이기 힘들다. "행위별 수가제를 하루아침에 폐지할 수 있는가? … 최소 5년 이상이 걸린다. 정치적 협상까지 고려하면 더 오래 걸릴 것이다"라는 이상이 교수의 예측은 한 부문의 자본을 통제하기 쉽지 않다는 것을 말하는 것이다. 그런데 어떻게 총자본에 해당하는 민영 보험 시장을 줄이고 병원 자본을 간접적으로 통제하고 기업 부담분을 더 높일 수 있다고 말하는 것일까.

우리가 해야 할 일은 개별 자본과의 투쟁이나 부문별 자본과의 투쟁을 총자본과의 투쟁과 결합시키는 것이다. 경제투쟁과 정치투쟁의 결합이기도 하고 여러 층의 제도 개선 투쟁과 정치적 투쟁을 결합시키는 것이기도 하다. 그런데 시민회의 측의 주장대로 하면 이 투쟁이 각자 따로 놀게 되며 더욱이 투쟁을 방기하게 된다.

셋째, 이런 개별 투쟁의 방기는 사실 심각한 문제를 야기하는데 병원 노동조합이나 건강보험 노동조합의 경우 병원 자본이나 제약 자본에 대한 투쟁의 방기는 곧바로 노사협조나 공공기관 노동자들의 임무 방기로 이어지기 때문이다. 이런 점에서 하나로 시민회의에 발기인으로 참여한 일부 병원 노동조합과 건강보험공단 노동조합 지도부의 행동은 우려스럽다.

건강보험 보장성 강화 운동은 하나의 운동일 뿐 다른 모든 운동을 포괄해야 하는 운동이 아니라고 말하는 인사도 있다. 진보신당의 일부 인사들이 대표적인데 '사교육 없애기', '학벌 없는 사회 만들기' 운동이 전체 교육 문제를 해결하는 운동이 아님에도 의미가 있다는 주장을 하고 있다. 이런 주장은 하나로 시민회의를 이루는 주도 집단들이 복지국가소사이어티 그룹, 과거 국민연금을 통한 정규직 양보론을 주장하던 '사회연대전략' 그룹, 일부 노동조합 지도부, 진보신당의 일부분이며 이들의 주장이 동일한 것은 아니고 상당히 다양한 스펙트럼을 가지고 있다는 것을 보여 준다.

그러나 하나로 시민회의는 현실적으로는 이미 "의료 공급자와의 불필요한 마찰을 피한다"는 주장을 통해, 의료 민영화 투쟁을 사실상 방기해 병원 자본에 대한 통제를 추후 과제로 미루는 운동적 의미를 가지고 있다고 봐야 할 것이다. 실제로 하나로 시민회의에 참여하고 있는 두 주요 노동조합과 지식인 그룹의 독자적 행동은 의료민영화 저지 운동에서 상당한 장애와 한계를 초래하고 있는 것이 현실이다.

하나로 시민회의의 여타 주장들에 대한 비판

하나로 시민회의는 최근의 복지국가론을 둘러싼 논쟁에 이르기까지 상당히 광범한 논쟁을 촉발하고 있다. 예를 들어 이상이 교수는 하나로 시민회의의 중요 멤버이자 시민정치포럼의 대표를 맡고 있다. 다음과 같은 행보에서 그 정치적 의미를 읽을 수 있다.

지난 2월 복지국가를 기치로 출범한 진보적인 시민사회 모임이 31일 두 개로 쪼개져 발족 행사를 가진 것이다. '복지국가와 진보대통합을 위한 시민회의'(시민회의)와 '역동적 복지국가를 위한 시민정치포럼'(복지국가포럼)이다. … 그러나 5개월 만인 7월에 주대환, 이상이 공동대표 등은 '시민회의'를 나와 '복지국가포럼'을 새로 만들었다. … '시민회의'는 민주노동당·진보신당·창조한국당·국민참여당 등과 시민사회세력이 합치는 '반한나라당·비민주당' 진보대통합 정당 건설에 방점을 두고 있다. … 반면 '복지국가포럼'은 "역동적 복지국가 건설을 기존 정당에 맡겨 두지 않고 노동·시민운동가와 지식인이 시민정치운동을 제안 … 할 때"라고 밝혔다.[10]

이 때문에 하나로 시민회의의 다른 주장들에 대해서도 간단하게나마 조금 더 살펴보는 것이 필요할 듯하다.

1. 건강보험료가 세금과 다르지 않거나 더 진보적이다?

하나로 시민회의 인사들은 건강보험료가 "상위 10퍼센트가 30퍼센트를 내고 … 재분배 효과가 있으므로" 세금으로 걷으나 건강보험료로 걷으나 크게 다른 점이 없다고 주장한다. 그러나 건강보험 보장성이 강화되는 것을 전제로 보험료를 일부 인상하는 것은 노동자계급이 선택할 수 있는 하나의 전술적 선택이라는 점에서는 건강보험료의 진보적 측면을 인정할 수 있지만 세금과 보험료가 같거나 심지

---

10 "'복지로 진보 재구성' 결국 분열", 〈경향신문〉, 2010년 8월 31일 자.

어 세금보다 보험료가 더 낫다는 주장은 명백히 사실과 다르거나 정치적 맥락에서 상당히 위험하다.

우선 건강보험료는 누진적이 아니라 소득에 비례한 정률적 징수를 한다. 면세점을 의료급여 대상자나 일부 차상위 대상자로 상정한다 하더라도 그 범위가 3퍼센트 미만이다. 근로소득세의 면세점이 45퍼센트를 넘는 것을 생각할 때 건강보험료가 세금과 같다거나 세금보다 더 낫다거나 하는 주장은 사실이 아니다. 이상이 교수는 다음과 같이 주장한다.

'건강보험 하나로' 시민운동을 반대한다는 한 지식인은 "국민건강보험료를 인상하는 방식에는 동의할 수 없으므로 국고 지원을 늘려서 보장성 문제를 해결해야" 한다는 논리로 '건강보험 하나로' 시민운동을 비판했다. 이 분이 이렇게 주장한 데는 '국민건강보험료 인상보다는 국고 지원이 더 진보적일 것이라는 믿음'이 근저에 깔려 있다. 과연 그런가? 사실은 전혀 그렇지 않다. 국민건강보험료는 … 소득에 따른 누진제는 아니지만 최소한 역진적이지도 않다. 소득에 비례적인 방식이다. …
불행하게도 우리나라의 국고는 절반 이상이 소득에 역진적이고, 25퍼센트 정도만이 누진적이므로 전반적으로 볼 때 직장가입자 건강보험료의 50퍼센트를 고용주가 부담하는 현행 국민건강보험료 방식보다 더 누진적인 방식은 결코 아니다. 그러므로 국고가 건강보험료보다 더 누진적이고 진보적이라는 생각은 근거가 없는 '과거의 관성'에 의한 주장인 셈이다.[11]

---

11 이상이, "'건강보험 하나로', 제대로 된 비판을 원한다", 〈프레시안〉 2010년 8월 31일(이 글이 발표된 날은 공교롭게도 복지국가포럼이 창립한 날이다).

그림 18. 건강보험의 재원 조달 형평성 현황(카크와니 지수)

출처: 권순만 등, "건강형평성 관련 성과지표 개별 연구", 2007

* 카크와니 지수가 양수이면 누진적이고 음수이면 역진적이다. 한국의 건강보험료는 여전히 역진적이다.

현재 한국의 세금 체계가 간접세 비중이 높다고는 하지만 현재 건강보험료보다는 누진적이다. 그리고 건강보험료는 역진적이다. 이미 여러 연구를 통해 밝혀진 이런 사실을 공공연히 왜곡하는 것은 곤란하다(그림 18 참고).

다음으로 국고 지원을 늘린다는 것은 다른 자원을 끌어오는 것이므로 복지국가에 역행한다는 주장이 있다. 같은 글에서 이상이 교수는 다음과 같이 주장한다.

국고를 의료보장을 위해 가져다 사용하겠다는 발상은 사회정책 전체의 입장에서 볼 때 매우 잘못된 것이다. 기존의 국고를 끌어다 사용하든, 증세를 통해 국고를 늘린 상태에서 이를 가져다 사용하든 간에 국고 재정을 의료보장으로 가져오는 것은 우선순위에서 잘못된 것이다. 의료보장의 확충을 위해서는 기존의 국민건강보험료를 인상해 필요 재원을 스스로 조달할 수 있는 훌륭한 별도의 재정 기전이 존재하고 있고, … 일자리 정책, 양질의 보편적 보육과 교육, 보편적 소득 보장 등 … 우선순위가 높은 재정 사업들이 수두룩하게 널려 있다.

그러나 첫째, 세금을 건강보험에 투입할 경우 국가 예산 집행의 우선순위를 바꾸는 것이 전제가 된다. 이를 두고 마치 다른 복지 부문의 재정을 끌어오는 것처럼 이야기하는 것은 곤란하다. 국고 지원을 늘리려면 국방비나 불필요하게 낭비되는 세금을 끌어오는 투쟁이 먼저 돼야 한다는 점을 이상이 교수는 애써 외면한다.

둘째, 이상이 교수는 그 세금을 누가 부담하는지도 외면한다. 최근 '의료 민영화 저지 및 건강보험 보장성 강화 범국민운동본부'(범국본)에서 주장하는 사회보장연대금은 대기업, 제약 회사, 보험사 등에 증세하는 것이다. '부자와 기업에게 세금을, 서민에게 복지를'이라는 주장을 외면하다 보니 더 누진적이거나 자본에게 과세하는 방법은 논리 구성에서 삭제된 듯하다.

2. 우리나라는 국민들의 사회보장 부담이 너무 낮다?

이 주장은 앞에서 서술했으므로 다시 한 번 누구의 부담인지가 중요하다는 점을 지적하는 것으로 그치겠다. 하나로 시민회의는 대만보다 한국의 건강보험료가 낮다는 예를 자주 들지만 대만은 노동자가 보험료의 30퍼센트만 부담하고 기업주가 60퍼센트, 정부가 10퍼센트를 부담하므로 노동자의 보험료는 GDP의 2.6퍼센트 정도로 한국의 부담률과 유사하다. 사회복지 지출 기여 비율에서도 한국은 노동자가 부담하는 비율(3.3퍼센트)이 이미 OECD 평균 비율(3.1퍼센트)을 넘어섰음을 지적한 바 있다.

최근 국책 연구원인 보건사회연구원에서도 이 건강보험 재정의 국고 지원율 20퍼센트, 즉 "8 대 2 불문율"을 깨뜨려야만 건강보험 재정 적자를 면할 수 있다면서 노인 건강보험 재정의 50퍼센트를 정부가 부담하도록 개정하자는 안을 내놓았다.[12] 이렇게만 하더라도 당장 국고 지원율이 30퍼센트로 올라간다. 또한 노인 의료비가 증가할수록 앞으로 이 국고 지원율은 계속 상승할 것이다. 예를 들어 정부 부담을 40퍼센트 이상으로 늘리라고 요구해도 지금보다 더 늘어나는 예산은 2009년 기준으로 5.2조 원 정도로 예산의 1.8퍼센트고 GDP 대비 0.5퍼센트 미만이다. 이렇게 하더라도 OECD 사회복지 지출과 비교할 때에는 매우 부족한 상황이다.

또한 예를 들어 한국의 5 대 5 비율을 기업주 60퍼센트, 노동자 40퍼센트로 바꾸면 2009년 기준으로 약 4조 2000억 원의 재정이 더 생기는데 이렇게 해도 기업주 부담 비율 증가분은 GDP의 0.4퍼센트 미만이고 OECD 평균에 한참 못 미치는 수준이다.

3. 기업에 세금을 부과하면 소비자 부담으로 돌아온다?

최근 범국본에서 대기업 연매출액의 0.2퍼센트를 세금으로 부과해 이를 건강보험 재정에 쓰자는 방침을 밝히자 이에 대한 비판으로 나온 이야기 중 일부가 "기업에 세금을 부과하면 결국 소비자 부담으로 돌아온다"는 것이다.

---

12 보사연 신영석 박사, "건강보험 재정, '8:2 불문율' 깨뜨려야", 〈데일리메디〉 2010년 6월 4일.

이는 사실상 신자유주의적 경제학의 주장에 그 뿌리를 두고 있다. 기업에 세금을 부과하면 기업은 매출이 떨어져 상품 가격을 인상할 수밖에 없고 이는 소비자 부담으로 돌아온다는 주장은 이른바 '신고전학파적 종합'에 기초한 시장주의 논리다. 이런 논리는 더 밀고 나가면 기업의 법인세 감면이나 소득세 감면과 같은 '부자 감세' 주장에도 맞닿아 있다.

4. 기존의 조직 운동이 아니라 풀뿌리 운동?

하나로 시민회의는 기존의 조직 운동이 아니라 '풀뿌리 운동'에 기반하는 운동을 새롭게 건설하겠다고 주장하고 있다. '깨어 있는 시민' 운동도 그런 표현 중의 하나다. 그러나 앞에서 지적했듯이 이것은 운동이 될 수 없다.

그리고 '풀뿌리 운동'도 '풀뿌리 조직'에 기반하는 운동이다. 다시 말하면 지역 노동조합, 지역 주민단체. 정당의 지역단체 등이 중심이 되지 않고서는 풀뿌리 운동이 불가능하다. 기존 조직 운동이 일부 관료화돼 있음에 대한 비판을 감안하더라도, 이런 운동을 통해 관료성을 극복해야지 조직 운동과 풀뿌리 운동을 대립시켜서는 안 된다.

결론을 대신해

최근의 복지국가 논쟁은 몇 가지 쟁점을 형성하고 있다. 그것은 이 글 서두에서 지적한 바와 같이 누가 운동의 주체인지, 그 재정을 누가 부담할 것인지, 그리고 어떻게 그 운동을 관철해 나갈 것인지 등의 쟁점이다.

우선 하나로 시민회의의 주요 인사들은 기존의 노동운동이나 계급운동에 기반한 운동이 아니라 '깨어 있는 시민'들이 주체가 돼야 함을 주장한다. 이 경우 깨어 있는 시민은 자발적으로 세금을 누진적으로 낼 수 있는 시민이며 건강보험 운동에서는 건강보험료를 더 낼 수 있는 사람으로 정의된다. 노동운동과 계급은 없어지고 시민만이 남는다.

자본과 노동의 대립은 사라지고 심지어 부자와 서민의 대립도 사라진다. '부자에게 세금을, 서민에게 복지를'이라는 구호는 낡은 것으로 치부된다. 그러나 이런 '새로운 시민'에 기반한 '신사회복지운동'론은 새로운 운동론이 아니라 이미 1990년대 등장했던 낡은 운동론에 불과하다.

물론 자본주의 사회 속에서 이런 운동론은 올바르지 못하다. 그러나 또 다르게 바라봐야 할 부분은 노동자 구성의 변화다. 한국 사회에서 노동자의 구성은 20세기 초 서구나 1970~1980년대 한국과는 다른 양상을 보인다. 따라서 한국의 시민운동 전체를 계급론이 배제된 '신사회운동'이라고 치부하고 이들을 배제하거나 백안시하는 것은 노동자계급의 구성 변화나 현실의 구성을 바라보지 못하는 또 다른 오류를 낳을 수 있다. 한국의 상당수 화이트칼라 노동자들은 자신들을 노동조합보다는 시민사회단체와 더 동일시하는 경우도 있다. 이는 '시민운동'의 적극적 측면, 즉 노동자계급의 다양화와 기존 노동조합운동의 변화를 이끌어 내려는 노력이나 노동자계급의 범위를 더 확장시킬 수 있는 가능성마저도 기각하게 만든다.

그럼에도 민주노총으로 대변되는 대기업 노동자들을 귀족화된 노동자들로 보거나 전혀 새로운 운동이 필요하다고 상정하는 것은 노동자계급과 넓은 의미의 노동운동이 사회운동의 중추이고 또 그렇게 돼야 함을 부정하는 것이다. 노동계급을 운동에서 배제하는 순간 결국은 원자화된 개인이나 그때그때 운동의 이슈나 시기에 따라 새롭게 구성되는 집단을 주체로 상정하게 됨으로써 운동의 전망을 상실하게 된다.

이는 하나로 시민회의가 주장하는 바와 같이, 운동의 주체가 '건강보험료를 더 내는 깨어 있는 시민'이고 이런 운동을 통해 '구성된' 시민들이 그다음으로 복지국가를 위해 새로운 주체를 형성한다는, 결국은 주관적으로 구성되는 운동만 남는 것으로 귀결된다. 그러나 현실에서 건강보험료 인상으로 건강보험 재정을 확대해 무상의료를 실현한다는 주장은 현실의 노동자들의 인식에 기초하지 못하며 노동자들의 다른 투쟁들과 무상의료 운동을 결합해 내지 못하고 '내가 먼저 내자'는 양보론으로 귀결될 뿐이다.

둘째, 하나로 시민회의는 건강보험료의 보편적 인상을 주장한다. 이 주장은 '복지의 부담과 혜택을 받는 계층의 동일화' 주장, 다시 말하면 '보편적 증세론'을 주장하는 최근 복지국가론의 일부 주장과 유사하거나 동일하다.

여기서는 두 가지 문제에 부딪히게 된다.

가장 먼저 지적해야 할 것은 서구의 복지국가가 노동운동과 노동자계급의 투쟁의 산물이었다는 점이다. 복지국가론이나 복지체제론 자체가 그런 투쟁의 산물이기도 하다. 한국에서 복지국가 형성 과정은 어때야 할 것인지가 우리 논의의 중요한 초점인 것도 이런 역사적 배경 위에서 복지국가가 형성됐기 때문이다. 말하자면 노동운동과 자본이 '복지국가'에 동의하고 평화롭게 합의한 결과로서 복지국가가 탄생하게 된 것이 아니다. 이런 점에서 보편적 증세를 통한 복지국가론은 그 성립 과정의 운동을 사상한 일면적인 것이고 사회운동론으로 한국의 현실에서 적합하지 않다.

둘째, 복지에는 재원이 들고 이는 재정 확충의 문제이기도 하지만 동시에 누가 부담할 것인지의 문제를 포함한다. 그런데 일부 복지국가 주창자들은 이 문제에서 자본이 부담할지, 노동자가 부담할지의 문제를 '소득의 문제'로 바꿔 놓는다. 앞에서 지적한 것처럼 노동과 자본의 대립 관계의 소멸을 의미하는 것이 아니라면 현실에서 누구를 상대로 싸워야 하는지에 대해 객관적 구분선이 사라지게 된다. 소득이 많은 사람들이 돈을 더 내고 적게 버는 사람들은 적게 내는 '아름다운' 연대를 상정하는 것은 이론에서는 가능하다. 하지만 한국에서 복지국가라는 그 최소한의 형태나마 갖추려면 한국의 재벌과 국가의 결합이라는 강력한 대상과의 투쟁을 상정해야 한다. 그러나 '아름다운 연대'는 이를 무시하게 됨으로써 극복하기는커녕 인식하지도 못하게 되는 문제를 낳는다.

셋째, '어떻게'의 문제, 즉 무상의료, 복지국가, 사회보장, 고용 안정성과 같은 사회경제적 권리를 어떻게 획득할 것인지의 문제가 있다. 우선 한국의 무상의료 운동이나 무상교육 운동은 아직 시작되지도 않았다는 점을 지적해야겠다. '낡은 진보'가 문제가 아니라 실질적으로 무상의료나 무상교육을 이루기 위해 아직 진보운동이, 노동운동이 나서지도 않았다는 것이다.

지금이야말로 노동자들이 고용 안정, 주거권, 무상의료, 무상교육, 무상보육, 노후 생활 안정 등의 권리를 주장해야 할 시기다. 그리고 이 주장을 실현하려면 광범위한 사회세력을 결집한 강력한 사회운동 건설이 필요하다. 이를 위해서는 당연히 한국의 전체 노동자를 조직해야만 한다. 과거 운동의 중심이었던 육체노동자만이 아니라 사무직·서비스 업종의 노동자 그리고 넓은 의미에서 새롭게 등장하고 있는 노동자 전체를 포착해 내고 조직해 내야 한다. 물론 '복지동맹'이라 부를 수 있는 도시 중간층이나 농민과의 연대는 필수적이다. 그러나 한국과 같은 발전된 자본주의 국가에서 노동운동의 중추적 역할이 없이 자본과 국가의 반복지동맹을 뚫고 '복지국가'와 같은 중대한 사회적 변화를 이룰 수 없다는 것은 명확하다. 이 때문에 지금이야말로 노동자를 중심으로, '부자에게 세금을, 서민에게 복지를'과 같은 사회경제적 권리를 내세우는 선명한 주장을 중심으로 '복지동맹'을 만들어 내야만 한다.

노동자들을 과거의 좁은 의미의 노동자로 바라보는 것에서 벗어난다면 한국의 '시민운동'이 상당히 많은 노동자들에게 영향력을 미치고 있다는 점에서 그 '한계'만을 볼 것이 아니라 새로운 '가능성'을 바라볼 수 있어야 한다. 또한 도시 중간층이나 지식인과의 연대 문제에서 한국 '시민운동'의 역할은 중요할 것이다. 그러나 노동운동을 기각하고 '시민'이나 '시민운동'만으로 '새로운 복지 운동'이나 '복지동맹'을 상정하는 것은 시민운동의 가능성을 확장하는 것이 아니다.

또한 노동운동을 중심적으로 바라본다 하더라도 노동운동이 핵심적으로 주장해야 할 사안이 단지 몇 가지 사회경제적 권리로 귀결되는 것은 곤란하다. 예를 들어 노동의 유연성을 전제한 상태에서 이를 보완하는 사회안전망으로서 '복지국가'를 상정하는 것(이른바 유연안정성)은 비정규직이 50퍼센트가 넘는 한국 사회의 현실을 도외

시한 채 복지 제도 몇 가지를 한국 사회에 이식하는 비현실적 운동 목표를 제시하는 시도로 그치게 될 것이다.

하나로 시민회의는 한국의 사회경제적 권리의 쟁취, 최근의 복지국가 논쟁에 대해 많은 쟁점을 던져 주고 있다. 누가 주체가 되고 누가 재원을 부담하며 어떻게 사회경제적 권리를 이룰 것인지에 대해 진보적 사회운동이 대답을 해야 할 시점이다. 지금 한국의 복지 운동이 시작되고 있다. 그런데 그 복지 운동 주창자들의 상당수는 노동운동 중심의 진보운동을 '낡은 진보'라고 부르고, '새로운 시민운동'을 주장하면서 사실은 낡은 '신사회복지운동론'을 내세운다. 첨예한 쟁점들에 대한 '진보적 지식인'들의 논쟁 참여가 너무 적다는 것이 필자의 솔직한 심정이다. 적극적 참여를 기대한다.

먼저 양보한다고
저들이 우리의 요구를 들어줄까?

필자는 2010년대에 운동 내에서 벌어진 복지 논쟁에 활발히 참여했다. 2010년 6월 16일 〈프레시안〉에 쓴 글이다.

보건의료 분야의 개혁 방안을 놓고 최근 논쟁이 하나 벌어지고 있다. 바로 1만 1000원을 더 내 건강보험 보장성 90퍼센트 확보하자는 운동을 둘러싼 것이다.[13] 이 운동을 주창하는 복지국가소사이어티, 보건의료노조 등에서는 지금까지의 운동은 국가와 정부에 부담을 더 지라고 요구하는 당위적 운동만을 해서 전진이 없었다면서 국민부터 보험료를 더 내서 보장성을 강화하는 운동을 해야 한다고 주장한다.

결론부터 말하면 나는 우리가 보험료를 더 부담해 건강보험을 강화하자는 운동에 찬성하지 않는다. 어떤 면에서는 이 주장이 상당히

---

13 오건호, "〈조선일보〉가 '무상의료'를 두려워하는 까닭", 〈프레시안〉 2010년 6월 11일 참조.

우려스럽다.

물론 "모든 의료비를 건강보험으로"라는 구호(여기에 '하나로'라는 말을 붙인 것이 하나로 시민회의 측의 구호다)는 보건의료 개혁을 바라는 모든 사람들의 공통의 목표였고 지금도 그렇다. 즉 모든 의료비를 건강보험으로 해결하고 의료비가 100만 원 이상 나오면 정부가 이 돈을 내 주는 '의료비 본인 부담 상한제'를 시행하자는 운동, 민영보험 대신 건강보험으로 의료비를 해결하자는 운동은 내가 속해 있는 보건의료단체연합을 포함해 보건의료 개혁을 바라는 모든 단체들이 동의하는 목표고 이를 위해 10년이 넘게 싸워 왔다.

목표가 같고 이를 이루는 방법상의 차이이므로 참여는 하지 않아도 비판은 하지 말자는 의견도 있었다. 하지만 고민 끝에 굳이 이 글을 쓰게 된 이유는 이 '새로운 운동' 때문에 개혁 진영이 양분됐다는 점, 그리고 시민회의 측의 글만 보면 이 주장이 보건의료 개혁을 바라는 사람들의 다수 의견인 것처럼 오해될 수 있다는 점 때문이다.

나는 시민회의 측에 묻고 싶은 질문이 있고 이에 대한 답을 듣지 못했다. 이 때문에 '우리가 먼저 1만 1000원 더 내서 건강보험 보장성을 90퍼센트로 하자'는 운동에 참여하지 않기로 했다(내가 속한 단체도 그렇다). 그 질문은 다음과 같다. 우리가 돈을 더 낸다고 하면 정부와 기업이 돈을 더 내는가? 또 건강보험 재정이 늘어나면 그것이 곧 보장성 강화로 이어지는가? 그리고 정말 물어보고 싶은 말. 국민이 보험료를 왜 40퍼센트까지 올려 가면서 더 부담해야만 하는가? 기업과 정부가 더 부담하라는 '당위적 요구'만 해서 지금까지 건강보험 보장성이 더 강화되지 못했는가?

첫째, 나는 지금까지 우리가 정부와 기업이 더 부담하라는 요구만

해서, 즉 국민이 보험료를 더 부담한다고 나서지 않아서 우리나라 건강보험이 강화되지 못했다고 보지 않는다.

현재 정부가 우리나라의 보험 재정에서 감당하는 몫은 보험료로 납부되는 금액의 20퍼센트다.[14] 잘 알려져 있듯이 한국의 사회복지 지출은 GDP 대비 10퍼센트를 겨우 넘기는 수준으로 OECD 국가 중 꼴찌다. 평균인 23.1퍼센트에 비해 절반도 안 되고 스웨덴·독일에 비해서는 3분의 1도 안 된다. 한국에서 예산의 복지 부담 비율을 늘리라고 요구하는 것은 당연한 것이다. 심지어 최근 국가 연구원인 보건사회연구원에서도 이 "8 대 2 불문율"을 깨뜨려야만 건강보험 재정 적자를 면할 수 있다면서 노인 건강보험 재정의 50퍼센트를 정부가 부담하도록 개정하자는 안을 내놓았다.[15] 이렇게만 해도 정부 부담은 20퍼센트에서 당장 30퍼센트가 되고 국고 지원 비중은 노인 인구가 증가할수록 계속 늘어난다.

따라서 나는 시민사회단체가 정부 부담을 최소한 40퍼센트 이상으로 늘리라고 요구해야 한다고 본다. 이렇게 해 봤자 지금보다 더 늘어나는 예산은 2009년 기준으로 5.2조 원 정도다. 예산의 1.8퍼센트고 GDP 대비 0.5퍼센트 미만이다. 이렇게 해도 OECD 사회복지

---

14 그래서 실제로는 건강보험 재정의 20퍼센트가 아니라 약 16.7퍼센트다. $x+0.2x=1$을 계산해 보면 전체 재정 중 보험료 비중이 83.3퍼센트이므로 실제 국고 지원액은 16.7퍼센트다. 작년에는 4조 8000억 원이었는데 이 16.7퍼센트도 다 지원된 것이 아니다. 2009년에는 보험료 납부액인 25조 9000억 원의 20퍼센트는 5조 2000억 원인데 정부는 이것도 다 지원하지 않았다. 4000억 원을 떼어먹은 것이다.

15 보사연 신영석 박사, "건강보험 재정, '8:2 불문율' 깨뜨려야", 〈데일리메디〉 2010년 6월 4일.

지출 꼴찌에서 벗어나려면 한참 멀었다.

기업 부담은 어떤가? OECD 나라 기업의 사회복지 지출 기여 비율은 평균 5.4퍼센트고 노동자는 3.1퍼센트다. 그런데 한국은 거꾸로 기업이 2.5퍼센트, 노동자가 3.3퍼센트다.[16] 그런데 왜 노동자가 더 내야 하는가? 당장 건강보험료만 보더라도 한국은 5 대 5인 데 반해 대만의 경우 기업주가 60퍼센트, 노동자가 30퍼센트, 정부가 나머지 10퍼센트를 낸다. 기업주가 노동자의 2배를 내는 것이다.[17] 한국의 5 대 5 비율을 기업주 60퍼센트, 노동자 40퍼센트로 바꾸면 2009년 기준으로 약 4조 2000억 원의 재정이 더 생긴다. 이렇게 해도 기업주 부담 비율이 느는 것은 GDP의 0.4퍼센트 미만이고 OECD 평균으로 가기에는 한참 멀었다.

이렇게 국고 지원 비중을 '소폭' 더 높이고 기업주가 '소폭' 더 부담하면 2010년 기준으로는 10조 2000억 원이 더 생긴다. 시민회의 측이 보장성을 90퍼센트까지 강화하는 데 필요하다고 말하는 12조 5000억 원의 82퍼센트다. 시민회의는 보험료를 '소폭' 올려 보장성 강화 90퍼센트를 달성하자고 개인당 1만 1000원의 보험료 인상을 이야기하지만 이는 보험료 40퍼센트 인상이다. 40퍼센트 인상이 '소폭'인가?[18] 왜 월급쟁이의 보험료를 대폭 인상하는 것이 아니라 국가

---

16 OECD database. employer and employee's social security contributions. www.oecd.org/ctp/taxdatabase. 장호종, "경제 위기 시기 복지국가 전략의 의미와 한계", 《마르크스 21》 4호 참조.

17 대만 국민건강보험국 http://www.nhi.gov.tw/english/index.asp?menu=&menu_id=486.

18 직장 가입자 세대당 연평균 33만 원이 넘는다.

와 기업의 부담금을 '소폭' 올리자고 주장하는 것이 '당위적이고 원론적인 주장'이라는 말인지 나는 이해가 가지 않는다.

둘째, 소폭이 아니라 '대폭' 인상이라도 좋다고, 보장성만 90퍼센트가 된다면 보험료를 40퍼센트라도 올리겠다는 사람들이 꽤 많을 것이다. 실제로 세금을 올려서 사회복지가 강화된다면 세금을 올리겠다는 사람이 70퍼센트가 넘는다는 여론조사도 있었다. 그런데 그 전제는 보험료를 올렸을 때 사회복지가 대폭 좋아진다는 조건이다. 그러려면 낭비를 막아야만 한다. 왜냐하면 2004년부터 2009년까지 5년 동안 1인당 건강보험료는 무려 53퍼센트가 올랐지만 건강보험의 보장성은 정부 통계로 60퍼센트 내외였기 때문이다. 돈은 다 어디로 갔을까? 두 가지만 보자.

하나는 약값이다. 제약 회사가 챙겨 간 돈이다.[19] 2009년 건강보험에서 약값으로 나간 돈은 7조 2000억 원으로 약 30퍼센트다. 한국의 국민 의료비 중 약제비는 24.7퍼센트로 OECD 평균 17.4퍼센트보다 훨씬 높다. 이것을 OECD 수준으로 깎으면 당장 2조 원 넘는 돈이 줄어든다.

다른 하나는 병원비다. 우선 과잉 진료다. 길게 이야기할 것 없이 2009년 11월 방영됐던 〈KBS 취재파일 4321〉 "척추 수술의 비밀"만 보자. 척추(이른바 디스크) 수술은 2001년 5만 2000건에서 2008년 12만 7000건으로 144퍼센트나 증가했다. 인구 10만 명당 수술 건수가 한국은 160명인데 일본은 23명이다. 아산병원 정형외과 이춘성 교수는 "불필요한 척추 수술이 늘어나서 수술 건수가 늘었다"고 잘

---

19 물론 이 중 리베이트비로 병원과 의사가 약 15~20퍼센트를 가져간다고 한다.

라 말한다. 2002~2005년에 전체 척추 수술의 14.5퍼센트가 우리들 병원 체인에서 이뤄진 적도 있었다.

척추뿐인가? 무릎·어깨·항문 등 이른바 OO전문병원에서 환자가 수술 권유를 받으면 일단 다른 의사에게 '둘째 의견'을[20] 물어보는 것이 안전한 길이라는 것은 의사들 사이에선 이제 비밀도 아니다. 불필요한 검사는 어떤가? 불필요한 CT와 MRI, 초음파 등 내과나 외과 계통을 불문하고 과잉 검사와 과잉 진료는 너무나도 많다. 이렇게 새어 나가는 돈이 도대체 얼마나 될까? 병원 자본과 제약 자본 같은 공급자를 통제하지 않으면 보험료를 아무리 올려도 밑 빠진 독에 물 붓기다.

이뿐인가? 건강보험 재정에 잡히지 않는 의료비도 너무나 많다. 병원에 입원하는 데 가장 많이 드는 비용이 특진비와 병실료다. 특진비? 대학병원에 가는 것은 대학교수에게 진찰받으러 가는 것인데 왜 건강보험 적용이 안 되는 비용을 따로 내야 하는가? 병실료? 왜 병원에 입원하는 데 건강보험 적용이 되는 병실을 50퍼센트만 갖추면 되도록 법이 정해져 있나? 이렇게 새는 돈만 절약해도 30조 원의 70퍼센트에 해당하는 의료비의 상당 부분을 절약할 수 있다. 5퍼센트만 절약해도 1조 원이 넘는다.

병원과 제약 회사에 대한 비용 통제 없이는 보험료를 아무리 올려도 건강보험 보장성은 강화되지 않는다. 지난 5년이 그것을 증명한다. 그런데 시민회의 측의 주장에는 병원비나 약제비 통제 방안이

---

20 **둘째 의견** 현재 진단이나 치료법에 대해 다른 의사의 의견을 구하는 것. 아이러니하게도 미국에서는 민간 보험회사에 의해 제도화됐다.

빠져 있거나 매우 허술하다. 이것이 내가 시민회의 운동을 찬성하지 않는 이유 중 하나다.

마지막으로 우리가 돈을 더 내면, 즉 양보하면 기업과 정부가 자동적으로 혹은 더 쉽게 양보하는가? 이 부분이 시민회의의 먼저 양보하자는 운동에 대해 내가 가장 우려하는 부분이다. 오건호 씨가 지난번 〈프레시안〉 칼럼에서 다룬 〈조선일보〉 기사를 보자. 그는 시민회의 측이 보도자료를 낸 다음 날 〈조선일보〉 측에서 이에 반대하는 기사를 냈다면서 〈조선일보〉는 무상의료를 무서워한다고 썼다.

맞다. 나의 오랜 동지 오건호의 말대로 〈조선일보〉와 정부는 무상급식에 이어 무상의료까지 '무상' 시리즈가 이어지는 것을 극도로 경계한다. 그러나 〈조선일보〉는 그 기사에서 두 가지 결론을 내린다. 시민들이 돈을 더 내도 기업과 국가 부담이 너무 크니 전혀 양보할 생각이 없다는 것 한 가지. 그리고 시민회의 측의 "재정 부담은 정부나 기업 탓으로만 돌리던 상황에서 이번엔 국민 개인 부담부터 촉구하고 나선 것이 의미 있는 일"이라는 말의 인용. 간단히 말해 〈조선일보〉의 말은 이렇다. '너희의 양보는 받아들이겠으나 우리는 전혀 양보할 생각이 없다.'

오건호 씨 주장을 조금 더 비판해야겠다. 그는 건강보험정책심의위원회(건정심)에서 건강보험료 인상을 반대했던 자신의 구실을 '반성'했다. 그렇다면 어떻게 해야 했을까? 건강보험료를 인상하되 수가를 올리라고 하는 병원협회와 의사협회에 찬성을 했어야 할까? 비꼬려는 것이 아니다. 건정심은 병원협회 등 의료 공급자 8명, 정부 측 8명(시민단체 2명 포함이고 최근 경실련이 바른사회시민회의로 바뀌었다), 전경련 등의 기업가 4명, 민주노총 등의 가입자 4명의 구조다.

여기서 민주노총이 할 수 있는 구실은 지금까지 보장성 강화나 비용 절감을 조건으로 한 "조건부 보험료 인상"이거나 아니면 보험료 인상에 반대하는 퇴장일 수밖에 없었다. 민주노총이 지금까지 한 구실을 기업주에 찬성해 보험료를 줄이는 것이었다고 기억하는 것은 적어도 내 기억과는 다르다.

더욱이 올해는 재정 적자를 이유로 정부가 건강보험료 10퍼센트 인상으로 1조 5000억 원의 적자를 메우자고 주장할 것으로 예상된다. 여기에서 우리가 주장할 것이 건강보험료 40퍼센트 인상일까? 내가 보기에 민주노총이 진정으로 반성해야 할 것은 건강보험 국고지원을 40퍼센트로 늘리자고 투쟁하지 못한 것, 민주노총 단체협약에 기업 부담금을 60퍼센트로 늘리자고 다 같이 나서지 못한 것, 그리고 이를 전체 봉급쟁이들에게 다 적용하도록 법 개선 투쟁에 나서지 못한 것이다. 의료 공급자와 중립을 가장한 정부 기관으로 꽉 짜인 건정심에서 이러지도 저러지도 못한 것은 이에 비해서는 작은 문제다.

나는 시민회의 측의 진정성을 의심하지는 않으며 그들의 주장이 이 먹통 이명박 정부가 추진하는 의료 민영화의 칼바람에 맞서 어떻게든 건강보험을 지키려는 고민 끝에 나온 안이라고 본다. 그래서 그들은 '될 법한 양보안'을 내민다. 그러나 어떻게 의료 민영화를 막고 건강보험을 강화할 것인지에 대한 답으로 "먼저 양보하자"는 안은 현실적이지도 않을뿐더러 위험할 수도 있다.

보험료를 40퍼센트 올리자는 것은 국민들에게 상당한 부담이다. 이에 반대하는 국민도 상당수일 것이다. 상대편이 분열하는 게 아니라 우리 쪽이 분열한다. 또 그 부담을 져서 만에 하나 재정이 는다

한들 보장성이 오르려면 병원이나 제약 회사의 떼돈 벌이를 막아야 하는데 그 방법이 없거나 허술하다. 예를 들어 2010년에 4.9퍼센트 오른 보험료 중 국민에게 보장성 강화로 돌아온 것은 0.8퍼센트에 해당하는 2000억 원뿐이었다.[21] 그리고 여러 번 강조하지만 진짜 문제는 우리가 양보하더라도 기업이나 정부가 양보하리라는 보장은 전혀 없다는 것이다. 남는 것은 "먼저 양보"뿐이고 또 더 불행하게는 하반기에 본격적으로 추진될 의료 민영화에 반대하는 투쟁이 분열하는 것이다.

당장 국민건강보험법의 국고 지원을 40퍼센트로 확대하자는 법 개정 운동에 나서자. 민주노총은 기업의 건강보험료 보장 비율을 60퍼센트로 늘리는 단체협약을 체결하는 것을 목표로 삼고 또 이를 건강보험법에서 규정하도록 운동을 하자. 제약 회사와 병·의원의 과잉 진료를 억제하는 방안을 더 강력하게 시행할 수 있도록 국민에게 알려 나가고 이를 법으로 강제하도록 나서자.

그리고 무엇보다도 이명박 정부의 본격적 의료 민영화 추진을 막기 위해 온 국민을 모으자. 그렇게 모인 국민들은 건강보험 강화를 국가와 기업에 요구할 것이다.

'먼저 양보'가 아니라 운동과 투쟁이 필요하다. 우리가 먼저 양보한다고 이명박 정부가 눈이나 깜짝할 것 같은가?

---

21 김창보, "2010년 건강보험 수가 협상 과정에서 나타난 몇 가지 특징", 〈건강세상네트워크〉 2009년 12월 8일.

무상의료와 무상복지, 쟁점과 대안

필자는 2010년대에 운동 내에서 벌어진 복지 논쟁에 활발히 참여했다. 이 글은 2011년 3월에 작성한 것이다.

한국 사회 '복지 논쟁'의 의의는 무엇인가?

한국 사회 복지 논쟁은 일부 시민단체와 지식인이 주장해 부각되고 민주당이 무상복지 정책을 당론으로 채택한 것에 힘입은 것으로 보인다. 그러나 2010년 6·2 지방선거에서 천안함과 같은 대형 이슈에도 불구하고 무상급식 이슈가 선거의 판세를 주도했던 것을 보면 노동 대중의 '복지' 열망이 복지라는 이슈를 떠오르게 하는 동력이 있다고 보는 분석이 더 정확할 것이다.

그렇다면 한국의 대중이 복지에 관심을 가지게 된 이유는 무엇일까? 그것은 크게 보면 1997년 IMF 경제 위기 이후 급격히 악화된 양극화 또는 사회 불평등에 기인한 것이다. 물론 2008년 경제 위기 이후 급격히 악화돼 가는 사회적 불평등에 대한 저항이 가장 크다.

최근 더욱 심화돼 가고 있는 비정규직의 양산 등 고용 불안, 주택 가격의 폭등, 교육비·보육비 증대, 계급 이동의 불가능성 등이 사실 현재 복지 이슈로 포괄돼 있다. 즉 경제 위기와 '신자유주의적 사회 불평등에 대한 노동 대중의 저항의 정치적 표현'이 현재의 복지 논쟁 또는 복지 어젠더다.

문제를 이렇게 볼 때만 한국의 '복지 논쟁', '복지 이슈'를 대하는 사회운동의 입장이 분명해질 것으로 보인다. 즉, 복지 이슈를 단지 몇 가지 복지 제도의 문제로 축소하는 것이 아니라 사회 불평등에 대한 불만과 사회정의에 대한 노동 대중의 열망을 어떻게 정치세력화할 것인지의 문제로 바라봐야 한다.

무상복지, 보편적 복지 요구는 무엇을 포괄해야 하는가?

현재 민주당이 내세우고 있는 무상복지나 복지국가소사이어티의 보편적 복지는 주로 사회서비스 분야, 즉 재분배 중심의 제도에 초점을 맞추고 있다. 민주당의 무상복지 정책은 급식·보육·의료·교육에 중점을 두고 있는데 이는 재분배 영역에 한정된 것이고 연금 문제가 빠져 있다는 점에서 사회보험 영역도 모두 포괄하지 못하고 있다.

복지국가소사이어티의 문제 제기도 크게 다르지 않다. 복지국가소사이어티는 '건강보험 하나로 시민회의'에서 의료 문제를 제기했고 그 외 여러 분야의 복지 문제를 제기했으나 다른 분야에서는 '보편적 복지'라는 말 이외의 뚜렷한 정책 제시를 하지 못하고 있다.

특히 고용(노동) 문제의 경우는 "복지국가가 있어야만 노동의 조직력도 높아질 수 있다"고 말함으로써 복지 문제가 해결되면 노동문제가 자동적으로 해결되는 듯이 말한다. 그러면서도 한편으로는 "대기업 노동자들은 복지국가에 대한 열망이 별로 없고 중소기업의 비정규직 노동자들로부터 세상을 바꾸려는 열망이 나온다"고 말한다. '복지국가가 되면 노동의 조직력 문제가 해결되는데 이 복지국가는 비정규직으로부터 나온다'는 것은 사실상 순환논법일 뿐이다.

복지국가소사이어티는 4대 원칙으로 혁신적 경제와 적극적 복지를 강조한다. "적극적 노동시장 정책과 노동시장의 유연안정화, 이를 통한 사회·경제적 계층 이동성의 증대도 적극적 복지의 범주에 포함된다"고 말하고 있다. 이런 혁신적 경제와 적극적 노동시장 정책은 사실은 신자유주의라고 비판받는 미국 민주당과 영국 토니 블레어의 제3의 길, 즉 사회투자국가론을 그대로 받아들이는 것이다. 즉, 신자유주의적 노동정책을 수용하는 것이다.

따라서 국민참여당이 복지국가소사이어티의 '반신자유주의'가 레토릭에 불과하다고 주장하면서, '신자유주의를 받아들이는 전제하에 복지를 추진해야 한다'는 국민참여당의 주장과 복지국가소사이어티의 주장은 사실상 동일하다고 말하는 것은 틀린 주장이 아니다. 민주당이나 국민참여당, 나아가 복지국가소사이어티도 사회투자국가론을 근간으로 한 참여정부의 '사회비전 2030'의 틀에서 벗어나지 못하고 있다.

한국 사회 불평등의 가장 큰 원인이 노동·고용 문제와 주거 문제임은 주지의 사실이다. 한국에서 자본·노동의 문제나 토지·주택·임차인·사용자 문제, 즉 분배(1차 분배) 문제를 해결하지 못한 채 이로 인한 사회 불평등을 재분배(2차 분배) 문제로 해결하려는 것은 사실상 불가능하다.

물론 그렇다고 해서 이런 '노동 없는 복지'에 대한 비판이 한국 상황에서 복지는 불가능하다는 주장이 돼서는 곤란하다. 문제를 해결하는 방법으로 문제의 본질을 보자는 문제 제기다. 결국 문제의 해결책은 노동을 포괄한 복지, 노동 있는 복지다.

'복지국가' 혹은 복지 제도의 동력과 상황

 흔히 복지국가의 모델로 불리는 유럽의 경우 그 기원은 비스마르크 시기까지 거슬러 올라간다. 비스마르크는 우파도 복지를 할 수 있다는 근거로 자주 활용되기도 한다. 그러나 당시 비스마르크가 일정한 복지 제도를 도입한 것은 프랑스 혁명으로 인한 독일·오스트리아·이탈리아 3국동맹 체제의 형성과 독일 내 노동운동의 성장에 따른 그람시적 의미의 '수동혁명'의 성격이 컸다. 프랑스 혁명은 그 첫 포고로 집세를 반으로 인하했고 채무를 동결했으며 노동자들의 임금을 대폭 인상했음은 물론 무상교육과 무상의료를 시행했고, 이는 주변 국가의 노동운동과 동맹 세력을 고무했으며 이것이 비스마르크의 사회 개혁의 주된 동력이 됐다.

 1911년 영국 로이드조지의 실업보험안도 마찬가지이며 제1차세계대전과 제2차세계대전 사이의 복지 제도 도입도 러시아 혁명의 영향과 각국 노동운동의 성장에 의한 것이었다. 제2차세계대전 직후의 복지국가 성립 또한 각국 노동운동의 급진화와 노동계급 정당의 승리에 따른 것이었다.

 1960년대 이후에도 복지 제도의 도입은 주로 노동계급과 그 동맹

세력의 요구로 쟁취돼 온 것이 사실이다. 1969년 이탈리아 사회보장의 확대가 1969년의 '뜨거운 가을', 즉 이탈리아 노동 대중의 집단적 행동의 결과라는 점, 1968년 5월 프랑스의 노동 대중과 학생의 직접적 집단행동이 이후의 광범한 교육·복지 제도의 도입을 가져왔다는 점 등 대중행동이 복지 제도의 도입을 가져왔다는 점은 이후에도 변함이 없다.

이는 최근의 신자유주의 시기 이후에도 1995년 프랑스 쥐페 총리의 공기업 연금 개혁에 맞선 총파업이나 2006년 최초고용법 도입 시도에 따른 프랑스 노동자와 학생의 대규모 파업과 시위에서 드러난다. 물론 신자유주의 시기 이후에는 우파 정권이 복지 제도를 축소하려는 데 따른 복지 제도의 방어라는 측면이 두드러진다.

한국에서 박정희 시대의 의료보험 도입이나 1989년의 전 국민 건강보험 도입, 김대중 정부의 사회보험제도의 도입 등도 마찬가지다. 1970년대 말 폭발적으로 커져 간 대중의 직접행동과 1980년 광주민중항쟁과 1987년 6월 항쟁과 노동자 대투쟁 등 1990년 초까지 이뤄진 대중투쟁, 1997년 이후 대중의 광범한 사회적 투쟁 없이는 한국의 복지 제도 개혁을 설명할 수 없다.

이런 역사적 사례들을 통해 알 수 있는 것은 단지 정책과 그를 통한 정치 연합이 아니라 노동 대중과 그 동맹 세력의 직접적 집단행동이 복지 제도 도입의 동력이 됐다는 점이다. 물론 이런 노동 대중의 행동은 노동운동과 정당의 조직화로 귀결되고 또 정치운동의 급진화가 다시 직접적 노동 대중의 투쟁을 불러일으켰다는 점도 주목돼야 한다.

보편적 복지는 보편적 증세를 뜻하는가?

최근 복지 논의는 그 쟁점 중 하나로 재원 논쟁을 벌이고 있다. 민주당에서도 증세는 주장하지 말아야 한다는 주장이 있고 당장의 재원은 기존의 세원을 일부 조절하고 절감해 조달할 수 있다는 주장이 있다. 증세론에도 여러 주장이 있는데 가장 소극적인 주장은 부자 감세 철회 주장이다. 이 또한 사실상 증세론에 해당한다.

진보정당의 증세론은 상당히 난해해지고 있다. 민주노동당은 새로운 세목의 신설이 아니라 기존 세금에 구간을 설정하는 방향으로 가야 한다는 주장을 펴고 있다. 새로운 세목의 신설은 헌법재판소에서 부결될 것이라거나 기존 기득권층의 반발에 부딪힐 것이라는 우려에서 나온 것이다. 이는 현실정치에 천착하는 주장이라고도 볼 수 있으나 기존의 부유세 주장에서 후퇴한 것으로 사실상 헌법재판소도 결국은 당시의 정세에 따라 판결한다는 점을 간과하는 주장일 수 있다. 진보신당은 단계적 증세를 주장한다. 부자 증세, 보편적 증세, 사회보험료 확대 등 '3단계 복지 재정 확충 방안'이 그것이다. 그러나 이런 단계론이 어떻게 현실에서 작동될 것인지는 의문이다.

오히려 정동영 의원이 부유세를 주장하면서 이를 통해서 약 10조 원에 가까운 세금을 더 모을 수 있다고 주장하지만 스스로 100조 원에 달하는 복지 재정이 필요하다고 주장하면서 10조 원에 해당하는 부유세 주장은 포퓰리즘이라는 비판에서 벗어나기 힘들다.

상당수 복지학자들은 보편적 복지는 곧 보편적 수혜 더하기 보편적 담세라는 공식을 받아들이는 듯하다. 또한 윤종훈, 오건호 등 복지국가소사이어티에서도 이런 주장을 옹호한다. 본격적 증세론 논쟁이 필요하다는 주장이다.

그러나 우선 보편적 복지가 곧 보편적 증세로 등치되는 것은 아니다. 지금까지 복지 제도가 성립된 역사를 놓고 보면 복지 제도의 도입은 대중의 직접행동과 이를 이끄는 진보적 정치세력의 주도를 통해 이뤄졌다. 즉, 고전적 의미에서의 '계급투쟁'을 통해 이뤄졌다는 것이다. 즉 복지국가의 성립은 사실상 자본가계급의 자산(혹은 소득)이 노동계급과 중간계급에게 이전된 것이다. 유럽 등의 '복지국가'가 이후 신자유주의 시대를 거치면서 노동자들에게 많은 부담이 전가돼 후퇴했다고 하더라도 여전히 노동소득분배율 등에서 보이듯이 한국보다 상당한 수준의 잉여가치가 노동자에게 돌아가고 있다.

다른 한편 1차 분배, 즉 임금이나 노동·고용 문제에서의 분배 문제가 해결되지 않고서는 재분배를 위해 부담을 질 사람이 없다는 문제가 존재한다. 양극화가 심화된 상황에서 보편적 증세는 불가능하다는 것이다. 비정규직이 50퍼센트를 넘는 나라에서 세금을 부담시킬 수 있는 노동자는 한정된다.

'사회연대전략'이 자본가들에게 사회를 위한 부담을 강제해 사회연대를 이루는 것이 아니라 정규직과 비정규직 간의 분배를 의미하는 것으로 귀결되면 정치적으로 노동자들은 세력화를 이룰 수 없다. 오히려 사회연대는 노동자들의 당장의 구체적 요구들을 중심으로 단결을 이루고 이들의 정치적 결집을 통해 이뤄져야 한다. 진보진영에서의 '복지국가' 논의가 노동자계급 내 분배 논의로 한정되는 것은 진보정당의 기반이 없는 한국에서는 복지 제도의 의미 있는 성취를 이루는 데 방해가 될 가능성이 크다. '부자에게 세금을, 서민에게 복지를'이라는 주장은 이런 점에서 진보 정치세력의 올바른 구호로 보인다.

2006년 프랑스의 최초고용법 반대 투쟁이나 최근의 연금제도 개악에 대한 프랑스나 그리스, 영국 등에서의 투쟁은 정규직 조직 노동자들과 이에 대한 학생들과 젊은 세대의 연대 투쟁을 통해 이뤄졌다. 프랑스의 대학생들은 연금제도 개악이 이뤄지면 젊은이들의 일자리가 줄어들 것이라 보고 노동자들과 함께 연금 개악 반대 투쟁을 벌였다(당시 가장 인기 있던 구호는 "이것은 계급투쟁이다"였다). 이는 물론 2006년에 최초고용법에 맞선 학생들과 노동자들의 투쟁 경험에 기반한 것이기도 했다. 2006년 투쟁에서는 최초고용법이 통과되면 노동자들의 지위도 결국은 위태로워질 것이라고 생각한 노동자들의 연대가 이뤄졌다. 연금을 깎아야 젊은 세대의 부담이 적어진다는 주장, 즉 유럽식 '정규직 양보론'에 해당하는 주장은 정부의 연금 개악을 위한 주장이었을 뿐이다.

한국에서 조직화된 노동운동이 기득권 세력화했다는 주장들이 있다. 이것이 일부 노동조합에서 사실로 드러나고 있다고 할지라도 이런 상황이 정규직 양보론으로 귀결되는 것은 아니다. 정규직 노동자만이 그나마 조직률이 높은 상황에서, 비정규직 노동운동은 조직화된 노동운동이나 사회운동이 상대적으로 강력한 부문에서 활성화될 수 있고 또 부분적 승리라도 이끌어 낼 수 있었다. 결국 일상생활의 절실한 요구와 공통의 목표를 가지고 이들의 단결을 위해 꾸준하게 노력하는 것이 해결 방법일 수밖에 없다.

임금·고용 문제를 해결하지 않고서 복지 제도를 정착시킬 재원을 마련하는 방법을 찾게 되면 상대적으로 임금이 높은 정규직들이 세금을 부담해야 한다는 결론이 도출되는데, 노동·자본 간의 분배 문제 해결 없이 재분배로 분배 문제를 완화하려는 시도는 결국 정규직 양보론으로 귀결될 수밖에 없다. 복지국가 정책이 상대적으로 안정적인 노동자층과 불안한 고용 상태의 노동자 간의 대립을 불러일으키는 정책적 논쟁에 집중할 수밖에 없게 되면 이는 복지 제도를 얻어내는 데 방해가 될 것이다. 이는 노동자들이 단결해 정치세력화하고 대중행동을 해야 복지(제도)를 일부라도 성취할 수 있다는 역사적 경험에 위배되는 것이다.

복지 재원 부담자와 수혜자가 다를 경우 복지 제도의 지속 가능성이 없다는 주장도 있다. 이런 주장은 우선 기본적으로는 자본과 노동의 대립에서 자본의 양보를 강제하는 노동 측의 운동이 복지 제도 성립의 기초가 됐다는 점에서, 또한 이런 계급 간의 부담 문제가 전제되지 않았을 경우 다수 노동자들에게 담세를 시키는 방안이 아예 불가능하다는 점에서 현재 한국 사회에서 정치적 의미가 불투명하거나 진보세력의 정치세력화를 방해할 수 있다. '복지국가'나 '복지 제도'는 기본적으로 부자가 세금을 더 내고 노동자와 서민이 복지를 더 누리는 체제나 제도라는 것은 역사적으로나 현재적 의미로도 변함이 없다.

자본 통제 없이 복지가 가능한가?

보편적 복지는 사실 한편으로는 대상의 보편성과 보장의 보편성을 뜻하기도 하지만 이에 더해 공급 주체의 공공성을 뜻한다. 유럽과 미국을 비교할 경우 그 차이는 분명하다. 한국에서는 복지 문제가 보장성과 그 대상의 보편성으로 수렴되는 경향이 일부 존재하는

데, 이는 이론적으로도 또 현실적으로도 적절하지 못하다. 보편적 복지는 공급자의 공공성을 담보해야 성립 가능하다.

이는 한국에서 교육과 의료, 보육의 경우를 따져 봐도 문제가 분명하다. 사학 재벌이라고 불리는 사학 자본에 대한 통제나 공공화 없이 대학 등록금을 국가 재정으로 메꾸는 것은 재원 마련 자체가 어렵다. 의료의 경우 병원 자본이나 제약 자본에 대한 통제 없이는 밑 빠진 독에 물 붓기라는 말은 과장이 아니다. 보건사회연구원의 연구를 보면, 의료비 상승의 주된 원인은 노인 인구의 증가가 아니라 1인당 진료비의 상승이다. 즉 병원 자본의 이윤에 대한 통제가 이뤄지지 않은 것이 의료비 상승의 주된 원인이다.

이는 국가 전체로 봐도 마찬가지다. 군사비 통제 없이 복지 재정의 증가는 쉽지 않다. 토건 자본에 대한 통제 없이 복지가 가능하지 않다. 또한 부동산 문제, 즉 집값을 내리지 않고서는 복지를 이야기하기 어렵다. 우리나라에서 부동산 문제는 곧 재벌 문제다. 즉 국가 예산의 우선순위의 문제에서도 자본에 대한 통제가 복지국가 형성에 필수적이다.

한편으로는 공급자가 이미 지나치게 민영화돼 있으므로 이를 통제하는 것은 어렵다고 주장하면서(여기까지는 맞다) 이를 후속 단계로 미루거나 포기하는 경우가 존재한다. 복지 논쟁에서 이는 '경로 의존성'이라고 표현되기도 한다. 현실적으로 가능한 정책을 상정하는 것은 언제나 중요하지만 민영화돼 있는 부분의 국유화·공영화 또는 이에 대한 통제를 미루는 것은 곤란하다. 우선, 방치해 둔 자본의 힘에 의해 복지 제도 도입 자체가 힘들어진다. 예를 들어 병원 자본의 경우 건강보험 보장성 강화 자체에 반대한다. 둘째, 지속 가능성이 없다. 어찌어찌 복지 제도를 일부 도입하거나 확충한다 하더라도 다시 후퇴할 수 있다. 김대중·노무현 정부 시기 병원 자본과 제약 자본에 대한 통제 없이 건강보험 보장률을 1년에 약 1퍼센트씩 올렸으나 이명박 정부 시기에 1년에 2퍼센트식 떨어지고 있다. 민주당 정부 두 번에 한나라당 정부 한 번이면 말짱 도루묵이다. 셋째, 광범한 대중운동이 힘들다. 운동의 요구의 수준을 낮추는 것이 연대의 범위를 넓히는 것이 아니다. 무상의료 운동만 보더라도 평화운동을 통한 군비 통제, 토건 자본에 낭비되는 세금을 막는 환경운동과의 연대 없이는 재원을 마련하기 힘들다.

결국 자본에 맞선 노동 대중과 동맹 세력의 단결 없이는 이 측면으로 보더라도 복지의 도입이 불가능하다는 것을 알 수 있다.

무상의료 어떻게 실현 가능한가?

의료 문제는 보건의료 운동 내부에서 그 의제가 머물다가 2008년 촛불시위를 통해 의료 민영화 반대가 대중적 이슈로 자리 잡으면서 대중적 이슈가 됐다. 다른 무상복지 문제와 더불어민주당이 무상의료를 본격적으로 제기하면서 무상의료가 주요한 정치 의제 중의 하나로 떠올라 있는 상태이지만 이는 앞에서 지적한 대로 대중적 요구와 열망의 반영이라고 봐야 한다.

현재 무상의료에 대한 진보진영의 주장은 대체로 일치한다. 이는 운동이 대중의 요구에 기반하고 있기 때문에 그렇다. 이 요구를 정치적 세력화로 이끌어 낼 수 있는 사회운동이나 진보적 정치운동의 역량이 부족하고 또 자신감이 약화된 것이 문제다. 일부 사회운동 진영에서 문제를 재원 문제만으로 국한시키고 또 노동자와 서민이 먼저 부담을 져야 한다고 주장하고 있는 것에서 그런 자신감과 역량의 부족의 드러난다.

현재 경제 위기가 끝나지 않은 상태에서 서민들은 당장의 생활상의 문제가 절박하다. 이런 상황에서 노동자나 서민이 돈을 내서 복지를 이루자는 주장은 설득력이 없다. 현재 경제 위기 상황에서 돈을 가지고 있고 또 낭비하고 있는 것은 자본들이다. 당장 2008년 경제 위기 당시 한국은 GDP의 5.6퍼센트를 재벌과 은행을 구제하는 데 씀으로써 OECD 국가 중 공적 자본 투여 비중 1위를 차지했다.

그러나 이런 상황 속에서도 의료비는 꾸준히 상승했고 서민들이 부담하는 의료비는 이에 따라 계속 증가했다. 의료비 상승률은 12퍼센트를 넘어 물가상승률의 3배가 넘는 상황이다. 이 결과 병원 자본은 계속 대형화해 이른바 '빅5' 병원이 1조 원 클럽의 회원이 됐고 경인 지역 병상 수도 몇 년간 2만 병상 이상이 늘어났다. 제약 자본의 성장도 꾸준하게 이뤄져 이들이 건강보험 재정에서 차지하는 비중은 29.6퍼센트로 조금도 줄지 않았고 그 재정도 10조 원이 넘었다.

이런 상황에서 우리가 할 일은 국민의 의료비 부담 경감 요구를 기반으로 병원 자본과 제약 자본의 이윤을 줄이고 국가의 복지 재정을 늘려 무상의료 제도를 실현할 수 있는 정치적 목표로 대중을 이끄는 것이다. 바로 이것이 대중운동의 요구이고 이 대중운동을 이끌어 갈 진보진영의 과제다.

따라서 무상의료 운동은 그 목표를 다음과 같이 잡아야만 한다.

첫째, 의료비 보장: 건강보험 보장성 강화(본인 부담 상한제 등의 직접적 의료비 보장, 간병비·상병수당 같은 간접적 의료비 보장).

둘째, 의료 부문 자본 통제: 공공의료 강화, 병원비 통제(건강보험 비적용 분야 금지, 의료비 총액제), 제약 회사 통제(약제비 총액제, 약제 선별 등재 제도).

셋째, 공공재정의 강화: 현재 20퍼센트에서 40퍼센트 이상으로 국가 재정 지원 대폭 증가.

여기서 공공재정 지원 강화는 국가 예산 우선순위의 변경과 대기업에 대한 세금 부과로 마련하는 것이 가능하다. 프랑스는 1995~1996년 노동자 파업에 힘입은 개혁으로 보험료 또는 세금의 부담을 노동자와 기업주가 3 대 7로 지되 일정 규모 이상의 기업에 연 매출액의 0.12퍼센트를 사회연대 갹출금으로 부과하는 등의 재정 확충 방안을 마련해 공공재정 지원이 약 50퍼센트 수준이 됐다.

한국 사회에서 민영 의료보험의 성장은 매우 가파르다. 이는 20세 이상 70퍼센트의 이상의 가구가 민영 의료보험에 가입하게 된 것에서도 드러난다. 그러나 이런 민영 의료보험 가입은 단지 의료비 부담 때문만이 아니라 노후 보장의 부재나 다른 복지 제도와 고용 문제의 불안으로 인한 생활의 불안에서 비롯된 바 크다. 따라서 노동자들의 당장의 요구는 민영 의료보험에 대한 자본 통제, 즉 이윤율의 통제일 것으로 보인다. 물론 복지 제도가 어느 정도 성취되면 당연히 민영 보험에 대한 요구 자체가 줄어들 것이다.

현재 무상복지에 대한 이론적 투쟁도 전개되고 있다. 이명박 정부와 여당, 그리고 조중동으로 대표되는 보수 언론들은 다음과 같은 지점들을 공격한다.

첫째, 재정 위기론: 복지에 돈을 쓰면 경제가 망가지고 결국 그 손해는 국민에게 전가된다.

둘째, 세금 폭탄론: 복지를 하면 돈이 많이 들고 그 돈은 봉급자들이 다 내야 한다.

셋째, 도덕적 해이론: 무임승차자가 많아지고 그 부담은 월급쟁이나 다음 세대가 져야 한다.

넷째, 기타: 이에 따른 저질 의료와 긴 대기시간 문제 등.

우선 재정 위기론에 대한 답으로 의료는 소득탄력성이 적어 돈이 많이 안 든다고 답하는 경우가 있는데 이것으로는 부족하다. 조중동의 뻥튀기에는 분명히 반대해야 하지만 돈이 더 들 수 있다는 점을 분명히 해야 한다. 저소득층의 경우 의료 수요가 증가하는데 이는 필요한 부분이다. 관건은 현재의 낭비적인 의료 공급 구조를 해결하는 것이다. 따라서 무상의료는 공급 구조의 개혁과 같이 이뤄져야만 한다는 점을 분명히 해야 한다. 복지를 해서 망한 나라는 없다는 점을 분명히 하는 것도 필요하다.

세금 폭탄론에 대해서도 돈이 적게 든다는 점을 강조하는 것으로는 곤란하다. 돈이 더 드는 것은 맞으나 그 부담은 부자들이 져야 한다는 점을 분명히 해야 한다. 세금 폭탄론에는 부자가 세금을 더 내야 한다고 맞서야 한다. 불필요한 토건 관련 예산이나 부자 감세를 비판하는 것은 물론이고 탈세 방지나 새로운 부유세도 이야기해야 한다. '부자에게 세금을, 서민에게 복지를'이라는 원칙을 지켜야만 한다. 스웨덴의 경우 노동소득분배율, 다른 말로 말해 임금몫이[22] 70퍼센트에 가깝고 한국은 55퍼센트 정도다. 이 차이만 계산해도 우리나

---

22 임금몫 총부가가치(기초가격)에서 피용자 보수가 차지하는 비중.

라 GDP의 15퍼센트다. 약 200조 원이 노동자에게 더 주어져야 스웨덴과 같은 수준이라는 것이다.

도덕적 해이론은 기본적으로 병원 많이 가려는 도덕적 해이는 발생하기 쉽지 않다는 것을 이야기해야겠으나 더 공세적으로 도덕적 해이는 의료 공급자에게서 발생한다는 점을 분명히 해야 한다. 한국의 과잉 진료와 과잉 검사, 과잉 수술 이야기는 여기에서 필수적으로 폭로돼야 한다.

이는 무상복지 전반에 걸친 이야기이기도 하다. 대학 등록금 또한 사학 재벌에 대한 통제를 이야기하지 않으면 곤란하며 그 부담 또한 부자들이 져야 한다는 점이 강조돼야 한다. 사회연대 의식은 대중의 즉각적 생활상의 요구와 사회적 대의의 요구를 결합하는 것이지 추상적 사회연대 의식을 대중에게 주입하는 것이 아니다. '대중이 먼저 부담하라'는 요구는 대중의 생활상의 즉각적 요구가 아니며 대중이 운동의 주인이 되지 못하게 만든다. 결국 대리자 운동이나 일부 정치세력들의 운동으로 전환된다.

그러나 무상의료 운동의 담론 투쟁에서 가장 중요한 점은 이념, 즉 '가치'에 대한 투쟁이다. 인간의 생명은 평등하고 누구나 치료받을 권리가 있다는 점, 그리고 이런 권리를 국가가 보장해야 하며 그 부담은 부자와 기업이 져야 한다는 것이 가장 중요한 이념이고 가치다. 의미 있는 모든 대중운동은 노동자와 서민의 직접적 요구와 그것을 결집할 수 있는 이념 지향의 정치세력의 존재에 기반한다. 따라서 무상의료 담론 투쟁에서 중요한 것은, 세세한 주장도 물론 중요하지만, 가장 기본적인 가치와 이념을 전면적으로 내세울 필요가 있다는 것이다.

결론을 대신해

현재 복지국가나 무상복지 운동의 대두는 진보적 대중운동의 정치적 결집에 매우 중요한 지점이다. 이는 한국의 사회 불평등 심화와 이에 대한 대중 불만의 결집점이 '복지'와 '정의'에 대한 요구로서 나타나고 있다는 점에서 그렇다. 또한 그런 요구를 정치적으로 결집해 내지 못하고 있는 정치 공간의 공백을 의미하기도 한다.

이런 점에서 민주당이 무상복지를 당론으로 들고 나온 점은 정치적으로 특별한 사건이라고 볼 수 있다. 촛불운동 이후 한국 사회의 정치 지형은 민주당 좌측에 정치적 공백이 있다는 것이었는데 이를 민주당이 무상복지 정책으로 메우려 노력하기 시작한 것이다.

민주당과의 연합 정치 문제가 여기에서 등장한다. 그러나 한국 사회운동과 정치의 가장 큰 문제는 한국 사회의 심화된 사회 불평등과 이를 대변할 진보정당과 조직화된 사회운동 세력의 부재다. 따라서 연합 정치의 문제는 이에 종속된 문제다.

경제 위기 시기에 노동자 대중과 서민은 직접적이고 절박한 자신의 요구를 해결해 줄 정치세력을 찾는다. 현재 이명박 정부에 대한 광범한 대중의 불만이 존재하는 것이 이를 반영한다. 그러나 이를 결집할 만한 정치세력은 아직 존재하지 않는다.

지금 상황은 대중의 복지로 대변되는 요구들을 진보적 방향으로 결집하고 대중의 요구를 반영한 이념과 가치를 꾸준하고 끈질기게 설득하고 투쟁하는 것이 필요한 시점으로 보인다. 또한 이런 이념과 가치를 온전히 지킬 수 있는 진보적 정치세력의 독자적 정립이 어느 때보다 중요한 시점으로 보인다.

한국 사회 '극우의 주류화'와 사회운동

윤석열 파면이 결정된 직후인 2025년 4월 12일, 보건의료단체연합 주최 토론회 '탄핵 운동 4개월, 돌아보고 나아가기'에서 발표한 글이다.

윤석열 탄핵과 파면은 평범한 시민과 민중의 끈질긴 투쟁으로 이룬 성과라는 측면에서 그 의미가 매우 크다. 세계 역사로 봐도 권력을 가진 집단의 친위 쿠데타를 민중의 힘으로 막아 내고 권력자를 권좌에서 끌어내린 사례는 흔하지 않다. 그런 점에서 이번 결과는 충분히 자축할 만한 일이다.

계엄이 선포된 당일 밤에 민주당 등이 국회에서 한 구실을 비롯, 정치권의 구실도 분명 존재한다. 그러나 탄핵과 파면의 결정적 요인은 맨몸으로 계엄군과 기갑 탱크에 맞서고, 겨울과 봄을 지나는 긴 시간 식지 않는 열기로 거리에서 '윤석열 퇴진'을 외친 평범한 시민들의 힘이었다. 이 점을 강조하는 이유는 뒤에 더 짚어 보기로 하자.

보건의료단체연합을 비롯한 건강권·보건의료 운동 세력은 계엄 당일부터, 또 '윤석열 퇴진 비상행동'(비상행동) 구성 시작부터 '의료 지원단'을 자임하며 거리 시위와 행진에 적극적으로 결합했고, 비상행동 운영위 주요 단체로서 운동의 주요한 분기마다 올바른 전술·전략을 위한 의견과 방식을 개진하며 퇴진 운동에 큰 기여를 했다.

발제를 시작하기에 앞서, 지난 4개월간 눈보라와 바람 거센 거리에서 연일 함께 투쟁하고 의료지원단으로 구실을 해 준 동지들과 청년·학생 동지들에게 감사와 연대의 인사를 전한다.

많은 회원들과 상근 활동가들이 윤석열 퇴진 운동에 기여했음은 두말할 것도 없지만, 특히 청년·학생 회원들의 열정적이고 헌신적인 기여를 짚지 않을 수 없다. 계엄이라는, 한국 사회에서는 예상할 수 없었던 일을 겪게 만든 선배 운동가로서 책임을 느끼면서도, 청년·학생의 열정적이고 창의적이며 무엇보다 지치지 않는 투쟁으로 큰 위로를 받았다. 이 청년 세대에게 이번 투쟁 경험이, 결코 만만치 않은 자본주의 위기를 헤쳐 나가는 용기와 인내의 경험이 되기를 진심으로 바란다.

이제 몇 가지 핵심적이라 생각되는 내용으로 윤석열 퇴진 운동을 돌아보고 향후 우리 사회운동의 과제를 짚어 보자.

극우의 주류화

12·3 친위 쿠데타는 1987년 민주화 운동 이후 이뤄진 한국 사회의 민주주의(물론 부족하지만 민중의 투쟁을 통해 얻어 낸 민주주의 제도와 조직 등을 지칭하는) 체제를 무너뜨리려는 (대통령이라는 집권 세력의 정점이 포함된 지배계급의 일부) 극우 세력의 시도였다고 볼 수 있다. 12·3 쿠데타는 이런 극우 세력이 정치 무대 주역의 하나

로 등장하는 계기로 작동했다는 점에 주목해야 한다. 판도라의 상자처럼 이 사건은 되돌릴 수 있는 사건이 아니다.

한국 극우 세력의 부상은 정치·경제적 양극화의 결과다. 극우의 부상은 이제 세계적 현상이 됐고, 2008년 경제 위기와 긴축정책 등이 가져온 심각한 경제 양극화와 이에 뒤따른 정치적 양극화의 결과다. 이런 세계적 현상은 정치·경제적 양극화의 결과 등에 따른 지정학적 긴장을 배경으로 더욱 거세지고 있다. 한국에서 극우가 부상한 것도 세계경제 위기와 사회보장의 축소, 군사적 갈등의 심화와 전쟁 등 지정학적 위기, 팬데믹과 기후 위기 등 자본주의의 다중 위기가 낳은 정치적 양극화의 결과다.

현재 중요하게 봐야 할 것은 전 세계적 위기가 낳은 현상이니만큼 극우의 부상이 일시적 일탈이거나 곧 정상으로 돌아갈 예외적 현상이 아니라는 점이다. 이는 윤석열 탄핵과 파면 이후에도 한덕수가 이완규·함상훈 헌법재판관 지명 강행 등을 하고 있다는 점, 윤석열이 내란죄로 기소됐어도 여전히 국민의힘(국힘)의 차기 집권 정치에 강력한 영향력을 발휘하고 있다는 점에서 잘 드러난다. 이는 현재까지도 이른바 '윤석열 없는 윤석열 정권'이 지속되고 있고 정권이 바뀐다 해도, 극우 세력의 영향력이 지속될 것이라는 점을 보여 준다.

극우적 헌법재판관 알박기는 세간의 평처럼 헌법 84조("대통령은 내란 또는 외환의 죄를 범한 경우를 제외하고는 재직 중 형사상의 소추를 받지 않는다") 논란에 기대어, 이재명 후보의 대통령 당선(이 된다면) 그 이후에도 권력을 휘두를 수 있는 헌법재판소(헌재)의 결정 권한을 '윤석열 정권'이 가지고 가겠다는 의도이거나, 국힘의 위헌 정당 해체를 막는 보증수표일 수 있다. 그러나 어떤 경우이든, 향후 이른바 헌정 위기에서 극우 세력의 영향력을 확대하고 보존하기 위한 시도라는 것은 분명하다. 이런 결정을 윤석열 파면 결정 수일 만에 감행할 수 있을 만큼 극우 세력의 힘과 영향력은 현재에도 강력하다. 즉 윤석열과 그 주변 인물들로 대표되는 극우 세력(과 국힘)은 차기 정권 아래에서도 현재 그들이 실천하고 있는 극우적 정치 행태를 멈추지 않을 것이다.

윤석열은 탄핵 이후 국힘 지도부를 만나 격려하고 정권 유지를 당부했다. 국힘 지도부는 이에 호응해 국힘 대선 후보 선출 규칙을 최종경선제로 바꿔 탄핵 반대파를 대선 후보로 선출할 수밖에 없도록 만들었다. 이는 헌재 판결로 윤석열이 파면됐다 해도, 사실상 탄핵 반대파가 수면 아래로 사라지는 게 아니라는 것을 보여 준다. 국힘이 윤석열과 선을 그을 것이라는 민주당 지도부 등의 예상은 순진한 희망일 뿐이라는 것이 드러났다. 극우의 부상이라는 현 상황이 결코 일시적이거나 일탈적인 사건에 그치지 않을 것이라는 주장은 이런 예들을 분석해야 한다는 의미를 함의한다.

윤석열은 나경원, 윤상현, 전한길, 복거일 등 11인과 공동으로 《'87체제'를 넘어 새로운 대한민국》이라는 책을 펴내고 온라인 예약판매를 내걸었다. 이 책 전면에는 이렇게 쓰여 있다. "탄핵정국에서 전개된 이 엄청난 반전의 파노라마는 '87체제'에 대한 저항이자 이를 극복하기 위한 몸부림이다. 그리하여 새로운 질서, 새로운 나라를 만들기 위한 필사의 함성이다." 이 책은 아마도 극우와 극우 세력 그리고 국힘의 교과서가 될 것이다.

내란 수괴 윤석열을 감옥에 다시 가두지 않는다면, 윤석열은 극우 세력에게 '새로운 대한민국'을 주장하며, 쿠데타를 포함한 '체제 전쟁'

을 선동하고 사회의 구조적 모순에 불만을 품은 사람들을 극우로 선동해 가는, 살아 움직이는 구심점 노릇을 할 것이다.

'87년 체제를 뛰어넘자'는 말은 더 많은 민주주의를 주장하는 이들의 구호이기도 했다. 그러나 이제 이 구호를 극우 세력이 외치고 있다. 이들이 넘겠다는, 노동자들과 수많은 사람들의 피와 목숨으로 쟁취한 '87년 체제' 이후에는 무엇이 있을까. 이들의 '새로운 대한민국'은 군사독재 시절로의 회귀거나 조지 오웰의 말처럼 '중절모에 우산을 든 파시즘'일 것이다.

트럼프와 관세전쟁

최근 트럼트 집권 이후 전개되는 전 세계적 상황을 보면, 경제 위기와 지정학적 위기의 현실과 그 실재성을 적나라하게 볼 수 있다. 주류 언론 등은 트럼프가 예외적 권력자이고 마치 광인인 듯이 평하지만, 사실 그의 행보를 상세히 들여다보면 그는 미국의 현실주의 국제정치학자들의 주장을 급진적으로 집행하고 있을 뿐이다. 즉 트럼프의 관세전쟁은 주요 열강(주로는 미국과 중국) 간의 제국주의적·경제적·지정학적 갈등의 급진적인 한 표현 형태일 뿐이다.

트럼프의 관세전쟁 선언에 맞대응을 한 국가는 중국(관세 84퍼센트)과 유럽연합(부분 관세 25퍼센트) 정도이며 일본과 한국은 협상에 응하겠다는 저자세로 대응했다. 상호관세 발효 하루 전 트럼프는 중국만을 제외한 모든 나라에 관세 10퍼센트만을 적용하고 각국별 상호관세를 90일 유예하고, 중국에만 관세 125퍼센트(145퍼센트) 적용을 강행했다. 물론 중국 정부와의 협상을 열어 놓는다고 말하면서 말이다.

여기서 특이한 점은 중국을 제외한 브릭스 국가들(브라질, 러시아, 인도, 남아공)은 상대적으로 낮은 관세(10퍼센트 미만이고 러시아는 0퍼센트)를 적용받았다는 점이다. 유럽이나 일본, 한국 등 이른바 전통적 우방국이라 할 수 있는 나라들에 관세전쟁을 선포하는 것은 지금까지의 미국의 전략과 모순되는 듯 보이지만, 이는 옛 소련 붕괴 이후 나타나고 있는 일극주의적 세계에서 다극주의적 세계로의 변화를 더 분명히 직시하자는 미국 내 이른바 현실주의 외교 노선이 더 극적인 형태로 드러난 것이라 볼 수 있다. 트럼프는 미·중 갈등에 좀 더 집중하고, 나머지 지역에서는 우방국들이 미국의 경제적 부담을 더 지는 방식으로, 세계경제 체계의 변화를 통한 세계 질서의 변화를 원한다.

그런데 만일, 한국의 12·3 쿠데타가, 4개월 후인 지금 일어났다고 생각해 보자. 바로 지금 쿠데타가 일어났다면, 윤석열은 미·중 간 지정학적 갈등, 경제적 관세전쟁으로 자신의 쿠데타 필요성을 좀 더 합리화할 수도 있었을 것이다. 언뜻 보면, 윤석열의 중국 부정선거 개입론, 중국 하이브리드 전쟁론이 허황되고 터무니없는 것처럼 들리지만, 4개월 전에 누가 미·중 간 전쟁을 불사할 듯이 보이는 145퍼센트 대 84퍼센트 관세전쟁이 벌어질 것을 알 수 있었을까. 심지어 대만을 둘러싼 전쟁이 지금 벌어진다고 해도 별로 놀라운 일도 아닐 것으로 보일 정도다.

이 지점에서 윤석열의 친위 쿠데타는, 명태균 사건이나 윤석열 지지율 저하 등의 국내 요인 외에도 '지정학적 위기에 따른 극우 세력의 전면 등장'이라는 필요성의 단적인 표현에 가까웠음을 뚜렷이 알 수 있다.

따라서, 트럼프 극우 전면화, 전 세계 극우 세력의 부상과 한국 극우의 부상은 모두 자본주의 체제가 가진 경제적·지정학적 위기와 결합돼 있다. 경제적·지정학적 위기가 한국 극우 세력의 등장, 즉 12·3 쿠데타의 진정한 배경이다. 따라서 이런 위기가 상존하는 한 그들의 부상과 영향력은 지속될 것이라는 점도 분명하다.

민주당의 행보와 윤석열 퇴진 운동 내 논쟁

민주당은 당일 계엄 해제, 윤석열 탄핵안 국회 발의까지는 원내 정당으로서 최선을 다한 것으로 보인다. 물론 시민들의 거리 투쟁이 그들의 구실을 강제했다. 그러나 민주당은 탄핵안 국회 의결 이후부터 중요 시기마다 늦장을 부리고 이른바 '좌고우면'해서 쿠데타 세력에게 반격의 시간을 내줬고 이는 극우 결집의 기회를 제공했다.

민주당은 한덕수 탄핵을 주저했고, 윤석열 구속과 헌재 재판관 임명에 미온적 태도를 보인 최상목에 대해 단호한 탄핵 조치를 취하지 않았다. 대체로는 민주당이 너무 좌파 세력으로 보일 수 있어 중도 세력을 끌어들여야 한다는 이른바 '중도 세력 견인론'에 기인한 것으로 보인다.

민주당은 또한 검찰에 대해 모호한 태도를 보이는 등 사실상 자신이 의회 과반 다수당으로서 취할 수 있는 탄핵이나 여러 권한이 있었음에도 불구하고 말로만 내란 세력 척결을 외쳤을 뿐, 중도 세력을 껴안는다는 명분으로, 쿠데타 세력과 극우 세력에 대한 단호한 대응에 주저했다. 이는 윤석열의 극우 세력 선동, 극우의 실질적 부상, 국가기관과 정당 내 쿠데타 세력이 엄존하는 상황에 비춰 보면 극히 안이한 판단이었다.

이로 인해 쿠데타 세력의 결집과 윤석열 구속의 지연, 극우의 실질적 부상(주류화), 서부지법 폭동 등 극우가 결집할 시간과 자신감을 얻는 상황을 용인했다. 급기야 이런 안일한 대응은 결국 윤석열 석방과 헌재 판결 지연으로 이어졌다.

헌재 판결 지연은 극우와 거리의 극우, 국힘 등의 결집을 촉진했다. 판결문에서 보이듯이, 2~3명의 보수 성향 재판관들이 극우 세력의 영향을 받아 판결이 한 달 이상 늦어진 것으로 판단된다. 헌재의 이런 행보는 극우의 주류화를 명확히 보여 준 것일 뿐 아니라 극우의 주류화가 정치 지형을 우경화시키고 헌재 등 국가기구의 판단에까지 영향을 미치며 실제로 영향력을 발휘하고 있는 상황임을 잘 보여 준다.

이는 민주당에도 영향을 미쳤는데, 극우가 주류화되고 영향력을 급격히 강화하는 와중에 '중도층의 포괄'이라는 말은 사실상 뜬구름 잡는 목표가 됐다. 탄핵 찬성과 반대가 57~60퍼센트 대 35~38퍼센트로 변화하지 않는 정치적 양극화·위기 상태에서 소위 '중도'라는 것은 매우 가변적일 뿐 아니라 더 강력하고 자기 신념이 뚜렷한 집단과 세력에게 끌려가기 마련인데, 민주당의 미온적 태도는 극우에게 자신의 영향력을 넓혀 갈 시간과 공간을 줬을 뿐이다.

이런 민주당의 행보는 비상행동 내 논쟁에도 영향을 줬다. 극우 주류화를 인식하지 못한 시민사회단체와 일부 좌파 정치세력의 안이

한 판단이 지속됐다.[23]

민주당을 비롯한 의회 제도 내 개혁주의는 시민단체와 좌파 포퓰리스트 일부에게도 영향을 미쳤고, '중도 세력 포괄'이라는 사실상 시민사회에게는 의미 없는 중간층 보호 논리(극우와 대립하면 중간층이 무서워한다, 뾰족한 정치적 주장보다 문화제식 집회가 호소력이 있다 등)로 이어졌다. '극우'라는 말을 사용하면 극우의 존재를 실제로 인정해 이들에게 스포트라이트가 간다거나 외려 극우의 세력화에 도움을 준다거나 실재적 존재화에 도움을 줄 뿐이라는 주장들도 비슷한데[24] 이는 현실을 직시하지 않는 일종의 '타조 증후군'에 가깝다.[25]

이런 현실 인식은 극우의 부상과 결집이 무엇에 기인하는지에 대한 구조적이지 못한 분석에서 출발한다. 한국 극우의 부상은 사회적 양극화, 장기화된 자본주의 위기의 결과물이며(불평등으로 인한 정치 양극화의 결과), 신자유주의적 기술 관료주의(복지 축소, 긴축정책 등)가 가져온 사회적 불만 축적의 결과다. 따라서 극우 세력에 대한 외면은 자본주의 정치경제의 위기에 대한 부인, 사회가 계급적 대

---

23 여기서 극우 주류화의 의미는 전 부문의 정책 수립부터 추진에 이르기까지 성인지 관점의 주류화를 뜻하는 '젠더 주류화'를 말할 때의 주류화와 같은 의미로, 정치적 행위와 결정의 모든 단계에 극우가 영향을 미치는 것을 말한다.

24 일부 시민단체는 극우 세력을 지칭할 때 '내란 동조 시민', '극우 시민분들'이라는 용어를 사용했다. 정치적 문맹이나 할 주장들이다.

25 **타조 증후군** 타조가 사막에서 적을 만나면 모래 속에 머리를 처박는다는, 위기를 모면하려는 목적으로 현실을 회피하는 사람들에 대한 비유다. 실제로 타조가 이런 행동을 하는지와는 무관하다.

립의 충돌과 갈등 속에 놓여 있다는 변증법적 인식의 부재에서 기인한다.

시민사회단체 일부는 상황이 박근혜 퇴진 운동 시기와 유사할 것이라 판단했을 수도 있다. 그러나 박근혜 탄핵 반대 여론은 가장 높았을 때도 20퍼센트를 넘지 않았던 반면 윤석열 탄핵 찬반 여론은 60 대 35였으며 이런 여론은 국회에서 탄핵이 가결되고 10여 일이 지난 공수처의 윤석열 체포 실패 이후 형성된 것이었다. 이 점을 고려하면 시민사회단체 일부의 판단은 전광훈 등의 극우 시위에 국힘 의원들이 공식적으로 다수 참여하고 백골단이 국회에서 기자회견을 하는 등 극우가 주류화하고 있다는 것의 의미와 이것이 전 세계적 현상의 한국적 표현이라는 점을 간과한 것이다. 또한 한국의 지정학적 위기가 더 첨예한 위기로 변화하고 있다는 점에 대해 무지하거나 눈감고 있었다는 점을 지적하지 않을 수 없다.

비상행동은 이렇듯 총체적 정세 인식이 부족했다. 그래서 미국 정부가 관영 매체인 〈미국의 소리〉를 통해, 한·미·일 동맹을 탄핵 사유에 포함시킨 탄핵 소추안을 비판하고 윤석열 정부가 한·미·일 동맹을 개선시켰다고 긍정적으로 평가한 것을[26] 중요하게 여기지 않거나, 윤석열 정권이 계엄 직전 드론을 통해 대북 도발을 한 사실 등을 외면하고 간과하는 문제로 나타나기도 했다.

---

26 "조셉 디트라니 전 북핵 6자회담 미국 측 차석대표는 이날 〈미국의 소리〉와의 전화 통화에서 '미국과 한국의 동맹은 강력하다'면서 '윤 대통령이 미국, 일본 정부와 매우 강력한 동맹을 갖기 위해 노력한 공로를 높이 평가한다'고 말했습니다"("미 전문가들 '미한일 3국 협력은 옳은 선택 … 탄핵 사유 안 돼'", 〈미국의 소리〉 2024년 12월 10일).

'의회주의'의 문제

여기서 비상행동 내 지도부 다수가 극우와의 싸움을 회피하거나 아예 중요하게 거론하지 못하게 한 이유로 '의회주의의 한계'를 조금 더 짚고 넘어가자.

한국 시민사회(단체) 내 팽배해진 의회주의는 그 한계를 점차 큰 문제로 노정하고 있다. 현장 사회운동에 기반해야 할 시민사회운동 단체와 진보적 정당이 정작 사회운동이 아니라 '제도 정치'와 '선거'에 과도하게 의존하는 것이나 이것을 뒷받침하는 이론을 흔히 '의회주의'라 일컫는다. 시민사회 내에서 의회 내 '제도 정치'나 선거에 대한 의존도가 지나치게 높은 것은 큰 문제다. 거리 집회와 작업장의 운동을 결합해 내는 사회운동의 역사가 어느새 너무 많이 잊히고 다음 세대의 경험으로 전수되지 못한 결과를 되돌아봐야 한다. 제도 정치는 선출되지 않은 권력, 즉 기업주들과 은행 그리고 군대·사법부·경찰 우두머리 등의 국가 관료 기구에 의존해 있다. "대중 자신의 행동(예컨대, 큰 파업)이 의회 내 활동보다 언제나 더 중요하다. 단지 혁명기나 혁명적 위기 상황에서뿐 아니라 모든 시기에 그렇다." 이런 지적은 역사적으로 볼 때도 올바르다. 사회혁명이나 사회 변화가 의회에서 먼저 추동된 적은 없다. 의회적 제도 정치가 사회 변화 전략에서 영향을 미치는 것은 분명하지만, 그런 제도 정치의 변화는 우리나라든 세계 역사에서든 거리와 작업장에서의 사회운동과 파업, 대중 집회, 대중 시위의 결과로 얻어졌다. 대표적으로 '87년 체제' 자체가 6월 항쟁과 7~8월의 노동자 (파업) 투쟁으로 만들어진 것이다. 그럼에도 불구하고 표피적 법 제도의 변화를 통해 사회적 위기를 해결하려 하거나 의회주의의 한계를 무시하며, 아래로부터 운동 건설(조직화)은 돼도 그만 안 돼도 그만이라고 생각하는 경향성이 한국 사회운동 내 상당한 기간 지속되고 있고, 이런 방식이 노동운동과 시민사회운동 내 전통으로 이어지고 있다.

시민사회 내 이런 의회주의적 한계는 이른바 김대중·노무현 정부의 탄생 때부터 급격해졌다고 볼 수 있으나, 김대중·노무현 정부의 선출까지의 과정을 되짚어 보면, 당시의 수많은 거리 시위와 집회, 그리고 노동자 파업 등 기층 사회운동의 급격한 분출이 없었다면 그마저도 어려웠다는 역사적 사실을 간과해선 안 된다.

다른 말로 하면, 한국 NGO 단체들은 사실상 1980년대 말과 1990년대 초의 강력한 거리 투쟁과 노동운동의 격렬한 분출 등을 기반으로 출발했음에도 불구하고, 점차 공개적으로 '체제내화'하고 있다. 김대중·노무현·문재인 정부하에서 점차 뚜렷해진 의회주의적 전략의 한계가 40년 만에 비상계엄이라는 사태를 맞아 시민사회단체 공동투쟁 기구이자 전선운동[27] 기구였던 비상행동 내에서 두드러지게 나타난 것이라 해도 과언이 아닐 것이다.

---

27 전선운동 보통 일정 시기 동안 두 개 이상의 서로 다른 정치세력이 공동의 목표를 가지고 운동할 때의 사회운동의 내용과 형태를 말한다. 공동전선의 경우 진보적 정치세력이 자유주의 정당이나 부르주아 정당 등에게서 독립적인 운동을 한다는 것이 원칙이다. 그러나 1930년 이후 반파시즘 운동, 1987년 한국의 민주화 운동 등은 공히 자유주의적 세력 또는 자본가계급에 종속적으로 결합했다. 그 결과 프랑스 인민전선 정부는 실패했고, 한국의 1987년 민주화 운동은 '독재 타도, 민주 쟁취'라는 구호에서 '독재 타도, 직선제 쟁취'로 구호가 변화되고 운동이 변질됐다. 광범한 민주주의 쟁취에서 단지 직선제로 변화됨에 따라 당시 직선제로 승리 가능성이 있던 자유주의 정당, 즉 민주당으로의 사회운동의 종속이 관철됐다.

이런 현상은 '한덕수 탄핵', '최상목 탄핵', '극우 세력 반대'를 집회 제목에 내걸자는 제안이 비상행동 공동 대표자 회의나 운영위 회의에서 3번에 걸쳐 다수결로 부결된 것에서도 잘 드러난다. 또 한 가지 중요한 점은 좌파 정당을 자칭하는 세력이 의회에서 더 중요한 세력이 되는 것을 자신의 정치운동 전략으로 삼음에 따라 반쿠데타·반극우 전선front이라는 '전선운동'을 형성할 때 그 목표를 대중운동의 발전에 두지 않고 의회에서 자신의 정당이나 세력을 키우는 것에 두는 경향의 등장은 더욱 곤란하다는 점이다. 이 경우 기존 보수 정당(한국의 경우 자유주의 정당)에 독립적이지 못하고 의존하거나 눈치를 보게 된다. 또 대중운동이 아니라 의회 내 세력 확장에 목표를 둘 경우 공동전선을 구성하는 다른 정파나 운동 세력이 단결과 동맹의 대상이 아니라 선거 경쟁의 대상이 되고 마는데 이는 매우 우려스러운 일이다. 의회 내 경쟁이 우선시되는 것은 운동의 분열과 보수 정당과의 무원칙한(불가피하지 않은) 타협을 초래하고 있다. 이것이 변혁적 사회운동의 균열을 낳고 현재 운동의 단결에 명백한 한계로 작동하고 있는 것은 아닌지 돌아봐야 한다.

우원식 국회의장의 대선과 개헌 국민투표 동시 시행 제안이 정치권에서 논란을 낳고 여기에 진보당과 정의당이 개헌 제안 환영 성명을 낸 것 등은 이런 의회주의 경향과 경쟁의 한 단면이다.

물론 급진 좌파와 현장 노동운동 조직들 일각에서 '87년 체제' 헌법의 한계를 지적하며 진보적 개헌을 요구해 온 것은 사실이다. 그러나 1910년대 말과 1920년대 초 유럽 혁명의 산물이었던 독일의 바이마르 헌법도 그 자체로는 1930년대 대공황의 정치적 양극화 속에서 부상한 나치를 저지하는 데 아무런 구실도 하지 못했다.

헌재가 한덕수 탄핵을 기각하고 윤석열 정권 내에서 가장 강경파이고 계엄 옹호론자인 김문수가 극우·국힘의 대선 주자 1위가 되고 있다는 사실은 지금 사회운동이 어떤 전선운동을 복원하고 건설해야 하는지를 잘 보여 준다.[28]

사회운동의 전망

계엄 후 첫 정세 토론회 발제에서 나는, 현재 극우 부상의 특징 중 하나로 '극우의 주류화'(극우 세력이 제도권 정치에 영향력을 행사하는 것), '보수 세력과 극우 세력 경계의 모호화'를 언급한 바 있다. 이런 현상이 한국에서도 주된 현상으로 나타났고 또 나타날 것으로 보이고, 현재 상황도 그렇듯이 국힘이 이전처럼 헌법 내 보수 정당으로 자신을 위치 지우지만은 않을 것으로 보인다. 언제라도 이들은 헌법을 우습게 여기고, 극우 세력과 손을 잡거나, 스스로 극우적 주장을 하는 행태를 보일 것이다. 제도권 정당 밖 극우 세력(자유통일당 등)과 사실상 경계 없이 오고 가며, 극우 세력이 항시적 영향을 미치는 공식 정치적 지형이 펼쳐질 가능성이 이제는 매우 높다.

이런 정치 지형의 변화는 국힘의 극우화와 극우의 주류화, 민주당의 중도 껴안기 명분의 우경화, 새로운 민중·시민사회 운동 전선의

---

28 김문수는 12·3 계엄 이후 국회에서 국무위원들이 사과할 때 유일하게 버티고 '꼿꼿이 앉아' 사과를 거부한 국무위원이고 국무위원 사과 요구가 갑질이고 폭력이라고 주장한 자다.

부상, 일부 좌파 정당의 민주당 의존도 강화로 나타나고 있다고 볼 수 있다.

이런 상황에서 우리 운동이 나아갈 길은 첫째 의회주의의 한계를 명확하게 인식하고 독자적 조직을 유지하며 활동하기, 둘째 거리와 작업장·학교 등에서 사회운동력의 회복, 셋째 급진 민주주의자로서 반파시즘(반극우) 지식인 운동을 이어 가기 정도로 정리할 수 있다.

첫째, 의회주의의 한계를 명확하게 인식하고 독자적 보건의료·건강권 운동을 벌이는 활동은 앞서 길게 설명했고, 또 여러 단체가 지금 하고 있는 활동이니 생략한다. 둘째, 거리와 작업장·학교 등에서의 사회운동력의 회복은 의료인 내 극우 세력과의 대결을 이른바 '동료 껴안기, 중도 껴안기'라는 이름으로 회피하지 않는 것으로 설명할 수 있다. 의료인 전문가 단체와 지식인 단체 일부가 극우화되는 경향이 결코 작다고 볼 수 없음을 우리는 잘 알고 있다. 이제 대중 단체라는 명분으로 이런 극우화 현상에 대한 명확한 입장과 주장을 숨기고 애매모호한 태도를 취해서는 진보적 보건의료 운동이 갈피를 잃을 수도 있음을 명심해야 한다. 마르틴 니묄러의 "그들이 왔을 때"라는 유명한 글을[29] '침묵이라는 이름의 동조'의 문제로 다시 한 번 되새길 필요가 있다.

셋째로 급진 민주주의자로서 반파시즘 지식인 운동은 지역과 현

---

29 "나치가 공산주의자들을 덮쳤을 때, 나는 침묵했다. 나는 공산주의자가 아니었기 때문이다. 그다음에 그들이 사민당원들을 가뒀을 때, 나는 침묵했다. 나는 사민당원이 아니었기 때문이다. 그다음에 그들이 노동조합원을 덮쳤을 때, 나는 침묵했다. 나는 노동조합원이 아니었기 때문이다. 그들이 나에게 닥쳤을 때는, 나를 위해 말해 줄 이들이 아무도 남아 있지 않았다."

장(노동조합), 마을 단위(의료기관, 약국 등)에서 유기적 지식인으로서 공통의 집단 의지를 창출할 수 있는 '역사적 블록'을 형성하는 구실로 설명할 수 있다. 역사를 비롯해 여러 사회문제를 다루는 소모임부터 작은 세미나까지, 노동조합 현장 조합원 모임부터 지역사회 모임까지, 일상에서 급진 민주주의자로서 창조적으로 활동해 나갈 방법을 논의해 보자.

파시스트 국가기구로부터 "영구적으로 사회로부터 고립시켜야 할 이탈리아의 가장 위험한 두뇌"라고 평가를 받은 그람시의 '유기적 지식인'으로의 구실을 의료 운동 내에서도 현실화할 필요가 있다. 공통의 집단 의지를 창출할 수 있는 '역사적 블록'을 형성해 나가는 것이 필요하다.

극우 세력들은 기존 정치세력에 대한 불만에서 기인한다는 점에 비춰 볼 때라도, 자유주의적 민주주의 강화를 통해서는 문제를 해결할 수 없다. 지금의 자본주의 다중 위기의 시대에는 반파시즘 전선을 명확히 하는 것을 기초로, 근본적으로 자유주의적 민주주의의 한계를 넘어 새로운 민주주의를 요구하고 대안을 제시하는 운동의 일부가 돼야 한다. 급진적 자유주의ultraliberalism로서 누군가의 삶을 빼앗거나 파괴하는 방식에 맞서고, 극우가 시도하는 '타자화'의 담론에 맞서기 위해서는 법적 지위나 시민권 여부에 관계없이, 모두에게 열린 공동체, 특히 이주민 권리를 위한 지역사회 활동, 사회적 약자와 취약 계층의 삶의 조건을 개선하는 활동이 이어져야 한다.

마지막으로, 우리가 쟁취한 모든 것이 그렇지만, 보건의료 운동 역시 1987년의 헌신적 민주화 운동의 역사에 빚지고 있다는 사실을 잊지 말기를 당부하고 싶다. 우리 단체들은 그런 도도한 투쟁의 역사에 기반해 세워졌다. 목숨을 건 투쟁을 통해 서사를 바꿔 낸 이들의 헌신을 잊지 않고 역사를 변증법에 기초해 사유해 나가는 것, 오래돼 보이나 지금 반드시 필요한 지식인의 자세를 잃지 않는 것, 기층 단위의 투쟁 없이 어떤 법 제도의 유의미한 변화도 결코 없다는 분명한 역사적 교훈을 기억하자는 말을 마지막으로 발제를 마친다.

9장
대안을 찾아서

2023년 6월 8일 공공의료 확대와 보건의료 인력 확충을 촉구한 보건의료노조의 산별 총파업 결의대회.

공공의료 또는 의료의 공공성에 대한 이해
(와 오해)

2004년 7월에 작성한 글이다.

얼마 전 대한의사협회의 이사 한 명이 학생들과 만나는 자리에서 "의사들이 살 길은 신자유주의"라고 말했다는 이야기를 전해 들었다. 최근 의사협회와 관련한 심포지엄에서 가장 많이 나오는 말은 '의료 규제 완화'라는 말 또는 아예 노골적으로 '의료는 상품'이라는 말이다. 그리고 이런 주장들을 하는 사람들이 공공의료 또는 의료의 공공성에 대한 수많은 왜곡과 편견을 노골적으로 확산시키고 있다. 이는 〈조선일보〉와 〈중앙일보〉도 마찬가지인데, 〈조선일보〉는 "의료 개방만이 살 길이다"라는 시리즈로, 〈중앙일보〉는 "의료, 이제는 산업이다"라는 시리즈로 의료가 산업이고 의료 서비스가 상품임을 역설하고 있다.

사실상 영리를 추구하는 이익 단체나 거대 자본의 나팔수 구실을 하는 언론에서만 이런 말이 나온다면 별문제 아니겠지만, 공공성을 강조하고 국가의 책임을 강조해야 할 정부에서 이런 말이 나오고 있는 것이 더욱 문제다. 보건복지부는 "시장 경쟁적 의료 산업 육성"을 이야기하며 올해 가장 큰 정책 목표를 의료 산업 육성으로 삼고 있다. 공공의료 '확충'도 이제는 공공의료 '혁신'이라는 말로 바꾸고 있고, 지방 거점 병원과 도시 보건지소 중심의 공공의료 확충을 이제는 노인 요양병원 등의 병상 숫자로 30퍼센트 확충을 이야기한다. 최근에는 한 발 더 나아가 재정경제부와 규제개혁위원회 그리고 보건복지부도 민간 의료보험 도입과 병원 영리법인화를 공공연한 정책 추진 방향으로 이야기한다. 이런 현상만을 보고 있으면 의료는 이제 상품이고 의료가 산업화하는 것이 대세이고 그것만이 유일한 대안인 것처럼 보인다. 그러나 과연 그런가?

의료는 왜 공공성을 가져야 하는가?

보건경제학에서는 의료라는 재화는 특수성이 있어서 일반적 경제학 원칙을 적용하기 힘들다고 설명한다. 가장 먼저 나오는 개념은 '정보의 비대칭성'이다. 간단히 예를 들면 짜장면은 먹어 보고 그 맛에 따라 선택이 가능하지만 의료는 공급자가 정보를 독점하고 있고 수요자는 그 효용성을 판단할 수 없다는 뜻이다. 그다음에 설명되는 것이 면허제도이고 의료가 이른바 제4의 필수품이라는 설명이다. 외부효과에 대한 설명도 나온다. 말하자면 개인적 편익의 합보다 사회적 편익이 크다는 것이다.

이를 풀어 이야기하면 다음과 같다. 정보의 비대칭성 때문에 만일 공급자가 수요자의 객관적이고 중립적인 대리자 구실을 하지 못하면 의료의 공급과 수요는 심각하게 왜곡된다는 것이다. 그 때문에 국가 또는 사회는 일정한 자격을 가진 사람만 의료를 공급할 수 있도록 면허제도를 운용하는 것이다.

또 의료는 필수품이다. 현대 민주주의에서 인권은 단지 자유권만이 아니라 사회권을 포함하는 개념으로 이해된다. 말하자면 언론의 자유와 정치적 자유만이 아니라 실질적으로 그것을 가능하게 하는 권리까지 포함하는 것이 현대 민주주의 인권이다. 의식주와 의료, 교육이 보장되지 않으면 실질적으로 자유권은 보장되지 않는다.

크게 봐 이 두 가지, 즉 정보의 비대칭성과, 의료가 필수품이며 의료 서비스의 제공이 인간이 누구나 누려야 할 권리라는 측면에서 의료의 공공성을 주장할 수 있다. 의료 서비스의 제공에 의료 공급자의 이윤 동기가 개입되면 정보의 비대칭성 때문에 수요자는 적절한 진료를 받을 수 없게 된다. 의료가 상품이 되고 이윤 추구의 대상이 된다면 가난한 사람은 필수적 권리를 누릴 수 없게 된다. 이것이 의료가 상품이어서는 안 되는 이유이고, 의료에서 시장 실패가 나타나는 이유이며, 이윤 동기에서 제외돼야 하는 이유다. 바로 의료는 공공재여야 한다는 것이며, 이것이 의료 공공성의 근거다.

공공성은 도대체 무엇인가?

지금까지 보건의료단체 내부에서 토론을 해 온 과정에서 공공성을 서로 다르게 이해하는 경우가 매우 많았다. 이는 사회 전체적으로도 마찬가지다. 의료의 공공성은 도대체 무엇인가?

첫째, 의료의 공공성은 소유의 공공성이다. 즉 소유의 사회화를 뜻한다. 의료기관이 사유화돼 있으면 필연적으로 사적 이윤을 취하려 한다. 이는 정보의 비대칭성으로 말미암아 의료의 적절성을 왜곡한다.

둘째, 의료 체제와 의료기관 운영에서의 공공성이다. 이는 의료 체제 운영의 민주주의를 뜻한다. 공공성은 의료의 주체, 즉 국민이 의료 체계와 의료기관의 운영에 주체적이고 능동적으로 참여할 때만 이뤄진다.

셋째, 그 목적이다. 민주주의와 지속 가능성, 평등과 효율성의 가치를 추구하는 것이 바로 공공성이며 공동체의 진정한 가치를 추구하는 것이 공공성이다.

이 세 가지가 가장 핵심적이라고 생각한다. 그러나 문제가 그렇게 단순한 것은 아니다. 몇 가지 반론만 들어 보자.

첫째, 의료기관이 사립기관이라 하더라도 얼마든지 적절한 진료를 할 수 있다는 주장이다. 여기에는 우선 의료 공급자가 자신의 양심대로 진료하면 된다는 논리가 있다. 이는 많은 부분 사실로 입증된다. 그리고 우리는 공립 의료기관보다 양심적인 사립 의료기관이 훨씬 더 저렴하면서도 합리적이고 적절한 진료를 하는 예를 너무나도 많이 보고 있다. 그러나 그렇지 않은 예를 더 많이 보고 있는 것이 사실이다. 아주 간단한 예를 들어 양심적 의료인이 있는데 그가 아무런 이윤 추구의 압력을 받지 않는 의료기관에 있을 때와 지독히 영리 추구를 위한 압력을 받는 기관에 있을 때의 두 경우 중 어느 곳에서 적절한 진료를 할지는 아주 명백하다. 삼성의료원과 보훈병원에서 같은 수술을 받았을 때 치료비의 차이는 상당히 크다.

둘째, 공립 의료기관이 더하다는 주장이 있다. 의료인이 추구하는 임상적 자율성, 즉 소신 진료나 교과서적 진료를 침해하는 것은 사영의 추구보다는 오히려 관료적 개입이라는 것이다. 몇 개 안 되는 공공병원 의사들의 불만은 도대체 제대로 진료를 할 수가 없다는 것이다. 그 이유는 두 가지다. 우리나라의 공공 의료기관은 사실상 독립채산제와 구조조정 등으로 예산상의 제약이 매우 심하고 사실상 사립 의료기관의 운영 원리대로 움직이고 있는 경우가 많다는 것이 하나다. 다른 하나는 현재 공립 의료기관의 경우 민주적 운영 체계를 가지고 있는 곳이 거의 없다는 점이다. 우리가 주장하는 공공성은 운영의 민주주의까지 포괄하는 개념이다. 지금의 공립 의료기관은 우리가 추구하는 의료 공공성과는 거리가 있다. 관료주의인지 상업주의인지를 선택해야 하는 것은 페스트인지 콜레라인지의 선택과 마찬가지다.

공공성에 대한 일부 시민사회단체들의 논리와 그 함정

공공성에 대한 또 다른 논리도 있다. 이는 의사소통의 공공성에 기반을 둔 논리로서 우리나라의 대다수 시민단체들이 주장하는 '공공성'의 논리적 근거다. 말하자면 의사소통의 영역이 공공 영역이고 이곳에서 민주주의가 확보되면 사회의 공공성이 함양될 것이라는 주장이다. 이것은 하버마스의 주장을 일부 원용한 것이기도 하다.

그러나 이런 주장은 치명적 약점이 있는데, 현실적으로 의사소통에서 민주주의는 소유 구조가 명확한 사회나 기관 속에서는 달성하기가 불가능하다는 점이다. 가장 간단한 예시가 조중동과 〈한겨레〉·〈경향신문〉의 대비다. 힘 있는 자의 발언력이 훨씬 세다. 선출되지 않은 권력, 즉 자본이 버티고 있는 한 그들의 발언력이 훨씬 세고 그들의 목소리가 훨씬 크기 때문에 의사소통에서 민주주의는 제대로 작동하지 않는다.

일부 시민사회단체의 공공성 논리는 소유와 운영의 공공성이라는 핵심으로 나아가지 못하고 의사소통 영역에서의 합리성과 민주성만을 따지는 것이다.

영국 NHS에 대한 몇 가지 오해

하도 여러 오해가 많아서 이를 체계적으로 정리하는 것만 해도 매우 큰일이 될 것이다. 몇 가지 대표적 오해만 정리해 보자

영국의 NHS는 한국의 의료인들, 특히 많은 의사들에 의해 몹쓸 제도로 받아들여지고 있다. 그러나 영국 국민이 가장 자랑하는 제도가 바로 이 NHS이고 이를 상업화하려는 대처나 블레어의 시도는 번번히 좌절됐다.

오해 첫째. 영국에서는 병이 나도 '오래 기다려야 한다.' '오래 기다리다 죽는 경우도 있다.' 물론 자궁근종이나 응급수술이 필요하지 않은 병은 많이 기다리기도 한다. 대처, 메이저, 블레어 정부를 거치면서 보건 재정을 삭감한 것이 이런 문제를 낳았다. 바로 이것이 신자유주의 정책이다. 유럽의 다른 나라들이 GDP의 8.5퍼센트 정도를 의료비로 쓰는 데 반해 영국은 6.8퍼센트 수준이다. 그러나 응급수

술은 미뤄지지 않는다.

오해 둘째. '영국에는 인도 의사들이나 파키스탄 의사들만 있고 정작 영국 의사들은 다 미국에 갔다.' 실제로 영국의 개원 중 상당수가 인도 등 타지 출신의 의사들이다. 그러나 그들이 실력 없는 의사들이라는 것은 완전히 허구다. 오히려 런던 지역에서 인도 등지 출신 의사들이 가장 많이 개원해 있다는 사실은 그들이 실력 없는 의사들이 아님을 말해 준다.

오해 셋째. '영국에는 개원의 자유가 없고 개원의는 다 똑같은 월급쟁이들이다.' 영국은 (옳은지 그른지는 별도의 문제로 하고) 개원 지역 선택의 자유가 있다. 런던 지역 의사 집중 때문에 문제가 될 정도다. 또 하나, 의사들이 받을 수 있는 인두제 환자 숫자의 상한선과 하한선이 있어 그들이 버는 소득은 실력에 따라 상당히 (경우에 따라서는 4배까지) 격차가 난다. 또 모두 인두제로 받는 것이 아니다. 일부는 예방 행위의 경우 우리나라처럼 서비스 요금이다.

오해 넷째. '영국 의사들은 자부심이 없고 불만이 크다.' 영국 의사들은 NHS에 매우 큰 자부심을 가지고 있으며 국민들에게 매우 존경받는 직업군이며 전통적 노동당 지지자들이다. 블레어 정부가 의료 개혁을 한답시고 본인 부담금을 올린다고 했을 때 영국 의사들은 하루 파업을 했다. 그때 영국 의사 한 사람이 이런 인터뷰를 했다. 왜 파업을 하느냐는 질문에 개원의는 다음과 같이 답했다. "어떻게 아픈 사람에게 돈까지 받을 수 있는가?" 한 세대 동안 이윤 동기 없는 진료 같은 공공의료 정책이 의사를 이렇게 바꿔 놓은 것이다.

오해 다섯째. '영국 의사들은 삶의 질이 낮다.' 영국 의사들의 평균임금은 노동자 평균임금의 2.5배 정도다. 우리나라로 치면 월평균

750만 원이다. 노동시간은 대개 주4일 정도고 아주 길어야 4.5일이다. 물론 9시부터 5시까지로 쳐서 그렇다는 이야기다. 토요일은 물론 휴무다.

미국 의료 제도에 대한 오해

영국 NHS에 대한 폄하만큼이나 미국 의료에 대한 환상도 많다.

환상 첫째. '미국 의사들은 다 잘산다.' 미국 의사들 중 특정 전문 분야 의사들을 제외한 대부분의 의사들, 특히 가정의·일반내과·일반외과·산부인과·소아과 의사들은 한국의 같은 분야 의사들보다 실제 생활수준이 낮다. 한국만큼이나 미국 의사들 간의 소득 격차는 크다.

환상 둘째. '미국 의사들은 한국의 의사들보다 임상적 자율성이 크다.' 미국 의사들이 겪는 가장 큰 문제는 바로 의료 소송 문제다. 최근에 소송 문제는 더욱 심각해졌다. 미국 민간 보험이 정해 놓은 지침이 교과서적 치료와 거리가 멀기에 부적절한 치료를 해야 하고, 그렇기 때문에 환자가 적절한 치료를 받지 못하면 의료보험회사보다는 의사에게 소송을 하는 경향이 크다. 결국 민간 보험의 폐해가 의사에게 닥친다.

환상 셋째. '민간 보험회사는 정부보다 삭감과 감시가 덜 하다.' 미국 민간 보험회사는 예를 들어 매뉴얼보다 항생제가 더 들어가면 바로 다음 날 지적하고 삭감한다. 사례 관리자라고 불리는 보험회사 직원들이 하루 종일 의사를 따라다니며 매일 차트를 조사하고 빨간 줄을 긋기 때문에 매일 해명을 해야 하는 것이 의사들의 일이다.

환상 넷째. '미국의 의사는 존경받고 미국의 의료 제도는 국민에게 만족을 준다.' 미국의 의사는 존경받는 직업이 아니다. 또한 미국의 의료 제도에 대한 만족도는 10퍼센트 정도다. 물론 OECD 국가 중 최하위다.

환상 다섯째. '미국의 의료는 효율적이다.' 미국의 병원 경영은 매우 효율적이다. 즉 돈 버는 데 매우 효율적이다. 그러나 미시적 효율성이 크면 클수록 거시적 효율성은 형편없다. 미국은 무려 GDP의 14퍼센트를 의료비로 쓰면서도 인구의 15퍼센트인 4300만 명이 의료보험이 아예 없다. 50퍼센트 이상이 의료보험 혜택을 제대로 못 받는다. 우리나라보다도 의료보험 혜택이 적다고 보면 된다.

공공의료에 대한 전반적 오해

첫째 오해. '공공의료를 시행하면 의사들은 가난해진다.' 사실은 그렇지 않다. 어떤 제도를 채택하든 간에 의사들의 수입은 노동자 가구 평균 소득의 2.5배에서 4배 사이다. 게다가 공공의료를 채택하는 나라일수록 의사들 간의 소득 격차가 적다. 이것은 쿠바에서조차 마찬가지다. NHS 제도를 가지고 있는 나라인 네덜란드는 의사의 소득이 유럽 중 가장 높으면서 존경도도 가장 높다.

둘째 오해. '공공의료를 하면 의사들의 자율성이 침해된다.' 영국의 경우 개원의들이 2~3차 병원을 지정할 권한이 있다. 환자들은 1차 의료기관, 즉 문지기gatekeeper가 정해 주는 대로 가야만 한다. 오히려 노동당은 의사들의 자율성을 최대한 존중한다. 영국 총리 대처와 메이저가 의사들의 이른바 온정적 개입주의를 감시 제도로 바꾸려다 실패했다.

셋째 오해. '공공의료를 하면 개원의들도 다 월급쟁이가 된다.' 이것은 나라마다 다르다. 그러나 공공의료는 주로 병원급을 대상으로 시행되는 제도다. 독일이나 프랑스처럼 상당 부분 공공의료가 시행되는 나라에서, 특히 국민건강보험NHI 제도를 시행하는 나라에서 개원의는 우리나라와 거의 비슷한 제도 아래에서 활동하고 있다. 즉 행위별 수가제와 개원의 자유를 가지고 있다. 다만 2차 이상의 병원들이 대부분 공공의료이고 개원의들은 이에 크게 의존하고 개원할 때 정부의 지원이 있거나 사무실만 내므로 오히려 부담이 적다. NHS의 경우에도 영국에서처럼 개원의의 경우 보건소 옆에 사무실을 내는 정도이지 나머지는 거의 비슷한 수준의 자율성을 누린다.

글로벌 스탠다드

전 세계적 의료의 글로벌 스탠다드는 어떤 것일까? 그림 19에서 볼 수 있는 것은 우리나라의 의료비 지출 중 사적 지출 비중이 매우 크다는 것이다. 이것은 의료비 중 공적 재정지출이 매우 작기 때문이다. 둘째, 민간 의료기관의 비율이 우리나라가 매우 높다는 것이다. 사실 높은 정도가 아니다. 다른 나라와 비교가 안 될 정도다.

OECD 평균으로 따지기를 좋아하는 이른바 '글로벌 스탠다드'는 공립 의료기관 비율이 75퍼센트다. 이것도 40퍼센트 미만인 미국과

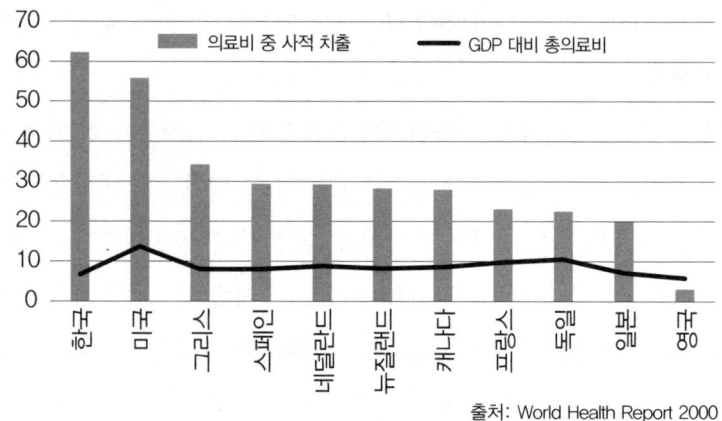

그림 19. GDP 대비 총의료비와 의료비 중 사적 지출(단위: 퍼센트)

출처: World Health Report 2000

일본 때문에 낮아진 수치다. 공립 의료기관이 아닌 의료기관조차 미국과 일본에서는 종교재단이나 실제로 비영리적 목적의 의료기관이 다수다. 의료보장을 보면 70~80퍼센트가 공적 재정지출에 의한 것이다. 한국의 의료 제도가 사회주의 의료 제도라는 주장은 아무런 근거가 없다. 한국의 보건의료 제도는 굳이 말하자면 매우 신자유주의적 의료 제도다.

자율성과 국가 그리고 자본

의사협회는 한국의 의료 제도를 사회주의 의료 제도라고 부른다. 물론 근거는 없다. 그들의 주장에서 근거가 조금이라도 있는 부분은 정부가 돈은 하나도 안 대고 왜 간섭만 하느냐는 것이다. 그러나 사실 정부가 조금도 돈을 안 대는 것은 아니다. 전체 의료비의 55퍼센트 정도는 정부가 내고 사회가 낸다. 의사협회가 건강보험 당연지정제 폐지를 내걸었을 때 정부가 의사협회에게 정말로 당연지정제를 폐지하고 일정 기준이 넘는 의료기관하고만 계약을 하는 것으로 바꿀 것이냐고 물은 적이 있다. 다음 날 의사협회는 정부에 협박을 중지하라고 요구 사항을 바꾸었다.

너무나 간섭이 많다고 한다. 그러나 머리만 아프면 MRI를 찍고 매주 또는 매달 돈을 더 많이 번 과를 발표하고 과의 수익성이 적으면 압력을 받는 사립병원의 의사들은 누구보다 잘 알 것이다. 사실상 임상적 자율성을 침해하는 곳이 국가인지 아니면 자본인지를. 또 제약 회사들의 리베이트 유혹에서 자유로울 수 없는 의료인들은 더욱 잘 알 것이다. 임상적 자율성을 침해하는 것이 국가인지 아니면 제약 자본인지를.

임상적 자율성은 존중받아야 한다. 그러나 국가적으로 의료에 들어갈 비용이 얼마인지를 정하는 것은 국민의 몫이고 사회의 몫이다. 기술적 접근과 정치적 접근은 병행돼야만 한다. 특히 기술적 접근은 증거 기반 의료EBM에 입각한 것이어야 하는데, 여기서 EBM은 비용 대비 효과성과 일반인들의 선호도까지를 포함하는 개념이다. 이미 EBM 자체가 정치적 결정 과정을 포함하고 있다는 것이다.

싱가포르와 중국

의료 개방을 이야기하면서 거론되는 예가 싱가포르와 중국이다. 몇 가지만 지적하도록 하자. 싱가포르는 병원 중 공립병원이 80퍼센트다. 그리고 인구 대비 공공재정의 의료 지출이 우리나라의 13배다.

중국은 의료 제도가 완전히 붕괴한 나라다. 농촌 인구의 80퍼센트가 의료보장 제도의 혜택을 아무것도 받지 못하고 있다. 이런 나라들과 우리를 비교하는 것은 완전한 무지와 오해의 소치이거나 의도적 왜곡일 뿐이다.

신자유주의 세계화를 거스를 수 있을까?

신자유주의 세계화가 마치 대세인 것처럼 이야기한다. 의료는 상품이고 다른 대안은 없다TINA고 이야기한다. 그리고 그 물결은 구체적으로 의료 개방과 민간 의료보험 도입, 병원 영리법인화로 나타나고 있다. 물론 의료 상품화의 물결은 1980년대 후반 재벌 병원이 들어오면서부터 시작됐다. 이제 2005년 WTO 도하개발어젠더DDA 협상을 앞두고 신자유주의의 압력은 매우 거세다. 그러나 의료 개방과 민간 의료보험은 대세도 아니고 글로벌 스탠다드도 아니다.

또한 사영화는 한국에서도 저지됐던 바 있다. 한국통신(KT의 전신)과 담배인삼공사는 민영화됐으나 발전, 가스, 철도는 사영화 과정이 저지됐다. 이제 정부는 교육과 의료를 사영화하고 더욱더 상업화하려 한다. 그러나 이 과정은 의료인의 임상적 자율성을 더욱더 침해하는 과정일 뿐이며 취약한 공보험 제도를 붕괴시키는 과정이 될 것이다.

복지 확대는 어떻게 가능한가?

2012년 노동자연대 주최의 맑시즘2012에서 연설한 내용이다. 〈레프트21〉 95호(2012년 12월 22일 자)에도 실렸다.

 복지국가 논의는 이번 대선에서 가장 큰 주제로 등장했다. 문재인 후보의 경우, '사람이 먼저다' 하는 슬로건을 내걸고 복지를 내세웠다. 박근혜 후보는 '내 꿈이 이뤄지는 나라'를 내걸었다. 박근혜식 꿈이 이뤄지면 참 큰일이라는 얘기가 있지만, 어쨌든 비중 있게 제시한 것이 맞춤형 복지, 생애주기형 복지 같은 것이었다. 박근혜 후보는 "우리 아버지의 꿈이 복지국가였다"는 얘기도 했다.

 박정희의 꿈이 복지국가였다는 것은 전혀 근거 없는 얘기다. 그나마 박정희가 1977년에 건강보험을 도입하기는 했다. 그런데 박정희가 왜 건강보험을 도입했을까? 박정희는 1961년 5·16 쿠데타 때 의료보험 도입을 말했지만, 미루고 미루다가 1977년에 했다. 왜 그랬을까?

 당시에 이런 주장이 있었다. '요즘 빈민가의 움직임이 심상치 않다. 노동자들의 움직임도 심상치 않다. 여기에 학생들의 움직임까지 덧붙으면 큰일이 날 것 같다.' 꽉 눌려 왔던 한국의 노동자 운동이

1975~1976년부터 꿈틀거렸다. 그 전의 10배 이상 되는 분규가 발생하는 등 노동운동이 급격하게 목소리를 높이기 시작했다. 또 학생운동이 10월 유신에도 불구하고 목소리를 냈다. 정권한텐 이 둘이 힘을 합치는 게 굉장히 큰 공포였고, 이를 막기 위해 뭐라도 떡고물을 던져야 한다는 것이 당시 정치권의 상황 인식이었다. 박정희는 건강보험을 하고 싶어서 한 것이 아니라, 할 수 없이 한 것이다.

게다가 정부는 돈을 하나도 안 내고, 노동자들 돈 반, 기업가들 돈 반, 이렇게 '너희끼리 알아서 하라'고 했다. 이것이 우리나라 최초의 건강보험이었다. 이것도 500인 이상 대기업 노동자와 공무원 등만 보장했고 또 당시 건강보험 보장률은 50퍼센트도 안 됐다.

이것을 전 국민이 적용받는 현재의 건강보험으로 만든 것은, 박정희가 죽고 나서 한참 뒤인 1989년이었다. 1987년의 6월 항쟁과 7~9월 노동자 대투쟁으로 도입된 것이다.

그러니까, 박정희는 건강보험의 아버지가 아니다. 박정희는 노동운동과 학생운동의 결합을 두려워한 나머지, 아주 기형적인 부분적 건강보험을 도입했다. 그것조차 살아남을 제도로 만든 것은 노동자와 민중이었다.

결국, 박정희 정권은 그렇게 걱정하던 노동운동과 학생운동의 결합으로 무너졌다. 그게 바로 부마항쟁이다.

보수파들은 사회복지 제도를 가장 먼저 도입한 것은 비스마르크라고도 설명한다. 교과서에도 그렇게 돼 있다. 그러나 비스마르크는 1884년 제국의회에서 이렇게 연설했다. "만일 사회민주당이 없었다면, 그리고 아무도 그들을 두려워하지 않았다면, 사회 개혁의 진전은 존재하지 않았을 것이다." 당시 노동자들의 급진적 투쟁은 체제를 위협할 수 있는 두려운 문제로 등장했다. 그것이 비스마르크 개혁의 실체다.

비스마르크가 또 두려워했던 것은 무엇일까? 그때는 마르크스주의가 사회주의 운동을 장악하기 시작하고, 1864년에 제1인터내셔널이 등장했던 시기다. 유럽 전역에서 혁명과 봉기가 터졌다. 그 정점이 1871년에 최초로 노동자들이 직접 권력을 장악했던 프랑스 파리코뮌이었다.

파리코뮌

이 프랑스 혁명이 독일에까지 불어오는 것을 막기 위한, 즉 노동자 혁명이 전 유럽을 휩쓰는 것을 막기 위한 조처 중 하나가 비스마르크의 사회보험제도 도입이었다.

결국, 박정희나 비스마르크 같은 보수파들이 사회보험제도나 사회개혁을 들고 나온 것은 어떨 때인가? 노동자들이 체제를 뒤흔들 때다. 그람시는 이것을 '수동혁명'이라고 표현하기도 했다.

그런데 정말 비스마르크가 최초로 사회복지 제도를 도입했을까? 그 전인 1871년 파리코뮌 때 노동자들이 제일 먼저 실시한 정책이 무엇이었을까?

여러 정책을 시행했다. 그중 내가 기억하는 것은, 2년마다 이사를 다녀야 하는 나로서는 딱 눈에 들어오는 것이 '집세 면제'였다. 그것도 밀린 집세까지 면제하는 것이었다. 그만큼 월세가 밀린 사람들이 많았기 때문이다.

그다음에 한 것이 무엇이었을까? 철야 노동을 금지했다. 한국에선 아직도 못 하는 것을 1871년에 했다는 것이다.

또 무엇을 했나? 무상 의무교육을 시행했다. '우리가 이기려면 노동자들이 읽을 줄 알아야 한다' 하면서 무상교육을 실시했다. 모든 교회를 징발해서 정치집회장으로 사용했고 일부 시설에서는 무상의료를 시행했다.

'노동자들이 권력을 잡으면 저렇게 되는구나.' 이것을 파리 시민들이 알게 됐다. 코뮌 위원들은 노동자 평균임금만 받았고, 모든 군대는 무장한 노동자들의 조직으로 대체됐다. 그리고 모든 사회복지 제도를 한꺼번에 시행했다. 코뮌 기간에 남녀노소 할 것 없이 아무도 굶주리거나 추위에 떨거나 집 밖에 나앉지 않았다. 이것이 파리코뮌 정부가 바리케이드를 쌓고 저항할 수 있던 힘이었다.

유럽 모든 나라 지배자들은 유럽 전체로 파리코뮌이 번져 나가지 못하게 하려고 했다.

이 과정에서 비스마르크는 파리코뮌에서 시행했던 것을 일정하게 베껴서 사회복지 제도를 도입했으나, 국가가 책임지는 게 적었다. 지금도 독일은 다른 나라보다 정부의 부담이 적고, 노동자들과 기업주들이 비용을 반씩 내는 형태의 제도를 보유하고 있다.

소비에트 러시아

파리코뮌 외에 우리가 꼭 빼먹지 말아야 할, 국가 단위에서 사회복지 제도를 시행한 나라가 있다. 바로 1917년 10월 혁명 이후 러시아였다. 노동자 국가, 소비에트 러시아가 시행했던 사회복지 제도는 오늘날까지 이어지는 복지 제도의 원형이라고 볼 수 있다.

무상의료, 무상교육, 연금, 실업수당 등 모든 제도가 소비에트에서 곧바로 시행됐다. 당시에는 아직 개념도 제대로 갖춰지지 않았던 무상보육을 실시하고, 탁아소를 설치했다.

당시 노동자 정부의 열정이 너무 뜨거워, 공동 빨래를 하고 식사도 다 같이 하는 제도도 시행했다. 그런데 속옷이 너무 뒤섞이는 관계로 공동 빨래제가 폐지됐다는 얘기도 있다.

문맹률이 90퍼센트에 가깝던 중앙아시아 쪽에서도 여성에게 글을 가르치고 가사 노동을 사회화했다. 양성 평등을 주장하면서 혁명가들이 돌아다녔다.

이 소비에트 혁명이 성공한 후에 진정으로 근대적인 복지국가가 탄생하기 시작했다.

오늘날의 사례들

오늘날 영국에선 NHS 제도가 시행되고 있다. 2012년 런던올림픽 때 영국 정부가 자랑한 두 가지가 있다. 하나는 피터팬, 해리포터 같은 아동문학이었다. 그리고 다른 하나는 NHS였다. 올림픽 개막식에서 320개의 병상이 등장했는데, 애들이 그 위에서 뛰고, 실제 거기서 일하는 간호사들이 춤을 추고 그랬다.

그런데 한국에선 '영국의 무상의료 제도가 아주 저질'이라는 얘기도 나오고, '파키스탄계 의사들만 많다'는 인종차별적 얘기도 나온다.

물론, NHS는 완전무결한 제도도 아니고, 영국 정부가 복지 재정을 계속 삭감하는 바람에 참 문제가 많다. 그러나 한국의 위정자들이나 우파들이 '그런 식으로 가면 우리나라 다 망한다'고 하는 건 근거 없는 얘기다.

NHS는 제2차세계대전 이후 영국 노동당이 도입한 것이다. 영국뿐 아니라 유럽 노동운동이 전후에 급진화하면서, 유럽 전체에서 매우 급격한 사회 개혁이 있었다.

영국의 혁명적 사회주의자 던컨 핼러스가 쓴 책을 보면, 당시 상황을 알 수 있다. 던컨 핼러스가 제2차세계대전이 끝난 뒤 리버풀의 조그만 극장에서 고전적 반전 영화 〈서부전선 이상없다〉를 봤을 때 이야긴데, 독일 병사 두 명이 '우리끼리 싸우지 말고 장군들하고 정치가들끼리 치고받고 싸우게 하는 게 나았을 걸 그랬어' 하고 대화하는 장면이 나왔다고 한다. 그러자 영국의 퇴역 군인이 다수 섞여 있었을 청중석에서 곧바로 큰 박수가 나왔다는 것이다. 당시 참전 군인의 92퍼센트가 노동당을 찍었을 정도로 급진화 바람이 불었다.

노동당은 '국유화가 사회주의로 가는 주요한 교두보'라고 주장하면서 주요 산업을 국유화했고, 병원들을 다 국유화했다. 이렇게 NHS의 기반을 쌓은 것이다.

당시 의사들은 반대했다. 보수당은 더 반대했다. 그렇지만, 국민의 지지가 아주 확고했기 때문에 할 수밖에 없었다.

물론, 이렇게 성공한 예만 있는 것은 아니다. 반대로 실패한 예도 있다. 미국이 바로 그렇다.

미국에는 지금 그나마 메디케이드, 메디케어라는 장애인·노인 건강보험 제도가 있다. 이것은 1960년대 민권운동의 산물이다.

그런데 미국의 의료 개혁은 실제로 확대되지 못했다. 오바마의 의료 개혁이 "100년 만의 개혁"이라고 불린 이유는 이 때문이다. 보수파들의 반대로, 케네디가 전 국민 의료보험을 도입하려다 실패했고, 클린턴이 도입하려다 실패했고, 오바마가 도입하려다가 겨우 될까 말까 하는 상황이다.

그런데 오바마가 도입하려는 의료 개혁이 뭘까? 그것은 국가가 권장하는 전 국민 건강보험이 아니다. 민영 의료보험과 국가가 시행하는 보험을 경쟁적으로 내걸자는 것이다. 이것은 1960년대 공화당의 닉슨이 내걸었던 내용이다.

왜 이렇게 됐을까? 미국과 유럽이 다른 점은 뭘까?

예전엔 미국의 노동운동이 매우 전투적이었다. 그런데 이것이 약화됐다. 특히 노동자들을 대표하는 정당이 없었다. 그래서 미국 노동자계급은 민주당의 왼쪽 방을 선택했다. 이것이 바로, 미국이 OECD 국가 중 유일하게 전 국민 건강보험이 없는 나라가 된 이유다.

나는 지금까지 여러 역사적 예를 많이 들었다. 이제, 몇 가지 얘기를 더 해 보겠다.

어떻게 할 것인가?

'복지 하면 나라 망한다'는 얘기가 있다. 그리스가 복지 때문에 망했다는 얘기가 있다. 그러나 그리스는 유럽에서 가장 늦게 복지 제도를 도입한 나라다. 스페인, 이탈리아, 그리스 등 남유럽 국가들은 가장 늦게 복지를 도입했다. 1970년대 중반 이후에나 도입했다.

그리고 이 나라들은 유럽에서 복지 비중이 가장 낮다. 그리스 복지가 잘돼 있다고 하면, 유럽 사람들이 다 웃을 것이다.

물론, 그렇다고 '복지를 많이 해야 경제가 성장한다'는 얘기로 끌고 가는 것은 경계해야 한다. 그렇지만, '복지 때문에 나라가 망한다'는 얘기는 그야말로 거짓말이다. '복지가 되면 사람들이 일을 안 한다'는 주장도 워낙 말이 안 된다.

보수파들은 '복지 하려면 너희 월급의 반을 세금으로 내야 하는데, 그래도 할래?' 하고도 말한다. 〈조선일보〉는 "사회보험제도를 다 하려면 100조 원쯤 든다"고 했다. 월급의 반을 세금으로 내야 한다고? 100조 원이 든다고? 굉장히 과장된 수치다. 사실이 아니다.

이런 논의에서, 저들이 맨날 빼먹는 얘기가 있다. 가장 대표적인 것이 노동분배율이다.

한번 따져 보자. 유럽의 노동자들은 우리보다 세금을 많이 낸다. 그러나 기본적으로 우리보다 받는 돈(임금)이 많다.

우리나라 노동분배율은 유럽 나라보다 10~15퍼센트 낮다. 액수로는 120조 원 정도다. 한국 노동자들은 이른바 '유럽의 선진국' 노동자들보다 120조~180조 원을 덜 받고 있다는 얘기다.

만약, 노동자들에게 120조 원을 주고는, 무상의료·무상교육을 다 할 테니까, 물론 과장된 수치이지만, 100조 원을 내놓으라고 하면 누가 반대하겠는가? 지금보다 20조 원을 더 주는 건데. 그런데 이런 분배 자체를 빼먹고, '너희가 세금을 내라'고 하는 것은 현실을 호도하는 것일 뿐이다.

사실, 한국 노동자들이 내는 사회보장 기여분은 이미 유럽보다 높거나 거의 비슷한 수준이다. 우리나라에선 기업들의 기여가 낮다.

즉, 누가 돈을 더 내야 하느냐? 자본이 돈을 더 내야 한다. 그런 점에서, '자본·부자에게 세금을, 서민·노동자에게 복지를'이라는 구호는 정당하다. 복지국가는 그런 것이다. 돈 있는 사람이 돈을 내야 한다.

'서로 조금씩 도와 계契 타자' 하는 식으로 복지국가를 말해선 안 된다. 최근에 굉장히 많이 팔리는 책을 쓴 사람도 그렇게 주장했다. 국가가 좀 내고, 기업이 좀 내고, 노동자·서민이 좀 내서 복지국가를 이루자고 했다. 나는 이렇게 복지국가와 '계'를 착각하는 논리는 곤란하다고 본다.

노동자들은 내려야 낼 게 없다. 돈을 좀 더 내면 낸 만큼 좀 더 받는 거 아니냐고? 이런 식으로 복지 제도가 이뤄진 적이 없다. 복지 제도는, 부자들이 가난한 사람들을 돕겠다는 "아름다운 연대 정신"으로 만든 것도 결코 아니다.

독일의 이른바 '철혈재상', 모든 자유를 피와 칼로 무찔러서 권력을 얻은 비스마르크조차 말했던 것처럼, 첨예한 계급투쟁 속에서 사회복지 제도가 생겨났다. 거대한 노동자계급의 운동과 혁명, 이런 것이 한 대륙을 휩쓸고 지나갈 때 사회복지 제도가 이뤄졌다.

10월 혁명의 노동자 투쟁 속에서 복지 제도가 출현했다. 영국의 평범한 노동자들의 투쟁이 무상의료 제도를 만들었다. 한국에서도 최소한의 건강보험 제도조차 온 국민이 거리로 나오고 노동자들이 파업을 했을 때 이뤄졌다.

이것이 역사가 오늘날 우리에게 가르쳐 주는 교훈이다.

무상의료 운동:
의료 시장화에 맞선 구체적 대안

1997년 노동자 정치세력화의 결실로 등장한 민주노동당은 무상교육과 무상의료를 내걸어 큰 관심과 지지를 얻었다. 2005년 민주노동당이 발행한 이론지 《이론과 실천》에 실린 이 글은 민주노동당의 무상의료 운동이 지닌 의미와 한계를 짚어 본다.

노무현 정부의 노골화되는 의료 사유화·시장화 정책

지난 5월 13일 보건복지부는 의료기관의 영리법인 허용, 자본 참여 활성화를 적극적으로 추진하겠다고 발표했다. 노무현 정부는 2004년 12월 31일 경제자유구역법을 개정함으로써 외국인 병원의[1] 내국인 진료 허용을 통해 이미 건강보험 적용 탈퇴와 영리병원을 허용함으로써 사실상 1국 2의료 체계 시대를 열었다. 이 정부가 의료기

---

1 외국인이 설립한 영리법인 병원은 이사 중 한 명만 외국인이 되면 기준을 충족하므로 실제로는 국내 자본과 의료진이 얼마든지 진출할 수 있다. 현재 자본과 의료진 참여가 가장 유력하게 거론되는 병원은 삼성과 현대가 운영하는 병원들이다.

관의 전면적 영리법인화 허용을 추진하겠다고 주무 부서를 통해 발표한 것이 이번 발표의 의미다. 올해 초 연두 기자회견, 취임 2주년 국정 연설을 통해 교육·의료·문화 분야의 산업화 추진을 국정 과제로 추진하겠다는 노무현 대통령의 발표로부터 시작한 '서비스 산업화론'의 실체는 3월 18일 1차 '서비스 관계 장관 회의'를 통해 종합됐고 교육·의료 등 분야에서 구체적·행정적 일정에 올라 있다. 올해 제주도와 경제자유구역 외국인 영리교육기관의 내국인 입학 허용을 골자로 하는 법률 통과가 무산되기는 했지만 6월 17일 약국의 전면 영리법인화 허용을 골자로 하는 약사법 국회보건복지위 통과 시도 등이 있었다.

이런 '서비스 산업화론'은 한마디로 공공서비스 분야를 자본의 자유영업지역으로 넘겨주겠다는 것을 그 본질로 한다. 의료 서비스 산업화의 본질도 이와 같다. 크게 봐 의료 서비스 산업화론은 첫째 의료기관의 영리법인화, 둘째 민간 의료보험의 활성화와 건강보험의 축소, 셋째 이 귀결점으로서 의료 서비스 분야의 전면 시장화다.

우선 의료기관의 영리법인화는 한마디로 병원의 기업화를 뜻한다. 이는 정부에서 친절하게 설명하고 있듯이 "의료기관에 대한 자본의 참여 활성화"를 의미하는데 이는 현실적으로 대형 자본의 의료기관에 대한 투자와 그에 대한 이윤의 회수를 뜻한다. 현재의 의료기관 비영리법인 규정은 '의료기관에서 벌어들인 돈은 의료기관에만 투자할 수 있도록 하는 법적 규제 장치'다. 그러나 영리법인화는 이윤 배당을 합리화하는 제도다. 다시 말해 자본의 최대 이윤 추구의 법칙이 보건의료 부문에서도 그대로 관철됨을 뜻한다.

이는 현재에도 돈벌이에 열중하는 많은 의료기관들이 이제는 자본의 철의 법칙에 따라 최대 이윤을 추구할 수밖에 없게 됨을 뜻한다. 의료 윤리가 아니라 최대 이윤의 법칙이, 인술이 아니라 기업의 논리가 작동하게 되는 것이다.

정부나 영리병원을 찬성하는 사람들은 영리병원화될 병원이 전체의 많은 부분을 차지하지 않을 것이라고 이야기한다. 그러나 병원협회 소속 병원들의 영리법인화 찬성율이 70퍼센트를 상회한 것으로 나타난 병원협회 설문에서 드러나듯이, 상당수의 병원들이 시기상의 차이는 있겠지만 영리 의료기관으로 전환될 것이고 이미 준비에 착수하고 있다.

영리병원화는 현재 병원을 규제할 수 있는 제도가 전무한 상태에서 그리고 공공병원이 10퍼센트도 안 되는 한국의 현실에서는 주주들의 이윤을 최대한 보장하기 위한 형태의 의료 행위를 낳게 될 것임이 너무도 분명하다. 비보험 부분의 확대와 고급 진료의 확대 등 의료비 상승을 꾀할 수 있는 통로는 너무나 많이 열려 있다.

결국 영리병원화는 의료비의 폭등을 뜻하며 이는 곧 건강보험 재정이 이런 의료비 폭등을 따라갈 수 없게 됨을 뜻한다. 이는 서민층의 건강보험 혜택 축소로 이어질 것임이 불을 보듯 뻔하다.

의료 시장화에서 우리가 또 하나 주의 깊게 살펴봐야 할 것은 민간 의료보험의 급속한 성장이다. 건강보험의 보장성이 정체돼 있는 상태에서 정부는 1999년 질병을 주요 보험대상으로 하는 민간 의료보험을 손해보험사에 허용했고 2003년 5월 보험업법 개정을 통해 집단별 질병 정보를 민간 의료보험에 제공할 수 있도록 허용했다. 그리고 최근 생명보험사가 단체형 실손 의료보험을 판매하기 시작했다. 이 과정에서 생명보험사의 건강보험 수입보험료는 1997년 이후 연평균 45퍼센트씩 증가했고 2003년 현재 8조 5000억 원에 달하는 것으로 확인되고 있다.[2] 2002년부터 판매하기 시작한 중대질환보험(암, 고혈압, 심장병 등에 대한 보험)의 경우 현재 생명보험사의 주력 상품이 되고 있고 올해 8월 실손 민간 보험이 단체형에서 개인형 보험으로 확대되면 민간 의료보험의 확대 폭은 더욱 커질 것으로 예상된다. 개인형 실손 민간 보험은 현재처럼 질병별 또는 입원일별로 지불액이 정해지는 것이 아니라 병원에 지불한 본인 부담액의 상당 비율을 대신 지급해 주는 제도다.

이런 민간 보험의 활성화는 이미 의료비의 상승과 건강보험 보장성의 제자리걸음 그리고 정부의 민간 보험 장려책을 통해 급가속되고 있다. 이런 추세는 영리병원 허용과 개인형 실손 민간 보험의 출시가 이뤄지면 의료비 폭등 → 건강보험 혜택 축소 → 민간 보험 가입 확대의 경로를 통해 더 가속될 것이 분명하다.

이런 결과는 우선 국민들이 건강보험 이외에 민간 보험 가입을 통해 이른바 사적 의료비를 이중적으로 부담하게 되는 것을 뜻하게 된다. 그러나 더욱 문제가 되는 것은 다음의 결과다.

첫째, 개인형 실손 민간 보험 도입은 대형 민간 보험회사가 병원의 진료비 심사를 직접 담당하게 되는 것을 뜻한다. 이는 대형 민간 보험회사가 병원들에 대해 실질적 지배권을 행사할 수 있는 통로가 될 수 있다. 바로 이런 형태로 미국에서 민간 보험회사가 병원을 흡수하

---

[2] 민간 의료보험의 보험수입료는 1997년 생명보험사의 총수입보험료 48조 9500억 원 중 3.1퍼센트에 불과했으나 2003년 총보험수입료 50조 3900억 원 중 16.9퍼센트로 증가해 주요 성장 동력으로 자리잡고 있다.

는 경로를 밟았고 이것이 바로 건강유지조직HMO이다. 결국 재벌이나 외국 자본이 운영하는 민간 보험회사들이 병원을 소유하게 되거나 실질적으로 지배하게 되는 경로를 밟게 될 가능성이 매우 크다.

둘째, 이와 동시에 건강보험이 축소되면 많은 사람들이 민간 보험에 가입하게 된다. 처음에는 건강보험만 가입한 환자나 민간 보험에 별도 가입한 환자들에 대한 의료 서비스의 차이가 별로 없어 보이겠지만 결국은 점차로 병원이나 민간 보험회사들은 민간 보험 가입 환자들에 대한 우대 정책을 통해 민간 보험 가입을 유도하게 될 것이다. 이렇게 되면 건강보험만 가입한 환자들은 울며 겨자 먹기로 비싼 민간 보험에 가입할 수밖에 없게 되거나 아니면 차별 대우를 감내할 수밖에 없게 돼 의료비 부담의 증가와 의료 양극화는 심화된다.

이런 의료기관 자본 참여의 최종 귀결점은 결국 병원의 건강보험 당연지정제 폐지와 모든 국민의 건강보험 강제가입제 폐지일 것이다. 말하자면 삼성생명의 민간 의료보험에 가입해야만 삼성병원을 이용할 수 있게 되고 고급 병원은 건강보험 환자를 안 받는 사태가 보건의료 시장화의 최종 귀결점이다.

이것은 이른바 '공포 시나리오'가 아니다. 현재 미국이 바로 그런 시스템으로 운영되고 있으며 남미의 많은 나라들에서 실제로 일어나고 있는 일이다. 미국의 경우 전 국민 의료보험을 도입하자는 국민들의 견해가 70퍼센트 이상임에도 불구하고 민간 보험회사들과 여기에 종속되거나 소유된 의료기관들의 강력한 반대로 의료 개혁 시도는 번번이 좌절되고 있다.

의료기관 영리법인화를 주장하는 정부나 의료 산업화론자들의 논리는 의료기관 영리법인화 → 일부 의료기관의 고급 병원화 → 일부

소수 부유층의 고급 진료 활성화와 자본 투자의 활성화 → 고용 창출과 내수 경기 활성화로 이어지는 구조다. 그러나 역사적으로 그리고 현재 세계적으로 일어나는 상황은 이와는 정반대다. 미국의 경우에는 말할 것도 없고 의료 부문의 자본 참여를 일부 허용하고 있는 유럽에서도 의료기관의 수익성 추구 → 의료비의 폭등과 의료기관의 공공성 약화 → 건강보험의 축소 또는 붕괴 → 의료 이용과 건강의 양극화 심화로 드러나고 있다.[3]

"의료기관이 아직 영리법인이 아니었던가요?"

최근 의료기관의 영리법인화를 막아야 한다는 주장을 하면 많은 사람들에게 이런 말을 듣게 된다. "우리나라 병원은 이미 기업 아닌가요?" 돈벌이에 이미 발 벗고 나서고 있는 의료기관이 영리법인화되는 것이 과연 무슨 의미가 있는가 하는 것이다. 이런 주장은 의료기관 영리법인화를 추진하는 측에서도 흔히 주장하는 논리다. 이미 사실상 기업인 의료기관을 법적으로도 기업화해 주고 자선병원 구실을 하는 진짜 '비영리병원'은 세제 혜택이나 정부 지원을 해 줘 '시장을 합리화'하자는 정부의 주장이 그것이다.

문제는 바로 이런 현실이다. 한국 보건의료 체계는 비영리법인이라

---

[3] 의료기관 영리법인화에 대한 정부의 주장과 반박 자료는 민주노동당 자료실의 제주도 무상의료 토론회(2005년 6월 15일)의 "의료기관 영리법인화 무엇이 문제인가"와 '복지부 의료기관 영리법인 허용 반대를 위한 시민사회단체 기자회견'(2005년 5월 18일) 자료집과 첨부자료를 참고하라.

는 규정 자체가 무색할 만큼 이미 의료기관들이 돈벌이에 열중하고 있고 의료기관의 공공성이라는 것이 무색할 정도로 시장화돼 있다. 이 때문에 '이미 살인을 저지르는 자가 대부분이니 아예 살인을 합법화하자'는 식의 해괴한 주장이 정부 당국자의 공식적 주장으로 나오는 것이 그럴듯하게 여겨질 정도다.

첫째, 공립 의료기관의 비율을 보자. OECD 국가들의 공립 의료기관 비율은 평균 75퍼센트다. 그런데 우리나라의 공립 의료기관 비율은 8퍼센트다. 공립 의료기관이 OECD 평균의 10분의 1 정도에 불과한 것이 우리나라의 현실이다.

둘째, 우리나라의 의료보장률을 비교해 보자. 우리나라의 공적 의료보장률은 50퍼센트를 조금 넘는 것으로 보고되고 있다. 그런데 OECD 국가의 평균 의료보장률은 73.1퍼센트다.

이 두 가지 사실을 기초로 그림을 그리면 표 12와 같다. 매우 도식적으로 그린 그림이지만 대체로 OECD 국가들의 의료보장 체계는 다음과 같은 몇 군群으로 나뉜다. NHS, 즉 국가 의료보장 체계를 가지고 있는 영국이나 캐나다, 덴마크, 이탈리아 등의 나라는 오른쪽 맨 위에 속하는 나라들로서 90퍼센트 이상의 공립 의료기관 비율과 90퍼센트 이상의 공적 의료보장률을 의료보장 체계로 가지고 있다. 그다음 그 바로 왼쪽 아래에 속하는 국가 의료보험 체계를 갖춘 프랑스나 독일 같은 나라들의 경우는 70~90퍼센트의 공립 의료기관 비율에 약 80퍼센트 정도의 의료보장률을 갖추고 있다. 이런 나라들의 경우 예를 들어 안경이나 온천욕 등이 의사의 처방전 하나로 무료로 제공되는 것은 물론이고 지역사회 재활의학이나 지역사회 정신요양시설 등이 갖춰져 있어 장애인이나 치매 환자, 정신지체 어린이

표 12. OECD 나라들의 공립 의료기관 비율과 공적 의료보장 재원 비율

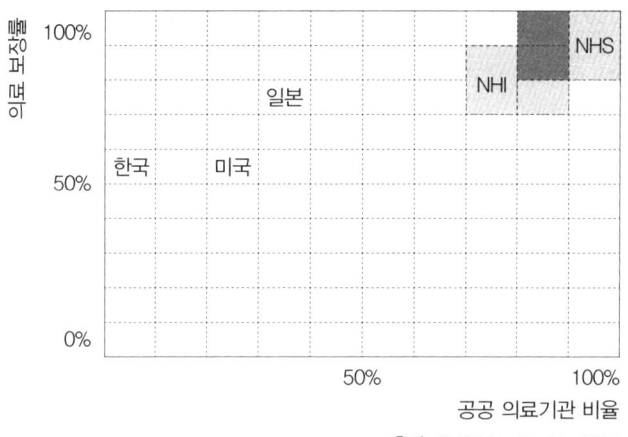

출처: OECD Health data 2004

들이 거의 무료로 지역사회에서 의료를 이용한다. 무상의료에 매우 가까운 의료를 제공하고 있는 나라들이다. 대부분의 OECD 국가들이 이런 나라들 군에 속한다.

이런 나라들과 다른 나라들이 있다. 일본의 경우는 공립 의료기관 비율이 35~40퍼센트 정도이지만 공적 의료보장률이 70퍼센트 정도이고 영리 의료기관이 허용되지 않는다.

그래도 일본이 울릉도 정도에 속한다면 미국과 한국은 굳이 비교하자면 독도쯤 된다. 미국의 경우 공립 의료기관 비율이 35~40퍼센트 정도이지만 OECD 국가 중 전 국민 의료보험이 없는 유일한 나라여서 민간 의료보험이 나라의 의료 체계를 지배하고 있고 공적 의료보장률은 한국보다도 낮아지고 있다. 이런 나라이다 보니 대부분의 OECD 국가들이 GDP의 6~8퍼센트를 쓰면서 국민들에게 비교적 평등한 보건의료 서비스를 제공하고 있는 반면, 미국은 의료 비용으

로 GDP의 15퍼센트(전 세계 의료비를 모두 다 합한 것보다 많은 비용이다)를 쓰면서도 전 국민의 15퍼센트인 4500만 명이 아예 아무런 의료보장이 안 돼 있고 전 국민 중 절반 이상이 우리나라보다 못한 의료보험을 가진 나라다.

그런데 한국을 보자. 표 12에서도 보이듯이 한국이야말로 독도에 속하는 나라다. 공립 의료기관 비율이 지극히 낮은 데다 의료보장률도 지극히 취약하다. 한국은 OECD 국가 중 미국과 더불어 의료가 가장 시장화된 나라다.

셋째로 한국이 다른 나라와 다른 점은 의료기관에 대한 규제가 사실상 전무하다는 점이다. OECD 국가 중 전 국민 의료보험 체계를 가진 나라치고 의료비 지불 제도로 행위별 수가제를 시행하는 나라는 한국 외에는 없다. 이런 의료비 사후 지급 제도는 의료기관이 의료 행위를 많이 하면 할수록 돈을 벌기 때문에 과잉 진료가 행해질 수밖에 없다. 예를 들어 중이염 환자의 경우 항생제를 일주일 처방하고 일주일 뒤에 환자를 한 번 보면 1회의 진료비밖에 수익을 얻지 못하지만 일주일 내내 주사를 놓아 주는 진료를 하면 7배의 수익을 올릴 수 있다. 행위별 수가제가 이렇게 낭비적 의료를 초래하기 때문에 다른 나라에서는 의료비 사전 지급 제도를 시행한다. 이런 의료비 지급 제도가 질병별 포괄수가제나 총액계약제다. 질병별 포괄수가제는 예를 들어 맹장염 수술을 20만 원으로 정해 놓고 어떤 치료를 하든 20만 원을 준다. 과잉 진료를 하면 할수록 의료기관이 손해가 되므로 진료비 낭비가 억제된다. 총액계약제는 아예 1년 동안 쓸 예산을 미리 책정해 놓는다. 그리고 그 예산의 범위 내에서 의료계에서 스스로 합리적으로 비용을 배분한다.

넷째로 한국의 경우 보험이 적용되지 않는 항목이 너무 많다. 이번에 건강보험공단에서 조사한 암 환자의 경우 본인 부담률이 입원비의 55퍼센트 정도였다. 건강보험이 적용되지 않는 항목이 50퍼센트 정도이고 이 항목들의 가격은 병원이 알아서 책정한다. 그리고 그 비용은 의료 행위를 하면 할수록 많이 받는다.

이런 사실들을 종합하면 정부가 건강보험이 적용되는 항목의 의료수가(의료 행위의 가격)을 아무리 알아서 절감한다 하더라도 병원의 수익은 의료 행위를 늘리고 또한 건강보험이 적용되지 않아 가격을 마음대로 책정할 수 있는 항목의 의료 행위를 늘림으로써 충분히 보전된다. 그리고 이렇게 정부의 통제에서 거의 벗어나 있는 의료기관 중 사립 의료기관이 92퍼센트다. 이런 나라에서 병원이 돈벌이 병원이 아니라고, 비영리법인이라고 제도를 정해 놓는다고 해서 국민이 병원을 진정으로 비영리기관으로 느끼기는 매우 힘들다.

문제는 여기에서 발생한다. 무상의료 운동이 대중운동으로서 동력을 가지기 위해서는 의료 서비스의 이용 가격이 너무 비싸다고 여기는 것만으로는 부족하다. 국민들뿐 아니라 당원들조차도 의료 서비스를 상품으로 여길 수밖에 없는 의료 체계에 매우 익숙해져 있다는 점, 이 때문에 무상의료는 좋기는 하겠지만 실현 가능하다고 느끼지 못한다. 또한 우리 운동이 무엇을 지키고 무엇을 바꿔 나가는 운동이 아니라 거의 무에서 시작해 체계 전체를 바꿔 나가야 한다는 점이 또 다른 어려움이다. 여기에 정부는 현재 시장화될 대로 시장화된 의료 체계를 발판 삼아 아예 시장을 합리화하자는 매우 그럴 듯한 논리로 국민들에게 의료 시장화 정책을 설득하고 그렇게 정책을 추진한다. 이에 더해 정부는 공공의료와 건강보험 보장성을 일부 보완책으로 강화하면서 시장과 공공의료의 '균형'을 설파한다. 무상의료 운동이 현재 놓여 있는 지점이 바로 여기라는 점에 대한 인식이 매우 중요하다.

무상의료 1단계 실현을 위한 운동

'암부터 무상의료' 운동을 살펴보자. '암부터 무상의료' 운동은 그 자체로 의료의 공급이 아니라 치료 부분만의 접근이고 그것도 '질병별' 접근 방식이라는 점에서 과연 이것이 포괄적 접근 방법으로 올바른 정책인지 또한 정책의 지속 가능성에서 볼 때 운동의 침로를 그렇게 잡아 가는 것이 옳은지 많은 논란을 불러일으켰다. 그러나 '암부터 무상의료'라는 슬로건은 우선 올해 정부가 추진하는 부분적 건강보험 보장성 강화 움직임(이것 또한 작년의 운동이 성취한 성과다) 속에서 작년 건강보험 흑자분을 보험 적용 확대에 쓰겠다는 건정심 결의에 따라 올해 안에 써야 하는 현실적 재원(8000억 원에서 1조 3000억 원)을 기반으로 하는 운동이다. 이로부터 무상의료가 가능하다는 것을 현실적으로 보여 줬다는 점에서 무상의료 운동의 실질적 출발점이라고 부를 수 있는 운동이었다. 둘째, '암부터 무상의료' 운동은 정부가 현실적으로 암과 같은 중대질병에 대해 치료 부문에서 무상의료가 가능함에도 그렇게 하지 않는 점, 3대 비보험 부문(이른바 빅3 비급여)이라고 부르는 병실차액료(6인실 이하의 병실료 중 본인 부담 비용), 식대, 특진비를 대형 병원과 민간 의료보험의 몫으로 남기려고 절대로 건강보험 적용을 하지 않으려 한다는 점을 실질적으로 보여 줄 수 있었다. 이 때문에 상반기 무상의료 운동의 일부로 '암부터 무상의료'라는 운동은 유용했고 지금도 유용하다.

물론 이 '암부터 무상의료'라는 슬로건이 올해 상반기에 유용한 전술적 구호라고 해서 앞으로도 항상 유용할 것인지는 또 다른 문제다. 정부는 이미 이른바 3대 비보험 부문은 민간 보험의 몫으로 굳게 지키려는 모습을 보여 주고 있다. 이는 공공의료 강화에도 적용되는데 정부는 작년 경제자유구역 외국인 병원의 내국인 진료를 허용하면서 4조 원을 들여 공공의료를 강화하겠다고 공언했고 엉성한 계획이나마 내놓기에 이르렀다. 문제는 정부가 건강보험 보장성의 일부 강화와 공공의료의 일부 강화를 내놓으면서 이와 동시에 전면적 의료 시장화를 내세우고 있다는 점이다. 이런 점에서 '암부터 무상의료'는 구체적 시기의 부분적 전술이 될 수는 있지만 정부의 전면적 의료 시장화와 이에 더한 잔여적 복지 강화 정책에 대항하는 포괄적 전술이 될 수는 없다. 이 때문에 이미 민주노총 등이 "모든 의료비에 건강보험 적용"과 "의료 서비스 산업화 중단" 구호를 메이데이 집회에서부터 외치고 있다.

다시 말해 무상의료 운동이 구체적 정세에 조응하는 운동이 되기 위해서는 "구체적 상황에 대한 구체적 판단"이라는 운동의 중요한 진리를 확인할 필요가 있다. 현재 의료 산업화 정책이 노리는 바가 의료기관의 영리법인화, 민간 의료보험의 전면적 활성화라면 무상의료 운동은 이에 대한 대안으로서 제시돼야 한다. "영리병원 반대, 무상의료 실시", "부자를 위한 민간 의보 확대가 아니라 모두를 위한 무상의료"가 이제부터의 주요 슬로건이 돼야 한다.

무상의료 1단계 실현 운동은 이런 점에서 중요하다. 무상의료 1단계의 실현 목표는[4] 크게 세 부분으로 나뉘는데, 첫째는 의료보장의 목표이고, 둘째는 의료 공급 체계의 변화에 대한 목표이며, 셋째는 재원 조달에 대한 목표다.

의료보장에 대한 무상의료 1단계의 목표는 모든 의료비에 건강보험 적용, 이를 통한 6개월 300만원 이상의 의료비에 대한 정부 부담(즉 본인 부담 상한제), 절대 빈곤층과 차상위 계층에 대한 무상의료, 임산부와 미취학 아동에 대한 무상의료 등이다.

구체적으로는 비보험 부문, 즉 우리나라에서 입원비의 약 50퍼센트를 차지하는 보험이 적용되지 않는 부분에 대한 건강보험 적용을 가장 먼저 요구하고 있고, 그러고도 6개월 동안 300만 원이 넘으면 본인 부담 상한제를 적용하는 것을 요구하고 있다. 따라서 중병 때문에 집안이 거덜 나는 문제를 상당 부분 해결하는 정책이다. 특히 절대 빈곤층에 대한 무상의료 정책은 사회적 연대와 더불어 사회 양극화에 대한 강력한 대응책이다.[5]

둘째는 의료 공급 체계에 대한 목표인데 이는 시군구별 1개 지역 거점 병원의 건립, 읍면동별 1개 보건지소의 건립, 행위별 수가제의 폐지와 총액계약제·주치의등록제(인두제) 등 의료비 지불 제도의 변화, 공단입찰제 등 약가 제도의 변화 등 병원·제약 자본에 대한 통제와 공공의료의 강화 내용을 담고 있다.

---

4 이에 대한 더 상세한 해설은 민주노동당 당원 교육 자료집 또는 제주 지역 무상의료 토론회(2005년 6월 15일) 자료집의 "부자 위한 민간 의료보험이 아니라 모두를 위한 무상의료를"을 참고하라.

5 물론 소득별로 본인 부담 상한제에 대해 차등을 두는 것 등 더 명확히 해야 할 부분이 정책적 과제로 남아 있다.

셋째는 재원 조달 체계의 변화다. 무상의료는 의료보장에만 1년에 약 4조 4000억 원이 드는 것으로 추산되고 공공의료에는 1년에 약 5000억 원이 드는 것으로 추산되는데[6] 이를 위해 현재 노동자나 지역 의료보험 가입자가 50퍼센트, 기업과 정부가 나머지 50퍼센트를 부담하던 체계를 40 대 60으로 변화시키는 내용이다. 이렇게 재원 조달 체계를 바꾸면 노동자 대중이 보험료를 더 부담하지 않아도 무상의료 1단계가 가능하다.

이런 세 가지 목표에 대한 좌우의 비판이 존재한다. 오른쪽의 비판은 정부의 목표가 의료 부문에 대한 전면적 시장화인데 이를 막기에도 급급한 이때에 무상의료 1단계는 현실과 너무 동떨어진 요구라는 것이다. 그러나 WTO 체제의 서비스 거래에 관한 일반협정GATS, 도하개발어젠더DDA로 대표되는 보건의료 시장의 개방 압력이나 매우 노골적인 노무현 정부의 시장화 압력이 거셀수록 이에 대한 대항도 전면적이어야 한다는 점이 충분히 강조돼야 한다. 의료기관 영리법인화 허용과 민간 보험 활성화는 전면적 의료 시장화를 노리고 있고 이에 대한 실질적 대응책은 이런 시장화 추진 영역의 물적 토대를 실질적으로 공공화하는 사회서비스 공공성의 대폭적 강화뿐이다. 무상의료 1단계의 요구는 국내외 보험·병원·제약 부문 자본의 자본 투자 시장을 대폭 축소하는 요구다.

왼쪽의 비판도 존재한다. 무상의료 1단계는 개혁적 요구라는 비판도 존재하고 사회적 협약을 전제한 것이 아닌가라는 비판도 존재한다. 무상의료 요구는 당연히 개혁적 요구이고 특히 1단계의 요구는

---

[6] 물론 이는 병원과 제약 자본에 대한 통제를 기본으로 해 나온 추산이다.

더욱 그렇다. 그러나 현실적으로 한국의 의료보장 체계, 사회보장 체계의 전면적 개편이 이뤄지지 않고서는 곤란한 요구이기도 하며, 광범한 연대를 구성할 수 있는 요구이기도 하다. 이 때문에 이 요구는 매우 강력한 대중투쟁을 추동할 수 있으며 또 이런 대중투쟁 없이는 이뤄질 수도 없다. 이른바 노사정의 사회적 협약으로 쟁취해 낼 수 있는 요구 사항이 아니다.

무상의료 1단계 요구가 민중에게 구체적 이익을 가져오며 사회적 연대의 실천이라는 점, 그러나 대중의 인식은 무상의료를 말로만 좋은 요구이지 실현하기 어렵다고 판단하고 있다는 점, 노무현 정부는 일부 보장성 강화와 공공의료 강화를 내주고 전면적 시장화를 추진하고 있다는 점에서 무상의료는 단지 구호만으로 이뤄질 수 있는 운동이 아니며 정세에 조응하는 구체적 대중투쟁에 기반해야 한다. 구체적으로 현재 정세를 보면 정부는 올해 내에 의료기관 영리병원화와 민간 의료보험의 대폭 활성화를 시도하고 있다. 이렇게 되면 무상의료의 전면적 실현은커녕 1단계의 실현도 매우 힘들어진다.

우선 무상의료에 대한 대국민 교육과 선전이 필요하다. 무상의료가 실현 불가능한 헛구호가 아니라는 점과 더불어 심지어 북의 곤경과 연결 짓는 음해 등 잘못 알려진 사실들을 충분히 반박하는 것이 필요하다. 여기서 강조하고 싶은 것은 (물론 교육과 선전·선동에 해당하는 것만이 아니지만) 지역 정치와 중앙 정치를 분리해서 사고하는 경향은 올바르지 못하다는 것이다. 정치는 기본적으로 전국적이고 전 계급적이다. 지역 정치를 별도로 사고하고 지역에서의 무상의료 실현 방안을 주된 실천 과제로 삼는 것은 필연적으로 정치의 협소함을 초래한다.

둘째로 정세에 조응하는 실천 운동과 연대 운동이다. 현재 가장 큰 문제가 되고 있는 것은 의료기관의 영리법인화 허용과 10퍼센트도 안 되는 공공 의료기관의 이른바 민간투자에 따른 사실상의 사유화 추진이다.[7] 즉 공공서비스 사유화 반대 투쟁과 무상의료 운동은 결합돼야만 한다. 이는 전체 노동운동의 주된 투쟁 과제여야 한다. 교육 부문의 사유화 반대 투쟁 따로, 보건의료 부문의 사유화 저지 투쟁 따로, 철도·전기·가스 부문이나 사회복지 부문의 사유화·시장화 저지 투쟁이 별도로 이뤄지면 필연적으로 각개격파당할 수밖에 없음을 우리는 이미 너무나도 많이 경험했다. 우선 부문별 노동운동의 사유화·시장화 저지 투쟁과 여타 사회운동이 강력히 연대 투쟁하고 이를 무상의료·무상교육 운동으로 연결할 때에만 무상의료·무상교육 운동이 성과 있는 투쟁이 될 것이다.

셋째로 무상의료 운동이 반신자유주의 운동의 하나로서 결합돼야만 한다는 것이다. 비정규직 노동법 개악 시도 등 노동 유연성 확대에 대한 반대 투쟁과 무상의료 운동이 결합돼야만 한다. 자유무역협정·양자투자협정BIT 반대 투쟁과 무상의료·무상교육 운동은 결합돼야만 한다. 특히 올해 한 해 운동의 정점이 될 에이펙APEC 정상회담 반대 투쟁과 WTO 홍콩 각료회담 반대 투쟁과 무상의료 운동이 결합돼야만 한다. 현장으로부터 정규직과 비정규직 노동자들의 비정규직 악법 반대 투쟁이 뒷받침되지 않고서는 사회임금으로서의 무상

---

7 작년 통과된 이른바 뉴딜 3법 중 하나인 민간투자법은 교육기관, 의료기관, 보육시설, 노인요양시설, 공공청사, 공공임대주택 등을 민간 자본이 투자할 수 있는 영역으로 내놓았다.

의료·무상교육 쟁취 운동은 그 추진력을 상실한다. 농민운동과의 결합이나 여타 시민운동과의 결합도 필요하다.

넷째, 노동운동이 가장 중요하겠지만 지역적 실천 또한 그만큼 중요할 것이다. 제주 지역처럼 아예 지역 전체에 대한 공공서비스 사유화가 집중적으로 추진되는 경우도 존재하며 그 외 기업도시, 대덕 R&D특구, 의료특구, 교육특구 등 이른바 '특구'식 지역적 시장화·사유화가 진행 중이며 이런 자본을 위한 지방분권화가 신자유주의의 경향이기도 하다. 이에 대한 지역적 실천이 또한 중요하다. 물론 이때에도 전국적 차원의 시야와 공동 투쟁을 놓쳐서는 안 되며 지역적 차원으로의 문제의 축소는 지역의 고립을 불러올 뿐이다. 이런 지역적 차원의 운동에는 지역에서의 공공병원 설립 투쟁(울산, 성남, 목포 등)이나 도시형 보건지소 건립 운동, 의료 사각지대에 있는 사람들에 대한 조사와 조직 작업 등이 구체적 실천 과제로 포함될 수 있을 것이다. 물론 지역의 활동 또한 지역 노동자들을 중심으로 한 지역 사회단체와 지역 주민의 조직과 연대가 중요할 것이다.

무상의료 운동은 사실 이제부터 시작이다. 지금까지 무상의료는 우리나라 의료보장 체계에 대한 상징적 반대의 의미가 큰 민주노동당의 상징이었다. 그러나 앞으로의 무상의료 운동은 구체적인 계급적·지역적 실천으로 뒷받침되는 민주노동당의 실질적 연대와 투쟁의 전범이 돼야 한다.

무상의료·무상교육을 실현하려면

〈레프트21〉 50호(2011년 2월 10일 자)에 실린 글이다.

캐나다 국민이 가장 존경하는 사람 1위는 누구일까? 바로 토미 더글러스다. 영화 〈식코〉를 본 사람이라면 언뜻 그의 이름이 기억나기도 할 것이다. 그는 2004년 캐나다 국영방송 CBC에서 가장 위대한 캐나다인 1위로 선정되기도 했다. 전화기를 발명한 벨이나 인슐린을 발명한 밴팅도 그에 미치지 못했다(물론 영화 〈식코〉에서 마이클 무어가 물어본 셀린 디옹이나 웨인 그레츠키도 그에 미치지 못했다).

토미 더글러스가 캐나다 국민에게 가장 존경받는 인물 1위이자 위대한 캐나다인 1위를 고수하는 이유는 바로 그가 오늘날 캐나다의 '무상의료 제도'를 만든 사람이기 때문이다.

1944년 토미 더글러스는 캐나다에서 가장 작고 가난한 서스캐처원주州의 총리가 됐다. 그는 여러 번의 개혁 끝에 1962년까지 서스캐처원주에서 무상의료 제도를 성공적으로 도입했다. 3주에 걸친 의사들의 파업이 있었지만 토미 더글러스는 민중의 압도적 지지로 이를 극복한다. 이후 그는 캐나다 사회당 정도에 해당하는 신민당NDP 대표가 됐고 1968년 캐나다 전체에 무상의료 제도를 도입했다.

무상의료 제도를 둔 나라는 캐나다만이 아니다. OECD 대부분의 나라들이 무상의료에 가까운 제도를 시행한다. 무상교육도 마찬가지다. 유럽에서는 많은 나라들이 대학교에 돈을 내지 않거나 설령 등록금이 있다 하더라도 한국의 현재 등록금의 반 정도이며 나중에 자신의 소득에 비례해 매우 낮은 이자율로 갚을 수 있다. 소득이 적으면 상환이 유예된다.

무엇보다 중요한 것은 무상의료 같은 복지가 돈 문제가 아니라 인간의 생명과 존엄성에 관한 문제라는 것이다.

영국은 미숙련 노동자가 고위 경영자층에 비해 7년 정도 수명이 짧다. 무상의료에 가까운 제도를 시행하는 영국이 이렇다. 한국은 이보다 훨씬 더할 것이다.

한국은 영국보다 계급이나 계층에 따른 수명 차이가 10년 정도는 될 것으로 보인다. 조기사망지수를[8] 보면 강남구와 서초구가 30 정도인 데 비해 전남 신안이나 경북 영덕 지역은 세 배가 넘는 100 정도다. 가난한 지역에서는 75세 이전에 사망할 확률이 3배 이상 높다는 것이다. 즉 어떤 계급에서 태어나는지, 어떤 직업을 가지는지에 따라 목숨의 무게가 다르다는 것이다.

그런데 이렇게 건강 불평등이 심한 한국 사회의 의료 제도는 돈이 없으면 병원에 못 가게 만드는 제도다. 이런 현실이 야만이 아니라면 무엇이 야만일까?

---

8 조기사망지수 한 해 지역 인구 1000명당 75세 이전에 사망한 인구를 집계한 뒤, 75세에서 각 사망자들의 사망 당시 나이를 뺀 값을 모두 더한 수치다.

요즘 한국 사회는 무상복지가 화두다. 2010년 지방선거의 무상급식 공약부터 시작해 2011년 오세훈 서울시장의 무상급식 거부 몽니짓이 지속적 화제였고, 민주당까지 3+1 무상복지를 내세우기에 이르렀다.

이쯤 되자 이명박 정부와 한나라당이, 그리고 조중동이 난리가 났다. 그들이 내세우는 논리는 복지에 돈을 쓰면 경제가 망한다는 것, 그리고 복지는 세금을 많이 내야 가능하다는 세금 폭탄론이다.

〈조선일보〉는 2011년 1월 17일 아마르티아 센을 인용해 스웨덴 모델로 가려면 "한국민들이 소득의 50퍼센트를 세금으로 내놓을 각오가 돼 있는지"부터 자문해 보라는 기사를 내보냈다. 아마르티아 센이 어떤 맥락에서 이런 이야기를 했는지 앞뒤 내용이 없어 믿을 수도 없지만, 〈조선일보〉가 이런 맥락 없는 기사를 통해 얻으려는 효과는 분명해 보인다. 즉, '당신들은 복지 하러 월급에서 세금 더 낼래?'라는 것.

자, 그럼 복지를 위한 '돈' 이야기를 해 볼까? 우선 스웨덴 이야기를 해 보자. 스웨덴은 임금몫이 68퍼센트다. 한국은 55퍼센트다. 이 차이를 돈으로 계산하면 170조 원쯤 된다. 〈조선일보〉가 스웨덴 예를 들려면, 우선 노동자들에게 매년 170조 원을 더 주고 나서 이야기해야 한다.

아마르티아 센? 그는 빵을 살 수 있는 권리 같은 소극적 자유가 아니라 빵을 살 수 있는 능력을 국가가 줘야 한다고 주장한 학자다. 그가 한국에서 자신이 복지에 반대하는 것으로 이용당한 것을 알았다면 기겁했을 것이다.

무상의료, 무상교육, 무상보육, 무상급식에 드는 돈은 모두 합쳐

대략 30조~40조 원쯤 될 것이다. 물론 적은 돈은 아니다. 하지만 이 돈은 지금의 재정 위기를 불러온 2008년 경제 위기 때 전 세계 정부들이나 한국 정부가 기업들을 구제하려고 쏟아부은 돈에 비하면 아무것도 아니다. 토목공사 등 쓸데없이 쓰는 돈 50조 원이나 탈루되는 세금 50조 원만 거둬도 연 100조 원은 더 복지에 쓸 수 있다.

한국 정도 규모의 경제에서 GDP의 3~4퍼센트 정도라면 이를 돈 문제로 따지는 것은 단순한 트집일 뿐이다. 더욱이 병원이나 제약 회사, 사학 자본의 눈치를 보지 않는다면 등록금과 병원이나 제약 회사에 들어가는 돈을 대폭 줄일 수도 있다.

복지는 돈 문제가 아니다. 가치의 문제다. 몇 년 전 영국에서 환자가 병원에 올 때 돈을 받자는 정부 조처에 항의하며 영국개원의협의회가 하루 파업을 벌였다. 그때 파업을 하고 있는 한 의사에게 기자가 파업 이유를 물었다. 그 의사의 답은 이랬다. "아픈 사람에게 돈까지 받는 게 말이나 됩니까?" 바로 이런 의사 파업이 있는 사회, 이것이 정상인 사회다.

모든 사람의 목숨은 평등하다. 사람은 돈에 상관없이 교육받을 권리가 있다. 사람은 돈이 없는 집에서 태어나도 긍지를 가지고 학교에서 점심을 먹을 수 있어야 한다. 이것은 상식이다.

이런 가치를 현실에서 이루자고 하는데 여기에 누가 반대하고 또 누가 주저하는가?

바로 복지에 써야 할 돈을 자신의 주머니에 잔뜩 쌓아 넣고 있는 자들이다. 무상교육, 무상의료, 무상보육은 정상인 사회로 가는 상식이며 단지 우리 사회가 야만 사회에서 벗어나는 최소한의 첫걸음일 뿐이다.

지금 한국 사회에서 무상복지를 위해 필요한 것은 돈이 아니라 무상의료·무상교육이 상식이라 여기고 인간다운 사회의 첫걸음임을 믿는 정당과 정치인이며, 또 이를 실현하기 위한 노동자·서민의 운동이다. 그리고 이것을 만드는 것이 우리가 해야 할 일이다.

러시아 혁명과 보건의료

2009년 12월 경상대학교 정치경제학과 박사과정 수업의 기말 논문으로 제출한 것이다.

10월 혁명 이전

러시아에서 빈민 구제를 공적으로 규정하기 시작한 것은 표트르 1세 때 빈민 부양의 의무를 영주와 토지 소유자에게 지게 한 조치였다. 그러나 이는 빈민에 대한 강제 노동 등의 조치와 함께 이뤄졌다.

1861년 농노제 폐지로 공적 책임의 재조직이 필요하게 됐는데 1864년 젬스트보 창설과 1870년 지방자치에 대한 새로운 법률이 생기게 됐다. 그러나 1912년 젬스트보 지역에서 최소한의 빈민 보호를 위해 필요한 돈은 3억 루블이었으나 젬스트보는 450만 루블만 지출됐다는 평가가 있을 정도로 부실한 체제였다.

이 시기는 젬스트보 의료가 지배적 의료 체계였다.[9] 의사들은 크

---

9 V Navarro, *Social Security and Medicine in the USSR: A Marxist Critique*, Lexington, MA: Lexington Books, 1977.

게 세 부류가 존재했다. 피로고프의학회는[10] 의사 단체로서 전통적 부국강병을 지향하는 조류를 대표했다. 인민주의 의사들은 혁명에 우호적이었는데 예를 들어 1910년 콜레라 창궐로 인한 콜레라 학회에서 이들이 주동해 제헌의회 소집, 보통선거 도입, 시민권 보장 등을 요구하기도 했다. 이들은 대체로 인민주의의 관념론에 입각한 개혁 활동을 했으며 1905년 혁명이 실패한 후 영향력이 줄어들게 된다.[11] 마르크스주의 의사들은 1905년부터 등장하기 시작해 젬스트보의 개혁을 전체 사회 개혁의 한 부분으로 규정하고 인민주의와 결별한다.[12]

사회보험 분야에서 제1차세계대전 이전에 통과된 법률은 첫째가 1866년 입법으로 모든 공장이 노동자들에게 무료 의료 조치를 제공하도록 규정했고, 둘째가 1903년 입법으로 산재 관련 입법이었으며, 셋째가 1912년 입법으로 보건과 재해에 관한 입법이었다.

1903년 입법은 대규모 파업과 노동쟁의에 의해 이뤄졌으나 강제보험이 아니었고 공장과 광산에만 적용돼 대부분의 소기업은 제외됐다. 보험 범위의 제한, 노동자 과실의 보험 적용 불인정 등으로 이 법

---

10 피로고프의학회 러시아 의학자 니콜라이 피로고프(Nikolay Ivanovich Pirogov)를 따르던 의사들을 말한다.

11 이들은 당시 젬스트보 의료를 대표하는 조류로 중요한데, 대표적 인물로는 이굼노프(S N Igumnov)가 있다. 이들 사상의 특징은 정부의 간섭 없는 의료의 독점권 인정, 세균학에 대한 부정, 사적 의료에 대한 부정, 행위별로 돈을 받는 행위나 의사의 개인주의에 대한 부정 등이다

12 Navarro, 앞의 책.

의 집행은 제약됐다.¹³ 1903년 법에 대한 광범한 불만으로 1912년에 새로운 입법이 이뤄졌는데 이 법은 산업재해·일반질병·출산·사망 시 현금급여를 제공했다. 그러나 급여 대상 범위는 노동인구의 4분의 1에 불과했다. 산재는 고용주 부담이었고 다른 보험 재정은 노동자와 고용주의 공동 부담이었다.

레닌은 프라하에서 열린 러시아사회민주노동당 6차 협의회에서, 두마에서 통과됐으나 아직 공표되지 않은 이 법의 결함을 지적하고 노동자 보험의 최선의 형태는 국가보험이며 다음의 원칙을 따라야 한다고 주장했다.

첫째, 보험은 노령·재해·질병·사망·임신·출산을 포함하는 모든 경우의 능력 상실자에 대해 원조를 제공해야 한다.

둘째, 보험은 임금노동자와 그 가족을 대상으로 해야 한다.

셋째, 급여는 총임금과 동일해야 하며 모든 비용은 고용주와 국가가 부담해야 한다.

넷째, 노동자의 완전한 관리에 있는 지역적 형태의 단일한 보험 행정조직.¹⁴

레닌은 그 법을 상세히 분석하고 그 포괄 범위가 임금노동자의 최대 6분의 1에 불과하고 보상비율이 형편없다고 지적하면서 "노동자들의 이익에 실질적으로 부합하는 보험 개혁은 차르 체제의 전복과

---

13 가스통 V 림링거, 《사회복지의 사상과 역사》, 사회복지학회 옮김, 한울, 2009.

14 V Lenin, "The party's attitude to the workers' state insurance duma bill", The Sixth (Prague) All-Russia Conference of the RSDLP JAN 5-17(18-30), 1912, Collected works, Vol XVII. http://www.marxists.org/archive/lenin/works/1912/6thconf/pawsidb.htm.

프롤레타리아의 자유로운 계급투쟁을 위한 불가결한 조건의 성취 이후에만 완성될 수 있다"고 지적했다. 레닌은 이 법안에 대해 차르 체제하에서 개혁이 완성될 것처럼 믿는 환상에 대해 반대 선동을 하고 "새로운 입법이 노동자계급에게 새로운 사슬과 멍에를 씌우는 것"이라는 점을 분명히 하고 완전한 정치적 자유와 사회주의를 위한 선동의 기반으로 만들라고 결의문에서 말한다.[15] 이런 태도는 사회보장에 대한 레닌과 볼셰비키의 입장을 잘 보여 주는 예다.

한편 러시아에는 의료보호 프로그램이 존재했고 1908년의 조사에 의하면 1907년 국가 감독하의 기업 노동자 84퍼센트가 고용으로 인한 의료보호를 받고 있었다고 하며 이 1500만 명의 노동자 중 44퍼센트는 자체 병원을 가진 기업에 속해 있었다고 한다. 농촌 지역에서는 의료보호가 젬스트보의 책임으로 돼 있었다.[16] 이 때문에 '소비에트 체제가 무에서 출발한 것이 아니라 반세기 이상 러시아에서 존재한 것을 확장한 것'이라는 견해도 있다.

이런 상황과 입장 위에서 1912년 법에 의해 설치된 사회보험협의회에 파견된 노동자 대표들이 법안 초안을 작성해 사회민주노동당 두마 의원단에게 제출했고 이것은 합법·비합법 공간에서 선전됐다. 1914년의 사회민주당 법안은 레닌의 주장과 동일했다.[17] 이 법안에서

---

15 같은 글.

16 I M Rubinow, "Studies in workmen's insurance", 림링거, 앞의 책에서 재인용.

17 림링거, 앞의 책. 그 내용은 다음과 같다. 모든 고용 노동자와 토지 없는 자영 농민을 포괄 범위로 하고 자본가와 지주를 제외한다. 보험 적용 범위는 모든 질병과 재해, 임신과 출산, 실업과 사망으로 한다. 모든 의료보험 대상자에게 무상의료보호를 제공한다. 재정은 재산과 상속, 기업과 개인의 소득에 누진세를 부과해 마련한다.

는 소규모의 기업소득과 재산과 상속, 연 2400루블 미만의 개인소득에 대해서는 세금이 공제됐다.[18] 1917년 2월 이후에도 볼셰비키는 보편적 사회보장을 위한 선동을 지속했고 임시정부의 조치를 부적절한 것으로 보고 비판했다.

한편 1914년 이후 젬스트보에 젬스트보 노조와 도시 노조가 설립되고 여기에 인민주의 의사뿐 아니라 사회주의 의사들도 참여하게 되는데 노동조합 의학국은 부상 병사의 치료뿐 아니라 전후 보건의료 개혁까지도 논의하게 되며 여기에서 피로고프주의자들과 인민주의자들, 사회주의 의사들 간의 투쟁이 지속된다.

10월 혁명과 보건의료

1917년 10월 혁명으로 정권을 잡은 볼셰비키 정부는 혁명 6일 뒤에[19] "러시아 프롤레타리아는 모든 임금노동자와 도시·농촌 빈민을 위한 전면적 사회보험의 기치를 내걸었다"는 포고를 발표했다. 이 포고는 차르 정부나 임시정부가 노동자들의 열망을 만족시키지 못했음을 지적하고 노동자·농민의 정부가 노동자들의 제안에 기초한 사회보험법령을 즉시 마련할 것을 약속했다. 이 포고는 다섯 가지를 말한

---

18 당시 노동자 평균 연소득은 264루블이었다. 흥미롭게도 최근 일부 의료보험 개혁 주장은 보험료 부과 대상을 재산과 상속으로 한정하지 않으며 누진적 보험료 적용도 없다는 점에서 이 법안보다 후퇴했다(《러시아혁명사 II》, 편집부 엮음, 거름, 1987, 52쪽).

19 림링거는 5일 뒤라고 하는데, 11월 7일 혁명이 선포된 것으로 보면 6일 뒤가 맞다.

다. "첫째, 모든 노동자와 모든 도시·농촌의 빈민을 포괄한다. 둘째, 소득 상실의 모든 위험을 포함한다. 셋째, 모든 비용을 고용주가 부담한다. 넷째, 노동능력 상실과 실업에 전면 급여를 지급한다. 다섯째, 피보험자가 모든 보험기관을 완전히 통제한다"[20] 이는 1912년의 프로그램과 1914년의 노동자들의 요구와 같다.

그러나 이런 포고 이후 만들어진 법률은 실제로는 집행되지 못했다. 실업 노동자와 임금 소득자에 대한 법률이 12월 11일 시행됐으며 12월 29일 통과된 둘째 법은 질병급여, 출산과 장제 급여, 의료보호 프로그램이었다. 이 법은 재정을 고용주가 충당토록 했고 국가·지역사회 보험협의회의 설치를 규정했고 협의회는 피보험 노동자 대표, 노동조합, 공장평의회에 의해 운영되도록 했다. 그러나 협의회는 1919년 보건인민위원회로 통합된다.

볼셰비키는 젬스트보 의료에 대해 "젬스트보가 표방하는 무상의료와 모든 사람에게 보편적인 의료 적용이라는 내용은 전혀 실현되지 않았다"고 규정했다. 피로고프의학회 간부들은 혁명에 반대했으나 노동조합 의사들은 혁명에 협력했고, 이 노동조합 의사들을 중심으로 공중보건인민위원회가 만들어졌다.

세마시코 등의 노동조합 의사들을 중심으로 1917년 11월 약사, 간호사, 준의사, 학생 등 75명이 '제1차 전 러시아 의료·위생 위원회'를 개최했다. 여기서 볼셰비키는 28명이었으나 볼셰비키 주도로 회의의

---

20 "Social insurance Decree of the Sovnarkom 13, November 1917", J Bunyan, H Fisher, *The Bolshevik revolution 1917~1918: documents and materials*, Stanford University Press, 1934, p 308.

결론이 났고 이를 중핵으로 공중보건인민위원회가 만들어졌다. 여기에서 결정된 소비에트 의료의 핵심 세 가지는 소비에트 의료를 하나의 기구로 단일화하고, 자격 있는 전문가에 의한 무상의료를 실현하고, 위생 개혁을 통한 예방의학을 실현한다는 것이었다.[21]

1918~1921년 내전 시기의 보건의료 체계

보건의료에 대한 노동자들의 직접 통제는 내전 시기에 이뤄지지 않게 됐고 사회보험협의회는 사실상 해체됐다. 통제권은 정부 기구인 공중보건인민위원회에 넘어갔다. 1918년부터 1920년까지 약 500만 건의 티푸스가 보고될 정도로 당시의 보건의료 상황은 열악했고 이는 공중보건인민위원회의 권한을 강화시키는 계기가 됐다.

모든 보건 기구를 공중보건인민위원회로 통합하려는 노력이 이뤄졌고 이 기구의 산하로 사회보험의 의료 체계를 통합하는 안이 1919년 2월 레닌에 의해 승인됐다.

다른 한편 보건·위생 노동조합에 의한 의료 부문의 통제도 거부됐다. 1919년 3월 전러시아의료·위생노동조합이 결성됐고 조합원은 준의사와 간호사, 다른 의료 노동자 13만 4000명으로 구성됐다. 이 노동조합은 보건의료에 대한 전권을 자신들에게 줄 것을 요청했으나 레닌은 노조의 요청을 거부하고 공중보건인민위원회에 전권을 줬다.

소비에트 의료의 전국적 단일화라는 1차 공중보건인민위원회의

---

21 Navarro, 앞의 책.

세 가지 원칙 중 첫째인 노동자의 단일한 통제라는 원칙은 국가기구에 의한 통제라는 형태로 변형돼 관철됐다. 다른 한편 양질의 무상 의료를 자격 있는 전문인의 의료로 달성한다는 둘째 원칙은 전문가들에 대한 일부 양보를 통해서 관철됐다.

당시 의사들은 다른 사람들보다 긴 복무 기간을 거쳐야 했지만 레닌은 의사들에게 프롤레타리아와 동일한 원칙을 전적으로 적용하지는 않았다. 이는 혁명에 협조하는 의사들에게는 다른 보건의료 노동자들과 동일한 임금을 지급하려던 방침을 철회했고 1921년 러시아 의사노동조합과 보건위생노조의 노동조합 통합 시기에도 의사들의 자율권을 인정했다는 점에서도 드러난다.

1920년까지 전체 의사의 40퍼센트가 적군赤軍에 동원됐으며 이들 중 다수가 사망했으므로 공중보건인민위원회는 양질의 의료인을 육성하기 위해 간호사와 준의사 등을 교육하는 시설을 모든 지역에 설치했다. 이런 노력에도 1921년까지 의사 숫자는 1만 1000명에 불과했는데 이는 제1차세계대전 때의 2만 4000명과 비교하면 매우 부족한 숫자였고 많은 지역에서 준의사들이 의료를 담당했다.

셋째 핵심 사항인 예방의학과 관련된 사항은 1919년 8차 당대회에서 채택되는데 모든 집의 위생 상태를 점검하고, 수두 등에 대한 예방접종을 시행하고, 결핵·성병·알코올중독을 사회 질병으로 규정해 진료소에서 질병 치료뿐 아니라 예방법 교육과 성매매 여성 직업 교육까지 담당하게 했다.

레닌은 1919년 12월 7차 소비에트 대회에서 곡물 문제와 연료 문제에 이어 셋째 문제로 이蝨와 티푸스에 관한 문제를 강조한다. "사회주의가 이를 박멸하지 못하면 이가 사회주의를 패퇴시킬 것"이라는 유명한 문구가 여기에서 나온다.[22] 이 문장이 나오는 연설문에서 레닌은 일부 비협조적 의사들을 비난하면서 협조적 의사들이 성장하고 있다고 밝히고, 이들의 규모는 얼마이고 이들이 전장에 도착하는 날짜가 언제인지까지 명시했다. 이를 보면 당시의 상황이 매우 위급했다는 것을 알 수 있다. 실제로 피로고프의학회는 소비에트에 반대했으며 이는 혁명에 대한 실제적 위협이었다.

신경제정책과 러시아 보건의료의 성장과 관료화

내전 종료 후에도 러시아는 기아와 전염병으로 어려움을 겪었고 신경제정책NEP의 도입으로 국가 보건 시스템에도 변화가 있었다. 중앙정부가 부담하던 재정의 상당 부분이 지방정부로 이전됐으며 대도시에는 사적 의료와 사적 진료소가 허용됐다.

이 기간에 공중보건인민위원회는 피고용인이 늘어서 1924년부터 1928년까지 65퍼센트 증가(23만 911명에서 38만 1836명으로)했다. 이들은 대부분 의사였으며 60퍼센트 이상이 35세 이상이고 교육 수준이 다른 위원회보다 높았고 중심 간부의 70퍼센트 이상이 공산당원이 됐다. 이는 한편으로는 인민위원회의 역량 강화로 양질의 의료를 공급할 수 있는 능력이 축적된 것을 보여 주기도 하지만(표 13 참

---

22 V Lenin, "Seventh All-Russia Congress of Soviets December 5~9, 1919", *Collected Works* Vol 30. http://www.marxists.org/archive/lenin/works/cw/volume30.htm.

고) 다른 한편으로는 보건인민위원회가 의사 중심의 단일 기구로 재편돼 갔음을 보여 준다.

표 13. 러시아 보건의료 체계의 발전(1913~1926년)

	1913년	1926년
병상당 인구수	756	615
산부인과 병상당 인구수	21,889	8,763
농촌 병원		2,656
도시 지역 의료시설	1,230	5,673*
농촌 지역 의료시설	4,367	7,531*
공장 의료 지원 센터	1,064	

*는 1928년 수치

보건의료 예산의 4분의 3은 치료 영역에 사용했으나 예방의학에 대한 기본적 지침은 이 시기까지는 살아남았다. 1922년에 의료시설의 대부분이 지방정부 예산으로 운영되는 조건 아래에서도, 기초 위생 기구나 사회 질병을 막는 캠페인에 사용되는 예산은 중앙정부 지원 예산으로 실시했다. 1922년 9월 정부령으로 도시에는 인구 5만 명당 1명의 위생의사, 농촌에는 인구 20만 명당 1명의 위생의사와 1명의 보조 인력을 보건 기구에 의무적으로 배치하도록 했다. 그러나 이를 다른 면으로 보면 캠페인이나 기초 예방은 중앙정부 예산으로 집행했으나 다른 치료와 시설 운영은 지방정부에 맡김으로써 핵심 정치적 사안은 중앙정부가 담당했지만 실제 인민 생활에 도움이 될 수 있는 부분은 관리하지 못했다는 비판을 받을 수밖에 없다.

실제로 미스키노프는 6차 공중보건인민위원회 회의에서 지방과 공장에 있는 시설들은 상당히 낡고 고칠 부분이 많을 뿐 아니라 농촌 상황은 더 열악해지고 있다고 비판했다.

중앙 공중보건인민위원회의 결정 사항은 지역 공중보건인민위원회에서 실행돼야 했으나 문서상으로만 시행된 경우가 많았고 특히 예산 집행은 대부분 지방정부로 이관돼 지역 보건에 관한 예산 지출이 잘 진행되지 못했다(표 14 참고).[23]

표 14. 1924~1928년 러시아의 보건 예산 지출(단위: 100만 루블, 퍼센트)

	1924~1925년	1925~1926년	1926~1927년	1927~1928년
국가예산	22.0 (10.0)	32.3 (10.6)	40.2 (10.3)	46.3 (11.4)
지방예산	83.3 (39.9)	113.0 (37.0)	146.2 (38.3)	170.0 (42.0)
보험기금	90.8 (43.5)	143.1 (46.9)	180.6 (47.3)	174.1 (42.9)
기타	12.7 (6.1)	16.9 (5.5)	15.0 (3.9)	15.2 (3.7)
총합	208.8	305.3	382.0	405.7

한 예로 1925~1926년 1병상당 연간 지출액은 공중보건인민위원회 가이드라인에 의하면 700루블이었으나 지역에서는 440루블만 지출했다. 어떤 경우에는 젬스트보 의료보다 액수가 줄기까지 했다.

공중보건인민위원회는 의료에 대해 모든 시민에게 세금을 부과하는 방식을 도입하려 했으나 재정위원회와 소비에트 자치정부에 의해 좌절됐다. 공중보건인민위원회의 자료들은 지역 보건 관리들의 무

---

23 Navarro, 앞의 책.

책임성, 시스템 부재, 변명으로 일관하는 태도 등을 문제로 지적한다. 그러나 문제를 관리들의 책임성 부재로만 따질 수는 없어 보인다. 1926년 모스크바의 한 병원에서 발생한 사망 사고는 중앙·지역 공중보건인민위원회에서 부과되는 업무 과중으로 전문성 개발에 힘을 쏟을 수 없어서 일어난 것으로 드러났다.

또한 노동자계급 내에서도 장애연금을 받기 위해서는 최소한의 노동을 해야 한다는 조건이 덧붙여졌는데 1926년 12월 노동조합 7차 대회는 영구장애연금을 받기 위해서는 필요노동을 해야 한다고 명시했고 1928년 법안으로 통과됐다. 노령연금도 혁명 직후의 법에서는 누구나 50세 이상이면 받을 수 있는 것으로 했으나 1925년에는 8년간의 노동을 요구했고 1928년 별도의 노령연금법이 도입돼 퇴직 연령을 남성 60세, 여성 55세로 정했다. 이는 세계적으로는 처음 노령연금을 도입한 것이나 그 자격 조건에서는 혁명 직후의 구상에서 크게 후퇴한 것이었다.

1922년 5차 소비에트 노동조합 대회에서는 노조가 사회보험을 관리해야 한다는 주장이 다시 한 번 거부됐고 노조는 보조적 구실만 하는 것으로 명시됐다.[24]

서비스를 보편적으로 적용하겠다는 내용도 실제로는 관철되지 않았다. 노동인민위원회는 노동자계급에게 우선적 보건의료를 실행할 것을 계속 요구해 관철했다. 보험이 있는 노동자계급은 실제로 특권적 혜택을 받았고 도시가 농촌보다 의료에 있어서 훨씬 나은 조건에 처해 있었다(표 15 참고).

---

24 림링거, 앞의 책.

표 15. 러시아 건강 비용 지출의 비형평성(1927~1928년)

인구 집단	인구 분포		총지출액		1인당 지출
	(1000명)	퍼센트	(100만 루블)	퍼센트	(루블)
총인구	104,118	100	410.5	100	3.94
보험 가입자	17,395	16.7	320.8	78.2	18.44
미가입자	86,793	83.3	89.7	21.8	1.03
도시 가입자	14,786	14.2	292.6	71.3	19.79
농촌 가입자	2,609	2.5	28.2	6.9	10.81
도시 미가입자	3,030	2.9	29.4	7.1	9.70
농촌 미가입자	83,763	80.4	60.3	14.7	0.72

1920년대에 의사들의 숫자가 급격히 늘어났으나 농촌 지역에서는 그렇지 않았다. 의사 1인당 인구수가 1913년 6900명에서 1926년 2590명이 됐지만 같은 기간 농촌 지역에서는 2만 300명에서 1만 8900명으로 미미한 변화밖에 없었다. 의사들은 농촌에서의 진료를 기피했고 1924년 전체 의사의 80퍼센트가 대도시에 거주했다. 대도시는 실업률이 높았고 농촌은 의사가 필요한 진료소의 5분의 1이 비어 있었음에도 불구하고 의사들은 도시에 거주했다.

러시아 공중보건인민위원회는 사회주의 의료를 시행하기 위한 조치를 취했다. 중앙집중화와 의사 양성 등이 그것이었고 예방의학의 강조도 그것 중 하나였다. 세마시코는 "사회주의는 계획에 의한 경제체제를 가지고 있으며 이를 위해서는 의무감을 가져야 한다"고 말했으나 실제로는 공허한 말이었을 뿐이다. 실제로는 중앙집중화는 의사 중심의 관료화로 귀결됐고 의료 지출은 이뤄지지 않았으며 건강

지출상의 불평등은 줄어들지 않았고 예방의학의 원칙은 당장의 필요에 의해 뒤로 미뤄졌다.

1928년 이후 스탈린주의의 관철과 보건의료

소비에트 정부는 "비효율성의 극복"을 해결책으로 제시했지만 실제 문제는 비효율성이 아니었다. 비효율성을 극복하기 위한 방법으로 제시된 것이 "의료직 직원들의 온탕 목욕을 일주일에 한 번에서 한 달에 한 번으로 바꾸기, 환자들에게 약물을 적게 투약하기, 왕진을 위한 말 예산 삭감"이었다.

실제로 1927~1928년 예산 위기는 모스크바 등의 의료를 크게 왜곡했다. 산업화로 인한 도시로의 인구 유입에 따라 병원의 환자 급식 기준이 형편없이 낮아졌다. 의사들의 월급도 혁명 전보다 낮아지기 시작했다. 그러나 볼셰비키 당 관료나 적군, 철도 노동자는 도시 거주 노동자나 농민보다 훨씬 풍부한 의료시설과 재원을 사용했다.

종합적으로 볼 때 1928년 소비에트 의료는 1923년보다 훨씬 더 좋아진 것처럼 보이지만 민중의 건강 상태는 더욱더 열악해졌으며 민중에 제공되는 의료의 양은 불충분했고 질은 낮아졌으며 형평성은 더 열악해졌다.

1930~1932년 소련은 농촌의 집산화와 공업 집중화 정책을 심화시켰는데 이로 인해 삶의 질은 현저히 떨어졌으며 건강 조건과 의료 시스템도 열악해졌다. 스탈린의 정책으로 우크라이나와 같은 농촌 지역의 기근이 발생하기 시작했고 위생과 건강 상황은 열악해졌다. 농

촌 주민과 도시민의 건강은 악화되기 시작했다.

집산화 정책은 의료 부문에서도 적용되기 시작하는데 의료 자원을 정치경제적으로 중요한 지역으로 이전하고, 1930년 말까지 의료기관을 노동자들이 일하는 작업장에 직접 개설하고, 인구를 사회경제적 그룹으로 분류해 중요한 곳부터 공공 의료시설에 우선권과 배급을 실시하고, 사적 의료기관을 폐지한 것이 그것이다.

"보험기관의 가장 심각한 결함 중 하나는 급여의 합리적 분배에 대한 관심의 결여다. 이는 국가를 산업화하고 산업 노동자들에게 기여하는 목적과 충분한 조화가 없이 이뤄졌다"는 것이다.[25]

이 모든 조치는 상황을 악화시켰고 형평성을 더 떨어뜨렸다. 1932년에 의과대학 교육 기간을 4년으로 단축한 것도 악영향을 미친다.

보건의료 부문에 대한 투자는 더 줄어들었는데 1928~1932년에 보건의료 부문에 대한 지출은 9900만 루블에서 1억 4800만 루블로 증가한 것처럼 보이지만 경제에 대한 지출 중 보건의료 부문은 2.4퍼센트에서 0.8퍼센트로 줄어들었다. 도시와 농촌 간의 불균등이 수치상으로는 완화됐지만 실제로는 진료소가 기능하지 않는 등 질적으로는 크게 하락했다. 의료 불평등은 5개년계획 시작 때보다 훨씬 더 열악해졌다.

사회보험은 민중에 대한 복지 기구가 아니라 감시와 노동 생산력 증대를 위한 도구가 됐다. 1933년 노동인민위원회는 폐지됐고 노조에 복지 기능이 위임됐다. "관료주의와 평등주의는 사회보험에서 근절돼야 한다. 우리는 특별 작업대와 장기 근무자에 대한 특별 배려

---

25 소비에트 공산당 중앙위원회 결의문(1929년 9월 28일).

를 위해 전반적 사회보험 실제를 재구성해야 한다. 노동 이동에 대한 투쟁을 최우선 과제로 삼아야만 한다. 우리는 노동자를 그들의 기업에 밀착시키고 게으름뱅이, 꾀병자, 작업 방해자를 타도하는 투쟁에 사회보험을 무기로 이용할 것이다. … 노동조합의 사회보험 센터에서는 산업 재정계획과 노동 규범의 완수를 위해 힘쓰는 노동자를 보호해야 한다."[26]

실제로 이 시기에 사망률은 증가했고 평균수명이 감소했다. 스탈린이 집권한 뒤 민중의 복지는 황폐해졌다. 의사들의 관료화는 더욱 진행돼 농촌에 강제로 배치됐지만 농촌에 실제로 부임하는 의사는 매우 적었고 이는 소련의 관료적 시스템에 의해 용인됐다. 이는 심지어 1980년대에도 마찬가지였다.[27]

혁명이 끝나고 스탈린의 시대가 시작된 것이다. 마크 필드는 차르 시기에는 그나마 농촌의 젬스트보 의사들이 인민에 대한 헌신의 상징이었지만, 소비에트 시기에는 의사들에게 그런 분위기가 완전히 사라졌다는 것이 소비에트의 관료주의 의료의 특징이라고 말한다. 1991년 소련이 붕괴할 당시 영아사망률과 평균수명은 제3세계 국가 수준이었다. 이 때문에 러시아 혁명이 이룬 보건의료의 변화는 바로 이것이라는 조롱을 당하기에 이른다.[28]

---

26 시베르니크, "중앙노조협의회 총회 발언", 1933. 림링거, 앞의 책에서 재인용.

27 M Field, "The Position of the Soviet Physician: The Bureaucratic Professional", *The Milbank Quarterly*, Vol 66, 1988, Supplement 2: pp 182~201.

28 J Gardner, "Russia revolution", *Journal of Mental Health Counseling*, Vol 27, Issue 44, 1997.

한국 보건의료 운동의 역사와
동아시아 민중 연대

2005년 11월 11~13일 개최된 아시아보건포럼 2005에서 발표한 글이다.

　아시아는 중국·홍콩·몽골·한반도·일본·대만 등으로 구성되는 동북아시아, 아세안 국가들을 지칭하는 동남아시아, 인도·파키스탄 등의 5개국을 포괄하는 남아시아, 아프가니스탄·우즈베키스탄 등의 서남아시아, 그리고 중동을 포괄하는 거대한 대륙을 지칭하는 말이다. 아시아는 인구가 가장 많은 두 나라를 포함해 전 세계에서 가장 많은 인구를 포괄하고 최부국부터 최빈국에 이르는 다양한 경제 수준의 나라들을 포괄하며 매우 이질적인 다양한 민족과 문명을 포괄하는 대륙이다.
　이 글에서는 이번 포럼의 성격에 따라, 그리고 글의 목적에 따라 글의 범위를 동북아시아와 동남아시아를 포괄하는 넓은 의미의 동아시아로 한정해 서술하려고 한다. 한편으로는 이번 포럼 참가자가 동북아시아와 동남아시아 국가로 한정돼 있기 때문이고 다른 한편으로는 인도아대륙을 포괄하는 남아시아와 서남아시아, 중동은 동아시아 지역과는 전혀 다른 지역적 특성을 지니고 있기 때문이기도 하다.

동아시아의 역사와 정치·사회적 환경

이 글은 동아시아의 역사적 환경이나 정치·사회적 환경을 서술하려는 글은 아니다. 다만 한국인들의 삶과 동아시아 민중의 삶의 공통된 측면을 이해하기 위해 이 지역의 역사적·정치적·사회적 환경을 살펴볼 필요성이 있다.[29]

우리가 다루려는 동아시아 지역의 민중은 서구의 침략에 대항해 주권을 지키려 했던 근대의 공통된 역사적 경험과 이후 제국주의와 지역 패권주의에 대항한 경험을 공통적으로 지니고 있다. 냉전 시기에도 이런 투쟁은 계속됐다. 한반도와 인도차이나반도에서 일어난 두 전쟁은 이 지역이 냉전 시대의 첨예한 충돌 지역임을 여실히 보여줬다. 이런 역사적 사건들과 각 나라에 주둔한 미 군사기지들의 분포는 이 지역이 기본적으로 미국이라는 초강대국과 미·일 동맹이라

---

[29] 우선 이 지역의 기본적 특성을 살펴 보면 동북아시아는 광대하면서도 인구밀도가 매우 높은 지역으로 약 15억 명의 인구를 포괄하며 세계에서 인구가 가장 많은 중국(12억 5000만 명)과 가장 부유한 나라 중의 하나인 일본(1억 2500만 명)을 포괄한다. 동남아시아는 약 5억 명의 인구를 포괄하고 있는 지역으로 대부분 반도나 섬으로 이뤄진 나라로서, 인도네시아를 제외하고는 8000만 명 이하의 인구를 지니고 있다. 인도네시아는 예외인데 190만 제곱킬로미터에 달하는 2만 개의 섬에 2억 명의 인구를 포괄하는 국가다. 장 뤽 도메나크, 《위기의 아시아》, 최연구·박성윤 옮김, 삼인, 2002, 23쪽을 참조하라.

는 축에 의해 기본적으로 규정돼 왔음을 보여 준다. 냉전 이후에도 동아시아 각 나라들의 경제 발전에서나 이후 태국을 출발점으로 해 IMF의 구조조정을 받아들이게 했던 1997년 이후 동아시아 전 지역의 경제 위기에서 미국의 규정력은 잘 드러난다.[30] 최근 한반도의 위기는 미국이 이 지역에서 어떠한 힘을 가지고 있는지를 잘 보여 주는 예이기도 하다.

또한 이 지역에서는 중국과 일본의 영향력과 패권주의를 고려하지 않을 수 없다. 중국의 변화, 즉 1950년대의 비동맹운동으로 대표되는 움직임과 1972년 닉슨의 베이징 방문 후 변화된 중국 대외 정책, 중국·베트남 전쟁, 기본적으로 제2차세계대전 이후 지속되는 이른바 양안 문제 등의 미·중 대립과 그 파급은 이 지역에 미치는 중국의 강력한 영향력을 보여 주는 것이다.

물론 이 지역 민중의 생활상을 이해하는 데 미·일의 군사적·정치적 동맹과 압도적인 경제적 힘과 중국의 지역적 패권주의만 중요한 것은 아니다. 각 나라 정부들은 나름대로 지역적 소패권주의를 추구하고 이 때문에 많은 민중이 고통을 당하고 있다. 동티모르에서 수많은 민중이 겪은 고통이나 그들의 독립 과정, 아체 지역 학살 등은 인도네시아의 지역적 소패권주의 국가로서의 면모를 잘 보여 준다.[31]

---

30 IMF는 세계은행 기구이고 세계은행의 의사 결정은 이사국들에 의해 이뤄진다. 세계은행은 15퍼센트 이상이 반대하면 거부권을 인정하는데 이는 17.81퍼센트를 지닌 미국만이 거부권을 가지고 있음을 뜻한다.

31 인도네시아의 지역적 소패권주의 국가로서의 면모를 살펴볼 수 있는 책으로서는 타리크 알리, 《근본주의의 충돌: 아메리코필리아와 옥시덴털리즘을 넘어》, 정철수 옮김, 미토, 2003과 존 필저, 《제국의 지배자들》, 문현아 옮김, 책벌레, 2003 등이 있다.

한국 보건의료 운동의 전개 과정과 현재

한국의 상황 또한 동아시아를 규정짓는 요인들, 즉 미국과 일본 등 한반도를 둘러싼 주변 열강과 국제적 자본의 힘에 의해 규정돼 왔다. 그러나 여기서 확인하려고 하는 것은 이런 상황에서 한국의 민중과 보건의료인들이 어떻게 자신의 건강권을 지키기 위한 길을 걸어왔는지다.

1. 의료보장과 의료의 공공성을 위한 투쟁

한국의 보건의료 운동이 나름대로의 독특한 모습을 지니고 있다면 그것은 그 운동이 발전한 역사적 배경에서 배태된 것이고 이는 대부분 건강보험과 의료보장을 쟁취하기 위한 20년에 가까운 긴 싸움의 과정에 그 기원을 두고 있다.[32]

한국의 노동운동과 민중운동, 민주화 운동의 폭발적 성장에 의해 1988년 농민 등에 대한 의료보험과 1989년 도시 빈민에 대한 의료보험이 실시되면서 한국은 전 국민을 대상으로 공적 의료보험을 실시하게 됐다. 건강보험은 낮은 보장성과 불평등한 보험료 부과 체계 등으로 출발부터 농민의 저항에 부딪히게 됐는데 농민은 과다한 보험료 부과에 항의하면서 의료보험증을 불태우고 보험료 납부를 거

---

32 한국의 모든 운동이 그렇듯이 보건의료 운동도 한국전쟁 이후 긴 공백기를 거친 후 1970년대부터 새롭게 출발한 지식인 운동과 노동운동에 그 뿌리를 두고 있다. 한국의 보건의료 운동과 건강보험 보장성 강화 운동도 그 기원부터 서술하자면 1970년대와 1980년대의 운동을 서술해야겠지만 여기서는 보건의료 운동이 부문 운동으로 자리를 잡기 시작한 1980년대 말부터 서술하기로 한다.

부하는 격렬한 시위를 전개했다.[33] 1988년 6월 농민단체와 의료인단체, 도시빈민운동단체가 보건의료 문제를 해결하기 위해 결합해 전국의료보험대책위원회가 구성됐고 이 단체는 1989년 노동자단체, 학생단체를 포괄해 개편된다.[34]

의료보험에 대한 국고 지원의 확대, 소득에 따른 누진적 보험료 부과, 전 국민 의료보험 통합, 의료부조제도의 의료보험으로의 통합, 보험제도 운영의 민주적 참여 보장 등을 목표로 한 1980~1990년대 의료보험 투쟁은 2003년까지 계속되면서 의료보장의 연대성 확보와 보장성 강화를 추구했다.[35]

1980년대부터 1990년대를 거치는 이 시기는 한국 사회가 더욱더 다국적 자본과 국제 금융자본의 직접적 영향 아래 놓이는 시기이기도 했으며 이와 더불어 미국에 의해 강제된 한국 정부의 군사적·권

---

33 의료보장 쟁취 운동의 초기 전개 과정에 대한 더 자세한 내용은 보건과사회연구회, 《보건의료인과 보건의료 운동》, 한울, 1991을 참고하라.

34 이 단체를 시작으로 한국 보건의료 운동은 민중운동과 지식인 운동 양자의 결합을 기본 조직 형태로 하기 시작하며 이후 한국의 보건의료 운동은 이 양자와 1990년대부터 중요하게 부각된 시민운동 3자의 결합을 중심으로 움직이게 된다. 이후 이 운동 단체는 1989년 7월 도시 지역 의료보험 실시를 계기로 노동자단체, 농민단체, 도시빈민단체, 보건의료인단체, 의료계열 학생조직 등을 망라하는 의료보장쟁취공동위원회로 발전하게 된다.

35 이 투쟁은 1980년대와 1990년대 내내 지속됐고 결국 의료보험 통합이 2000년 6월에 이뤄질 때까지 보장성의 강화와 민주적 참여의 보장 등을 목표로 투쟁했고 조직체는 투쟁 과정을 통해 1980년대 말부터 한국 사회운동에서 중요한 구실을 한 시민단체를 포괄해 건강연대라는 연대 단체로 개편된다. 의료보험 재정 통합은 2003년 6월에 이뤄졌고 건강연대는 현재 재편 과정 중에 있으며 이를 계승해 시민단체인 건강세상네트워크와 연대 단체인 공대위준비위원회가 활동 중이다.

위주의적 성격은 보건의료 운동의 진전에 큰 장애가 됐다. 1990년대 내내 정부는 사회보장 부문과 보건의료 부문에 대한 투자를 거의 하지 않았고 취약한 공공 의료기관의 비중은 2000년대에는 10퍼센트 아래로 하락했다.[36]

자본의 세계화의 영향은 1997년 경제 위기로 인해 파국적으로 도래했다. 국고 지원의 하락으로 인한 건강보험 재정의 급속한 고갈과 실업의 폭발적 증가, 임금의 급격한 손실 등으로 건강보험의 보장성은 악화됐다(그림 20 참고).[37] 정부는 또한 공공기관을 민영화하고 민간 의료보험의 전면 도입을 시도하는 등 이른바 시장 원리를 도입하기 시작했다. 이 과정에서 세계은행은 한국에 의료저축계정MSA 같은 사적 의료보장 도입을 권고했다.[38]

---

[36] 전체 병상 중 공공 병상의 비율은 1990년 14.6퍼센트, 1994년 10.2퍼센트, 1997년 9.7퍼센트 2000년 9.0퍼센트로 감소했다(OECD Health Data 2002).

[37] 건강보험 재정 적자는 김대중 정부 아래서 전면화됐는데 김대중 정부 의료 개혁 프로그램의 하나로 추진된 의약분업 과정 중 전문인 집단과 제약 회사에 대한 통제의 실패로 건강보험 재정 적자는 급속히 악화됐다. 이를 타개하기 위한 정부의 재정 적자 보전 정책은 전형적인 비민주적 신자유주의 정책으로 본인 부담 인상, 보험료 인상, 보험료 결정 과정에서 보험 가입자 결정권 배제, 대형 병원에 유리한 건강보험 수가 체계, 민간 보험 도입 등을 그 골자로 했다.

[38] "세계은행이 요구하는 구조조정 프로그램은 일반적으로 정부 지출과 국가보조금의 축소, 민영화, 본인 일부 부담의 도입과 증가 등에 의해 사회보장 체계 자체의 급격한 민영화와 더불어 보건의료 부문에도 민간부문의 팽창이 두드러지는 경향이 있다(칠레가 전형적인 국가다). 이에 반해 같은 기간 한국에 제시한 세계은행의 구조조정 차관 협상안(SAL-II)에서는 본인 부담의 경감이나 진료비 지불 제도의 변경 등을 요구해 보건의료의 문제점을 해결하는 방향으로의 권고도 포함하고 있다. 그러나 국가의 책임에 대한 강조가 미약하고 의료저축계정(MSA)과 같은 제도 도입을 권유하고 있는 것은 세계은행의 일반적 구조조정의 경향과 같은 맥락이다.

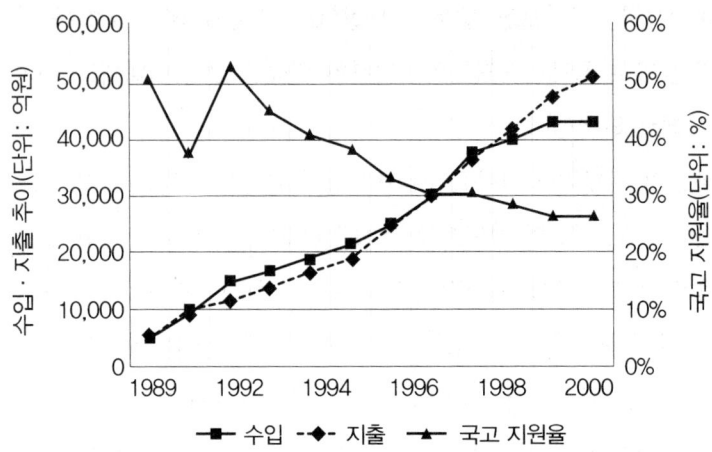

그림 20. 연도별 지역의료보험 재정 수지와 국고 지원 현황

이런 과정에서 보건의료 운동 진영은 '건강보험 보장성 강화와 의료 공공성 강화를 위한 공대위'(건강보험 공대위)를 중심으로 보장성 강화, 공공의료 강화, 보건의료 제도 운영과 의료기관운영의 주민·노동자 참여, 예산 지원 확대, 민간 의료보험 도입 반대 등을 주장했고 이를 위한 활동을 벌였다. 이런 투쟁은 1990년대 말부터 보수 정

한국에 대한 협상안이 라틴아메리카, 아프리카 등의 구조조정 프로그램과 달리, 민영화나 국가 부담의 축소보다는 사회안전망의 확보에 주된 관심이 있는 것으로 평가할 수 있지만 이는 세계은행이 건강에 대해 적극적인 관심을 가지고 있기 때문이 아니라, 전반적인 경제 자유화 정책과 노동의 유연화 정책을 추진하기도 어려울 정도로 기초적인 사회보장과 의료보장이 갖추어져 있지 않은 데 대한 반응으로 해석하는 것이 타당할 것이다"(김창엽, "세계은행의 구조조정차관(SAL-II) 협상안에 대한 검토(보건의료 부문)", 2000에서 축약 인용). 세계은행의 보건의료 부문 투자와 관련된 더 상세한 내용은 최용준, "주제 리뷰: 세계은행의 보건의료 전략", 1999을 참고하라.

치 진영과 거대 기업 집단, 의료 전문인 집단, 보수 언론들을 한편으로 하고 노동자·민중 단체, 시민단체, 보건의료인 단체, 개혁적 정치 집단을 다른 한편으로 하는 사회적 대립으로 전면화됐고 대통령 선거를 통해서 양 집단 간의 정치적 대립으로 발전했다. 이런 대립은 2002년 대통령 선거에서 공공 의료기관 비중을 30퍼센트까지 강화, 52퍼센트에 머물고 있는 건강보험의 보장성을 임기 내 80퍼센트까지 강화라는 공약을 내건 노무현 정부의 집권으로 보건의료 운동 진영의 승리로 일단락됐으나 이 승리는 잠정적인 것이다.[39]

최근 노무현 정부는 경제자유구역에 미국의 거대 의료 자본을 수용하고 이들의 요구 조건인 영리법인 허용과 과실송금의 자유화, 내국인 진료 허용 등에 긍정적 태도를 보이고 있다. 이는 WTO에서 내세우고 있는 서비스 시장 개방을 실질적으로 전면 수용하는 것이고 정부의 공공의료 강화나 공적 의료보장 강화 등의 공약을 무색케 하는 것으로 보건의료 운동 단체는 물론이고 노동자와 농민, 환경단체, 전국교직원노동조합 등의 반대에 직면하고 있다.

2. 권리 확장을 위한 투쟁과 다양한 주체들의 참여

한국에서 의료 전문직은 대부분 사적 의료기관에 근무하거나 사적 자영 의료기관의 소유자다. 또한 의료 전문직의 제도적 정립 과정

---

39 노무현 정부 들어서도 재정경제부는 민간 의료보험 도입 주장을 되풀이하고 있고 보건복지부는 본인 부담 인상의 필요성을 주장하고 있으며 2003년 예산에서 의료급여 확대와 공공 의료기관 확충을 위한 예산을 전액 삭감했다. 더 상세한 내용은 변혜진, "보건의료 운동 2002년의 평가: 전쟁지원할 돈으로 사회복지 확충해야," 《한국시민사회연감 2003》, 시민의신문, 2003, 38~42쪽 총론 부분을 참고하라.

은 전문직과 시민의 상호 관계 속에서 발전된 것이라기보다는 국가에 의해 위로부터 주어진 것이고 이 때문에 시민과 의료 전문직 간의 의사소통은 일방적인 경향이 있다. 이런 상황에서 의료 소비자의 여러 권리, 즉 의료에 대한 접근권이 빈곤과 의료기관 분포의 도농 간 격차, 낮은 의료보험 보장성 때문에 저해받았고 이와 더불어 환자의 알 권리와 참여권, 고충 처리에 대한 권리, 인간적으로 존엄한 진료를 받을 권리 등 의료 소비자 또는 환자로서의 제반 권리가 제대로 지켜지지 않았다.[40]

1980~1990년대 한국의 소비자단체들은 의료 이용자들의 고충 처리를 대행하는 일을 주로 담당하는 차원에 머물렀다. 다른 한편 환자 그룹들의 활동도 꾸준히 존재해 왔으나 주로 자조 그룹에 머물렀고 환자 그룹 간의 연대 활동은 찾아보기 힘들었고 활동 방식도 사회운동의 방식이라기보다는 의료기관이나 의료진에 대한 개별적 호소나 정치가나 고위 공무원들에 대한 개별적 로비의 방식이 대부분이었으며 대부분 의료기관과 의료 전문직의 영향력 아래 놓여 있었다. 의료사고 피해자들도 여러 단체를 형성했으나 비영리적 목적으로 꾸준한 활동을 전개하지 못한 경우가 대부분이었다. 의료 이용자들의 힘은 사회적으로 의미 있게 조직되지 못했다.

이런 상황은 1990년대 말과 2000년대 초부터 변화하기 시작했는데 상당 부분 무위로 그쳤지만 의약분업 제도 정착 과정에서 시민단체들은 의료 이용자들의 권리를 향상시키기 위해 많은 노력을 기울

---

40 의료 소비자 또는 환자의 권리에 대한 더 상세한 내용은 국제소비자연맹 홈페이지를 참고하라.

였다.[41] 또한 2001년의 의사 폐·파업 과정을 통해 의료 이용자들이 의료기관과 의사들을 대상으로 여러 토론의 장에서나 인터넷 상에서 자신의 주장들을 내세우면서 보건의료 문제가 이른바 '시민정치'의 중요 주제로 떠오르게 됐다.[42]

김대중 정부 시기에 건강연대가 펼친 활동도 주목할 만하다. 건강연대는 환자의 알 권리와 참여권의 향상을 위한 여러 주목할 만한 활동을 조직했다.[43]

주목할 만한 것은 글리벡을 둘러싼 백혈병 환자들의 운동이다. 이 운동은 환자들이 과거와는 달리, 보건의료단체를 포함한 사회단체들

---

41 의약분업은 1960년대부터 시도됐으나 의료 전문직 간의 갈등으로 번번이 시행되지 못했고 이 때문에 항생제와 스테로이드 등의 약물 남용 문제가 심각한 상황이었다. 시민단체들은 의약분업 시행 과정에 주도적으로 개입해 의료 이용자들의 적절한 진료를 받을 권리와 제도 운영의 참여권, 알 권리 등의 신장을 꾀할 수 있는 제도를 의료 전문직에게 합의토록 강제하는 데 일단 성공하는 성과를 거뒀으나 실제 제도 시행 과정에서는 의사 폐·파업 등의 파행을 거쳐 환자들의 권리와 관련한 조항들은 대부분 무효화됐다. 더 자세한 내용은 《사회비평》 2002 여름호 "특집 II 개혁, 왜 안 되는가"의 세 글(조병희, "의료권력과 의료 개혁", 우석균, "개혁연합의 실패와 수구연합으로의 회귀", 김창엽, "의약분업-시장 실패 또는 정부 실패")을 참고하라.

42 당시 인터넷상에서 벌어졌던 의사들과 시민들 간의 '설전'은 경실련, 참여연대, 인도주의실천의사협의회 등의 사이트와 한겨레토론마당 등의 언론 사이트에 생생하게 남아 있다.

43 앞서 언급한 의보 통합과 의약 분업 후 급격히 악화된 재정 적자를 본인 부담 인상이나 보험료 인상을 통해 메꾸려는 정부에 대항해 노동·시민·보건의료 단체들의 역량을 바탕으로 맹렬한 활동을 벌인 것 외에도 처방전 2매 받기 운동 등 의료 이용자의 권리 신장을 위한 많은 활동들을 벌였다. 자세한 내용은 건강연대에서 펴낸 《정책자료집 2000~2002》를 참고하라.

과 연대해 2년 가까이 시위와 농성 등의 직접행동을 통해 자신들의 주장을 관철하려 한 것이 그 특징이었다. 물론 초국적 제약 자본을 상대로 약값의 인하와 특허의 강제 실시를 요구한 것도 초유의 일이었다. 이는 환자들이 보건의료 운동의 한 주체로 등장했다는 점에서 매우 주목할 만하다.[44]

1990년대 말부터 여성운동이나 환경운동에서도 보건의료 문제를 자신의 과제로 삼기 시작했다는 점도 주목할 만한 일이다. 환경운동에서 유전자조작 농산물 반대 운동이 전개됐는데 현재 일부 생태주의적 근본주의 경향이 보이기는 하지만 농민운동과 결합해 반WTO 운동으로 발전할 가능성이 크다는 점에서 주목할 만한 운동이다. 이런 운동은 식품 안전과 관련해 이미 진행되고 있는 유기농·직거래 운동의 더 넓은 전망을 우리에게 제시한다.

여성운동의 경우 여성의 몸이 사적 의료 자본의 이윤 추구의 대상이 되는 것을 막으려는 주목할 만한 움직임을 보이고 있는데 제왕절개술 반대 운동과 자궁절제술 반대 운동 등이 그것이다. 동성애자들과 HIV/에이즈 감염인 모임도 자신의 활동 영역을 늘리고 있는데 2002년 보건의료단체연합은 동성애자인권연대와 HIV 감염인 조직과 함께 HIV 감염인들에 대한 정부 보조금의 삭감에 항의해 이를 무효화하기도 했다.

---

44 자세한 내용은 《한국시민사회연감 2002》의 백혈병 환자 투쟁 부분을 참고. 환자들의 움직임은 건강세상네트워크와 결합한 움직임으로 지속되고 있으며 또한 환자 그룹들 간의 연대가 가시화되고 있다는 점도 주목할 만하다.

3. 군사주의와 미 군사기지의 건강권 침해에 반대하는 운동

보건의료인들은 1980년대 말부터 1990년대 초까지 '한반도의 반핵과 군축을 위한 보건의료인 대회'를 중심으로 한반도와 아시아의 반핵·군축과 평화를 위한 활동을 했고 핵전쟁방지국제의사회 아시아·태평양지역회의를 통한 아시아 연대를 추진한 역사가 있다.

전반적 운동의 침체에서 벗어나 반전평화운동이 다시 활발해지기 시작하면서 1990년대 말부터 한반도의 군사주의와 미군 기지의 건강권 침해에 반대하는 운동은 다시 활발해지기 시작했다.

1996년 북한에 대량 기아 사태가 발생하자 북한 민중을 지원하기 위한 운동이 보건의료인들 내부에서 활발하게 전개됐다. 당시 김영삼 정부가 모금 활동을 문제 삼는 등 이 운동은 정부의 탄압과 거대 언론의 반대에 부딪혔으나 한국의 대표적인 진보적 신문인 〈한겨레〉와의 공동 캠페인을 통해 "북 어린이에게 의약품을"이라는 캠페인으로 진행돼 어린이의약품지원본부가 주도하고 평화·통일 단체들과 연대해 전국적 캠페인으로 전개됐다. 이 운동은 한반도의 군사적 대결이라는 사회적 상황을 남북 민중의 연대로 극복하려 한 운동이라는 의미가 있었다.[45]

중요한 활동으로는 인의협이 2001년 진행한 경기도 매향리 미군 기지 주변 주민들의 건강권 침해 조사 사업과 2002년 대구·춘천·군산 미군 기지 주변 주민들의 건강 실태 조사 사업이 있다. 이 중

---

45 어린이의약품지원본부는 1997~2003년에 북에 200만 달러를 지원했다. 더 자세한 내용은 어린이의약품지원본부, "북한 어린이 건강실태보고서 2002"와 단체의 홈페이지를 참고하라.

매향리 사업은 매향리 주민들과 평화·통일운동, 환경운동, 학생운동 단체 등의 미군 기지 폐쇄 운동에 보건의료인들이 전문적 지식을 바탕으로 결합해 미군 기지에 의한 주민들의 청력 저하, 수면 장애, 중금속 중독 등 건강 침해 사실을 확인함으로써 한국 사회의 반전평화운동에 주목할 만한 기여를 했다.[46]

1990년대 말부터 한국군의 베트남전 참전을 반성하는 사회적 운동이 전개됐는데 건강사회를위한치과의사회는 2000년부터 베트남평화의료연대를 결성해 베트남 주민들을 대상으로 진료 활동을 해서 2002년까지 3기의 베트남 진료 활동을 전개했다. 이는 아시아를 향한 한국 보건의료인들의 노력으로 주목할 만하다.

가장 최근의 활동으로는 2002년부터 진행된 반전평화운동이 있다. 2002년 미군에 의한 두 중학생의 죽음에 대해 미군과 미국 정부에 항의하는 움직임에 보건의료인들도 대거 동참해 2002년 주한미군지위협정SOFA 개정과 국방비 감축을 요구했으며, 2002년 말부터 미국의 이라크 전쟁 반대를 위한 대중적 행동을 조직했고 이런 운동은 올해 5월 한국의 이라크 파병을 반대하는 운동과 "이라크 어린이들에게 폭탄이 아니라 의약품을"이라는 대중적 캠페인의 전개로 이어졌다. 이 캠페인은 〈한겨레〉와 여성단체, 종교단체와 공동 캠페인으로 이어져 5월 한 달 동안 5억 원의 지원금을 모으는 전 국민적 캠페인으로 발전했고 이를 이라크에 전달하기 위해 보건의료인들은 미국의 이라크 침공이 진행되는 시기와 직후 시기에 6차례에 걸쳐

---

46 자세한 내용은 인의협 홈페이지와 《한국시민사회연감 2003》을 참고하라.

의료진을 파견했다.[47] 반전평화운동은 현재에도 2004년 예산에 대한 투쟁으로 이어져 국방 예산의 증액과 보건복지 예산의 삭감에 항의하는 행동으로 이어지고 있다.

4. 제약 자본의 탐욕과 TRIPS에 맞선 투쟁

글리벡 약가 인하와 특허 강제 실시 요구를 둘러싼 의약품 접근권 운동은 2001년과 2002년 보건의료 운동 단체가 매우 힘을 기울인 사안이다. 이 운동은 의약품 접근권과 관련해 초국적 제약 회사를 대상으로 싸운 사실상 최초의 투쟁이고[48] 무역관련지식재산권협정TRIPS과 관련한 한국에서의 최초의 투쟁이라 할 수 있다. 이 운동은 골수이식을 대신할 사실상 유일한 백혈병 치료제인 글리벡의 비싼 약값(월 300만~600만 원)이 초국적 제약 자본인 노바티스의 탐욕과 이를 가능하게 하는 TRIPS의 부당성 때문이라는 점을 알리고 글리벡의 가격 인하와 이를 위한 글리벡 강제 특허 실시를 요구하는 투쟁이었다. 2002년 6월부터 2003년 1월 전 세계 약가의 90퍼센트 내에서 결정되기까지 2년간에 걸친 투쟁이 전개됐으며 환자들에게

---

47 더 자세한 내용은 건강권실현을위한보건의료단체연합, 어린이의약품지원본부, 《보건의료단체연합 반전활동 및 이라크 의료지원 보고회 보고서》(2003년 6월 14일)를 참고하라(http://www.kfhr.org).

48 의약품과 관련한 운동으로는 1998년 의료보험 등재 약가와 실제 거래가 사이의 차이를 폭로함으로써 보험 재정 누수를 막고 의약분업의 필요성을 옹호하기 위한 의약품 실거래가 조사 사업이 있었다. 이와 관련해서는 참여연대의 1998년 11월 12일 보도자료 "부풀려진 보험약가로 인해 한해 1조 2천8백억 원의 보험 재정 손실 초래, 1,254개 의약품에 대한 실제거래가 조사결과 발표"를 참고하라(http://www.people21.org).

정부 보조금의 지급과 약가의 10퍼센트에 해당하는 무상 글리벡 제공이라는 실질적 이익이 돌아갔다.

글리벡 공대위와 백혈병 환자들의 투쟁과 한국인들의 지지, 보건복지부 장관의 초국적 자본의 압력을 받았다는 폭로와 국회의원들의 구체적 압력 내용 폭로에도 불구하고 초국적 자본과 WTO 체제는 한국 정부가 환자의 의약품 접근권을 위한 어떤 조치도 취하지 못하도록 강제했다. 2년간의 투쟁 속에서 많은 한국인들이 초국적 제약 자본의 탐욕과 TRIPS·WTO 체제의 부당성을 알게 됐다는 점이 이 투쟁의 가장 중요한 성과다.[49]

5. 노동자 건강권을 지키려는 투쟁들

노동자의 건강권 확보를 위한 운동은 사실상 한국 노동운동의 일부로서 별도의 글이 요구되는 주제이므로 여기에서는 간단히 언급하겠다.

한국에서는 보건의료인들과 노동운동가들이 노동자 건강권을 위해 별도의 단체를 만들어서 활동해 왔고 이런 단체들이 전국적 연대 조직을 구성하고 있다. 1987년 창립한 노동과건강연구회를 그 시작으로 각 지역, 특히 노동자 밀집 지역에 산재 추방 운동을 위한 지역 활동 단위들이 건설됐고 이런 단체들은 한편으로는 노동조합의 활동을 지원하고 다른 한편으로는 보건의료인 등의 전문인들이 노동자 건강권 확보 운동에 참여하고 사회적으로 노동자 건강권 확보의

---

49 더 자세한 내용은 앞서 언급한 《한국시민사회연감 2003》을 참조하라.

중요성을 주창하는 거점으로서의 구실을 해 왔다.[50]

최근의 운동으로는 근골격계 직업병 인정 투쟁과 작업환경·노동조건 개선 운동을 벌여 다수의 대기업을 대상으로 중요한 변화를 이끌어 낸 사례를 주목할 만하다. 이와 더불어 산재보험 제도 개혁을 위해 민주노총과 여러 노동자 건강 운동 단체들이 벌이는 산재보험제도개혁공대위 활동이 현재 노동자 건강권 확보 운동의 핵심 과제인데 이는 1990년대 말 경제 위기 이후 구조조정 물결 속에서 악화된 노동조건의 문제를 해결하기 위한 투쟁으로 매우 중요하다.[51]

6. 지역 주민 자치운동으로 전개되는 건강권 운동

자신의 건강을 스스로 책임지겠다는 자치운동으로서의 건강권 운동이 1980년대와 1990년대에 걸쳐 다양하게 전개됐다. 의료생활협동조합 운동이 그 하나인데 1994년 안성의료생활협동조합을 시작으로 출범한 의료생협은 지역 주민들의 의료 문제를 스스로의 힘으로 해결하려는 운동으로 현재 전국에 7개의 의료생협이 건설되기에 이르렀고 세 곳이 설립 추진 중이다. 의료생협 운동은 올해 한국의료생협연대를 결성했다. 생협운동의 특징 하나는 활발한 국제 연대 활

---

50 중요한 단체로는 노동건강연대 등을 비롯해 인천의 건강한노동세상, 울산과 마산·창원 지역의 산재추방운동연합 등이 있다. 더 자세한 내용은 노동건강연대 홈페이지 참조. 평등사회를위한민중의료연합도 이 분야에서 활발한 활동을 벌이고 있다.

51 이와 관련해 노동건강연대가 주요한 사업으로 벌이고 있는 기업살인법 관련 운동도 주목할 만한 활동이다.

동으로 일본, 인도, 필리핀 등 아시아 연대도 활발하다.[52]

'가난한 이들의 건강권 확보를 위한 연대회의'는 지역 사회복지단체들을 포괄하는 단체로서 지역 빈민들을 회원으로 하거나 그들을 대상으로 건강권 문제를 해결하기 위한 활동을 벌이고 있다. 또한 많은 지역 사회단체들이 지역 주민들의 건강 문제를 해결하기 위한 운동을 벌이고 있으며 울산에서 울산시립병원의 설립을 위한 활동이라든지 목포와 서울 성동·광진 지역 등의 공공병원 설립 또는 확대 움직임은 이런 운동의 한 예이다.

7. 물 사유화 반대와 핵시설 반대

최근 한국에서도 서울 암사동 정수장의 민영화 추진과 관련해 물 사유화가 사회적 쟁점이 되고 있다. 공무원 노동조합이 '암사정수사업소 민간위탁저지 공동대책위원회'를 중심적으로 이끌고 있는데 앞으로 서울시가 수도 관련 사업소 전체를 민영화하겠다는 입장을 밝히고 있어 이 문제는 중요한 문제로 대두될 전망이다.

전라북도 부안군 위도에 대규모 핵폐기물 처리 시설을 짓겠다는 정부의 방침에 반대하는 주민들의 시위가 연일 계속되고 있다. 이 시위는 핵폐기장에 의해 예상되는 지역 주민의 건강권 침해와 환경 파괴에 대한 반대 시위로서 중요하며 다른 한편으로는 핵발전 산업이 더는 선진 제국에서 자신의 이윤을 실현할 수 없게 됨에 따라 제3세계에서 자신의 이윤 실현 장소를 찾으려는 움직임에 대한 반대 운동으로서도 중요하다.

---

52 더 자세한 내용은 의료생협연대 홈페이지를 참고하라.

아시아 연대 운동의 필요성과 몇 가지 제안

동아시아 민중은 자본의 신자유주의적 공세에 의해 복지국가를 해체당하는 고통을 겪지 않았다. 애초에 그들은 복지국가를 갖고 있지 못했기 때문이다. 일본, 싱가포르 등 일부 국가를 제외하고는 공적 의료보장이 극히 취약한 상태에 머무르고 있으며 의료기관도 공공 의료기관의 비중이 낮거나 의료기관 자체가 매우 희박한 실정이다. 복지국가는 그들에게는 애초에 허용되지 않은 서구 세계의 꿈이었고 보건의료 부문은 애초에 사적 부문이 주도적 구실을 했다. 문제는 이런 상황이 1970년대 말 이후 더욱 악화되고 있으며 1990년대 경제 위기 이후 급속히 악화되고 있다는 것이다. 사적 부문이 주도하고 있던 보건의료 부문에 사영화가 더욱더 진전되고 있는 것이 대부분의 나라의 현실이다.

중국의 경우는 1970년대 말 사영화가 전개되면서 80퍼센트의 농민이 아무런 의료보장 체계도 갖지 못하는 상태로 전락했다. 필리핀의 경우는 애초에 공공 부문이 차지하고 있는 비중이 매우 적었으나 이후 사영화가 더욱 진전됐다. 이른바 신흥공업국의 경우도 마찬가지다. 이들의 선두에 서 있는 싱가포르를 제외하고는 한국을 비롯해 말레이시아, 대만, 인도네시아, 태국 등의 나라는 이미 서서히 진행되는 사영화 과정에 놓여 있었고 1990년대 말 아시아 경제 위기로 IMF의 구조조정을 받아들이게 된 이후 급격한 사영화 과정에 놓이게 된다. 공공 부문은 매각되고 사회복지 부문의 예산은 삭감됐다.

이 과정에서 IMF가 강요한 구조조정은 노동자와 민중에게 파괴적 영향을 미쳤는데, 이는 대량 해고와 고용조건의 유연화, 비정규직의 증가, 노동조건의 악화 등으로 나타났다. 이는 노동자들의 건강에 커다란 악영향을 미쳤고 산업재해와 직업병의 급격한 증가로 나타났다. 도시 노동자들과 빈민들의 열악한 주거 상태와 비인간적 노동조건의 강요는 특히 빠른 속도의 경제성장을 이룬 나라들에서 관찰되고 있다.

동아시아의 사회복지 부문의 열악함과 사적 부문의 우월적 지위는 사회와 경제 전반에 걸친 빈곤과 자본의 착취에서 비롯된 것이지만 다른 한편으로는 그 나라들의 군사화된 국가 체계와 연관이 깊다. 아니 사실상 동아시아 각 나라들의 군사적 성격과 반인권·반복지적 성격은 동일한 사물의 다른 측면이다.

미국의 태평양사령부는 미군 기지를 일본-한국-(필리핀)-태국-호주에 걸쳐 주둔시키고 있으며 동아시아 전체가 미국 군사 방어선의 안쪽 또는 바깥쪽에 있다. 9·11 사태 이후 미국은 필리핀에 미군을 다시 파병하기로 했다.[53] 미국의 굳건한 동맹국인 일본이 국방비를 급격히 증가시켰고 이른바 '평화헌법'을 무력화하고 아프가니스탄과 이라크에 대한 파병을 결행한 것에서도 잘 보이듯이 노골적으로 군사 대국이 되려는 경향 역시 주목해야 한다.[54]

기본적으로 미국의 일방주의적 군사주의에 의한 것이기는 하지만 다른 나라들의 군사주의도 존재한다. 미·일 동맹의 경계선 너머의 중국·베트남·북한 그리고 경계선 안쪽의 남한·대만 등의 국방비는

---

53 주한미군철수운동본부.
54 한호석, "미·일 군사동맹체제의 증강과 6·15 공동선언의 실현", 6·15 남북공동선언실현 워싱턴지역협의회, 2003을 참고하라.

다른 나라들에 비해 월등히 높다. 남한과 북한, 중국과 대만 간의 갈등은 더 말할 것도 없이 자명한 사실이지만 그 외에도 동아시아 지역은 중국·베트남의 분쟁, 인도차이나반도 3국 간의 분쟁, 중국·인도 분쟁, 중국·베트남·말레이시아·필리핀·브루나이·대만 등의 영토 분쟁 등 냉전 시대와 그 이후에도 국가 간의 전쟁과 분쟁이 계속되고 있다.

그뿐 아니다. 인도네시아는 수하르토 집권 시기에 100만 명에 달하는 민중을 학살했고 이후에도 동티모르와 아체 지역에서 인종주의적 학살을 자행했으며 이는 지금도 진행되고 있다. 브루나이와 필리핀에서도 인도네시아와 유사한 상황이 진행되고 있다.[55] 미얀마의 경우 군사주의는 매우 노골적인 형태로 드러나 어떤 민주주의도 용납하지 않는 상태다.[56]

무기 시장에서 동아시아는 꾸준히 2위의 지위를 점하고 있으며 동아시아의 무기 구입은 매우 놀라운 속도로 증가했다. 말레이시아의 경우 국방 예산이 1992~1996년에 4퍼센트에서 11퍼센트로 증가했으며 싱가포르는 1995년 예산의 20퍼센트가 국방 예산이었다는 것은 일본 국방 예산의 급속한 증가를 제외하고서도 이 지역이 군사적으로 매우 긴장된 지역임을 쉽게 알 수 있게 한다. 이런 상황에서

---

55 인도네시아의 상황은 타리크 알리, 앞의 책과 존 필저, 앞의 책을 참조하라. 브루나이 등의 상황은 마이클 클레어, 《자원의 지배》, 김태유·허은녕 옮김, 세종연구소, 2002를 참고하라.

56 아시아네트워크, 《우리가 몰랐던 아시아》, 한겨레출판, 2003. 수하르토 시대의 인도네시아, 미얀마, 필리핀, 동티모르 등과 관련한 매우 생생한 이야기를 들을 수 있다.

각국의 사회복지 예산은 기본적으로 축소될 수밖에 없었다.[57]

미국의 군사적 일방주의와 각 나라들의 군사주의·인종주의에 의한 간접적 사회복지 예산 압박이 심한 이상 당연히 직접적 전쟁의 참화에 의한 건강과 안전의 위협도 이제까지 존재해 왔고 지금도 존재한다. 한반도와 인도차이나반도에서 미군이 주도한 두 전쟁은 인류 역사상 가장 참혹한 전쟁이었고 그들 나라에 뿌려진 네이팜탄과 고엽제, 대인지뢰는 전 세계에 뿌려진 각각의 총량보다 많다. 최초이자 현재까지는 마지막인 핵폭탄 투하도 아시아에서 일어났다. 인도차이나반도에는 아직도 대인지뢰로 인한 살상과 고엽제로 인한 질병으로 고통받는 민중이 수없이 많으며 매우 역설적이게도 베트남전에 미군의 용병으로 참전한 한국군에게서도 고엽제 피해자가 다수 발생했다.[58]

이런 상황에서 아시아에서 미군 기지를 철수시키자는 움직임이 오키나와·한국·필리핀의 연대로 이뤄지고 있다. 9·11 테러 이후 미국의 이라크 침공 당시에도 일본과 필리핀, 한국에서 이에 항의하는 반전시위가 일어났다.[59] 인도네시아의 아체 학살에 반대하는 움직임도 일어나고 있다. 아시아 지역의 반전평화운동과 사회복지·건강권운동과의 결합이 필요한 시점이라고 생각된다.

---

57 장 뤽 도메나크, 앞의 책.

58 전 세계의 고엽제 피해자는 베트남, 호주, 미국, 그리고 한국에 분포돼 있다. 한국의 경우 베트남전 참전자들을 제외하고서도 한반도의 비무장지대에서 고엽제를 살포한 것으로 알려져 있으나 상세한 보고는 아직 없다.

59 http://www.internationalanswer.org 참고하라.

TRIPS와 관련한 초국적 제약 자본의 건강권 침해도 동아시아 지역 공통의 것이다. 태국과 중국 등의 HIV/에이즈 확산과 다른 아시아 지역의 말라리아 등의 문제는 이것이 당장 치료제가 없으면 생명을 구할 수 없는 절박한 문제임을 일깨운다. 또한 동아시아의 나라들이 보건의료 예산의 40퍼센트가량을 약가로 소비하고 있는 데 반해 이 약의 상당 부분이 초국적 제약 회사의 불필요한 의약품을 구입하는 데 쓰이고 있는 상황은 TRIPS의 문제가 사회복지 예산의 문제와도 직결돼 있음을 보여 준다.[60]

WTO 우루과이 라운드로 인한 농민에 대한 보조금 삭감과 수입 농산물 강요는 농민의 생활조건 악화로 인한 건강의 악화와 더불어 도시인들이 곡물상들의 유전자조작 농산물과 농약에 찌든 농산물에 무방비하게 노출되는 결과를 낳는다.[61] 물 사유화도 아시아 전역에서 진행된다. IMF는 수자원과 관련한 차관에 물 사유화를 조건으로 부과한다. 이미 벡텔이나 비벤디 등의 물 관련 기업이 동아시아 지역에 광범하게 진출하고 있다.

아시아 지역의 여성 문제나 인종주의로 인한 탄압, 성적 소수자에 대한 탄압 또한 매우 심각한 건강상의 장애를 일으킨다. 이른바 섹

---

60 평등사회를위한민중의료연합, 《이윤보다 생명이다》, 교육비평, 2003의 3장 "의약품의 공공성"을 참고하라.

61 한국과 필리핀의 경우 쌀 생산이 자급자족 수준을 넘고 있지만 저질 쌀 수입을 강요당하고 있으며 그 결과 가격이 낮은 수입 쌀 때문에 국내시장의 균형이 무너지고 있다. 조제 보베, 푸랑수아 뒤푸르, 《세계는 상품이 아니다》, 홍세화 옮김, 울력, 2002, 257쪽. 식품의 안전성과 농업에 대한 WTO 정책 전반에 관해서는 반다나 시바, 《누가 세계를 약탈하는가》, 류지한 옮김, 울력, 2003을 참고하라. 식품 안전에 관한 외국 사이트로는 http://www.foodfirst.org 를 참고하라.

스관광·성산업과 HIV/에이즈의 연관성은 성 문제의 심각성을 단적으로 볼 수 있는 문제다. 종교 근본주의나 인종주의, 자민족 중심주의에 의한 문제에서도 동아시아는 예외가 되지 못한다. 최근의 미국의 군사적 일방주의와 WTO에 의한 시장화·세계화는 이런 남성 중심주의, 근본주의, 인종주의를 약화시키는 것이 아니라 오히려 강화시킨다.

동아시아 지역은 WTO 체제가 강요하는 시장화에 의해 민중의 건강과 안전이 보건의료 공공 부문의 사영화와 사영화 경향의 강화, 사회복지 부문 국가 개입의 약화, 노동자 건강권의 악화 등으로 침해되고 있는 대표적인 지역 중 하나다. 또한 동아시아는 미국의 군사적 일방주의와 지역 패권주의에 의해 직접적으로 건강과 안전을 위협받거나 사회복지 부문 예산의 축소로 고통받고 있다는 공통점도 있다. 동아시아 농민과 도시민은 식량 개방에 의해 생활조건과 건강과 안전을 위협받고 있으며, 이런 시장화에 따른 사회의 근본주의적·인종주의적 경향의 강화에 의해서도 고통받고 있다.

이런 동아시아 민중의 삶과 안전, 그리고 건강에 대한 침해는 미국이나 일본 또는 지역적 패권주의 국가가 추구하는 미국의 일방주의나 흔히 논의되는 '아시아적 가치'를 추구하는 국가 간 연대를 통해서는, 또는 미·일의 자본이나 지역 국가들의 자본이 추구하는 연대로는 극복되지 못한다는 것은 자명하다. 바로 그런 국가 간 연대가 현재 아시아의 상황을 만들어 왔기 때문이다. 우리가 추구할 것은 동아시아 민중의 WTO 체제에 맞선 연대, 그리고 미국의 군사적 일방주의를 포함한 군사주의에 맞서는 동아시아 민중의 연대다.

이를 위해서는 기존의 연대 운동의 틀도 중요하지만 새롭게 등장하는 운동들 간의 연대를 발전시키고 서로의 경험을 공유하며 사안별로 공동 대응을 할 수 있는 다양한 네트워크를 발전시키는 것이 중요하다고 생각된다. 동아시아 각 나라들과 집단들의 민중의 건강을 지키기 위한 운동 간의 연대도 이 일부가 돼야 한다고 생각된다.

그러나 이 연대가 운동의 수준을 넘어서는 것이 돼서는 안 되며 하루아침에 무언가를 이루려고 해서도 안 될 것이다. 우선 연 1회 정도의 정기적 회합과 토의의 장을 마련하는 것, 인터넷을 통한 정보와 경험의 교류, 말하자면 홈페이지를 마련하는 것, 그리고 필요할 경우 사안별 공동 대응을 조직하는 것 등이 민중의 건강을 지키려는 동아시아 지역의 여러 그룹들 간의 연대가 가능한 현재의 실천 지점이 아닐까 생각된다.

찾아보기

ㄱ

'가난한 이들의 건강권 확보를 위한 연대회의' 626
가자 지구 470~474
《가축이 행복해야 인간이 건강하다》 61
감염병 63~66, 69, 70, 73, 76, 77, 80, 84, 93, 106, 120, 123
건강보험공단 244, 257, 258, 407, 477, 484, 493, 581
건강보험 보장성 강화와 의료 공공성 강화를 위한 공대위(건강보험 공대위) 616
건강보험심사평가원 83, 257
건강보험정책심의위원회(건정심) 512, 513, 582
건강보험 통합 38, 327, 331, 334, 339, 344, 614, 619
건강사회를위한치과의사회 622
건강유지조직(HMO) 246, 258, 348, 576
〈건치신문〉 211
걸프전 441, 462

게이츠, 빌(Gates, Bill) 121~123, 125
결핵 52, 100, 295, 601
경제 위기 75~78, 93, 102, 115, 399, 516, 530, 533, 535:
    1930년대 — 79, 515, 612, 615, 625, 627
    1997~1998년 — 76, 333, 426
    2008년 — 75, 76, 226~228, 230, 231, 234, 235, 465, 468, 526
경제자유구역 23, 209, 231, 236, 246, 250~253, 357, 358, 369, 374, 382~385, 410, 417, 572, 573, 583, 617
경제협력개발기구(OECD) 34, 80, 81, 214, 289, 336, 341~343, 358, 384, 390, 396, 397, 399, 408~410, 414, 423, 425, 427, 429, 480, 489~491, 498, 499, 508~510, 526, 558, 559, 569, 578~580, 590
〈경향신문〉 555
고엽제 445, 447, 448, 451~458, 462, 630

고혈압 38, 53, 64, 68, 287, 317, 423, 427, 457, 462
골드만삭스 465
골수암 177
공공의대 396, 398, 399
공기업 민영화 39, 116, 224, 234, 261, 272, 273, 280
공장식 축산 59~61, 63, 64, 77, 120, 125
공중보건인민위원회(러시아) 599~602, 604~606
공화당(미국) 34, 569
공황장애 436
과테말라 200
관세전쟁 535, 536
광우병 20, 40, 55~58, 101, 128~158, 211, 224, 262, 268~271, 273~276, 278, 394:
    비정형 ― 55, 56
    정형(전형적) ― 56
    인간 ― 57, 58, 132, 140, 150~152, 268, 269
    ― 특정위험물질 129~131, 136, 139, 140, 143, 144, 147, 148, 152
    ― 통제 국가 138, 153, 154
광우병국민대책회의 262~264, 267, 274~277, 280
광주대단지 사태 325
광주항쟁 265, 519
교차오염 142~144
교토협약 202

교황 인노켄티우스 3세 460, 463
구제금융 115, 465
국가재건회의 35
'국경 없는 의사회' 249
국립감염병연구소(NIAID, 미국) 70
국립보건원(NIH, 미국) 70, 292, 345
국립학술원(미국) 161, 162, 170, 171, 183, 446
'국민건강권 확보를 위한 범국민 연대'(건강연대) 335, 614, 619
국민의당 349, 354
국민의힘(국힘) 533, 534, 538, 540, 544
《국민일보》 91
국민참여당 495, 517
국유화 33, 78, 233, 272, 492, 524, 568
국제수역사무국(OIE) 131, 133, 138, 144, 153~155, 157, 271
《국제 역학 저널》(International Journal of Epidemiology) 187
국제원자력기구(IAEA) 191~194, 196, 197
군사주의 621, 628~630, 632
권용진 385
그람시, 안토니오(Gramsci, Antonio) 265, 518, 546, 565
그리스 50, 187, 342, 522, 560, 569, 570
'극우의 주류화' 532, 538~540, 544
글락소스미스클라인(GSK) 51, 292
글리벡 25, 47, 249, 619, 623, 624
기모란 72, 97
기후변화 41, 120, 121, 125, 199~203

기후 위기 75, 76, 84, 102, 103, 127, 197, 533
길리어드사이언시스 51, 288
김대중 325, 477, 491, 519, 525, 542, 615, 619
김문수 544
김병준 17, 18
김선일 440
김성애 457
김영삼 621
김정렴 36, 321, 322
김정순 453, 456
김종인 36, 321, 322, 325
김종훈 25
김창보 338, 339, 514
김태열 457
김학준 455

노동과건강연구회 624
노동당(영국) 32, 33, 556, 559, 568
노동소득분배율 521, 528, 570
〈노동자 연대〉 364, 370, 375, 413
노르웨이 245, 342
노무현 38, 39, 82, 222, 223, 226, 231, 270, 271, 273, 333, 367, 402, 411, 425, 426, 434, 435, 438, 443, 458, 477, 478, 491, 525, 542, 572, 573, 585, 586, 617
노바티스 26, 249, 623
녹지그룹 364~367, 371~373, 375, 376, 378, 379
〈뉴 잉글랜드 저널 오브 메디슨〉 291, 418
뉴질랜드 156, 312, 428, 451, 560
니묄러, 마르틴(Niemöller, Martin) 545
닉슨, 리처드(Nixon, Richard) 34, 35, 116, 117, 323, 569, 612

ㄴ

나가사키 179
나바로, 비센테(Navarro, Vicente) 31
남아프리카공화국 109, 111~114, 122, 249, 287, 296, 536
남희섭 256, 257
네덜란드 39, 50, 342, 558, 560
〈네이처〉 452
네타냐후, 베냐민(Netanyahu, Benjamin) 473
노동건강연대 421, 625
《노동과 건강》 421

ㄷ

다운증후군 179, 187
다이옥신 446, 447, 452, 453
당뇨 53, 64, 68, 287, 317, 427
당연지정제 39, 40, 215, 253, 259, 297, 333, 357, 561, 576
대만 97, 341, 343, 489, 498, 509, 536, 610, 627~629
대처, 마거릿(Thatcher, Margaret) 115, 555, 559
대한병원협회 213, 254, 369, 405, 512,

574
《대한병원협회지》 318
대한의사협회 73, 385, 392, 393, 396, 397, 512, 550, 560, 561
더글러스, 토미(Douglas, Tommy) 589
데브로, P J(Devereaux, P J) 303, 308, 309
데어, 케네스(Derr, Kenneth) 203
덴마크 342, 578
도카이무라 197
도쿄전력 193, 194
도하개발어젠더(DDA) 212, 220, 271, 562, 585
독일 29, 30, 32, 154, 175, 187, 192, 341, 342, 460, 489, 508, 518, 543, 559, 560, 565, 566, 568, 571, 578
동성애 31
동성애자 91, 620
동성애자인권연대 620
〈동아일보〉 325
동티모르 612, 629
두마 596, 597
둘째 의견 511
디폴트 118
뜨거운 가을(이탈리아, 1969년) 34, 519

ㄹ

라오스 445, 450
라이스, 콘돌리자(Rice, Condoleezza) 203

래칫(미늘톱니) 224, 231, 272
〈랜싯〉 437, 471
러시아 30~32, 178, 192~194, 464, 518, 536, 566, 567, 594~609
러시아사회민주노동당 596, 597
러시아 혁명(10월 혁명) 30~32, 518, 566, 571, 594~609
런던협약 192
럼스펠드, 도널드(Rumsfeld, Donald) 51~53, 288
레닌, 블라디미르(Lenin, Vladimir) 596, 597, 600~602
레이건, 로널드(Reagan, Ronald) 51, 115, 117, 347
레트로바이러스 292
〈레프트21〉 186, 460, 464, 563, 589
렐먼, 아널드(Relman, Arnold) 418
로슈 51
로이드조지, 데이비드(Lloyd George, David) 518
로이, 아룬다티(Roy, Arundhati) 17
로즈나우, 폴린(Rosenau, Pauline) 300
록히드마틴 78, 440
론스타 372
루비니, 누리엘(Roubini, Nouriel) 75
루이스 전환점 324, 330
룩셈부르크, 로자(Luxemburg, Rosa) 79, 102
리프트밸리 열병 120

ㅁ

마르크스주의 266, 565, 595
《마르크스주의 연구》 261
마르크스, 카를(Marx, Karl) 62, 63, 264
마셜제도 201
마이크로소프트 122
만델라, 넬슨(Mandela, Nelson) 112, 296
말라리아 45, 47, 52, 106, 200, 295, 631
말레이시아 201, 219, 224, 359, 383, 627, 629
〈맞불〉 206, 222
매향리 621, 622
맥쿼리 241
맹장염 299, 317, 368, 408, 580
〈메디게이트〉 382
메디케어(Medicare) 34, 301, 306, 314, 492, 568
메디케이드(Medicaid) 34, 568
메르스 62, 74, 101, 104, 105, 120, 394, 415
메이저, 존(Major, John) 555, 559
메탈클래드 232
멕시코 48, 60, 61, 77, 107, 232, 270, 341, 410, 428
모더나 114
몰디브 201
무뇌증 179, 187, 446
무상교육 30, 328, 482, 489, 503, 518, 566, 567, 570, 587~593
무상의료 30, 31, 33, 323, 328, 339, 408, 481, 482, 486, 487, 489, 502, 503, 512, 515, 518, 525~529, 566, 567, 570~593, 597, 599, 600
무어, 마이클(Moore, Michael) 589
무역관련지식재산권협정(TRIPS) 47, 53, 110, 114, 122, 126, 294, 623, 624, 631
무역 장벽 20, 23, 27, 250
문재인 72, 80, 82, 97, 370, 373, 374, 377, 379, 396, 542, 563
〈미국의 소리〉 540
미국무역대표부 23, 141, 156, 228, 256
미디어렙법 416
미래통합당 73
미르재단 349~351
미-안데안FTA 207, 209
미·호주FTA 260, 294
민권운동 33, 568
민주노동당 476~478, 485, 495, 520, 572, 577, 584, 588
민주당(미국) 116, 223, 227, 249, 472, 517, 569
민주당(한국) 36, 297, 333, 349, 354, 373, 374, 495, 515, 516, 525, 530, 531, 534, 537~539, 542, 544, 545, 591
민주의료기관연합(일본) 182

ㅂ

바른사회시민회의 512
바이든, 조(Biden, Joe) 472

바이마르 헌법 543

박근혜 41, 236~238, 244, 252, 253, 258, 320, 328, 349~354, 364, 365, 368, 369, 374, 377, 395, 413~415, 540, 563

박기영 17, 18

박능후 373, 377

박상표 61, 150

박정희 35~38, 320~327, 329, 330, 332, 395, 519, 563~565

반전운동 33, 34, 448, 449, 461

반핵 아시아 포럼 181

방글라데시 201

방사성 세슘 162, 169, 170, 172, 176, 177, 183, 187, 188, 194

방사성 요오드 162, 168~170, 177, 187, 189

백남기 353, 391~395

백내장 201

백선하 392~394

백혈병 25, 26, 48, 64, 177, 188, 249, 441, 619, 620, 623, 624

밴팅, 프레더릭(Banting, Frederick) 589

밸런스, 패트릭(Vallance, Patrick) 71

뱀파이어 효과 214, 318, 405

뱅크오브아메리카 465

버로스웰컴 292

법무법인 태평양 372, 376

베네수엘라 200, 467

《베니스의 상인》 129

'베어세븐' 보고서 161, 163

베트남 249, 323, 444~459, 622, 628, 629

베트남전쟁 346, 444~459, 461, 462, 612, 630

베트남평화의료연대 622

벡텔 22, 24, 441, 631

변형 프리온 129, 133, 151

보건경제학 298, 299, 551

보건의료노조 506

보건의료단체연합 100, 161, 182, 255, 398, 507, 531, 620, 623

보니것, 커트(Vonnegut, Kurt) 461

보수당(영국) 33, 568

보편적 증세 502, 503, 520~523

보험연구원 258, 259

복제약 249, 287, 294

복지국가소사이어티 476, 485, 494, 506, 516, 517, 520

본인 부담 상한제 335, 336, 358, 425, 426, 507, 526, 561, 584

볼리비아 22, 24, 467

볼셰비키 597~599, 607

봉쇄(lock down) 69, 70, 73, 94, 97

부르디외, 피에르(Bourdieu, Pierre) 394

부마항쟁 37, 326, 564

부시, 로라(Bush, Laura) 441

부시, 조지 H W(Bush, George H W) 347

부시, 조지 W(Bush, George W) 39, 51, 117, 223, 261, 287, 435, 438, 441, 467

북미육류협회(NAMI) 55, 56

북미자유무역협정(NAFTA) 20~22, 27, 227, 232, 233, 249, 270
북한 54, 186, 230, 235, 323, 621, 628, 629
브라질 109, 113, 114, 122, 124, 249, 287, 536
브루나이 249, 629
브릭스 536
블랙워터 440, 441
블레어, 토니(Blair, Tony) 517, 555, 556
비감염성질환(NCD) 64
비관세장벽 20, 116, 260
비스마르크, 오토 폰(Bismarck, Otto von) 29, 30, 36, 518, 564~566, 571
《빈곤과 건강》 423
빌앤멀린다게이츠재단 105, 122

ㅅ

사노피아벤티스 51
사망률 49, 67, 80, 98, 108, 178, 199, 307~311, 368, 388, 405, 415, 423, 426, 436, 437, 449, 451, 462, 609
사모펀드 240, 241
사스(중증급성호흡기증후군) 45~47, 60, 76, 104, 105
〈사우스 차이나 모닝 포스트〉 229
사이클론 200
사전 예방의 원칙 58, 60, 196
사하라사막 이남 53, 287, 423
사회민주당(독일) 29, 30, 564

사회보장개선심의위원회(사보심) 321, 322
사회보장제도 29, 30, 32, 33, 35, 42, 93, 259, 329, 424
사회연대전략 494, 521
사회적 거리 두기 67~71, 74~78, 89, 90, 92~96, 98, 101
사회주의자 탄압법(독일) 29
산업재해보상법 35
산재보험제도개혁공대위 625
산체스 데 로사다, 곤살로(Sánchez de Lozada, Gonzalo) 24
삼성경제연구소 237
삼성생명 20, 26, 220, 407, 576
삼성의료원 62, 553
삼중수소 193~196
상수도 민영화 22, 24, 410
샌더스, 버니(Sanders, Bernie) 116
샤오, 윌리엄 C(Hsiao, William C) 85
서부지법 폭동 538
서비스 거래에 관한 일반협정(GATS) 585
서비스산업발전기본법 351
서창석 393
〈선데이 저널〉 350
선진회수율(AMR) 136, 139, 148
성소수자 90~92
세계경제포럼 105, 122
세계무역기구(WTO) 19, 48, 53, 110~116, 122, 126, 137, 154, 207, 208, 220, 227, 271, 294, 468, 562, 585, 587, 617, 620, 624, 631, 632

세계보건기구(WHO) 33, 41, 50, 54, 104~106, 109, 170, 171, 177, 187, 199, 201, 224, 286, 288, 293, 295, 399, 442, 470, 474
세계보건총회(WHA) 105, 106
세계은행 62, 115, 117, 123, 126, 207, 612, 615, 616
세마시코, 니콜라이(Semashko, Nikolai) 599, 606
세월호 101
세이브더칠드런 435, 437
센, 아마르티아(Sen, Amartya) 591
셰브런텍사코 202, 203, 208, 440
셰익스피어, 윌리엄(Shakespeare, William) 129
소비에트 러시아 30~32, 566, 567, 594~609
소아마비 52, 67, 285, 286, 296, 470, 471
소크, 조너스(Salk, Jonas) 286, 296
손혜숙 455
《쇼크 독트린》 466
수동혁명 518, 565
수인성 전염병 200
수하르토(Suharto) 629
슐츠, 조지(Shultz, George) 51
스노, 존(Snow, John) 124
스리랑카 466
스리마일섬 177, 178
스모그 현상 199
스웨덴 178, 187, 188, 341~343, 389, 489, 508, 528, 529, 591
스크린쿼터 211
스탈린, 이오시프(Stalin, Iosif) 32, 607, 609
스페인 52, 68, 70, 78, 90, 342, 560, 569
스페인 독감 52, 68
시민건강증진연구소 338
〈시사투나잇〉 262
〈시사IN〉 181, 262, 265
시티그룹 465
〈식코〉(Sicko) 589
식품의약국(FDA, 미국) 145, 291
신경제정책(NEP) 602
신민당(NDP, 캐나다) 589
신사회운동 479, 501
신영석 340, 341, 499, 508
신영전 334, 336
신종플루(돼지독감) 49~54, 59, 69, 76, 77, 104
신천지 71, 73, 74, 88, 91, 97~99
신해철 386, 389, 390
신현확 36, 321, 322
신흥공업국 34, 627
실버먼, E M(Silverman, E M) 301, 302, 306, 311
실손 의료보험 38, 250, 407, 574, 575
심장병 199, 290, 575
싱가포르 97, 207, 218~220, 359, 360, 383, 561, 627, 629
쌍얼병원 252, 253, 364, 365

쓰나미 74, 189, 466

ㅇ

아르망, 이네사(Armand, Inessa) 32
아르헨티나 49
아리스티드, 장베르트랑(Aristide, Jean-Bertrand) 467, 468
〈아사히신문〉 168
아산병원 81, 83, 84, 510
아스트라제네카 51
아옌데, 살바도르(Allende, Salvador) 116
아웃팅 91
《아이들의 십자군 전쟁》 461
아이티 464~468
아체(Aceh) 612, 629, 630
아태기후변화협의회 202
아프가니스탄 458, 460, 462, 463, 610, 628
아프리카TV 262
알라위, 이야드(Allawi, Ayad) 439
알프스(ALPS) 193~195
'암부터 무상의료' 운동 482, 582, 583
'암사정수사업소 민간위탁저지 공동대책위원회' 626
'얼굴 없는 공포, 광우병' 270
에리스로포이에틴 308
에볼라 바이러스 45, 46, 61, 76, 104, 105, 120, 124
에이즈 45~48, 52, 53, 61, 71, 111~114, 287, 292, 295, 296, 348, 436, 468, 620, 631, 632
에인절, 마샤(Angell, Marcia) 291
에콰도르 49
에틸 232
엑손모빌 440
엔론 208
엘니뇨 200
역치(문턱치) 67, 161, 162
〈연합뉴스〉 328, 379
열린우리당 443
영국 32, 33, 46, 47, 58, 66, 70, 109, 115, 133, 140, 143, 144, 150, 151, 154, 201, 233, 312, 342, 387, 389, 406, 428, 430, 435, 439, 517, 518, 522, 555~560, 567, 568, 571, 578, 590, 592
영아사망률 116, 178, 423, 436, 609
예멘 107, 474
예방의학 600, 601, 603, 606, 607
오건호 280, 485, 486, 506, 512, 520
《오디세이아》 209
〈오마이뉴스〉 96, 391, 416
오미크론 변이 109, 110, 113, 126
오바마, 버락(Obama, Barack) 34, 80, 117, 226, 227, 250, 569
오바마케어 34
오세훈 591
오스틴, 로이드(Austin, Lloyd) 472
오웰, 조지(Orwell, George) 535
옥스팜 209

온실가스 202
외상후스트레스장애(PTSD) 450, 456~458, 462
우라늄 162, 177, 186, 197, 441
우원식 543
울핸들러, S(Woolhandler, S) 303
워싱턴 컨센서스 115, 122, 628
원격의료 236, 244~246, 258, 374, 379, 396
원샷법(기업 활력 제고 특별법) 351, 354
원희룡 355, 370, 371, 374, 375, 377~379
월러스, 롭(Wallace, Rob) 123, 124
위키리크스 248
유기적 지식인 546
유니세프 436, 470, 473
유럽연합 113, 140, 143, 144, 153, 225, 245, 535
유사의약품(me too drug) 292
유엔에이즈계획 111, 287
유엔환경계획 120, 121, 123
유전자조작 122, 157, 234, 620, 631
윤석열 11, 159, 191, 193, 197, 198, 377, 379, 531~534, 536~538, 540, 544
'윤석열 퇴진 비상행동'(비상행동) 531, 538, 540~543
윤종훈 520
의료 민영화 38~41, 82, 83, 117, 234, 238, 240, 246, 260, 273, 274, 280, 283~379, 390, 416, 494, 498, 513, 514, 525, 526

'의료 민영화 저지 및 건강보험 보장성 강화 범국민운동본부'(범국본) 498
의료보험법 35
의료산업선진화위원회 18, 403
의료생활협동조합 625
《의료와 사회》 28, 55, 104
의약분업 615, 618, 619, 623
의회주의 541~543, 545
이강택 270
이건희 17, 482
이경태 222
이라크 전쟁 434~443, 622
이란 107, 186, 473, 474
《이론과 실천》 572
이명박 39, 53, 58, 128, 136, 138, 139, 142, 145, 149, 160, 167, 175, 226, 230, 235, 251, 252, 258, 261~263, 267, 270, 271, 273~277, 280, 281, 333, 439, 443, 460, 482, 513, 514, 525, 527, 530, 591
이명철 165
이상이 476, 477, 479, 492~498
이스라엘 50, 470~474
이재명 74, 186, 377, 379, 533
이진석 486, 487
이집트 107, 201
이춘성 510
이탈리아 34, 70, 90, 342, 518, 519, 546, 569, 578
인도 16, 53, 77, 107, 109, 112, 114, 200,

249, 287, 417, 536, 556, 610, 626
인도네시아 52, 219, 245, 359, 383, 611, 612, 627, 629, 630
인도주의실천의사협의회(인의협) 37, 87, 88, 92, 392, 619, 621
인도차이나반도 60, 61, 611, 629, 630
인보사 373
인수공통전염병 120
인플루엔자 45, 50, 59, 71, 104, 123, 124
임금몫 528, 591
임금피크제 413~415
임신 중지 31

ㅈ

자료 독점권 110, 111, 248, 249
자생성 266
자유무역협정 19, 20~23, 27, 205~281, 294, 468, 587
자이툰 부대 434
《작은책》 396
잠비아 118
장애인 34, 67, 68, 78, 87, 88, 179, 301, 426, 568, 578
재난 자본주의 103, 466
전국경제인연합회(전경련) 37, 272, 326, 346, 349, 351~353, 512
전국노동조합협의회(전노협) 37
전문병원 314, 357, 386~389, 511
전선운동 542~544
전염병 45~48, 52~54, 120, 201, 288, 602

전용철 392
전진호 455
전태일 325, 415
전혜숙 297
정기택 318
제2차세계대전 32, 78, 79, 102, 115, 461, 518, 568, 612
제3세계 47, 77, 117, 271, 287, 609
제국주의 13, 35, 535, 611
제네릭 의약품 111, 243, 256, 257, 293
제노텔 32
제주국제자유도시개발센터(JDC) 373, 377
젭스트보 594, 595, 597~599, 604, 609
조기사망지수 590
조류독감 50~52, 55, 59, 60, 77, 287, 288
〈조선일보〉 132, 165, 320, 329, 349, 485~487, 506, 512, 550, 570, 591
조중동 202, 262, 263, 273, 274, 416~420, 527, 528, 555, 591
존스홉킨스 건강안보센터(CHS) 105
존스홉킨스대학 122, 437
존슨, 보리스(Johnson, Boris) 66, 68
존슨, 은코시(Johnson, Nkosi) 112
주대환 495
주빌리 2000 118
주치의 등록제 339, 584
주한미국상공회의소 21, 23
주한미군지위협정(SOFA) 622
《죽은 역학자들》 123
줄기세포 18, 252, 253, 357, 394

중미자유무역협정(CAFTA) 227, 468
중앙기상·지구역학연구소(ZAMG, 오스트리아) 189
《중앙일보》 83, 416, 417, 550
중증도 조작(업코딩) 302, 305, 306, 308
쥐페, 알랭(Juppé, Alain) 519
증거 기반 의료(EBM) 561
지구온난화 119, 201
지도부딘(AZT) 292
'지속 가능 발전 세계 정상 회의' 119
지식재산권 25, 47, 48, 53, 110, 112, 114, 116, 122, 126, 248, 294, 623
지카 바이러스 76, 104, 124
진대제 17
진보신당 476, 484, 494, 495, 520
《진보평론》 476
진영 252
진주 목걸이 전략 229
집단감염 74, 88~90, 95
집단면역 66~68

ㅊ

참여연대 485, 619, 623
《창비주간논평》 229, 345
챈, 마거릿(Chan, Margaret) 50
천안함 사건 228~230, 515
천연두 52
《청년의사》 111, 242
청도대남병원 86, 87
체니, 딕(Cheney, Dick) 203, 467

체르노빌 161, 176~179, 181, 184, 187, 188
촛불항쟁(2008년) 39, 40, 261~281
총액계약제 491, 580, 584
총액예산제 335, 339
최규진 92
최상목 537, 543
최순실 349, 350, 354, 395
최초고용법(프랑스) 519, 522
치명률 67, 69, 74, 75
치사율 45, 47, 50
칠레 116, 217, 615

ㅋ

카길 61, 110, 135, 142, 145, 155, 273
칵테일 요법 61, 287, 348
캄보디아 445, 450
캐나다 22, 27, 33, 50, 207, 208, 232, 303, 308, 342, 560, 578, 589, 590
〈컨테이젼〉(Contagion) 60
컬럼비아HCA 304, 306, 312
코로나19 44, 45, 66~127, 376, 379, 399, 401
코로나 바이러스 69, 77, 102, 105, 113, 123, 124
코스타리카 49
코차밤바 22
코호트 격리 87, 90
콘아그라 61, 145, 273
콜레라 124, 554, 595

콜론타이, 알렉산드라(Kollontai, Alexandra) 32
콜롬비아 207, 228
콜센터 93, 95
쿠바 408, 467, 558
크로이츠펠트·야코프병 151
크리미안-콩고 출혈열 105
클라인, 나오미(Klein, Naomi) 466
클린턴, 빌(Clinton, Bill) 35, 117, 227, 467, 569
클린턴, 힐러리(Clinton, Hillary) 467

ㅌ

타미플루 51, 52, 69, 287, 288
타이슨푸드 135, 142, 145, 155, 273
〈타임〉 286
타조 증후군 539
탄소-14 193
태국 61, 287, 359, 360, 368, 417, 451, 612, 627, 628, 631
태평양도서국포럼(PIF) 191, 195
테닛 305, 307
통합진보당 236
투석시설 307, 308
투자자-국가 분쟁 조정 207, 216, 232, 233, 239, 240, 242, 249, 250, 259, 272, 303, 372, 376
튀르키예 179, 187, 428
트럼프, 도널드(Trump, Donald) 70, 535~537

티푸스 464, 600, 601

ㅍ

파나마 228
파리코뮌 29, 30, 565, 566
파병반대국민행동 434
파슨스 441
파시즘 535, 542, 545, 546
파우치, 앤서니(Fauci, Anthony) 70
팔레스타인 9, 460, 470, 471, 473
페니실린 45
페루 200, 207, 209, 295
페스트 45, 288, 554
평화헌법 628
폐렴 52, 86, 317, 438
폐암 188
포괄수가제(DRG) 305, 491, 580
〈포춘〉 111, 290
폴란드 154, 428
표트르 1세 594
프랑스 34, 78, 154, 175, 187, 339, 340~342, 406, 428, 460, 465, 489, 518, 519, 522, 527, 542, 559, 565, 578
〈프레시안〉 129, 142, 160, 167, 175, 226, 268, 349, 434, 512
프루지너, 스탠리(Prusiner, Stanley) 133
플레밍, 알렉산더(Fleming, Alexander) 45
플루토늄 186
피노체트, 아우구스토(Pinochet, Augusto) 116

피로고프, 니콜라이(Pirogov, Nikolay) 595
피로고프의학회 595, 599, 602
피아트 34
필드, 마크(Field, Mark) 609
필리핀 229, 245, 451, 626~631
필립모리스 232

ㅎ

〈하레츠〉 474
하마스 471
하먼, 크리스(Harman, Chris) 277, 278
하버마스, 위르겐(Habermas, Jürgen) 554
하야카와 유키오(早川由紀夫) 182
하토야마 유키오(鳩山由紀夫) 228
〈한겨레〉 12, 16, 19, 22, 25, 55, 136, 139, 176, 555, 621, 622
〈한겨레21〉 80, 386
한국가스공사 23, 208
한국보건사회연구원 341, 499, 524
한국원자력안전기술원 160, 167, 168, 170, 172, 173
한국의료생협연대 625
한국전력 22
한나라당 134, 334, 417, 477, 495, 525, 591
한덕수 402, 533, 537, 543, 544
항바이러스제 51, 53
항생제 45, 46, 48, 557, 580, 619
해리스, 카멀라(Harris, Kamala) 472

핵무기 186, 197
핵발전소(원자력발전소) 11, 159, 160~198
핵폭탄 161, 187, 188, 630
핼러스, 던컨(Hallas, Duncan) 32, 568
핼리버튼 203, 440, 467
행위별 수가제 326, 327, 331, 332, 335, 338, 397, 491~493, 559, 580, 584, 595
허가·특허 연계제 256
허리케인 199, 200, 442
호메시스 이론 165
호주 49, 156, 202, 257, 260, 294, 451, 628, 630
홍기빈 232
홍성범 366, 367
홍역 52, 67, 470, 471
화이자 110, 114, 293, 345, 346
환경 파괴 41, 47, 119, 127
환태평양경제동반자협정(TPP) 248~250, 260
황교안 351, 353
황열 46, 47, 106
황우석 16~18, 131, 394
후세인, 사담(Hussein, Saddam) 435, 436, 438
휴메인 소사이어티 269
히로시마 161, 179, 181, 186~190
힘멜스타인, 데이비드(Himmelstein, David) 318

기타

4대강 사업 40
4월 혁명(4·19 혁명) 35, 158, 322, 330
5·16 쿠데타 35, 322, 330, 563
5월혁명(프랑스, 1968년) 34, 519
6월 항쟁(1987년) 37, 265, 279, 327, 331, 519, 541, 564
7~9월 노동자 대투쟁(1987년) 37, 327, 331, 564
10만 명 프로젝트 449, 461
12·3 쿠데타 532, 536, 537
'87년 체제' 535, 541, 543
ADM 61, 142, 145, 273
AIG 20, 26, 208
BP 440

CSC그룹 252
GS칼텍스 202, 208
HIV 바이러스 46
IMF 62, 76, 115, 117, 118, 123, 126, 333, 411, 466~468, 515, 612, 627, 631
JP모건체이스 465
K-방역 80, 94~96, 99, 101
K스포츠재단 349~351, 353
NHS 32, 33, 555~559, 567, 568, 578, 579
〈PD수첩〉 262, 268~270
RNA 바이러스 46, 71, 109
SK엔론 208
UPS 207
YH 사건 37, 325